PRAXISHANDBÜCHER Materialien zum Download

Musterverträge, Checklisten, Übersichten und Gesetzestexte zum Handbuch finden Sie zum kostenlosen Download unter
www.boorberg-praxishandbücher.de

Ihr Zugangscode lautet:

YmK5o34n

BEINER/BRAUN

Der Vorstandsvertrag

Der Vorstandsvertrag
Bestellung und Anstellungsvertrag der Vorstandsmitglieder einer Aktiengesellschaft

Torsten Beiner
LL. M. oec. int., Rechtsanwalt in Leipzig und Syndikus in Berlin

und

Eckhart Braun
Fachanwalt für Handels- und Gesellschaftsrecht
Fachanwalt für Arbeitsrecht
Partner von CMS Hasche Sigle, Partnerschaft von Rechtsanwälten und Steuerberatern

2., vollständig überarbeitete Auflage, 2014

Bibliografische Information der Deutschen Nationalbibliothek | Die Deutsche Nationalbibliothek verzeichnet diese Publikation in der Deutschen Nationalbibliografie; detaillierte bibliografische Daten sind im Internet über www.dnb.de abrufbar.

2. Auflage, 2014

ISBN 978-3-415-04922-2

© 2005 Richard Boorberg Verlag

Das Werk einschließlich aller seiner Teile ist urheberrechtlich geschützt. Jede Verwertung, die nicht ausdrücklich vom Urheberrechtsgesetz zugelassen ist, bedarf der vorherigen Zustimmung des Verlages. Dies gilt insbesondere für Vervielfältigungen, Bearbeitungen, Übersetzungen, Mikroverfilmungen und die Einspeicherung und Verarbeitung in elektronischen Systemen.

Satz: Dörr + Schiller GmbH, Curiestraße 4, 70563 Stuttgart | Druck und Bindung: Beltz Bad Langensalza GmbH, Neustädter Straße 1–4, 99947 Bad Langensalza

Richard Boorberg Verlag GmbH & Co KG | Scharrstraße 2 | 70563 Stuttgart
Stuttgart | München | Hannover | Berlin | Weimar | Dresden
www.boorberg.de

Vorwort der 2. Auflage

Der Vorstand der Aktiengesellschaft steht unvermindert in der öffentlichen Diskussion und im Fokus des Gesetzgebers. Die *Mannesmann*-Entscheidung des BGH und später die Finanz- und Wirtschaftskrise befeuerten den Reformprozess, der viele Neuheiten für das Amt, die Vergütung und die Verantwortlichkeit der Vorstandsmitglieder hervorbrachte. Meilensteine waren insbesondere die Änderungen des Deutschen Corporate Governance Kodex in den Jahren 2009 bis 2013, das Gesetz zur Verbesserung der Kontrolle der Vorstandsvergütung (2013)*, die KWG-Änderungen durch das CRD IV-Umsetzungsgesetz (2013), die Vergütungsverordnungen für Geschäftsleiter von Instituten und Versicherungsunternehmen (2014), das Gesetz zur Angemessenheit der Vorstandsvergütung (2009) sowie das Gesetz zur Modernisierung des GmbH-Rechts und zur Bekämpfung von Missbräuchen (2008).

„*Der Vorstandsvertrag*" bedurfte daher einer gründlichen Überarbeitung und erhielt dafür personelle Verstärkung. Die zweite Auflage des Handbuches gibt eine weiterhin fundierte und praxisbewährte Anleitung zur Erstellung von Anstellungsverträgen mit Vorstandsmitgliedern und enthält im Anhang neben den aktualisierten Vertragsmustern zusätzlich eine Muster-Vergütungsrichtlinie für Geschäftsleiter von Kreditinstituten sowie eine umfassende Checkliste zum Deutschen Corporate Governance Kodex.

Leipzig, im September 2013
Torsten Beiner
Eckhart Braun

---

* Das Gesetz zur Verbesserung der Kontrolle der Vorstandsvergütung und zur Änderung weiterer aktienrechtlicher Vorschriften (VorstKoG) hat der Deutsche Bundestag am 27.6.2013 beschlossen. Das Gesetzgebungsverfahren war zum Zeitpunkt der Drucklegung des Buches nicht vollständig abgeschlossen, da der Bundesrat am 20.9.2013 den Vermittlungsausschuss angerufen hat.

Vorwort der 1. Auflage

Der Vorstand bildet die Zentralfigur unternehmerischen Handelns in der Aktiengesellschaft. Der Aufsichtsrat erlangt mit seiner Entscheidungskompetenz über die Auswahl, Berufung und Anstellung der Vorstandsmitglieder gleichsam unternehmenssteuernde Funktion: Die Qualität dieser Personalentscheidungen ist maßgebend für die strategische Ausrichtung und künftige wirtschaftliche Entwicklung der Aktiengesellschaft. Fehlbesetzungen im Vorstand lassen sich in der Regel weder durch intensivere Überwachung noch durch unternehmerische Mitverwaltung des Aufsichtsrats kompensieren. Gute Corporate Governance beginnt bereits bei der sorgfältigen Ausübung der Personalhoheit, die dem Aufsichtsrat sämtliche für die Einstellung der Vorstandsmitglieder notwendigen Kompetenzen und Einwirkungsbefugnisse zuweist. Der geschäftliche Erfolg oder Misserfolg des Vorstands reflektiert mithin stets auch die Arbeit des Aufsichtsrats.

Die aktuelle Diskussion über das Amt der Vorstandsmitglieder und ihre Anstellungsverträge mit Aktienoptionen, Abfindungs- und Pensionsansprüchen sowie der erhebliche Anstieg gerichtlicher Streitigkeiten über die vorzeitige Abberufung und Kündigung des Vorstandsvertrages geben Anlass für eine systematische Aufbereitung der einzelnen Problemfelder anhand der neuesten Rechtsprechung und Literatur. Berücksichtigt sind zudem die gesetzlichen Änderungen im Bereich des Dienstvertrags- und Aktienrechts, die aktuelle Fassung des Corporate Governance Kodex sowie die geplanten Gesetzesvorhaben im deutschen und im europäischen Gesellschaftsrecht.

Das Handbuch richtet sich an Aufsichtsräte und Vorstandsmitglieder der Aktiengesellschaft sowie an Rechts- und Syndikusanwälte, Steuerberater und Wirtschaftsprüfer. Ebenso erhalten Richter der Zivil-, Finanz- und Strafgerichtsbarkeit eine umfassende Einführung in die aktien- und schuldrechtlichen Grundlagen des Vorstandsvertrages.

Leipzig, im Juni 2005 *Torsten Beiner*

Inhaltsverzeichnis

Vorwort der 2. Auflage 5
Vorwort der 1. Auflage 6
Abkürzungsverzeichnis 17
Literaturverzeichnis 23
    Aufsätze und Festschriftbeiträge (Auswahl) 23
    Kommentare, Handbücher und Monographien 38

Kapitel 1 Auswahl der Vorstandsmitglieder 41
  A. Anforderungen an das Auswahlverfahren 41
    I. Erstberufung in den Vorstand 41
      1. Vorauswahl der Kandidaten. 41
        a) Einsetzung einer Findungskommission 41
        b) Nominierungsausschuss bei Kreditinstituten 43
        c) Vorschlagsrecht des Vorstandsvorsitzenden. 44
        d) Beauftragung eines Personalberaters 45
        e) Einbindung eines Vergütungsberaters 46
      2. Kandidatensuche im Unternehmen 47
    II. Entscheidung über Wiederbestellung 47
      1. Leistungsbeurteilung. 47
      2. Nachfolgelösung 48
    III. Personalentscheidung als Business Judgment. 48
      1. Orientierung am Unternehmenswohl 48
      2. Angemessener Informationsstand 50
  B. Anforderungsprofil des Kandidaten. 50
    I. Fachliche Mindestvoraussetzungen 50
    II. Persönliche Eigenschaften. 52

Kapitel 2 Bestellung der Vorstandsmitglieder 55
  A. Bestellung zum Vorstandsmitglied 55
    I. Rechtsnatur der Bestellung 55
    II. Bestellungskompetenz. 56
      1. Bestellung durch den Aufsichtsrat 56
        a) Zuständigkeit des Gesamtaufsichtsrats 56
        b) Entschließungsfreiheit 57
        c) Beschlussfassung 58
        d) Zustimmung des Vorstandsmitglieds 61
        e) Form der Bestellung 61
      2. Bestellung durch das Gericht 61
        a) Voraussetzungen 61
        b) Rechtsfolgen der Ersatzbestellung 63

III. Anforderungen an die Vorstandsbesetzung 65
   1. Anzahl der Vorstandsmitglieder 65
      a) Gesetzliche und statutarische Vorgaben 65
      b) Rechtsfolgen bei Unter- oder Überbesetzung 66
   2. Besondere Mitglieder des Vorstands 67
      a) Vorstandsvorsitzender 67
      b) Chief Executive Officer 69
      c) Vorstandssprecher 69
      d) Arbeitsdirektor 70
      e) Stellvertretendes Vorstandsmitglied 72
      f) Aufsichtsratsmitglied als Interimsvorstand 73
IV. Anforderungen an das Vorstandsmitglied 75
   1. Gesetzliche Anforderungen 75
   2. Statutarische Anforderungen 77
      a) Auswahlrichtlinien 77
      b) Rechtsfolgen bei Nichtbeachtung 79
   4. Bestellungshindernisse und Tätigkeitsverbote 79
      a) Aktienrechtliche Ausschlussgründe 79
      b) Aufsichtsrechtliche Tätigkeitsverbote 81
      c) Sonstige Berufungshindernisse 83
      d) Rechtsfolgen bei verbotswidriger Bestellung 83
   5. Doppelmandate der Vorstandsmitglieder 84
      a) Vorstands-Doppelmandate 84
      b) Vorstands- und Aufsichtsratsmandat 85
      c) Doppelmandate bei Kreditinstituten und Versicherungen 87
V. Dauer der Bestellung 88
   1. Gesetzliche Höchstdauer 88
   2. Mindestdauer 88
   3. Beginn der Amtszeit 89
VI. Wiederbestellung 90
   1. Beschluss des Aufsichtsrats 90
   2. Zeitpunkt der Beschlussfassung 91
   3. Vorzeitige Wiederbestellung 92
   3. Verlängerungsklauseln 94
VII. Fehlerhafte Bestellung; faktisches Organ 95
B. Beendigung der Bestellung 97
   I. Widerruf der Bestellung 97
      1. Verhältnis zur Kündigung der Anstellung 97
      2. Beschluss des Aufsichtsrats 97
         a) Zuständigkeit des Gesamtaufsichtsrats 97
         b) Beschlussfassung 98
         c) Bekanntgabe an das Vorstandsmitglied 99
         d) Frist und Form 100
         e) Anhörung 101

	3. Wichtiger Grund	101
	a) Allgemeine Anforderungen	101
	b) Privilegierte Interessenabwägung	103
	c) Gesetzliche Regelbeispiele	104
	d) Ausübungsermessen	110
	4. Wirksamkeit der Abberufung und Rechtsschutz	111
	a) Fehlen eines wichtigen Grundes	111
	b) Rechtsschutz des Vorstandsmitglieds	112
	5. Suspendierung und Dienstbefreiung	115
	a) Einseitige Suspendierung	115
	b) Einvernehmliche Suspendierung; Dienstbefreiung	116
II.	Amtsniederlegung durch das Vorstandsmitglied	117
	1. Erklärung des Vorstandsmitglieds	117
	2. Wirksamkeit der Amtsniederlegung	118
	3. Unberechtigte Amtsniederlegung	119
III.	Einvernehmliche Aufhebung der Bestellung	120
IV.	Umstrukturierung der Aktiengesellschaft	120
	1. Umwandlung der Gesellschaft	120
	a) Auswirkung auf die Organstellung	120
	b) Beendigung bei Fortbestehen der Gesellschaft	121
	2. Unternehmenskauf, Beherrschung und Eingliederung	122
V.	Insolvenz und Liquidation der Aktiengesellschaft	123
	1. Insolvenz der Gesellschaft	123
	2. Abwicklung der Gesellschaft	124
C. Behördliche Meldungen und Anzeigen	125
I.	Anmeldung zum Handelsregister	125
II.	Ad-hoc-Publizitätspflicht	126
	1. Anwendungsbereiche	126
	2. Befreiung von der Ad-hoc-Publizität	128
III.	Aufsichtsrechtliche Anzeigepflichten	129
	1. Geschäftsleiter von Kreditinstituten	129
	a) Absicht und Vollzug der Bestellung	129
	b) Ausscheiden eines Geschäftsleiters	131
	2. Geschäftsleiter von Versicherungsunternehmen	131
	3. Inhaber bedeutender Beteiligungen; Holdingunternehmen	131

Kapitel 3 Anstellungsvertrag der Vorstandsmitglieder 133
A. Grundlagen des Anstellungsverhältnisses 133
   I. Rechtsnatur des Anstellungsvertrages 133
      1. Trennung zwischen Anstellung und Bestellung 133
      2. Anstellungsvertrag als Dienstvertrag 134
      3. Anstellungsvertrag mit Dritten 135
         a) Gestaltungsformen 135

b) Drittanstellung im Konzern. 135
c) Vorstands-Doppelmandate 136
II. Stellung der Vorstandsmitglieder 137
   1. Arbeitnehmerschutzvorschriften. 137
      a) Kein Arbeitnehmerstatus 137
      b) Anwendbare Regelungen 138
   2. Sozialversicherungsrecht 140
   3. Treue- und Fürsorgeverhältnis 142
B. Abschluss des Anstellungsvertrages 143
  I. Anstellungskompetenz des Aufsichtsrats. 143
    1. Ausschließliche Zuständigkeit 143
    2. Entschließungsfreiheit; Zustimmung der Hauptversammlung 144
    3. Delegation an Ausschuss 148
      a) Bedeutung des Plenarvorbehalts 148
      b) Ausschussbesetzung. 150
      c) Vergütungskontrollausschuss bei Kreditinstituten. . 151
    4. Beschlussfassung 152
    5. Abschluss des Vertrages. 154
    6. Fehlende Ermächtigung. 156
    7. Form des Vertrages 156
  II. Dauer des Anstellungsvertrages 158
    1. Gesetzliche Höchstdauer 158
    2. Vertragsverlängerung 158
    3. Kopplungs- und Gleichlaufklauseln. 160
    4. Mitteilungspflichten. 161
  III. Fehlerhafter Anstellungsvertrag 162
C. Inhalt des Anstellungsvertrages. 164
  I. Rechte des Vorstandsmitglieds. 164
    1. Vorstandsvergütung 164
      a) Gebot der Angemessenheit 164
      b) Herabsetzung der Bezüge 179
      c) Gleichbehandlung im Vorstand 186
      d) Leistungsstörungen 187
      e) Abtretung und Pfändung 190
      f) Insolvenz der Gesellschaft 190
      g) Verjährung 193
      h) Offenlegung 193
      i) Besteuerung 195
    2. Vergütungsverordnung für Kreditinstitute und Versicherungen 197
      a) Anwendbarkeit der Vergütungsverordnungen 198
      b) Allgemeine Anforderungen an die Vergütungssysteme 200

c) Vergütungssysteme bedeutender Institute und
Versicherungen 207
d) Anpassung laufender Anstellungsverträge 215
3. Aktienoptionsprogramme 218
a) Gestaltungsformen 219
b) Zuständigkeit des Aufsichtsrats 220
c) Inhaltliche Anforderungen 221
d) Nachvertragliche Bindungsregeln 227
e) Publizitätspflichten. 229
f) Besteuerung 231
g) Auswirkungen von Umstrukturierungen 233
4. Tantieme. 234
a) Rechtsgrundlage 234
b) Höhe der Tantieme 236
c) Inhaltliche Ausgestaltung 237
5. Einmalige Anerkennungsprämien 240
a) Regelungsmöglichkeiten................ 240
b) Inhaltliche Anforderungen 241
6. Abfindungszusagen. 243
a) Gewöhnliche Abfindung. 243
b) Change-of-Control-Klausel 244
c) Abgrenzung zu Take-over-Boni 246
7. Betriebliche Altersversorgung. 247
a) Zuständigkeit des Aufsichtsrats-/ausschusses ... 248
b) Ausdrückliche Regelung. 248
c) Anwendbarkeit des BetrAVG 249
d) Ausgestaltung des Ruhegeldvertrages 254
e) Invaliditätsbedingtes Ruhegeld 259
f) Angemessenes Übergangsgeld 260
g) Wertsicherung und Anpassung 262
h) Widerruf der Versorgungszusage 265
i) Herabsetzung laufender Versorgungsleistungen .. 268
j) Fehlerhafte Versorgungszusage 270
k) Insolvenzsicherung. 270
l) Verjährung. 272
8. Hinterbliebenenversorgung 272
a) Versorgung des Ehegatten 272
b) Waisenversorgung 274
9. Auslagenersatz 275
a) Allgemeine Voraussetzungen 275
b) Regress und Freistellung. 276
9. D & O-Versicherung. 279
a) Versicherungsgegenstand 279
b) Versicherungszeitraum. 281
c) Abschlusspflicht 282

11

	d) Vergütungscharakter	284
	e) Angemessener Selbstbehalt	286
	f) Besteuerung	288
11.	Urlaub	289
	a) Urlaubsanspruch	289
	b) Abgeltungsanspruch	289
12.	Betriebliche Nebenleistungen	290
	a) Dienstwagen und -wohnung	290
	b) Sonstige Leistungen und Ansprüche	291
13.	Kreditgewährung an Vorstandsmitglieder	292
	a) Anwendungsbereich des § 89 AktG	292
	b) Beschluss des Aufsichtsrats	293
	c) Rechtsfolgen unzulässiger Kreditvergabe	294

II. Pflichten des Vorstandsmitglieds ... 295
  1. Wahrnehmung des Vorstandsmandats ... 295
     a) Geschäftsführung und Vertretung ... 295
     b) Geschäftsverteilung und Ressortzuweisung ... 296
     c) Übernahme anderweitiger Tätigkeiten ... 299
  2. Pflichtenbindung und Haftung ... 299
     a) Unzulässige Haftungsklauseln ... 300
     b) Haftung aus Vertragsverletzung ... 301
  3. Gesetzliches Wettbewerbsverbot ... 303
     a) Gegenstand und Anwendungsbereich ... 303
     b) Abgrenzung zu Corporate Opportunities ... 305
  4. Nachvertragliches Wettbewerbsverbot ... 307
     a) Anwendbarkeit der §§ 74 ff. HGB ... 307
     b) Berechtigtes Interesse der Gesellschaft ... 308
     c) Umfang des Wettbewerbsverbots ... 309
     d) Höhe der Karenzentschädigung ... 312
     e) Bedingtes Verbot und späterer Verzicht ... 313
     f) Lossagen vom Wettbewerbsverbot ... 315
     g) Geltungserhaltende Reduktion ... 315
     h) Rechtsfolgen bei unzulässigem Wettbewerb ... 316
  5. Dienstzeiten, Nebentätigkeit und Umsetzung ... 317
     a) Dienstzeiten ... 317
     b) Nebentätigkeit ... 318
     c) Umsetzung ... 320
  6. Auskunfts- und Herausgabepflichten ... 321
     a) Auskunftspflichten ... 321
     b) Herausgabepflichten ... 322
  7. Überlassung von Erfindungen ... 323
  8. Umsetzung des Deutschen Corporate Governance Kodex ... 323

III. Schiedsvereinbarung und Gerichtsstandsklausel...... 325
   1. Vereinbarung eines Schiedsgerichts........... 325
      a) Gesetzliche Anforderungen.............. 325
      b) Streitigkeiten aus dem Anstellungsvertrag..... 326
      c) Streitigkeiten aus der Organstellung.......... 327
      d) Persönliche Reichweite der Schiedsklausel..... 330
      e) D & O-Versicherung................... 330
   2. Gerichtsstandsklausel.................... 331
      a) Internationaler Gerichtsstand............. 331
      b) Besonderheiten bei Drittanstellung.......... 333
IV. Sonstige Schlussbestimmungen............... 334
   1. Aufhebung bestehender Vereinbarungen........ 334
   2. Schriftformklausel...................... 334
   3. Salvatorische Klausel 334
   4. Ausschlussfristen....................... 335
D. Beendigung des Anstellungsvertrages 335
   I. Bedeutung der Abberufung................... 335
   II. Kündigung durch die Aktiengesellschaft.......... 336
      1. Beschluss des Aufsichtsrats................ 336
         a) Zuständigkeit des Aufsichtsrats/-ausschusses ... 336
         b) Beschlussfassung..................... 338
         c) Form der Kündigung.................. 339
      2. Außerordentliche Kündigung............... 340
         a) Wichtiger Grund 340
         b) Kündigungsfrist...................... 344
         c) Darlegungs- und Beweislast.............. 346
         d) Abmahnung, Anhörung 347
         e) Verschulden........................ 348
         f) Rechtsschutz des Vorstandsmitglieds 348
      3. Ordentliche Kündigung................... 349
         a) Ausdrückliche Regelung................ 349
         b) Kündigungsfristen 350
   III. Kündigung durch das Vorstandsmitglied 351
      1. Außerordentliche Kündigung............... 351
         a) Wichtiger Grund 351
         b) Anspruch auf Schadensersatz............. 353
      2. Ordentliche Kündigung................... 354
   IV. Einvernehmliche Aufhebung des Anstellungsvertrages .. 355
      1. Beschluss des Aufsichtsrats................ 355
         a) Zuständigkeit des Plenums 355
         b) Beschlussfassung; Stimmenthaltung......... 356
         c) Form des Aufhebungsvertrages............ 357
      2. Zahlung einer Abfindung 358
         a) Gestaltungsformen 358
         b) Abgeltung der Vergütungsansprüche......... 358

	c) Zusätzliche Abfindungszahlung	363
	d) Besteuerung	366
3.	Sonstige nachvertragliche Regelungen	369
4.	Ausgleichs- und Erledigungsklausel	370
	a) Umfang und Wirkung	370
	b) Vereinbarungen mit Dritten	372
5.	Einvernehmliche Freistellung	373
V.	Fortsetzung als gewöhnliches Arbeitsverhältnis	374
1.	Änderung der Vertragsbedingungen	374
	a) Widerruf der Bestellung	374
	b) Umstrukturierung der Gesellschaft	375
	c) Wiederaufleben eines Arbeitsvertrages	375
2.	Rechtsfolgen	376
VI.	Umstrukturierung der Aktiengesellschaft	376
1.	Umwandlung der Gesellschaft	376
	a) Auswirkung auf den Anstellungsvertrag	376
	b) Änderung der Leistungspflichten	378
	c) Möglichkeiten der Vertragsbeendigung	381
2.	Unternehmenskauf, Beherrschung und Eingliederung	384
VII.	Insolvenz und Liquidation der Aktiengesellschaft	386
1.	Insolvenz der Gesellschaft	386
	a) Kündigung durch die Gesellschaft	386
	b) Kündigung durch das Vorstandsmitglied	387
2.	Abwicklung der Gesellschaft	388

Anhang ... 389
  A. Muster zur Bestellung und Abberufung ... 389
    I. Bestellung eines Vorstandsmitglieds ... 389
    II. Widerruf unter gleichzeitiger Neubestellung ... 390
    III. Übermittlung des Widerrufs- und Kündigungsbeschlusses. 391
    IV. Anmeldung zum Handelsregister ... 392
  B. Muster zum Anstellungsvertrag ... 394
    I. Anstellungsvertrag einschließlich Pensionsvereinbarung . 394
    II. Richtlinie des Aufsichtsrats für die Festsetzung der variablen Vergütung der Vorstandsmitglieder eines Kreditinstituts (Vergütungsrichtlinie) ... 415
    III. Aktienoptionsvereinbarung ... 419
    IV. Übertragung von Pensionsanwartschaften ... 426
    V. Einvernehmliche Freistellung ... 427
  C. Muster zum Aufhebungsvertrag ... 429
    I. Aufhebungsvertrag ... 429
    II. Haftungsfreistellung und Stimmbindungsvereinbarung (Auszug) ... 435
  D. Muster zur Geschäftsordnung für den Vorstand ... 436

E. Muster zur Geschäftsordnung für den Präsidialausschuss des Aufsichtsrats 446
F. Checkliste zu den Anforderungen des Deutschen Corporate Governance Kodex 448
    I. Empfehlungen des Deutschen Corporate Governance Kodex 448
    II. Anregungen des Deutschen Corporate Governance Kodex   460

Autorenvitae 463

Sachregister 465

Abkürzungsverzeichnis

a. F.	alte Fassung
a. A.	andere Ansicht
abgedr.	abgedruckt
Abl. EG	Amtsblatt der Europäischen Gemeinschaften
Abs.	Absatz
AcP	Archiv für civilistische Praxis
AG	Aktiengesellschaft; Die Aktiengesellschaft (Zeitschrift)
AGG	Allgemeines Gleichbehandlungsgesetz
AktG	Aktiengesetz
AktG-E	Aktiengesetz im Regierungsentwurf
AnSVG	Anlegerschutzverbesserungsgesetz
ArbGG	Arbeitsgerichtsgesetz
Art.	Artikel
AuA	Arbeit und Arbeitsrecht
Aufl.	Auflage
AVB-AVG	Allgemeine Versicherungsbedingungen für Vermögensschadenhaftpflicht
BaFin	Bundesanstalt für Finanzdienstleistungsaufsicht
BAG	Bundesarbeitsgericht
BAGE	Entscheidungen des Bundesarbeitsgerichts
BAWe	Bundesaufsichtsamt für den Wertpapierhandel
BayObLG	Bayerisches Oberstes Landesgericht
BB	Der Betriebs-Berater
BBG	Bundesbeamtengesetz
Beil.	Beilage
BetrAVG	Gesetz zur Verbesserung der betrieblichen Altersversorgung
BetrVG	Betriebsverfassungsgesetz
BFH	Bundesfinanzhof
BFH/NV	Sammlung der Entscheidungen des Bundesfinanzhofes
BFHE	Entscheidungen des Bundesfinanzhofes
BGB	Bürgerliches Gesetzbuch
BGBl.	Bundesgesetzblatt
BGH	Bundesgerichtshof
BGHSt	Entscheidungen des Bundesgerichtshofes in Strafsachen
BGHZ	Entscheidungen des Bundesgerichtshofes in Zivilsachen
BilMoG	Gesetz zur Modernisierung des Bilanzrechts
BMF	Bundesminister der Finanzen

BR-Drucks.	Drucksachen des Deutschen Bundesrates
BRRG	Beamtenrechtsrahmengesetz
BSG	Bundessozialgericht
BStBl.	Bundessteuerblatt
BT-Drucks.	Drucksachen des Deutschen Bundestages
BUrlG	Bundesurlaubsgesetz
BVerfG	Bundesverfassungsgericht
BVerfGE	Entscheidungen des Bundesverfassungsgerichts
CEO	Chief Executive Officer
D & O	Directors & Officers Liability Insurances
d. h.	das heißt
DAX	Deutscher Aktienindex
DB	Der Betrieb
DCGK	Deutscher Corporate Governance Kodex
diff.	differierend
DR	Deutsches Recht
DrittbeteiligungsG	Drittbeteiligungsgesetz
DStR	Deutsches Steuerrecht
DZWiR	Deutsche Zeitschrift für Wirtschaftsrecht
EFG	Entscheidungen der Finanzgerichte
EGBGB	Einführungsgesetz zum Bürgerlichen Gesetzbuch
EGV	Vertrag zur Gründung der Europäischen Gemeinschaft
EStG	Einkommensteuergesetz
EU	Europäische Union
EuGH	Europäischer Gerichtshof
EuGVÜ	Übereinkommen vom 27. September 1968 über die gerichtliche Zuständigkeit und die Vollstreckung gerichtlicher Entscheidungen in Zivil- und Handelssachen
EuGVVO	Verordnung über die gerichtliche Zuständigkeit und die Anerkennung und Vollstreckung von Entscheidungen in Zivil- und Handelssachen
EWiR	Entscheidungen zum Wirtschaftsrecht
EzA	Entscheidungssammlung zum Arbeitsrecht
f., ff.	folgend(e)
F.A.Z.	Frankfurter Allgemeine Zeitung
FG	Finanzgericht
FGG	Gesetz über die Angelegenheiten der Freiwilligen Gerichtsbarkeit
FGPrax	Praxis der Freiwilligen Gerichtsbarkeit
Fn.	Fußnote
FR	Finanzrundschau
FS	Festschrift
GesR	Gesellschaftsrecht
GewO	Gewerbeordnung

GG	Grundgesetz
ggf.	gegebenenfalls
GKG	Gerichtskostengesetz
GmbH	Gesellschaft mit beschränkter Haftung
GmbHG	GmbH-Gesetz
GmbHR	GmbH-Rundschau
GRUR	Gewerblicher Rechtsschutz und Urheberrecht
GWB	Gesetz gegen Wettbewerbsbeschränkungen
HGB	Handelsgesetzbuch
Hrsg.	Herausgeber
i. S. d.	im Sinne des
i. V. m.	in Verbindung mit
insb.	insbesondere
InsO	Insolvenzordnung
InstitutsVergV	Verordnung über die aufsichtsrechtlichen Anforderungen an Vergütungssysteme von Instituten
IntBestG	Gesetz zur Bekämpfung der Bestechung im internationalen Geschäftsverkehr
IPR	Internationales Privatrecht
IPRax	Praxis des Internationalen Privat- und Verfahrensrechts
JW	Juristische Wochenschrift
JZ	Juristenzeitung
KapInHaftG	Gesetz zur Verbesserung der Haftung für falsche Kapitalmarktinformationen
KG	Kommanditgesellschaft; Kammergericht
KonTraG	Gesetz zur Kontrolle und Transparenz im Unternehmensbereich
KSchG	Kündigungsschutzgesetz
KStG	Körperschaftsteuergesetz
KWG	Gesetz über das Kreditwesen
LAG	Landesarbeitsgericht
LAGE	Entscheidungen der Landesarbeitsgerichte
LG	Landgericht
LSG	Landessozialgericht
M & A	Mergers & Aquisitions
m. Anm.	mit Anmerkungen
m. w. N.	mit weiteren Nachweisen
MDR	Monatsschrift für Deutsches Recht
MitbestErgG	Gesetz zur Ergänzung des Gesetzes über die Mitbestimmung der Arbeitnehmer in den Aufsichtsräten und Vorständen der Unternehmen des Bergbaus und der Eisen und Stahl erzeugenden Industrie
MitbestG	Mitbestimmungsgesetz
MoMiG	Gesetz zur Modernisierung des GmbH-Rechts und zur Bekämpfung von Missbräuchen

MontanMitbestG	Montanmitbestimmungsgesetz
n. F.	neue Fassung
NJW	Neue Juristische Wochenschrift
NJW-RR	NJW-Rechtsprechungs-Report Zivilrecht
Nr.	Nummer
NStZ	Neue Zeitschrift für Strafrecht
NVersR	Neue Zeitschrift für Versicherung und Recht
NZA	Neue Zeitschrift für Arbeits- und Sozialrecht
NZA-RR	NZA-Rechtsprechungs-Report
NZG	Neue Zeitschrift für Gesellschaftsrecht
NZI	Neue Zeitschrift für Insolvenzrecht
NZS	Neue Zeitschrift für Sozialrecht
OECD	Organisation für wirtschaftliche Zusammenarbeit
OFD	Oberfinanzdirektion
OLG	Oberlandesgericht
OLG-NL	OLG-Rechtsprechung Neue Länder
OLGR	Die Rechtsprechung der Oberlandesgerichte auf dem Gebiet des Zivilrechts
östOGH	Oberster Gerichtshof (Österreich)
Preisangaben- und PreisklauselG	Preisangaben- und Preisklauselgesetz
PreisklauselVO	Preisklauselverordnung
RdA	Recht der Arbeit
RegE	Regierungsentwurf
RG	Reichsgericht
RGZ	Entscheidungen des Reichsgerichts in Zivilsachen
RIW	Recht der internationalen Wirtschaft
Rn.	Randnummer(n)
RVO	Reichsversicherungsordnung
S.	Seite
s.	siehe
SGB III	Sozialgesetzbuch Drittes Buch – Arbeitsförderung
SGB IV	Sozialgesetzbuch Viertes Buch – Gemeinsame Vorschriften für die Sozialversicherung
SGB V	Sozialgesetzbuch Fünftes Buch – Gesetzliche Krankenversicherung
SGB VI	Sozialgesetzbuch Sechstes Buch – Gesetzliche Rentenversicherung
SGB XI	Sozialgesetzbuch Elftes Buch – Soziale Pflegeversicherung
sog.	so genannte
Sonderbeil.	Sonderbeilage
StB	Der Steuerberater
StBerG	Steuerberatungsgesetz
StGB	Strafgesetzbuch

StPO	Strafprozessordnung
StuB	Zeitschrift für das Steuerrecht und die Rechnungslegung der Unternehmen
TransPuG	Transparenz- und Publizitätsgesetz
UMAG	Gesetz zur Unternehmensintegrität und Modernisierung des Anfechtungsrechts
umstr.	umstritten
UmwG	Umwandlungsgesetz
VAG	Gesetz über die Beaufsichtigung von Versicherungsunternehmen
VersPraxis	Die Versicherungspraxis
VersR	Versicherungsrecht
VersVergV	Verordnung über die aufsichtsrechtlichen Anforderungen an Vergütungssysteme im Versicherungsbereich
VG	Verwaltungsgericht
vgl.	vergleiche
VO	Verordnung
VorstAG	Gesetz zur Angemessenheit der Vorstandsvergütung
VW	Versicherungswirtschaft
WarnR	Warneyer, Sammlung zivilrechtlicher Entscheidungen des Reichsgerichts
wbl	Zeitschrift für österreichisches und europäisches Wirtschaftsrecht
WiB	Wirtschaftsrechtliche Beratung (Zeitschrift)
WM	Wertpapiermitteilungen
WPg	Die Wirtschaftsprüfung
WpHG	Wertpapierhandelsgesetz
WpÜG	Wertpapiererwerbs- und Übernahmegesetz
WuB	Entscheidungssammlung zum Wirtschafts- und Bankrecht
ZfA	Zeitschrift für Arbeitsrecht
ZfB	Zeitschrift für Betriebswirtschaft
ZGR	Zeitschrift für Unternehmens- und Gesellschaftsrecht
ZHR	Zeitschrift für das gesamte Handelsrecht
ZInsO	Zeitschrift für das gesamte Insolvenzrecht
ZIP	Zeitschrift für Wirtschaftsrecht und Insolvenzpraxis
ZPO	Zivilprozessordnung
ZRP	Zeitschrift für Recht und Praxis
ZSR-NF	Zeitschrift für schweizerisches Recht
ZVglRWiss	Zeitschrift für vergleichende Rechtswissenschaft

Literaturverzeichnis

Aufsätze und Festschriftbeiträge (Auswahl)

Adams	Vorstandsvergütungen – Die Fälle Mannesmann und DaimlerChrysler, FS Carl Chr. v. Weizsäcker, 2003, S. 295
Adams	Aktienoptionspläne und Vorstandsvergütungen, ZIP 2002, 1325
Annuß/Sammet	Anforderungen an Vergütungssysteme in Versicherungsunternehmen, BB 2011, 115
Annuß/Theusinger	Das VorstAG – Praktische Hinweise zum Umgang mit dem neuen Recht, BB 2009, 2434
Armbrüster	Wettbewerbsverbote im Kapitalgesellschaftsrecht, ZIP 1997, 1269
Arnold	Variable Vergütung von Vorstandsmitgliedern im faktischen Konzern, FS Bauer, 2010, S. 35
Aschenbeck	Personenidentität bei Vorständen in Konzerngesellschaften, NZG 2000, 1015
Augsberg	Verfassungsrechtliche Aspekte einer gesetzlichen Offenlegungspflicht für Vorstandsbezüge, ZRP 2005, 105
Bauder	Die Bezüge des GmbH-Geschäftsführers in Krise und Konkurs der Gesellschaft, BB 1993, 369
Bauer	Kündigung und Kündigungsschutz vertretungsberechtigter Organmitglieder, BB 1994, 855
Bauer	Rechtliche und taktische Probleme bei der Beendigung von Vorstandsverhältnissen, DB 1992, 1413
Bauer/Arnold	Festsetzung und Herabsetzung der Vorstandsvergütung nach dem VorstAG, AG 2009, 717
Bauer/Arnold	Sind Abfindungs-Caps in Vorstandsverträgen wirklich zu empfehlen? – Zur Überarbeitung des Deutschen Corporate Governance Kodex, BB 2008, 1692
Bauer/Arnold	AGG-Probleme bei vertretungsberechtigten Organmitgliedern, ZIP 2008, 93
Bauer/Arnold	Der „richtige Zeitpunkt" für die Erstbestellung von Vorstandsmitgliedern, DB 2007, 1571
Bauer/Arnold	Vorstandsverträge im Kreuzfeuer der Kritik, DB 2006, 260
Bauer/Arnold	Mannesmann und die Folgen für Vorstandsverträge, DB 2006, 546
Bauer/Baeck/ von Medem	Altersversorgung und Übergangsgeld in Vorstandsanstellungsverträgen, NZG 2010, 721
Bauer/Baeck/Lösler	Schriftform- und Zuständigkeitsprobleme beim Aufstieg eines Angestellten zum Geschäftsführer einer GmbH, ZIP 2003, 1821
Bauer/Diller	Allgemeine Erledigungsklausel und nachvertragliches Wettbewerbsverbot – eine unendliche Geschichte?, BB 2004, 1274
Bauer/Diller	Nachvertragliche Wettbewerbsverbote mit GmbH-Geschäftsführern, GmbHR 1999, 885

Bauer/Diller	Kopplung von Abberufung und Kündigung bei Organmitgliedern, GmbHR 1998, 809
Bauer/Diller	Karenzentschädigung und bedingte Wettbewerbsverbote bei Organmitgliedern, BB 1995, 1134
Bauer/Gemmeke	Der Zeitpunkt der Besteuerung bei Mitarbeiter-Wandelschuldverschreibungen, StB 2003, 83
Bauer/Göpfert/Krieger	Diskriminierungsrisiken bei Organmitgliedern, DB 2005, 595
Bauer/Gragert	Der GmbH-Geschäftsführer zwischen Himmel und Hölle, ZIP 1997, 2177
Bauer/Krets	Gesellschaftliche Sonderregeln bei der Beendigung von Vorstands- und Geschäftsführerverträgen, DB 2003, 811
Bauer/Krieger	Formale Fehler bei Abberufung und Kündigung vertretungsberechtigter Organmitglieder, ZIP 2004, 1247
Bauer/von Steinau-Steinrück	Haftung von Organmitgliedern und sanktionierter Widerruf von Versorgungszusagen, ZGR 1999, 314
Baums	Anerkennungsprämien für Vorstandsmitglieder, FS Huber, 2006, S. 655
Baums	Zur Offenlegung von Vorstandsvergütungen, ZHR 169 (2005), 299
Baums	Vorschlag eines Gesetzes zur Verbesserung der Transparenz von Vorstandsvergütungen, ZIP 2004, 1877
Baums	Aktienoptionen für Vorstandsmitglieder, FS Claussen, 1997, S. 3
Baums	Zuständigkeit für Abschluss, Änderung und Aufhebung von Anstellungsverträgen, ZGR 1993, 141
Baums	Die Auswirkung der Verschmelzung von Kapitalgesellschaften auf die Anstellungsverhältnisse der Geschäftsleiter, ZHR 156 (1992), 248
Bednarz	Die Kundgabe von Beschlüssen des Aufsichtsrats durch den Aufsichtsratsvorsitzenden – ein Fall für § 174 S. 1 BGB?, NZG 2005, 418
Behr/Kindl	Zur Vertretung der Aktiengesellschaft gegenüber ehemaligen Vorstandsmitgliedern, DStR 1999, 119
Berscheid	Die Kündigung von Arbeitsverhältnissen nach § 113 InsO (Teil 1 u. 2), ZInsO 1998, 115 u. 159
Bezzenberger	Der Vorstandsvorsitzende der Aktiengesellschaft, ZGR 1996, 661
Binz/Sorg	Erfolgsabhängige Vergütungen von Vorstandsmitgliedern einer Aktiengesellschaft auf dem Prüfstand, BB 2002, 1273
Binz /Sorg	Nochmals – Vorstandsbezüge – viel Lärm um nichts?, ZIP 2002, 1919
Bittmann/Schwarz	Offenlegung von „Change of Control-Klauseln", BB 2009, 1014
Borris	Die Schiedsfähigkeit gesellschaftsrechtlicher Streitigkeiten in der Aktiengesellschaft, NZG 2010, 481
Bosse	Das Gesetz zur Angemessenheit der Vorstandsvergütung (VorstAG) – Überblick und Handlungsbedarf, BB 2009, 1650
Brauer	Die aktienrechtliche Beurteilung von „appreciation awards" zu Gunsten des Vorstands, NZG 2004, 502
Brauer/Dreier	Der Fall Mannesmann in der nächsten Runde, NZG 2005, 57

Bresser/Thiele/ Biedermann/Lüdeke	Entlassung des Vorstandsvorsitzenden und Unternehmenserfolg: Eine empirische Untersuchung der größten deutschen Aktiengesellschaften, ZfB 75 (2005), 1165
Buchner/Schlobach	Die Auswirkungen der Umwandlung von Gesellschaften auf die Rechtsstellung ihrer Organpersonen, GmbHR 2004, 1
Cannivé/Seebach	Vorstandsvergütung als neue Haftungsfalle für Aufsichtsratsmitglieder? – Haftung und Verhaltenspflichten der Aufsichtsratsmitglieder nach Inkrafttreten des VorstAG, Der Konzern 2009, 593
Caspar	Repricing von Stock Options, DStR 2004, 1391
Claussen	Stock options – Quo vadis?, FS Horn, 2006, S. 313
Czernich	Gerichtsvereinbarung und Auslandsbezug, wbl 2004, 458
Dauner-Lieb	Die Verrechtlichung der Vorstandsvergütung durch das VorstAG als Herausforderung für den Aufsichtsrat – Methodische Probleme im Umgang mit Rechtsunsicherheit, Der Konzern 2009, 583
Dauner-Lieb/von Preen/ Simon	Das VorstAG – Ein Schritt auf dem Weg zum Board-System? – Thesen zu einem aktienrechtskonformen Verständnis des VorstAG, DB 2010, 377
Deilmann	Fehlen einer Directors & Officers (D & O)-Versicherung als Rücktrittsgrund für die Organmitglieder einer Aktiengesellschaft, NZG 2005, 54
Deilmann/Otte	Auswirkungen des VorstAG auf die Struktur der Vorstandsvergütung, GWR 2009, 261
Deilmann/Otte/ Friedrich	Zur Reichweite des § 87 II AktG – Rückgängigmachung der Kürzung nach Erholung der Lage der Gesellschaft?, NZG 2010, 688
Diller	Kündigung, Kündigungsschutz und Weiterbeschäftigungsanspruch des GmbH-Geschäftsführers, NZG 2011, 254
Diller	Nachträgliche Herabsetzung von Vorstandsvergütungen und -ruhegeldern nach dem VorstAG, NZG 2009, 1006
Diller/Arnold	Vergütungsverordnungen für Banken und Versicherungen: Pflicht zum Mobbing?, ZIP 2011, 837
Diller/Göpfert	Rettungsfonds für Banken: Eingriffe in Vorstandsverträge und Bezüge, DB 2008, 2579
Dorrwächter/ Trafkowski	Anmerkungen zum Abfindungs-Cap in Nummer 4.2.3 n. F. des Deutschen Corporate Governance Kodex, NZG 2007, 846
Dreher	Vergütung, Versorgung und Absicherung von Vorstandsmitgliedern in der Aktiengesellschaft, in *Henze/Hoffmann-Becking*, Gesellschaftsrecht 2003, 2004, S. 203
Dreher	Change of control-Klauseln bei Aktiengesellschaften, AG 2002, 214
Dreher	Der Abschluss von D & O-Versicherungen und die aktienrechtliche Zuständigkeitsordnung, ZHR 165 (2001), 293
Dreher	Kopplung der Beendigung des Anstellungsvertrages eines AG-Vorstandsmitgliedes an den Bestellungswiderruf?, AG 1989, 431

Dreher/Görner	Der angemessene Selbstbehalt in der D & O-Versicherung, ZIP 2003, 2321
Duden	Abberufung eines Vorstandsmitgliedes durch den Aufsichtsrat wegen Vertrauensentzug durch die Aktionäre?, BB 1961, 225
Eckardt	Koppelung der Beendigung des Anstellungsvertrages eines AG-Vorstandsmitgliedes an den Bestellungswiderruf?, AG 1989, 431
Erdmann	Ausländische Staatsangehörige in Geschäftsführungen und Vorständen deutscher GmbHs und AGs, NZG 2002, 503
Fastrich	Golden Parachutes und sonstige Landehilfen, FS Heldrich, 2005, S. 143
Feddersen/Pohl	Die Praxis der Mitarbeiterbeteiligung seit Einführung des KonTraG, AG 2001, 26
Feudner	Regeln für Vorstandsbezüge – Iustitia est constans et perpetua voluntas ius suum cuique tribuendi, NZG 2007, 779
Fischer	Geschäftsführerdienstverträge und Urkundenprozess, NJW 2003, 333
Fischer	Die Bestellung von Arbeitnehmern zu Organmitgliedern juristischer Personen und das Schicksal ihres Arbeitsvertrags, NJW 2003, 2417
Fischer/Harth/Meyding	Vorstandsverträge im Konzern: Rechtliche Gestaltungsmöglichkeiten bei der Organleihe, BB 2000, 1097
Flatten	Dauer von Geschäftsführerverträgen. Ein Leitfaden für Vertragsverhandlungen, GmbHR 2000, 922
Fleck	Das Dienstverhältnis der Vorstandsmitglieder und Geschäftsführer in der Rechtsprechung des BGH, WM 1994, 1957
Fleck	Das Organmitglied – Unternehmer oder Arbeitnehmer? FS Hilger/Stumpf, 1983, S. 197
Fleischer	Gesundheitsprobleme eines Vorstandsmitglieds im Lichte des Aktien- und Kapitalmarktrechts, NZG 2010, 561
Fleischer	Das Gesetz zur Angemessenheit der Vorstandsvergütung (VorstAG), NZG 2009, 801
Fleischer	Aufsichtsratsverantwortlichkeit für die Vorstandsvergütung und Unabhängigkeit der Vergütungsberater, BB 2010, 67
Fleischer	Anhörungsrechte bei der Abberufung von Geschäftsleitern im US-amerikanischen, englischen, französischen und schweizerischen Aktienrecht: ein Vorbild für Deutschland?, RIW 2006, 481
Fleischer	Zur Privatsphäre von Geschäftsleitern: Organpflichten, organschaftliche Zurechnung und private Umstände, NJW 2006, 3239
Fleischer	Bestellungsdauer und Widerruf der Bestellung von Vorstandsmitgliedern im in- und ausländischen Aktienrecht, AG 2006, 429
Fleischer	Organpublizität im Aktien-, Bilanz- und Kapitalmarktrecht, NZG 2006, 561
Fleischer	Zur Abberufung von Vorstandsmitgliedern auf Druck Dritter, DStR 2006, 1507

Fleischer	Das Vorstandsvergütungs-Offenlegungsgesetz, DB 2005, 1611
Fleischer	Zur Angemessenheit der Vorstandsvergütung im Aktienrecht, DStR 2005, 1279 (Teil I), 1318 (Teil II)
Fleischer	Das Mannesmann-Urteil des Bundesgerichtshofs: Eine aktienrechtliche Nachlese, DB 2006, 542
Fleischer	Haftungsfreistellung, Prozesskostenersatz und Versicherung für Vorstandsmitglieder, WM 2005, 909
Fleischer	Wettbewerbs- und Betätigungsverbot für Vorstandsmitglieder im Aktienrecht, AG 2005, 336
Fleischer	Aktienrechtliche Zweifelsfragen der Kreditgewährung an Vorstandsmitglieder, WM 2004, 1057
Fleischer	Bestellungshindernisse und Tätigkeitsverbote von Geschäftsleitern im Aktien-, Bank- und Kapitalmarktrecht, WM 2004, 157
Fleischer	Gelöste und ungelöste Probleme der gesellschaftsrechtlichen Geschäftschancenlehre, NZG 2003, 985
Fleischer	Zur Leitungsaufgabe des Vorstands im Aktienrecht, ZIP 2003, 1
Fleischer	Zum Grundsatz der Gesamtverantwortung im Aktienrecht, NZG 2003, 449
Fleischer/Hupka	Zur Regulierung der Vorstandsvergütung durch das Steuerrecht, DB 2010, 601
Fonk	Vergütungsrelevante Zielvereinbarungen und -vorgaben versus Leitungsbefugnis des Vorstands, NZG 2011, 321
Fonk	Zur Vertragsgestaltung bei Vorstandsdoppelmandaten, NZG 2010, 368
Fonk	Altersversorgung von Organmitgliedern im Umbruch, ZGR 2009, 413
Fonk	Die Zulässigkeit von Vorstandsbezügen dem Grund nach, NZG 2005, 248
Fonk	Rechtsfragen nach der Abberufung von Vorstandsmitgliedern und Geschäftsführern, NZG 1998, 408
Fonk	Die betriebliche Altersversorgung für Vorstandsmitglieder von Aktiengesellschaften, FS Semler, 1993, S. 139
Gaul	Die Behandlung von schutzwürdigen Erfindungen durch den GmbH-Geschäftsführer, GmbHR 1982, 101
Gaul/Janz	Wahlkampfgetöse im Aktienrecht – Gesetzliche Begrenzung der Vorstandsvergütung und Änderungen der Aufsichtsratstätigkeit, NZA 2009, 809
Göcke/Greubel	Herabsetzung der Vorstandsvergütung in der Insolvenz, ZIP 2009, 2086
Goette	Der Geschäftsführer-Dienstvertrag zwischen Gesellschafts- und Arbeitsrecht in der Rechtsprechung des Bundesgerichtshofs, FS Wiedemann, 2002, S. 873
Goette	Leitung, Aufsicht, Haftung, FS aus Anlass des fünfzigjährigen Bestehens von Bundesgerichtshof, Bundesanwaltschaft und Rechtsanwaltschaft beim Bundesgerichtshof; zitiert: Goette, FS BGH, ...
Goette	Das Anstellungsverhältnis des GmbH-Geschäftsführers in der Rechtsprechung des BGH, DStR 1998, 1137
Götz	Die vorzeitige Wiederwahl von Vorständen, AG 2002, 305

Götz	Rechte und Pflichten des Aufsichtsrats nach dem Transparenz- und Publizitätsgesetz, NZG 2002, 599
Grobys/Littger	Amtsniederlegung durch das Vorstandsmitglied einer Aktiengesellschaft, BB 2002, 2292
Grumann/Gillmann	Abberufung und Kündigung von Vorstandsmitgliedern einer Aktiengesellschaft, DB 2003, 770
Haas/Hoßfeld	Schiedsvereinbarungen zwischen Gesellschaft und GmbH-Geschäftsführer, FS U.H.Schneider, 2011, S. 407
Habersack	Die Einbeziehung des Tochtervorstands in das Aktienoptionsprogramm der Muttergesellschaft – ein Problem der §§ 311 ff. AktG, FS Raiser, 2005, S. 112
Hanau	Der sehr vorsichtige Entwurf eines Gesetzes zur Angemessenheit der Vorstandsvergütung, NJW 2009, 1652
Hauptmann/ Müller-Dott	Pflichten und Haftungsrisiken der Leitungsorgane einer Aktiengesellschaft und ihrer Tochtergesellschaften in der Insolvenz, BB 2003, 2521
Heeke	„Grenzenloser" Schutz des BetrAVG: Anwendbarkeit bei Zuwendungen für GmbH-Fremd-Geschäftsführer auf ausländischer Rechtsgrundlage, GmbHR 2004, 177
Heidbüchel	Das Aufsichtsratsmitglied als Vorstandsvertreter – Voraussetzungen und Risiken eines „Interimsvorstands", WM 2004, 1317
Heim	Ermächtigung des Aufsichtsratsvorsitzenden zur Vertretung gegenüber Vorstandsmitgliedern, AG 1970, 191
Heim	Befugnis des Aufsichtsratsvorsitzenden, bei Rechtsgeschäften mit Vorstandsmitgliedern an Stelle des gesetzlich vertretungsberechtigten Aufsichtsrats aufzutreten, AG 1967, 4
Hein v.	Vom Vorstandsvorsitzenden zum CEO?, ZHR 166 (2002), 464
Heller	Die Rechtsverhältnisse der GmbH nach streitiger Abberufung des Geschäftsführers, GmbHR 2002, 1227
Hengeler	Versorgungszusagen in fehlerhaften Vorstandsverträgen, FS Barz, 1974, S. 129
Henssler	Das Anstellungsverhältnis der Organmitglieder, RdA 1992, 289
Henssler	D & O-Versicherung in Deutschland, RWS-Forum Gesellschaftsrecht 2001, S. 131
Hentzen	Die Schiedsvereinbarung zum Anstellungsvertrag bei Beendigung der Organstellung, FS Sandrock, 1995, S. 181
Hess/Ruppe	Die Eigenverwaltung in der Insolvenz einer AG oder einer GmbH, NZI 2002, 577
Heuchemer/Kloft	Neue Verordnung über die aufsichtsrechtlichen Anforderungen an Vergütungssysteme von Instituten (Instituts-Vergütungsverordnung), WM 2010, 2241
Hillmann-Stadtfeld	Beendigung von Geschäftsführer-Dienstverträgen: Kopplungsklauseln bei befristeten Verträgen, GmbHR 2004, 1457
Hoffmann-Becking	Abfindungsleistungen an ausscheidende Vorstandsmitglieder, ZIP 2007, 2102
Hoffmann-Becking	Vorstandsvergütung nach Mannesmann, NZG 2006, 127

Hoffmann-Becking	Rechtliche Anmerkungen zur Vorstands- und Aufsichtsratsvergütung, ZHR 169 (2005), 155
Hoffmann-Becking	Vorstandsvorsitzender oder CEO?, NZG 2003, 745
Hoffmann-Becking	„Organnachfolge" bei der Verschmelzung?, FS Ulmer, 2003, S. 243
Hoffmann-Becking	Gestaltungsmöglichkeiten bei Anreizsystemen, NZG 1999, 797
Hoffmann-Becking	Zur rechtlichen Organisation der Zusammenarbeit im Vorstand der AG, ZGR 1998, 497
Hoffmann-Becking	Der Einfluss schuldrechtlicher Gesellschaftervereinbarungen auf die Rechtsbeziehungen in der Kapitalgesellschaft, ZGR 1994, 442
Hoffmann-Becking	Nachvertragliche Wettbewerbsverbote für Vorstandsmitglieder und Geschäftsführer, FS Quack, 1991 S. 273
Hoffmann-Becking	Vorstands-Doppelmandate im Konzern, ZHR 150 (1986), 570
Hoffmann-Becking, Michael	Zum einvernehmlichen Ausscheiden von Vorstandsmitgliedern, FS Stimpel, 1985, S. 589
Hoffmann-Becking/ Krieger	Leitfaden zur Anwendung des Gesetzes zur Angemessenheit der Vorstandsvergütung (VorstAG), NZG 2009, Beilage zu Heft 26
Hohaus/Weber	Gesellschaftsrechtliche Probleme bei der Gewährung von Transaktionsboni durch einen Aktionär, DStR 2008, 104
Hohenstatt	Das Gesetz zur Angemessenheit der Vorstandsvergütung, ZIP 2009, 1349
Hohenstatt/Naber	Die „Abfindung der Restlaufzeit" bei der vorzeitigen Auflösung von Vorstandsverträgen, FS Bauer, 2010, S. 447
Hohenstatt/Kuhnke	Vergütungsstruktur und variable Vergütungsmodelle für Vorstandsmitglieder nach dem VorstAG, ZIP 2009, 1981
Hohenstatt/Naber	Die „Abfindung der Restlaufzeit" bei der vorzeitigen Auflösung von VorstandsverträgenFS Bauer, 2010, S. 447.
Hohenstatt/Seibt/ Wagner	Einbeziehung von Vorstandsmitgliedern in ergebnisabhängige Vergütungssysteme von Konzernobergesellschaften, ZIP 2008, 2289
Hohenstatt/Wagner	Zur Transparenz der Vorstandsvergütung – 10 Fragen aus der Unternehmenspraxis, ZIP 2008, 945
Hölters/Weber	Vorzeitige Wiederbestellungen von Aufsichtsratsmitgliedern, AG 2005, 629
Hommelhoff	Satzungsmäßige Eignungsvoraussetzungen für Vorstandsmitglieder einer Aktiengesellschaft, BB 1977, 322
Hommelhoff/Mattheus	Corporate Governance nach dem KonTraG, AG 1998, 249
Hüffer	Mannesmann/Vodafone: Präsidiumsbeschlüsse des Aufsichtsrats für die Gewährung von „Appreciation Awards" an Vorstandsmitglieder, BB 2003, Beilage 7
Hüffer	Aktienbezugsrechte als Bestandteil der Vergütung von Vorstandsmitgliedern und Mitarbeitern – gesellschaftsrechtliche Analyse, ZHR 161 (1997), 214
Ihlas	Im D & O-Versicherungsmarkt nehmen die Ausschlüsse zu, VW 2004, 395

Ihrig/Wandt/Wittgens	Die angemessene Vorstandsvergütung drei Jahre nach Inkrafttreten des VorstAG, Beilage zu ZIP 40/2012
Jaeger	Die Auswirkungen des VorstAG für die Praxis von Aufhebungsvereinbarungen, NZA 2010, 128
Jäger	Das nachvertragliche Wettbewerbsverbot und die Karenzentschädigung für Organmitglieder juristischer Personen, DStR 1995, 724
Jahn	Das VorstAG: Neue Vorschriften gegen „unangemessene" Managerbezüge, GWR 2009, 135
Jahn	Nach dem Mannesmann-Urteil des BGH: Konsequenzen für Wirtschaft, Justiz und Gesetzgeber, ZIP 2006, 738
Jahn	Lehren aus dem Fall „Mannesmann", ZRP 2004, 179
Janzen	Vorzeitige Beendigung von Vorstandsamt und Vorstandsvertrag, NZG 2003, 468
Jestaedt	Die Vergütung des Geschäftsführers für unternehmensbezogene Erfindungen, FS Nirk, 1992, S. 493
Kallmeyer	Aktienoptionspläne für Führungskräfte im Konzern, AG 1999, 97
Kamanabrou	Teilverbindlichkeit überschießender nachvertraglicher Wettbewerbsverbote für GmbH-Geschäftsführer, ZGR 2002, 898
Kamanabrou	Das Anstellungsverhältnis des GmbH-Geschäftsführers im Licht neuerer Rechtsprechung, DB 2002, 146
Kapp	Dürfen Unternehmen ihren (geschäftsleitenden) Mitarbeitern Geldstrafen bzw. -bußen erstatten?, NJW 1992, 2796
Käpplinger	Zur aktienrechtlichen Zulässigkeit von Abfindungszahlungen, NZG 2003, 573
Käpplinger/Käpplinger	Möglichkeiten des Repricings von Aktienoptionsplänen, WM 2004, 712
Kästner	Aktienrechtliche Probleme der D & O-Versicherung, AG 2000, 113
Keinert	Neues Verständnis der „Stellvertreter von Vorstandsmitgliedern" nach österreichischem und deutschem Recht, FS Heinz Krejci, 2000, S. 721
Keul/Semmer	Das zulässige Gesamtvolumen von Aktienoptionsplänen, DB 2002, 2255
Kiethe	Aktienoptionen für den Vorstand im Maßnahmenkatalog der Bundesregierung – ein Beitrag zur Überregulierung des Aktienrechts, WM 2004, 458
Kiethe	Höchstgrenzen für Vorstandsbezüge im Maßnahmenkatalog der Bundesregierung zur Aktienrechtsreform 2003 – verfassungswidrig und standortgefährdend, BB 2003, 1573
Kiethe	Persönliche Haftung von Organen der AG und der GmbH – Risikovermeidung durch D & O-Versicherung?, BB 2003, 537
Klinkhammer	Produkt- und Umweltausschlüsse im D & O-Versicherungsmarkt, VersPraxis 2004, 118
Koch	Die Herabsetzung der Vorstandsbezüge gemäß § 87 Abs. 2 AktG nach dem VorstAG, WM 2009, 49
Koch	Die Rechtsstellung der Gesellschaft und des Organmitglieds in der D & O-Versicherung (Teil 1–3), GmbHR 2004, 18, 160 u. 288

Köhler	Fehlerhafte Vorstandsverträge, NZG 2008, 161
Körner	Die Angemessenheit von Vorstandsbezügen in § 87 AktG, NJW 2004, 2697
Kort	Zivilrechtliche Folgen unangemessen hoher Vorstandsvergütung – eine „Mannesmann"-Spätlese, DStR 2007, 1127
Kort	„Change-of-Control"-Klauseln nach dem „Mannesmann"-Urteil des BGH – zulässig oder unzulässig?, AG 2006, 106
Kort	Das „Aus" für nachträglich vorgesehene Vorstandsvergütungen ohne Anreizwirkung?, NZG 2006, 131
Kort	Das „Mannesmann"-Urteil im Lichte von § 87 AktG, NJW 2005, 333
Korts	Die Vereinbarung von Kontrollwechselklauseln in Vorstandsverträgen, BB 2009, 1876
Kothe-Heggemann/ Dahlbender	Ist der GmbH-Geschäftsführer nach Abberufung weiterhin zur Arbeitsleistung verpflichtet?, GmbHR 1996, 650
Krause	Auswirkungen des Allgemeinen Gleichbehandlungsgesetzes auf die Organbesetzung, AG 2007, 392
Krause	Prophylaxe gegen feindliche Übernahmeangebote, AG 2002, 133
Küffner/Zugmaier	Einschränkung der Versicherungsfreiheit von Vorstandsmitgliedern von Aktiengesellschaften in der gesetzlichen Rentenversicherung, DStR 2003, 2235
Küttner	Change of Control-Klauseln in Vorstandsverträgen, FS 25 Jahre Arbeitsgemeinschaft Arbeitsrecht im DAV, 2006, S. 493
Kuntz	Die Zulässigkeit selbständiger Aktienoptionen, AG 2004, 480
Lange	Die D & O-Versicherungsverschaffungsklausel im Manageranstellungsvertrag, ZIP 2004, 2221
Lange	D & O-Versicherung: Innenhaftung und Selbstbehalt, DB 2003, 1833
Lange	Die Eigenschadenklausel in der D & O-Versicherung, ZIP 2003, 466
Lange	Praxisfragen der D & O-Versicherung (Teil 1 und 2), DStR 2002, 1626 u. 1674
Langenbucher	Die bereicherungsrechtliche Rückforderung unangemessener Vorstandsbezüge, FS Huber, 2006, S. 861
Leßmann/Hopfe	Neue Regeln für Vergütungssysteme in Finanzinstituten, DB 2010, 54
Leuchten	Zur vorzeitigen Wiederbestellung von Vorständen, NZG 2005, 909
Leuchten	Beschäftigungsanspruch des GmbH-Geschäftsführers, GmbHR 2001, 750
Leuering	Die Zurückweisung von einseitigen Rechtsgeschäften des Aufsichtsrats nach § 174 BGB, NZG 2004, 120
Liebers/Hoefs	Anerkennungs- und Abfindungsprämien an ausscheidende Vorstandsmitglieder, ZIP 2004, 97
Lingemann	Angemessenheit der Vorstandsvergütung – Das VorstAG ist in Kraft, BB 2009, 1918
Lohr	Die fristlose Kündigung des Dienstvertrages eines GmbH-Geschäftsführer, NZG 2001, 826

Lohr	Die Amtsniederlegung des GmbH-Geschäftsführers – Voraussetzungen der Niederlegung und Folgen für das Anstellungsverhältnis DStR 2002, 2173
Lücke	Die Angemessenheit von Vorstandsbezügen – Der erste unbestimmbare unbestimmte Rechtsbegriff?, NZG 2005, 692
Lutter	Das Abfindungs-Cap in Ziff. 4.2.3 Abs. 3 des Deutschen Corporate Governance-Kodex, BB 2009, 1874
Lutter	Anwendbarkeit der Altersbestimmungen des AGG auf Organpersonen, BB 2007, 725
Lutter	Aktienrechtliche Aspekte der angemessenen Vorstandsvergütung, ZIP 2006, 733
Lutter	Corporate Governance und ihre aktuellen Probleme, vor allem: Vorstandsvergütung und ihre Schranken, ZIP 2003, 737
Lutter	Die Erklärung zum Corporate Governance Kodex gemäß § 161 AktG, ZHR 166 (2002), 523
Maletzky	Verfallklauseln bei Aktienoptionen für Mitarbeiter, NZG 2003, 715
Manger	Das nachvertragliche Wettbewerbsverbot des GmbH-Geschäftsführers, GmbHR 2001, 89
Mankowski	Organpersonen und Internationales Arbeitsrecht, RIW 2004, 167
Martens	Rechtliche Rahmenbedingungen der Vorstandsvergütung, FS Hüffer, 2010, S 647
Martens	Die Vorstandsvergütung auf dem Prüfstand, ZHR 169 (2005), 124
Martens	Stand und Entwicklung im Recht der Stock-Options, FS Ulmer, 2003, S. 399
Martens	Der Grundsatz gemeinsamer Vorstandsverantwortung, FS Fleck, 1988, S. 191
Martens	Die außerordentliche Beendigung von Organ- und Anstellungsverhältnis, FS Werner, 1984, S. 495
Martens	Vertretungsorgan und Arbeitnehmerstatus in konzernabhängigen Gesellschaften, FS Hilger/Stumpf, 1983, S. 437
Maul/Lanfermann	EU-Kommission nimmt Empfehlungen zu Corporate Governance an, DB 2004, 2407
Maul/Lanfermann	Europäische Corporate Governance – Stand der Entwicklungen, BB 2004, 1861
Meier/Pech	Bestellung und Anstellung von Vorstandsmitgliedern in Aktiengesellschaften und Geschäftsführern in einer GmbH, DStR 1995, 1195
Mennicke	Ad-hoc-Publizität bei gestreckten Entscheidungsprozessen und die Notwendigkeit einer Befreiungsentscheidung des Emittenten, NZG 2009, 1059
Menke/Porsch	Verfassungs- und europarechtliche Grenzen eines Gesetzes zur individualisierten Zwangsoffenlegung der Vergütung der Vorstandsmitglieder, BB 2004, 2533
Merkt	Unternehmensleitung und Interessenkollision ZHR 159 (1995), 432
Mertens	Rechtsfortbildung bei § 112 AktG? FS Lutter, 2000, S. 523
Mertens	Die grenzenlosen Einschränkungen der Disposition über Ersatzansprüche der Gesellschaft durch Verzicht

	und Vergleich in der aktien- und konzernrechtlichen Organhaftung, FS Fleck, 1988, S. 209
Mertens	Verfahrensfragen bei Personalentscheidungen des mitbestimmten Aufsichtsrats, ZGR 1983, 189
Mielke/Than-Mai	Änderung der Kontrollverhältnisse bei dem Vertragspartner: Zulässigkeit von Change of Control-Klauseln im deutschen Recht, DB 2004, 2515
Möllers	Der BGH, die BaFin und der EuGH: Ad-hoc-Publizität beim einvernehmlichen vorzeitigen Ausscheiden des Vorstandsvorsitzenden Jürgen Schrempp, NZG 2008, 330
Möllers	Wechsel von Organmitgliedern und „key playern": Kursbeeinflussungspotential und Pflicht zur Ad-hoc-Publizität, NZG 2005, 459
Müller-Bonanni/ Mehrens	Neue Vergütungsregeln für Banken – Entwurf der Instituts-Vergütungsverordnung, NZA 2010, 792
Mundheim	Vorstandsgehälter in den USA, AG 1993, 563
Nägele	Der Anstellungsvertrag des Geschäftsführers, BB 2001, 305
Nicolay	Die neuen Vorschriften zur Vorstandsvergütung – Detaillierte Regelungen und offene Fragen, NJW 2009, 2640
Niewiarra	Verträge zwischen Vorstand und Aktionär, BB 1998, 1961
Noack	Vorstandsvergütungen im Kreuzfeuer, BB 2004/13, Die erste Seite
Notthoff	Rechtliche Fragestellungen im Zusammenhang mit dem Abschluss einer Director's & Officers's-Versicherung, NJW 2003, 1350
Nübold	Die Methode der Anrechnung anderweitigen Verdienstes nach § 615 Satz 2 BGB, RdA 2004, 31
Peltzer	Das Mannesmann-Revisionsurteil aus Sicht des Aktien- und allgemeinen Zivilrechts, ZIP 2006, 205
Peltzer	Corporate Governance Codices als zusätzliche Pflichtenbestimmung für den Aufsichtsrat, NZG 2002, 10
Peltzer	Wider den „greed" – Betrachtungen zu §§ 86 und 87 AktG, FS Lutter, 2000, S. 571
Peltzer	Haftungsgeneigte Personalentscheidungen des Aufsichtsrats, FS Semler, 1993, S. 261
Piltz	Vom EuGVÜ zur Brüssel-I-Verordnung, NJW 2002, 789
Portner	Besteuerung von Stock Options – Zeitpunkt der Bewertung des Sachbezugs, DB 2002, 235
Preußner	Formale Anforderungen an die fristlose Kündigung des Bankvorstands, NZG 2004, 1151
Preußner/ Zimmermann	Risikomanagment als Gesamtaufgabe des Vorstandes, AG 2002, 657
Prinz	Steuerbegünstigte Abfindungen – aktuelle Rechts- und Gestaltungsfragen, DStR 1998, 1585
Pusch	Vollmachtsnachweis bei Abberufung und Kündigung von Vorstandsmitgliedern, RdA 2005, 170
Pulz	Personalbindung mit Aktienoptionen, BB 2004, 1107
Randt	Schmiergeldzahlungen bei Auslandssachverhalten, BB 2000, 1006

Redenius-Hövermann	Zur Offenlegung von Abfindungszahlungen und Pensionszusagen an ein ausgeschiedenes Vorstandsmitglied, ZIP 2008, 2395
Rehbinder	Rechtliche Schranken der Erstattung von Bußgeldern an Organmitglieder und Angestellte, ZHR 148 (1984), 555
Reinecke	Klagen von Geschäftsführern und Vorstandsmitgliedern vor den Arbeitsgerichten, ZIP 1997, 1525
Reiserer/Peters	Die anwaltliche Vertretung von Geschäftsführern und Vorständen bei Abberufung und Kündigung, DB 2008, 167
Reiserer	Der GmbH-Geschäftsführer – ein Arbeitnehmer?, DStR 2000, 31
Reiserer	Die außerordentliche Kündigung des Dienstvertrags des GmbH-Geschäftsführers, BB 2002, 1199
Reiserer	Die ordentliche Kündigung des Dienstvertrags des GmbH-Geschäftsführers, BB 1994, 1822
Reuter	Bestellung und Anstellung von Organmitgliedern im Körperschaftsrecht, FS Zöllner, 1998, S. 487
Röder/Lingemann	Schicksal von Vorstand und Geschäftsführer bei Unternehmensumwandlungen und Unternehmensveräußerungen, DB 1993, 1341
Rönnau/Hohn	Die Festsetzung (zu) hoher Vorstandsvergütungen durch den Aufsichtsrats – ein Fall für den Staatsanwalt?, NStZ 2004, 113
Rottnauer	Einbeziehung aufgelöster Gewinnrücklagen bei Ermittlung einer dividendenabhängigen Vorstandstantieme, NZG 2001, 1009
Rubner	Anforderungen an Vergütungssysteme im Finanzsektor, NZG 2010, 1288
Säcker	Gesellschafts- und dienstvertragliche Fragen bei Inanspruchnahme der Kronzeugenregelung, WuW 2009, 362
Säcker/Boesche	Vom Gutsherrn zum Gutsverwalter: Wandlungen im Aufsichtsratsrecht unter besonderer Berücksichtigung des Mannesmann-Urteils, BB 2006, 897
Säcker	Rechtsprobleme beim Widerruf der Bestellung von Organmitgliedern und Ansprüche aus fehlerhaften Anstellungsverhältnissen, FS G. Müller, 1981, S. 745
Schlabrendorff von	Die Koalitionsarbeitsgruppe „Managervergütungen": Rechtspolitische Überlegungen zur Beschränkung der Vorstandsvergütung, FS Hüffer, 2010, S. 955
Schlabrendorff von	Repricing von Stock Options, Seibert, Das VorstAG – Regelungen zur Angemessenheit der Vorstandsvergütung und zum Aufsichtsrat, WM 2009, 1489
Schilken	Zur Zulässigkeit von Gerichtsstandsvereinbarungen bei Beteiligung von Nichtkaufleuten (§§ 38 Abs. 3, 40 ZPO), FS Musielak, 2004, S. 435
Schmitz	Auslandsgeschäfte unter Berücksichtigung des Korruptionsstrafrechts, RIW 2003, 189
Schmolke	Geschäftsleiterpflichten zur Offenlegung begangenen Fehlverhaltens?, RIW 2008, 365
Schneider	Abmahnung des Geschäftsführers vor Kündigung des Anstellungsvertrags aus wichtigem Grund?, GmbHR 2003, 1

Schneider	Der pflichtenauslösende Sachverhalt bei „Directors' Dealings", BB 2002, 1817
Schneider	Aktienoptionen als Bestandteil der Vergütung von Vorstandsmitgliedern, ZIP 1996, 1769
Schneider	Der Anstellungsvertrag des Geschäftsführers einer GmbH im Konzern, GmbHR 1993, 10
Schockenhoff/Topf	Formelle Wirksamkeitsanforderungen an die Abberufung eines Vorstandsmitglieds und die Kündigung seines Anstellungsvertrages, DB 2005, 539
Schumacher-Mohr	Fristprobleme bei der außerordentlichen Kündigung von Vorstandsmitgliedern einer Aktiengesellschaft, ZIP 2002, 2245
Schumacher-Mohr	Das Abmahnerfordernis im Fall der außerordentlichen Kündigung von Organmitgliedern, DB 2002, 1606
Schuster	Clawbackklauseln – probates Mittel zukunftsgerechter Gestaltung von Bonus-Vereinbarungen?, FS Bauer, 2010, S. 973
Schüppen/Sanna	D & O-Versicherungen: Gute und schlechte Nachrichten!, ZIP 2002, 550
Schürnbrand	Zur fehlerhaften Bestellung von Aufsichtsratsmitgliedern und fehlerhaften Abberufung von Vorstandsmitgliedern, NZG 2008, 609
Schwark	Zur Angemessenheit der Vorstandsvergütung, FS Raiser, 2005, S. 377
Schwark	Corporate Governance: Vorstand und Aufsichtsrat, ZHR-Beiheft 71 (2002), 75
Seibert	Das VorstAG – Regelungen zur Angemessenheit der Vorstandsvergütung und zum Aufsichtsrat, WM 2009, 1489
Seibt	Geschäftsführerbestellung und Anstellungsvertrag, NJW-Spezial 3/2004, 123
Semler	Mitverantwortung der Vorstandsmitglieder einer Aktiengesellschaft für die eigenen Vergütungen, Liber Amicorum Happ, 2006, S. 277
Semler	Leistungs- und erfolgsbezogene Vorstandsvergütung, FS Budde, 1995, S. 599
Semler	Geschäfte einer AG mit Mitgliedern ihres Vorstandes, FS Rowedder, 1994, S. 441
Semler	Doppelmandatsverbund im Konzern, FS Stiefel, 1987, S. 719
Semler/Wagner	Deutscher Corporate Covernance Kodex – Die Entsprechenserklärung und Fragen der gesellschaftsinternen Umsetzung, NZG 2003, 553
Simon/Koschker	Vergütungssysteme auf dem Prüfstand – Neue aufsichtsrechtliche Anforderungen für Banken und Versicherungen, BB 2011, 120
Spindler	Vorstandsgehälter auf dem Prüfstand – das Gesetz zur Angemessenheit der Vorstandsvergütung (VorstAG), NJOZ 2009, 3282
Spindler	Konzernbezogene Anstellungsverträge und Vergütungen von Organmitgliedern, FS Schmidt, 2009, S. 1529
Spindler	Vorstandsvergütung und Abfindungen auf dem aktien- und strafrechtlichen Prüfstand – Das Mannesmann-Urteil des BGH, ZIP 2006, 349

Spindler	Vergütung und Abfindung von Vorstandsmitgliedern, DStR 2004, 36
Stein	Die Grenzen vollmachtloser Vertretung der Gesellschaft gegenüber Vorstandsmitgliedern und Geschäftsführern, AG 1999, 28
Stein	Die neue Dogmatik der Wissensverantwortung bei der außerordentlichen Kündigung von Organmitgliedern der Kapitalgesellschaften, ZGR 1999, 264
Steinbeck/Menke	Kündigungsklauseln in Vorstandsanstellungsverträgen, DStR 2003, 940
Steiner	Die Vertretung der „kleinen" Aktiengesellschaft durch den Aufsichtsrat, BB 1998, 1910
Strieder	Anmerkungen zur individualisierten Angabe von Vorstandsbezügen im Anhang des Jahresabschlusses, DB 2005, 957
Suchan/Winter	Rechtliche und betriebswirtschaftliche Überlegungen zur Festsetzung angemessener Vorstandsbezüge nach Inkrafttreten des VorstAG, DB 2009, 2531
Theobald	Drittanstellung von Vorstandsmitgliedern in der Aktiengesellschaft, FS Thomas Raiser, 2005, S. 421
Thomas/Weidmann	Wirksamkeit nachvertraglicher Wettbewerbsverbote in Fällen mit Auslandsbezug, DB 2004, 2694
Thümmel	Aufsichtsratshaftung vor neuen Herausforderungen – Überwachungsfehler, unternehmerische Fehlentscheidungen, Organisationsmängel und andere Risikofelder, AG 2004, 83
Thümmel	Managerhaftung vor Schiedsgerichten, FS Rolf A. Schütze, 2002, S. 1331
Thüsing	Das Gesetz zur Angemessenheit der Vorstandsvergütung, AG 2009, 517
Thüsing	Nachorganschaftliche Wettbewerbsverbote bei Vorständen und Geschäftsführern, NZG 2004, 9
Thüsing	Auf der Suche nach einem iustum pretium der Vorstandstätigkeit, ZGR 2003, 457
Thüsing	Die Angemessenheit von Vorstandsvergütungen – Mögliche Handlungsoptionen zur Sicherstellung, DB 2003, 1612
Thüsing	Geltung und Abdingbarkeit des BetrAVG für Vorstandsmitglieder einer AG, AG 2003, 484
Tödtmann/Bronisch	Persönliche Beteiligung von Vorstandsmitgliedern an Verlusten der Aktiengesellschaft, DB 2005, 1726
Traugott/Grün	Finanzielle Anreize für Vorstände börsennotierter Aktiengesellschaften bei Private Equity-Transaktionen, AG 2007, 761
Tröger	Anreizorientierte Vorstandsvergütung im faktischen Konzern, ZGR 2009, 447
Trittmann	Die Auswirkungen des Schiedsverfahrens-Neuregelungsgesetzes auf gesellschaftsrechtliche Streitigkeiten, ZGR 1999, 340
Tschöpe/Wortmann	Abberufung und außerordentliche Kündigung von geschäftsführenden Organvertretern – Grundlagen und Verfahrensfragen, NZG 2009, 85
Tschöpe/Wortmann	Der wichtige Grund bei Abberufungen und außerordentlichen Kündigungen von geschäftsführenden Organvertretern, NZG 2009, 161

Uhlenbruck	Die Kündigung und Vergütung von Beratern, Vorständen und Geschäftsführern in der Unternehmensinsolvenz, BB 2003, 1185
Umbeck	Managerhaftung als Gegenstand schiedsgerichtlicher Verfahren, SchiedsVZ 2009, 143
Vetter	Die Verantwortung und Haftung des überstimmten Aufsichtsratsmitglieds, DB 2004, 2623
Vetter	Aktienrechtliche Probleme der D & O-Versicherung, AG 2000, 453
Vollmer	Die Gewinnbeteiligung von konzernleitenden Vorstandsmitgliedern, FS Großfeld, 1999, S. 1269
Vollmer	Unternehmensverfassungsrechtliche Schiedsgerichte, ZGR 1982, 15
Vollmer	Die Abberufung von Geschäftsführern der mitbestimmten GmbH, GmbHR 1984, 5
Waldhausen/Schüller	Variable Vergütung von Vorständen und weiteren Führungskräften im Konzern, AG 2009, 179
Wagner/Wittgens	Corporate Governance als dauernde Reformanstrengung: Der Entwurf des Gesetzes zur Angemessenheit der Vorstandsvergütung, BB 2009, 906
Weber/Burmester	Die Zuständigkeitsverteilung zwischen der Zivil- und Arbeitsgerichtsbarkeit bei Streitigkeiten von Organvertretern mit ihren juristischen Personen, GmbHR 1997, 778
Weber/Dahlbender	Die Verlängerung von Anstellungsverträgen mit Vorständen, DB 1996, 2373
Weber-Rey	Änderungen des Deutschen Corporate Governance Kodex 2009, WM 2009, 2255
Weller	Die Systemkohärenz des § 87 Abs. 2 AktG – eingeschränkte Vertragstreue beim Vorstandsvertrag auf Grund Fremdinteressenwahrnehmung, NZG 2010, 7
Weisner/Kölling	Herausforderung für den Aufsichtsrat: Herabsetzung von Vorstandsbezügen in Zeiten der Krise, NZG 2003, 465
Westermann	Schiedsfähigkeit von gesellschaftsrechtlichen Fragen, in: DIS Band 11, S. 31
Westermann	Gesellschaftsrechtliche Schiedsgerichte, FS Robert Fischer, 1979, S. 853
Wicke	Der CEO im Spannungsverhältnis zum Kollegialprinzip: Gestaltungsüberlegungen zur Leitungsstruktur der AG, NJW 2007, 3755
Willemer	Die Neubestellung von Vorstandsmitgliedern vor Ablauf der Amtsperiode, AG 1977, 130
Wilsing/Kleißl	Herabsetzung von Vorstandsbezügen in Zeiten der Krise, BB 2008, 2422
Wilsing/Paul	Ausstrahlungswirkungen von § 5 FMStFV auf die Pflichten von Aufsichtsratsmitgliedern börsennotierter Aktiengesellschaften, DB 2009, 1391
Wittuhn/Hamann	Herabsetzung von Vorstandsvergütungen in der Krise, ZGR 2009, 847.
Wollburg	Unternehmensinteresse bei Vergütungsentscheidungen, ZIP 2004, 646
Ziemons	Angemessene Vorstandsvergütung und Change of Control Klauseln, FS Huber, 2006, S. 1035

Zimmer	Kündigung im Management: § 623 BGB gilt nicht für GmbH-Geschäftsführer und AG-Vorstände, BB 2003, 1175
Zimmermann	Vereinbarungen über die Erledigung von Ersatzansprüchen gegen Vorstandsmitglieder von Aktiengesellschaften, FS Konrad Duden, 1977, S. 773
Zöllner	Lohn ohne Arbeit bei Vorstandsmitgliedern, FS Koppensteiner, 2001, S. 291

Kommentare, Handbücher und Monographien

Bauer	Arbeitsrechtliche Aufhebungsverträge, 8. Aufl. 2007
Baumbach/Hopt (Hrsg.)	Handelsgesetzbuch, 35. Aufl. 2012
Baumbach/Lauterbauch/ Albers/Hartmann	Zivilprozessordnung, Kommentar, 70. Aufl. 2012
Baums	Der Geschäftsleitervertrag, Begründung, Inhalt und Beendigung der Rechtsstellung der Vorstandsmitglieder und Geschäftsführer in den Kapitalgesellschaften und Genossenschaften, 1987
Baums (Hrsg.)	Bericht der Regierungskommission Corporate Governance, Unternehmensführung, Unternehmenskontrolle, Modernisierung des Aktienrechts, 2002
Böckstiegel (Hrsg.)	Schiedsgerichtsbarkeit in gesellschaftsrechtlichen und erbrechtlichen Angelegenheiten, 1996
Boos/Fischer/Schulte-Mattler (Hrsg.)	Kreditwesengesetz, 4. Aufl. 2012
Bork	Change of Control-Klauseln in Anstellungsverträgen von Vorstandsmitgliedern, 2009
Bors	Erfolgs- und leistungsorientierte Vorstandsvergütung, 2006
Cramer	Change of Control-Klauseln im deutschen Unternehmensrecht, 2009
Denzer	Konzerndimensionale Beendigung der Vorstands- und Geschäftsführerstellung, 2005
Dietel	Der Widerruf der Bestellung zum Vorstandsmitglied bei Vertrauensentzug der Hauptversammlung, 1965
Eckhardt	Die Beendigung der Vorstands- und Geschäftsführerstellung in Kapitalgesellschaften, 1989
Feldkamp	Zusatzleistungen für Vorstände und Geschäftsführer: Marktüblichkeit, Rechtsgrundlagen, Steuern, Sozialversicherung, 2001
Fleischer (Hrsg.)	Handbuch des Vorstandsrechts, 2006
Friedrichsen	Aktienoptionsprogramme für Führungskräfte, 2000
Goette/Habersack (Hrsg.)	Münchener Kommentar zum Aktiengesetz, 3. Aufl. 2008
Geßler/Hefermehl/ Eckhardt/Kropff (Hrsg.)	Aktiengesetz Kommentar, 1973 ff.
Gottwald (Hrsg.)	Insolvenzrechtshandbuch, 4. Aufl. 2010
Haas/Ohlendorf	Beck'sche Musterverträge Band 43: Der Anstellungsvertrag des Vorstandsmitglieds der Aktiengesellschaft, 2. Aufl. 2010

Literaturverzeichnis

Haas/Medicus/Rolland/ Schäfer/Wendtland	Das neue Schuldrecht, 2002
Hachenburg (Hrsg.)	Gesetz betreffend die Gesellschaften mit beschränkter Haftung, Großkommentar Bd. 1, 8. Aufl. 1992
Ulmer/Habersack/ Henssler (Hrsg.)	Mitbestimmungsgesetz. Kommentar, 2. Aufl. 2006
Heidel (Hrsg.)	Aktienrecht und Kapitalmarktrecht, 3. Auf. 2011
Henze	Höchstrichterliche Rechtsprechung zum Aktienrecht, 5. Aufl. 2002
Hockemeier	Die Auswirkung der Verschmelzung von Kapitalgesellschaften auf die Anstellungsverhältnisse der Geschäftsleiter, 1990
Hoffmann/Preu	Der Aufsichtsrat, 5. Aufl. 2003
Hoffmann-Becking (Hrsg.)	Münchener Handbuch des Gesellschaftsrechts, Band 4 Aktiengesellschaft, 3. Aufl. 2007
Hoffmann-Becking/ Rawert (Hrsg.)	Beck'sches Formularbuch Bürgerliches-, Handels- und Wirtschaftsrecht, 10. Auflage, 2010
Hölters (Hrsg.)	Aktiengesetz, Kommentar, 1. Aufl. 2011
Hommelhoff/Hopt/ v. Werder (Hrsg.)	Handbuch Corporate Governance, 2003
Hopt/Wiedemann (Hrsg.)	Großkommentar zum Aktiengesetz, 4. Aufl., §§ 76–83, 2003; §§ 84–91, 2006; §§ 92–94, 1999; Nachtrag zu § 93, 2006
Hüffer	Aktiengesetz, 10. Aufl. 2012
Kallmeyer (Hrsg.)	Umwandlungsgesetz, 4. Aufl. 2010
Krieger	Personalentscheidungen des Aufsichtsrats, 1981
Kucera	Die arbeitsrechtliche Stellung des Vorstandsmitglieds einer kleinen Aktiengesellschaft, 1998
Lachmann/König	Handbuch für die Schiedsgerichtspraxis, 3. Aufl. 2007
Leßmann	Abfindungsvereinbarungen mit Organmitgliedern deutscher Kapitalgesellschaften, 2006
Lücke (Hrsg.)	Beck'sches Mandatshandbuch, Vorstand der AG, 2. Aufl. 2010
Lutter/Krieger	Rechte und Pflichten des Aufsichtsrats, 5. Aufl. 2009
Michalski (Hrsg.)	GmbHG, Kommentar, 2. Aufl. 2010
Müller/Rödder (Hrsg.)	Beck'sches Handbuch der AG, Gesellschaftsrecht – Steuerrecht – Börsengang, 2. Aufl. 2009
Nirk/Ziemons/ Binnewies	Handbuch der Aktiengesellschaft, Band 1: Gesellschaftsrecht, 2010
Nirk/Reuter/Bächle	Handbuch der Aktiengesellschaft, Band 1: Gesellschaftsrecht, 3. Aufl. 2004
Otto	Vorstandsvergütung – Gesetzliche Obergrenzen als Garant für Angemessenheit?, 2012
Pape	Vergütungs- und Abfindungszahlungen an Vorstandsmitglieder deutscher Aktiengesellschaften im Falle feindlicher Übernahmen, 2004
Papmehl	Die Schiedsfähigkeit gesellschaftsrechtlicher Streitigkeiten, 2001
Potthoff/Trescher/ Theisen	Das Aufsichtsratsmitglied, 6. Aufl. 2003
Priester/Mayer (Hrsg.)	Münchener Handbuch des Gesellschaftsrechts, Band 3, Gesellschaft mit beschränkter Haftung, 4. Aufl. 2012
Rauscher (Hrsg.)	Europäisches Zivilprozessrecht, Kommentar, 2. Aufl. 2006

Richardi/Wißmann/ Wlotzke/Oetker Rieble/Schmittlein	Münchener Handbuch Arbeitsrecht, Individualarbeitsrecht I/II, 3. Aufl. 2009 Vergütung von Vorständen und Führungskräften – Vergütungsregulierung durch VorstAG und Aufsichtsrecht, 2011
Ringleb/Kremer/Lutter/ v. Werder	Kommentar zum Deutschen Corporate Governance Kodex, 4. Aufl. 2010
Schäfer	Die Organstellung, Anstellungsverhältnisse und Haftung der Mitglieder des Vorstands und der Geschäftsführung abhängiger Gesellschaften, 2003
Schaub/Koch/Linck	Arbeitsrechts-Handbuch, 14. Auflage 2011
Scholz (Hrsg.)	Kommentar zum GmbH-Gesetz Bd. 1, 10. Aufl. 2007
Schumacher-Mohr	Die vorzeitige Beendbarkeit des Angestelltenverhältnisses eines AG-Vorstandes gegen seinen Willen, 2004
Schüler	Vorstandsvergütung: Gesellschaftsrechtliche Fragen der Vergütung des Vorstands in der börsennotierten Aktiengesellschaft, 2002
Semler/v. Schenck (Hrsg.)	Arbeitshandbuch für Aufsichtsratsmitglieder, 3. Aufl., 2009
Semler/Stengel (Hrsg.)	Umwandlungsgesetz Kommentar, 3. Aufl. 2012
Spindler/Stilz (Hrsg.)	Kommentar zum Aktiengesetz, 2. Aufl. 2010
Streyl	Zur konzernrechtlichen Problematik von Vorstands-Doppelmandaten, 1992
Tegtmeier	Die Vergütung von Vorstandsmitgliedern in Publikumsaktiengesellschaften, 1998
Thümmel	Persönliche Haftung von Managern und Aufsichtsräten, 4. Aufl. 2008
Weber	Transaktionsboni für Vorstandsmitglieder: Zwischen Gewinnchance und Interessenkonflikt, 2006
Weber/Hoß/Burmester	Handbuch der Managerverträge, 2000
Weiß	Aktienoptionspläne für Führungskräfte, 1999
Zöller (Hrsg.)	Zivilprozessordnung, 29. Aufl. 2012
Zöllner (Hrsg.)	Kölner Kommentar zum Aktiengesetz, 3. Aufl., Band 2/1, §§ 76–94 AktG, 2009

Kapitel 1
Auswahl der Vorstandsmitglieder

A. Anforderungen an das Auswahlverfahren

Der Aufsichtsrat entscheidet über die Auswahl und Bestellung neuer Vorstandsmitglieder sowie über die Wiederwahl bereits amtierender Vorstände. Diese ausschließliche Personalkompetenz umfasst gleichsam das Anstellungsverhältnis der Vorstandsmitglieder. Jedes Aufsichtsratsmitglied trifft dabei die Pflicht, sich über die fachliche und persönliche Eignung eines Kandidaten hinreichend zu informieren und auf der Grundlage objektiver und subjektiver Kriterien eine sachgerechte, an den Interessen der Gesellschaft orientierte Personalentscheidung zu treffen.

1

I. Erstberufung in den Vorstand

1. Vorauswahl der Kandidaten

a) Einsetzung einer Findungskommission

Die Erstberufung einer Person in den Vorstand einer Aktiengesellschaft setzt ein sorgfältiges Auswahlverfahren voraus. Für die Bestellung der Vorstandsmitglieder ist der Aufsichtsrat in seiner Gesamtheit zuständig.[1] In Anbetracht seiner Größe kann das Plenum die Suche und Auswahl geeigneter Kandidaten selten selbst durchführen.[2] Daher überträgt der Aufsichtsrat diese umfangreiche und zeitaufwendige Aufgabe meist einem Ausschuss (Präsidium; Personalausschuss), der insoweit als Findungskommission fungiert. Teilweise wird für die Kandidatensuche und -vorauswahl eigens ein sog. *finding committee* gegründet, das aus mehreren Mitgliedern des Aufsichtsrats besteht. In kleineren Unternehmen werden die Suche und Vorauswahl geeigneter Kandidaten häufig nur einem Aufsichtsratsmitglied übertragen, meist dem Aufsichtsratsvorsitzenden. Unabhängig von der Größe sollte eine Findungskommission stets das Zusammenwirken und den Informationsaustausch zwischen Aufsichtsratsvorsitzendem, Ausschuss und Plenum im Blick behalten.

2

Die Einsetzung eines Präsidial- oder Personalausschusses bzw. die Gründung einer aus drei Aufsichtsratsmitgliedern bestehenden Findungskommission hatte bislang den Vorteil, dass dieses Gremium auch die Bedingun-

3

---

[1] Einzelheiten zur Bestellungskompetenz des Aufsichtsrats siehe Rn. 34.
[2] Zur Korrelation zwischen Entscheidungsqualität und Anzahl der Aufsichtsräte vgl. *Peltzer*, FS Semler, S. 261, 269.

gen für den Anstellungsvertrag einschließlich der Vergütung festlegen konnte. Diese Praxis ist seit der durch das VorstAG 2009 erfolgten Neufassung des § 107 Abs. 3 Satz 3 AktG nicht mehr möglich. Danach muss der Gesamtaufsichtsrat nicht nur über die Bestellung, sondern auch über die Vergütung der Vorstandsmitglieder entscheiden. Eine Delegation auf einen Ausschuss ist insoweit ausgeschlossen. Davon betroffen sind börsennotierte wie nicht börsennotierte Gesellschaften.

4 Die Arbeit der Findungskommission konzentriert sich damit in erster Linie auf die gründliche Vorbereitung des Personalentscheids. Dies betrifft die Vorauswahl der Kandidaten, die Kontaktaufnahme und ersten Gespräche bis hin zur Erstellung eines Entscheidungsvorschlags über die Bedingungen der Bestellung und der Vorstandsvergütung. Diese Vorgehensweise regt der Deutsche Corporate Governance Kodex ausdrücklich an. Nach Ziff. 5.1.2 Satz 4 DCGK kann der Aufsichtsrat die Vorbereitung der Bestellung von Vorstandsmitgliedern einem Ausschuss übertragen, der auch die Bedingungen des Anstellungsvertrages einschließlich der Vergütung behandelt.[3] Bei diesen Vorbereitungshandlungen und Beschlussvorschlägen ist jedoch darauf zu achten, dass die abschließende Entscheidung hierüber allein dem Gesamtaufsichtsrat obliegt.

5 Dem Aufsichtsrat ist über den Stand des Auswahlverfahrens in regelmäßigen Abständen zu berichten.[4] Das Plenum kann die Offenlegung konkreter Informationen und Personalien durch Mehrheitsentscheid verlangen.[5] Inhaltlich müssen die Berichte Gewähr dafür bieten, dass der Aufsichtsrat genügend Informationen über die Kandidatensuche und -vorauswahl erhält, um gezielt auf den späteren Entscheidungsvorschlag der Findungskommission einzuwirken.[6] Suche, Auswahl und Bestellung sind mithin ein ständiges Wechselspiel zwischen Aufsichtsrat, Ausschuss und/oder Aufsichtsratsvorsitzendem. Andererseits ist darauf zu achten, dass keine Informationen über einzelne Bewerber an die Öffentlichkeit gelangen. Grundbedingung für ein erfolgreiches Auswahlverfahren ist stets Vertraulichkeit. Ein professionelles Auswahlverfahren verläuft nach innen offen, nach außen aber äußerst diskret. Den vertraulichen Umgang mit Personalien setzen die Vorstandskandidaten als selbstverständlich voraus, um ernsthafte Gespräche und Verhandlungen überhaupt aufzunehmen.

---

[3] Dazu ausführlich *Kremer*, in: Ringleb/Kremer/Lutter/v. Werder, Kommentar zum DCGK, Rn. 941.
[4] *Krieger*, Personalentscheidungen des Aufsichtsrats, S. 58 ff.; ferner Ziff. 5.3.1 Satz 3 DCGK (Berichtspflicht des Ausschussvorsitzenden).
[5] *Semler*, in: MünchKommAktG, § 107 Rn. 370; allgemein zum Informationsrecht des Plenums *Hoffmann-Becking*, in: MünchHdB GesR AG, § 32 Rn. 7; *Mertens*, AG 1980, 67, 73.
[6] *Lutter/Krieger*, Rechte und Pflichten des Aufsichtsrats, Rn. 337; zurückhaltender *Mertens*, ZGR 1983, 189, 193; *Peltzer*, WM 1982, 996, 997.

In das Auswahlverfahren sollten höchstens zehn Kandidaten einbezogen werden. Aus diesem Personenkreis trifft der Ausschuss/Aufsichtsratsvorsitzende eine Vorauswahl und benennt etwa drei bis fünf Kandidaten für den endgültigen Entscheidungsvorschlag. Das Ergebnis der Vorauswahl ist dem Gesamtaufsichtsrat mitzuteilen. Nach Stellungnahme und Billigung durch das Plenum führt der Ausschuss/Aufsichtsratsvorsitzende mit den Kandidaten erste Gespräche, die umfassend zu dokumentieren sind. Die Berichte über die einzelnen Unterredungen werden dem Aufsichtsrat mit einem endgültigen Bestellungsvorschlag vorgelegt. Die regelmäßigen Berichte und die dazu korrespondierenden Stellungnahmen verhindern, dass der Ausschuss/Aufsichtsratsvorsitzende sämtliche Vorentscheidungen allein trifft und das Plenum keinerlei Möglichkeiten mehr hat, auf die Auswahl der Kandidaten konstruktiv Einfluss zu nehmen. Andererseits aber ist der Aufsichtsrat nicht in seiner Personalkompetenz verletzt, wenn der Ausschuss/Aufsichtsratsvorsitzende von vornherein und ohne weitere Beteiligung des Plenums nur einen einzigen Bestellungsvorschlag als Ergebnis seiner Vorauswahl präsentiert.[7] Allerdings ist dann den Mitgliedern des Aufsichtsrats vor der Bestellung stets die Gelegenheit einzuräumen, Einzelgespräche mit dem vorgeschlagenen Kandidaten zu führen.

6

b)   Nominierungsausschuss bei Kreditinstituten

Für die Vorauswahl der Vorstandsmitglieder (Geschäftsleiter) von Kreditinstituten gelten ab 1.1.2014 besondere aufsichtsrechtliche Anforderungen. Diese resultieren aus der CRD IV-Bankenrichtlinie und sind im neuen § 25d Abs. 11 KWG geregelt.[7a] In Abhängigkeit von der Größe eines Instituts, interner Organisation sowie Art, Umfang und Risikogehalt der Geschäfte hat der Aufsichtsrat aus seiner Mitte einen Nominierungsausschuss zu bilden. Der Nominierungsausschuss berät und unterstützt das Plenum bei der Ermittlung von Bewerbern für das Vorstandsamt. Bei der Wahrnehmung seiner Aufgaben kann der Ausschuss auf alle Ressourcen zurückgreifen, die er für angemessen hält. Das Unternehmen soll zu diesem Zweck angemessene Finanzmittel bereitstellen.

6a

Bei der Kandidatensuche hat der Nominierungsausschuss gemäß § 25d Abs. 11 Satz 2 Nr. 1 KWG die Ausgewogenheit und Unterschiede der Kenntnisse, Fähigkeiten und Erfahrungen der anderen Vorstandsmitglieder zu

6b

---

7 *Kremer*, in: Ringleb/Kremer/Lutter/v. Werder, Kommentar zum DCGK, Rn. 944; *Fonk*, in: Semler/v. Schenck, ArbeitsHdB für Aufsichtsratsmitglieder, § 9 Rn. 21; *Mertens*, ZGR 1983, 189, 194; *Altmeppen*, FS Brandner, S. 3, 7; a. A. *Lutter/Krieger*, Rechte und Pflichten des Aufsichtsrats, Rn. 337.

7a Siehe Gesetz zur Umsetzung der Richtlinie 2013/36/EU über den Zugang zur Tätigkeit von Kreditinstituten und die Beaufsichtigung von Kreditinstituten und Wertpapierfirmen und zur Anpassung des Aufsichtsrechts an die Verordnung (EU) Nr. 575/2013 über die Aufsichtsanforderungen an Kreditinstitute und Wertpapierfirmen (CRD IV-Umsetzungsgesetz), Beschluss des Deutschen Bundestages, BT-Drucks. 17/10974, 17/11474 vom 17.5.2013.

berücksichtigen. Der Ausschuss hat eine Stellenbeschreibung mit Bewerberprofil zu erstellen und den mit der Amtsführung und ihren Aufgaben verbundenen Zeitaufwand anzugeben. Der Nominierungsausschuss unterstützt den Aufsichtsrat gemäß § 25d Abs. 11 Nr. 3, 4 KWG zudem bei der jährlichen Beurteilung der Struktur, Größe, Zusammensetzung und Leistungen der Geschäftsleitung (Vorstand) wie auch bei der jährlichen Bewertung der Kenntnisse, Fähigkeiten und Erfahrungen der einzelnen Geschäftsleiter und des Leitungsorgans insgesamt. Zur Struktur, Größe, Zusammensetzung und den Leistungen der Geschäftsleitung sind dem Aufsichtsrat gegenüber Empfehlungen abzugeben. Die Aufgaben des Nominierungsausschusses erfordern eine enge Zusammenarbeit und fachliche Abstimmung mit dem gemäß § 25d Abs. 12 KWG ebenfalls zu bildenden Vergütungskontrollausschuss.[7b]

c) Vorschlagsrecht des Vorstandsvorsitzenden

7 In der Praxis bespricht meist der amtierende Vorstandsvorsitzende seine Vorstellungen über den geeigneten Kandidaten mit dem Ausschuss/Aufsichtsratsvorsitzenden. Eine solche Abstimmung ist für eine sachgerechte, auf einer umfassenden Personalanalyse beruhende Auswahlentscheidung notwendig und grundsätzlich zulässig.[8] Der Vorstand hat ein legitimes Interesse daran, dass ein neuer Kollege in das Gremium hineinpasst und den für das Amt erforderlichen Anforderungen gerecht wird. Häufig ist der Vorstand zudem besser über die Kandidaten informiert, insbesondere über ihre fachlichen und sozialen Kompetenzen. Den Vorstand/-vorsitzenden trifft gleichsam sogar die Pflicht, tätigkeitsbezogene wie auch die Persönlichkeit eines Kandidaten betreffende Bedenken und Einwände zu äußern.[9]

8 Der Vorstand hat aber keinen Anspruch auf Beteiligung an der Auswahl eines geeigneten Kandidaten. Nach überwiegender Meinung kann die Satzung dem Vorstand auch kein unverbindliches Vorschlagsrecht einräumen.[10] Davon zu unterscheiden sind bloße Bestellungsvorschläge, die der Vorstand/-vorsitzende auf Anfrage des Aufsichtsrats oder aus eigener Initiative macht. Ein solches Verfahren ist nach obergerichtlicher Rechtsprechung zumindest dann zulässig, wenn die Entscheidung über die Bestellung letztlich dem Aufsichtsrat vorbehalten bleibt und seine Mitglieder frei darüber beschließen können.[11] Eine faktische Kooptation lässt sich letztlich nicht ausschließen.[12] Der Vorstand/-vorsitzende ist aber nicht dazu berech-

---

7b Einzelheiten zum Vergütungskontrollausschuss siehe Rn. 261a.
8 *Hüffer*, AktG, § 84 Rn. 5; *Mertens*, in: KölnKommAktG, § 77 Rn. 18.
9 *Lutter/Krieger*, Rechte und Pflichten des Aufsichtsrats, Rn. 336; *Martens*, FS Fleck, S. 191, 202.
10 *Mertens*, in: KölnKommAktG, § 84 Rn. 9; *Hüffer*, AktG, § 84 Rn. 5; *Wiesner*, in: MünchHdB GesR AG, § 20 Rn. 19; *Lutter/Krieger*, Rechte und Pflichten des Aufsichtsrats, Rn. 335; a. A. *Spindler*, in: MünchKommAktG, § 84 Rn. 14; *Martens*, FS Fleck, S. 191, 203.
11 OLG Stuttgart AG 2007, 873, 876; *Weber*, in: Hölters, AktG, § 84 Rn. 10.
12 *Martens*, FS Fleck, S. 191, 203; *Winter*, FS Schmidt, S. 121.

tigt, ohne Abstimmung mit dem Aufsichtsrat eigenmächtig Kandidaten zu suchen und Verhandlungen über eine Einstellung aufzunehmen. Herr des Auswahlverfahrens ist und bleibt allein der Aufsichtsrat.

d) Beauftragung eines Personalberaters

Bei der Suche nach unternehmensfremden Kandidaten wird in der Regel ein erfahrener Personalberater eingeschaltet.[13] Die erfolgreiche Zusammenarbeit mit einem Personalberater setzt ein Vertrauensverhältnis voraus, das möglichst über Jahre hinweg gewachsen sein sollte. Fehlt eine solche Geschäftsbeziehung, kommt der richtigen Beraterauswahl umso größere Bedeutung zu. In der Praxis bewährt sind Auswahlgespräche, in denen verschiedene Beratungsunternehmen ihre Branchenkenntnisse, Erfahrungen, ihr Konzept für die Kandidatensuche und insbesondere ihre Personalberater sowie die Beratungskosten vorstellen (sog. *beauty contest*). Grundsätzlich sind weniger Größe und internationale Präsenz eines Beratungsunternehmens, sondern die diskreten Kontakte der Personalberater in die betreffende Branche und zu einzelnen Managern entscheidend. Andererseits gibt es viele erfolgreiche Agenturen, deren Vorgehen bei der Kandidatensuche recht unterschiedlich ist und vom klassischen Recruiting mittels Anzeige über die Direktansprache (*Headhunting*) bis hin zur Suche in medialen Netzwerken des Internet reicht. Bedeutsam wird letztlich stets die Branche sein, in der das Unternehmen mit der zu besetzenden Vorstandsposition tätig ist. 9

Umgekehrt ist aber auch wichtig, dass die Findungskommission selbst genau skizziert, welche Erwartungen sie an den Personalberater hat und welche eigenen Vorstellungen bei der Kandidatensuche zu berücksichtigen sind. Ratsam erscheint zudem, den Suchprozess anhand konkreter Meilensteine zu definieren und an deren Erfüllung die (ratenweise) Vergütung des Personalberaters zu knüpfen. Insofern stellt sich spätestens hier die Frage, eher solche Berater zu bevorzugen, die auf längerfristige Kampagnen spezialisiert sind und nicht (nur) erfolgsorientiert arbeiten. Letzteren kann schnell die Luft ausgehen, da sie in Vorleistung gehen müssen; schlimmstenfalls hat der Auftraggeber dann nach Monaten noch keinen geeigneten Kandidaten. 10

Der Personalberater sollte nach einem definierten Zeitraum die Ergebnisse seines Suchauftrags vorlegen. Dazu gehören insbesondere schriftliche Unterlagen wie Lebensläufe, Zeugnisse und persönliche Referenzen. Ebenso sollten Auskünfte Dritter über infrage kommende Kandidaten eingeholt werden. Das Auswahlverfahren sollte sich auch hier auf höchstens zehn Personen beschränken. Die Vorauswahl aus diesem Personenkreis und die Bestimmung des endgültigen Kandidaten erfolgt wiederum durch 11

---

13 Zur Auswahl des Personalberaters vgl. *Semler*, in MünchKommAktG, § 116 Rn. 304 *Peltzer*, FS Semler, S. 261, 270.

den Ausschuss/Aufsichtsratsvorsitzenden, der das Plenum in regelmäßigen Abständen über das Auswahlverfahren zu unterrichten hat.

e) Einbindung eines Vergütungsberaters

12 Das Mandat des Personalberaters umfasst zunehmend auch die Beratung zu Fragen der Angemessenheit und Üblichkeit der Vorstandsvergütung.[14] Darüber hinaus werden Vergütungsberater immer häufiger im Rahmen der Wiederbestellung beauftragt. Die Einbindung externer Vergütungsexperten resultiert nicht zuletzt daraus, dass der durch das VorstAG 2009 eingeführte § 116 Satz 3 AktG die Haftung der Aufsichtsratsmitglieder bei Festsetzung unangemessener Vergütungen nochmals bekräftigt.

13 Der Deutsche Corporate Governance Kodex enthält in Ziff. 4.2.2 Abs. 3 die Empfehlung, dass der Aufsichtsrat bei Hinzuziehung externer Vergütungsexperten zur Beurteilung der Angemessenheit der Vorstandsvergütung auf deren Unabhängigkeit vom Vorstand bzw. Unternehmen achten soll. Dieses Unabhängigkeitsgebot bezieht sich nicht auf das Beratungsunternehmen, der ein Beratungsmandat erteilt werden soll, sondern auf den mandatführenden Vergütungsberater persönlich.[15] Damit der Aufsichtsrat die Unabhängigkeit des Vergütungsberaters beurteilen und beachten kann, muss er eine Erklärung des Vergütungsberaters einholen, ob und ggf. welche geschäftlichen, persönlichen oder sonstigen Beziehungen zwischen ihm und dem Beratungsunternehmen einerseits und der börsennotierten Gesellschaft, deren Vorstandsmitgliedern und verbundenen Unternehmen andererseits bestanden haben oder bestehen, die Zweifel an seiner Unabhängigkeit begründen können.

14 Die Beratungsbranche hat hierfür einen (Verbands-)Kodex für unabhängige Vergütungsberatung erstellt, der die Regelungen des DCGK berücksichtigt und diese für die Beratung zu Fragen der Vorstandsvergütung präzisiert.[16] Die verbandsangehörigen Unternehmen verpflichten sich, den Kodex als Grundlage ihrer Beratungstätigkeit zu verwenden und ihre Vergütungsexperten darauf zu verpflichten. Der Kodex enthält anerkannte Standards guter, verantwortungsvoller und unabhängiger Vergütungsberatung. Er soll insbesondere dazu beitragen, dass der Aufsichtsrat diejenigen Informationen erhält, die erforderlich sind, um die Unabhängigkeit seines Vergütungsberaters beurteilen zu können. Der Aufsichtsrat einer börsennotierten Gesellschaft kann in der Erklärung gemäß § 161 AktG auf den Kodex Bezug nehmen.

---

14 Einzelheiten zum horizontalen und vertikalen Vergütungsvergleich siehe Rn. 301 ff.
15 Baums, Die Unabhängigkeit des Vergütungsberaters, Institute for Law and Finance, 01/2010, Working Papers Series No. 111.
16 Siehe Vereinigung unabhängiger Vergütungsberater (VUVB), Kodex für unabhängige Vergütungsberatung.

2. Kandidatensuche im Unternehmen

Bei der Suche nach geeigneten Kandidaten sind die bisher erreichten unternehmerischen Erfolge das entscheidende Auswahlkriterium. Diese Erfolge können im eigenen Unternehmen oder aber in anderen Gesellschaften erzielt worden sein. Damit angesprochen ist die Frage, ob internen oder externen Kandidaten der Vorzug einzuräumen ist. Beides hat Vor- und Nachteile. Die Auswahl unternehmensinterner Kandidaten ist sicher weniger riskant, denn die bisherigen Leistungen sind bekannt und überprüfbar. Außerdem ermöglicht eine sachgerechte Nachwuchspolitik, dass aus einer Gruppe interner Führungskräfte eine bestimmte Person gezielt auf die Übernahme einer frei werdenden Vorstandsposition vorbereitet werden kann. Gute Personalpolitik ist mithin ein permanenter Prozess und auf Dauer angelegt. Das betont ausdrücklich der Deutsche Corporate Governance Kodex, der über das gesetzliche Leitbild hinaus die langfristige Nachfolgeplanung als gemeinsame Sorge von Aufsichtsrat und Vorstand begreift.[17]

15

Gelegentlich kann die Entscheidung für einen Kandidaten aus der Gesellschaft zur Folge haben, dass dadurch die Aufstiegschancen anderer hervorragender Nachwuchsmanager berührt sind und diese den Weggang aus dem Unternehmen in Erwägung ziehen. Diesem Szenario lässt sich entgegenwirken, indem der Aufsichtsrat sämtliche Führungskader frühzeitig in die Nachfolgeplanung einbezieht. Nach innen ausgerichtete Personalpolitik umfasst ferner die Möglichkeit, frühere Manager in die Gesellschaft wieder zurückzuholen. In jedem Auswahlverfahren sollte der Aufsichtsrat eigene und unternehmensfremde Kandidaten im Rahmen eines externen *Benchmarking* miteinander vergleichen.

16

II. Entscheidung über Wiederbestellung

1. Leistungsbeurteilung

Die gesetzlich begrenzte Dauer einer Bestellungsperiode auf höchstens fünf Jahre nach § 84 Abs. 1 AktG lässt sich in erster Linie damit begründen, dass der Aufsichtsrat spätestens nach Ablauf dieses Zeitraums prüfen soll, ob die Vorstände künftig zur Leitung der Gesellschaft geeignet sind.[18] Das Vorstandsmitglied muss seine Wiederbestellung durch entsprechende Leistungen mithin verdient haben. Die Wiederbestellung setzt ebenso wie die Neuberufung eine sorgfältige und gewissenhafte Prüfung und Beurteilung der betreffenden Personen voraus. Ein verantwortungsbewusster Aufsichtsrat

17

---

[17] Ziff. 5.1.2 Satz 2 DCGK; *Kremer*, in: Ringleb/Kremer/Lutter/v. Werder, Kommentar zum DGCK, Rn. 940.
[18] Einzelheiten zur Wiederbestellung siehe Rn. 115 ff.

wird diese regelmäßige Leistungsbeurteilung bereits deshalb mit der gebotenen Sorgfalt durchführen, um die Gefahr von Fehlbesetzungen im Vorstand und damit das Risiko wirtschaftlicher Fehlentscheidungen zu minimieren.

18 Der Aufsichtsrat muss sich im Rahmen der Eignungsbeurteilung mit den Leistungen des einzelnen Vorstandsmitglieds auseinandersetzen und hat die unternehmerischen Erfolge gegen die Misserfolge abzuwägen.[19] Erforderlich ist ferner eine Prognose darüber, ob eine Fortsetzung oder sogar Steigerung der bisherigen Leistungsfähigkeit zu erwarten oder aber mit einem Leistungsabfall zu rechnen ist. Besteht keine Gewähr für ein höheres oder zumindest gleichbleibendes Leistungspotenzial, so wird ein sorgfältig und verantwortungsbewusst handelnder Aufsichtsrat die höchstmöglich fünfjährige Bestellungsdauer nicht voll ausschöpfen. Steht überdies ein Vorstandsmitglied nicht mit hinreichender Gewissheit für die gewünschte Dauer der Bestellung zur Verfügung, darf der Aufsichtsrat es nicht für diesen Zeitraum bestellen.

2. Nachfolgelösung

19 Alternativ zur Wiederbestellung muss der Aufsichtsrat prüfen, anstelle des bisherigen ein neues Vorstandsmitglied zu bestellen. In der Regel hat der Aufsichtsrat vor Ablauf der Amtszeit genügend Zeit, um eine Nachfolgelösung vorzubereiten. Spätestens ein Jahr vor dem Ausscheiden eines Vorstandsvorsitzenden sollte der Nachfolger feststehen. Ein weiteres Jahr vorher sollte das Auswahlverfahren beginnen. Bei den anderen Vorstandsmitgliedern dürfen diese Fristen etwas kürzer bemessen sein. Eine vertrauensvolle Zusammenarbeit zwischen Aufsichtsrat und Vorstand beinhaltet selbstverständlich, dem betreffenden Vorstandsmitglied rechtzeitig die unterbleibende Wiederbestellung mitzuteilen. Häufig enthält der Anstellungsvertrag eine Klausel, das Vorstandsmitglied rechtzeitig (meist unter Angabe einer konkreten Frist) vor dem Ende der Vertragslaufzeit über eine geplante Fortsetzung oder aber Nichtverlängerung der Bestellung zu informieren.[20]

III. Personalentscheidung als Business Judgment

1. Orientierung am Unternehmenswohl

20 Der Aufsichtsrat hat sich bei der Auswahl und Bestellung der Vorstandsmitglieder am Unternehmenswohl zu orientieren und die danach bestmögliche Wahl zu treffen. Dabei wird dem einzelnen Aufsichtsratsmitglied hin-

---

19 Näher *Semler*, in: MünchKommAktG, § 116 Rn. 309.
20 Einzelheiten zur Mitteilungsklausel siehe Rn. 281.

sichtlich der Eignungsbeurteilung einschließlich des damit verbundenen Abwägungsprozesses ein Beurteilungsspielraum zugebilligt.[21] Die gerichtliche Überprüfung der Personalentscheidung beschränkt sich grundsätzlich – selbst wenn die Auswahl sich später als falsch herausstellt und der Gesellschaft dadurch ein Schaden entstanden ist – auf die pflichtgemäße Ausübung des unternehmerischen Ermessens. Beurteilungsmaßstab für die Ermessensentscheidung des Aufsichtsrats ist die *Business Judgment Rule*, die der BGH in dem ARAG/Garmenbeck-Urteil[22] erstmals judiziert und die mit § 93 Abs. 1 Satz 2 AktG ihre gesetzliche Grundlage gefunden hat.[23] Demzufolge handelt der Aufsichtsrat bei der Bestellung eines ungeeigneten Vorstandsmitglieds zumindest dann nicht pflichtwidrig, wenn er vernünftigerweise annehmen durfte, auf der Grundlage angemessener Informationen zum Wohle der Gesellschaft zu handeln, vgl. § 93 Abs. 1 Satz 2 i. V. m. § 116 Satz 1 AktG.

Grundlegende Bedingung für einen *Safe Harbour* und damit nicht justiziablen Handlungsspielraum des Aufsichtsrats ist zunächst, dass die Bestellung des Vorstandsmitglieds im Einklang mit den gesetzlichen und satzungsmäßigen Regelungen steht.[24] Die Personalentscheidung muss ferner frei von Interessenkonflikten, sachfremden Einflüssen und ohne unmittelbaren Eigennutz sein. Der Aufsichtsrat hat sich allein vom Wohl der Gesellschaft und der mit ihr verbundenen Unternehmen leiten zu lassen. Dieses körperschaftliche Leitbild umfasst alles, was den Bestand, die Funktionsfähigkeit und die Aufgabenerfüllung der Gesellschaft im Hinblick auf ihren Zweck sichert und fördert. Maßgebend sind in erster Linie die in gutem Glauben angestrebte langfristige Stärkung der Rentabilität, des Ertrags und der Wettbewerbsfähigkeit des Unternehmens sowie seiner Produkte und/ oder Dienstleistungen.[25] Eine Orientierung allein am *Shareholder Value* genügt nicht.[26] Die Ausrichtung am Gesellschaftsinteresse erfordert vielmehr, gleichsam die Belange anderer *Stakeholder* einzubeziehen. Hierzu gehören insbesondere die Belegschaft, das Management, die Gläubiger und Kunden sowie – je nach Größe und Gegenstand des Unternehmens – die Allgemeinheit.

21

---

21 So ausdrücklich östOGH wbl 2003, 42; LG Stuttgart DB 1999, 2462; *Thümmel*, AG 2004, 83, 87; *Mutter/Gayk*, ZIP 2003, 1773; *Schaefer/Missling*, NZG 1998, 441, 445.
22 BGHZ 135, 244, 253; dazu *Horn*, ZIP 1997, 1129; *Dreher*, JZ 1997, 1074; *Thümmel*, DB 1997, 1117; *Raiser*, WuB A § 111 AktG 1.97; *Boujong*, DZWiR 1997, 326; *Jäger*, WiB 1997, 10.
23 Siehe Gesetz zur Unternehmensintegrität und Modernisierung des Anfechtungsrechts (UMAG), BGBl. I 2005, 2802.
24 Zu den Anforderungen an die Bestellung und an das Vorstandsmitglied siehe Rn. 34 ff. und Rn. 79 ff.
25 Siehe Begründung zum Reg-Entwurf UMAG, BT-Drucks. 15/5092; ausführlich zum Gesellschafts- und Unternehmensinteresse *Spindler*, in: MünchKommAktG, § 76 Rn. 53 ff.
26 Ausführlich *Kuhner*, ZGR 2004, 244; *Mülbert*, ZGR 1997, 129.

2. Angemessener Informationsstand

22 Ferner ist die Personalentscheidung auf einer ausreichend breiten Informationsbasis zu treffen. Jedes Aufsichtsratsmitglied hat die Pflicht, sich über die fachliche und persönliche Eignung der Kandidaten angemessen zu informieren.[27] Es darf sich nicht darauf zurückziehen, dass bereits der Ausschuss und/oder der Aufsichtsratsvorsitzende eine Eignungsbeurteilung durchgeführt haben. Welcher Informationsstand für eine (prozedural) sorgfältige Bestellung als angemessen anzusehen ist, richtet sich nach der Sachlage des konkreten Einzelfalls.

23 Indikatoren für die Annahme einer informierten Personalentscheidung sind in der Regel eine langfristige und kontinuierliche Nachfolgeplanung für den Vorstand, die Erstellung eines Anforderungsprofils, die rechtzeitige Einschaltung eines Personalberaters, die Beobachtung und Vorauswahl geeigneter Kandidaten durch den Ausschuss oder/und den Aufsichtsratsvorsitzenden, die kritische Auseinandersetzung mit den Bewerbungsunterlagen, das (mehrfache) Gespräch mit verschiedenen Kandidaten und schließlich die reflektierende Diskussion im Ausschuss wie auch im Plenum des Aufsichtsrats.[28] Die Entscheidung über die Auswahl und Bestellung künftiger Vorstandsmitglieder erfordert mithin eine sorgfältige Analyse der unternehmenspolitischen Bedürfnisse, eine langfristige Prognose der Organisation des Vorstands sowie eine adäquate Beurteilung der Kandidaten im Auswahlprozess. Je weniger dementsprechende Maßnahmen unternommen werden, je mehr die Personalentscheidung unter selbst erzeugtem Zeitdruck oder gar nur instinktiv getroffen wird, desto eher sind die Grenzen des unternehmerischen Ermessens überschritten mit der Folge, dass den Aufsichtsratsmitgliedern ein Haftungsszenario wegen fehlerhafter Vorstandsbesetzung drohen kann.

B. Anforderungsprofil des Kandidaten

I. Fachliche Mindestvoraussetzungen

24 Ausgangspunkt für eine erfolgreiche Nachfolgeplanung und Besetzung der vakanten Vorstandsposition ist ein klares Anforderungsprofil des Kandidaten. Die Aufstellung der richtigen Auswahlkriterien entscheidet (mit) über die Strategie und damit den geschäftlichen Erfolg der Gesellschaft, die Kollegialität im Vorstand, die Zusammenarbeit mit dem Aufsichtsrat, den Umgang mit den Aktionären und der Belegschaft sowie über die Ausrich-

---

[27] *Semler*, in: MünchKommAktG, § 116 Rn. 229; *Vetter*, DB 2004, 2623, 2624.
[28] Näher zu den Kriterien vgl. *Potthoff/Trescher/Theisen*, Das Aufsichtsratsmitglied, Rn. 1616 ff.

tung der Unternehmenskultur insgesamt. Das künftige Vorstandsmitglied hat zudem eine wichtige Vorbildfunktion für Führungskräfte und ebenso die Belegschaft des Unternehmens. Selbstverständlich ist daher die Erfüllung fachlicher Mindestvoraussetzungen.

Der Vorstand muss in der Lage sein, die Gesellschaft in der gegenwärtigen Situation und in der Zukunft erfolgreich zu leiten. Dafür notwendig ist ein Mindestmaß an fachlichen Kenntnissen, Fähigkeiten und Erfahrungen. Ein Vorstandsmitglied muss alle für das Unternehmen maßgeblichen wirtschaftlichen und rechtlichen Zusammenhänge ohne fremde Hilfe verstehen und sachgerecht beurteilen können. Die unternehmerische Sorgfalt eines ordentlichen und gewissenhaften Geschäftsleiters (§ 93 Abs. 1 AktG) bedingt eine Geschäftsführung, die über die an einen ordentlichen Kaufmann gestellten Anforderungen hinausgeht.[29] Das künftige Vorstandsmitglied muss seine durch das Aktienrecht und anderweitige gesetzliche, statutarische und anstellungsvertragliche Regelungen zugewiesenen Aufgaben, Rechte und Pflichten mithin kennen und praktisch umsetzen können. 25

Andererseits müssen die für die Leitung der jeweiligen Gesellschaft erforderlichen unternehmensspezifischen und ressortabhängigen Qualifikationen vorliegen.[30] Diese bestimmen sich in erster Linie nach dem Unternehmensgegenstand und den konkreten Aufgabenbereichen, die das künftige Vorstandsmitglied übernehmen soll. Allgemein gültige Aussagen lassen sich insoweit nur schwer treffen. Grundsätzlich erforderlich sind produkt- und marktspezifische Kenntnisse, wenn es bei der Besetzung um Sparten oder Geschäftsbereiche geht, oder aber funktionales Fachwissen, wenn es sich um die Übernahme von Unternehmensfunktionen wie etwa Finanzen und Personal handelt. Insgesamt sollte im Vorstand ein ausgewogenes Verhältnis zwischen Spezialisten und Generalisten bestehen. Auch sollte nicht übersehen werden, dass gut qualifizierte Quereinsteiger überraschende unternehmerische Erfolge erzielen können. 26

Für Kredit- und Finanzdienstleistungsinstitute sowie für Unternehmen der Versicherungswirtschaft sind die Mindestvoraussetzungen für die fachliche Eignung der Geschäftsleiter zum Teil gesetzlich geregelt. Nach § 25c Abs. 1 KWG bzw. § 7a VAG muss ein Geschäftsleiter (Vorstandsmitglied) für die Leitung fachlich geeignet und zuverlässig sein sowie der Wahrnehmung seiner Aufgaben ausreichend Zeit widmen. Die fachliche Eignung setzt voraus, dass die Vorstände in ausreichendem Maße über theoretische und praktische Kenntnisse in der betreffenden Branche verfügen sowie Leitungserfahrung haben. Die fachliche Eignung für die Leitung solcher Unternehmen ist regelmäßig dann anzunehmen, wenn eine dreijährige leitende 27

---

29 Vgl. östOGH RiW 2003, 448; östOGH GesR 2002, 86; *Hopt*, in: GroßKommAktG, § 93 Rn. 78; *Haas*, in: Michalski, GmbHG, § 43 Rn. 189.
30 Zu den Mindestanforderungen an Aufsichtsratsmitglieder vgl. *Semler*, in: MünchKomm AktG, § 116 Rn. 83 ff.

Tätigkeit bei einer Gesellschaft vergleichbarer Größe und Geschäftsart nachgewiesen wird. Für Bankvorstände regelt § 25c Abs. 4 KWG n. F. zudem ausdrücklich, dass Kreditinstitute angemessene personelle und finanzielle Ressourcen einsetzen müssen, um Vorstandsmitgliedern die Einführung in ihr Amt zu erleichtern und ihnen die Fortbildungsmaßnahmen zu ermöglichen, die zur Aufrechterhaltung ihrer fachlichen Eignung erforderlich sind.[30a] Diese Kriterien sind als Richtschnur durchaus auf Unternehmen mit anderen Geschäftsfeldern übertragbar.

II. Persönliche Eigenschaften

28   Die Eignung als Vorstandsmitglied setzt neben der fachlichen Qualifikation natürlich auch charakterliche Integrität voraus. Verantwortungsbewusstsein, die Fähigkeit zur Kommunikation und Organisation sowie Entschlossenheit, Disziplin und Weitblick sind zwingende persönliche Eigenschaften. Ein Vorstandsmitglied muss realisierbare Ziele haben und diese sowohl innerhalb der Gesellschaft als auch nach außen vermitteln können. Unternehmerisches Handeln erfordert freilich auch Phantasie und Gespür für künftige Entwicklungen sowie Mut zum wirtschaftlichen Risiko, um Gewinnchancen überhaupt zu erkennen und wahrnehmen zu können. Der Aufsichtsrat wird daher darauf zu achten haben, dass sich der Vorstand aus wagemutigen, aber auch aus erfahrenen und eher zur Vorsicht tendierenden Mitgliedern zusammensetzt.

29   Ansonsten gelten hinsichtlich des charakterlichen Formats eines Vorstandskandidaten keine anderen Anforderungen als im sonstigen Geschäftsleben. Für eine Führungsposition kann nur in Betracht kommen, wer über ein hinreichendes Maß an Anstand und Fairness verfügt. Das sollte eigentlich nicht der Erwähnung bedürfen und umfasst gleichsam das Private. Gewisse Kontinuität im Management, langfristige Beziehungen mit Geschäftspartnern und Kunden sowie öffentliche Wahrnehmung der Gesellschaft als *Good Corporate Citizen* sind nur möglich, wenn der Vorstand sich durch einen Führungsstil auszeichnet, der nicht die persönlichen Unzulänglichkeiten einzelner Mitglieder, sondern – nach innen wie nach außen – das Bemühen um Vertrauen für das Unternehmen widerspiegelt. Aufdringliche Eitelkeit, übertriebener Ehrgeiz oder aber unkritisches Wohlverhalten fördern dieses Bemühen sicher nicht.

30a Siehe Gesetz zur Umsetzung der Richtlinie 2013/36/EU über den Zugang zur Tätigkeit von Kreditinstituten und die Beaufsichtigung von Kreditinstituten und Wertpapierfirmen und zur Anpassung des Aufsichtsrechts an die Verordnung (EU) Nr. 575/2013 über die Aufsichtsanforderungen an Kreditinstitute und Wertpapierfirmen (CRD IV-Umsetzungsgesetz), Gesetzesbeschluss des Deutschen Bundestages, BT-Drucks. 17/10974, 17/11474 vom 17.5.2013.

Der Vorstand muss die Gesellschaft selbst unter widrigen Umständen und bei schlechter Wirtschaftslage erfolgreich führen können. „Schönwetterkapitäne" haben im Vorstand nichts verloren. Jedes Vorstandsmitglied muss dem Amt gewachsen und entsprechend belastbar sein. Ferner sind das Alter und die Gesundheit eines Kandidaten wichtige Kriterien für die Auswahlentscheidung.[31] Der Aufsichtsrat hat hierbei zu bedenken, dass die für eine erfolgreiche Arbeit notwendige physische und psychische Belastbarkeit spätestens bei den Verhandlungen über eine betriebliche Altersversorgung in Rede steht. Statutarische Mindest- und/oder Höchstaltersgrenzen sind ebenfalls einzuhalten.[32] Der Deutsche Corporate Governance Kodex enthält in Ziff. 5.1.2 Abs. 2 Satz 3 DCGK die Empfehlung, eine generelle Altersgrenze für Vorstandsmitglieder festzulegen. Hierzu aufgerufen ist der Aufsichtsrat, der nach eigenem Ermessen über die Festlegung und Ausgestaltung der Altersgrenze entscheiden und diese im Rahmen des Anstellungsvertrages mit den Vorstandsmitgliedern vereinbaren kann.[33]

30

---

[31] Ärztliche Einstellungsuntersuchungen sind bislang noch die Ausnahme; zu – für die Bestellung von Vorstandsmitgliedern in der Praxis *untypischen* – psychologischen Tests, graphologischen Gutachten und genetischen Analysen vgl. *Lücke*, in Lücke, Beck'sches MandatsHdB, Vorstand der AG, § 2 Rn. 79–90.
[32] Einzelheiten zu statutarischen Auswahlrichtlinien siehe Rn. 84 ff.
[33] Dazu *Kremer*, in: Ringleb/Kremer/Lutter/v. Werder, Kommentar zum DCGK, Rn. 951 ff.

Kapitel 2
Bestellung der Vorstandsmitglieder

A. Bestellung zum Vorstandsmitglied
I. Rechtsnatur der Bestellung

Die Bestellung ist der körperschaftliche Akt, durch den die Mitgliedschaft einer Person im Vorstand einer Aktiengesellschaft begründet wird. Nach § 84 AktG obliegen alle dafür erforderlichen Handlungen und Erklärungen dem Aufsichtsrat. Hierzu gehören insbesondere der Aufsichtsratsbeschluss und seine Kundgabe gegenüber dem künftigen Vorstandsmitglied. Mit der Bestellung werden dem Vorstandsmitglied organschaftliche Aufgaben und Befugnisse übertragen, insbesondere die eigenverantwortliche Leitung der Gesellschaft, die Geschäftsführung sowie die Vertretung der Gesellschaft (§§ 76–78 AktG).[34] Außerdem hat das Vorstandsmitglied fortan bei der Führung der Geschäfte die Sorgfalt eines ordentlichen und gewissenhaften Geschäftsleiters anzuwenden (§ 93 Abs. 1 AktG). Begründet wird damit eine fiduziarische Pflichtenbindung gegenüber der Gesellschaft, die das Organverhältnis grundlegend und umfassend bestimmt.[35] Nicht zur Bestellung gehört die Zuweisung eines bestimmten Ressorts, da die darin liegende Geschäftsverteilung allein Aufgabe der Geschäftsordnung des Vorstands ist.[36]

31

Das Gesetz unterscheidet zwischen der Bestellung als Akt der körperschaftlichen Selbstverwaltung und dem Anstellungsvertrag, der ergänzend solche Rechte und Pflichten des Vorstandsmitglieds festlegt, die sich nicht bereits aus der Organstellung ergeben.[37] Beide Rechtsverhältnisse bedingen sich nicht wechselseitig und können unterschiedliche rechtliche Schicksale haben (sog. Trennungstheorie).[38] Bestellung und Anstellungsvertrag weisen andererseits aber gewisse Zusammenhänge auf, die eine tatsächliche wie auch rechtliche Verknüpfung voraussetzen bzw. bewirken. So übernimmt das Vorstandsmitglied in der Regel das Amt nur nach Maßgabe der Anstellungsbedingungen, während umgekehrt der Dienstvertrag seinen inneren Sinn aus der Organstellung ableitet und nur der Bestellung wegen zustande kommt.

32

---

34 Umfassend *Fleischer*, ZIP 2003, 1; *Henze*, BB 2000, 209.
35 *Kort*, in: GroßKommAktG, Vor § 76 Rn. 22; *Hopt*, in: GroßKommAktG, § 93 Rn. 1; *Goette*, FS BGH, S. 123 ff.
36 *Spindler*, in: MünchKommAktG, § 84 Rn. 16; *Mertens*, in: KölnKommAktG, § 84 Rn. 4.
37 Einzelheiten zur vertraglichen Pflichtenbindung siehe Rn. 228 ff.
38 BGH ZIP 2000, 508, 509; BGH WM 1995, 2064, 2065; BGH WM 1991, 804, 808; BGH NJW 1989, 2683 f.; BGH AG 1978, 162, 163; OLG Schleswig AG 2001, 651, 653.

33 Auf Grund der inneren Beziehung zwischen Bestellung und Anstellungsvertrag wird teilweise nur ein einziges Rechtsverhältnis angenommen, das auf einem zweiseitigen Rechtsgeschäft zwischen Vorstandsmitglied und Gesellschaft beruht (sog. Einheitstheorie).[39] Ein einheitlicher körperschaftlicher Bestellungsvertrag widerspricht jedoch den aktienrechtlichen Bestimmungen. Im Gesetz selbst ist etwa festgeschrieben, dass die vorzeitige Beendigung der Bestellung sich nicht notwendigerweise auf die Ansprüche aus dem Anstellungsvertrag auswirken muss, vgl. § 84 Abs. 3 Satz 5 AktG. Rechtsgeschäftlicher Natur sind lediglich bestimmte Handlungen im Rahmen der Bestellung, insbesondere die Kundgabe des Aufsichtsratsbeschlusses und die unverzichtbare Einverständniserklärung des designierten Vorstandsmitglieds. Diese Mitwirkungsbedürftigkeit ändert aber nichts daran, dass die Bestellung ein einseitiger Organisationsakt ist. Das Vorstandsmitglied und die Gesellschaft können für bestimmte Sachverhalte freilich vertraglich vereinbaren, dass der (nachrangige) Anstellungsvertrag das rechtliche Schicksal der Organstellung teilt.[40] Die gesetzlich festgeschriebene Trennung zwischen Bestellung und Dienstvertrag bleibt davon unberührt.

II. Bestellungskompetenz

1. Bestellung durch den Aufsichtsrat

a) Zuständigkeit des Gesamtaufsichtsrats

34 Nach § 84 Abs. 1 Satz 1 AktG ist ausschließlich der Aufsichtsrat für die Bestellung der Vorstandsmitglieder zuständig. Die gesetzliche Kompetenzzuweisung ist zwingend und kann weder durch die Satzung noch durch Beschluss der Hauptversammlung geändert werden.[41] Abweichende Regelungen sind stets nichtig. Ebenso wenig kommt eine wirksame Bestellung der Vorstandsmitglieder durch die Hauptversammlung selbst in Betracht. Der Aufsichtsrat kann seine höchstpersönliche Bestellungshoheit auch nicht auf ein anderes Organ der Gesellschaft übertragen, insbesondere kann der Aufsichtsrat nicht den Vorstand ermächtigen, weitere Vorstandsmitglieder zu bestellen.

35 Die Entscheidung über die Bestellung muss der Gesamtaufsichtsrat treffen.[42] Eine Delegation der Bestellungskompetenz an einen Präsidial-, Personal- oder sonstigen Ausschuss ist gemäß § 107 Abs. 3 Satz 3 AktG ausge-

---

39 *Baums*, Der Geschäftsleitervertrag, S. 3 ff.; *Martens*, FS Werner, S. 495, 503 f.; ebenfalls kritisch zur Trennungstheorie *Reuter*, FS Zöllner, S. 487 ff.
40 Einzelheiten zur Kopplung beider Rechtsverhältnisse siehe Rn. 277 ff.
41 *Lutter/Krieger*, Rechte und Pflichten des Aufsichtsrats, Rn. 334; *Spindler*, in: MünchKomm AktG, § 84 Rn. 12.
42 *Mertens*, in: KölnKommAktG, § 84 Rn. 8; *Hüffer*, AktG, § 84 Rn. 5.

schlossen. Darüber hinaus sind seit Neufassung der Vorschrift durch das VorstAG 2009 auch sämtliche die Vergütung des Vorstandsmitglieds betreffenden Entscheidungen allein dem Plenum vorbehalten.[43] Die bloße Vorbereitung der Bestellung und Vergütungsentscheidung kann einem Ausschuss oder einem Mitglied des Aufsichtsrats übertragen werden. Eine solche Arbeitsteilung bei der Kandidatensuche und -vorauswahl ist in den meisten Aufsichtsräten auf Grund der Anzahl der Mitglieder sachnotwendig und deshalb zu empfehlen.[44] Das Plenum ist jedoch jederzeit berechtigt, die dem Ausschuss oder Aufsichtsratsmitglied übertragene Vorschlagskompetenz zu widerrufen und damit das Auswahlverfahren wieder an sich zu ziehen.

Die ausschließliche Bestellungskompetenz des Aufsichtsrats gilt nach herrschender Meinung auch in der Insolvenz der Gesellschaft.[45] Freilich darf nicht übersehen werden, dass der im Zuge der Bestellung anstehende Abschluss eines Vorstandsvertrages die Insolvenzmasse belastet und jedenfalls in der Regelinsolvenz alle Masseverbindlichkeiten betreffende Rechtshandlungen allein dem Insolvenzverwalter vorbehalten sind. Im Übrigen kennt der Aufsichtsrat die Höhe der Insolvenzmasse gar nicht und damit auch nicht die Leistungsfähigkeit der Gesellschaft. Insofern haben sich Aufsichtsrat und Insolvenzverwalter über die Konditionen des Anstellungsvertrages abzustimmen. **35a**

b) Entschließungsfreiheit

Der Aufsichtsrat muss über die Bestellung der Vorstandsmitglieder frei entscheiden. Die Aufsichtsratsmitglieder können sich nicht dazu verpflichten, eine bestimmte Person in den Vorstand der Gesellschaft zu berufen. Ebenso wenig darf die Satzung oder ein Beschluss der Hauptversammlung die freie Entschließung des Aufsichtsrats einschränken. Stimmbindungen solcher Art sind stets nichtig.[46] Keine rechtliche Wirkung haben daher statutarische Vorschlagsrechte, Weisungsbefugnisse oder Zustimmungsvorbehalte,[47] die einem Organ der Gesellschaft oder aber Dritten ein Mitwirkungsrecht bei der Bestellung der Vorstandsmitglieder einräumen.[48] Ein (Mehrheits-)Aktionär, eine Gewerkschaft oder eine beteiligte Gebietskörperschaft kann **36**

---

43 Einzelheiten zur kompetenzmäßigen Aufteilung der Vergütungsentscheidung siehe unten Rn. 257 ff.
44 Einzelheiten zum Auswahlverfahren siehe Rn. 1 ff.
45 OLG Nürnberg AG 1991, 446, 447; *Hüffer*, AktG, § 84 Rn. 12; *Spindler*, in: MünchKommAktG, § 84 Rn. 63; *Baums*, FS Claussen, S. 3, 15; *Hess/Ruppe*, NZI 2002, 577, 580; *Görg/Stockhausen*, FS Metzeler, S. 105, 107; a. A. *Hauptmann/Müller-Dott*, BB 2003, 2521, 2524; diff. *Uhlenbruck*, BB 2003, 1185, 1188.
46 *Nirk*, in: Nirk/Reuter/Bächle, HdB Aktiengesellschaft I, Rn. 614; *Mertens*, in: KölnKomm-AktG, § 84 Rn. 9; *Niewiarra*, BB 1998, 1961, 1963; *Meier/Pech*, DStR 1995, 1195, 1196.
47 Einzelheiten zum Vorschlagsrecht des Vorstands siehe Rn. 7 f.
48 *Wiesner*, in: MünchHdB GesR AG, § 20 Rn. 5; *Krieger*, Personalentscheidungen des Aufsichtsrats, S. 12 f.; *Hommelhoff*, BB 1977, 322, 325.

den Aufsichtsratsmitgliedern mithin keine verbindlichen Weisungen für die Bestellung einer bestimmten Person erteilen. Umgekehrt kann einem Aktionär in der Satzung nicht die Berufung in den Vorstand zugesagt werden. Auf die Zusammensetzung des Vorstands kann ein Aktionär aber dadurch einwirken, dass er die Mehrheitsverhältnisse im Aufsichtsrat zu seinen Gunsten beeinflusst, indem er selbst in den Aufsichtsrat gewählt wird oder Personen seines Vertrauens dorthin gewählt werden oder ihm durch die Satzung nach § 101 Abs. 2 AktG ein Entsendungsrecht eingeräumt wird.

37 Ferner können die Aktionäre untereinander ihren tatsächlichen Einfluss nutzen, um den eigenen Personalwünschen Ausdruck zu verleihen. Denkbar sind Abreden unter den Aktionären mit dem Ziel, ihren Einfluss so auszuüben, dass bestimmte Personen vom Aufsichtsrat in den Vorstand gewählt werden. Solche Aktionärsvereinbarungen verstoßen erst dann gegen § 138 Abs. 1 BGB, wenn sie auf eine Beschneidung der Entschließungsfreiheit des Aufsichtsrats hinauslaufen.[49] So ist die Absicherung einer Aktionärsvereinbarung durch Vertragsstrafe oder Schadensersatz herrschender Meinung zufolge nicht statthaft, da die Androhung dieser Sanktionen den Aktionär dazu veranlassen könnte, die Beschlussfassung des Aufsichtsrats in unzulässiger Weise zu beeinflussen.[50] Gleiches gilt zudem für Verträge zwischen Aktionären und einem Dritten, in denen sich die Aktionäre verpflichten, für dessen Wahl in den Vorstand zu sorgen.[51]

38 Die Aufsichtsratsmitglieder können vor der Beschlussfassung offene wie auch geheime Probeabstimmungen über die Bestellung durchführen.[52] Außerdem sind vorbereitende Absprachen zulässig, sofern sie keinen verpflichtenden Charakter haben.[53]

c) Beschlussfassung

39 Der Aufsichtsrat entscheidet über die Bestellung gemäß § 108 AktG durch Beschluss. Notwendig ist eine ausdrückliche Beschlussfassung; ein konkludenter Beschluss etwa in Form der Duldung einer faktischen Vorstandstätigkeit kommt nicht in Betracht.[54] Beschlussfähig ist der Aufsichtsrat vor-

---

49 *Semler*, in: MünchHdB GesR AG, § 38 Rn. 44; *Hüffer*, AktG, § 84 Rn. 5; *Niewiarra*, BB 1998, 1961, 1963.
50 *Spindler*, in: MünchKommAktG, § 84 Rn. 12; *Lutter/Krieger*, Rechte und Pflichten des Aufsichtsrats, Rn. 335; a. A. *Mertens*, in: KölnKommAktG, § 84 Rn. 9; weniger restriktiv auch *Niewiarra*, BB 1998, 1961, 1965 (zum Mehrheits- oder Alleinaktionär).
51 *Lutter/Krieger*, Rechte und Pflichten des Aufsichtsrats, Rn. 335; anders wohl *Niewiarra*, BB 1998, 1961, 1963.
52 *Spindler*, in: MünchKommAktG, § 84 Rn. 15; *Thüsing*, in: Fleischer, HdB VorstandsR, § 4 Rn. 21.
53 *Mertens*, in: KölnKommAktG, § 84 Rn. 9; *Krieger*, Personalentscheidungen des Aufsichtsrats, S. 250.
54 OLG Schleswig AG 2001, 651, 653; OLG Dresden AG 2000, 43, 44; *Semler*, in: MünchKommAktG, § 108 Rn. 21 ff.; *Hüffer*, AktG, § 84 Rn. 5.

behaltlich einer abweichenden statutarischen Regelung, wenn die Hälfte seiner Mitglieder an der Abstimmung teilnimmt. In einem paritätisch besetzten Aufsichtsrat ist diese Mindestbeteiligung zwingend, die Beschlussfähigkeit kann dort nicht durch die Satzung nach unten abgesenkt werden.[55] Eine fehlende Beschlussfähigkeit führt zur Nichtigkeit des Bestellungsbeschlusses.

Für die Beschlussfassung in einem nicht paritätisch besetzten Aufsichtsrat genügt die einfache Mehrheit der abgegebenen Stimmen.[56] Die Satzung oder die Geschäftsordnung des Aufsichtsrats kann keine qualifizierte Mehrheit wirksam festlegen.[57] Für den Fall der Stimmengleichheit hat der Aufsichtsratsvorsitzende oder sein Stellvertreter nur dann eine zweite Stimme, wenn die Satzung ein solches Recht zum Stichentscheid ausdrücklich regelt.[58] Ein Vetorecht dagegen kann keinem Aufsichtsratsmitglied eingeräumt werden.[59] Nach herrschender Meinung kann ein Aufsichtsratsmitglied auch bei seiner eigenen Wahl in den Vorstand mitstimmen.[60] Allerdings wird wegen der vorliegenden Interessenkollision zunehmend die Auffassung vertreten, dass das kandidierende Aufsichtsratsmitglied bei der Beschlussfassung über seine Bestellung entsprechend § 34 BGB vom Stimmrecht ausgeschlossen ist.[61] Bei Besetzung mehrerer Vorstandsämter ist für jedes Vorstandsmitglied getrennt abzustimmen.[62] Eine Listenwahl ist wegen der damit verbundenen Beschränkung der Auswahlfreiheit unzulässig.[63] **40**

In mitbestimmten Gesellschaften erfolgt die Bestellung der Vorstandsmitglieder nach dem besonderen Wahlverfahren gemäß § 31 Abs. 2 bis Abs. 4 MitbestG.[64] Im ersten Wahlgang muss die Abstimmung eine Mehrheit im Aufsichtsrat erreichen, die mindestens zwei Drittel der Stimmen seiner **41**

---

55 Vgl. § 108 Abs. 2 Satz 1 AktG i. V. m. § 28 Satz 1 MitbestG, § 10 MontanMitbestG. Strittig ist, ob die Satzung eine verschärfende Abweichung nach oben vorschreiben kann; dazu *Hoffmann-Becking*, in: MünchHdB GesR AG, § 31 Rn. 52.
56 *Hüffer*, AktG, § 108 Rn. 6; *Lutter/Krieger*, Rechte und Pflichten des Aufsichtsrats, Rn. 343.
57 *Semler*, in: MünchKommAktG, § 108 Rn. 132; *Hoffmann-Becking*, in: MünchHdB GesR AG, § 31 Rn. 58.
58 *Hoffmann-Becking*, in: MünchHdB GesR AG, § 31 Rn. 57; a. A. *Lutter/Krieger*, Rechte und Pflichten des Aufsichtsrats, Rn. 343 (Regelung in der Geschäftsordnung des Aufsichtsrats genügt).
59 *Siebel*, in: Semler/v. Schenck, ArbeitsHdB für Aufsichtsratsmitglieder, § 5 Rn. 114; *Hüffer*, AktG, § 108 Rn. 8.
60 *Semler*, in: MünchKommAktG, § 108 Rn. 156; *Mertens*, in: KölnKommAktG, § 108 Rn. 50; *Hoffmann-Becking*, in: MünchHdB GesR AG, § 31 Rn. 59.
61 *Hüffer*, AktG, § 108 Rn. 8; *Spindler*, in: MünchKommAktG, § 84 Rn. 18; *Wiesner*, in: MünchHdB GesR AG, § 20 Rn. 20.
62 *Fonk*, in: Semler/v. Schenck, ArbeitsHdB für Aufsichtsratsmitglieder, § 9 Rn. 44; siehe auch OLG Rostock NZG 1999, 216, 217.
63 *Lutter/Krieger*, Rechte und Pflichten des Aufsichtsrats, Rn. 343; zur Listenwahl von Aufsichtsratsmitgliedern siehe LG München AG 2004, 330.
64 Ausführlich *Lutter/Krieger*, Rechte und Pflichten des Aufsichtsrats, Rn. 344 ff.

Mitglieder umfasst. Unbesetzte Aufsichtsratsmandate zählen hierbei nicht mit. Kommt die Mehrheit nicht zustande, so hat der nach § 27 Abs. 3 MitbestG zu bildende Vermittlungsausschuss innerhalb eines Monats nach der Abstimmung einen Kompromissvorschlag zu unterbreiten. Nach Ablauf der Monatsfrist kann der Aufsichtsrat den zweiten Wahlgang durchführen, sofern ein Wahlvorschlag vorliegt. Auf das Vermittlungsverfahren kann der Aufsichtsrat nicht von vornherein verzichten. Andererseits hängt die zweite Abstimmung nicht davon ab, dass der Ausschuss innerhalb der Monatsfrist einen Beschluss fasst.[65] Die Wahl kann ferner dann erfolgen, wenn der Vermittlungsausschuss innerhalb der Frist überhaupt nicht tätig wird. Nach § 31 Abs. 3 Satz 1 a.E. MitbestG können auch Vorschläge von anderer Seite zur Abstimmung gestellt werden. Im zweiten Wahlgang genügt für die Bestellung die einfache Mehrheit der tatsächlich im Amt befindlichen Aufsichtsratsmitglieder. Erreicht kein Bewerber die notwendige Mehrheit, genügt in dem darauf folgenden Wahlgang die einfache Mehrheit. In der dritten Abstimmung steht dem Aufsichtsratsvorsitzenden im Fall einer Stimmengleichheit nach § 31 Abs. 4 MitbestG ein Zweitstimmrecht zu. Alle mitbestimmungsrechtlichen Mehrheitserfordernisse sind zwingend und können durch die Satzung oder die Geschäftsordnung des Aufsichtsrats weder reduziert noch verschärft werden.[66]

42 Der Aufsichtsrat kann den Beschluss über die Bestellung nach § 108 Abs. 4 AktG schriftlich, fernmündlich oder in vergleichbarer Form (Video- und Telefonkonferenz, E-Mail, Fax) vorbehaltlich einer näheren Regelung in der Satzung oder der Geschäftsordnung fassen, sofern kein Mitglied dem Verfahren widerspricht. Abwesende Aufsichtsratsmitglieder können an der Beschlussfassung teilnehmen, indem sie sich im Rahmen der schriftlichen Stimmabgabe nach § 108 Abs. 3 AktG eines Stimmboten bedienen. Davon zu unterscheiden ist die nachträgliche Stimmabgabe eines abwesenden Aufsichtsratsmitglieds im Wege der sog. gemischten Beschlussfassung. Notwendig dafür ist ein ausdrückliches Einverständnis der Aufsichtsratsmitglieder, dass das abwesende Aufsichtsratsmitglied seine Stimme zu einem späteren Zeitpunkt dem Aufsichtsratsvorsitzenden gegenüber schriftlich, fernmündlich oder in vergleichbarer Form abgeben kann. Die nachträgliche Stimmabgabe ist nicht unbefristet, sondern kann nur innerhalb eines angemessenen Zeitraums erfolgen.[67]

---

65 *Gach*, in: MünchKommAktG, § 31 MitbestG Rn. 15; *Wiesner*, in: MünchHdB GesR AG, § 20 Rn. 21.
66 *Hoffmann-Becking*, in: MünchHdB GesR AG, § 31 Rn. 60; *Semler*, in: MünchKommAktG, § 108 Rn. 131.
67 *Semler*, in: MünchKommAktG, § 108 Rn. 207; *Hoffmann-Becking*, in: MünchHdB GesR AG, § 31 Rn. 81.

d) Zustimmung des Vorstandsmitglieds

Eine wirksame Bestellung setzt voraus, dass der Aufsichtsrat seinen Beschluss gegenüber dem Vorstandsmitglied bekannt gibt und dieses der Bestellung zustimmt.[68] Die Umsetzung des Beschlusses durch Kundgabe der Bestellung obliegt nach § 112 AktG dem Aufsichtsrat, der hierfür meist den Aufsichtsratsvorsitzenden oder ein anderes Mitglied des Aufsichtsrats ermächtigt.[69] Der Ermächtigte ist nur Erklärungsvertreter und verfügt deshalb über keinen eigenen Entscheidungsspielraum.[70] Die Zustimmung des Vorstandsmitglieds ist erforderlich, weil die mit der Bestellung verbundene organschaftliche Pflichtenbindung nicht einseitig durch die Gesellschaft begründet werden kann. In der Regel erfolgt die Zustimmung vor der Bestellung, jedoch kann sie auch konkludent mit Abschluss des Anstellungsvertrages oder mit Aufnahme der Vorstandstätigkeit erklärt werden. Die Zustimmung kann unter einer aufschiebenden Bedingung stehen (z. B. Ausscheiden aus einer anderen Gesellschaft).[71]

43

e) Form der Bestellung

Die Bestellung bedarf keiner Form. In der Praxis sind häufig in der Satzung besondere Formerfordernisse vorgesehen, etwa die notarielle Beurkundung des Bestellungsbeschlusses und der Zustimmung des Vorstandsmitglieds. Ein Verstoß dagegen ist unerheblich, da solche Regelungen nicht Wirksamkeitsvoraussetzung für die Bestellung sind.[72] Der Übermittler des Aufsichtsratsbeschlusses könnte sich lediglich weigern, die Bestellung dem Vorstandsmitglied bekannt zu geben.

44

2. Bestellung durch das Gericht

Dem Vorstand kann aus verschiedensten Gründen ein für bestimmte Maßnahmen der Geschäftsführung oder aber der Vertretung der Gesellschaft erforderliches Vorstandsmitglied fehlen. Der Aufsichtsrat hat dann durch Bestellung des fehlenden Vorstandsmitglieds die Arbeitsfähigkeit des Gremiums wiederherzustellen. In dringenden Fällen kann die Bestellung auch durch ein Gericht erfolgen, sofern die gesetzlichen Voraussetzungen hierfür vorliegen.

45

a) Voraussetzungen

Beim Fehlen eines erforderlichen Vorstandsmitglieds kommt in dringenden Fällen eine gerichtliche Bestellung eines Notvorstands nach § 85 Abs. 1

46

---

68 *Hüffer*, AktG, § 84 Rn. 4; *Spindler*, in: MünchKommAktG, § 84 Rn. 21.
69 Einzelheiten zur Ermächtigung siehe Rn. 141 f.
70 OLG Düsseldorf AG 2004, 321, 322 f. (zum Widerruf); *Semler*, in: MünchKommAktG, § 112 Rn. 52.
71 Einzelheiten zur aufschiebend bedingten Bestellung siehe Rn. 112 ff.
72 *Mertens*, in: KölnKommAktG, § 84 Rn. 28; *Spindler*, in: MünchKommAktG, § 84 Rn. 19.

AktG in Betracht. Das fehlende Vorstandsmitglied muss nach Gesetz, Satzung oder Geschäftsverteilung für die Funktionsfähigkeit des Vorstands erforderlich sein. Dafür maßgebend ist nicht allein die Vertretung der Gesellschaft nach außen, sondern auch die Geschäftsführung. Denn für die Vertretung können möglicherweise alle notwendigen Vorstandsmitglieder vorhanden sein, während die für eine bestimmte Maßnahme der Geschäftsführung erforderlichen Vorstandsmitglieder fehlen, so etwa für die Aufstellung des Jahresabschlusses, die Errichtung einer Zweigniederlassung oder die Gründung eines neuen Geschäftsbereichs. Gleiches kann für die ordnungsgemäße Einberufung der Hauptversammlung gelten,[73] etwa wenn ein Vorstandsmitglied aus einem zweiköpfigen Vorstand ausscheidet und wegen fehlender Neubesetzung eine wirksame Beschlussfassung nicht möglich ist.[74] Eine gerichtliche Ersatzbestellung bezieht sich allein auf fehlende Vorstandsmitglieder, d. h., ein Vorsitzender des Vorstands (§ 84 Abs. 2 AktG) kann vom Gericht nicht bestellt werden, auch wenn ein solcher in der Satzung vorgesehen ist.

47 Ein Fehlen liegt dann vor, wenn ein Vorstandsmitglied durch Abberufung, Amtsniederlegung, Zeitablauf oder auch Nichtbesetzung einer neu geschaffenen Vorstandsposition aus dem Amt ausgeschieden ist.[75] Dem „Fehlen" gemäß § 85 Abs. 1 Satz 1 AktG gleichzustellen ist der Fall einer dauerhaften Verhinderung. Dafür genügt die überwiegende Wahrscheinlichkeit, dass ein Vorstandsmitglied sein Amt dauerhaft nicht mehr ausüben kann oder will, etwa aufgrund einer schweren, dauernden Erkrankung oder dauerhafter Abwesenheit.[76] Ein Vorstandsmitglied fehlt zudem im Fall der Nichtigkeit seiner Bestellung. Bei (bloßem) Zweifel an der Rechtmäßigkeit der Bestellung, etwa weil die Wahl der an dem Bestellungsbeschluss beteiligten Aufsichtsratsmitglieder gesetz- oder satzungswidrig sein soll, kommt es auf die Rechtskraft des Anfechtungs- oder Nichtigkeitsurteils an.[77] Aus der Unterscheidung zwischen „fehlenden" und „behinderten" Vorstandsmitgliedern in § 105 Abs. 2 Satz 1 AktG folgt, dass eine bloß vorübergehende Verhinderung des Vorstandsmitglieds an der Wahrnehmung seiner Vorstandspflichten nicht genügt. An der Erforderlichkeit für die Bestellung eines Notvorstands fehlt es, wenn für einen identischen Wirkungskreis bereits ein Abwesenheitspfleger für die Gesellschaft bestimmt ist.[78]

48 Ein dringender Fall einer gerichtlichen Ersatzbestellung wird nur dann anzunehmen sein, wenn der Aufsichtsrat selbst nicht eingreift oder nicht eingreifen kann, um die Vakanz im Vorstand zu beseitigen. Außerdem muss

---

[73] LG Münster DB 1998, 665; *Hüffer*, AktG, § 85 Rn. 3.
[74] BGH NZG 2002, 130, 131 m. Anm. *Tröger*, NZG 2002, 211; *Jäger*, NZG 2003, 1033, 1035.
[75] *Weber*, in: Hölters, AktG, § 85 Rn. 2.
[76] *Weber*, in: Hölters, AktG, § 85 Rn. 3.
[77] OLG Hamm ZIP 2008, 832; *Hüffer*, AktG, § 85 Rn. 2.
[78] KG ZIP 2005, 1785.

A. Bestellung zum Vorstandsmitglied

ohne die Bestellung durch das Gericht zu befürchten sein, dass sich erhebliche Nachteile für die Gesellschaft, die Belegschaft, Aktionäre, andere Organmitglieder, Gläubiger oder Dritte ergeben.[79] Ein Nachteil kann auch darin bestehen, dass eine alsbald erforderliche Maßnahme wegen eines fehlenden Vorstandsmitglieds nicht vorgenommen werden kann.[80] Fehlen in einer sog. Spalt-Gesellschaft sowohl Vorstand als auch Aufsichtsrat, so ist die Notbestellung der erforderlichen Vorstandsmitglieder dringlich.[81] Die Bestellung eines Interims-Aufsichtsrats, damit dieser einen Vorstand bestellen kann, ist fehlerhaft.[82] Der Wegfall eines Arbeitsdirektors als Vorstandsmitglied einer mitbestimmten Gesellschaft wird im Regelfall die Dringlichkeit für eine Ersatzbestellung begründen.[83]

Die gerichtliche Bestellung eines fehlenden Vorstandsmitglieds erfolgt nicht von Amts wegen und muss von einem Berechtigten beim Amtsgericht am Sitz der Gesellschaft beantragt werden. Der Antrag kann einen für das Gericht unverbindlichen Personalvorschlag enthalten. Antragsberechtigt sind alle Beteiligte, die ein schutzwürdiges Interesse an der sofortigen Bestellung eines fehlenden Vorstandsmitglieds haben,[84] wie etwa Vorstands- und Aufsichtsratsmitglieder, Aktionäre oder auch ein Gesellschaftsgläubiger, der seine Rechte gegen die Gesellschaft nicht durchsetzen kann, weil diese nicht wirksam vertreten ist.[85] Beim Fehlen eines Arbeitsdirektors soll auch der Betriebsrat antragsberechtigt sein. Die Antragsberechtigung ist vom Antragssteller glaubhaft zu machen. Die Erfolgsaussichten einer Rechtsverfolgung sind dabei vom Registergericht nicht zu prüfen. Die Bestellung des fehlenden Vorstandsmitglieds erfolgt durch richterlichen Beschluss, der nach § 16 FGG mit der Bekanntmachung an das betreffende Vorstandsmitglied wirksam wird. **49**

b) Rechtsfolgen der Ersatzbestellung

Nach § 85 Abs. 2 AktG kann die Ersatzbestellung nur für die Zeit bis zur Behebung des Mangels erfolgen. Mithin erlischt die Organstellung des gerichtlich bestellten Vorstandsmitglieds (spätestens) dann, wenn der Aufsichtsrat nach § 84 Abs. 1 AktG das fehlende Vorstandsmitglied bestellt. Die Ersatzbestellung erlischt dagegen nicht schon mit der Erfüllung der dem Notvorstand gestellten Aufgabe, ebenso wenig dadurch, dass die Dringlichkeit der Ersatzbestellung entfällt.[86] **50**

---

79 *Wiesner*, in: MünchHdB GesR AG, § 20 Rn. 26; *Spindler*, in: MünchKommAktG, § 85 Rn. 6.
80 Für den gerichtlich bestellten GmbH-Geschäftsführer BayObLG NZG 1998, 74.
81 BGH AG 1990, 78; BGH AG 1986, 290; BGH AG 1985, 53f.
82 BayObLG AG 1987, 210; OLG Celle NJW 1964, 112, 113.
83 *Spindler*, in: MünchKommAktG, § 85 Rn. 6; *Wiesner*, in: MünchHdB GesR AG, § 20 Rn. 26.
84 KG NZG 2007, 475; *Fleischer*, in: Spindler/Stilz, AktG, § 85 Rn. 8.
85 BayObLG AG 1987, 210; *Fleischer*, in: Spindler/Stilz, AktG, § 85 Rn. 8; *Mertens/Cahn*, in: KölnKommAktG, § 85 Rn 9.
86 *Mertens/Cahn*, in: KölnKommAktG, § 85 Rn 17.

51 Das gerichtlich bestellte Vorstandsmitglied kann während seiner Amtszeit nur vom Gericht (von Amts wegen) aus wichtigem Grund abberufen werden, nicht aber vom Aufsichtsrat.[87] Der Aufsichtsrat kann jedoch bei Gericht einen Abberufungsantrag stellen oder nach § 84 Abs. 1 AktG ein neues Vorstandsmitglied bestellen, so dass das Amt des Notvorstands nach § 85 Abs. 2 AktG von selbst erlischt. Bei einer Amtsniederlegung durch das Vorstandsmitglied kann das Gericht ein anderes Vorstandsmitglied bestellen, sofern hierfür noch die gesetzlichen Voraussetzungen nach § 85 Abs. 1 AktG gegeben sind. Die grundlose Amtsniederlegung des Notvorstands kann einen Schadensersatzanspruch der Gesellschaft nach § 93 Abs. 2 AktG begründen.[88]

52 Das gerichtlich bestellte Vorstandsmitglied hat grundsätzlich die gleichen Rechte und Pflichten wie das nach § 84 Abs. 1 AktG vom Aufsichtsrat bestellte Vorstandsmitglied.[89] Das Gericht kann durch die Ersatzbestellung nicht die Vertretungsmacht des Vorstandsmitglieds beschränken.[90] Ob Allein- oder Gesamtvertretungsmacht vorliegt, richtet sich nach der Vertretungsmacht des fehlenden Vorstandsmitglieds.[91] Dagegen kann die Geschäftsführungsbefugnis des Notvorstands in dem gerichtlichen Bestellungsbeschluss eingeschränkt oder sogar auf einzelne Rechtshandlungen begrenzt werden;[92] dies gilt wegen der umfassenden Aufgaben nicht in der Insolvenz der Gesellschaft.[93]

53 Die Bestellung durch das Gericht begründet nur eine organschaftliche Beziehung zur Gesellschaft. Ein Anstellungsverhältnis entsteht dadurch nicht. Daher gewährt § 85 Abs. 3 Satz 1 AktG dem gerichtlich bestellten Vorstandsmitglied einen Anspruch auf Ersatz angemessener Auslagen und Vergütung für seine Tätigkeit.[94] Einigen sich Ersatzvorstand und Gesellschaft nicht, so wird die Höhe der Auslagen und der Vergütung vom Gericht festgesetzt, § 85 Abs. 3 Satz 2 AktG. Gegen diese Entscheidung ist die Beschwerde zulässig; die Rechtsbeschwerde ist nach § 85 Abs 3. Satz 3, 2. HS AktG ausgeschlossen. Aus der rechtskräftigen Entscheidung findet die Zwangsvollstreckung nach ZPO statt.

---

[87] *Hüffer*, AktG, § 85 Rn. 5; *Thüsing*, in: Fleischer, HdB VorstandsR, § 4 Rn. 38.
[88] *Mertens/Cahn*, in: KölnKommAktG, § 85 Rn. 16.
[89] *Fleischer*, in: Spindler/Stilz, AktG; § 85 Rn. 13; *Hüffer*, AktG, § 85 Rn. 5.
[90] Näher dazu *Spindler*, in: MünchKommAktG, § 85 Rn. 15.
[91] *Fleischer*, in: Spindler/Stilz, AktG; § 85 Rn. 13; *Spindler*, in: MünchKommAktG, § 85 Rn. 16.
[92] BayOblGZ 1987, 29, 34; LG Berlin AG 1986, 52, 53; *Mertens/Cahn*, in: KölnKommAktG, § 85 Rn. 15.
[93] BayObLG AG 1988, 301, 303; *Mertens/Cahn*, in: KölnKommAktG, § 85 Rn. 15.
[94] Einzelheiten zur Vergütung gerichtlich bestellter Vorstände siehe Rn. 315 und Rn. 332.

III. Anforderungen an die Vorstandsbesetzung

1. Anzahl der Vorstandsmitglieder

a) Gesetzliche und statutarische Vorgaben

Der Vorstand einer Aktiengesellschaft kann aus einer oder mehreren Personen bestehen. Bei Gesellschaften mit einem Grundkapital von mehr als drei Millionen Euro muss der Vorstand nach § 76 Abs. 2 Satz 2 AktG aus mindestens zwei Personen bestehen, sofern die Satzung nicht ausdrücklich einen Alleinvorstand zulässt. Der Deutsche Corporate Governance Kodex differenziert nicht nach der Unternehmensgröße und empfiehlt in Ziff 4.2.1 Satz 1 DCGK, dass der Vorstand einer (börsennotierten) Aktiengesellschaft generell aus mehreren Personen bestehen soll.[95] Der Vorstand mitbestimmter Gesellschaften muss stets mehrköpfig sein.[96]

54

Nach § 23 Abs. 2 Nr. 6 AktG sind durch die Satzung die genaue Anzahl der Vorstandsmitglieder oder die Regeln festzulegen, nach denen die Anzahl ermittelt wird. Die Satzung kann also bestimmen, dass der Vorstand aus einer oder aber mehreren Personen bestehen soll.[97] Bei der Festlegung eines mehrköpfigen Vorstands kann die Satzung die genaue Mitgliederzahl vorgeben oder aber dem Aufsichtsrat die nähere Bestimmung überlassen.[98] Statthaft ist zudem die Vorgabe einer Mindest- und/oder einer Höchstzahl der Vorstandsmitglieder. Wiederholt die Satzung lediglich den Gesetzeswortlaut, oder enthält sie gar keine Bestimmung über die Zahl der Vorstandsmitglieder, so obliegt deren Festlegung dem Aufsichtsrat.[99] Er entscheidet – auch beim mitbestimmten Aufsichtsrat – mit einfacher Mehrheit.[100] Ferner kann die Satzung auch vorsehen, dass die genaue Mitgliederzahl der Vorstände durch Beschluss der Hauptversammlung bestimmt wird.[101] Die stellvertretenden Vorstandsmitglieder nach § 94 AktG sind bei der Berechnung der Mitgliederzahl einzubeziehen.

55

Die Entscheidung über die Anzahl der Vorstandsmitglieder durch den Aufsichtsrat oder die Hauptversammlung hat zu berücksichtigen, dass die einheitliche Leitung der Gesellschaft nach § 76 Abs. 1 AktG und die effiziente Zusammenarbeit im Vorstand bestimmte Rahmenbedingungen voraussetzt. Bei zu großen Vorständen besteht zumeist die Gefahr, dass eine gemeinsame Unternehmensplanung wie auch die gegenseitige Unterrichtung und Abstimmung der Aktivitäten kaum mehr durchführbar ist. Der Beschluss des Aufsichtsrats oder der Hauptversammlung bedarf der einfachen Mehr-

56

---

95 Dazu *Ringleb*, in: Ringleb/Kremer/Lutter/v. Werder, Kommentar zum DCGK, Rn. 662 ff.
96 *Kort*, in: GroßKommAktG, § 76 Rn. 203 ff.; *Spindler*, in: MünchKommAktG, § 76 Rn. 83.
97 LG München I NZG 2009, 143, 144; LG Köln AG 1999, 137.
98 BGH ZIP 2002, 216 m. Anm. *Henze*, BB 2002, 847 und *Singhof*, WuB II A. § 76 1.02; LG Köln 1999, 137; *Schäfer*, ZGR 2003, 147, 160.
99 BGH ZIP 2002, 216; LG Köln 1999, 137.
100 *Fleischer*, in: Spindler/Stilz, AktG, § 76 Rn. 111.
101 *Mertens*, in: KölnKommAktG, § 76 Rn. 91; *Kort*, in: GroßKommAktG, § 76 Rn. 195.

heit. Die Beschlussfassung des Aufsichtsrats setzt eine ausdrückliche Willensbildung des Plenums voraus, insbesondere genügt im Fall eines Ein-Personen-Vorstands nicht die widerspruchslose Hinnahme der veränderten Mitgliederzahl.[102]

b) Rechtsfolgen bei Unter- oder Überbesetzung

57 Der Vorstand ist unterbesetzt, wenn weniger Mitglieder bestellt sind, als nach Gesetz oder Satzung notwendig ist. Der Aufsichtsrat ist dann verpflichtet, die fehlenden Vorstandsmitglieder unverzüglich zu bestellen.[103] In dringenden Fällen kommt eine gerichtliche Bestellung der fehlenden Vorstandsmitglieder nach § 85 AktG in Betracht.[104]

58 Die Handlungsfähigkeit des Vorstands richtet sich danach, ob die noch vorhandenen Vorstandsmitglieder nach Gesetz und Satzung die Geschäftsführungs- und Vertretungsbefugnis wirksam ausüben können. Bestimmt die Satzung etwa bei Gesellschaften mit einem Grundkapital von mehr als drei Millionen nicht eindeutig das Ausreichen eines Ein-Personen-Vorstands, so ist ein zweiköpfiger Vorstand mit Wegfall des zweiten Vorstandsmitglieds nicht mehr handlungsfähig.[105] Sofern jedoch das noch vorhandene Vorstandsmitglied aufgrund der Satzung nach §§ 77 Abs. 1 Satz 2, 78 Abs. 2 Satz 1 AktG zur Einzelgeschäftsführung oder Einzelvertretung befugt ist, bleibt der unterbesetzte Vorstand grundsätzlich weiterhin handlungsfähig. Allerdings darf das noch vorhandene Vorstandsmitglied nach herrschender Meinung keine Aufgaben und Befugnisse wahrnehmen, die allein dem Gesamtvorstand vorbehalten sind.[106] Hierzu gehört etwa die Feststellung des Jahresabschlusses nach § 172 AktG, die Berichtspflicht nach § 91 AktG oder die ordnungsgemäße Einberufung einer Hauptversammlung. Auch eine temporäre Handlungsfähigkeit des vorschriftswidrig (unter-)besetzten Vorstands ist aus Gründen der Rechtssicherheit abzulehnen.[107] Zur Sicherstellung einer uneingeschränkten Beibehaltung der Handlungsfähigkeit sollte daher in der Satzung der Passus aufgenommen werden, dass der Vorstand auch aus einer Person bestehen kann.[108]

---

102 OLG Dresden AG 2000, 373 m. Anm. *Rottnauer*, NZG 2000, 414 ff.; *Jäger*, NZG 2003, 1033, 1035.
103 BGH ZIP 2002, 172; OLG Dresden AG 2000, 373.
104 BGH ZIP 2002, 172; *Spindler*, in: MünchKommAktG, § 76 Rn. 81.
105 BGH ZIP 2002, 172; *Henze*, BB 2002, 847, 848; a. A. LG Berlin AG 1991, 244; *Kort*, in: GroßKommAktG, § 76 Rn. 202.
106 BGH ZIP 2002, 172; OLG Dresden AG 2000, 373; LG Heilbronn AG 2000, 373; a. A. *Kort*, in: GroßKommAktG, § 76 Rn. 199, 202; *Mertens*, in: KölnKommAktG, § 76 Rn. 96; *Götz*, ZIP 2002, 1745, 1748; *Priester*, FS Kropff, S. 591, 597.
107 So aber *Kort*, in: GroßKommAktG, § 76 Rn. 199, 202; *Götz*, ZIP 2002, 1745, 1748; *Priester*, FS Kropff, 1997, S. 591, 597; diff. *Schäfer*, NZG 2003, 449, 451 (Handlungsfähigkeit nur bei Erfüllung gläubigerschützender Pflichten).
108 Näher *Henze*, BB 2002, 847, 848; *Jäger*, NZG 2003, 1033, 1035.

Die Überschreitung der in der Satzung vorgesehenen Höchstzahl der Vorstandsmitglieder hat keine Auswirkung auf die Handlungsfähigkeit des Vorstands und die wirksame Vertretung der Gesellschaft.[109] Die Bestellung des überzähligen Vorstandsmitglieds ist wirksam;[110] die Überbesetzung kann, muss aber nicht wichtiger Grund für dessen Abberufung nach § 84 Abs. 3 AktG sein. Der Anstellungsvertrag kann allein aufgrund der Überbesetzung des betreffenden Vorstandsmitglieds nicht nach § 626 BGB außerordentlich gekündigt werden, sodass es im Einzelfall geboten sein kann, dass der Aufsichtsrat im Gesamtinteresse der Gesellschaft auf die Abberufung verzichtet.[111]

59

2. Besondere Mitglieder des Vorstands

a) Vorstandsvorsitzender

Der Aufsichtsrat kann nach § 84 Abs. 2 AktG ein Vorstandsmitglied zum Vorsitzenden ernennen, wenn der Vorstand aus mehreren Personen besteht. Der Deutsche Corporate Governance Kodex enthält in Ziff. 4.2.1 DCGK die Empfehlung, dass der Vorstand einer börsennotierten Gesellschaft einen Vorsitzenden oder Sprecher haben soll.[112] Die Ernennung eines Vorstandsvorsitzenden ist zwar nicht zwingend erforderlich, jedoch umso notwendiger, je größer der Vorstand ist. Eine Doppelbesetzung des Amtes ist zulässig. Die Satzung kann die Ernennung eines Vorstandsvorsitzenden weder vorschreiben noch verbieten.[113] Der Aufsichtsrat kann einen stellvertretenden Vorsitzenden bestimmen,[114] was in der Praxis eher die Ausnahme ist. Die Ernennung zum Vorstandsvorsitzenden kann zusammen mit der Bestellung zum Vorstandsmitglied erfolgen. Dabei ist bei mitbestimmten Gesellschaften § 31 MitbestG zu beachten. Erfolgt die Ernennung getrennt von der Bestellung, reicht für den Aufsichtsratsbeschluss nach § 29 MitbestG die einfache Mehrheit aus.[115] Den Beschluss über die Ernennung eines Vorstandsvorsitzenden hat stets das Plenum zu fassen, eine Delegation an einen Ausschuss ist nicht möglich. Der Vorsitzende des Vorstands ist auf Geschäftsbriefen (§ 80 Abs. 1 Satz 2 AktG) und im Anhang zum Jahresabschluss (§ 285 Satz 1 Nr. 10 Satz 2 HGB) als solcher zu bezeichnen. Die Ernennung eines Vorstandsvorsitzenden ist eine eintragungsfähige (keine

60

---

109 *Kort*, in: GroßKommAktG, § 76 Rn. 198; *Spindler*, in: MünchKommAktG, § 76 Rn. 82; *Hüffer*, AktG, § 76 Rn. 23.
110 *Mertens*, in: KölnKommAktG, § 76 Rn. 94; *Wiesner*, in: MünchHdB GesR AG, § 19 Rn. 32.
111 *Fleischer*, in: Spindler/Stilz, AktG, § 75 Rn. 114.
112 Dazu *Ringleb*, in: Ringleb/Kremer/Lutter/v. Werder, Kommentar zum DCGK, Rn. 696 ff.
113 *Mertens*, in: KölnKommAktG, § 84 Rn. 88; *Wiesner*, in: MünchHdB GesR AG, § 24 Rn. 2.
114 *Fleischer*, in: Spindler/Stilz, AktG, § 84 Rn. 87; *Fonk*, in: Semler/v. Schenck, ArbeitsHdB für Aufsichtsratsmitglieder, § 9 Rn. 59.
115 *Lutter/Krieger*, Rechte und Pflichten des Aufsichtsrats, Rn. 441; *Spindler*, in: MünchKommAktG, § 84 Rn. 81; a. A. *Krieger*, Personalentscheidungen des Aufsichtsrats, S. 254.

anmeldepflichtige) Tatsache und kann zur Eintragung in das Handelsregister angemeldet werden.[116]

61 Die Rechtsstellung des Vorstandsvorsitzenden unterscheidet sich im Grundsatz nicht von der anderer Vorstandsmitglieder. Der Vorstandsvorsitzende ist zwar lediglich *primus inter pares*, jedoch verfügt er über einige besondere Aufgaben und Befugnisse, die sich üblicherweise aus dem Vorsitz eines Kollegiums und damit aus der Übernahme administrativer Funktionen ergeben. Dazu gehören die Einberufung und Leitung der Vorstandssitzungen einschließlich der Festlegung der vorläufigen Tagesordnung, die Berichterstattung gegenüber und die enge Zusammenarbeit mit dem Aufsichtsrat, die Rolle als vorrangiger Ansprechpartner für wichtige Kunden und bedeutende Aktionäre, die Berichterstattung in den Hauptversammlungen und nicht zuletzt die Repräsentation der Gesellschaft in der Öffentlichkeit.[117] Weiterhin wird der Vorstandsvorsitzende zumeist damit betraut, dem Aufsichtsrat (unverbindlich) Empfehlungen zur Neu- und Wiederbestellung oder auch notfalls zur Abberufung von Vorstandsmitgliedern zu unterbreiten. Außerdem hat der Vorsitzende die besondere Amtspflicht zur vorstandsinternen Koordinierung und Überwachung über die allgemeinen, allen Vorstandsmitgliedern obliegenden Kontroll- und Überwachungspflichten hinaus.[118]

62 Die Satzung kann dem Vorstandsvorsitzenden zudem besondere Rechte zuweisen wie etwa das Recht zum Stichentscheid bei Stimmengleichheit (außer im Zwei-Personen-Vorstand) oder ein Vetorecht gegen Vorstandsbeschlüsse.[119] Bei mitbestimmten Gesellschaften jedoch ist die Einräumung eines solchen Vetorechts dann nicht möglich, wenn es sich auch auf das Ressort des Arbeitsdirektors erstreckt.[120] Teilweise werden Veto-Befugnisse mit dem Grundsatz der Gleichberechtigung aller Vorstandsmitglieder für nicht vereinbar gehalten.[121] Auf jeden Fall spielt der Vorstandsvorsitzende zumindest aber im Rahmen der Entscheidungsfindung durch die jeweilige Koordinierung des Entscheidungsprozesses eine bedeutsame Rolle bei der Unternehmensführung.

63 Die Beendigung des Amtes als Vorstandsvorsitzender bedeutet nicht automatisch die Beendigung der Bestellung. Der Widerruf der Ernennung zum Vorstandsvorsitzenden setzt einen wichtigen Grund i. S. d. § 84 Abs. 3 Satz 1 AktG voraus.[122] Die Abwahl vom Vorsitz stellt ihrerseits in der Regel

---

116 Einzelheiten zur Anmeldung der Bestellung beim Handelsregister siehe unten Rn. 204 ff.
117 Ausführlich *Hoffmann-Becking*, NZG 2003, 745, 748.
118 *Bezzenberger*, ZGR 1996, 661, 662; *Spindler*, in: MünchKommAktG, § 84 Rn. 102.
119 *Kort*, in: GroßKommAktG, § 77 Rn. 27 ff.; *Bezzenberger*, ZGR 1996, 661, 669 f.; *Hoffmann-Becking*, NZG 2003, 745, 747 f.
120 BGH NJW 1984, 733; näher v. *Hein* ZHR 166 (2002), 464, 482 f.
121 Ausführlich *Kort*, in: GroßKommAktG, § 77 Rn. 56; *Spindler*, in: MünchKommAktG, § 84 Rn. 102 m. w. N.
122 *Wiesner*, in: MünchHdB GesR AG, § 24 Rn. 2; *Kort*, in: GroßKommAktG, § 77 Rn. 58.

für das Vorstandsmitglied einen wichtigen Grund für die Niederlegung seines Amtes dar.[123]

b) Chief Executive Officer

Dem Vorstandsvorsitzenden können nicht dieselben Rechte und Funktionen eingeräumt werden, über die ein *Chief Executive Officer* (CEO) einer US-amerikanischen *Public Corporation* verfügt.[124] Der CEO ist ein Fremdkörper im deutschen Aktienrecht. Insbesondere ist die mit der Rechtsstellung eines CEO verbundene Kompetenz- und Machtfülle mit der Stellung eines Vorstandsvorsitzenden als *primus inter pares* unvereinbar.[125] Der klare Führungsanspruch des CEO würde in der Praxis dazu führen, dass die übrigen Vorstandsmitglieder einer Art Richtlinienkompetenz unterliegen würden. Der CEO kann den anderen Organmitgliedern des *Board of Directors* zwar keine Weisungen erteilen,[126] jedoch würde die Rezeption der CEO-Strukturen nach US-amerikanischem Vorbild zur Auswechslung des Kollegial- durch das Direktorialprinzip führen.[127] Der Einführung des CEO in das deutsche Recht stehen mithin das aktienrechtliche Leitbild der Gesamtverantwortung und das damit verbundene Prinzip der Gleichberechtigung aller Vorstandsmitglieder entgegen. Die Konzentration der gesamten Leitungsmacht in einer Person kommt nach deutschem Aktienrecht allein im Wege eines Ein-Personen-Vorstands in Betracht. Da sich der Begriff des „CEO" inzwischen auch im deutschen Sprachgebrauch durchgesetzt hat, darf der Vorstandsvorsitzende oder -sprecher im internationalen Geschäftsverkehr ebenso wie im Inland unter der Bezeichnung *Chief Executive Officer* auftreten, sofern damit keine Irreführung verbunden ist.[128] Aktienrechtlich hat die Firmierung keine Bedeutung.

64

c) Vorstandssprecher

Der Vorstand kann durch einstimmigen Beschluss einen Vorstandssprecher einsetzen, sofern nicht bereits der Aufsichtsrat einen Vorstandsvorsitzenden ernannt oder aber eine Geschäftsordnung erlassen hat, in der die Funktion eines Vorstandssprechers geregelt ist.[129] Letzterenfalls ist für die Ernennung eines Vorstandssprechers der Aufsichtsrat zuständig.[130] Der Vorstandssprecher hat keine dem Vorstandsvorsitzenden vergleichbare

65

---

123 *Mertens,* in: KölnKommAktG, § 84 Rn. 126; *Krieger,* Personalentscheidungen des Aufsichtsrats, S. 254 f.
124 Zur Unzulässigkeit des CEO-Modells nach deutschem Aktienrecht vgl. *v. Hein* ZHR 166 (2002), 464; *Hoffmann-Becking,* NZG 2003, 745; weniger restriktiv *Semler,* FS Lutter, S. 721, 728.
125 *Weber,* in: Hölters, AktG, § 84 Rn. 60; *Fleischer,* in: Spindler/Stilz, AktG, § 84 Rn. 90.
126 Ausführlich *v. Hein,* RIW 2002, 501, 507 f.; *Hoffmann-Becking,* NZG 2003, 745, 746.
127 Siehe *v. Hein,* ZHR 166 (2002), 464, 498; *Rieger,* FS Peltzer, S. 339, 349.
128 *Weber,* in: Hölters, AktG, § 84 Rn. 62.
129 *Spindler,* in: MünchKommAktG, § 84 Rn. 103.
130 *Kort,* in: GroßKommAktG, § 77 Rn. 57; *Hoffmann-Becking,* ZGR 1998, 497, 517.

Funktion, insbesondere kann er nicht die sachliche Führung der Vorstandsarbeit übernehmen.[131] Die Aufgaben des Vorstandssprechers beschränken sich auf die Leitung der Sitzungen und die Repräsentation des Vorstands gegenüber dem Aufsichtsrat, den Aktionären und der Öffentlichkeit. Anders als dem Vorstandsvorsitzenden kommen dem Vorstandssprecher mithin keine Aufgaben der Überwachung und Koordination zu. Der Vorstandssprecher darf sich auch nicht als Vorstandsvorsitzender bezeichnen, wohl aber als Generaldirektor.

66 Für die Beendigung des Amtes als Vorstandssprecher ist vorbehaltlich der Zuständigkeit des Aufsichtsrats ebenfalls der Gesamtvorstand zuständig.[132] Die Abwahl kann jederzeit und ohne wichtigen Grund erfolgen, falls nicht die Geschäftsordnung des Vorstands das Erfordernis eines wichtigen Grundes vorsieht.[133] Das abgewählte Vorstandsmitglied kann den Anstellungsvertrag außerordentlich kündigen und nach § 628 Abs. 2 BGB Schadensersatz verlangen, wenn im Vertrag die Sprecher-Funktion zugesagt ist.

d) Arbeitsdirektor

67 Den Vorständen der montanmitbestimmten und dem Mitbestimmungsgesetz unterliegenden Gesellschaften muss nach §§ 13 MontanMitbestG, 13 MitbestErgG, 33 MitbestG ein Arbeitsdirektor als gleichberechtigtes Mitglied angehören. Aus diesen Regelungen folgt zugleich, dass der Vorstand in den betreffenden Unternehmen aus mindestens zwei Personen bestehen muss.[134] Auch die Satzung kann keinen Ein-Personen-Vorstand bestimmen.[135] Der Arbeitsdirektor ist mithin kein zusätzliches Mitglied des Vorstands, sondern bei der Berechnung der gesetzlich oder statutarisch festgelegten Anzahl der Vorstandsmitglieder einzubeziehen. Der Arbeitsdirektor ist nicht verpflichtet, diese Bezeichnung zu führen.

68 Der Arbeitsdirektor ist kraft gesetzlicher Ressortzuweisung für die Bereiche Arbeit, Personal und Soziales zuständig.[136] Diese Kernzuständigkeit ist zwingend und darf ihm durch die Geschäftsordnung des Vorstands nicht entzogen werden. Folglich erfolgt bereits die Bestellung des Arbeitsdirektors unter Bezugnahme auf diese Kompetenzen. Allerdings kann die Geschäftsordnung die konkreten Aufgaben nach §§ 13 Abs. 2 Satz 2 MontanMitbestG, 33 Abs. 2 Satz 2 MitbestG näher bestimmen, so dass einzelne Personal- und Sozialangelegenheiten anderweitig im Vorstand verteilt wer-

---

131 *Hoffmann-Becking*, ZGR 1998, 497, 517; *Hüffer*, AktG, § 84 Rn. 22.
132 *Mertens*, in: KölnKommAktG, § 84 Rn. 89; *Kort*, in: GroßKommAktG, § 77 Rn. 58.
133 *Kort*, in: GroßKommAktG, § 77 Rn. 58; *Wiesner*, in: MünchHdB GesR AG, § 24 Rn. 6.
134 LG Bad Kreuznach AG 1979, 346, 347; *Hüffer*, AktG, § 76 Rn. 24; *Kort*, in: GroßKommAktG, § 76 Rn. 205; a. A. *Overlack*, ZHR 141 (1977), 125, 128 f.
135 *Spindler*, in: MünchKommAktG, § 76 Rn. 100; *Raiser*, MitbestG, § 33 Rn. 6.
136 BVerfGE 50, 290, 378; BGH NJW 1984, 733; OLG Frankfurt BB 1985, 1286, 1288; ausführlich zu den Aufgaben des Arbeitsdirektors *Kort*, in: GroßKommAktG, § 77 Rn. 60; *Hammacher*, RdA 1993, 163, 164 ff.

den können, solange der Ressortschwerpunkt beim Arbeitsdirektor verbleibt.[137] In Gesellschaften mit divisionaler Gliederung in Geschäftsbereiche oder Sparten muss das Personal- und Sozialressort des Arbeitsdirektors auch für die einzelnen Unternehmensbereiche erhalten bleiben. Der jeweilige Spartenleiter darf zwar nicht zugleich als Arbeitsdirektor tätig sein;[138] eine Mitzuständigkeit für Personal- und Sozialfragen ist jedoch zulässig.[139] Umgekehrt können dem Arbeitsdirektor indes zusätzliche Aufgaben übertragen werden. Im Konzern ist der Arbeitsdirektor der Muttergesellschaft grundsätzlich nur für deren Arbeitnehmer zuständig. Ein Einfluss auf Personal- und Sozialangelegenheiten abhängiger Unternehmen kommt nur im Rahmen der allgemeinen konzernrechtlichen Einwirkungsmöglichkeiten in Betracht (z. B. beherrschungsvertragliche Weisung).[140]

69 Der Arbeitsdirektor hat dieselben Rechte und Pflichten wie andere Vorstandsmitglieder und muss sein Handeln an dem den verschiedenen Einzelinteressen übergeordneten Unternehmensinteresse ausrichten. Auf Grund der gesetzlichen Mindestzuständigkeit des Arbeitsdirektors kann dem Vorstandsvorsitzenden weder durch die Satzung noch durch die Geschäftsordnung für den Vorstand wirksam ein Vetorecht eingeräumt werden.[141] Das Recht des Vorstandsvorsitzenden zum Stichentscheid bei Stimmengleichheit ist nur ausgeschlossen, wenn der Vorstand aus zwei Personen besteht.[142] Die Ernennung eines Vorstandsvorsitzenden ist in diesem Fall aber stets zulässig. Der Arbeitsdirektor darf zum stellvertretenden Vorstandsmitglied gemäß § 94 AktG nur bestellt werden, wenn hierfür sachlich gerechtfertigte Gründe vorliegen.[143]

70 Für die Bestellung des Arbeitsdirektors gelten (montan-)mitbestimmungsrechtliche Besonderheiten. Nach § 13 Abs. 1 MontanMitbestG kann ein Arbeitsdirektor nicht gegen die Stimmen der Mehrheit der Arbeitnehmervertreter im Aufsichtsrat bestellt oder abberufen werden. Diese Mehrheitserfordernisse werden durch die allgemeinen aktienrechtlichen Regelungen nicht berührt, vgl. § 84 Abs. 4 AktG. Die Bestellung/Abberufung eines Arbeitsdirektors einer nach dem MitbestG mitbestimmten Gesellschaft erfolgt mangels spezialgesetzlicher Verfahrensvorschriften nach § 31 MitbestG;[144] zusätzliche Mehrheitserfordernisse bestehen nicht. Das gilt auch bei der Bestellung eines bereits amtierenden Vorstandsmitglieds zum

---

137 *Wiesner*, in: MünchHdB GesR AG, § 24 Rn. 16; *Hammacher*, RdA 1993, 163, 164; *Hanau*, ZGR 1983, 346, 351; zweifelnd *Kort*, in: GroßKommAktG, § 77 Rn. 61.
138 LG Frankfurt DB 1984, 1389.
139 *Kort*, in: GroßKommAktG, § 77 Rn. 62; *Wiesner*, in: MünchHdB GesR AG, § 24 Rn. 19.
140 Vgl. *Hoffmann-Becking*, FS Werner, S. 301, 310; *Buchner*, FS Wlotzke, S. 227, 252 ff.
141 BGH NJW 1984, 733; OLG Hamburg AG 1983, 107, 111; *Schiessl*, ZGR 1992, 64, 70 f.
142 *Wiesner*, in: MünchHdB GesR AG, § 24 Rn. 18; *Kort*, in: GroßKommAktG, § 77 Rn. 59.
143 *Hüffer*, AktG, § 94 Rn. 4; *Mertens*, in: KölnKommAktG, § 94 Rn. 9; a. A. *Hanau*, in: Hanau/Ulmer, MitbestG, § 33 Rn. 23.
144 *Gach*, in: MünchKommAktG, § 33 MitbestG Rn. 4.

Arbeitsdirektor. Im Fall der erstmaligen Bestellung muss der Aufsichtsratsbeschluss ausdrücklich die Berufung zum Arbeitsdirektor enthalten. Bestellt der Aufsichtsrat entgegen der gesetzlichen Erfordernisse keinen Arbeitsdirektor, kommt eine Bestellung durch das Gericht nach § 85 AktG in Betracht. Das Fehlen eines Arbeitsdirektors ist stets ein dringender Fall für eine gerichtliche Ersatzbestellung.[145]

e) Stellvertretendes Vorstandsmitglied

71 Die Vorschriften für die Vorstandsmitglieder gelten nach § 94 AktG auch für ihre Stellvertreter. Dabei handelt es sich nicht um eine Stellvertretung i. S. d. § 164 ff. BGB, sondern stellvertretende Vorstandsmitglieder sind ordentliche Organmitglieder, die nur nach Maßgabe der Geschäftsordnung für den Vorstand hinter anderen Vorstandsmitgliedern zurückstehen.[146] Im Außenverhältnis dagegen besteht rechtlich kein Unterschied zwischen ordentlichen und stellvertretenden Vorstandsmitgliedern.[147] Für die Bestellung und den Anstellungsvertrag ist demzufolge ausschließlich der Aufsichtsrat zuständig.

72 In der Praxis wird ein Vorstandsmitglied meist deswegen als Stellvertreter bestellt, um seine Erstberufung für eine gewisse Bewährungszeit zu kennzeichnen und damit eine bestimmte Rangordnung innerhalb des Vorstands herzustellen. In der Praxis erfolgt dabei eine rechtlich nicht zwingende Differenzierung in verschiedenen Bereichen, etwa in der Amtsdauer, den Aufgaben, der Höhe der Bezüge oder der (gemeinschaftlichen) Ausübung der Vertretungsbefugnis. Die Vertretungsbefugnis als solche kann aber für stellvertretende Vorstandsmitglieder nach § 82 Abs. 1 AktG nicht beschränkt werden. Maßnahmen der Geschäftsführung bedürfen nach § 77 Abs. 1 Satz 1 AktG der Zustimmung aller ordentlichen und stellvertretenden Vorstandsmitglieder, sofern nicht in der Satzung oder Geschäftsordnung des Vorstands etwas Abweichendes bestimmt ist. Auch bei der Berechnung der Mehrheit des Vorstands nach § 77 Abs. 1 Satz 2, 2. Halbsatz AktG sind stellvertretende Vorstandsmitglieder zu berücksichtigen. Bestimmt das Gesetz oder die Satzung eine Höchst- oder Mindestzahl für Vorstandsmitglieder, so sind die stellvertretenden Vorstandsmitglieder einzurechnen.[148] Ein Vorstandsmitglied darf jedoch nicht dauerhaft stellvertretendes Organmitglied sein. Die angesprochene Differenzierung in der Rechtsstellung ist nur für einen gewissen Zeitraum zulässig, anderenfalls liegt eine unzulässige Umgehung des Grundsatzes der Gesamtverantwortung vor.

---

145 *Hanau*, in: Hanau/Ulmer, MitbestG, § 37 Rn. 20; *Wiesner*, in: MünchHdB GesR AG, § 24 Rn. 14 f.
146 BGH NJW 1998, 1071; BGH WM 1971, 1548; *Meyer-Landrut*, DB 1976, 387, 388; *Schlaus*, DB 1971, 1653.
147 BayObLGZ 1997, 107, 111 (zu § 44 GmbHG); *Habersack*, in: GroßkommAktG, § 94 Rn. 4.
148 *Mertens*, in: KölnKommAktG, § 94 Rn. 2; *Schlaus*, DB 1971, 1653.

Die Ernennung eines stellvertretenden zum ordentlichen Vorstandsmit- 73
glied ist keine Bestellung nach § 84 Abs. 1 Satz 1 AktG.[149] Allerdings erfolgt
in der Praxis eine solche Berufung regelmäßig durch Beschluss des Gesamtaufsichtsrats und in mitbestimmten Gesellschaften nach dem besonderen
Verfahren des § 31 MitbestG.[150] Entsprechendes gilt umgekehrt für die
Herabstufung eines ordentlichen Vorstandsmitglieds zum Stellvertreter
i. S. d. § 94 AktG. Das herabgestufte Vorstandsmitglied kann dann jedoch
aus wichtigem Grund das Amt niederlegen, den Anstellungsvertrag außerordentlich kündigen und ggf. nach § 628 Abs. 2 BGB Schadensersatz verlangen.

f) Aufsichtsratsmitglied als Interimsvorstand

Für einen vorab begrenzten Zeitraum, höchstens für ein Jahr, kann der Auf- 74
sichtsrat nach § 105 Abs. 2 AktG einzelne seiner Mitglieder zu Stellvertre-
tern von fehlenden oder verhinderten Vorstandsmitgliedern bestellen.[151]
Ein Vorstandsmitglied fehlt, wenn die in der Satzung oder der Geschäftsordnung des Vorstands vorgesehene Anzahl oder auch Höchstzahl an Vorstandsmitgliedern unterschritten wird.[152] Eine Verhinderung liegt vor,
wenn das Vorstandsmitglied wegen Krankheit oder sonstigen Gründen sein
Amt nicht mehr ausüben kann. Die gesetzliche Jahresfrist als zulässige
Höchstdauer der Bestellung zum Stellvertreter eines Vorstandsmitglieds
bezieht sich auf den Verhinderungsfall, nicht auf die Vertretung durch ein
bestimmtes Aufsichtsratsmitglied.[153] Dauert die Verhinderung länger als
ein Jahr und ist vorstandsintern eine dauerhafte Ressortvertretung nicht
möglich, muss der Aufsichtsrat für das fehlende ein neues Vorstandsmitglied bestellen. Eine wiederholte Bestellung oder Verlängerung der Amtszeit ist zulässig, wenn dadurch die Amtszeit insgesamt ein Jahr nicht übersteigt. § 105 Abs. 2 AktG ist hinsichtlich seiner Voraussetzungen und der
Höchstdauer der Stellvertretung zwingend und kann nicht durch die Satzung erweitert werden; zulässig dagegen ist der statutarische Ausschluss
der Bestellung von Aufsichtsratsmitgliedern zu Interimsvorständen.

Das Mandat des Aufsichtsratsmitglieds bleibt während der Entsendung in 75
den Vorstand bestehen, jedoch kann es in dieser Zeit keine Tätigkeit im Aufsichtsrat mehr ausüben. Die Geschäfts- und Vertretungsbefugnis des als
Interimsvorstand bestellten Aufsichtsratsmitglieds richtet sich nach der

---

149 Strenger *Semler*, in: MünchKommAktG, § 107 Rn. 337.
150 Zur umstr. Anwendbarkeit des § 31 MitbestG vgl. *Spindler*, in: MünchKommAktG, § 94 Rn. 12.
151 Ausführlich *Heidbüschel*, WM 2004, 1317 ff.
152 *Semler*, in: MünchKommAktG, § 105 Rn. 68; *Hüffer*, AktG, § 105 Rn. 7.
153 *Heidbüschel*, WM 2004, 1317, 1319; *Wiesner*, in: MünchHdB GesR AG, § 24 Rn. 29; a. A. *Semler*, in: MünchKommAktG, § 105 Rn. 78; *Mertens*, in: KölnKommAktG, § 105 Rn. 23.

des fehlenden oder verhinderten Vorstandsmitglieds.[154] Es ist aber nicht Stellvertreter i. S. d. § 164 ff. BGB, denn seine Willenserklärungen und Handlungen werden unmittelbar der Gesellschaft und nicht dem ersetzten Vorstandsmitglied zugerechnet. Ebenso wenig wird das Aufsichtsratsmitglied mit Bestellung zum Interimsvorstand zu einem stellvertretenden Vorstandsmitglied i. S. d. § 94 AktG.[155] Das Aufsichtsratsmitglied unterliegt allen Pflichten eines Vorstandsmitglieds mit Ausnahme des gesetzlichen Wettbewerbsverbots nach § 88 AktG. Umgekehrt besteht freilich auch Anspruch auf Vergütung. Die Vergütung muss nach § 87 Abs. 1 AktG angemessen sein und kann sich insbesondere dann an den Bezügen des fehlenden oder verhinderten Amtsinhabers orientieren, wenn das Aufsichtsratsmitglied die bisherigen Aufgaben übernimmt. Die Aufsichtsratsvergütung kann das in den Vorstand entsandte Aufsichtsratsmitglied zusätzlich nicht verlangen.[156]

76 Über die Bestellung zum Interimsvorstand gemäß § 105 Abs. 2 AktG hat überwiegender Meinung zufolge das Plenum zu entscheiden.[157] Nach anderer Ansicht soll – mangels Erwähnung des Beschlussgegenstands in § 107 Abs. 3 AktG – eine Delegation auf und damit eine Beschlussfassung durch einen Ausschuss zulässig sein.[158] An der Beschlussfassung kann nach herrschender Auffassung das betroffene Aufsichtsratsmitglied mitwirken.[159] Bei einem dreiköpfigen Aufsichtsrat sollte über die Vergütungsfrage und andere Regelungen bereits vor dem eigentlichen Bestellungsbeschluss entschieden werden, da der Aufsichtsrat nach der Bestellung beschlussunfähig ist. Bei mitbestimmten Gesellschaften erfolgt die Bestellung zum Stellvertreter eines Vorstandsmitglieds nicht nach § 31 MitbestG, sondern im einfachen Beschlussverfahren nach § 29 MitbestG.[160] Mit dem Ende des Bestellungszeitraums, spätestens mit Ablauf der gesetzlichen Jahresfrist, endet das Amt als Interimsvorstand. Bei vorzeitigem Wegfall der Verhinderung endet die Bestellung dagegen nicht automatisch.[161] Allerdings ist der Wegfall der Verhinderung ein wichtiger Grund, der eine Abberufung des ent-

---

154 *Hoffmann-Becking*, in: MünchHdB GesR AG, § 29 Rn. 13; *Wiesner*, in: MünchHdB GesR AG, § 24 Rn. 32; a. A. *Semler*, in: MünchKommAktG, § 105 Rn. 64 (maßgebend ist Bestellungsbeschluss).
155 *Spindler*, in: MünchKommAktG, § 94 Rn. 3; *Hoffmann-Becking*, in: MünchHdB GesR AG, § 29 Rn. 13.
156 *Semler*, in: MünchKommAktG, § 105 Rn. 90; a. A. *Mertens*, in: KölnKommAktG, § 105 Rn. 29.
157 Vgl. *Semler*, in: MünchKommAktG, § 105 Rn. 61; *Lutter/Krieger*, Rechte und Pflichten des Aufsichtsrats, Rn. 434;
158 *Simons*, in: Hölters, AktG § 105 Rn. 16; *Wiesner*, in: MünchHdB GesR AG, § 24 Rn. 30; *Mertens*, in: KölnKommAktG, § 105 Rn. 16.
159 *Mertens*, in: KölnKommAktG, § 108 Rn. 50 m. a. N.; a. A. *Hüffer*, AktG § 108 Rn. 9 m. w. N.
160 Ausführlich *Heidbüschel*, WM 2004, 1317, 1319.
161 A.A. *Simons*, in: Hölters, AktG § 105 Rn. 22: Bei Erledigung der Verhinderung verliert Stellvertreter automatisch seine Organstellung als Interimsvorstand.

sandten Aufsichtsratsmitglieds entsprechend § 84 Abs. 3 AktG rechtfertigt.[162]

Mit Beendigung des Interimsmandats tritt das Aufsichtsratsmitglied wieder in seine Rechte und Pflichten in den Aufsichtsrat ein. Das gilt ungeachtet des durch das VorstAG 2009 eingeführten § 100 Abs. 2 Nr. 4 AktG, der eine Karenzzeit von zwei Jahren für den Wechsel vom Vorstand in den Aufsichtsrat vorsieht (Arg: keine Neubestellung, sondern bloßes Ruhen des Aufsichtsratsmandats).[163] Ebenso gelten auch die übrigen Beschränkungen nicht, denen ein ehemaliges Vorstandsmitglied beim Wechsel in den Aufsichtsrat unterliegt. Ob der automatische Wiedereintritt in die bisher ausgeübten Funktionen auch für den Aufsichtsratsvorsitz, die Stellvertreter-Funktion und die Mitgliedschaft in den Ausschüssen gilt, hängt von den hierzu zwischenzeitlich gefassten Beschlüssen ab. Denkbar ist sowohl ein automatischer Wiedereintritt als auch eine Neuwahl in die entsprechenden Funktionen, aber auch ein Erhalt des während des Ruhens erreichten Standes. 77

Das verhinderte Vorstandsmitglied bleibt trotz der Bestellung eines Stellvertreters nach § 105 Abs. 2 AktG Mitglied des Vorstands. Jedoch sind seine organschaftlichen Rechte und Pflichten suspendiert. Je nach Verhinderungsgrund gelten die dafür vorgesehenen Regelungen des Vorstandsvertrages jedoch fort. Bei der Feststellung der Beschlussfähigkeit bleibt das verhinderte Vorstandsmitglied unberücksichtigt. 78

IV. Anforderungen an das Vorstandsmitglied

1. Gesetzliche Anforderungen

Nach § 76 Abs. 3 Satz 1 AktG kann Vorstandsmitglied jede natürliche und unbeschränkt geschäftsfähige Person sein. Damit kann weder eine juristische Person noch eine Personengesellschaft das Vorstandsamt ausüben. Die nur beschränkte Geschäftsfähigkeit genügt selbst bei vormundschaftlicher Genehmigung nicht;[164] ebenso wenig darf die Person nach § 76 Abs. 3 Satz 2 Nr. 1 AktG unter Betreuung stehen. 79

Auf die Staatsangehörigkeit und den Wohnsitz kommt es grundsätzlich nicht an. Für EU-Ausländer folgt das bereits aus dem Recht auf Freizügigkeit und Inländergleichbehandlung (Art. 39, 49 EGV).[165] Anders kann die Rechtslage sein, wenn das betreffende Vorstandsmitglied nicht Staatsange- 80

---

162 *Wiesner*, in: MünchHdB GesR AG, § 24 Rn. 31; allgemein zur Abberufung des entsendeten Aufsichtsratsmitglieds vgl. *Semler*, in: MünchKommAktG, § 105 Rn. 94.
163 *Simons*, in: Hölters, AktG § 105 Rn. 21.
164 Vgl. *Kort*, in: GroßKommAktG, § 76 Rn. 208.
165 EuGH NZG 1998, 809, 811 (zur Bestellung eines Geschäftsführers, der EU-Bürger ist).

höriger eines EU-Mitgliedstaates ist. Auch wenn ein inländischer Wohnsitz gesetzlich nicht erforderlich ist,[166] müssen Vorstandsmitglieder nach bisher herrschender Meinung jederzeit ungehindert in die Bundesrepublik Deutschland einreisen dürfen,[167] um an Vorstandssitzungen im erforderlichen Umfang teilzunehmen und ihre Leitungsaufgaben vor Ort erfüllen zu können. Hinzu kommt, dass zahlreiche Vorstandspflichten ein persönliches Erscheinen vor Gerichten und Behörden im Inland erfordern. Demzufolge soll eine Bestellung zum (einzigen) Vorstandsmitglied für einen Nicht-EU-Ausländer nicht möglich sein, wenn für ihn Visumpflicht besteht und Aufenthaltsgenehmigungen für Angehörige seines Staates in der Praxis eher restriktiv erteilt werden.[168]

81 Nach anderer Auffassung ist die ungehinderte Einreise in das Bundesgebiet nicht zwingende Voraussetzung für die Bestellung, da das Vorstandsamt unter Ausschöpfung moderner Kommunikationsmittel und der Möglichkeit der Aufgabenteilung und -delegation auch vom Ausland ordnungsgemäß wahrgenommen werden kann.[169] Dafür spricht seit dem MoMiG und mit der neueren Rechtsprechung, dass der Verwaltungssitz einer Aktiengesellschaft auch im Ausland liegen kann und damit eine jederzeitige Einreise nach Deutschland nicht zwingende Voraussetzung ist für die Ausübung des Vorstandsamtes.[170]

82 Für die Bestellung ausländischer Vorstandsmitglieder ist keine arbeits- oder gewerberechtliche Erlaubnis erforderlich.[171] Ein Verstoß gegen ausländerrechtliche Bestimmungen führt nicht zur Nichtigkeit der Bestellung, da diese den ausländerrechtlichen Status des Vorstandsmitglieds nicht berührt.[172] Die Geschäftsfähigkeit eines ausländischen Vorstandsmitglieds bemisst sich gemäß Art. 7 Abs. 1 EGBGB nach dem Heimatstatut.[173]

---

166 *Lutter/Krieger*, Rechte und Pflichten des Aufsichtsrats, Rn. 339.
167 Für den GmbH-Geschäftsführer OLG Frankfurt BB 2001, 852; OLG Zweibrücken NZG 2001, 857; OLG Hamm NZG 1999, 1004; OLG Köln GmbHR 1999, 182, 183; LG Duisburg Rpfleger 2002, 784; *Kort*, in: GroßKommAktG, § 76 Rn. 209; *Thüsing*, in: Fleischer, HdB VorstandsR, § 4 Rn. 11; *Teichmann*, IPRax 2000, 110, 113 f.; a. A. OLG Dresden, NZG 2003, 628, 629; *Mertens*, in: KölnKommAktG, § 76 Rn. 101.
168 Für den GmbH-Geschäftsführer OLG Frankfurt BB 2001, 852; OLG Hamm FGPrax 1999, 233, 234 f.; *Kort*, in: GroßKommAktG, § 76 Rn. 209; *Spindler*, in: MünchKommAktG, § 76 Rn. 104; offen gelassen OLG Frankfurt BB 2001, 852 (für US-Geschäftsführer).
169 OLG Dresden NZG 2003, 628, 629; Fleischer in: Spindler/Stilz, AktG, § 76 Rn. 122; *Mertens*, in: KölnKommAktG, § 76 Rn. 101; *Schiedermair*, FS Bezzenberger, 2000, S. 393, 396; *Erdmann*, NZG 2002, 503, 506.
170 Für den GmbH-Geschäftsführer OLG München, NZG 2010, 157, 158; OLG Düsseldorf 2009, 678; Ries, NZG 2010, 298, 299 f.
171 Ausführlich *Erdmann*, NZG 2002, 503, 505 f.
172 *Mertens*, in: KölnKommAktG, § 76 Rn. 101; *Kort*, in: GroßKommAktG, § 76 Rn. 210.
173 Näher *Kort*, in: GroßKommAktG, § 76 Rn. 208; *Spindler*, in: MünchKommAktG, § 76 Rn. 104 a.E.

Das Vorstandsmitglied kann, muss aber nicht Aktionär der Gesellschaft sein. Es gilt das Prinzip der Fremdorganschaft, was eine Personalunion zwischen Aktionärs- und Organstellung freilich nicht ausschließt.[174] Zulässig und bei Konzernnternehmen häufig anzutreffen ist die Personalunion von Vorstandsmitgliedern verbundener Gesellschaften.[175]   83

2. Statutarische Anforderungen

a) Auswahlrichtlinien

Neben den gesetzlichen Anforderungen kann die Satzung nach herrschender Meinung auch persönliche Eignungsvoraussetzungen und Qualifikationsmerkmale für Vorstandsmitglieder aufstellen, sofern diese Kriterien sachbezogen sind und sich am Unternehmensinteresse orientieren.[176] Das Auswahlermessen des Aufsichtsrats muss aber im Kern erhalten bleiben. Die Kumulation der Eignungskriterien darf nicht dazu führen, dass für die Bestellung nur noch bestimmte Personen in Betracht kommen und damit die Entscheidungsfreiheit des Aufsichtsrats unverhältnismäßig beeinträchtigt wird.[177]   84

Statutarische Auswahlrichtlinien können etwa Mindest-/Höchstaltersgrenzen, berufliche Qualifikationen, Auslandserfahrungen, deutsche Staatsangehörigkeit,[178] inländischen Wohnsitz oder einen bestimmten Aktienbesitz verbindlich festlegen.[179] Der Deutsche Corporate Governance Kodex empfiehlt in Ziff. 5.1.2 Abs. 2 Satz 3 DCGK, generelle Altersgrenzen für Vorstandsmitglieder börsennotierter Gesellschaften festzulegen.[180] In Familiengesellschaften kann die Familienzugehörigkeit zulässiges Auswahlkriterium in Form einer Vorrangregel bei gleichwertigen Bewerbern sein.[181]   85

Bei Festlegung satzungsmäßiger Eignungsvoraussetzungen sind die Benachteiligungsverbote des Antidiskriminierungsgesetzes zu beachten. Dies betrifft namentlich Benachteiligungen aus Gründen der Rasse, der ethnischen Herkunft, des Geschlechts, der Religion oder Weltanschauung, einer Behinderung, des Alters oder der sexuellen Identität. Für Organmit-   86

---

174 *Hüffer*, AktG, § 76 Rn. 25; *Kort*, in: GroßKommAktG, § 76 Rn. 209.
175 Zu den Voraussetzungen von Vorstands-Doppelmandaten siehe Rn. 101 ff.
176 *Fleischer*, in: Spindler/Stilz, AktG, § 76 Rn. 127; *Wiesner*, in: MünchHdB GesR AG, § 20 Rn. 5; *Kort*, in: GroßKommAktG, § 76 Rn. 222, 225; *Geßler*, FS Luther, S. 69, 82; a. A. *Mertens*, in: KölnKommAktG, § 76 Rn. 117 f.; *Lutter/Krieger*, Rechte und Pflichten des Aufsichtsrats, Rn. 340; *Hommelhoff*, BB 1977, 322, 324 ff.
177 *Kort*, in: GroßKommAktG, § 76 Rn. 223; *Mertens*, in: KölnKommAktG, § 76 Rn. 116.
178 Kritisch *Fleischer*, in: Spindler/Stilz, AktG, § 76 Rn. 128; ganz ablehnend *Kort*, in: GroßKommAktG, § 76 Rn. 222 (unzulässig für Staatsangehörige eines EU-Mitgliedstaats).
179 *Weber*, in: Hölters, AktG, § 76 Rn. 82; *Kort*, in: GroßKommAktG, § 76 Rn. 225; *Thüsing*, in: Fleischer, HdB VorstandsR, § 4 Rn. 15.
180 Dazu *Kremer*, in: Ringleb/Kremer/Lutter/v. Werder, Kommentar zum DCGK, Rn. 951 ff.
181 *Kort*, in: GroßKommAktG, § 76 Rn. 222; restriktiver *Spindler*, in: MünchKommAktG, § 76 Rn. 108.

glieder beschränkt sich das Benachteiligungsverbot nach §§ 2 Abs. 1 Nr. 1, 6 Abs. 3 AGG auf den Zugang zur Erwerbstätigkeit, d. h. auf die Anstellung.[182] Keine Anwendung findet das AGG auf die Beschäftigung selbst und die Entlassungsbedingungen; entsprechendes gilt für die EU-Diskriminierungsrichtlinien.[183] Ein Widerruf der Bestellung aus Altersgründen unterliegt demnach nicht dem Diskriminierungsschutz und ist zulässig.[184]

87 Das kann dazu führen, dass statutarische Altersgrenzen für Vorstandsmitglieder einer diskriminierungsfreien Bestellung entgegenstehen und ggf. Schadensersatzansprüche auslösen, sofern eine Rechtfertigung der Altersregelung nach § 10 Satz 1 AGG nicht gelingt.[185] Damit die Altersregelung gerechtfertigt ist, muss sie objektiv und angemessen sein und einem legitimen Ziel dienen. Altersobergrenzen für Vorstände dienen insbesondere der Sicherstellung ihrer Leistungsfähigkeit und tragen den mit der Vorstandstätigkeit verbundenen erheblichen Belastungen Rechnung. Eine Altersregelung wird umso eher gerechtfertigt sein, je mehr sich das Höchstalter dem Renteneintrittsalter nähert.[186] Darunter liegende Altersgrenzen können ebenfalls nach ihrer legitimen Zielsetzung zulässig sein, weshalb die Grenze von 60 Jahren, im Einzelfall aber auch niedrigere Altersgrenzen möglich sein können.[187] Die Festlegung eines Mindestalters kann unter den Voraussetzungen des § 10 AGG gleichfalls vereinbart werden.

88 Bei mitbestimmten Gesellschaften gelten weitere Besonderheiten.[188] Statutarische Eignungsvoraussetzungen dürfen einseitig weder die Aufsichtsräte der Anteilseignerseite noch die der Arbeitnehmerschaft in der Personalauswahl benachteiligen. Gewährleistet muss sein, dass für beide Mitgliedergruppen eine hinreichende Auswahl der infrage kommenden Vorstandskandidaten möglich bleibt. Auswahlrichtlinien sind in mitbestimmten Unternehmen mithin nur insoweit zulässig, wie die Mitbestimmungsrechte der Arbeitnehmer durch die Richtlinien nicht geschmälert werden.[189] Betreffen die Satzungsbestimmungen die Auswahl des Arbeitsdirektors, so

---

182 *Weber*, in: Hölters, AktG, § 76 Rn. 83; *Bauer/Arnold*, ZIP 2008, 993, 994; *Lutter*, ZIP 2007, 725, 730.
183 Siehe Richtlinie 2000/43/EG des Rates zur Anwendung des Gleichbehandlungsgrundsatzes ohne Unterschied der Rasse oder der ethischen Herkunft, v. 29.6.2000 Abl. EG Nr. L 180, S. 22; Richtlinie 2000/78/EG des Rates zur Festlegung eines allgemeinen Rahmens für die Verwirklichung der Gleichbehandlung in Beschäftigung und Beruf, v. 27.11.2000 Abl. EG Nr. L 303, S. 16.
184 Ausführlich *Bauer/Arnold*, ZIP 2008, 993, 999f.
185 Vgl. OLG Düsseldorf NZG 2010, 1297 (GmbH-Geschäftsführer kommunaler Klinik); *Lutter*, ZIP 2007, 725, 730; *Spindler*, in: MünchKommAktG, § 84 Rn. 23
186 *Weber*, in: Hölters, AktG, § 76 Rn. 83; *Jäger*, FS Bauer, 2010, S. 495, 496.
187 *Kremer*, in: Ringleb/Kremer/Lutter/v. Werder, Kommentar zum DCGK, Rn. 954; *Lutter*, ZIP 2007, 725, 730; *Bauer/Arnold*, ZIP 2008, 993, 1000.
188 Ausführlich *Spindler*, in: MünchKommAktG, § 76 Rn. 109; *Kort*, in: GroßKommAktG, § 76 Rn. 223.
189 *Fitting/Wlotzke/Wißmann*, MitbestG, § 31 Rn. 13; *Ulmer*, in: Hanau/Ulmer, MitbestG, § 31 Rn. 13; a. A. *Weber*, in: Hölters, AktG, § 76 Rn. 84.

ist der Aufsichtsrat nur so weit daran gebunden, wie diese Kriterien sachbezogen sind und nicht sein Auswahlermessen unverhältnismäßig einengen. Mit Rücksicht auf den Grundsatz der Gegnerunabhängigkeit ist der Ausschluss aktiver Gewerkschaftstätigkeit während der Amtszeit ein sachbezogenes und damit zulässiges negatives Auswahlkriterium.[190] Der statutarische Ausschluss eines Gewerkschaftsmitglieds vom Amt des Arbeitsdirektors ist indes unzulässig.

Besondere Eignungsvoraussetzungen für Vorstandsmitglieder können neben/außerhalb der Satzung schließlich auch in Poolverträgen und Konsortialabsprachen zwischen einzelnen Aktionären festgelegt werden.[191] Neben gesetzlichen und ggf. statutarischen Eignungsvoraussetzungen muss das Vorstandsmitglied selbstverständlich auch in persönlicher Hinsicht die erforderlichen Anforderungen für das Amt erfüllen.[192] 89

b) Rechtsfolgen bei Nichtbeachtung

Die Nichtbeachtung statutarischer Auswahlkriterien führt herrschender Meinung nach nicht zur Nichtigkeit der Bestellung.[193] Ebenso wenig wird die Bestellung *ex lege* unwirksam, wenn die satzungsmäßigen Eignungsvoraussetzungen nachträglich wegfallen. Ein solcher Mangel begründet in der Regel das Recht und meist auch die Pflicht des Aufsichtsrats, die Bestellung nach § 84 Abs 3. Satz 1 AktG aus wichtigem Grund zu widerrufen.[194] Denkbare Ausnahme hiervon sind etwa geringfügige Verstöße gegen die Auswahlrichtlinien (z. B. unwesentliche Unter- oder Überschreitung der Altersgrenze). Das gilt für die nicht mitbestimmte ebenso wie für die mitbestimmte Gesellschaft.[195] 90

4. Bestellungshindernisse und Tätigkeitsverbote

a) Aktienrechtliche Ausschlussgründe

Nach § 76 Abs. 3 Satz 2 Nr. 3 AktG ist die Mitgliedschaft im Vorstand für den Fall einer rechtskräftigen Verurteilung wegen vorsätzlicher Begehung der dort genannten Straftaten ausgeschlossen. Das Tätigkeitsverbot wirkt als gesetzliches Verbot i. S. d. § 134 BGB und damit als Bestellungshindernis 91

---

190 *Ulmer*, in: Hanau/Ulmer, MitbestG, § 31 Rn. 14; *Wiesner*, in: MünchHdB GesR AG, § 24 Rn. 13.
191 Näher *Hoffmann-Becking*, ZGR 1994, 442, 455 f.
192 Einzelheiten zur persönlichen Eignung siehe Rn. 28 ff.
193 *Kort*, in: GroßKommAktG, § 76 Rn. 226; *Spindler*, in: MünchKommAktG, § 84 Rn. 30; strenger *Weber*, in: Hölters, AktG, § 76 Rn. 86: Nichtigkeitsfolge zumindest diskutabel.
194 *Spindler*, in: MünchKommAktG, § 84 Rn. 30; *Kort*, in: GroßKommAktG, § 76 Rn. 226.
195 *Kort*, in: GroßKommAktG, § 76 Rn. 226; *Spindler*, in: MünchKommAktG, § 84 Rn. 30; *Spindler*, in: MünchKommAktG, § 76 Rn. 109; a. A. *Mertens*, in: KölnKommAktG, § 76 Rn. 118; *Lutter/Krieger*, Rechte und Pflichten des Aufsichtsrats, Rn. 359 (Widerrufsrecht nur für nicht mitbestimmte Gesellschaften, sofern wegen Nichtbeachtung der Auswahlkriterien die Bestellung für AG unzumutbar).

mit der Folge,[196] dass die Abberufung eines bereits amtierenden Vorstandsmitglieds nicht erforderlich ist. Der Ausschluss vom Vorstandsamt ist zeitlich begrenzt auf fünf Jahre ab Rechtskraft des Urteils.[197]

92 Die Anzahl der die Bestellung zum Vorstandsmitglied ausschließenden Straftatbestände wurde durch das MoMiG 2008 deutlich erweitert.[198] Der Deliktskatalog in § 76 Abs. 3 Satz 2 Nr. 3 lit. a) bis e) AktG umfasst die rechtskräftige Verurteilung wegen Insolvenzverschleppung (§ 15a Abs. 4 InsO), Insolvenzstraftaten (§§ 283–283d StGB), Falschangaben bei Gründung, bei Kapitalmaßnahmen oder Abwicklung einer AG oder GmbH (§ 399 AktG, § 82 GmbHG) oder unrichtiger Darstellungen (§ 400 AktG, § 331 HGB, § 313 UmwG, § 17 PublG). Darüber hinaus gilt das Tätigkeitsverbot insbesondere für Betrug und Untreue (§§ 263, 266 StGB), Computerbetrug, Subventionsbetrug, Kapitalanlagebetrug und Kreditbetrug (§§ 263a, 264, 264a, 265b StGB) oder für das Vorenthalten und Veruntreuen von Arbeitsentgelt (§ 266a StGB); die Verurteilung wegen dieser Vermögensdelikte ist aber nur dann ein Ausschlussgrund für die Bestellung zum Vorstand, wenn das Strafmaß eine Freiheitsstrafe von mindestens einem Jahr beträgt.

93 Erweitert hat das MoMiG zudem den Deliktskatalog um Straftaten, die im Ausland abgeurteilt wurden und die mit den in § 76 Abs. 3 Satz 2 Nr. 3 lit. a) bis e) AktG genannten Taten vergleichbar sind. Bisher galt die Verurteilung wegen einer Auslandstat nicht als Bestellungshindernis, da die herrschende Meinung nach alter Gesetzeslage eine Vergleichbarkeit ausländischer Urteile mit dem deutschen Strafrecht/Straßprozessrecht und die Einhaltung inländischer Prozess(mindest)standards nicht in jedem Fall gegeben sah.[199]

94 Gesetzliches Bestellungshindernis ist nach § 76 Abs. 3 Satz 2 Nr. 2 AktG auch ein gerichtlich oder behördlich angeordnetes Berufsausübungsverbot. Ausgeschlossen ist danach die Mitgliedschaft im Vorstand einer Gesellschaft, bei der der Unternehmensgegenstand ganz oder teilweise mit dem Gegenstand des Berufs- oder Gewerbeverbots übereinstimmt.[200] Als ein solches Verbot kommt ein strafgerichtliches Berufsverbot nach § 70 StGB, eine behördliche Gewerbeuntersagung nach § 35 GewO oder ein sonstiges spezialgesetzlich geregeltes Berufsverbot in Betracht.[201] Das durch das Gericht ausgesprochene Berufsverbot muss rechtskräftig, der durch die Behörde

---

196 Für die GmbH OLG Hamm ZIP 2011, 527; OLG Naumburg FGPrax 2000, 121; OLG Frankfurt FGPrax 1995, 42; BayObLG BB 1985, 1508.
197 Zu verfassungsrechtlichen Bedenken hinsichtlich der Fünf-Jahres-Frist vgl. *Kort*, in: GroßKommAktG, § 76 Rn. 216.
198 § 76 Abs. 3 Satz 2 Nr. 3 AktG geändert durch Art. 5 des Gesetzes zur Modernisierung des GmbH-Rechts und zur Bekämpfung von Missbräuchen (MoMiG) vom 23.10.2008, BGBl. I S. 2026.
199 *Kort*, in: GroßKommAktG, § 76 Rn. 213; *Spindler*, in: MünchKommAktG, § 76 Rn. 102.
200 Näher *Fleischer*, WM 2004, 157, 158; *Dreher*, DB 1991, 533, 537.
201 Nachweise vgl. *Kort*, in: GroßKommAktG, § 76 Rn. 217.

erlassene Verwaltungsakt vollziehbar sein. Vorläufige Anordnungen nach § 132 Abs. 2 StPO werden nicht durch § 76 Abs. 3 Nr. 2 AktG sanktioniert.[202] Die Dauer des Bestellungshindernisses richtet sich nach der Dauer des angeordneten Berufs- oder Gewerbeverbots.[203] Umstritten war bislang, ob das Bestellungshindernis auch für die Leiter von Zweigniederlassungen ausländischer Gesellschaften im Inland gilt, wenn gegen diese ein Gewerbeausübungsverbot verhängt wurde.[204] Der BGH befürwortet hier das Bestellungshindernis, um zu verhindern, dass eine im Inland von der Geschäftsführung ausgeschlossene Person über eine Zweigniederlassung einer Auslandsgesellschaft ihre Geschäfte im Inland weiter betreibt.[205]

Aufsichtsratsmitglieder sind nach § 105 Abs. 1 AktG grundsätzlich von der Mitgliedschaft im Vorstand der Gesellschaft ausgeschlossen. Nur ausnahmsweise kann nach § 105 Abs. 2 AktG ein Aufsichtsratsmitglied für die Dauer von höchstens einem Jahr zum Stellvertreter eines fehlenden oder sonst verhinderten Vorstandsmitglieds bestellt werden.[206] **95**

b) Aufsichtsrechtliche Tätigkeitsverbote

Für Vorstände (Geschäftsleiter) von Kreditinstituten und Finanzdienstleistungsinstituten normiert der durch das CRD IV-Umsetzungsgesetz neu gefasste § 25c Abs. 2 KWG aufsichtsrechtliche Bestellungshindernisse.[206a] Danach kann Geschäftsleiter nicht sein, wer in demselben Unternehmen zugleich Mitglied des Verwaltungs- oder Aufsichtsorgans ist. Die Regelung entspricht der des § 105 Abs. 1 AktG. Ebenso ist eine Bestellung zum Geschäftsleiter ausgeschlossen, wenn die Person bereits Geschäftsleiter eines anderen KWG-Instituts ist oder die Person zugleich in mehr als zwei weiteren Unternehmen bereits Mitglied des Verwaltungs- oder Aufsichtsorgans ist. Doppelmandate von KWG-Vorständen bedürfen künftig – selbst wenn die Mandate im Konzern oder sogar bei nicht verbundenen, aber regulierten Unternehmen ausgeübt werden – einer strengen Überprüfung.[206b] **95a**

(Bank)aufsichtsrechtliche Bestellungshindernisse können sich zudem aus § 36 KWG ergeben. Danach kann die BaFin nicht nur die Abberufung eines **96**

---

202 *Thüsing*, in: Fleischer, HdB VorstandsR, § 4 Rn. 10; *Spindler*, in: MünchKommAktG, § 76 Rn. 112.
203 *Hüffer*, AktG, § 76 Rn. 27; *Wiesner*, in: MünchHdB GesR AG, § 20 Rn. 2.
204 Für die GmbH/Ltd.: Thüringer OLG DB 2006, 720; OLG Dresden ZIP 2006, 1097; a. A. OLG Oldenburg RIW 2001, 863.
205 BGH ZIP 2007, 1306, 1307.
206 Einzelheiten zum Aufsichtsratsmitglied als Interimsvorstand siehe Rn. 74 ff.
206a Siehe Gesetz zur Umsetzung der Richtlinie 2013/36/EU über den Zugang zur Tätigkeit von Kreditinstituten und die Beaufsichtigung von Kreditinstituten und Wertpapierfirmen und zur Anpassung des Aufsichtsrechts an die Verordnung (EU) Nr. 575/2013 über die Aufsichtsanforderungen an Kreditinstitute und Wertpapierfirmen (CRD IV-Umsetzungsgesetz), Gesetzesbeschluss des Deutschen Bundestages, BT-Drucks. 17/10974, 17/11474 vom 17.5.2013.
206b Einzelheiten zu Doppelmandaten in regulierten Unternehmen siehe Rn. 108a.

ungeeigneten Geschäftsleiters verlangen, sondern diesem die Ausübung seiner Tätigkeit gleichsam künftig untersagen.[207] Das Tätigkeitsverbot kann nach § 36 Abs. 1 i. V. m. § 35 Abs. 2 Nr. 3, 4 und 6 KWG verfügt werden, wenn jene Gründe vorliegen, die auch den Entzug der Erlaubnis für das Betreiben eines Bankgeschäfts rechtfertigen. Dazu gehören insbesondere Mängel in der persönlichen Zuverlässigkeit oder fachlichen Eignung des Geschäftsleiters, die nicht ausreichende zeitliche Verfügbarkeit zur Ausübung des Amtes, Gefahren für die Gläubiger des Kreditinstituts, Organisationsmängel und Verstöße des Kreditinstituts gegen Bestimmungen des KWG oder des WpHG.[208] Der Geschäftsleiter muss für das Fehlverhalten und die Mängel verantwortlich sein. Darüber hinaus kann das BaFin die Ausübung der Tätigkeit nach § 36 Abs. 2 KWG untersagen, wenn der Geschäftsleiter vorsätzlich oder leichtfertig gegen Bestimmungen der dort genannten bank- und kapitalmarktrechtlichen Gesetze verstoßen hat und trotz Verwarnung durch die Behörde sein Verhalten fortsetzt.[209]

97 Geschäftsleitern von Versicherungsunternehmen kann nach § 87 Abs. 6 VAG ebenfalls die Ausübung ihrer Tätigkeit für die Zukunft untersagt werden; das gilt nach § 87 Abs. 7 VAG auch für Leitungspersonen von Versicherungs-Holdinggesellschaften. Die gesetzlichen Gründe für die Untersagung durch die Aufsichtsbehörde sind in §§ 8 Abs. 1 Satz 1 Nr. 1, 7a Abs. 1 VAG geregelt und entsprechen weitgehend denen für Vorstände von Kreditinstituten. Die Versicherungsaufsicht hat zudem das Erfordernis aufgestellt, bei solchen Personen von der Bestellung zum Vorstandsmitglied abzusehen, die in einem Verwandtschafts- oder Schwägerschaftsverhältnis ersten oder zweiten Grades zu einem Aufsichtsratsmitglied des Unternehmens stehen.[210]

98 Gegen ein Tätigkeitsverbot der Aufsichtsbehörde kann das (dritt-)betroffene Vorstandsmitglied wie auch das Institut bzw. Versicherungsunternehmen als Adressat des Verwaltungsaktes nach erfolglosem Widerspruch die Anfechtungsklage beim Verwaltungsgericht erheben.[211] Das Tätigkeitsverbot ist nach § 49 KWG, § 89a VAG sofort vollziehbar, sodass Widerspruch und Anfechtungsklage keine aufschiebende Wirkung haben. Die schwerwiegenden beruflichen und persönlichen Konsequenzen des Tätigkeitsverbots für das Vorstandsmitglied bedingen eine besondere Beachtung des

---

207 Entsprechendes gilt nach § 2d Abs. 2 KWG für Leitungspersonen von Finanzholding-Gesellschaften.
208 Ausführlich *Fischer*, in: Boos/Fischer/Schulte-Mattler, Kreditwesengesetz, 2012, § 36 Rn. 8 ff.
209 *Fischer*, in: Boos/Fischer/Schulte-Mattler, Kreditwesengesetz, 2012, § 36 Rn. 51 ff.
210 Rundschreiben R 2/74, in: Veröffentlichungen des Bundesamtes für das Versicherungswesen, 1974, S. 50.
211 VG Frankfurt WM 2004, 2157 (zu § 87 VAG); *Fischer*, in: Boos/Fischer/Schulte-Mattler, Kreditwesengesetz, 2012, § 36 Rn. 65; *Fleischer*, WM 2004, 157, 159.

Grundsatzes der Verhältnismäßigkeit durch die Aufsicht, insbesondere wenn keine unmittelbaren Gefahren für das Institut bzw. Versicherungsunternehmen oder die Gläubiger drohen.[212]

c) Sonstige Berufungshindernisse

Die Tätigkeit als Steuerberater ist berufsrechtlich nach § 57 StBerG mit der Mitgliedschaft im Vorstand unvereinbar.[213] Auch Mitglieder der Bundesregierung und der Landesregierungen dürfen grundsätzlich nicht zugleich dem Vorstand einer auf Erwerb gerichteten Gesellschaft angehören.[214] Für Mitglieder der Landesregierungen sind Ausnahmen hiervon durch den jeweiligen Landtag möglich, insbesondere für Vorstände von Unternehmen mit öffentlicher Beteiligung. Andererseits kann der Landesgesetzgeber auch weitergehende Inkompatibilitäten festlegen und Bestellungshindernisse auf einfache Landtagsabgeordnete ausweiten.[215] Bundes- und Landesbeamten dagegen ist nicht schlechthin die Mitgliedschaft im Vorstand untersagt, jedoch bedürfen sie hierfür einer Genehmigung des zuständigen Dienstherrn.[216] Bei Fehlen einer solchen Genehmigung ist die Bestellung dennoch wirksam.[217] Der Bundespräsident kann kraft Verfassung nicht zum Vorstandsmitglied bestellt werden.[218]

99

d) Rechtsfolgen bei verbotswidriger Bestellung

Bei Nichtbeachtung der gesetzlichen Bestellungsverbote ist die Berufung in den Vorstand nach § 134 BGB nichtig.[219] Entfällt eine gesetzliche Eignungsvoraussetzung erst nachträglich, wird die Bestellung mit Eintritt des Bestellungshindernisses unwirksam und endet ohne Abberufung.[220] Ein späterer Eintritt der Eignungsvoraussetzungen hat nicht zur Folge, dass die anfangs unwirksame Bestellung wieder auflebt. Das gilt selbst für den Fall, dass ein zwischenzeitlich angeordnetes Berufsverbot nach § 76 Abs. 3 Nr. 2 AktG oder Tätigkeitsverbot nach § 36 KWG, § 87 Abs. 6 VAG später wieder durch die Behörde oder gerichtlich aufgehoben wird.[221] Maßgebend ist die Vollstreckbarkeit des Berufs- oder Tätigkeitsverbots zum Zeitpunkt der Bestellung. Bei nachträglichem Wegfall des Berufungshindernisses ist für die

100

---

212 *Fischer*, in: Boos/Fischer/Schulte-Mattler, Kreditwesengesetz, 2012, § 36 Rn. 65.
213 BGH AG 1996, 366; *Spindler*, in: MünchKommAktG, § 76 Rn. 112.
214 Art. 66 GG; Nachweise zu den landesverfassungsrechtlichen Regelungen bei *Spindler*, in: MünchKommAktG, § 84 Rn. 32 (Fn. 79).
215 Dazu BVerfG NJW 1999, 1095, 1096; *Kort*, in: GroßKommAktG, § 76 Rn. 220.
216 § 65 Abs. 1 Satz 1 BBG, § 42 Abs. 1 BRRG; Nachweise zu den landesbeamtenrechtlichen Regelungen bei *Spindler*, in: MünchKommAktG, § 84 Rn. 32 (Fn. 83).
217 *Wiesner*, in: MünchHdB GesR AG, § 20 Rn. 4; *Mertens*, in: KölnKommAktG, § 76 Rn. 114.
218 Siehe Art. 55 Abs. 2 GG.
219 OLG Naumburg FGPrax 2000, 121; BayObLG BB 1991, 1729, 1730; *Kort*, in: GroßKommAktG, § 76 Rn. 221.
220 BayObLG BB 1982, 1508; OLG Frankfurt FGPrax 1995, 42 (für den GmbH-Geschäftsführer); *Dreher*, DB 1991, 533, 535.
221 *Thüsing*, in: Fleischer, HdB VorstandsR, § 4 Rn. 17.

wirksame Bestellung ein erneuter Aufsichtsratsbeschluss erforderlich. Bei Ausübung der Vorstandstätigkeit ohne wirksame Bestellung sind die Grundsätze über faktisches Organhandeln anwendbar.[222]

5. Doppelmandate der Vorstandsmitglieder

a) Vorstands-Doppelmandate

101 Vorstands-Doppelmandate untersagt das Aktienrecht nicht.[223] Nach § 88 Abs. 1 Satz 2 AktG müssen die Aufsichtsräte der beteiligten Aktiengesellschaften der Doppeltätigkeit zustimmen. Anzutreffen sind Vorstands-Doppelmandate oftmals bei konzernverbundenen Gesellschaften und bilden dort ein probates Instrument der dezentralen Konzernsteuerung. Die Praxis kennt die Personalunion einerseits in der Form, dass Vorstände einer Konzernholding oder divisional gegliederten Obergesellschaft zugleich (vorsitzende) Vorstandsmitglieder bei den wichtigsten, mit dem operativen Geschäft betrauten Tochterunternehmen sind. Umgekehrt wird in Sanierungsfällen oder beim Neuerwerb von Mehrheitsbeteiligungen häufig ein bereits im Vorstand der herrschenden Gesellschaft tätiges Mitglied zugleich zum Vorstandsvorsitzenden der beherrschten Gesellschaft bestellt, um eine rasche Konzernintegration, straffe Konzernführung und einen verbesserten Informationsfluss im Konzernverbund sicherzustellen.

102 Interessenkonflikte und Pflichtenkollisionen der Vorstandsmitglieder sind bei Doppelmandaten im Konzern in der Regel unvermeidbar.[224] Der Loyalitätskonflikt resultiert insbesondere aus der gleichzeitigen Einbindung in die Pflichtenkreise der Konzernmutter- und die der Tochtergesellschaft. Für die Konfliktlösung verlangt die herrschende Meinung, dass sich der Doppelmandatsträger bei seinen Entscheidungen ausschließlich an den Interessen des jeweiligen Pflichtenkreises orientiert, d. h. im Vorstand der Obergesellschaft sind allein deren Belange zu beachten, während im Vorstand der Tochtergesellschaft nur deren Interessen wahrzunehmen sind.[225] Infolge dieser Pflichtenisolierung kann sich der Doppelmandatsträger nicht darauf berufen, dass eine Verletzung der Organpflichten in Bezug auf die eine Gesellschaft gerechtfertigt ist, um seiner Pflichtenbindung in der anderen Gesellschaft ordnungsgemäß nachzukommen.[226] Verstößt das Vorstandsmitglied gegen diese Trennung, haftet es der jeweils betroffenen Gesellschaft auf Schadensersatz nach § 93 Abs. 2 AktG.

---

222 Einzelheiten zur faktischen/fehlerhaften Bestellung siehe Rn. 127 ff.
223 BGH NZG 2009, 744, 745; OLG Köln WM 1993, 644, 649; *Fonk*, NZG 2010, 368; *Passarge*, NZG 2007, 441; *Aschenbeck*, NZG 2000, 1015; *Hoffmann-Becking*, ZHR 150 (1986), 570. Vorstands-Doppelmandate sind zudem zulässig, wenn dies zu einem faktischen Konzern führt, siehe *Dreher*, FS Lorenz, S. 175, 183.
224 *Passarge*, NZG 2007, 441; *Hoffmann-Becking*, ZHR 150 (1986), 570, 574.
225 BGH NZG 2009, 744, 745; *Fleischer* in: Spindler/Stilz, AktG, § 76 Rn. 107; *Kort*, in: GroßKommAktG, § 76 Rn. 182; *Passarge*, NZG 2007, 441, 442.
226 *Fleischer* in: Spindler/Stilz, AktG, § 76 Rn. 107; *Kort*, in: GroßKommAktG, § 76 Rn. 182.

Das Problem der Interessenkollision ist ausgesprochen schwierig und bislang weder im dogmatischen Ansatz noch im Ergebnis bewältigt. Nicht durchgesetzt hat sich der Vorschlag, der Konfliktlage durch ein umfassendes Stimmverbot analog § 34 BGB abzuhelfen.[227] Gegen ein solches Stimmverbot spricht, dass das deutsche Gesellschaftsrecht kein allgemeines Stimmverbot für Organmitglieder bei Interessenkonflikten kennt. Ein Stimmrechtsausschluss erscheint zudem mit Blick auf das korporationsrechtliche Prinzip der Gesamtverantwortung aller Vorstandsmitglieder problematisch. Die wohl herrschende Meinung favorisiert daher den Lösungsansatz, wonach es dem Doppelmandatsträger bei Interessenkonflikten unbenommen bleibt, sich der Stimme zu enthalten.[228] Eine solche Stimmenthaltung ist solange zulässig, so lange dadurch nicht die Funktionsfähigkeit des Vorstands beeinträchtigt wird. In Fällen dauerhafter und intensiver Interessenkonflikte muss das Vorstandsmitglied indes das Mandat bei einer Gesellschaft niederlegen.[229]

In der Praxis unterschätzen Doppelmandatsträger gelegentlich, dass die aktienrechtliche Verschwiegenheitspflicht nach § 93 Abs. 1 Satz 3 AktG beide Vorstandsämter betrifft. Eine Informationspflicht der Tochtergesellschaft gegenüber der Konzernmutter besteht regelmäßig nicht, sodass eine Verletzung der Verschwiegenheitspflicht vorliegen kann, wenn Doppelmandatsträger vertrauliche Informationen im Vorstand der Konzernmutter preisgeben, obwohl sich der Gesamtvorstand der Konzerntochter gegen eine solche Weitergabe entschieden hat. Der Doppelmandatsträger darf dann keine vertraulichen Informationen weitergeben, wenn dies für die Tochtergesellschaft nachteilig ist.

Im Vertragskonzern sind Vorstands-Doppelmandate weniger problematisch, da dort aufgrund der fehlenden Prüfungskompetenz des abhängigen Vorstands und des weitreichenden Schutzes durch die §§ 302 ff. AktG keine erhöhte Konflikt- und damit Gefährdungslage entsteht.[230]

b) Vorstands- und Aufsichtsratsmandat

Neben der Mitgliedschaft in mehreren Vorständen können Doppelmandate auch in der Form bestehen, dass ein Vorstandsmitglied der Konzernmutter – zumeist der Vorstandsvorsitzende – zugleich Vorsitzender des Aufsichtsrats einer oder mehrerer Tochtergesellschaften ist. Eine solche Doppelmitgliedschaft ist zulässig, da § 105 Abs. 1 AktG hier keine Anwendung findet. Die Inkompatibilitätsregelung schließt Doppelmandate in beiden Gremien

---

227 *Hoffmann-Becking*, ZHR 150 (1986), 570, 583; ablehnend *Passarge*, NZG 2007, 441, 443 m.w.N.
228 *Fleischer* in: Spindler/Stilz, AktG, § 76 Rn. 110; *Kort*, in: GroßKommAktG, § 76 Rn. 188.
229 *Kort*, in: GroßKommAktG, § 76 Rn. 189; *Fleischer* in: Spindler/Stilz, AktG, § 76 Rn. 109.
230 *Aschenbeck*, NZG 2000, 1015, 1018; *Hoffmann-Becking*, ZHR 150 (1986), 570, 575.

nur gesellschaftsweit, nicht aber konzernweit aus.[231] Aus Gründen der Konzernsteuerung kann eine Präsenz in den Aufsichtsräten von Tochterunternehmen sogar geboten sein. Umgekehrt jedoch kann das Vorstandsmitglied einer abhängigen Gesellschaft nach § 100 Abs. 2 Nr. 2 AktG nicht zugleich Mitglied des Aufsichtsrats des beherrschenden Unternehmens sein.[232]

107 Die Wahrnehmung eines Doppelmandats als Vorstandsmitglied der Konzernmutter und Aufsichtsratsmitglied der Tochtergesellschaft birgt unausweichlich Interessenkonflikte. Im Vertragskonzern ist zwar im Hinblick auf das Konzerninteresse denkbar, dass das Vorstandsmitglied der Konzernmutter sowohl deren Interessen verfolgt und gleichsam auch als Aufsichtsratsmitglied die Belange der Tochtergesellschaft hinreichend wahrnimmt. Aber selbst hier bestehen Probleme, wenn das Eigeninteresse der Konzernmutter nicht dem Konzerninteresse entspricht. Im faktischen Konzern werden Interessenkonflikte sogar der Regelfall sein und zudem dann entstehen, wenn das Vorstandsmitglied zugleich im Aufsichtsrat solcher Unternehmen sitzt, die entweder zur Konzernmutter oder aber zu anderen konzernverbundenen Gesellschaften im Wettbewerb stehen.[233] Lassen sich die Interessenkonflikte nicht durch Stimmenthaltung vermeiden, hat das Vorstandsmitglied entweder sein Mandat niederzulegen oder der Aufsichtsrat hat die Bestellung zu widerrufen.

108 Aufsichtsratsmandate außerhalb des Unternehmens soll das Vorstandsmitglied einer börsennotierten Gesellschaft nach Ziff. 4.3.5 DCGK nur mit Zustimmung des Aufsichtsrats übernehmen.[234] Das betrifft insbesondere auch das Mandat als *Non-Executive Director* im *Board of Directors* einer ausländischen (Tochter-)Gesellschaft. Die gleichzeitige Zugehörigkeit eines Vorstandsmitglieds zum Aufsichtsrat eines konkurrierenden Unternehmens ist grundsätzlich aber zulässig, es sei denn, die Konkurrenzsituation betrifft den wesentlichen Kernbereich beider Gesellschaften und würde zu einer dauerhaften schwer wiegenden Pflichtenkollision bei der Ausübung des Amtes als Aufsichtsrat führen.[235] Der Deutsche Corporate Governance Kodex enthält in Ziff. 5.4.2 Satz 2 die Empfehlung, dass Aufsichtsratsmitglieder keine Organfunktionen bei wesentlichen Wettbewerbern des Unternehmens ausüben sollen.[236] Eine solche Inkompatibilität ist allerdings nur anzunehmen, wenn das Wettbewerbsverhältnis ungefähr ein Viertel des Konzernumsatzes oder Konzernertrages bzw. einen Geschäftsbereich

---

231 *Kort*, in: GroßKommAktG, § 76 Rn. 190; *Martens*, ZHR 159 (1995), 567, 573.
232 Zur Berufung eines *Non-Executive Director* einer ausländischen Tochtergesellschaft als Aufsichtsratsmitglied einer deutschen Aktiengesellschaft vgl. *Engert/Herschlein*, NZG 2004, 459.
233 Näher *Kort*, in: GroßKommAktG, § 76 Rn. 191.
234 Dazu *Ringleb*, in: Ringleb/Kremer/Lutter/v. Werder, Kommentar zum DCGK, Rn. 838 ff.
235 OLG Schleswig AG 2004, 453 (MobilCom); *Wilde*, ZGR 1998, 423, 431; a.A. *Lutter/Krieger*, Rechte und Pflichten des Aufsichtsrats, Rn. 20 ff.
236 Dazu *Kremer*, in: Ringleb/Kremer/Lutter/v. Werder, Kommentar zum DCGK, Rn. 1046.

berührt, der für die Zukunftssicherung des Konzerns von strategischer Bedeutung ist.[237]

c) Doppelmandate bei Kreditinstituten und Versicherungen

108a Bei Kreditinstituten und Versicherungsunternehmen können Doppelmandate von Vorstandsmitgliedern (Geschäftsleitern) aufsichtsrechtlich problematisch sein, bisher sind sie grundsätzlich zulässig.[237a] Bei Vorstands-Doppelmandaten mit potentiellen Interessenkonflikten, etwa bei Kapitalanlagegesellschaften und Spezialbanken, erfolgt in der Praxis meist eine vorherige Abstimmung mit der Aufsicht. Entsprechendes gilt für Geschäftsleiter, die gleichzeitig im Aufsichtsorgan des regulierten (Tochter)Unternehmens vertreten sind. Die Ausübung dieser in Personalunion geführten Geschäftsleiter- und Aufsichtsratsmandate ist ebenfalls grundsätzlich zulässig. Auf die aufsichtsrechtlichen Anforderungen an solche Doppelmandate und das erhöhte Risiko von Interessenkonflikten hat die Aufsicht besonders hingewiesen.[237b]

108b Der durch CRD IV-Umsetzungsgesetz zum 1.1.2014 neu gefasste § 24c Abs. 2 Nr. 2 KWG verlangt eine restriktivere Wahrnehmung von Doppelmandaten.[237c] Danach kann zum Geschäftsleiter nicht bestellt werden, wer in einem anderen Unternehmen als Geschäftsleiter tätig ist. Geschäftsleiter von Kreditinstituten dürfen zudem nicht in mehr als zwei weiteren Unternehmen bereits Mitglied des Verwaltungs- oder Aufsichtsorgans sein. Dabei gelten mehrere Mandate als ein Mandat, wenn die Aufsichtsmandate bei Unternehmen derselben Institutsgruppe, Finanzholding-Gruppe oder Sicherungseinrichtung wahrgenommen werden oder es sich um eine bedeutende Beteiligung handelt. Geschäftsleitern von Versicherungsunternehmen ist die Ausübung von Doppelmandaten grundsätzlich gestattet und wird nach § 7a Abs. 1 Satz 5 VAG erst sanktioniert, wenn ein Geschäftsleiter in mehr als zwei Versicherungsunternehmen geschäftsleitend tätig ist.[237d] Bei konzern- bzw. versicherungsgruppenweiten Mandaten kann die Aufsicht weitere Geschäftsleiter-Mandate zulassen.

---

237 Ausführlich *Seibt*, AG 2003, 465, 475.
237a *Wieland*, BB 2012, 1108, 1113; *Krauel/Klie*, WM 2010, 1735, 1739.
237b BaFin-Merkblatt zu Geschäftsleiter-Mehrfachmandaten in Versicherungsunternehmen v. 2.5.2011, VA 52 – I 2234 – 2011/0005 (zu § 7a Abs. 1 Satz 5 und 6 VAG); BaFin-Merkblatt zur Kontrolle von Mitgliedern von Verwaltungs- und Aufsichtsorganen gemäß KWG und VAG v. 22.2.2010, Ziff. I.2.
237c Siehe Gesetz zur Umsetzung der Richtlinie 2013/36/EU über den Zugang zur Tätigkeit von Kreditinstituten und die Beaufsichtigung von Kreditinstituten und Wertpapierfirmen und zur Anpassung des Aufsichtsrechts an die Verordnung (EU) Nr. 575/2013 über die Aufsichtsanforderungen an Kreditinstitute und Wertpapierfirmen (CRD IV-Umsetzungsgesetz), Gesetzesbeschluss des Deutschen Bundestages, BT-Drucks. 17/10974, 17/11474 vom 17.5.2013.
237d Siehe BaFin-Merkblatt zu Geschäftsleiter-Mehrfachmandaten in Versicherungsunternehmen v. 2.5.2011, VA 52 – I 2234 – 2011/0005.

V. Dauer der Bestellung

1. Gesetzliche Höchstdauer

109 Die Bestellung kann nach § 84 Abs. 1 Satz 1 und 2 AktG nur auf höchstens fünf Jahre erfolgen.[238] Die konkrete Bemessung der Amtszeit liegt im pflichtgemäßen Ermessen des Aufsichtsrats. Die Höchstdauer von fünf Jahren darf jedoch nicht unreflektiert als Regel-Bestellungsdauer zur Anwendung gelangen. Insbesondere bei Erstbestellungen kann aufgrund der damit verbundenen höheren Unsicherheit eines personellen Fehlentscheids eine kürzere Amtszeit angezeigt sein. Der Deutsche Corporate Governance Kodex regt gemäß Ziff. 5.1.2 Abs. 2 Satz 1 DCGK an, dass die höchstmögliche fünfjährige Bestellungsdauer nicht die Regel sein sollte.[239] In der Praxis wird bei erstmaligen Bestellungen inzwischen häufig ein Zeitraum von drei Jahren gewählt; Wiederbestellungen erfolgen in der Regel für die Dauer von fünf Jahren, wenn keine besonderen Umstände (z. B. Erreichen einer Altersgrenze) vorliegen. Durch die Satzung können weder eine bestimmte Amtszeit noch Mindest- oder Höchstgrenzen für die Bestelldauer vorgegeben werden. Bei Festlegung der Amtsdauer über die gesetzliche Fünf-Jahres-Frist hinaus wird die Bestellung nach Ablauf der fünf Jahre unwirksam.[240] Enthält der Aufsichtsratsbeschluss nur den Anfangszeitpunkt ohne Enddatum oder aber überhaupt keine Angaben zur Dauer und lässt sich auch nichts aus dem Anstellungsvertrag herleiten, ist im Zweifel eine fünfjährige Amtszeit anzunehmen.[241]

2. Mindestdauer

110 Eine Mindestdauer der Bestellung ist gesetzlich nicht festgelegt. Jedoch darf der Aufsichtsrat die Amtszeit nicht übermäßig kurz bemessen, da anderenfalls kaum eine eigenverantwortliche und unabhängige Leitung der Gesellschaft (§ 76 Abs. 1 AktG) möglich ist. Richtwert für die Mindestbestelldauer ist ein Jahr.[242] Ein kürzerer Zeitraum kommt nur in Betracht, wenn besondere Umstände vorliegen. Hierzu zählen etwa Überbrückungsmandate, die – zumeist nach Abberufungen – eine Bestellung nur bis zum Amtsantritt eines anderen Vorstandsmitglieds vorsehen.

111 Eine kurze Amtsdauer darf nicht dazu führen, dass das Vorstandsmitglied sich gegenüber dem Aufsichtsrat mit Blick auf die Wiederbestellung in faktische Abhängigkeit begibt. Unzulässig ist insbesondere das sachlich unbegründete Aneinanderreihen kurzer Amtsperioden, da hierdurch die Anfor-

---

238 Zu Sinn und Zweck s. *Semler*, in: MünchKommAktG, § 116 Rn. 310; *Spindler*, in: MünchKommAktG, § 84 Rn. 3.
239 Dazu *Kremer*, in: Ringleb/Kremer/Lutter/v. Werder, Kommentar zum DCGK, Rn. 947 ff.
240 BGH WM 1957, 846; BGH WM 1962, 109, 112.
241 *Mertens*, in: KölnKommAktG, § 84 Rn. 16; *Grumann/Gillmann*, DB 2003, 770.
242 *Hüffer*, AktG, § 84 Rn. 7; *Steinbeck/Menke*, DStR 2003, 940, 943.

derungen für den Widerruf der Bestellung umgangen werden.[243] Allerdings ist die Grenze zwischen zulässiger und unzulässiger Wiederholung kurzfristiger Bestellungen fließend. Bei zu kurz bemessener Amtsdauer kann der Aufsichtsrat seine Sorgfaltspflicht nach §§ 93 Abs. 1, 116 AktG verletzen.[244] Die Bestellung selbst bleibt für die festgelegte Dauer aber wirksam.[245]

3. Beginn der Amtszeit

Die Frist für die Dauer der Bestellung läuft mit Beginn der Amtszeit, also mit Wirksamwerden der Bestellung. Der Aufsichtsratsbeschluss kann dabei bestimmen, dass die Bestellung erst mit Eintritt einer aufschiebenden Bedingung oder erst zu einem festgelegten späteren Zeitpunkt wirksam wird. Aus Gründen der Klarheit und Rechtssicherheit enthält der Bestellungsbeschluss in der Praxis häufig ein festes Datum. Eine aufschiebend bedingte Bestellung kommt indes dann in Betracht, wenn das Vorstandsmitglied außerhalb der Gesellschaft tätig und dort vertraglich noch gebunden ist. Die Beendigung der bisherigen Tätigkeit wird zumeist sicher und nur der Zeitpunkt des Ausscheidens noch offen sein. Ist die Beendigung als solche ungewiss, kann das designierte Vorstandsmitglied der Bestellung erst mit tatsächlicher Freigabe zustimmen oder aber auch die Zustimmung selbst unter aufschiebender Bedingung erklären (schwebend unwirksame Bestellung). Möglich ist zudem, die Bestellung erst mit tatsächlichem Amtsantritt wirksam werden zu lassen.[246] 112

Nach herrschender Meinung dürfen die Bestellung zu einem künftigen Zeitpunkt und die aufschiebend bedingte Bestellung nicht früher als ein Jahr vor Beginn der Amtszeit erfolgen.[247] Das ergibt sich aus dem Rechtsgedanken des § 84 Abs. 1 Satz 3 AktG. Nach dem Wortlaut dieser Vorschrift darf ein erneuter Aufsichtsratsbeschluss über eine Verlängerung der Amtszeit frühestens ein Jahr vor Ablauf der bisherigen Amtszeit gefasst werden. Daraus folgt, dass die Gesellschaft nicht länger als maximal sechs Jahre an ein Vorstandsmitglied gebunden werden darf; dieser Zeitraum setzt sich zusammen aus der gesetzlichen Höchstdauer von fünf Jahren und der maximal zulässigen Vorverlegung des Bestellungsbeschlusses um ein Jahr. Nach anderer Ansicht kann der Beginn der Amtszeit auch länger als ein Jahr hinausgeschoben werden, solange die Bestellungsdauer entsprechend verringert wird und dadurch gewährleistet ist, dass die zeitlich maximal zulässige Bindung der Gesellschaft an das Vorstandsmitglied von insgesamt 113

---

243 *Steinbeck/Menke*, DStR 2003, 940, 943; *Miller*, BB 1973, 1088, 1089 f.
244 *Spindler*, in: MünchKommAktG, § 84 Rn. 37; *Mertens*, in: KölnKommAktG, § 84 Rn. 20.
245 *Wiesner*, in: MünchHdB GesR AG, § 20 Rn. 31; *Hüffer*, AktG, § 84 Rn. 7.
246 Diese Form der aufschiebenden Bedingung ist umstritten, vgl. *Krieger*, Personalentscheidungen des Aufsichtsrats, S. 238 ff.; *Mertens*, in: KölnKommAktG, § 84 Rn. 5.
247 *Lutter/Krieger*, Rechte und Pflichten des Aufsichtsrats, Rn. 358; *Spindler*, in: MünchKommAktG, § 84 Rn. 34; *Wiesner*, in: MünchHdB GesR AG, § 20 Rn. 17.

sechs Jahren nicht überschritten wird.²⁴⁸ Im Einzelfall kann diese Verfahrensweise dazu führen, dass der Aufsichtsrat bei derart spätem Beginn der Amtszeit mit Blick auf das Gesellschaftsinteresse nicht mehr pflichtgemäß handelt. Daher empfiehlt sich dieses Vorgehen für die Praxis nicht.

114 Unzulässig ist die Bestellung mit einer auflösenden Bedingung, da dieses Verfahren die Entschließungsfreiheit des Aufsichtsrats unzulässig einschränkt und mit § 84 Abs. 3 Satz 1 AktG (Widerruf der Bestellung nur aus wichtigem Grund) unvereinbar sind.²⁴⁹ Deswegen kann eine Bestellung bei der Konzernmutter im Rahmen eines Vorstands-Doppelmandats nicht unter der (auflösenden) Bedingung erfolgen, dass das bereits im Tochterunternehmen tätige Vorstandsmitglied dort weiterhin Organ bleibt. Beim GmbH-Geschäftsführer dagegen ist nach Rechtsprechung des BGH die Bestellung unter einer auflösenden Bedingung zulässig.²⁵⁰

VI. Wiederbestellung

1. Beschluss des Aufsichtsrats

115 Die wiederholte Bestellung oder die Verlängerung der Amtszeit – jeweils für höchstens fünf Jahre – ist zulässig und bedarf wie bei der Erstbestellung eines erneuten Beschlusses des Aufsichtsrats (§ 84 Abs. 1 Satz 2 und 3 AktG).²⁵¹ Erforderlich ist ein ausdrücklicher Beschluss, eine konkludente Beschlussfassung ist unzulässig.²⁵² Ebenso wenig kann sich die Gesellschaft wirksam dazu verpflichten, nach Ablauf der gesetzlichen Höchstdauer eine Wiederbestellung vorzunehmen. Derartige Regelungen verstoßen gegen § 84 Abs. 1 Satz 3 AktG und sind nach § 134 BGB nichtig. Ebenfalls nichtig ist eine Vereinbarung über die automatische Verlängerung der Amtszeit nach Ablauf der fünfjährigen Bestellung. Die Satzung kann eine Wiederbestellung weder vorschreiben noch ausschließen.²⁵³

116 Die Gesellschaft darf im Rahmen der ersten Bestellung dem Vorstandsmitglied keine völlig überhöhten Leistungen für die Zeit nach dem Ausscheiden aus dem Amt (z. B. Abfindungen, Übergangsgeld, Altersruhegeld, Beraterhonorare) versprechen, da anderenfalls der Aufsichtsrat zur Vermeidung solcher Ansprüche zur Wiederbestellung veranlasst sein könnte. Eine sol-

---

248 *Weber*, in: Hölters, AktG, § 84 Rn. 17; *Bauer/Arnold*, DB 2007, 1571, 1572; *Hölters/Weber*, AG 2005, 629, 632.
249 *Fonk*, in: Semler/v. Schenck, ArbeitsHdB für Aufsichtsratsmitglieder, § 9 Rn. 76; *Weber*, in: Hölters, AktG, § 84 Rn. 19.
250 BGH GmbHR 2006, 46; OLG Stuttgart NZG 2004, 472; *Goette*, DStR 1998, 938, 939; a. A. *Heyder*, in: Michalski, GmbHG, § 6 Rn. 83; *Schneider*, in: Scholz, GmbHG, § 6 Rn. 27 m. w. N.
251 *Weber*, in: Hölters, AktG, § 84 Rn. 21; *Wiesner*, in: MünchHdB GesR AG, § 20 Rn. 24.
252 BGH AG 1959, 286; *Spindler*, in: MünchKommAktG, § 84 Rn. 41.
253 *Mertens*, in: KölnKommAktG, § 84 Rn. 17; *Wiesner*, in: MünchHdB GesR AG, § 20 Rn. 24.

che Vereinbarung ist aber erst dann nichtig, wenn die Leistungspflichten objektiv geeignet sind, den Aufsichtsrat in seiner freien Entschließung über die Wiederbestellung unbillig zu beeinträchtigen.[254] Nach § 134 BGB als objektive Gesetzesumgehung unwirksam ist eine anstellungsvertragliche Regelung, nach welcher der Vorstandsvertrag für den Fall der Beendigung der Bestellung über die Fristen nach § 84 Abs. 1 AktG hinaus unverändert als Arbeitsverhältnis fortgeführt wird. Das gilt jedenfalls dann, wenn eine der Vergütung entsprechende konkrete Arbeitsstelle weder vereinbart noch realistisch gewesen ist. Damit bindet sich die Gesellschaft unter Verstoß gegen § 84 Abs. 1 AktG, der darauf abzielt, das aus der anstellungsvertraglichen Bindung an das Vorstandsmitglied resultierende wirtschaftliche Risiko der Gesellschaft zu begrenzen.[255]

2. Zeitpunkt der Beschlussfassung

Nach § 84 Abs. 1 Satz 3 AktG darf der Aufsichtsratsbeschluss über die Wiederbestellung frühestens ein Jahr vor Ablauf der bisherigen Amtszeit gefasst werden. Ein früherer Beschluss ist unwirksam (s. o.) und bewirkt keine wirksame Bestellung oder Verlängerung der Amtszeit. Sinn und Zweck dieser Regelung ist es, eine überlange Bindung der Gesellschaft an ein Vorstandsmitglied zu vermeiden. Die Gesellschaft soll zu keiner Zeit länger als insgesamt sechs Jahre (fünfjährige Höchstdauer der Wiederbestellung plus maximal einjährige Vorlaufzeit) an das Vorstandsmitglied gebunden sein. Daraus folgt, dass die Einjahresfrist nach § 84 Abs. 1 Satz 3 AktG keine Anwendung auf Verlängerungen der Amtszeit innerhalb des Fünfjahreszeitraums nach § 84 Abs. 1 Satz 1 AktG findet. **117**

Demzufolge zulässig sind die Bestellung für zunächst drei Jahre und der nach Ablauf eines Jahres gefasste Aufsichtsratsbeschluss, durch den die Dauer der Bestellung um zwei weitere Jahre auf insgesamt fünf Jahre verlängert wird. Wenn bei einer Bestellung auf weniger als fünf Jahre eine Verlängerung der Amtszeit sogar ohne neuen Aufsichtsratsbeschluss vorgesehen werden kann, sofern dadurch die gesamte Amtszeit nicht mehr als fünf Jahre beträgt (§ 84 Abs. 1 Satz 4 AktG), muss eine solche Verlängerung der Amtszeit erst Recht auf Grund eines ausdrücklichen Aufsichtsratsbeschlusses zulässig sein.[256] Maßgeblich für die Berechnung der einjährigen Vorlaufzeit für die Wiederbestellung ist der Beginn der Amtszeit, nicht der Zeitpunkt der Registereintragung.[257] **118**

---

254 BGH WM 1957, 846; RG DR 1944, 488; dazu *Brauer*, NZG 2004, 502, 508.
255 BAG ZIP 2009, 2073; *Weber*, in: Hölters, AktG, § 84 Rn. 23.
256 *Weber*, in: Hölters, AktG, § 84 Rn. 21.
257 *Hüffer*, AktG, § 84 Rn. 7; *Spindler*, in: MünchKommAktG, § 84 Rn. 41.

3. Vorzeitige Wiederbestellung

119 In der Praxis besteht in Einzelfällen das Bedürfnis, das Vorstandsmitglied bereits früher als ein Jahr vor Ablauf der bisherigen Amtszeit wiederzubestellen. Dazu wird die laufende Bestellung vorzeitig durch einvernehmliche Aufhebung oder Amtsniederlegung beendet[258] und sogleich eine Neubestellung auf bis zu fünf Jahre beschlossen. Das Vorstandsmandat kann dadurch früher als gesetzlich vorgesehen über die ursprünglich festgesetzte Laufzeit hinaus fortgesetzt werden. Ein auf fünf Jahre bestelltes Vorstandsmitglied kann so z. B. nach Ablauf von drei Jahren erneut für volle fünf Jahre bestellt werden. Die Zulässigkeit dieser Vorgehensweise wird unterschiedlich beurteilt.

120 Die bisher herrschende Meinung sieht in der vorzeitigen Neufestsetzung der Amtszeit eine unzulässige Umgehung des § 84 Abs. 1 Satz 3 AktG.[259] Die vorzeitige einvernehmliche Beendigung der Organstellung unter gleichzeitiger Neubestellung verlängere nicht die bisherige Amtszeit, sondern ersetze diese und sei damit wegen Gesetzesumgehung nichtig.[260] Zudem verliere der spätere Aufsichtsrat dadurch die Möglichkeit, die Zusammensetzung des Vorstands für eine volle Amtsperiode festzusetzen und über die Wiederbestellung nach dem letzten Erkenntnis- und Wissensstand zu befinden.[261] Dagegen wird eingewandt, dass durch Aufhebung der Bestellung unter gleichzeitiger Neubestellung weder die Gesellschaft über die gesetzliche Höchstdauer hinaus an ein Vorstandsmitglied gebunden noch die verantwortliche Beratung und Beschlussfassung des Aufsichtsrats beeinträchtigt werde.[262] Demzufolge widerspreche die vorzeitige Neubestellung nicht dem Sinn und Zweck der Einjahresfrist in § 84 Abs. 1 Satz 3 AktG; entscheidend sei vielmehr, dass der Aufsichtsrat jeweils nach spätestens fünf Jahren die Freiheit hat, über die bisherigen Leistungen des Vorstandsmitglieds zu reflektieren und auf dieser Grundlage eine Entscheidung über die Fortsetzung des Vorstandsverhältnisses trifft.[263]

121 Der BGH hat im Jahre 2012 entschieden, dass die Wiederbestellung eines Vorstandsmitglieds für höchstens fünf Jahre nach einverständlicher Amtsniederlegung auch früher als ein Jahr vor Ablauf der ursprünglichen Bestelldauer grundsätzlich zulässig ist und keine Umgehung des § 84

---

258 Vgl. BGH DStR 2012, 1869 (einverständliche Amtsniederlegung).
259 Siehe OLG Zweibrücken DB 2011, 897; AG Duisburg NZI 2008, 621, 622; *Götz* AG 2002, 305, 306; *Semler*, in: MünchKommAktG, § 116 Rn. 312; *Spindler*, in: MünchKommAktG, § 84 Rn. 44; *Mertens/Cahn*, in: KölnKommAktG, § 84 Rn. 23; *Kort*, in: GroßKommAktG, § 84 Rn. 114; *Thüsing*, in: Fleischer, HdB VorstandsR, § 4 Rn. 43.
260 OLG Zweibrücken DB 2011, 897; AG Duisburg NZI 2008, 621, 622; *Spindler*, in: MünchKommAktG, § 84 Rn. 44 m. w. N.
261 *Kort*, in: GroßKommAktG, § 84 Rn. 114; *Thüsing*, in: Fleischer, HdB VorstandsR, § 4 Rn. 43.
262 Vgl. *Weber*, in: Hölters, AktG, § 84 Rn. 26.
263 *Hölters/Weber*, AG 2005, 629, 632; *Bauer/Arnold*, DB 2006, 260, 261; *Bauer/Krets*, DB 2003, 811, 817; *Wiesner*, in: MünchHdB GesR AG, § 20 Rn. 32.

Abs. 1 Satz 3 AktG darstellt.[264] Dies gilt insbesondere auch dann, wenn für diese Vorgehensweise keine besonderen Gründe gegeben sind.[265] Für eine – nicht nur zulässige, sondern auch – pflichtgemäße Ermessensausübung des Aufsichtsrats werden nach differenzierender Ansicht dennoch besondere Umstände vorlangt, um die vorzeitige Wiederbestellung mit Blick auf Gesellschaftsinteresse zu rechtfertigen.[266] Diese Einschränkung im Schrifttum entspricht der Empfehlung des Deutschen Corporate Governance Kodex, wonach eine vorzeitige Wiederbestellung gemäß Ziff. 5.1.2 Abs. 2 Satz 2 DCGK nur bei Vorliegen besonderer Umstände erfolgen soll. Hierzu zählen etwa die Ernennung eines Mitglieds zum Vorsitzenden des Vorstands oder auch die Kontrollerlangung durch eine oder mehrere Personen i. S. d. § 29 WpÜG, sofern damit nicht die übernahmerechtlichen Vorschriften zum Vereitelungsverbot durch die Zielgesellschaft verletzt werden (z. B. vorzeitige Wiederbestellung als Mittel gegen ein feindliches Übernahmeangebot).[267] Besondere Umstände sind zudem bei Abwerbeversuchen von Konkurrenzunternehmen anzunehmen, bei denen dem Vorstandsmitglied im Gegenzug für die Ablehnung eine vorzeitige höchstmögliche (Wieder-)Bestellung gewährt wird.

Obwohl der BGH in seinem Grundsatzurteil keine besonderen Gründe an die Zulässigkeit der vorzeitigen Wiederbestellung knüpft, kann der Beschluss des Aufsichtsrats wegen Rechtsmissbrauchs unwirksam sein.[268] Bei Vorliegen besonderer Sachgründe (s. o.) kommt ein rechtsmissbräuchlicher Aufsichtsratsbeschluss von vornherein nicht in Betracht.[269] Dagegen kann Rechtsmissbrauch gegeben sein, wenn sich die Berufungspraxis dazu entwickelt, dass Vorstände in einem rollierenden Verfahren alljährlich auf fünf Jahre neu bestellt werden und sich damit der Druck auf den Aufsichtsrat zur Wiederbestellung von Vorstandsmitgliedern unzulässigerweise erhöht. Ebenfalls rechtsmissbräuchlich ist eine vorzeitige Wiederbestellung, die nur dazu dient, Abfindungszahlungen eines Vorstandsmitglieds für den Fall seines späteren Ausscheidens frühzeitig sicherzustellen.[270]

122

Für die Praxis kann es trotz Rechtsprechung des BGH ratsam sein, im Einzelfall die Wirksamkeit der vorzeitigen Wiederbestellung eines Vorstandsmitglieds durch einen innerhalb der Frist des § 84 Abs. 1 Satz 3 AktG gefassten, die Wiederbestellung vorsorglich bestätigenden Beschluss des Aufsichtsrats abzusichern. Die besonderen Umstände der vorzeitigen Wieder-

123

---

264 BGH DStR 2012, 1869, 1871; ebenso LG Frankenthal BB 2010, 1626.
265 BGH DStR 2012, 1869, 1871 f.
266 *Weber*, in: Hölters, AktG, § 84 Rn. 27; *Hölters/Weber*, AG 2005, 629, 633; *Bauer/Arnold*, DB 2006, 260, 261; *Lutter/Krieger*, Rechte und Pflichten des Aufsichtsrats, Rn. 358; *Fonk*, in: Semler/v. Schenck, ArbeitsHdB für Aufsichtsratsmitglieder, § 9 Rn. 50.
267 *Seibt*, AG 2003, 465, 474; *Fleischer*, in: Spindler/Stilz, AktG, § 84 Rn. 19.
268 Siehe BGH DStR 2012, 1869, 1872; *Fleischer*, in: Spindler/Stilz, AktG, § 84 Rn. 19.
269 *Fleischer*, in: Spindler/Stilz, AktG, § 84 Rn. 19; *Weber*, in: Hölters, AktG, § 84 Rn. 27.
270 *Fleischer*, in: Spindler/Stilz, AktG, § 84 Rn. 19.

bestellung sollten dann im Aufsichtsratsbeschluss ausdrücklich benannt werden.

3. Verlängerungsklauseln

124 Eine automatische Verlängerung der Amtszeit über die gesetzliche Höchstdauer von fünf Jahren hinaus ist nicht zulässig. Ausgeschlossen ist damit eine Regelung, dass die Bestellung als verlängert gilt, wenn das Vorstandsmitglied nicht abberufen wird. Die Amtszeit wird auch nicht dadurch verlängert, dass der Aufsichtsrat die Tätigkeit eines Vorstandsmitglieds für die Gesellschaft weiterhin duldet. Notwendig für eine Verlängerung der Bestellung ist mithin stets ein ausdrücklicher Aufsichtsratsbeschluss.

125 Bei einer Bestellung auf weniger als fünf Jahre kann indes nach § 84 Abs. 1 Satz 4 AktG eine automatische Verlängerung der Amtszeit ohne erneuten Aufsichtsratsbeschluss festgelegt werden, sofern dadurch die gesamte Amtszeit nicht mehr als fünf Jahre beträgt. Derartige Verlängerungsklauseln sind für den Aufsichtsrat bindend, denn dieser hätte das Vorstandsmitglied auch gleich für fünf Jahre bestellen können.[271] Dementsprechend zulässig ist etwa eine Bestellung für zunächst drei Jahre mit der Zusage, dass diese sich auf fünf Jahre verlängert, wenn der Aufsichtsrat die Bestellung nicht nach drei Jahren widerruft.[272]

126 Ob im Rahmen einer Bestellung auf weniger als fünf Jahre auch § 625 BGB analog anwendbar ist und die faktische Weiterführung des Amtes als Verlängerung/Neubestellung gilt, ist höchstrichterlich noch nicht entschieden.[273] Eine entsprechende Anwendung von § 625 BGB auf die Bestellung von Vorstandsmitgliedern wird in der Literatur unter Verweis darauf abgelehnt, da dies mit dem Erfordernis einer ausdrücklichen Beschlussfassung des Aufsichtsrats nicht vereinbar ist.[274] Für die Praxis empfiehlt sich daher, stets eine ausdrückliche Verlängerungsklausel in den Beschluss über die befristete Bestellung anzunehmen.[275] In der Regel wird der Aufsichtsrat zudem zusagen, im Fall der Nichtverlängerung das Vorstandsmitglied vorab (4 bis 6 Monate) zu informieren.

---

271 OLG München BB 1978, 471 (für den GmbH-Geschäftsführer); *Spindler*, in: MünchKomm-AktG, § 84 Rn. 41; *Wiesner*, in: MünchHdB GesR AG, § 20 Rn. 33; *Steinbeck/Menke*, DStR 2003, 940, 943.
272 *Thüsing*, in: Fleischer, HdB VorstandsR, § 4 Rn. 42; *Fleischer*, in: Spindler/Stilz, AktG, § 84 Rn. 15.
273 Dagegen OLG Karlsruhe AG 1996, 224, 227; ebenfalls ablehnend *Mertens/Cahn*, in: Köln-KommAktG, § 84 Rn. 19; offen lassend *Thüsing*, in: Fleischer, HdB VorstandsR, § 4 Rn. 42; *Goette*, DStR 1997, 932.
274 *Weber*, in: Hölters, AktG, § 84 Rn. 21; *Fonk*, in: Semler/v. Schenck, ArbeitsHdB für Aufsichtsratsmitglieder, § 9 Rn. 39; *Krieger*, Personalentscheidungen des Aufsichtsrats, S. 123; offen lassend *Fleischer*, in: Spindler/Stilz, AktG, § 84 Rn. 15.
275 *Steinbeck/Menke*, DStR 2003, 940, 943.

VII. Fehlerhafte Bestellung; faktisches Organ

Die Bestellung zum Mitglied des Vorstands ist fehlerhaft, wenn zwar ein rechtsgeschäftlicher Bestellungsakt vorliegt, dieser aber an einem Wirksamkeitsmangel leidet. Das ist bei einem nichtigen oder wirksam angefochtenen Bestellungsbeschluss des Aufsichtsrats der Fall.[276] Ebenso führt eine unwirksame Annahme der Bestellung durch das Vorstandsmitglied zur fehlerhaften Bestellung. Darüber hinaus wird die fortgesetzte Ausübung der Vorstandstätigkeit nach Beendigung der Amtszeit mit Billigung des Aufsichtsrats einer fehlerhaften Bestellung gleichgesetzt.[277]

127

Eine fehlerhafte Bestellung ist für die Zeit bis zur Geltendmachung des Wirksamkeitsmangels nach den für die fehlerhafte Organstellung maßgebenden Grundsätzen als wirksam anzusehen.[278] Die Nichtigkeits- und Anfechtungsgründe können die fehlerhafte Bestellung mithin nur mit Wirkung für die Zukunft beseitigen. Die Anwendbarkeit dieser Grundsätze setzt voraus, dass die Bestellung nicht nur auf einem fehlerhaften Akt beruht, sondern dass diese durch Ausübung der Vorstandstätigkeit für die Gesellschaft tatsächlich vollzogen wurde.[279] Die bloße Anmaßung eines Vorstandsmandats (sog. „Organ durch Kundgabe") begründet keine fehlerhafte Organstellung, sondern ein sog. faktisches Vorstandsverhältnis (s.u.). Das fehlerhaft bestellte Vorstandsmitglied hat im Innen- wie im Außenverhältnis die gesetzlich zugewiesene Kompetenzstellung und unterliegt bei der Geschäftsführung derselben organschaftlichen Pflichtenbindung nach § 93 Abs. 1 AktG samt Insolvenzantragspflicht nach § 15a Abs. 1 Satz 1 InsO wie das wirksam bestellte Vorstandsmitglied.[280]

128

Für die Beendigung der fehlerhaften Bestellung ist ein ausdrücklicher Beschluss des Aufsichtsrats erforderlich, der die Unwirksamkeit der Berufung feststellt und das fehlerhaft bestellte Vorstandsmitglied abwählt.[281] Die Beschlussfassung über den Widerruf der fehlerhaften Bestellung muss im Plenum erfolgen. In mitbestimmten Gesellschaften ist nicht das besondere Abwahlverfahren nach § 31 Abs. 2 bis 4 MitbestG einzuhalten.[282] Der Beschluss beendet die faktische Amtsstellung im Zeitpunkt der Kundgabe an das faktische Organmitglied. Die fehlerhafte Bestellung endet außerdem, wenn das Vorstandsmitglied sein Amt niederlegt.

129

---

276 *Liebscher*, in: Beck'sches HdB AG, § 6 Rn. 29; *Wiesner*, in: MünchHdB GesR AG, § 20 Rn. 34; *Mertens*, in: KölnKommAktG, § 84 Rn. 29 ff.
277 *Spindler*, in: MünchKommAktG, § 84 Rn. 227; *Hüffer*, AktG, § 84 Rn. 10.
278 *Mertens*, in: KölnKommAktG, § 84 Rn. 29; *Baums*, Geschäftsleitervertrag, S. 158 ff.
279 *Liebscher*, in: Beck'sches HdB AG, § 6 Rn. 30; *Wiesner*, in: MünchHdB GesR AG, § 20 Rn. 36.
280 Ausführlich *Fleischer*, AG 2004, 517; *Spindler*, in: MünchKommAktG, § 93 Rn. 17.
281 *Lutter/Krieger*, Rechte und Pflichten des Aufsichtsrats, Rn. 360; *Spindler*, in: MünchKommAktG, § 84 Rn. 233.
282 *Mertens*, in: KölnKommAktG, § 84 Rn. 30; *Lutter/Krieger*, Rechte und Pflichten des Aufsichtsrats, Rn. 360.

130 Keine Anwendung finden die Grundsätze der fehlerhaften Organstellung, wenn die Schutzinteressen Dritter oder der Allgemeinheit als höherrangig zu bewerten sind.[283] Damit sind solche Fälle nicht nach den Regeln zur fehlerhaften Bestellung zu behandeln, bei denen die gesetzlichen Eignungsvoraussetzungen für die Ausübung des Vorstandsamtes niemals vorlagen oder später wieder weggefallen sind.[284]

131 Vom fehlerhaft bestellten Vorstandsmitglied sachlich zu unterscheiden ist das sog. faktische Vorstandsmitglied. Dieses nimmt die Funktionen eines Vorstandsmitglieds in organtypischer Weise wahr, ohne dass ein (fehlerhafter) Bestellungsbeschluss vorliegt.[285] Die Grundsätze der fehlerhaften Organstellung sind hier nicht anwendbar. Ob die Gesellschaft durch Handlungen des faktischen Organmitglieds wirksam vertreten wird, richtet sich nach den allgemeinen Grundsätzen der Duldungs- und Anscheinsvollmacht sowie nach § 15 HGB.[286] Das nicht bestellte, das Amt sich anmaßende Vorstandsmitglied kann zur Beendigung seiner Tätigkeit ohne Aufsichtsratsbeschluss angehalten werden. Dies gilt auch für ein ehemaliges, nicht erneut bestelltes Vorstandsmitglied, das nach Ablauf der Bestellung ohne Billigung des Aufsichtsrats weiterhin als Vorstandsmitglied auftritt.[287]

132 In der Praxis kann auch der umgekehrte Fall eintreten, dass ein (wirksam bestelltes) Vorstandsmitglied nach Ablauf seiner Amtszeit mit Billigung des Aufsichtsrats, aber ohne erneuten Beschluss, weiterhin als Vorstandsmitglied tätig wird. Die Organstellung endet mit Ablauf der beschlossenen Bestelldauer, sofern nicht erneut zuvor ein ausdrücklicher Aufsichtsratsbeschluss über eine Amtszeitverlängerung oder die Wiederbestellung gefasst wird; eine konkludente Beschlussfassung des Aufsichtsrats oder eine stillschweigende Zustimmung zur Fortführung des Vorstandsmandats kommt nicht in Betracht.[288] Es liegt daher weder ein fehlerhafter noch überhaupt ein Bestellungsbeschluss als Grundlage für eine Fortführung der Vorstandstätigkeit vor. Dennoch erscheint es sachgerecht, in diesen Fällen die Billigung der Vorstandstätigkeit durch den Aufsichtsrat einem fehlerhaften Aufsichtsratsbeschluss gleichzusetzen und nicht nur eine faktische, sondern eine fehlerhafte Organstellung anzunehmen.[289]

---

283 Ausführlich *Stein*, Das faktische Organ, S. 139 ff.
284 *Weber*, in: Hölters, AktG, § 84 Rn. 30; *Fleischer*, AG 2004, 517, 518.
285 *Fleischer*, in: Spindler/Stilz, AktG, § 84 Rn. 23; *Weber*, in: Hölters, AktG, § 84 Rn. 32.
286 Dazu *Fleischer*, AG 2004, 517, 518.
287 *Thüsing*, in: Fleischer, HdB VorstandsR, § 4 Rn. 49.
288 Einzelheiten zur ausdrücklichen Beschlussfassung siehe Rn. 54.
289 *Weber*, in: Hölters, AktG, § 84 Rn. 33

B. Beendigung der Bestellung

I. Widerruf der Bestellung

1. Verhältnis zur Kündigung der Anstellung

Mit dem Widerruf der Bestellung enden die organschaftliche Stellung des Vorstandsmitglieds und die damit verbundenen Kompetenzen. Der Anstellungsvertrag dagegen bleibt gemäß § 84 Abs. 3 Satz 5 AktG von der vorzeitigen Beendigung der Organstellung unberührt. Die Abberufung führt mithin nicht zwangsläufig zum Vertragsende. Für die fristlose Beendigung des Vertragsverhältnisses ist grundsätzlich eine außerordentliche Kündigung nach § 626 Abs. 1 BGB erforderlich.[290] Der Widerruf der Bestellung und die Kündigung aus wichtigem Grund weisen zwar einige Parallelen auf, jedoch sind die inhaltlichen Voraussetzungen für die Beendigung beider Rechtsverhältnisse nicht unbedingt identisch. In der Praxis sind nicht selten Sachverhalte anzutreffen, in denen zwar eine sofortige Abberufung rechtmäßig erfolgen kann, die Voraussetzungen für eine außerordentliche Kündigung aber nicht vorliegen. Gleichwohl kann die fristlose Kündigung des Anstellungsvertrages durch die Gesellschaft ebenso als Widerruf der Bestellung anzusehen sein wie der Widerruf der Bestellung als Kündigung der Anstellung.[291]

133

Ob der Aufsichtsrat mit der außerordentlichen Kündigung des Anstellungsvertrages zugleich über die Abberufung eines Vorstandsmitglieds beschließen wollte oder umgekehrt der Abwahlbeschluss gleichsam die Kündigung umfassen sollte, bestimmt sich im Wege der Auslegung der Beschlüsse. Es kommt darauf an, ob der Widerruf erkennbar Ausdruck eines Vertrauensverlustes ist, der die Rechtsbeziehungen zu dem Vorstandsmitglied in ihrer Gesamtheit belastet.[292] In diesen Fällen kann die Abberufung zugleich als außerordentliche Kündigung oder umgekehrt die Kündigung als Widerruf der Bestellung auszulegen sein.[293]

134

2. Beschluss des Aufsichtsrats

a) Zuständigkeit des Gesamtaufsichtsrats

Nach § 84 Abs. 3 Satz 1 AktG kann der Aufsichtsrat die Bestellung zum Vorstandsmitglied oder die Ernennung zum Vorsitzenden des Vorstands widerrufen, wenn ein wichtiger Grund vorliegt. Die Entscheidung über den

135

---

290 Einzelheiten zur fristlosen Kündigung durch die Gesellschaft siehe Rn. 710 ff.
291 BGH WM 1981, 759, 760; OLG Köln NZG 2000, 551, 552; OLG Rostock NZG 1999, 216; OLG Hamburg GmbHR 1992, 43, 48.
292 BGH NJW 1955, 1917; BGH WM 1973, 639; *Wiesner*, in: MünchHdB GesR AG, § 21 Rn. 69.
293 BGH NJW 1999, 3263 ff.; BGH WM 1981, 759, 760; OLG Köln NZG 2000, 551, 552; *Lutter/Krieger*, Rechte und Pflichten des Aufsichtsrats, Rn. 394; *Mertens*, in: KölnKommAktG, § 84 Rn. 94; strenger OLG Rostock NZG 1999, 216, 217; teilweise a. A. *Janzen*, NZG 2003, 468, 472.

Widerruf muss der Gesamtaufsichtsrat treffen. Eine Delegation der Beschlussfassung an einen Ausschuss ist gemäß § 107 Abs. 3 Satz 3 AktG ausdrücklich ausgeschlossen.[294] Der Plenarvorbehalt gilt auch für den Widerruf der Ernennung zum Vorsitzenden/Sprecher des Vorstands oder für die Abberufung eines fehlerhaft bestellten Vorstandsmitglieds.[295]

136 Für den Widerruf der Bestellung ist ausschließlich der Aufsichtsrat zuständig. Die Satzung kann die Widerrufsbefugnis nicht einem anderen Organ der Gesellschaft oder einem Dritten übertragen. Ebenso wenig kann sich der Aufsichtsrat gegenüber dem Vorstandsmitglied durch Vereinbarung einer Vertragsstrafe im Anstellungsvertrag dazu verpflichten, die Bestellung nicht unberechtigt zu widerrufen.[296] Solche Regelungen sind unzulässig und nichtig.

b) Beschlussfassung

137 Der Widerruf erfolgt wie die Bestellung durch Beschluss des Aufsichtsrats nach § 108 AktG. Die Anforderungen an die Einberufung des Aufsichtsrats ergeben sich aus § 110 AktG sowie aus der Satzung und/oder Geschäftsordnung des Aufsichtsrats.[297] Eine fehlerhafte Beschlussfassung führt zur Unwirksamkeit des Widerrufs; § 84 Abs. 3 Satz 4 AktG ist insoweit nicht anwendbar.[298] Der fehlerhafte Beschluss kann entsprechend § 244 AktG durch einen bestätigenden Beschluss des Aufsichtsrats geheilt werden,[299] jedoch hat der Beschluss keine zeitliche Rückwirkung.[300]

138 Der Aufsichtsrat fasst den Beschluss über den Widerruf meist in offener Abstimmung. Allerdings sind Abwahlverfahren denkbar, die auf Grund bestimmter „Solidaritätserwägungen" einzelner Aufsichtsratsmitglieder eine vertrauliche Abstimmung gebieten. Die heute überwiegende Meinung befürwortet die Zulässigkeit solcher geheimer Abstimmungen.[301] Über die Frage der Geheimhaltung entscheidet der Aufsichtsratsvorsitzende nach pflichtgemäßem Ermessen.[302] Darüber hinaus kann die Mehrheit der Auf-

---

294 OLG Stuttgart AG 2003, 211, 212; *Hüffer*, AktG, § 84 Rn. 25; *Janzen*, NZG 2003, 468, 469.
295 *Semler*, in: MünchKommAktG, § 107 Rn. 342; *Mertens*, in: KölnKommAktG, § 107 Rn. 146.
296 *Spindler*, in: MünchKommAktG, § 84 Rn. 105; *Mertens/Cahn*, in: KölnKommAktG, § 84 Rn. 123; *Weber*, in: Hölters, AktG, § 84 Rn. 65; teilweise a. A. *Thüsing*, in: Fleischer, HdB VorstandsR, § 5 Rn. 3 (nur für vorsätzlich unberechtigten Widerruf).
297 Ausführlich zur Einberufung des Aufsichtsrats *Bauer/Krieger*, ZIP 2004, 1247, 1249 f.
298 Einzelheiten zu § 84 Abs. 3 Satz 4 AktG siehe Rn. 168.
299 OLG Stuttgart AG 2003, 211, 212; *Spindler*, in: MünchKommAktG, § 84 Rn. 108.
300 BGH NJW 2005, 1165; *Tschöpe/Wortmann*, NZG 2009, 85, 88.
301 *Semler*, in: MünchKommAktG, § 108 Rn. 101 ff.; *Hüffer*, AktG, § 108 Rn. 5; *Schneider*, FS Fischer, S. 727, 734; *Ulmer*, AG 1982, 300, 301; a. A. *Mertens*, in: KölnKommAktG, § 108 Rn. 38 m. w. N.
302 *Siebel*, in: Semler/v. Schenck, ArbeitsHdB für Aufsichtsratsmitglieder, § 5 Rn. 119; *Ulmer*, AG 1982, 300, 304 f.

sichtsratsmitglieder eine vertrauliche Abstimmung über die Abberufung eines Vorstandsmitglieds verlangen.[303]

139 In mitbestimmten Gesellschaften gilt für den Widerruf der Bestellung nach § 31 Abs. 5 i.V.m. Abs. 2 bis 4 MitbestG ein mehrstufiges Abwahlverfahren.[304] Der Widerruf setzt das Vorliegen eines wichtigen Grundes nach § 84 Abs. 3 AktG zwingend voraus, selbst wenn der Aufsichtsrat die Entlassung mit der erforderlichen Mehrheit von zwei Dritteln der Stimmen seiner Mitglieder beschließt.[305] Hat der Abberufungsantrag allerdings im ersten Wahlgang nicht einmal die Mehrheit der abgegebenen Stimmen erreicht, ist die Abwahl bereits nach den allgemeinen Grundsätzen über die Beschlussfassung beendet. Schwierigkeiten bereitet das Abwahlverfahren im Hinblick auf die zweiwöchige Ausschlussfrist für eine außerordentliche Kündigung des Anstellungsvertrages gemäß § 626 Abs. 2 BGB. Da das Abwahlverfahren nach § 31 Abs. 5 i.V.m. Abs. 3 Satz 1 MitbestG der Monatsfrist unterliegt, soll überwiegender Meinung zufolge die zweiwöchige Kündigungsfrist so lange gehemmt sein, wie das Verfahren über den Widerruf noch nicht beendet ist.[306] Im Gegensatz zu einer starren Einhaltung der Zwei-Wochen-Frist besteht dann nicht die Gefahr, dass der Aufsichtsrat den Abwahlbeschluss in zeitlicher Bedrängnis oder unter dem Eindruck einer finanziellen Belastung des Gesellschaftsvermögens treffen muss. Insbesondere steht das Gremium nicht vor der Entscheidung, das Abwahlverfahren zu überstürzen oder aber die finanziellen Folgen eines zwar unkündbaren, praktisch jedoch nicht mehr durchführbaren Anstellungsvertrages in Kauf nehmen zu müssen.

c) Bekanntgabe an das Vorstandsmitglied

140 Der Widerruf der Bestellung wird erst mit Zugang der Erklärung (§ 130 Abs. 1 BGB) bei dem Vorstandsmitglied wirksam.[307] Der Widerruf muss keine Begründung enthalten, jedoch sind die Gründe für die Abberufung dem Vorstandsmitglied auf Verlangen entsprechend § 626 Abs. 2 Satz 3 BGB schriftlich mitzuteilen.[308] Insofern und mit Blick auf eine mögliche gerichtliche Überprüfung der Widerrufsvoraussetzungen ist eine sorgfältige Dokumentation der Widerrufsentscheidung dringend geboten.

---

303 *Semler*, in: MünchKommAktG, § 108 Rn. 106; a.A. *Peus*, DStR 1996, 1656, 1657; *Hüffer*, AktG, § 108 Rn. 5a.
304 Einzelheiten zur Bestellung in mitbestimmten Gesellschaften siehe Rn. 41.
305 *Oetker*, in: GroßKommAktG, § 31 MitbestG Rn. 23; *Gach*, in: MünchKommAktG, § 31 MitbestG Rn. 26.
306 *Spindler*, in: MünchKommAktG, § 84 Rn. 109; *Oetker*, in: GroßKommAktG, § 31 MitbestG Rn. 25; *Wiesner*, in: MünchHdB GesR AG, § 20 Rn. 39; *Martens*, FS Werner, S. 495, 509; a. A. LG Ravensburg EWiR 1985 § 31 MitbestG 1/85, 415 f.; *Mertens*, in: KölnKommAktG, § 84 Rn. 143; *Ulmer*, in: Hanau/Ulmer, MitbestG, § 31 Rn. 43; *Gach*, in: MünchKommAktG, § 31 MitbestG Rn. 26.
307 OLG Düsseldorf AG 2004, 321, 322; OLG Stuttgart AG 2003, 211, 212.
308 *Fleischer*, in: Spindler/Stilz, AktG, § 84 Rn. 125.

141 Für die Bekanntgabe der Beschlussfassung über den Widerruf bedient sich der Aufsichtsrat in der Regel eines Übermittlers. Meist wird der Aufsichtsratsvorsitzende oder ein anderes Mitglied des Aufsichtsrats als Erklärungsvertreter zur Abgabe der Widerrufserklärung ermächtigt.[309] Der Aufsichtsrat kann aber auch ein Vorstandsmitglied als Erklärungsboten mit der Überbringung des Widerrufs beauftragen.[310] In der Praxis sollte die Übermittlung des Widerrufs einem Mitglied des Aufsichtsrats anvertraut werden, schon um nicht ein Vorstandsmitglied darüber befinden zu lassen, ob und wann es seinem Kollegen den Widerruf mitteilt.

142 Die Ermächtigung zur Ausführung eines Aufsichtsratsbeschlusses kann sich aus der Satzung, der Geschäftsordnung des Aufsichtsrats oder aus einem gesonderten Beschluss des Aufsichtsrats ergeben.[311] Eine konkludente Ermächtigung des Aufsichtsratsvorsitzenden ist herrschender Meinung nach ausgeschlossen, selbst wenn weder aus der Satzung oder der Geschäftsordnung noch aus dem auszuführenden Beschluss des Aufsichtsrats eine ausdrückliche Ermächtigung folgt.[312] Ebenso wenig rechtfertigt die bloße Amtsstellung als Aufsichtsratsvorsitzender eine Vertretungsermächtigung.[313] Für den Nachweis der Ermächtigung gilt § 174 BGB entsprechend.[314] Einer besonderen Übermittlung des Widerrufs bedarf es nicht, wenn das Vorstandsmitglied bei der Beschlussfassung des Aufsichtsrats anwesend war.[315]

d) Frist und Form

143 Im Gegensatz zur Kündigung aus wichtigem Grund nach § 626 Abs. 2 BGB ist der Widerruf der Bestellung grundsätzlich nicht an eine bestimmte Frist gebunden. Allerdings kann das Widerrufsrecht nach allgemeinen Grundsätzen verwirkt sein, wenn es nicht in angemessener Frist ausgeübt wurde und das Vorstandsmitglied auf Grund des Untätigbleibens des Aufsichtsrats annehmen durfte, dass sein Verhalten nicht mehr sanktioniert werde.[316] Andererseits ist der Aufsichtsratsvorsitzende nicht verpflichtet, unverzüglich nach Kenntnisnahme eine Aufsichtsratssitzung einzuberufen, um die

---

309 Vgl. BGH NJW 1964, 1367; OLG Düsseldorf AG 2004, 321, 322; *Bauer/Krieger*, ZIP 2004, 1247, 1248; ähnlich *Leuering*, NZG 2004, 120, 121 (echte Stellvertretung).
310 OLG Stuttgart AG 2003, 211, 212; OLG Schleswig AG 2001, 651, 653 (zum Anstellungsvertrag); unzulässig dagegen ist die Ermächtigung des Vorstandsmitglieds als Erklärungsvertreter, vgl. *Semler*, in: MünchKommAktG, § 112 Rn. 66.
311 OLG Düsseldorf AG 2004, 321, 322; *Schockenhoff/Topf*, DB 2005, 539, 540 ff.; *Leuering*, NZG 2004, 120, 121; *Janzen*, NZG 2003, 468, 471; *Semler*, FS Rowedder, S. 441, 451 f.
312 OLG Düsseldorf AG 2004, 321, 322; *Hüffer*, AktG, § 112 Rn. 5; *Hoffmann-Becking*, in: MünchHdB GesR AG, § 31 Rn. 87; a. A. *Semler*, in: MünchKommAktG, § 112 Rn. 53; *Mertens*, AG 1981, 216, 218; *Stein*, AG 1999, 28, 33; *Bauer/Krieger*, ZIP 2004, 1247, 1248.
313 So ausdrücklich OLG Düsseldorf AG 2004, 321, 322; OLG Schleswig AG 2001, 651, 653.
314 Einzelheiten zum Nachweis der Ermächtigung siehe Rn. 704.
315 *Fleischer*, in: Spindler/Stilz, AktG, § 84 Rn. 97; *Weber*, in: Hölters, AktG § 84 Rn. 67.
316 *Janzen*, NZG 2003, 468, 469; für den GmbH-Geschäftsführer BGH NJW-RR 1993, 1253, 1254.

Verwirkung des Widerrufrechts zu vermeiden. Vielmehr kann der Versuch einer einvernehmlichen Regelung unternommen werden. Bei Scheitern der Verhandlungen ist jedoch spätestens dann eine Verwirkung anzunehmen, wenn der Aufsichtsrat in seiner nächsten ordentlichen Sitzung keinen Beschluss über den Widerruf der Bestellung fasst.[317] In der Praxis erfolgt die Abberufung meist zusammen mit der außerordentlichen Kündigung des Anstellungsvertrages, weshalb die Bekanntgabe des Widerrufs gegenüber dem Vorstandsmitglied – jedenfalls bei fristgemäßer Kündigung – in die Zwei-Wochen-Frist des § 626 Abs. 2 Satz 1 BGB fällt.

Die Satzung kann für den Widerruf ebenso wie für die Bestellung selbst eine besondere Form vorschreiben, z. B. die notarielle Beurkundung des Abberufungsbeschlusses. Allerdings ist die Einhaltung des Formerfordernisses auch hier keine Wirksamkeitsvoraussetzung für den Widerruf. **144**

e) Anhörung

Eine vorherige Anhörung des Vorstandsmitglieds vor der Beschlussfassung über die Abberufung ist nicht erforderlich.[318] In Anlehnung an die zur Verdachtskündigung entwickelten Grundsätze des BAG kann eine Anhörung ausnahmsweise im Fall einer Verdachtsabberufung in Betracht kommen.[319] Darüber hinaus sind Aufsichtsratsmitglieder auf Grund ihrer Sorgfaltspflicht nach §§ 93 Abs. 1 Satz 2, 116 AktG dazu veranlasst, die Entscheidung über einen Widerruf der Bestellung auf der Basis eines gründlich ermittelten und aufbereiteten Sachverhaltes zu treffen. In diesem Zusammenhang wird die Sichtweise des betroffenen Vorstandsmitglieds auf die in Rede stehenden Abberufungsgründe meist nicht unbedeutend sein. Die Verletzung dieser Pflicht führt jedoch nicht zur Unwirksamkeit der Abberufung, sondern begründet lediglich Schadensersatzansprüche der Gesellschaft gegenüber ihren Aufsichtsräten.[320] **145**

3. Wichtiger Grund

a) Allgemeine Anforderungen

Der Widerruf der Bestellung setzt nach § 84 Abs. 3 Satz 1 AktG einen wichtigen Grund voraus. Damit soll die Eigenverantwortung und Unabhängigkeit des Vorstands bei der Ausübung seiner Leitungsfunktion (§ 76 Abs. 1 AktG) gesichert werden.[321] Das Erfordernis eines wichtigen Grundes ist daher zwingend und kann weder durch die Satzung, die Hauptversammlung noch durch den Anstellungsvertrag ausgeschlossen oder geändert wer- **146**

---

317 BGH NJW-RR 1992, 292, 293; *Wiesner*, in: MünchHdB GesR AG, § 20 Rn. 37.
318 *Mertens*, in: KölnKommAktG, § 84 Rn. 96; *Janzen*, NZG 2003, 468, 469.
319 *Tschöpe/Wortmann*, NZG 2009, 161, 163; *Fleischer*, in: Spindler/Stilz, AktG, § 84 Rn. 126.
320 *Fleischer*, in: Spindler/Stilz, AktG, § 84 Rn. 126; *Weber*, in: Hölters, AktG § 84 Rn. 78.
321 OLG München NZG 2006, 313 f.

den.³²² Insbesondere können weder objektiv minderschwere Gründe als wichtige Widerrufsgründe festgelegt noch die vorzeitige Abberufung ohne wichtigen Grund vereinbart werden.³²³ Ebenso wenig kann das Widerrufsrecht des Aufsichtsrats auf bestimmte (wichtige) Gründe eingeengt werden.³²⁴ Eine Beschränkung auf bestimmte Gründe kann lediglich mittelbar Aufschluss darüber geben, welche Umstände eine fortgesetzte Vorstandstätigkeit für die Gesellschaft unzumutbar machen. Neben den im Aufsichtsratsbeschluss genannten Gründen für den Widerruf können weitere Gründe nur berücksichtigt werden, wenn auch für diese ein wirksamer Beschluss des Aufsichtsrats vorliegt.³²⁵

147 Ein wichtiger Grund für die Abberufung liegt dann vor, wenn der Gesellschaft auf Grund bestimmter Umstände die weitere Ausübung der Amtstätigkeit durch das Vorstandsmitglied bis zum Ablauf seiner Amtszeit nicht mehr zumutbar ist.³²⁶ Dabei kann der Gesellschaft ein Abwarten umso eher zuzumuten sein, wenn die Amtszeit ohnehin bald zu Ende geht und/oder das Vorstandsmitglied sich lange Zeit im Unternehmen bewährt hat.³²⁷ Auf ein Verschulden des Vorstandsmitglieds kommt es für das Vorliegen eines wichtigen Grundes nicht an.³²⁸ Auch ein bestimmtes Verhalten des Vorstandsmitglieds außerhalb der Amtstätigkeit oder in der Zeit vor der Bestellung kann eine Abberufung rechtfertigen.³²⁹ Eine auf früheren Tatsachen beruhende Prognose über die künftige Vorstandstätigkeit muss aber stets ergeben, dass die Fortsetzung der Bestellung für die Gesellschaft unzumutbar ist.³³⁰

148 Die Abberufung eines Vorstandsmitglieds einer personalistisch strukturierten Aktiengesellschaft unterliegt im Gegensatz zur Abberufung eines Geschäftsführers einer Zwei-Personen-GmbH keinen Einschränkungen, da die Gefahr des Wettlaufs um den gegenseitigen Widerruf der Bestellung auf Grund der andersartigen Organisation der AG und der unabhängigen Amtsstellung des Vorstands nicht gegeben ist.³³¹ Bei Vorstands-Doppelmandaten endet die Bestellung in der einen Gesellschaft nicht automatisch mit Beendigung des Vorstandsmandats in der anderen Gesellschaft. Jedoch hat der

---

322 *Liebscher*, in: Beck'sches HdB AG, § 6 Rn. 48; *Wiesner*, in: MünchHdB GesR AG, § 20 Rn. 41.
323 *Lutter/Krieger*, Rechte und Pflichten des Aufsichtsrats, Rn. 364; *Mertens*, in: KölnKommAktG, § 84 Rn. 115.
324 KG AG 2005, 205, 207; *Weber*, in: Hölters, AktG § 84 Rn. 69.
325 Vgl. östOHG AG 2001, 100; *Spindler*, in: MünchKommAktG, § 84 Rn. 113.
326 BGH ZIP 2007, 119; BGH NJW-RR 1988, 352, 353; OLG Stuttgart AG 2003, 211, 212; OLG Karlsruhe NZG 2000, 264, 265; OLG Stuttgart NJW-RR 1995, 295, 296.
327 BGH WM 1962, 811, 812; BGH WM 1968, 1347; *Janzen*, NZG 2003, 468, 470.
328 BGH ZIP 1992, 760, 761; BGH AG 1975, 242, 244; OLG Stuttgart AG 2003, 211, 212.
329 BGH WM 1956, 865; *Spindler*, in: MünchKommAktG, § 84 Rn. 118.
330 OLG Hamm AG 1991, 399, 400 f.; *Hüffer*, AktG, § 84 Rn. 27.
331 OLG Stuttgart AG 2003, 211, 212; *Jäger*, NZG 2003, 1033, 1035.

Aufsichtsrat der jeweils anderen Gesellschaft die Möglichkeit, die noch verbliebene Bestellung aus wichtigem Grund zu widerrufen.[332]

b) Privilegierte Interessenabwägung

Ein wichtiger Grund für den Widerruf setzt voraus, dass die weitere Ausübung der Amtstätigkeit durch das Vorstandsmitglied bis zum Ablauf seiner Amtszeit für die Gesellschaft unzumutbar ist.[333] Für die Feststellung der Unzumutbarkeit sind herrschender Meinung zufolge das Interesse der Gesellschaft an der Abberufung und das Interesse des Vorstandsmitglieds an der Beibehaltung der Organstellung gegeneinander abzuwägen.[334] Begründet wird diese Interessenabwägung mit dem Regelungszweck des § 84 Abs. 3 Satz 1 AktG, wonach die Kopplung des Widerrufsrechts an einen wichtigen Grund die Unabhängigkeit und Eigenverantwortlichkeit des Vorstands während der Dauer seiner Amtszeit sichern soll.[335] Gesichert wird diese unabhängige Stellung des Vorstands aber nur, wenn der sofortige Widerruf auch die amtsbezogenen Interessen des abzuberufenden Vorstandsmitglieds berücksichtigt.[336] Amtsbezogene und damit in die Interessenabwägung einzubeziehende Interessen sind danach etwa der Schutz vor Rufschädigungen, die Betrachtung des Fehlverhaltens „im Lichte" der bisher geleisteten Dienste oder die Beurteilung, welche Folgen die vorzeitige Abberufung für das Fortkommen des Vorstandsmitglied hätte.[337]

149

Demgegenüber sollen anderer Ansicht nach im Rahmen der Zumutbarkeitsprüfung allein die objektiven Interessen der Gesellschaft an einer sofortigen Abberufung maßgebend sein.[338] Die Individualinteressen des Vorstandsmitglieds, insbesondere vermögens- und versorgungsrechtliche Folgen der Entlassung, werden bereits im Rahmen der erforderlichen Interessenabwägung für eine außerordentliche Kündigung des Anstellungsvertrages nach § 626 BGB berücksichtigt. Außerdem dürfe nicht übersehen werden, dass die Anforderungen an den wichtigen Grund nach § 84 Abs. 3 Satz 1 AktG

150

---

332 *Fonk*, in: Semler/v. Schenck, ArbeitsHdB für Aufsichtsratsmitglieder, § 9 Rn. 203.
333 BGH ZIP 2007, 119; BGH NJW-RR 1988, 352, 353; OLG Karlsruhe NZG 2000, 264, 265; OLG Stuttgart NJW-RR 1995, 295, 296.
334 BGH ZIP 2007, 119; BGH NJW-RR 1988, 352, 353; OLG Stuttgart NZG 2002, 971, 972; OLG Karlsruhe NZG 2000, 264, 265; OLG Stuttgart NJW-RR 1995, 295, 296; OLG Hamburg ZIP 1991, 1430, 1435; *Mertens*, in: KölnKommAktG, § 84 Rn. 103; *Hüffer*, AktG, § 84 Rn. 26; *Weber*, in: Hölters, AktG § 84 Rn. 71.
335 Ausführlich *Janzen*, NZG 2003, 468, 470.
336 *Liebscher*, in: Beck'sches HdB AG, § 6 Rn. 49; *Janzen*, NZG 2003, 468, 470 m.w.N.
337 *Janzen*, NZG 2003, 468, 470; ebenso – obwohl Interessenabwägung ablehnend – *Spindler*, in: MünchKommAktG, § 84 Rn. 117 (Abberufung mit diffamierendem Charakter); anders aber *Fonk*, in: Semler/v. Schenck, ArbeitsHdB für Aufsichtsratsmitglieder, § 9 Rn. 288.
338 *Fleischer*, in: Spindler/Stilz, AktG, § 84 Rn. 102; *Wiesner*, in: MünchHdB GesR AG, § 20 Rn. 43; *Spindler*, in: MünchKommAktG, § 84 Rn. 117; *Krieger*, Personalentscheidungen des Aufsichtsrats, S. 132; *Säcker*, FS Müller, S. 745, 746; *Hoffmann-Becking*, ZIP 2007, 2101, 2102.

niedriger sind als die Voraussetzungen für eine Kündigung aus wichtigem Grund nach § 626 BGB.[339]

151 Für die Frage einer Interessenabwägung ist zwischen körperschaftlicher und dienstvertraglicher Ebene zu unterscheiden. Der Widerruf der Bestellung wegen Vertrauensentzug durch die Hauptversammlung lässt keinesfalls eine Berücksichtigung persönlicher Interessen des Vorstandsmitglieds zu. Allerdings bedarf die wirksame Kündigung des Anstellungsvertrages einer besonderen, über den Vertrauensentzug hinausgehenden Begründung.[340] Bei den anderen Regelbeispielen und sonstigen Gründen für den Widerruf hat das Interesse der Gesellschaft an einem zuverlässigen, leistungsfähigen und pflichtgemäß handelnden Vorstand grundsätzlich Vorrang gegenüber den Individualinteressen. Der Aufsichtsrat hat demnach im Rahmen der Zumutbarkeitsprüfung die Interessen der Gesellschaft an der sofortigen Beendigung der Amtsstellung überwiegend zu berücksichtigen.[341] In diesem Zusammenhang kann auch ein etwaiges (geringes) Verschulden des Vorstandsmitglieds in die Entscheidung über den Widerruf der Bestellung einfließen.

c) Gesetzliche Regelbeispiele

152 Als Regelbeispiele für einen wichtigen Grund enthält das Gesetz in § 84 Abs. 3 Satz 2 AktG die Fälle grober Pflichtverletzungen, die Unfähigkeit zur ordnungsgemäßen Geschäftsführung und den Vertrauensentzug durch die Hauptversammlung, sofern das Vertrauen nicht offensichtlich aus unsachlichen Gründen entzogen worden ist. Diese Aufzählung wichtiger Gründe für den Widerruf der Bestellung ist nicht abschließend, sondern lässt sich durch unbenannte Einzelfälle ergänzen.

aa) Grobe Pflichtverletzung

153 Als grobe Pflichtverletzung betrachtet die Rechtsprechung folgende Verhaltensweisen: Begehung strafbarer Handlungen, auch außerdienstlich;[342] unverhältnismäßige Spekulationsgeschäfte;[343] Missbrauch des Gesellschaftsvermögens für (eindeutig) private Zwecke;[344] versuchte Steuerhinterziehung;[345] Manipulation der Bilanzen und Buchführung;[346] Bestechlichkeit/Entgegennahme von Schmiergeldern;[347] Ausnutzung der Amts-

---

339 *Spindler*, in: MünchKommAktG, § 84 Rn. 117; *Wiesner*, in: MünchHdB GesR AG, § 20 Rn. 43.
340 BGH NJW 1989, 2683, 2684; BGH WM 1978, 109, 110; OLG Stuttgart AG 1979, 200.
341 KG AG 2007, 745, 746; *Mertens*, in: KölnKommAktG, § 84 Rn. 103; *Hüffer*, AktG, § 84 Rn. 26; *Grumann/Gillmann*, DB 2003, 770, 771.
342 BGH DB 1956, 944; BGH WM 1967, 251; BayObLG NJW 1955, 1678.
343 BGH WM 1956, 865, 866 f.; RGZ 53, 266, 267.
344 BGH WM 1984, 29.
345 LG Köln AG 2004, 570.
346 OLG Düsseldorf WM 1992, 14, 19; OLG Köln DB 1994, 471 f.
347 BGH WM 1967, 679; KG AG 2007, 745, 747; OLG München NZG 2007, 361.

stellung für private Geschäfte, auch ohne damit das Gesellschaftsinteresse zu beeinträchtigen;[348] verbotener Wettbewerb mit der Gesellschaft;[349] unzulässige Ausnutzung von Geschäftschancen;[350] Verletzung der Organisations- und Überwachungspflichten sowie mangelhaftes Risikomanagement;[351] Vornahme verbotener Insidergeschäfte;[352] mangelnde Offenheit gegenüber dem Aufsichtsrat;[353] Verstoß gegen die Pflicht zur Berichterstattung gegenüber dem Aufsichtsrat;[354] zerstörtes Vertrauensverhältnis und/ oder feindseliges Verhalten zu Vorstandskollegen oder zum Aufsichtsrat;[355] vorsätzliche Täuschung anderer Vorstandsmitglieder über erhebliche Tatsachen;[356] wiederholte Eingriffe in Geschäftsbereiche anderer Vorstandsmitglieder,[357] sofern nicht in Erfüllung organschaftlicher Kontroll- und Überwachungspflichten;[358] Missachtung von Hauptversammlungskompetenzen;[359] alleinige Aufstellung des Jahresabschlusses und/oder dessen Einreichung zum Handelsregister ohne Feststellung durch Aufsichtsrat;[360] Missachtung des Zustimmungsvorbehalts nach § 111 Abs. 4 AktG;[361] Verletzung der Verschwiegenheitspflicht;[362] unberechtigter Urlaub;[363] unberechtigte Amtsniederlegung.[364]

154 Im Einzelfall kann schon die einmalige, relativ geringfügige grobe Pflichtverletzung einen wichtigen Widerrufsgrund darstellen.[365] Ebenso kann dafür ausreichen, freiwillige Regelwerke wie z. B. den Deutschen Corporate Governance Kodex ohne sachlichen Grund abzulehnen. Nicht ausreichend sind hingegen weniger gravierende Nebenpflichtverletzungen wie die Nichteinholung einer Genehmigung einer Aufsichtsratstätigkeit in einer anderen, nicht konkurrierenden Gesellschaft mit geringem Zeitaufwand.[366]

---

348 BGH WM 1967, 679.
349 BGH DStR 1995, 1359, 1360; OLG Düsseldorf GmbHR 2001, 1049, 1055; OLG Frankfurt NZG 2000, 738, 739; KG NZG 1999, 764 f.
350 BGH ZIP 1985, 1484, 1485; BGH ZIP 1997, 567, 568; BGH GmbHR 1995, 296.
351 BGH WM 1995, 709, 710; LG Berlin AG 2002, 682, 683 m. Anm. *Preußner/Zimmermann*, AG 2002, 657.
352 KG AG 2007, 745, 747.
353 BGH NJW 1956, 906.
354 LG München AG 2005, 131, 132.
355 BGH AG 1998, 519, 520; BGH ZIP 1992, 760, 761; OLG Jena NZG 1999, 1069; OLG Zweibrücken NZG 1999, 1011; OLG Hamm AG 1991, 399, 401; östOGH AG 2001, 100, 103.
356 OLG Düsseldorf AG 1982, 225.
357 OLG München AG 2005, 776, 777.
358 Näher *Janzen*, NZG 2003, 468, 471.
359 BGH AG 1998, 519, 520; BGH WM 1984, 29 f.; OLG Düsseldorf WM 1992, 14, 19.
360 OLG Hamm GmbHR 1992, 805, 806.
361 BGH AG 1998, 519, 520.
362 BGH AG 1998, 519, 520; KG NZG 1999, 764; OLG Hamm GmbHR 1985, 157, 158.
363 RG WarnR 1906, 237.
364 BGH DStR 1995, 1359, 1360; BGH BB 1980, 1387, 1398; BGH NJW 1978, 1435, 1437.
365 OLG Köln DB 1994, 471.
366 KG AG 2007, 745.

bb) Unfähigkeit zur ordnungsgemäßen Geschäftsführung

155 Während der Widerruf wegen grober Pflichtverletzung die verhaltensbedingte Gründe betrifft und meist als Reaktion auf einen bereits eingetretenen Schaden erfolgt, wird das zur ordnungsgemäßen Geschäftsführung unfähige Vorstandsmitglied aus personenbedingten Gründen und meist auch deshalb entlassen, um künftigen Schaden von der Gesellschaft abzuwenden. Als Widerrufsgrund anerkannt sind fehlende fachliche Befähigung und unzureichende Kenntnisse;[367] wiederholtes Versagen bei der Bewältigung von Unternehmenskrisen,[368] insbesondere bei gescheiterten Sanierungsversuchen;[369] anhaltende Erfolglosigkeit und offensichtliche Überforderung des Vorstandsmitglieds;[370] persönliche Unzuverlässigkeit im gewerberechtlichen Sinn, welche die Geschäftstätigkeit der Gesellschaft beeinträchtigt;[371] hohe Verschuldung und/oder Insolvenz des Vorstandsmitglieds;[372] Zugehörigkeit zu einer verbotenen Partei oder Betätigung in einer kriminellen oder terroristischen Vereinigung;[373] Wegfall der statutarisch festgelegten persönlichen Anforderungen;[374] lang andauernde Krankheit;[375] anhaltender Unfriede und feindselige Kontroversen zwischen den Vorstandsmitgliedern;[376] mangelnde Eignung zur Personalführung;[377] öffentliche Strafanzeige gegen Aufsichtsratsmitglieder oder Mehrheitsaktionäre.[378]

156 Schwierig zu beurteilen sind Differenzen zwischen Vorstandsmitglied und Aufsichtsrat in grundlegenden Fragen der Unternehmensstrategie. Nicht jede ernsthafte Kritik oder Auseinandersetzung über die Fortentwicklung der Geschäftspolitik darf bereits dazu führen, dem kritischen Vorstandsmitglied die gemeinsame Basis für eine vertrauensvolle und konstruktive Zusammenarbeit abzusprechen. Deswegen kommen gewöhnliche Meinungsverschiedenheiten als wichtiger Grund für den Widerruf der Bestellung nicht in Betracht.[379] Unüberbrückbare Differenzen zwischen Vorstand und Aufsichtsrat in Grundfragen der Geschäftsführung können indes grundsätzlich ein wichtiger Grund für die Abberufung sein. Erforderlich dafür ist, dass der Aufsichtsrat die umstrittene Geschäftspolitik mit den

---

367 OLG Stuttgart GmbHR 1957, 59, 60.
368 OLG München NZG 2006, 313.
369 OLG Köln WM 1988, 974, 979.
370 Siehe *Grumann/Gillmann*, DB 2003, 770, 771.
371 OLG Stuttgart AG 2003, 211, 212 f.
372 BGH WM 1960, 289, 291; OLG Hamburg BB 1954, 978.
373 BGH NJW 1954, 799.
374 *Spindler*, in: MünchKommAktG, § 84 Rn. 121; *Mertens*, in: KölnKommAktG, § 84 Rn. 134.
375 BAG NJW 1968, 1693; Hüffer, AktG, § 84 Rn. 28.
376 BGH AG 1998, 519, 520; BGH ZIP 1992, 760, 761; OLG Koblenz ZIP 1987, 1120, 1124; siehe auch LG Stuttgart AG 2003, 53, 54.
377 BAG NZA 1996, 581.
378 BGH WM 1962, 811, 812; *Mertens*, in: KölnKommAktG, § 84 Rn. 112.
379 Vgl. LG Stuttgart AG 2003, 53, 54; *Janzen*, NZG 2003, 468, 471.

Interessen und dem Wohl der Gesellschaft für unvereinbar hält.[380] Ein Widerruf wegen unüberwindbarer Meinungsverschiedenheiten ist nicht deswegen ausgeschlossen, weil die beabsichtigte Geschäftsführung sich im Rahmen des unternehmerischen Ermessens bewegt.[381] Unterschiedlich beurteilt wird die Frage, ob die Einhaltung der Business Judgment Rule gemäß § 93 Abs. 1 Satz 2 AktG das Vorliegen eines wichtigen Grundes für die Abberufung ausschließt.[382]

Ein wichtiger Grund für den Widerruf kann sich auch aus dem Druck Dritter ergeben, das Vorstandsmitglied aus dem Amt zu entfernen, um dadurch einen schweren, unmittelbar bevorstehenden Schaden der Gesellschaft abzuwehren.[383] Bei diesen sog. Druckabberufungen ist nach Fallgruppen zu differenzieren, je nach dem, woher bzw. woraus der Widerrufsgrund resultiert: Aufsichtsbehörden, Aktionären, Arbeitnehmern, Auftraggebern/Lieferanten, Finanzanalysten, Banken und anderen Kreditgebern oder Vertretern der Öffentlichkeit.[384] **157**

Das Abberufungsverlangen der Aufsichtsbehörde eines Versicherungs-, Kredit- oder Finanzdienstleistungsunternehmens (§ 36 KWG; § 87 Abs. 6 VAG) stellt einen wichtigen Widerrufsgrund dar.[385] Der Druck von Anteilseignern bildet dagegen keinen wichtigen Abberufungsgrund,[386] obgleich es den Aktionären unbenommen bleibt, auf einen Vertrauensentzug durch die Hauptversammlung und damit auf einen (sofern nicht unsachlich) anerkannten Widerrufsgrund hinzuwirken. Bei einem Abberufungsverlangen der Belegschaft unter Androhung von Streik müssen Vorstand und Aufsichtsrat zunächst alles Zumutbare versuchen, um die Arbeitnehmer von ihrer (rechtswidrigen) Forderung abzubringen. Drohen dennoch ernsthaft massive Arbeitsniederlegungen und sind schwere wirtschaftliche Schäden für die Gesellschaft zu befürchten, soll nach Ausschöpfung aller anderen Handlungsoptionen eine Abberufung statthaft sein.[387] Machen Banken die Abberufung eines Vorstandsmitglieds zur Bedingung für die Prolongation einer für die Gesellschaft existentiell wichtigen Kreditlinie, liegt ein wichtiger Grund vor, wenn der Widerruf notwendig ist, um einen schweren, unmittelbar bevorstehenden Schaden von der (insolvenzreifen) Gesell- **158**

---

380 *Fonk*, in: Semler/v. Schenck, ArbeitsHdB für Aufsichtsratsmitglieder, § 9 Rn. 290; *Semler*, ZGR 1983, 1, 24.
381 *Wiesner*, in: MünchHdB GesR AG, § 20 Rn. 47; *Krieger*, Personalentscheidungen des Aufsichtsrats, S. 133 f.
382 Dagegen *Spindler*, in: MünchKommAktG, § 84 Rn. 119; Hopt/Roth, in: GroßKommAktG, § 93 Rn. 61; a. A. (BJR schließt wichtigen Grund aus): *Fleischer*, in: Spindler/Stilz, AktG, § 84 Rn. 99; *Schäfer*, ZIP 2005, 1253, 1255; *Ihrig*, WM 2004, 2098, 2102.
383 Ausführlich *Fleischer*, DStR 2006, 1507 ff.; *Tschöpe/Wortmann*, NZG 2009, 161, 165 f.
384 Siehe *Fleischer*, in: Spindler/Stilz, AktG, § 84 Rn. 117 ff.
385 VG Frankfurt/M. WM 2004, 2157.
386 BGH WM 1962, 811.
387 *Fleischer*, in: Spindler/Stilz, AktG, § 84 Rn. 120.

schaft abzuwenden.[388] Öffentliche Kritik an der Geschäftsleitung durch Finanzanalysten oder Politiker begründet grundsätzlich keinen wichtigen Grund für den Widerruf;[389] etwas anderes kann ausnahmsweise dann gelten, wenn die Gesellschaft infolge anhaltender öffentlicher Auseinandersetzungen und Diskussionen längerfristig Schaden zu nehmen droht. Öffentliche Berichterstattung und zutreffende Informationen über tatsächlich eingetretene Verluste des Unternehmens sind ebenfalls *per se* kein ausreichend wichtiger Abberufungsgrund.[390]

159 Eine kurzfristige Dienstverhinderung des Vorstandsmitglieds rechtfertigt den Widerruf der Bestellung nur dann, wenn die konkrete Situation eine Ausübung des betroffenen Ressorts erfordert und eine anderweitige Überbrückung nicht möglich ist.[391] Politisches Engagement kann ein wichtiger Grund sein, wenn das Vorstandsmitglied hierfür in erheblichem Umfang seine Arbeitskraft einsetzt und damit der Gesellschaft nicht mehr uneingeschränkt zur Verfügung steht. Das gilt freilich nicht für die Wahrnehmung eines Bundestagsmandats, denn nach Art. 48 Abs. 2 GG ist jede Behinderung an der Übernahme und Ausübung eines solchen Amtes unzulässig.[392] Das Vorstandsmitglied hat aber dafür zu sorgen, dass die infolge seiner Abgeordnetentätigkeit nicht mehr erfüllten Aufgaben und Funktionen in der Gesellschaft anderweitig erledigt werden. Die Verletzung dieser Organisationspflicht kann wiederum ein wichtiger Grund für die Abberufung sein.

160 Der Wegfall zugewiesener Aufgaben und Ressorts auf Grund von Änderungen der Geschäftsverteilung durch den Aufsichtsrat ist kein wichtiger Grund für eine Abberufung.[393] Ebenso wenig rechtfertigt prinzipiell ein personeller Wechsel im Aufsichtsrat oder veränderte Mehrheitsverhältnisse bei den Aktionären einen Widerruf der Bestellung.[394] Bestehen jedoch berechtigte und schwer wiegende Zweifel an der Loyalität eines Vorstandsmitglieds gegenüber der neuen Gesellschaftermehrheit, wird ein wichtiger Grund für den Widerruf anzunehmen sein. Daher kann unter Umständen die Umstrukturierung der Gesellschaft (z.B. Umwandlung nach UmwG; Stilllegung oder Veräußerung eines Geschäftsbereichs) ein wichtiger Grund für die Abberufung sein.[395]

---

388 BGH ZIP 2007, 119; OLG München NZG 2006, 313, 314 (Vorinstanz).
389 Ebenso *Fleischer*, in: Spindler/Stilz, AktG, § 84 Rn. 123.
390 Ausdrücklich LG München I AG 2002, 104, 105; a.A. *Lücke*, in Lücke, Beck'sches MandatsHdB Vorstand der AG, § 2 Rn. 41.
391 *Wiesner*, in: MünchHdB GesR AG, § 20 Rn. 46; *Spindler*, in: MünchKommAktG, § 84 Rn. 99.
392 Einzelheiten zu politischen (Neben-)Tätigkeiten siehe Rn. 661.
393 *Kort*, in: GroßKommAktG, § 77 Rn. 93; *Wiesner*, in: MünchHdB GesR AG, § 22 Rn. 16.
394 *Mertens*, in: KölnKommAktG, § 84 Rn. 109; *Wiesner*, in: MünchHdB GesR AG, § 20 Rn. 45.
395 Einzelheiten zur Abberufung wegen Umstrukturierung der Gesellschaft siehe Rn. 193, 196.

cc)   Vertrauensentzug durch die Hauptversammlung
Der Aufsichtsrat kann die Bestellung widerrufen, wenn die Hauptversamm- **161**
lung dem Vorstandsmitglied das Vertrauen entzogen hat, § 84 Abs. 3 Satz 2
(3. Fall) AktG. Praktische Bedeutung hat dieses gesetzliche Regelbeispiel
meist bei Gesellschaften mit einem überschaubaren Aktionärskreis, etwa
bei Konzern- oder Familienunternehmen. Notwendig ist ein endgültiger
Vertrauensentzug; die Missbilligung einzelner Maßnahmen genügt nicht.[396]
Eine besondere Begründung oder ein objektiv vorwerfbares Verhalten ist
nicht erforderlich.[397] Für den wirksamen Widerruf genügt die Tatsache,
dass das Vorstandsmitglied das Vertrauen der Hauptversammlung verloren
und damit die treuhänderisch auszuübende Verwaltungsbefugnis über das
ihm anvertraute Risikokapital keine innere Rechtfertigung mehr hat.[398]
Deswegen kommt es nicht darauf an, ob das Vorstandsmitglied ein persönlicher Vorwurf trifft oder sogar seine Geschäftsführung objektiv richtig
gewesen ist.[399]

Nach § 84 Abs. 3 Satz 2 AktG darf der Vertrauensentzug nicht aus offenbar **162**
unsachlichen Gründen erfolgt sein. Unsachlichkeit ist anzunehmen, wenn
ein Vertrauensentzug nur als Vorwand dient, willkürlich oder völlig haltlos
ist oder wegen der damit verfolgten Zwecke als rechtswidrig anzusehen
ist.[400] Rechtsmissbräuchlich ist insbesondere ein Vertrauensentzug unter
Angabe solcher Gründe, in deren Kenntnis dem Vorstand zuvor Entlastung
erteilt wurde.[401] Ferner ist ein Misstrauensvotum rechtsmissbräuchlich,
wenn es eine Reaktion auf die Weigerung des Vorstands darstellt, einer
rechtswidrigen Weisung der Hauptversammlung oder des Hauptaktionärs
Folge zu leisten.[402] Kein unsachlicher Grund liegt indes vor, wenn ein Bieter im Anschluss an eine erfolgreiche Übernahme dem Vorstand in der
Hauptversammlung das Vertrauen entzieht. Enthält der Antrag auf Vertrauensentzug unter mehreren Gründen auch sachliche, so sind diese aus Gründen der Rechtssicherheit maßgebend.

In mitbestimmten Gesellschaften kommt der Vertrauensentzug als Grund **163**
für den Widerruf mit der Besonderheit in Betracht, dass Sinn und Zweck
des MitbestG in die jeweilige Bewertung miteinzubeziehen sind. Der Vertrauensentzug muss durch objektiv feststellbare sachliche Gründe gerecht-

---

396   *Fleischer*, in: Spindler/Stilz, AktG, § 84 Rn. 109.
397   östOGH AG 1999, 140, 141; *Hüffer*, AktG, § 84 Rn. 29; *Janzen*, NZG 2003, 468, 471.
398   BGH DB 1954, 451; LG Darmstadt AG 1987, 318, 320; *Säcker*, FS Müller, S. 745, 747; *Gru-
      mann/Gillmann*, DB 2003, 770, 771.
399   BGH NJW 1989, 2683, 2684; BGH AG 1975, 242, 244.
400   BGH AG 2003, 500, 503; BGH WM 1975, 787, 789; LG Darmstadt AG 1987, 318, 320; östOGH
      AG 1999, 140, 141.
401   *Spindler*, in: MünchKommAktG, § 84 Rn. 128; *Wiesner*, in: MünchHdB GesR AG, § 20
      Rn. 48; weniger streng *Thüsing*, in: Fleischer, HdB VorstandsR, § 5 Rn. 27.
402   BGH AG 2003, 500, 503; *Messer*, FS Nirk, S. 681, 692.

fertigt sein und im Unternehmensinteresse liegen.[403] Ein nachhaltiger Vertrauensverlust in der Belegschaft allein stellt in der Regel noch keinen wichtigen Grund für eine Abberufung dar. Das gilt auch für einen rechtswidrigen Streik oder die Drohung mit einem solchen mit dem Ziel, ein sich pflichtgemäß und nicht sozialwidrig verhaltendes Vorstandsmitglied zu entlassen.[404] Besteht dagegen keine anderweitige Möglichkeit zur Wiederherstellung des Arbeitsfriedens und beeinträchtigt die Weiterbeschäftigung des Vorstandsmitglieds so schwer wiegend die Interessen der Gesellschaft, dass für diese aus dem nachhaltigen Vertrauensverlust der Arbeitnehmerseite erhebliche Schäden zu befürchten sind, so ist der Aufsichtsrat zum Widerruf der Bestellung berechtigt.[405]

164 Als Vertrauensentzug durch die Hauptversammlung wird nach teilweise vertretener Ansicht auch die Verweigerung der Entlastung nach § 120 AktG angesehen.[406] Das ist nicht zwingend, da die Versagung der Entlastung nicht automatisch einen Vertrauensverlust nach § 84 Abs. 3 Satz 2 AktG beinhalten muss.[407] Der Vertrauensentzug bezieht sich in erster Linie auf die künftige Zusammenarbeit mit dem Vorstand, betrifft mithin nicht unbedingt wie die Entlastung die Ereignisse in der Vergangenheit.[408]

165 Der Vertrauensentzug setzt einen Beschluss der Hauptversammlung voraus, der bereits zum Zeitpunkt des Widerrufs der Bestellung vorliegen muss;[409] eine nachträgliche Genehmigung der Abberufung genügt nicht.[410] Außerhalb der Hauptversammlung kann weder die Mehrheit der Aktionäre noch der Alleinaktionär dem Vorstand das Vertrauen entziehen.[411]

d) Ausübungsermessen

166 Dem Aufsichtsrat steht nach herrschender Meinung kein Beurteilungsspielraum bei der Frage zu, ob ein wichtiger Grund für den Widerruf der Bestel-

---

403 BGH DB 1954, 451, 455; *Hommelhoff*, ZHR 151 (1987), 493, 497; *Oetker*, in: GroßKommAktG, § 31 MitbestG Rn. 17; *Gach*, in: MünchKommAktG, § 31 MitbestG Rn. 27.
404 BGH WM 1961, 527; *Spindler*, in: MünchKommAktG, § 84 Rn. 122.
405 *Mertens*, in: KölnKommAktG, § 84 Rn. 108, 110; *Ulmer*, in: Hanau/Ulmer, MitbestG, § 31 Rn. 31.
406 *Wiesner*, in: MünchHdB GesR AG, § 20 Rn. 49; *Mertens/Cahn*, in: KölnKommAktG, § 84 Rn. 127; *Säcker*, FS Müller, S. 745, 752; *Weber*, BB 1994, 1088.
407 KG AG 2007, 745, 746; LG München, AG 2005, 701; *Grumann/Gillmann*, DB 2003, 770, 771; *Volhard/Weber*, NZG 2003, 351, 352; *Zimmermann*, FS Rowedder, S. 593, 594.
408 Ausführlich *Arnold*, AG-Report 2005, R8; *Grumann/Gillmann*, DB 2003, 770, 771; *Nägele/Nestel*, BB 2000, 1253.
409 BGH WM 1962, 811; KG AG 2007, 745, 746; *Fleischer*, in: Spindler/Stilz, AktG, § 84 Rn. 112; *Hüffer*, AktG, § 84 Rn. 30.
410 KG AG 2007, 745, 746; *Weber*, in: Hölters, AktG, § 84 Rn. 76.
411 BGH WM 1962, 811; *Wiesner*, in: MünchHdB GesR AG, § 20 Rn. 49; *Mertens*, in: KölnKommAktG, § 84 Rn. 106; a. A. OLG München AG 1986, 234, 235; wohl auch *Säcker*, FS Müller, S. 745, 751.

lung vorliegt.[412] Die Feststellung eines wichtigen Grundes unterliegt mithin vollumfänglich der gerichtlichen Überprüfung.[413] Davon zu trennen ist die Frage, ob der Aufsichtsrat bei Vorliegen eines wichtigen Grundes zur Abberufung verpflichtet ist. Nach der Rechtsprechung des BGH und dem überwiegenden Schrifttum ist dem Aufsichtsrat insoweit ein Ausübungsermessen zuzubilligen.[414] Das folgt einerseits aus der gesetzlichen Kann-Bestimmung des § 84 Abs. 3 Satz 1 AktG, andererseits setzt die im Interesse der Gesellschaft gebotene Abwägung der Vor- und Nachteile eines Widerrufs einen nicht justiziablen Beurteilungsspielraum voraus. Demzufolge kann bei einem Vertrauensentzug durch die Hauptversammlung der Verzicht auf die Abberufung im Interesse der Gesellschaft gerechtfertigt sein. Allerdings darf der Aufsichtsrat das Misstrauensvotum nicht unbeachtet lassen, sondern muss dieses zum Anlass eingehender Beratungen nehmen.[415] Dagegen wird im Fall schwer wiegender Pflichtverletzungen und bei bestehender Wiederholungsgefahr das Abberufungsermessen meist auf null reduziert sein, sofern nicht ausnahmsweise der Verzicht auf den Widerruf zum Schutze höherwertiger Interessen der Gesellschaft geboten ist.[416]

Das Ausübungsermessen des Aufsichtsrats umfasst ferner die Auswahl **167** darüber, welches von mehreren Vorstandsmitgliedern abberufen werden soll.[417] Bei anhaltenden Konflikten unter den Vorstandsmitgliedern kann der Aufsichtsrat deswegen das Vorstandsmitglied mit weniger Schuldvorwurf entlassen, um das fachlich fähigere Vorstandsmitglied im Amt zu belassen.[418]

4. Wirksamkeit der Abberufung und Rechtsschutz

a) Fehlen eines wichtigen Grundes

Der Widerruf der Bestellung ist ungeachtet etwaiger Mängel nach § 84 **168** Abs. 3 Satz 4 AktG wirksam, bis seine Unwirksamkeit rechtskräftig festgestellt ist. Mit Zugang der Widerrufserklärung endet das Vorstandsmandat

---

412 *Semler*, in: MünchKommAktG, § 116 Rn. 314; *Mertens*, in: KölnKommAktG, § 84 Rn. 104; *Wiesner*, in: MünchHdB GesR AG, § 20 Rn. 50; *Weber*, in: Hölters, AktG, § 84 Rn. 72; *Spindler*, in: MünchKommAktG, § 84 Rn. 115; *Schaefer/Missling*, NZG 1998, 441, 445.
413 Für Beurteilungsspielraum *Lutter/Krieger*, Rechte und Pflichten des Aufsichtsrats, Rn. 373; *Krieger*, Personalentscheidungen des Aufsichtsrats, S. 138; *Thümmel*, Persönliche Haftung von Managern und Aufsichtsräten, Rn. 217.
414 BGH ZIP 2007, 119; OLG Stuttgart AG 2003, 211, 212; östOGH AG 1999, 140, 141; *Semler*, in: MünchKommAktG, § 116 Rn. 315; *Mertens*, in: KölnKommAktG, § 84 Rn. 104; *Lutter/Krieger*, Rechte und Pflichten des Aufsichtsrats, Rn. 368; a. A. *Wiesner*, in: MünchHdB GesR AG, § 20 Rn. 50; *Ulmer*, in: Hanau/Ulmer, MitbestG, § 31 Rn. 32; *Janzen*, NZG 2003, 468, 471.
415 *Semler*, in: MünchKommAktG, § 116 Rn. 315; *Mertens*, in: KölnKommAktG, § 84 Rn. 107.
416 *Liebscher*, in: Beck'sches HdB AG, § 6 Rn. 48; *Lutter/Krieger*, Rechte und Pflichten des Aufsichtsrats, Rn. 368.
417 BGH AG 1998, 519, 520; OLG Stuttgart AG 2003, 211, 212.
418 BGH AG 1998, 519, 520; BGH ZIP 1992, 760, 761; OLG Koblenz ZIP 1987, 1120, 1124.

mit sofortiger Wirkung unabhängig davon, ob ein wichtiger Grund tatsächlich vorliegt oder nicht. Die aus Gründen der Rechtssicherheit gesetzlich angeordnete Beendigung der Organstellung bezieht sich damit ausschließlich auf den Fall, dass die Abberufung ohne einen wichtigen Grund erfolgt ist.[419] Bei fehlendem oder nicht formell ordnungsgemäßem Aufsichtsratsbeschluss ist der Widerruf dagegen von vornherein unwirksam mit der Folge, dass die Bestellung nicht endet und das Vorstandsmitglied im Amt bleibt.[420] § 84 Abs. 3 Satz 4 AktG ist entsprechend auf den Fall der automatischen Beendigung der Bestellung anzuwenden.[421]

169 Die Abberufung ohne wichtigen Grund stellt eine Pflichtverletzung dar, für die die Gesellschaft gegenüber dem Vorstandsmitglied auf Schadensersatz haften kann.[422] Die Aufsichtsratsmitglieder wiederum können für den schuldhaft unberechtigten Widerruf der Bestellung nach §§ 116, 93 AktG der Gesellschaft gegenüber verantwortlich sein.

b) Rechtsschutz des Vorstandsmitglieds

170 Fehlt ein wichtiger Grund für den Widerruf der Bestellung, kann das Vorstandsmitglied bis zum Ende der ursprünglichen Amtsdauer, nach anderer Ansicht nur innerhalb angemessener Frist,[423] die Unwirksamkeit des Widerrufs gerichtlich feststellen lassen.[424] Statthaft soll herrschender Meinung nach nur die Klage vor ordentlichen Gerichten sein, nicht jedoch die Vereinbarung eines Schiedsgerichts.[425] Dem ist zu widersprechen, da Streitigkeiten über den Widerruf der Bestellung die wirtschaftlichen Belange beider Parteien berühren, damit vermögensrechtlicher Natur und demzufolge schiedsfähig sind.[426] Insbesondere fehlen Sachgründe, Streitigkeiten über eine Abberufung nach § 84 Abs. 3 Satz 4 AktG allein staatlichen Gerichten zur Entscheidung zuzuweisen.[427] Wenig überzeugend ist zudem, schiedsrichterliche Entscheidungen über Abberufungsstreitigkeiten nur auf Grundlage satzungsmäßiger Schiedsklauseln zuzulassen und anstel-

---

419 OLG Köln AG 2008, 458; OLG Stuttgart AG 1985, 193; LG Berlin WM 1991, 809; östOGH AG 2001, 100, 102 ff.; a. A. nur *Schürnbrand*, NZG, 2008, 609, 611.
420 OLG Köln AG 2008, 458; OLG Stuttgart AG 1985, 193; LG München I AG 1986, 142; *Liebscher*, in: Beck'sches HdB AG, § 6 Rn. 55.
421 LG Berlin AG 1991, 140, 141; *Spindler*, in: MünchKommAktG, § 84 Rn. 131 (zur Bestellung eines vorläufigen Vorstands).
422 *Grumann/Gillmann*, DB 2003, 770, 772; *Wenzel*, MDR 1977, 986.
423 Siehe östOHG wbl 2004, 538.
424 Einzelheiten zum Rechtsschutz gegen eine außerordentliche Kündigung siehe Rn. 731 ff.
425 *Spindler*, in: MünchKommAktG, § 84 Rn. 132 m. w. N.
426 *Papmehl*, Schiedsfähigkeit gesellschaftsrechtlicher Streitigkeiten, S. 225; *Zilles*, Schiedsgerichtsbarkeit im Gesellschaftsrecht, S. 141; *Thümmel*, FS Schütze, S. 1331, 1340; *H. Westermann*, FS Fischer, S. 853, 854; *Vollmer*, GmbHR 1984, 5, 11; wohl auch *Liebscher*, in: Beck'sches HdB AG, § 6 Rn. 56.
427 Einzelheiten zur Vereinbarung eines Schiedsgerichts im Vorstandsvertrag siehe Rn. 677 ff. und 686 ff.

lungsvertragliche Schiedsvereinbarungen als unzureichend abzulehnen.[428] In der Praxis gibt es Fälle, in denen Schiedsgerichte auf Grundlage anstellungsvertraglich vereinbarter Schiedsklauseln rechtskräftig über die Wirksamkeit des Widerrufs der Bestellung von (Bank-)Vorständen bei Aktiengesellschaften entschieden haben.

Der gerichtliche Rechtsschutz zielt nicht nur auf Feststellung der Unwirksamkeit der Abberufung, sondern bewirkt im Erfolgsfall auch die Wiedereinsetzung in das Amt.[429] Die rechtskräftige Entscheidung wirkt wegen § 84 Abs. 3 Satz 4 AktG zwar nur *ex nunc*,[430] jedoch ist der Widerruf ohne wichtigen Grund von Anfang an als rechtswidrig anzusehen.[431] Eine Amtsniederlegung nach der Abberufung ist daher stets berechtigt und begründet keine Schadensersatzforderungen der Gesellschaft. Der gerichtlichen Feststellung kommt mithin Gestaltungswirkung zu, weshalb es sich prozessual nicht um eine Feststellungs-, sondern um eine Gestaltungsklage handelt.[432] Stützt sich die Klage dagegen nicht auf das Fehlen eines wichtigen Grundes, handelt es sich um eine echte Feststellungsklage. Im Prozess über die Wirksamkeit der Abberufung wird die Gesellschaft nach § 112 AktG durch den Aufsichtsrat vertreten.[433] Das gilt selbst dann, wenn die Bestellung vor Beendigung des Rechtsstreits durch Zeitablauf endete.[434]

171

Im Rechtsstreit um die Wirksamkeit der Abberufung können neu eingetretene wichtige Gründe nur geltend gemacht werden, wenn zuvor der Aufsichtsrat darüber erneut einen Beschluss über den Widerruf getroffen hat.[435] Ein Nachschieben bereits vorhandener Gründe ist auf Grund eines Aufsichtsratsbeschlusses zulässig, sofern sie zum Zeitpunkt der Erklärung des Widerrufs schon vorlagen, aber dem Aufsichtsrat bei der Abberufung noch nicht bekannt waren.[436] Kannte der Aufsichtsrat die Gründe, so ist das Widerrufsrecht in der Regel verwirkt.[437] Die Gesellschaft ist darlegungs- und beweispflichtig für sämtliche Tatsachen, auf die der wichtige Grund gestützt wird. Bei einem Widerruf wegen Vertrauensentzug durch die Hauptversammlung trifft das Vorstandsmitglied die Beweislast dafür, dass der Vertrauensentzug offenbar aus unsachlichen Gründen erfolgte.[438] Das Revisionsgericht kann nur nachprüfen, ob die vom Tatrichter festgestellten

172

---

428 So aber *Papmehl*, Schiedsfähigkeit gesellschaftsrechtlicher Streitigkeiten, S. 153; *Vollmer*, ZGR 1982, 13, 20.
429 OLG Stuttgart AG 2003, 211, 212; KG AG 1984, 24, 25.
430 KG AG 1984, 24, 25; *Liebscher*, in: Beck'sches HdB AG, § 6 Rn. 56.
431 Näher *Janzen*, NZG 2003, 468, 472.
432 OLG Hamm AG 2010, 789, 791; OLG Stuttgart AG 2003, 211, 212; KG AG 1984, 24, 25.
433 BGH NJW 1981, 2748; BGH AG 1982, 18; OLG Koblenz AG 1980, 282.
434 BGH NJW 1988, 1384; ausführlich *Semler*, in: MünchKommAktG, § 112 Rn. 24.
435 BGH WM 1966, 968, 970; *Lutter/Krieger*, Rechte und Pflichten des Aufsichtsrats, Rn. 374.
436 OLG Hamm AG 2010, 789, 792; *Mertens*, in: KölnKommAktG, § 84 Rn. 121; *Wiesner*, in: MünchHdB GesR AG, § 20 Rn. 54.
437 BGH WM 1962, 109; *Liebscher*, in: Beck'sches HdB AG, § 6 Rn. 58.
438 BGH AG 1975, 242, 244; östOGH AG 1999, 140, 141.

Tatsachen geeignet sind, den wichtigen Grund für die Abberufung zu rechtfertigen.[439] Während des Prozesses ist die Dauer der Bestellung nicht unterbrochen.

173 Der einstweilige Rechtsschutz gegen einen Widerruf ohne wichtigen Grund ist grundsätzlich ausgeschlossen.[440] Bei offensichtlich rechtsmissbräuchlicher oder willkürlicher Abberufung gelangt § 84 Abs. 3 Satz 4 AktG jedoch nicht zur Anwendung mit der Folge, dass dann eine Wiedereinsetzung in das Amt im Wege einer einstweiligen Verfügung möglich ist.[441] Gegen einen formell fehlerhaften (nichtigen) Widerruf wegen eines fehlenden oder nicht ordnungsgemäßen Aufsichtsratsbeschlusses kann das Vorstandsmitglied die Feststellungsklage erheben. Für den Verbleib im Amt kann in diesen Fällen ferner eine einstweilige Verfügung beantragt werden.[442] Allerdings kann der Aufsichtsrat die formellen Beschlussmängel durch erneute Beschlussfassung analog § 244 AktG ausräumen.

174 Gegen ein Abberufungsverlangen der Aufsicht nach § 36 KWG, § 87 Abs. 6 VAG kann das (dritt-)betroffene Vorstandsmitglied wie auch das Institut bzw. Versicherungsunternehmen als Adressat des Verwaltungsaktes nach erfolglosem Widerspruch die Anfechtungsklage beim zuständigen Verwaltungsgericht erheben.[443] Das Abberufungsverlangen ist nach § 49 KWG, § 89a VAG sofort vollziehbar, sodass Widerspruch und Anfechtungsklage keine aufschiebende Wirkung haben. Die schwerwiegenden beruflichen und persönlichen Konsequenzen des Abberufungsverlangens für das Vorstandsmitglied bedingen eine besondere Beachtung des Grundsatzes der Verhältnismäßigkeit durch die Aufsicht; dies gilt auch im Hinblick auf eine mögliche Aussetzung der sofortigen Vollziehung gemäß § 80 Abs. 4 Satz 1 VwGO, insbesondere wenn keine unmittelbaren Gefahren für das Institut bzw. Versicherungsunternehmen oder dessen Gläubiger drohen.[444] Nach freiwilligem Ausscheiden aus dem Amt ist die Erhebung einer Feststellungsklage zulässig; allein der Reputationsschaden begründet das Feststellungsinteresse.[445] Hat sich das Abberufungsverlangen wegen nachträglichen Wegfalls der rechtlichen oder sachlichen Beschwer erledigt, ist die Fortsetzungsfeststellungsklage statthafte Klageart.[446]

---

439 BGH NJW 1954, 505, 506; BGH WM 1956, 865, 866; BayObLG NJW 1955, 1678.
440 OLG Stuttgart AG 1985, 193; *Spindler*, in: MünchKommAktG, § 84 Rn. 130; *Mertens*, in: KölnKommAktG, § 84 Rn. 97.
441 *Thüsing*, in: Fleischer, HdB VorstandsR, § 5 Rn. 31; *Fonk*, in: Semler/v. Schenck, ArbeitsHdB für Aufsichtsratsmitglieder, § 9 Rn. 298.
442 OLG Stuttgart AG 1985, 193; LG München I AG 1986, 142 m. Anm. *Wiesner*, EWiR 1985, 833; *Grumann/Gillmann*, DB 2003, 770, 772.
443 VG Frankfurt WM 2004, 2157 (zu § 87 VAG); *Fischer*, in: Boos/Fischer/Schulte-Mattler, Kreditwesengesetz, 2012, § 36 Rn. 75; *Fleischer*, WM 2004, 157, 159.
444 *Fischer*, in: Boos/Fischer/Schulte-Mattler, Kreditwesengesetz, 2012, § 36 Rn. 65.
445 *Fischer*, in: Boos/Fischer/Schulte-Mattler, Kreditwesengesetz, 2012, § 36 Rn. 76.
446 Näher VG Frankfurt/M. WM 2004, 2157, 2158.

Probleme bereiten kann die Rückkehr eines unwirksam abberufenen Vor- **175**
standsmitglieds in sein Amt, wenn zwischenzeitlich eine Neubesetzung
erfolgt ist. Ergeht die rechtskräftige Entscheidung über die Unwirksamkeit
der Abberufung noch innerhalb der Amtsdauer, tritt das abberufene Vorstandsmitglied in seine alte Position ein. Die Bestellung des neu berufenen
Vorstandsmitglieds endet dadurch aber nicht automatisch. Die Doppelbesetzung ist freilich ein wichtiger Grund für einen Widerruf, so dass das neu
berufene Vorstandsmitglied abberufen werden kann, wenn das Nebeneinander beider Vorstände nach dem Gesetz oder der Satzung ausgeschlossen
oder aber die Doppelbesetzung für die Gesellschaft unzumutbar ist.[447]
Ebenfalls problematisch ist die Rückkehr in das Amt, wenn das neue Vorstandsmitglied unter der auflösenden Bedingung bestellt wurde, dass die
Abberufung des früheren Vorstandsmitglieds für unwirksam erklärt wird.
Eine solche auflösende Bedingung berührt die Entschließungsfreiheit des
Aufsichtsrats und widerspricht zudem § 84 Abs. 3 Satz 1 AktG.

5. Suspendierung und Dienstbefreiung

Die vorläufige Freistellung eines Vorstandsmitglieds von seinem Amt **176**
(Beurlaubung) ist als milderes Mittel gegenüber einer Abberufung grundsätzlich zulässig.[448] Praktische Bedeutung hat eine solche Suspendierung
insbesondere dann, wenn zwar noch nicht mit Gewissheit feststeht, ob ein
wichtiger Grund für einen Widerruf vorliegt, andererseits aber ein hinreichend konkreter Verdacht darüber besteht.

a) Einseitige Suspendierung

Die Suspendierung ist keine vorläufige Beendigung der Bestellung,[449] son- **177**
dern eine vorübergehende Enthebung von der Amtsführung, bei der das
suspendierte Vorstandsmitglied aber weiterhin Organ der Gesellschaft
bleibt.[450] Die materiellen Voraussetzungen für eine einseitige Freistellung
sind umstritten. Nicht erforderlich ist das zweifelsfreie Vorliegen eines
wichtigen Grundes gemäß § 84 Abs. 3 Satz 1 AktG,[451] da der Suspendierung
dann neben dem Widerruf keine eigenständige Bedeutung zukommt. Ausreichend soll vielmehr der schwerwiegende Verdacht auf solche Pflichtverletzungen sein, die im Fall der Aufklärung des Sachverhalts eine Abberu-

---

447 *Mertens*, in: KölnKommAktG, § 84 Rn. 123; *Liebscher*, in: Beck'sches HdB AG, § 6 Rn. 60; a. A. *Spindler*, in: MünchKommAktG, § 84 Rn. 140.
448 *Lutter/Krieger*, Rechte und Pflichten des Aufsichtsrats, Rn. 377; *Mertens*, in: KölnKommAktG, § 84 Rn. 152; *Wiesner*, in: MünchHdB GesR AG, § 20 Rn. 60.
449 So aber LG München I AG 1986, 142; *Spindler*, in: MünchKommAktG, § 84 Rn. 143.
450 OLG München AG 1986, 234, 235, KG AG 1984, 24, 25; *Liebscher*, in: Beck'sches HdB AG, § 6 Rn. 54.
451 Für dieses Erfordernis *Meyer-Landrut*, FS Fischer, S. 477, 481; *Krieger*, Personalentscheidungen des Aufsichtsrats, S. 153.

fung rechtfertigen würden.[452] Notwendig für eine wirksame Suspendierung ist demnach das Vorliegen billigenswerter Gründe. Daran ist anzuknüpfen. Die einseitige Suspendierung eines Vorstandsmitglieds kommt in Betracht, wenn die Anhaltspunkte für das Vorliegen eines wichtigen Grundes so hinreichend sind, dass eine weitere Amtsführung bis zur endgültigen Aufklärung der Angelegenheit für die Gesellschaft unzumutbar ist.[453]

178 Die Suspendierung bewirkt, dass das Vorstandsmitglied seine organschaftlichen Rechte und Befugnisse zeitweilig nicht mehr ausüben darf.[454] Im Gegenzug wird das suspendierte Vorstandsmitglied von der Verantwortung für die Geschäftsführung freigestellt.[455] Das Amtsführungsverbot berührt aber nicht die Rechtsstellung im Außenverhältnis, insbesondere behält das Vorstandsmitglied seine Geschäftsführungs- und Vertretungsbefugnis. Als vorläufige Maßnahme muss die Suspendierung stets auf ein zeitlich angemessenes Maß begrenzt sein, weshalb grundsätzlich nur das zeitlich befristete Amtsführungsverbot zulässig ist. Lediglich in besonderen Ausnahmefällen darf eine Suspendierung länger als einen Monat andauern.[456] Eine Überschreitung dieser Frist führt zur Unwirksamkeit der Suspendierung. Die Amtsenthebung bis zum Ende der Amtszeit ist als echter Widerruf der Bestellung anzusehen.

179 Die Entscheidung über die Suspendierung hat der Gesamtaufsichtsrat zu treffen. Die Delegation an einen Ausschuss ist analog § 107 Abs. 3 Satz 3 AktG ausgeschlossen.[457] In mitbestimmten Gesellschaften ist entsprechend § 31 Abs. 5 MitbestG das dreistufige Verfahren nach § 31 Abs. 2 bis 4 MitbestG einzuhalten. § 84 Abs. 3 Satz 4 AktG ist auf die Suspendierung nicht anzuwenden mit der Folge, dass das Vorstandsmitglied bei Fehlen eines hinreichenden Grundes für die Amtsenthebung die Fortsetzung der Amtsführung durch einstweilige Verfügung erzwingen kann.

b) Einvernehmliche Suspendierung; Dienstbefreiung

180 Eine einvernehmliche Suspendierung von der Amtsführung ist wegen der fehlenden Publizität nur unter den gleichen Voraussetzungen zulässig wie eine einseitige Freistellung.[458] Das gilt insbesondere für die zeitliche Befristung. Die einverständliche Suspendierung beinhaltet ein umfassendes Amtsausübungsverbot, andererseits ist das suspendierte Vorstandsmitglied

---

452 *Wiesner*, in: MünchHdB GesR AG, § 20 Rn. 60; *Mertens*, in: KölnKommAktG, § 84 Rn. 152.
453 *Lutter/Krieger*, Rechte und Pflichten des Aufsichtsrats, Rn. 379; offen lassend OLG München AG 1986, 234, 235.
454 KG AG 1984, 24, 25; *Mertens*, in: KölnKommAktG, § 84 Rn. 152 und 157.
455 OLG München AG 1986, 234, 235, KG AG 1984, 24, 25; *Liebscher*, in: Beck'sches HdB AG, § 6 Rn. 54.
456 Näher *Krieger*, Personalentscheidungen des Aufsichtsrats, S. 153.
457 OLG München AG 1986, 234, 235, KG AG 1984, 24, 25.
458 *Lutter/Krieger*, Rechte und Pflichten des Aufsichtsrats, Rn. 381; *Wiesner*, in: MünchHdB GesR AG, § 20 Rn. 63; a.A. *Meyer-Landrut*, FS Fischer, S. 477, 484.

auch hier von der Gesamtverantwortlichkeit für die Geschäftsführung der übrigen Vorstandsmitglieder befreit. Hierzu bedarf es ebenfalls eines Beschlusses des Gesamtaufsichtsrats, in mitbestimmten Gesellschaften ist zudem § 31 Abs. 5 MitbestG zu beachten.

Ausgeschlossen ist eine einvernehmliche Suspendierung, wenn das Vorstandsmitglied auf Grund zwingender Gründe längerfristig nicht in der Lage ist, seine Arbeitskraft in gebotenem Umfang in den Dienst der Gesellschaft zu stellen. In diesen Fällen kommt eine einvernehmliche Dienstbefreiung in Betracht, bei der die Gesamtverantwortung für die Amtsführung aufrechterhalten bleibt. Die einvernehmliche Dienstbefreiung setzt voraus, dass das Ende der Verhinderung absehbar ist und ein Interesse der Gesellschaft besteht, das Vorstandsmitglied auf längere Sicht zu behalten. Anlass für eine Dienstbefreiung kann demzufolge etwa ein umfangreiches Strafverfahren oder eine länger andauernde Erkrankung des Vorstandsmitglieds sein. 181

II. Amtsniederlegung durch das Vorstandsmitglied

1. Erklärung des Vorstandsmitglieds

Das Vorstandsmitglied kann ein Interesse daran haben, sein Amt durch einseitige Erklärung sofort niederzulegen. Eine Amtsniederlegung ist gesetzlich zwar nicht geregelt, wird aber generell als zulässig anerkannt.[459] Die Erklärung bedarf keiner Form und ist gegenüber dem Aufsichtsrat abzugeben, wobei Kenntnisnahme durch den Aufsichtsratsvorsitzenden genügt. Ein anstellungsvertragliches Schriftformerfordernis für den Fall einer Kündigung findet auf die Amtsniederlegung keine Anwendung. Allerdings kann die Satzung die Schriftform vorschreiben, um Streitigkeiten über die Abgabe der Niederlegungserklärung zu vermeiden. Unabhängig davon sollte das Vorstandsmitglied sein Amt bereits deshalb unter Wahrung der Schriftform niederlegen, um Dritten gegenüber die Beendigung der Bestellung nachzuweisen (z. B. Finanz- und Sozialversicherungsbehörden). 182

Aus der Erklärung des Vorstandsmitglieds muss sich der Wille zur Amtsniederlegung ergeben.[460] Die (außerordentliche) Kündigung des Anstellungsvertrages beinhaltet im Zweifel zugleich die Niederlegung des Mandats, da das Vorstandsmitglied regelmäßig kein Interesse hat, ohne Vertragsverhältnis und ohne Vergütung sein Amt fortzuführen und damit 183

---

459 *Spindler*, in: MünchKommAktG, § 84 Rn. 146; *Mertens*, in: KölnKommAktG, § 84 Rn. 162; *Grobys/Littger*, BB 2002, 2292; für den GmbH-Geschäftsführer BGH NJW 1995, 2850; BGH NJW 1980, 2415; OLG Düsseldorf DStR 2000, 454; BayObLG DB 1999, 1748.
460 Zur Auslegung einer Niederlegungserklärung vgl. BGH DStR 2003, 602 m. Anm. *Goette*.

weiterhin die Haftungsrisiken aus der Organstellung zu übernehmen.[461] Eine Kündigung aus wichtigem Grund nach § 626 BGB rechtfertigt zudem stets materiell-rechtlich die Niederlegung des Amtes. Umgekehrt kann, muss aber nicht mit der vorzeitigen Amtsniederlegung gleichsam der Anstellungsvertrag gekündigt werden. Das Vorstandsmitglied wird stattdessen häufig die materielle Absicherung durch den Anstellungsvertrag auch nach dem Ausscheiden aus dem Amt beibehalten wollen. In diesem Fall bleiben alle vertraglichen Rechte bestehen, sofern diese nicht unlösbar mit der Organstellung verbunden sind.[462]

184 Die uneingeschränkt erklärte Amtsniederlegung ist auf sofortige Beendigung der Amtsstellung gerichtet. Die Niederlegung kann aber auch unter Angabe einer Frist bzw. eines Beendigungszeitpunktes erfolgen. Die Angabe eines Grundes für die Amtsniederlegung ist nicht erforderlich. Das Amtsverhältnis endet mit Zugang der Niederlegungserklärung.

2. Wirksamkeit der Amtsniederlegung

185 Das Vorstandsmitglied kann sein Amt mit sofortiger Wirkung niederlegen, wenn ein wichtiger Grund vorliegt. Ein Grund für eine Amtsniederlegung ist wichtig, wenn dem Vorstandsmitglied die weitere Ausübung seines Amtes bis zum Ende der Bestellungsperiode unzumutbar ist.[463] Als wichtiger Grund anerkannt sind etwa die unberechtigte Herabsetzung der Bezüge, die einseitige nachträgliche Änderung der Geschäfts- und Ressortverteilung durch die Satzung oder den Aufsichtsrat, die (unberechtigt) verweigerte Entlastung oder auch die Insolvenz der Gesellschaft. Die wirtschaftliche Krise der Gesellschaft dagegen rechtfertigt für sich allein noch keine Amtsniederlegung.[464] Findet das Vorstandsmitglied freilich nicht die notwendige Unterstützung für erforderliche Sanierungsmaßnahmen im Vorstand und/oder im Aufsichtsrat, wird ein wichtiger Grund für die Niederlegung des Amtes grundsätzlich anzunehmen sein. Wichtig sind zudem solche Gründe, die das Vorstandsmitglied zur außerordentlichen Kündigung berechtigen.[465]

186 Die Amtsniederlegung ist auch ohne wichtigen Grund grundsätzlich wirksam.[466] Die sofortige Wirksamkeit einer unzureichend begründeten Amts-

---

461 *Nirk*, in: Nirk/Reuter/Bächle, HdB Aktiengesellschaft I, Rn. 702; *Bauer*, DB 1992, 1413, 1422; *Lohr*, DStR 2002, 2173, 2174.
462 *Zöllner*, FS Koppensteiner, S. 291, 302; *Lohr*, DStR 2002, 2173, 2179; *Röder/Lingemann*, DB 1993, 1341, 1343.
463 BGH AG 1984, 266; BGH NJW 1980, 2415 f.; OLG Düsseldorf DStR 2000, 454.
464 OLG Celle NZG 2004, 475.
465 Einzelheiten zur außerordentlichen Kündigung durch das Vorstandsmitglied siehe Rn. 738 ff.
466 *Hüffer*, AktG, § 84 Rn. 36; *Grobys/Littger*, BB 2002, 2292; für den GmbH-Geschäftsführer BGH NJW 1995, 2850; BGH BB 1993, 675; OLG Düsseldorf DStR 2000, 454 m. Anm. *Haas*.

niederlegung ist im Interesse der Rechtssicherheit geboten, um Klarheit über die Geschäftsführungs- und Vertretungsverhältnisse der Gesellschaft zu erlangen. Ein Schwebezustand wegen eines angeblich/tatsächlich fehlenden oder unzureichenden Beendigungsgrundes lässt sich damit ebenso vermeiden wie nach § 84 Abs. 3 Satz 4 AktG beim Widerruf der Bestellung. Allerdings kommt eine wirksame Amtsniederlegung ohne wichtigen Grund nicht mehr in Betracht, wenn diese rechtsmissbräuchlich erfolgt.[467] Rechtsmissbräuchlich ist die Aufgabe des Amtes, um dadurch bspw. Änderungen der Anstellungsbedingungen durchzusetzen. Unwirksam ist ferner eine Amtsniederlegung zur Unzeit. Das ist anzunehmen bei einer in der wirtschaftlichen Krise befindlichen Gesellschaft, die infolge der Amtsniederlegung handlungsunfähig wird.[468] An die Feststellung einer rechtsmissbräuchlichen Amtsniederlegung sind strenge Anforderungen zu stellen.[469]

3. Unberechtigte Amtsniederlegung

Die Amtsniederlegung ohne wichtigen Grund ist zwar grundsätzlich wirksam, dennoch aber unberechtigt. Bei unberechtigter Amtsniederlegung kann die Gesellschaft den Anstellungsvertrag aus wichtigem Grund nach § 626 BGB kündigen, das Vorstandsmitglied abberufen und – je nachdem, ob die Anstellung gekündigt wurde oder nicht – nach § 628 Abs. 2 BGB oder nach §§ 280 Abs. 3, 282 BGB Schadensersatz verlangen.[470] Das Vorstandsmitglied unterliegt im Fall der unberechtigten Amtsniederlegung grundsätzlich weiterhin dem Wettbewerbsverbot nach § 88 AktG.[471] Das gilt mangels wirksamer Beendigung der Bestellung erst recht bei rechtsmissbräuchlichem Verhalten. Der Aufsichtsrat sollte eine unberechtigte wie auch rechtsmissbräuchliche Amtsniederlegung in jedem Fall unverzüglich zurückweisen und das Vorstandsmitglied zur Fortsetzung der Amtsführung auffordern. Anderenfalls kann das Unterlassen als konkludentes Einverständnis in die Beendigung der Organstellung anzusehen sein.

187

---

467 *Fonk*, in: Semler/v. Schenck, ArbeitsHdB für Aufsichtsratsmitglieder, § 9 Rn. 303; *Thüsing*, in: Fleischer, HdB VorstandsR, § 5 Rn. 37; a.A. *Grobys/Littger*, BB 2002, 2292, 2293 (ausnahmslos wirksam).
468 OLG Düsseldorf DStR 2000, 454 m. Anm. *Haas*; BayObLG DStR 2000, 290 m. Anm. *Schaub*; KG GmbHR 2001, 147.
469 Zu möglichen Reaktionen der Gesellschaft vgl. *Hauptmann/Müller-Dott*, BB 2003, 2521, 2523; ferner *Lohr*, DStR 2002, 2173, 2177 (zur Bestellung eines Notgeschäftsführers).
470 BGH AG 1984, 266; BGH NJW 1980, 2415; OLG Celle NZG 2004, 475; OLG Köln NJW-RR 1997, 542 f.; OLG Koblenz GmHR 1995, 730.
471 *Spindler*, in: MünchKommAktG, § 88 Rn. 7; *Hüffer*, AktG, § 88 Rn. 2; *Fleischer* AG 2005, 336, 341; diff. *Thüsing*, in: Fleischer, HdB VorstandsR, § 4 Rn. 86: Befreiung vom Wettbewerbsverbot bis erstinstanzlicher Entscheidung über Fortbestehen des Mandats.

III. Einvernehmliche Aufhebung der Bestellung

188 Die einvernehmliche Aufhebung der Bestellung setzt keinen wichtigen Grund voraus und kann jederzeit zwischen Vorstandsmitglied und Aufsichtsrat wirksam vereinbart werden.[472] Dabei ist keine Form einzuhalten, jedoch kann sich aus der Satzung ein Schriftformerfordernis ergeben. Die einvernehmliche Aufhebung der Bestellung kann nur der Gesamtaufsichtsrat beschließen.[473] Hiervon zu unterscheiden ist die dazu regelmäßig korrespondierende Aufhebung des Anstellungsvertrages, die – vorbehaltlich sämtlicher Vergütungs- und Abfindungsthemen (siehe Änderung des § 107 Abs. 3 Satz 3 AktG durch das VorstAG) und daher weder praktikabel noch sinnvoll – einem Ausschuss übertragen werden kann.[474] Der Ausschuss kann den Aufhebungsvertrag unter der aufschiebenden Bedingung beschließen, dass das Plenum die einvernehmliche Beendigung der Bestellung bewilligt oder aber die Bestellung widerruft. Bei mitbestimmten Gesellschaften hat die einvernehmliche Aufhebung der Bestellung unter Einhaltung des besonderen Verfahrens nach § 31 Abs. 5 i. V. m. Abs. 2 bis 4 MitbestG zu erfolgen.

189 Der Aufsichtsrat kann seine Zustimmung in die einvernehmliche Aufhebung der Bestellung verweigern, wenn das Gesellschaftsinteresse einer vorzeitigen Beendigung der Amtstätigkeit entgegensteht. Grund hierfür kann etwa der beabsichtigte Wechsel des Vorstandsmitglieds zu einem Wettbewerber oder auch der Umstand sein, dass kurzfristig kein gleichwertiger Nachfolger für das Amt zur Verfügung steht.

IV. Umstrukturierung der Aktiengesellschaft

1. Umwandlung der Gesellschaft

a) Auswirkung auf die Organstellung

190 Die Umwandlung einer Aktiengesellschaft kann sich unmittelbar auf die Bestellung der Vorstandsmitglieder auswirken. Entscheidend für das Schicksal des Organstellung ist die Art der Umwandlung und damit die Frage, ob der übertragende Rechtsträger fortbesteht oder erlischt. Bei Verschmelzung durch Aufnahme erlischt die übertragende Gesellschaft und damit die Organstellung der Vorstandsmitglieder, vgl. §§ 2 Nr. 1, 20 Abs. 1 Nr. 2 UmwG.[475] Da die übernehmende Gesellschaft fortbesteht, bleiben dort die Leitungsorgane weiterhin im Amt. Die Verschmelzung durch Neugrün-

---

[472] BGH DB 1981, 308, 309; OLG Karlsruhe AG 1996, 224, 225; *Hüffer*, AktG, § 84 Rn. 37.
[473] *Hoffmann-Becking*, FS Stimpel, S. 589, 597; *Bauer*, DB 1992, 1413, 1421.
[474] Einzelheiten zum Aufhebungsvertrag siehe Rn. 748 ff.
[475] östOGH wbl 2003, 42; *Grunewald*, in: Lutter, UmwG, § 20 Rn. 28; *Marsch-Barner*, in: Kallmeyer, UmwG, § 20 Rn. 13.

dung bewirkt ebenfalls das Erlöschen der übertragenden Gesellschaften und führt gleichsam zur Beendigung der Vorstandsämter, vgl. §§ 2 Nr. 2, 20 Abs. 1 Nr. 2, 36 Abs. 1 UmwG. Ein Übergang der Organstellung auf den neu gegründeten Rechtsträger findet nicht statt. Auch im Fall der Aufspaltung erlischt die übertragende Gesellschaft mit der Folge, dass die Organstellung der Vorstandsmitglieder mit Eintragung der Aufspaltung in das Register automatisch endet, vgl. §§ 123 Abs. 1, § 131 Abs. 1 Nr. 2 UmwG.[476]

Die Abspaltung (§ 123 Abs. 2 UmwG) sowie die Ausgliederung (§ 123 Abs. 3 UmwG) berühren die Organstellung der Vorstandsmitglieder dagegen nicht, da die übertragende Gesellschaft bei diesen Umwandlungsarten weiterhin bestehen bleibt.[477] Das gilt ausnahmslos für alle Vorstandsmitglieder und unabhängig von der Ressortzuweisung. Selbst wenn mit der Ausgliederung oder Abspaltung der jeweilige Geschäftsbereich eines Vorstandsmitglieds wegfällt, bleibt die organschaftliche Zuordnung zur Gesellschaft unverändert erhalten. **191**

Bei einem Formwechsel der Aktiengesellschaft kommt die Fortsetzung der Organstellung allein für Aufsichtsratsmitglieder nach § 203 UmwG in Betracht. Für Vorstandsmitglieder endet mit Eintragung des Formwechsels in das Register die Organschaft, weil die erheblichen Veränderungen in der Organisation der formwechselnden Gesellschaft und damit in der Rechtsstellung der Vorstandsmitglieder einer Amtskontinuität entgegenstehen.[478] **192**

b) Beendigung bei Fortbestehen der Gesellschaft

Abspaltung und Ausgliederung bewirken nicht die Auflösung der Gesellschaft. Anlässlich der Umstrukturierung wird das Unternehmen meist aber daran interessiert sein, Größe und Zusammensetzung des Vorstands zu ändern. Sofern keine einvernehmliche Aufhebung der Bestellung (einschließlich des Anstellungsvertrages) möglich ist, bleibt grundsätzlich nur die Möglichkeit einer Abberufung des Vorstandsmitglieds. Die Änderung der Unternehmensstruktur durch Abspaltung einer Sparte oder Ausgliederung bestimmter Geschäftsbereiche führt in der Regel zu einem Kompetenzverlust des bislang dafür zuständigen Vorstandsmitglieds, da diesem außer Kontroll- und Überwachungspflichten innerhalb des Gremiums keine wesentlichen Aufgaben mehr verbleiben. Ein Festhalten an einer solchen Amtsstellung ist der Gesellschaft nicht zuzumuten, weshalb sie die Bestellung nach § 84 Abs. 3 Satz 1 AktG widerrufen kann.[479] Die Abspaltung und **193**

---

476 *Simon/Kübler*, in: Semler/Stengel, UmwG, § 131 Rn. 25.
477 *Simon/Kübler*, in: Semler/Stengel, UmwG, § 131 Rn. 24; *Buchner/Schlobach*, GmbHR 2004, 1, 2.
478 *Grunewald*, in: Lutter, UmwG, § 202 Rn. 14, 39; *Simon/Kübler*, in: Semler/Stengel, UmwG, § 202 Rn. 14.
479 *Spindler*, in: MünchKommAktG, § 84 Rn. 121; *Mertens*, in: KölnKommAktG, § 84 Rn. 103.

Ausgliederung rechtfertigen dagegen keine außerordentliche Kündigung des Anstellungsvertrages durch die Gesellschaft.[480]

194 Das Vorstandsmitglied ist seinerseits wegen der Umstrukturierung der Gesellschaft zur Amtsniederlegung berechtigt. Die nachträgliche grundlegende Änderung der vertraglich vereinbarten Geschäfts- und Ressortverteilung ist ein wichtiger Grund für die Aufgabe der Amtsführung. Eine damit korrespondierende Pflicht des Vorstandsmitglieds zur Beendigung des Anstellungsvertrages (z. B. Kündigung) besteht jedoch nicht, da die Gesellschaft den Grund für die Amtsniederlegung zu vertreten hat.[481] Daher bestehen die Vergütungsansprüche auch nach der Amtsniederlegung fort, wodurch die Position des Vorstandsmitglieds bei Verhandlungen über zusätzliche Abfindungszahlungen im Rahmen eines Aufhebungsvertrages erheblich aufgewertet wird.

2. Unternehmenskauf, Beherrschung und Eingliederung

195 Eine Unternehmensveräußerung mittels Übertragung der Anteile oder Betriebsmittel,[482] eine faktische oder vertragliche Beherrschung nach §§ 291 ff. AktG oder die Eingliederung der Gesellschaft in ein anderes Unternehmen nach § 319 AktG berühren nicht unmittelbar die Organstellung des Vorstandsmitglieds.[483] Ebenso wenig rechtfertigen diese Maßnahmen für sich allein eine Abberufung.[484]

196 Nach der Umstrukturierung kann ein wichtiger Grund für den Widerruf der Bestellung durchaus gegeben sein. Bestehen berechtigte und schwer wiegende Zweifel an der Loyalität eines Vorstandsmitglieds gegenüber dem neuen Mehrheitsaktionär, etwa weil dieses erbittert eine feindliche Übernahme bekämpft oder/und sich mit der bisherigen Gesellschaftermehrheit in außergewöhnlichem Maße identifiziert hat, ist ein wichtiger Grund i. S. d. § 84 Abs. 3 Satz 1 AktG in der Regel anzunehmen.[485] Außerdem kann eine Abberufung in Betracht kommen, wenn dem Vorstandsmitglied im Zusammenhang mit der Umstrukturierung grobe Pflichtverletzungen vorzuwerfen sind. Solche Verstöße sind bei Betriebsausgliederungen möglich, wenn offensichtliche Beteiligungsrechte der Hauptversammlung übergangen worden sind.[486]

---

480 *Marsch-Barner*, in: Kallmeyer, UmwG, § 20 Rn. 14; *Lohr*, NZG 2001, 826, 831; *Röder/Lingemann*, DB 1993, 1341, 1346; a. A. *Buchner/Schlobach*, GmbHR 2004, 1, 7.
481 BGH WM 1978, 319; *Mertens*, in: KölnKommAktG, § 84 Rn. 162; *Wiesner*, in: MünchHdB GesR AG, § 20 Rn. 54.
482 Davon umfasst sind *Asset Deal* und *Share Deal*; dazu *Rödder/Hötzel/Mueller-Thuns*, Unternehmenskauf/Unternehmensverkauf, § 1 Rn. 6 ff.
483 *Buchner/Schlobach*, GmbHR 2004, 1; *Röder/Lingemann*, DB 1993, 1341, 1342.
484 *Wiesner*, in: MünchHdB GesR AG, § 20 Rn. 45; *Mertens*, in: KölnKommAktG, § 84 Rn. 109.
485 *Spindler*, in: MünchKommAktG, § 84 Rn. 121; *Röder/Lingemann*, DB 1993, 1341, 1342.
486 Zur Pflichtbindung des Vorstands gegenüber der Hauptversammlung vgl. BGH ZIP 2004, 993 *(Gelatine)*; BGHZ 38, 122 *(Holzmüller)*.

Das Vorstandsmitglied kann wegen des Unternehmensverkaufs sein Amt niederlegen. Eine solche Amtsniederlegung ist grundsätzlich berechtigt, da die Veräußerung von Gesellschafts- oder beachtlichem Betriebsvermögen in der Regel einen erheblichen Kompetenzverlust zur Folge hat. Gleiches gilt für die Eingliederung oder den Abschluss eines Beherrschungsvertrages, im Einzelfall auch für die faktisch qualifizierte Beherrschung.[487]

197

V. Insolvenz und Liquidation der Aktiengesellschaft
1. Insolvenz der Gesellschaft

Die Eröffnung des Insolvenzverfahrens über das Vermögen der Aktiengesellschaft bewirkt nach § 262 Abs. 1 Nr. 3 AktG nur deren Auflösung und beendet nicht die Organstellung der Vorstandsmitglieder.[488] Im Regelinsolvenzverfahren geht jedoch die Verwaltungs- und Verfügungsbefugnis der Vorstandsmitglieder nach § 80 Abs. 1 InsO auf den Insolvenzverwalter über. In der Eigenverwaltung nach §§ 270 ff. InsO erfolgt kein Übergang der Geschäftsführungskompetenzen, da die damit verbundenen Befugnisse weiterhin beim Vorstand der insolventen Gesellschaft verbleiben. Der Vorstand wird hier funktionell als Insolvenzverwalter tätig und nach §§ 274, 275 InsO von einem Sachwalter überwacht.[489]

198

Die Personalkompetenz des Aufsichtsrats wird durch die Eröffnung des Insolvenzverfahrens nicht eingeschränkt oder gar aufgehoben. Im Regelinsolvenzverfahren wie auch bei der Eigenverwaltung ist allein der Aufsichtsrat für die Auswahl, die (Neu-)Bestellung und die Abberufung der Vorstandsmitglieder zuständig.[490] Die Insolvenzeröffnung ist ein wichtiger Grund für den Widerruf der Bestellung nach § 84 Abs. 3 Satz 1 AktG.[491] Die Kündigung des Anstellungsvertrages nach § 113 Abs. 1 InsO berührt die Organstellung des Vorstandsmitglieds jedoch nicht.[492] Die Ersatzbestellung eines Notvorstands nach § 85 AktG erfolgt weiterhin durch das Gericht auf Antrag eines Beteiligten, da auch im Insolvenzverfahren die Gesellschaft über ein uneingeschränkt handlungsfähiges Vertretungsorgan verfügen muss.[493] Eine bloß vorübergehende Übernahme des Vorstandsamtes ist in der Insolvenz der Gesellschaft im Regelfall ausgeschlossen.[494]

199

---

487 *Mertens*, in: KölnKommAktG, § 84 Rn. 161; *Röder/Lingemann*, DB 1993, 1341, 1347.
488 BGH WM 1993, 120, 121 f.; OLG Düsseldorf NZG 2000, 1044; OLG Oldenburg Der Rechtspfleger 1993, 451; OLG Nürnberg BB 1991, 1512, 1513; BayObLG AG 1988, 301, 302.
489 *Noack*, ZIP 2002, 1873, 1874; *Hauptmann/Müller-Dott*, BB 2003, 2521.
490 OLG Nürnberg AG 1991, 446, 447; *Uhlenbruck*, BB 2003, 1185, 1187; *Hauptmann/Müller-Dott*, BB 2003, 2521, 2525; *Hess/Ruppe*, NZI 2002, 577, 580.
491 *Spindler*, in: MünchKommAktG, § 84 Rn. 220; *Mertens*, in: KölnKommAktG, § 84 Rn. 165.
492 *Uhlenbruck*, BB 2003, 1185, 1187; *Spindler*, in: MünchKommAktG, § 84 Rn. 220.
493 BayObLG AG 1988, 301, 303; *Hauptmann/Müller-Dott*, BB 2003, 2521, 2524.
494 *Hess/Ruppe*, NZI 2002, 577, 580.

200 Das Vorstandsmitglied ist wegen der Eröffnung des Insolvenzverfahrens grundsätzlich zur Niederlegung seines Amtes berechtigt.[495] Das gilt zumindest für die Regelinsolvenz, die den Verlust der Verwaltungs- und Verfügungsbefugnis nach § 80 Abs. 1 InsO und damit eine erhebliche Einschränkung der Vorstandskompetenzen zur Folge hat. Die Amtsniederlegung ist gegenüber dem Aufsichtsrat zu erklären. Allerdings kann sich das Vorstandsmitglied nicht im Wege einer Amtsniederlegung seiner (unentgeltlichen) Auskunfts- und Mitwirkungspflichten nach §§ 97 Abs. 1, 98, 101 Abs. 1 InsO entziehen. Auch nach dem Ausscheiden aus dem Vorstand bestehen diese Pflichten gemäß § 101 Abs. 1 Satz 2 InsO fort, soweit das Vorstandsmitglied nicht früher als zwei Jahre vor dem Antrag auf Eröffnung des Insolvenzverfahrens aus dem Amt ausgeschieden ist. Entsprechendes gilt nach § 153 Abs. 1 InsO für Erklärungen zur Vermögensübersicht.

2. Abwicklung der Gesellschaft

201 Die Gesellschaft als juristische Person wird durch Auflösung nicht beendet. Der Gesellschaftszweck besteht jetzt aber nicht mehr in der Gewinnerzielung, sondern in der Umsetzung des Gesellschaftsvermögens in Geld und der Zuteilung des nach Befriedigung aller Verbindlichkeiten verbleibenden Überschusses an die Aktionäre. Mit Fortbestand der Gesellschaft während ihrer Auflösung bleiben die Vorstände im Amt.[496] Einen Widerruf der Bestellung rechtfertigt die Auflösung als solche nicht.

202 Nach der Auflösung findet die eigentliche Abwicklung statt, sofern nicht über das Vermögen der Gesellschaft das Insolvenzverfahren eröffnet worden ist, vgl. § 264 Abs. 1 AktG. Die Abwicklung der Gesellschaft besorgen nach § 265 Abs. 1 AktG die bisherigen Vorstandsmitglieder, wenn nicht die Satzung oder ein Beschluss der Hauptversammlung eine abweichende Regelung vorsieht. Als Abwickler bleiben die Vorstände so lange im Amt, bis die Abwicklung beendet und die Gesellschaft im Handelsregister gelöscht ist. Eine erneute Bestellung ist nicht erforderlich, auch wenn die Amtszeit zwischenzeitlich ausgelaufen ist.[497] Die Abwickler können vor Beendigung der Abwicklung das Amt aus wichtigem Grund niederlegen oder aber durch die Hauptversammlung abberufen werden. Die Bestellung von Abwicklern durch das Gericht ist nach § 265 Abs. 3 AktG nur auf Antrag und bei Vorliegen eines wichtigen Grundes zulässig. Die Abberufung gerichtlich bestellter Abwickler hat zur Folge, dass diese ex nunc ihre Ansprüche auf Vergütung und Auslagenersatz verlieren.

---

495 *Mertens*, in: KölnKommAktG, § 84 Rn. 165; *Hauptmann/Müller-Dott*, BB 2003, 2521, 2523.
496 *Wiesner*, in: MünchHdB GesR AG, § 20 Rn. 59; *Spindler*, in: MünchKommAktG, § 84 Rn. 196.
497 *Hoffmann-Beckung*, in: MünchHdB GesR AG, § 66 Rn. 3; *Hüffer*, AktG, § 265 Rn. 3.

Mit Beendigung der Abwicklung und Schlussrechnungslegung haben die **203** Abwickler den Schluss der Abwicklung zur Eintragung in das Handelsregister anzumelden, vgl. § 273 Abs. 1 AktG. Mit Ausnahme der Nachtragsliquidation erlischt die Aktiengesellschaft als juristische Person spätestens mit Eintragung der Löschung (sog. Vollbeendigung). Damit erlischt auch die Organstellung der ehemaligen, nunmehr als Abwickler tätigen Vorstandsmitglieder. Beendet wird das Vorstandsamt schließlich auch im Fall der Amtslöschung wegen Vermögenslosigkeit der Gesellschaft nach § 141a FGG.

C. Behördliche Meldungen und Anzeigen

I. Anmeldung zum Handelsregister

Jede Änderung des Vorstands oder der Vertretungsbefugnisse eines Vorstandsmitglieds ist nach §§ 39 Abs. 1 Satz 1, 81 AktG zur Eintragung beim Handelsregister anzumelden. Anmeldepflichtig ist jede Neubestellung einschließlich die der stellvertretenden[498] und gerichtlich bestellten Vorstandsmitglieder. Die Bestellung zu einem künftigen Zeitpunkt kann sofort oder zu dem vorgesehenen Zeitpunkt angemeldet werden. Das Anfangsdatum der Amtszeit ist bei der Anmeldung beim Handelsregister einzutragen. Anzumelden ist auch die Bestellung eines Aufsichtsratsmitglieds zum Stellvertreter eines fehlenden oder verhinderten Vorstandsmitglieds nach § 105 Abs. 2 AktG.[499] Keine Änderung des Vorstands ist die Bestellung oder Abberufung des Vorsitzenden, sofern diese schon Vorstandsmitglied war bzw. bleibt; denn damit ist keine Änderung der Vertretungsverhältnisse verbunden. Nicht anmeldepflichtig ist ferner eine Wiederbestellung. **204**

In das Handelsregister eingetragen werden Vor- und Familiennamen, Beruf und Wohnort. In der Anmeldung haben die Vorstandsmitglieder gemäß §§ 81 Abs. 3, 37 Abs. 2 Satz 1 AktG zu versichern, dass keine Umstände vorliegen, die ihrer Bestellung nach § 76 Abs. 3 Nr. 2 und 3 AktG entgegenstehen, und sie über ihre unbeschränkte Auskunftspflicht belehrt worden sind.[500] Nicht ausreichend ist eine Versicherung, in der die Bestellungshindernisse nur pauschal durch Bezugnahme auf § 76 Abs. 3 Nr. 2 und 3 AktG verneint werden.[501] **205**

Anzumelden ist zudem die Beendigung der Amtsstellung durch Widerruf oder auf Grund anderweitiger Beendigungsgründe, wie etwa Amtsnieder- **206**

---

[498] Die Eintragung erfolgt ohne Stellvertreterzusatz, vgl. BGH NJW 1998, 1071, 1072 m. Anm. *Groß*, WuB II C. § 44 GmbHG 1.98.
[499] *Semler*, in: MünchKommAktG, § 105 Rn. 80; *Wiesner*, in: MünchHdB GesR AG, § 24 Rn. 33.
[500] Ausführlich *Röhricht*, in: GroßKommAktG, § 37 Rn. 36 ff.
[501] BayObLG DB 1983, 2408; BayObLG DB 1982, 273.

legung oder einvernehmliches Ausscheiden aus dem Vorstand. Das gilt auch dann, wenn die Bestellung ursprünglich nicht eingetragen wurde.[502] Die Suspendierung eines Vorstandsmitglieds ist nicht in das Handelsregister einzutragen.[503] Neue Vorstandsmitglieder sind bereits zur Anmeldung berechtigt und verpflichtet, ausgeschiedene jedoch nicht mehr.[504] Das ausgeschiedene Vorstandsmitglied wird in Anbetracht der rechtlichen Wirkungen des § 15 HGB freilich daran interessiert sein, dass sein Ausscheiden zum Handelsregister angemeldet wird. Im Wege einer Anregung beim Handelsregister lässt sich meist erreichen, dass der Vorstand nach § 14 HGB angehalten wird, seiner gesetzlichen Anmeldepflicht nachzukommen.

207 Die Anmeldung bedarf nach § 12 Abs. 1 HGB öffentlich beglaubigter Form. Urkunden oder öffentlich beglaubigte Abschriften sind der Anmeldung beizufügen, vgl. § 81 Abs. 2 AktG. Bei einer Amtsniederlegung hat das Vorstandsmitglied dem Registergericht nicht nur die Niederlegungserklärung selbst, sondern auch deren Zugang beim Aufsichtsrat in der Form des § 81 Abs. 2 AktG nachzuweisen.[505] Für eine ordnungsgemäße Anmeldung sind nicht alle Vorstandsmitglieder erforderlich. Vielmehr genügt es, wenn die zur wirksamen Vertretung der Gesellschaft nötige Anzahl von Vorstandsmitgliedern anmeldet.[506] Ausreichend kann zudem eine unechte Gesamtvertretung sein, sofern die Satzung eine solche zulässt. Bei Abwicklung der Gesellschaft sind nach § 266 AktG die Abwickler zur Eintragung in das Handelsregister anzumelden.

II. Ad-hoc-Publizitätspflicht

1. Anwendungsbereiche

208 Personalwechsel im Vorstand einer börsennotierten Aktiengesellschaft können die Pflicht zur Ad-hoc-Publizität nach § 15 WpHG auslösen.[507] Das bestätigen namentlich die verschiedenen *Daimler/Schrempp*-Verfahren.[508] Ebenso klassifiziert der Emittentenleitfaden der BaFin überraschende Veränderungen in Schlüsselpositionen eines Unternehmens als Fallgruppe für

---

502 BayObLG BB 1991, 1729, 1730.
503 *Lutter/Krieger*, Rechte und Pflichten des Aufsichtsrats, Rn. 377; a. A. *Baums*, Der Geschäftsleitervertrag, S. 350 f.
504 *Liebscher*, in: Beck'sches HdB AG, § 6 Rn. 32; *Mertens*, in: KölnKommAktG § 81 Rn. 11.
505 Für den GmbH-Geschäftsführer OLG Düsseldorf DB 2004, 2365.
506 BayObLG WM 1973, 1226.
507 *Möllers*, NZG 2008, 330; *Fleischer*, NZG 2007, 401, 402; zur Ad-hoc-Publizität vor Inkrafttreten des Anlegerschutzverbesserungsgesetzes (2004) vgl. *Bauer/Krets*, DB 2003, 811, 815; *Holzborn/Foelsch*, NJW 2003, 932, 937; *Fürhoff/Wölk*, WM 1997, 449, 453.
508 BGH ZIP 2008, 639; OLG Stuttgart ZIP 2007, 481; OLG Frankfurt ZIP 2009, 564.

die Ad-hoc-Publizität.⁵⁰⁹ Einen Publizitätsautomatismus bei personellen Veränderungen im Vorstand einer Gesellschaft gibt es indes nicht.⁵¹⁰

Voraussetzung der Ad-hoc-Publizität ist das Vorliegen einer Insiderinformation i. S. d. § 13 Abs. 1 WpHG, also einer konkreten Information über nicht öffentlich bekannte Umstände, die geeignet sind, im Fall ihres öffentlichen Bekanntwerdens den Börsen- oder Marktpreis der Insiderpapiere ‚erheblich zu beeinflussen. Das können auch zukünftige Umstände sein, sofern mit hinreichender Wahrscheinlichkeit davon auszugehen ist, dass diese eintreten werden. Dafür erforderlich ist nach den *Daimler/Schrempp*-Urteilen des BGH und des EuGH eine überwiegende Eintrittswahrscheinlichkeit, d. h. einer Wahrscheinlichkeit von über 50 %.⁵¹¹ Im Schrifttum wird teilweise nicht nur eine überwiegende, sondern hohe Eintrittswahrscheinlichkeit von *deutlich* über 50 % verlangt.⁵¹² Die Realisierungswahrscheinlichkeit künftiger Ereignisse wird aber selten konkret bestimmbar sein, sodass in beiden Fällen die mit der Prognoseunsicherheit verbundenen Probleme bestehen bleiben. In den praktisch häufigen Zweifelsfällen werden Unternehmen verstärkt zur Selbstbefreiung nach § 15 Abs. 3 WpHG tendieren. **209**

Preisbeeinflussungspotential hat der anstehende Wechsel des Vorstandsvorsitzenden.⁵¹³ Das betrifft sein vorzeitiges einvernehmliches Ausscheiden, die Abberufung wie auch die Suspendierung. Ebenso kann eine Eignung zur erheblichen Preisbeeinflussung beim Wechsel des Finanzvorstands oder dem Ausscheiden eines Gründungsvorstands vorliegen. Im Einzelfall kann auch der Vorstandswechsel in einem gewöhnlichen Geschäftsbereich ad-hoc-publizitätspflichtig sein, sofern die betreffende Person das am Markt bekannte Potential besitzt, ähnlich wie ein Vorstandsvorsitzender den Geschäftsverlauf eines Unternehmens zu beeinflussen.⁵¹⁴ **210**

Eine schwere Erkrankung des Vorstandsvorsitzenden kann in besonderen Fällen ebenfalls Insiderinformation sein.⁵¹⁵ Aus Sicht eines verständigen Anlegers haben schwere Erkrankungen wichtiger Vorstandsmitglieder bzw. die damit verbundenen Auswirkungen auf die Arbeits- und Leistungsfähigkeit durchaus Preisbeeinflussungspotential, sofern das krankheitsbedingte Ausscheiden oder die lange Abwesenheit überwiegend wahrscheinlich ist.⁵¹⁶ Mit Blick auf das berechtigte Geheimhaltungsinteresse des betroffe- **211**

---

509 Emittentenleitfaden der Bundesanstalt für Finanzdienstleistungsaufsicht, Stand 28.4.2009, S. 57.
510 *Fleischer*, FS Schneider, 2011, 333, 345.
511 BGH ZIP 2008, 639; dazu Anm. *Wilsing/von der Linden*, EWiR § 13 WphG 1/08, 317; EuGH NZG 2012, 784.
512 *Assmann* in: Assmann/Schneider, WpHG, 2009, § 13 Rn. 25; *Veil*, AG 2006, 690, 694.
513 BGH ZIP 2008, 639; *Fleischer*, NZG 2007, 401, 402; *Möllers*, NZG 2008, 330.
514 *Möllers*, NZG 2005, 459, 461.
515 Ausführlich *Fleischer*, FS Schneider, 2011, 333, 343 ff.; *Pfizer/Streib*, BB 1995, 1947, 1951.
516 *Fleischer*, FS Schneider, 2011, 333, 347.

nen Vorstandsmitglieds sind Einzelheiten der Krankheit nicht publizitätspflichtig;[517] für den drohenden krankheitsbedingten Ausfall selbst kann die Ad-hoc-Publizität im Einzelfall gegeben sein.

2. Befreiung von der Ad-hoc-Publizität

212 Die Bekanntgabe einer publizitätspflichtigen Personalveränderung im Vorstand kann in besonderen Fällen für bestimmte Zeit aufgeschoben werden. Nach § 15 Abs. 3 Satz 1 WpHG ist die Gesellschaft von der Pflicht zur Ad-hoc-Publizität so lange befreit, wie es der Schutz ihrer berechtigten Interessen erfordert, eine Irreführung der Öffentlichkeit nicht zu befürchten und die Vertraulichkeit der Insiderinformation gewährleistet ist. Die Darlegungs- und Beweislast für das Vorliegen des Befreiungstatbestandes nach § 15 Abs. 3 Satz 1 WpHG trägt die Gesellschaft.

213 Beim einvernehmlichen Ausscheiden wichtiger Vorstandsmitglieder ist zu prüfen, welcher Umstand konkret veröffentlichungspflichtig ist und welche schützenswerten Unternehmensinteressen eine Befreiung rechtfertigen. Ein solcher vorzeitiger Rückzug aus dem Amt ist ein mehrstufiger Prozess, dem zunächst der bloße Wunsch nach Beendigung der Vorstandstätigkeit vorausgeht und der danach von Verhandlungen über die Konditionen der Vertragsaufhebung bestimmt wird. Bei derart gestreckten Entscheidungsprozessen kann es schwierig sein, den für die Ad-hoc-Publizität notwendigen Konkretisierungsgrad eines bestimmten Sachverhaltes festzustellen.[518] Umso wichtiger ist diese Feststellung für § 15 Abs. 3 WpHG, da das Unternehmen die für den Eintritt der Befreiung erforderlichen organisatorischen Anforderungen erfüllen muss, was insbesondere Maßnahmen zur Sicherstellung der Vertraulichkeit einschließt.

214 Soweit Vergleichsverhandlungen über einen Aufhebungsvertrag unverzüglich durchgeführt und abgeschlossen werden, keine Verzögerungen eintreten und noch kein Insiderwissen missbraucht wird, werden die berechtigten Interessen eine Befreiung von der Ad-hoc-Publizität zulassen, bis sich die Beteiligten in allen Punkten geeinigt haben.[519] Entsprechendes gilt für die Suspendierung eines Vorstandsmitglieds, um dem Aufsichtsrat die erforderliche Zeit zur Prüfung zu geben, ob ein wichtiger Grund für den Widerruf der Bestellung besteht. Eine Suspendierung kann daher die Befreiung von der Publizitätspflicht ebenfalls rechtfertigen.[520]

215 Nach herrschender Meinung erfordert die Befreiung von der Ad-hoc-Publizität nach § 15 Abs. 3 Satz 1 WpHG einen ausdrücklichen Beschluss der

---

517 *Fleischer*, FS Schneider, 2011, 333, 351.
518 *Mennicke*, NZG 2009, 1059, 1060; *Wilsing/Golsar*, DStR 2012, 1709.
519 *Möllers*, WM 2005, 1393, 1400.
520 *Möllers*, WM 2005, 1393, 1400.

Geschäftsführung.[521] Die verzögerte Bekanntgabe des Vorstandswechsels ist der BaFin gegenüber mitzuteilen und zu begründen.

III. Aufsichtsrechtliche Anzeigepflichten

Bei Vorstandsmitgliedern/Geschäftsleitern von Kreditinstituten, Finanz- 216
dienstleistern und Versicherungsunternehmen gelten für die Bestellung wie auch für das Ausscheiden aus dem Amt besondere aufsichtsrechtliche Anzeigepflichten. Ein Verstoß gegen diese Meldepflichten berührt nicht die gesellschaftsrechtliche Wirksamkeit der Bestellung bzw. ihrer Beendigung, sondern führt ggf. zu aufsichtsrechtlichen Sanktionen (z. B. Beanstandungen, Verwarnungen) für die Geschäftsleiter der Institute bzw. Versicherungsunternehmen.

1. Geschäftsleiter von Kreditinstituten

a) Absicht und Vollzug der Bestellung

Nach § 24 Abs. 1 Nr. 1 KWG ist die Absicht der Bestellung eines Geschäfts- 217
leiters ebenso wie der Vollzug seiner Bestellung anzuzeigen. Die Anzeigepflicht besteht auch für stellvertretende Geschäftsleiter (z. B. stellvertretendes Vorstandsmitglied) und für kommissarisch eingesetzte Geschäftsleiter, soweit sie zur Führung der Geschäfte und Vertretung berufen sind.[522] Ebenso anzuzeigen ist die Bestellung eines Geschäftsleitervertreters, der nur im Fall der Verhinderung eines Geschäftsleiters dessen Funktion ausüben soll (sog. Verhinderungsvertreter); dieses in Sparkassen anzutreffende Amt kennt das deutsche Aktienrecht nicht. Der Anzeigepflicht unterliegt auch die Bestellung sog. ehrenamtlicher und nebenberuflicher Geschäftsleiter.[523] Zuständiges Organ für die Abgabe der Absichts- und Vollzugsanzeige ist die Geschäftsleitung des betreffenden Instituts.

Die rechtzeitige Abgabe der Absichtsanzeige kann im Einzelfall proble- 218
matisch sein. Anzeigepflichtig sind nur ausreichend konkrete Bestellvorhaben, nicht bloße Bestellabsichten. Eine ausreichende Konkretisierung der Absicht entwickelt sich meist in einem Prozess der Entscheidungsfindung und liegt regelmäßig erst in dem Zeitpunkt vor, in dem das für die Bestellung zuständige Gremium die Personalentscheidung intern getroffen hat.[524] Ein eventueller Zustimmungsvorbehalt zugunsten anderer Gremien oder der BaFin ist in der Regel unschädlich für die ausreichende Konkretisierung und damit für die Meldpflicht. Solange die Entscheidung im zustän-

---

521 OLG Frankfurt ZIP 2009, 564; näher *Mennicke*, NZG 2009, 1059, 1060; a. A. OLG Stuttgart ZIP 2007, 481.
522 *Fischer*, in: Boos/Fischer/Schulte-Mattler, Kreditwesengesetz, 2012, § 24 Rn. 52.
523 *Fischer*, in: Boos/Fischer/Schulte-Mattler, Kreditwesengesetz, 2012, § 24 Rn. 53.
524 *Fischer*, in: Boos/Fischer/Schulte-Mattler, Kreditwesengesetz, 2012, § 24 Rn. 58.

digen Gremium jedoch noch nicht getroffen worden ist, z. B. weil noch weitere potenzielle Kandidaten vorhanden sind, liegt noch keine ausreichend konkretisierte Absicht vor, die eine Anzeigepflicht auslöst.[525]

219 Fusionen von Instituten können Anzeigepflichten nach § 24 Abs. 1 Nr. 1 KWG auslösen. Anzeigepflichtig sind alle bei dem aufnehmenden Institut neu bestellten Geschäftsleiter, auch wenn diese bereits beim untergehenden Institut als Geschäftsleiter bestellt waren. Umgekehrt hat das untergehende Institut das Ausscheiden seiner bisherigen Geschäftsleiter nach § 24 Abs. 1 Nr. 2 anzuzeigen, auch wenn diese bei dem aufnehmenden Institut neu bestellt werden.

220 Der Vollzug der Bestellung eines Geschäftsleiters (Vollzugsanzeige) ist unverzüglich anzuzeigen, sobald die Bestellung rechtswirksam geworden ist. Das ist in der Regel der Zeitpunkt der Bekanntgabe der Bestellung gegenüber dem Geschäftsleiter. Auf den Zeitpunkt der Eintragung ins Handelsregister bzw. ihrer Veröffentlichung kommt es nicht an.[526]

221 Absichts- und Vollzugsanzeige sind in schriftlicher und jeweils einfacher Ausfertigung der BaFin sowie der zuständigen Hauptverwaltung der Deutschen Bundesbank einzureichen. Der Anzeige über die Absicht der Bestellung eines Geschäftsleiters sind folgende Unterlagen beizufügen (§ 5 Satz 1 AnzV): ein lückenloser unterzeichneter Lebenslauf mit wesentlichen persönlichen Angaben sowie Darlegung der fachlichen Vorbildung und der bisherigen beruflichen Tätigkeit, eine vom potenziellen Geschäftsleiter eigenhändig unterzeichnete Erklärung über schwebende oder anhängig gewesene Straf- oder Insolvenzverfahren oder Verfahren zur Abgabe einer eidesstattlichen Versicherung. Die einzureichenden Unterlagen dienen der Prüfung durch die BaFin, ob die betreffende Person die notwendige fachliche Eignung, persönliche Zuverlässigkeit sowie ausreichende zeitliche Verfügbarkeit besitzt, um als Geschäftsleiter tätig zu werden. Soweit hieran Zweifel bestehen, kann die BaFin der Bestellung als Geschäftsleiter widersprechen. Rechtsgrundlage hierfür ist § 6 Abs. 3 KWG.

222 Sofern die BaFin im Rahmen einer Voranfrage Bedenken gegen die Bestellung eines Kandidaten äußert, besteht hiergegen verwaltungsgerichtlicher Rechtsschutz. Bei einer negativen Äußerung zur Qualifikation eines Bewerbers handelt es sich zwar nur um eine rechtlich nicht verbindliche Meinungsäußerung, die keinen Verwaltungsakt darstellt. Dennoch hat sie für den Betroffenen eine erheblich belastende Wirkung, da er in seiner Berufsausübung beeinträchtigt wird. Hiergegen ist die vorbeugende Unterlassungsklage in Form der Leistungsklage nach § 42 VwGO zulässig.[527]

---

525 *Fischer*, in: Boos/Fischer/Schulte-Mattler, Kreditwesengesetz, 2012, § 24 Rn. 59.
526 *Fischer*, in: Boos/Fischer/Schulte-Mattler, Kreditwesengesetz, 2012, § 24 Rn. 59.
527 *Fischer*, in: Boos/Fischer/Schulte-Mattler, Kreditwesengesetz, 2012, § 36 Rn. 78.

b) Ausscheiden eines Geschäftsleiters

Nach § 24 Abs. 1 Nr. 2 KWG ist der BaFin das Ausscheiden der Geschäftsleiter aus dem Amt anzuzeigen. Die Anzeigepflicht betrifft nur den Vollzug und nicht die Absicht der Beendigung der Amtsstellung. Die Anzeige ist unverzüglich mit dem rechtswirksamen Ausscheiden aus der Geschäftsleitung abzugeben und auch dann erforderlich, wenn der Geschäftsleiter nach dem Ende seines Amtes weiterhin für das Institut in anderer Funktion tätig bleibt. **223**

Die Angabe des Beendigungsgrundes (Abberufung, Ruhestand, Tod) in der Anzeige ist nicht notwendig.[528] Im Einzelfall empfehlen sich Erläuterungen dennoch, um Nachfragen durch die Aufsicht zu vermeiden. Im Übrigen kann die BaFin durch ein Auskunftsersuchen nach § 44 KWG die Gründe des Ausscheidens des Geschäftsleiters ermitteln, um mögliche Verfehlungen des Ausgeschiedenen festzustellen. **224**

2. Geschäftsleiter von Versicherungsunternehmen

Nach § 13d Nr. 1 VAG ist die Absicht der Bestellung von Geschäftsleitern eines Versicherungsunternehmens unverzüglich der Aufsicht anzuzeigen. Es handelt sich um eine Absichtsanzeige;[529] der Vollzug der Bestellung ist dagegen nicht anzeigepflichtig. In der Anzeige anzugeben sind diejenigen Tatsachen, die nach § 7a Abs. 1 VAG für die Beurteilung der Qualifikation, Eignung und Zuverlässigkeit des Kandidaten wesentlich sind. Ein vorheriger Kontakt mit der Versicherungsaufsicht wird empfohlen.[530] Das Ausscheiden eines Geschäftsleiters ist nach § 13d Nr. 2 VAG ebenfalls unverzüglich der Aufsicht anzuzeigen. **225**

3. Inhaber bedeutender Beteiligungen; Holdingunternehmen

Aktiengesellschaften mit bedeutenden Beteiligungen an einem Kreditinstitut oder an einem Versicherungsunternehmen haben nach § 2c Abs. 1 Satz 5 KWG, § 104 Abs. 1 Satz 5 VAG jedes neu bestellte Vorstandsmitglied (der Aktiengesellschaft) mit den für die Beurteilung von dessen Zuverlässigkeit wesentlichen Tatsachen der BaFin/Bundesbank bzw. Versicherungsaufsicht unverzüglich schriftlich anzuzeigen. Es handelt sich um eine nachträgliche Meldung, nicht um eine Absichtsanzeige. Nach § 1 Abs. 9 KWG, § 7a Abs. 2 Satz 3 VAG besteht eine bedeutende Beteiligung, wenn die Aktiengesellschaft direkt oder indirekt mindestens 10% des Kapitals oder der Stimmrechte an einem Institut oder Versicherungsunternehmen hält oder auf deren Geschäftsführung einen maßgeblichen Einfluss ausüben **226**

---

528 *Fischer*, in: Boos/Fischer/Schulte-Mattler, Kreditwesengesetz, 2012, § 24 Rn. 69.
529 *Grote*, in: Münchener Kommentar zum VVG, 2010, Rn. 263.
530 *Laars*, in: Versicherungsaufsichtsgesetz, 2012, § 13d Rn. 2.

kann. Die Anzeige nach § 2c Abs. 1 Satz 5 KWG, § 104 Abs. 1 Satz 5 VAG ist unter den Voraussetzungen des § 18 Satz 2 InhKontrVO entbehrlich, wenn z. B. die Aktiengesellschaft selbst Kreditinstitut oder Versicherungsunternehmen ist (§ 18 Satz 2 Nr. 2 InhKontrVO).

227 Bei einer Finanzholding-Gesellschaft und Versicherungsholding-Gesellschaft ist die Absicht der Bestellung der die Geschäfte tatsächlich führenden Person, der Vollzug dieser Bestellung sowie das Ausscheiden der Leitungsperson aus dem Amt der BaFin/Bundesbank bzw. Versicherungsaufsicht unverzüglich anzuzeigen, § 24 Abs. 3a Nr. 1 und 2 KWG, § 13e Abs. 1 Nr. 1 und 2 VAG. Die Anzeige betrifft Leitungspersonen von Holdinggesellschaften i. S. d. § 1 Abs. 3a KWG, § 1b Abs. 1 VAG. In Abhängigkeit von der Rechtsform der Holdinggesellschaft können die Geschäfte tatsächlich führenden Personen z. B. AG-Vorstände oder GmbH-Geschäftsführer (etwa GmbH & Co. KG-Holding) sein. Im Rahmen der Absichtsanzeige über die Bestellung der Leitungsperson sind diejenigen Tatsachen anzugeben, die für die Beurteilung der Zuverlässigkeit sowie der fachlichen Eignung der Leitungsperson durch die Aufsicht wesentlich sind. Durch § 24 Abs. 3 Satz 5 KWG, § 13e Abs. 1 Satz 2 VAG wird klargestellt, dass sich diese Anzeigepflicht auch auf die Leitungsperson einer gemischten Finanzholding-Gesellschaft oder Versicherungsholding-Gesellschaft bezieht.

Kapitel 3
Anstellungsvertrag der Vorstandsmitglieder

A. Grundlagen des Anstellungsverhältnisses
I. Rechtsnatur des Anstellungsvertrages
1. Trennung zwischen Anstellung und Bestellung

Das Vorstandsmitglied steht zur Aktiengesellschaft in korporationsrechtlicher und in schuldrechtlicher (vertragsrechtlicher) Beziehung. Mit der Bestellung werden dem Vorstandsmitglied organschaftliche Aufgaben und Befugnisse, aber auch Rechte und Pflichten übertragen und zugleich eine fiduziarische Pflichtenbindung (ähnlich einem treuhänderischen Verwalter) gegenüber der Gesellschaft begründet. Demgegenüber regelt der Anstellungsvertrag die persönliche Rechtsstellung der Vorstandsmitglieder. Der Vertrag enthält zusätzliche Rechte und Pflichten, die sich weder unmittelbar aus dem Gesetz noch aus der Organstellung ableiten lassen. Dazu gehören insbesondere der Anspruch auf Bezüge (Tätigkeitsvergütung, Tantieme, Aktienoptionen) und betriebliche Altersversorgung, der Abschluss einer D & O-Versicherung, der Ersatz von Aufwendungen, die Dienstwagenregelung, die Regelung der Vertragsdauer und der Nebentätigkeiten, das nachvertragliche Wettbewerbsverbot sowie die Schutzrechte (Krankheit, Unfall, Urlaub). Der Anstellungsvertrag dient mithin in erster Linie dem Individualschutz der Vorstandsmitglieder und sichert zugleich ihre Unabhängigkeit.

228

Die konkrete Ausgestaltung des Anstellungsvertrages richtet sich grundsätzlich nach der Verhandlungsposition und dem Verhandlungsgeschick der Vertragsparteien. Diese Privatautonomie ist jedoch nicht unbegrenzt, sondern unterliegt aktienrechtlichen Beschränkungen (z. B. Vertragsdauer von höchstens fünf Jahren nach § 84 Abs. 1 Satz 5 AktG, angemessene Bezüge nach § 87 Abs. 1 AktG). Eine Kollision organschaftlicher und vertraglicher Regelungen ist stets zulasten des Anstellungsverhältnisses aufzulösen.[531]

229

Anstellungsvertrag und Bestellung bedingen sich nicht wechselseitig und können unterschiedliche rechtliche Schicksale haben (sog. Trennungstheorie).[532] Unbeschadet der rechtlichen Trennung bestehen zwischen beiden Rechtsverhältnissen aber gewisse Zusammenhänge, die eine tatsächliche

230

---

531 BGH NJW 1989, 2683, 2684; *Wiesner*, in: MünchHdB GesR AG, § 20 Rn. 15; *Henssler*, RdA 1992, 289, 293.
532 Einzelheiten zur Rechtsnatur der Bestellung siehe Rn. 31 ff.

wie auch rechtliche Verknüpfung bewirken. So wird das Vorstandsmitglied das Amt im Regelfall nur bei vertraglich zugesagter Vergütung übernehmen. Umgekehrt konkretisiert die organschaftliche Pflichtenbindung zugleich das vereinbarte Pflichtenprogramm des Anstellungsvertrages.

231 Anstellungsvertrag und Bestellung sind jedoch nicht Bestandteile eines einheitlichen Rechtsgeschäfts, das dem Anwendungsbereich des § 139 BGB unterliegen würde.[533] Die Unwirksamkeit der Bestellung berührt daher nicht unbedingt das Fortbestehen des Anstellungsvertrages. Ebenso wenig führt die Abberufung aus wichtigem Grund nach § 84 Abs. 3 AktG automatisch zur Beendigung des Anstellungsverhältnisses, denn dazu bedarf es grundsätzlich einer Kündigung aus wichtigem Grund nach § 626 BGB oder einer einvernehmlichen Aufhebung des Anstellungsvertrages. Jedoch können die Parteien vereinbaren, dass der Anstellungsvertrag an die Organstellung gekoppelt ist.[534]

2. Anstellungsvertrag als Dienstvertrag

232 Der Anstellungsvertrag ist ein freier Dienstvertrag, der eine Geschäftsbesorgung zum Gegenstand hat und dem Regelungsbereich der §§ 611 ff., 675 Abs. 1 BGB unterliegt.[535] Das Anstellungsverhältnis ist mithin kein Arbeitsverhältnis;[536] geschuldet wird vielmehr die Erbringung unabhängiger Vorstandsdienste. Der Vorstand übt die Arbeitgeberfunktion aus.[537] Die Vorstandstätigkeit ist dadurch charakterisiert, dass die Vorstandsmitglieder die Interessen der Gesellschaft wahrnehmen. Dazu müssen die Vorstände jederzeit über ihre Tätigkeit in zeitlicher, örtlicher und fachlicher Hinsicht in eigener Verantwortung entscheiden können.

233 Die Entgeltlichkeit des Anstellungsvertrages wird nach § 612 Abs. 1 BGB zumindest bei Vorstandsmitgliedern ohne Beteiligungsbesitz gesetzlich vermutet.[538] Sofern das Vorstandsmitglied ausnahmsweise unentgeltlich tätig ist, sind die Vorschriften über das Auftragsverhältnis nach §§ 662 ff. BGB auf den Anstellungsvertrag anzuwenden.[539]

---

533 *Wiesner*, in: MünchHdB GesR AG, § 20 Rn. 15; *Meier/Pech*, DStR 1995, 1195.
534 Einzelheiten zu Kopplungs- und Gleichlaufklauseln siehe Rn. 277 ff.
535 BGH ZIP 2000, 508, 509; statt aller *Lücke*, in Lücke, Beck'sches MandatsHdB, Vorstand der AG, § 2 Rn. 92 m. w. N.
536 Einzelheiten zur (fehlenden) Arbeitnehmerstellung der Vorstände siehe Rn. 240 ff.
537 *Hüffer*, AktG, § 84 Rn. 11.
538 OLG Stuttgart AG 2003, 211, 213.
539 *Spindler*, in: MünchKommAktG, § 84 Rn. 50; *Wiesner*, in: MünchHdB GesR AG, § 21 Rn. 1.

3. Anstellungsvertrag mit Dritten

a) Gestaltungsformen

Im Normalfall besteht der Anstellungsvertrag zwischen dem Vorstandsmitglied und der Gesellschaft. In der Praxis wird das Dienstverhältnis gelegentlich mit einer anderen (juristischen oder natürlichen) Person abgeschlossen als derjenigen, für die das Vorstandsmitglied als Organ bestellt worden ist. Anzutreffen ist eine solche Drittanstellung insbesondere bei konzernverbundenen Gesellschaften, bei kommunalen Energieversorgern sowie sonstigen Gesellschaften mit öffentlicher Beteiligung oder auch bei einem in der Rechtsform der AG & Co. KG organisierten Unternehmen. Der Anstellungsvertrag besteht in diesen Fällen entweder mit der Konzernmutter, der allein- oder mehrheitsbeteiligten öffentlich-rechtlichen Körperschaft oder mit der Kommanditgesellschaft. Ferner können zusätzlich besondere Verträge zwischen Vorstandsmitglied und Allein- oder Mehrheitsaktionär bestehen, die das Anstellungsverhältnis mit der Gesellschaft (teilweise) ersetzen oder komplementäre Regelungen enthalten.[540]   234

Für Geschäftsführer einer nicht mitbestimmten GmbH wird die Drittanstellung als generell zulässig angesehen.[541] Bei Vorstandsmitgliedern ist eine Drittanstellung als ein die Organstellung begleitendes Rechtsverhältnis ebenfalls grundsätzlich möglich,[542] obgleich bei den einzelnen Gestaltungsformen erhebliche praktische und rechtliche Schwierigkeiten entstehen können und Detailfragen zudem umstritten sind.   235

b) Drittanstellung im Konzern

Im Konzern sind die Vorstandsmitglieder der abhängigen Gesellschaft häufig bei der Konzernmutter angestellt. Gegen einen solchen Konzernanstellungsvertrag ergeben sich grundsätzlich keine durchgreifenden Bedenken.[543] Nachdem die Drittanstellung eines Vorstandes über viele Jahre in der Rechtswissenschaft diskutiert wurde, hat sich nun auch die Rechtsprechung mit dem Thema befasst und die Drittanstellung gebilligt.[544]   236

Gegenstand der Drittanstellung kann etwa eine Beschäftigungsgarantie im Konzern für den Fall einer Abspaltung oder Ausgliederung der Tochtergesellschaft, die Zusage eines konzernweiten Ruhegeldes oder auch die   237

---

540 Ausführlich *Niewiarra*, BB 1998, 1961, 1963 ff.
541 BGH, WM 1964, 1320 ff.; BGH ZIP 1995, 377; BGH NJW 1980, 595; OLG Celle GmbHR 1980, 32, 33; BAG ZIP 2003, 1010, 1014; *Schneider/Sethe*, in: Scholz, GmbHG, § 35 Rn. 167 ff.
542 Grundlegend zum Meinungsstand *Jooß*, NZG 2011, 1130 ff. im Anschluss an KG NZG 2011, 865 ff.
543 *Lutter/Krieger*, Rechte und Pflichten des Aufsichtsrats, Rn. 411; *Fischer/Harth/Meyding*, BB 2000, 1097 ff.; *Martens*, FS Hilger/Stumpf, S. 437, 438; a. A. *Raiser*, Recht der Kapitalgesellschaften § 14 Rn. 47; *Theobald*, FS Raiser (2005), S. 421, 429 ff.
544 KG NZG 2011, 865 ff.

Gewährung von Bezugsrechten auf Aktien der Muttergesellschaft sein.[545] Zu beachten sind jedoch die Zuständigkeitskompetenzen des Aufsichtsrates und mögliche Interessenkonflikte und Pflichtenkollisionen. Konflikte treten immer dann auf, wenn durch die Vereinbarung die ausschließliche Personalkompetenz des Aufsichtsrats der Tochtergesellschaft nach §§ 84, 112 AktG unmittelbar berührt ist. Die aktienrechtlich zwingende Kompetenzzuweisung wird insbesondere dann verletzt, wenn die Konzernmutter die Vorstandsbezüge kürzt oder aber ohne Einvernehmen mit der Tochtergesellschaft den Anstellungsvertrag beendet und damit das Vorstandsmitglied zur Amtsniederlegung veranlasst. Ferner kann das Anstellungsverhältnis als solches problematisch sein, sofern es ausnahmsweise als Arbeitsvertrag anzusehen ist und damit ein Konflikt zwischen Weisungsrecht des Arbeitgebers und eigenverantwortlicher Leitungsmacht des Vorstands (§ 76 Abs. 1 AktG) unausweichlich ist.

238 Andererseits wird bei Bestehen eines Beherrschungsvertrages sowie im Fall der vollzogenen Eingliederung die organschaftliche Leitungsmacht des Vorstands von der Weisungsbefugnis der Haupt- bzw. beherrschenden Gesellschaft überlagert (vgl. §§ 308 Abs. 1 Satz 1 und Abs. 2, 323 Abs. 1 AktG). Eine zulässige Drittanstellung der Vorstandsmitglieder ist daher anzunehmen, wenn der Aufsichtsrat der abhängigen oder eingegliederten Gesellschaft in Ausübung seiner Anstellungskompetenz dem Konzernanstellungsvertrag ausdrücklich zustimmt.[546] Entsprechendes gilt für den Fall eines vertraglich vereinbarten Zustimmungsvorbehalts zugunsten des Aufsichtsrats der Tochtergesellschaft, insbesondere für die Änderung, Kündigung oder Aufhebung des Anstellungsvertrages.[547] Wirksamkeitsvoraussetzung für die Drittanstellung ist die Zustimmung des Aufsichtsrates der Tochtergesellschaft allerdings nicht, wie sich aus § 88 Abs. 2 AktG ergibt. Außerhalb eines Vertragskonzerns oder einer Eingliederung sollte angesichts der rechtlichen Unsicherheiten auf reine Drittanstellungen prinzipiell verzichtet werden.

c) Vorstands-Doppelmandate

239 Vorstands-Doppelmandate finden sich meist in konzernverbundenen Unternehmen, bei denen ein Vorstandsmitglied der Konzernmutter zugleich in den Vorstand einer Tochtergesellschaft berufen wird. Vorstands-Doppelmandate sind rechtlich zulässig,[548] wenn beide Aufsichts-

---

545 Diffenzierend *Fonk*, in: Semler/v. Schenck, ArbeitsHdB für Aufsichtsratsmitglieder, § 9 Rn. 199 (Gewährung von Aktienoptionen nur im Fall der Beherrschung und Eingliederung zulässig).
546 *Hüffer*, AktG, § 84 Rn. 14; *Henssler*, RdA 1992, 289, 301; a. A. *Theobald*, FS Raiser (2005), S. 421, 433; zur Drittanstellung bei einer ausländischen Konzernobergesellschaft *Erdmann*, NZG 2002, 503, 510 f.
547 *Lutter/Krieger*, Rechte und Pflichten des Aufsichtsrats, Rn. 411; *Martens*, FS Hilger/Stumpf, S. 437, 442 f., 447.
548 Einzelheiten zu Rechtsproblemen bei Vorstands-Doppelmandaten siehe Rn. 101.

räte einverstanden sind.[549] Der Aufsichtsrat der Konzernobergesellschaft wird umfassend über die Leistungen aus beiden Rechtsverhältnissen bestimmen wollen, insbesondere über die Höhe der Vorstandsbezüge. Dazu sollte neben dem Konzernanstellungsvertrag ein separater Anstellungsvertrag mit der Tochtergesellschaft mit dem Inhalt geschlossen werden, dass alle Leistungen der Tochtergesellschaft auf die Vergütung bei der Konzernmutter anzurechnen sind. Alternativ kann im Anstellungsvertrag mit der Tochtergesellschaft lediglich vereinbart werden, dass sich die Höhe der Vergütung sowie weitere Einzelheiten aus dem Vertragsverhältnis mit der Konzernmutter ergeben. Erzielt werden in beiden Fällen konzerneinheitliche Anstellungsbedingungen, eine einheitliche Bezahlung bei der Muttergesellschaft und eine auf den Geschäftsbereich bezogene Vergütung in der Tochtergesellschaft. Erforderlich dafür ist freilich, dass der Schwerpunkt der Vorstandstätigkeit eindeutig bei der Tochtergesellschaft liegt. Außerdem muss der Aufsichtsrat der Konzernmutter sicherstellen, dass die Bezüge insgesamt tatsächlich dem Angemessenheitsgebot nach § 87 Abs. 1 AktG entsprechen. Aus Sicht des Vorstandes ist zudem darauf zu achten, dass dieser stets die Interessen der jeweiligen Gesellschaft wahrzunehmen hat. Die Haftungsrisiken sind erheblich, wenn es um Rechtsgeschäfte zwischen den beiden Gesellschaften geht oder diese zueinander in Wettbewerb stehen. Dies erfordert eine besonders sorgfältige Wahrnehmung der Vorstandsdienste.

II. Stellung der Vorstandsmitglieder

1. Arbeitnehmerschutzvorschriften

a) Kein Arbeitnehmerstatus

Die Vorstandsmitglieder einer Aktiengesellschaft sind keine Arbeitnehmer.[550] Die der Arbeitnehmerstellung inhärente persönliche Abhängigkeit und Weisungsgebundenheit ist unvereinbar mit der aktienrechtlichen Kompetenzordnung. Nach § 76 Abs. 1 AktG verfügt der Vorstand einer konzernfreien Aktiengesellschaft über eine weisungsfreie Leitungsmacht, d. h. auf seine Amtsführung kann nur in den engen Grenzen von § 82 Abs. 2 und § 119 AktG Einfluss genommen werden. Außerdem übernimmt der Vorstand als Vertretungsorgan der Gesellschaft selbst verschiedene Arbeitgeberfunktionen, darunter das Weisungsrecht gegenüber den Arbeitnehmern. Unanwendbar ist demnach die Rechtsprechung des BAG zum GmbH-Fremdgeschäftsführer, nach der im Einzelfall eine persönliche Abhängig-

240

---

549 BGH NZG 2009, 744 ff.
550 BGH NJW-RR 1988, 420; BGH NJW 1981, 757; *Lücke*, in Lücke, Beck'sches MandatsHdB, Vorstand der AG, § 2 Rn. 92; *Thüsing*, AG 2003, 484, 485.

keit und damit der Arbeitnehmerstatus vorliegen kann.[551] Vorstandsmitglieder sind ferner keine Arbeitnehmer i. S. d. internationalen Arbeitsrechts.[552] Lediglich im Rahmen eines Konzernanstellungsvertrages oder einer vergleichbaren Form der Vertragsgestaltung mit Dritten kann der Anstellungsvertrag ausnahmsweise als Arbeitsvertrag zu qualifizieren sein.[553]

241 Andererseits darf nicht unberücksichtigt bleiben, dass der Anstellungsvertrag häufig die Existenzgrundlage der Vorstandsmitglieder bildet und insoweit eine gewisse wirtschaftliche Abhängigkeit gegenüber der Gesellschaft besteht. Außerdem rechtfertigt die typischerweise langfristige und ausschließliche Bindung an das Unternehmen die Anerkennung eines sozialen Mindestschutzes der Vorstandsmitglieder. Im Einzelfall können daher Arbeitnehmerschutzvorschriften auf das Vorstandsmitglied entsprechend anzuwenden sein, sofern der Anstellungsvertrag dies erfordert und die Organstellung sowie gesetzliche Vorschriften dem nicht entgegenstehen.[554]

b) Anwendbare Regelungen

242 Auf Vorstandsverträge entsprechend anwendbar sind die Mindestkündigungsfristen nach § 622 BGB,[555] der Anspruch auf Zeugniserteilung nach § 630 BGB,[556] der Pfändungsschutz nach §§ 850 ff. ZPO für fortlaufende Dienst- und Versorgungsbezüge,[557] die Streitwertbemessung nach § 42 Abs. 3 GKG n. F. für Klagen auf Vorstandsvergütung[558] oder aber das Gesetz zur Verbesserung der betrieblichen Altersversorgung,[559] Letzteres beschränkt auf Vorstandsmitglieder ohne beherrschenden Einfluss. Auf betriebliche Übungen und/oder Gleichbehandlung mit Vorstandskollegen oder anderen Angestellten kann sich das Vorstandsmitglied in der Regel nicht berufen. Allerdings sind arbeitsrechtliche Regelungen bei der Auslegung des Anstellungsvertrages zu berücksichtigen.[560] Das allgemeine Benachteiligungsverbot des Antidiskriminierungsgesetzes beschränkt sich für Organmitglieder nach §§ 2 Abs. 1 Nr. 1, 6 Abs. 3 AGG auf die Berufszu-

---

551 BAG ZIP 1999, 1854, 1855 m. Anm. *Keil* EWiR 2000 § 611 BGB 1/2000, 69; BAG ZIP 1999, 1456.
552 Ausführlich *Mankowski*, RIW 2004, 167.
553 OLG Frankfurt DB 1997, 1812; *Wiesner*, in: MünchHdB GesR AG, § 21 Rn. 3; *Richardi*, in: MünchHdB ArbR, § 6 Rn. 14; *Reinecke*, ZIP 1997, 1525, 1529; *Henssler*, RdA 1992, 289, 301; Arbeitnehmerstellung generell ablehnend OLG München NZG 2003, 722 (zur GmbH & Co KG); a. A. BAG NZA 1995, 1070.
554 *Fleck*, FS Hilger/Stumpf, S. 197, 205 ff.; *Henssler*, RdA 1992, 289, 297; *Bauer*, DB 1992, 1413; für den GmbH-Geschäftsführer OLG Jena GmbHR 2001, 672, 673.
555 BGH DStR 1999, 1743, 1744 m. Anm. *Goette*; BGH NJW 1989, 2683, 2684.
556 *Hüffer*, AktG, § 84 Rn. 17.
557 BGH AG 1978, 162, 165 f.; *Hüffer*, AktG, § 84 Rn. 18.
558 BGH WM 1978, 1106 f.; *Nirk*, in: Nirk/Reuter/Bächle, HdB Aktiengesellschaft I, Rn. 644.
559 Vgl. § 17 Abs. 1 Satz 2 BetrAVG; *Mertens/Cahn*, in: KölnKommAktG, § 84 Rn. 68; *Wiesner*, in: MünchHdB GesR AG, § 21 Rn. 47.
560 BGH AG 1995, 188, 189; *Hüffer*, AktG, § 84 Rn. 17; *Henssler*, RdA 1992, 289, 299 ff.

gangsbedingungen, d.h. auf die Anstellung.⁵⁶¹ Keine Anwendung findet das AGG auf die Beschäftigung der Vorstandsmitglieder selbst und die Entlassungsbedingungen; Entsprechendes gilt für die EU-Diskriminierungsrichtlinien.⁵⁶²

Auf Grund fehlender sozialer Schutzbedürftigkeit finden dagegen keine entsprechende Anwendung das Entgeltfortzahlungsgesetz, das Arbeitszeitgesetz, das Bundesurlaubsgesetz,⁵⁶³ das Mutterschutzgesetz,⁵⁶⁴ das Bundeserziehungszeit- und Elterngeldgesetz,⁵⁶⁵ die Vorschriften über nachvertragliche Wettbewerbsverbote nach §§ 74ff. HGB,⁵⁶⁶ das Gesetz über Arbeitnehmererfindungen,⁵⁶⁷ die Regelungen über den Übergang bestehender Arbeitsverhältnisse nach § 613a BGB⁵⁶⁸ und das Gesetz über Teilzeitarbeit und befristete Arbeitsverträge.⁵⁶⁹ Ebenso wenig sind die Grundsätze über die beschränkte Arbeitnehmerhaftung auf Vorstandsmitglieder übertragbar.⁵⁷⁰ Unanwendbar sind zudem solche gesetzlichen Regelungen, die ausdrücklich die vertretungsberechtigten Organmitglieder juristischer Personen aus dem Geltungsbereich ausschließen. Dazu gehören insbesondere das Kündigungsschutzgesetz nach § 14 Abs. 1 Nr. 1 KSchG, der Kündigungsschutz für Schwerbehinderte nach § 90 Abs. 1 Nr. 2 i.V.m. § 73 Abs. 2 Nr. 5 SGB IX sowie das Arbeitsgerichtsgesetz nach § 5 Abs. 1 Satz 3 ArbGG.⁵⁷¹

243

---

561 *Weber*, in: Hölters, AktG, § 76 Rn. 83; *Bauer/Arnold*, ZIP 2008, 993, 994; *Lutter*, ZIP 2007, 725, 730; *Bauer/Göpfert/Krieger*, DB 2005, 595.
562 Siehe Richtlinie 2000/43/EG des Rates zur Anwendung des Gleichbehandlungsgrundsatzes ohne Unterschied der Rasse oder der ethischen Herkunft, v. 29.6.2000 Abl. EG Nr. L 180, S. 22; Richtlinie 2000/78/EG des Rates zur Festlegung eines allgemeinen Rahmens für die Verwirklichung der Gleichbehandlung in Beschäftigung und Beruf, v. 27.11.2000 Abl. EG Nr. L 303, S. 16.
563 OLG Düsseldorf GmbHR 2000, 278, 281.
564 Zum Anwendungsbereich der EU-Mutterschutzrichtlinie siehe EuGH 11.11.2010 – C-232/09, NZA 2011, 143 („*Danosa*"-Entscheidung), der die Mutterschutzrichtlinie auf eine Geschäftsführerin einer lettischen Aktiengesellschaft ausgedehnt hat. Zweifelhaft ist, ob die Entscheidung des EuGH wegen der Weisungsfreiheit der Vorstandstätigkeit nach § 76 Abs. 1 AktG auf Vorstandsmitglieder einer deutschen Aktiengesellschaft übertragbar ist; dazu *Oberthür*, NZA 2011, 253; *Baeck/Winzer*, NZG 2011, 101.
565 Zum Bundeserziehungsgeldgesetz: *Oberrath* MDR 1999, 134, 138; *Hümmerich*, NJW 1995, 1177, 1181; a.A. *Henssler*, RdA 1992, 289, 296.
566 OLG Schleswig NZG 2000, 894; OLG Köln NZG 2000, 740, 741.
567 BGH GRUR 1990, 193, 194; OLG Düsseldorf GRUR 2000, 49, 50.
568 OLG Hamm DStR 1991, 884; BAG ZIP 2003, 1010, 1012; LAG Hamm GmbHR 2001, 574.
569 Dazu *Wank*, in: MünchHdB ArbR Ergänzungsband, § 116 Rn. 33.
570 BGH WM 1975, 467, 469; BGH VersR 1984, 281; KG NZG 1999, 400, 402; LG Bonn NJW-RR 1995, 1435, 1436; *Boujong*, DZWiR 1997, 322, 328.
571 BGH NZG 2000, 654, 655 m. Anm. *Junker* EWiR § 611 BGB 3/2000, 381; *Bauer*, BB 1994, 855, 856; *Henssler*, RdA 1992, 289, 296.

2. Sozialversicherungsrecht

244 Ordentliche Vorstandsmitglieder sowie stellvertretende Mitglieder des Vorstandes einer Aktiengesellschaft unterliegen in allen fünf Zweigen der gesetzlichen Sozialversicherung (Arbeitslosenversicherung, Rentenversicherung, Unfallversicherung, Krankenversicherung und Pflegeversicherung) grundsätzlich keiner Versicherungspflicht.

245 In der gesetzlichen **Arbeitslosenversicherung** sind die Mitglieder des Vorstandes für ihre Beschäftigung in der Aktiengesellschaft und im Konzernunternehmen nach § 27 Abs. 1 Nr. 5 Satz 1 SGB III versicherungsfrei. Nach Satz 2 der Vorschrift gelten Konzernunternehmen i. S. d. § 18 AktG als Unternehmen mit der Folge, dass sich die Befreiung von der Arbeitslosenversicherungspflicht nicht auf Beschäftigungen außerhalb des Konzerns erstreckt. Eine freiwillige Versicherung ist einem Vorstand nicht möglich.[572]

246 In der gesetzlichen **Rentenversicherung** knüpfte die Versicherungsfreiheit bis zum Jahr 2003 nicht an die Tätigkeit in der Gesellschaft, sondern gemäß § 1 Satz 4 SGB VI a. F. an die Person des Vorstandsmitglieds an. Neben der Vorstandstätigkeit ausgeübte Beschäftigungen oder Tätigkeiten waren allesamt nicht versicherungspflichtig. Selbst wenn die Nebentätigkeit hinsichtlich der Vergütung und Arbeitsbelastung die Vorstandstätigkeit erheblich überwog oder die Ausübung des Vorstandsmandats sogar unentgeltlich erfolgte, war die Rentenversicherungspflicht für die Nebentätigkeit ausgeschlossen.[573] Mit der im Jahr 2003 erfolgten Änderung des § 1 Satz 4 SGB VI sind Vorstandsmitglieder nur noch für die konkrete Vorstandstätigkeit und für alle Tätigkeiten in verbundenen Konzernunternehmen von der gesetzlichen Rentenversicherung befreit.[574] Beschäftigungen außerhalb des Konzerns unterliegen daher fortan der Beitragspflicht. Davon ausgenommen sind nach § 229 Abs. 1a SGB VI solche Nebentätigkeiten, die bereits am 06.11.2003 ausgeübt wurden und nicht rentenversicherungspflichtig waren.[575] Voraussetzung ist jedoch, dass die Gesellschaft an dem genannten Stichtag bereits im Handelsregister eingetragen war, die Beschäftigung tatsächlich aufgenommen war und die Bestellung zum Vorstand nicht ausschließlich zum missbräuchlichen Zweck der Erlangung der Versicherungsfreiheit in der anderen Beschäftigung oder Tätigkeit erfolgt ist.[576]

247 Für die gesetzliche **Unfallversicherung** liegt in aller Regel keine Beschäftigung i. S. d. § 7 Abs. 1 SGB IV vor, da den Vorstandsmitgliedern die dafür

---

572 BSG NZS 2011, 75 ff.
573 BSG BB 1993, 442 (zu § 3 Abs. 1a AVG); *Brackmann*, in: HdB Sozialversicherung, Bd. 2 Gesetzliche Rentenversicherung, § 1 Rn. 49.
574 Ausführlich zu § 1 Satz 4 SGB VI siehe *Küffner/Zugmaier*, DStR 2003, 2235, 2236.
575 Vgl. SG Frankfurt/M. NZG 2004, 1119.
576 *Buczko*, DAngVers 2004, 161 ff.

erforderliche persönliche Abhängigkeit fehlt.[577] Dies hat zur Folge, dass die Vorstandsmitglieder einer Aktiengesellschaft unversichert sind und nur über eine freiwillige Versicherung den Schutz der gesetzlichen Unfallversicherung erlangen können. Dies kann in dem Anstellungsvertrag geregelt werden und erfolgt in der Praxis auch häufig. Die Deckungssummen sind in diesem Fall individuell zu vereinbaren.

In der gesetzlichen **Krankenversicherung** und in der sozialen Pflegeversicherung kommt eine Beitragspflicht meist aus tatsächlichen Gründen nicht in Betracht, denn das Einkommen der Vorstandsmitglieder überschreitet regelmäßig die in diesen Versicherungszweigen bestehende Versicherungspflichtgrenze.[578] Allerdings besteht nach § 23 Abs. 1 SGB XI bei der Pflegeversicherung eine Versicherungspflicht für privat krankenversicherte Versicherungsnehmer. Sofern die Anwendbarkeit des § 7 Abs. 1 SGB IV auf das Vorstandsmitglied wegen fehlender persönlicher Abhängigkeit nicht bereits dem Grunde nach abgelehnt wird,[579] stellt sich die Frage, ob das Vorstandsmitglied gegenüber der Gesellschaft nach § 61 Abs. 2 SGB XI Pflegeversicherungszuschuss und darüber hinaus nach § 257 Abs. 1 und 2 SGB V Krankenversicherungszuschuss beanspruchen kann.[580] Das wird für die Praxis zu verneinen sein,[581] auch wenn Spitzenverbände der Sozialversicherung den Vorstandsmitgliedern einen Anspruch auf Beitragszuschuss zur freiwilligen oder privaten Kranken- und Pflegeversicherung einräumen und auch die Finanzämter akzeptieren, dass Beitragszuschüsse zur Kranken- und Pflegeversicherung an Vorstandsmitglieder von Aktiengesellschaften auf der Basis gesetzlicher Verpflichtung gezahlt werden und deshalb steuerfrei sind (§ 3 Nr. 62 EStG). Beabsichtigt die Gesellschaft dennoch die Zahlung eines Beitragszuschusses, sollte dies als vertragliche Nebenleistung ausdrücklich im Anstellungsvertrag geregelt sein. Maßgebend als Obergrenze ist die Hälfte des durchschnittlichen Höchstbetrages der gesetzlichen Kranken- und Pflegeversicherung, höchstens jedoch der tatsächliche Aufwand.

248

---

577 BSG AG 2000, 361, 362 m. Anm. *Udke*, AuA 2000, 552; LSG Hessen AG 1999, 190; *Seewald*, in: KasselerKommSGBIV, § 7 Rn. 99.
578 Siehe § 6 Abs. 1 Nr. 1, Abs. 6, Abs. 7 SGB V.
579 So zutreffend *Spindler*, in: MünchKommAktG, § 84 Rn. 54; *Küffner/Zugmaier*, DStR 2003, 2235.
580 Einzelheiten zur Besteuerung des Arbeitgeberanteils bei freiwillig abgeschlossenen Versicherungen siehe Rn. 364.
581 *Lueg/Maydell/Ruland*, in: GroßKommSGBVI, § 1 Rn. 182; *Fonk*, in: Semler/v. Schenck, ArbeitsHdB für Aufsichtsratsmitglieder, § 9 Rn. 142; *Weber/Hoß/Burmester*, HdB Managerverträge, Teil 1 Rn. 129; Beitragszuschusspflicht bejahend *Wiesner*, in: MünchHdB GesR AG, § 21 Rn. 14; zu § 7 Abs. 1 SGB VI siehe auch BSG NZG 2002, 431, 432 (GmbH-Fremdgeschäftsführer); BSG NZS 2002, 199 (Vorstandsmitglied eines eingetragenen Vereins).

Kapitel 3   Anstellungsvertrag der Vorstandsmitglieder

3. Treue- und Fürsorgeverhältnis

249   Die Amtsstellung und der Anstellungsvertrag begründen ein besonderes Treue- und Fürsorgeverhältnis zwischen Vorstandsmitglied und Gesellschaft.[582] Nach § 242 BGB ist die Gesellschaft verpflichtet, das Vorstandsmitglied weitgehend zu schützen und Schäden von ihm abzuwenden. Konkretisiert wird das Pflichtenprogramm regelmäßig durch Auslegung des Anstellungsvertrages. So steht dem Vorstandsmitglied auch ohne ausdrückliche vertragliche Regelung angemessener Urlaub unter Fortzahlung der Vergütung zu.[583] Besondere Bedeutung erlangt die Fürsorgepflicht der Gesellschaft bei der Gewährung einer betrieblichen Altersversorgung, beim Abschluss einer D & O-Versicherung sowie im Zusammenhang mit einem fehlerhaften Anstellungsvertrag.[584]

250   Das Vorstandsmitglied seinerseits unterliegt ebenfalls nach dem Dienstvertrag einer Treuebindung gegenüber der Gesellschaft. Diese begründet die Pflicht zur Loyalität gegenüber und den Einsatz für die Gesellschaft, die Vermeidung von Eigengeschäften (*self dealing*), die sogenannte Geschäftschancenlehre, das Verbot zur Aneignung von Gesellschaftsressourcen und die Annahme von Zuwendungen Dritter. Das Vorstandsmitglied trifft eine fiduziarische Pflichtenstellung, die über den allgemeinen Pflichtenkreis des § 242 BGB hinausgeht. Das Vorstandsmitglied hat hiernach mit all seinen Kräften allein das Interesse der Gesellschaft zu wahren und zu fördern und eigennützige sowie Drittinteressen zurückzustellen.[585]

251   Neben dem gesetzlich geregelten Wettbewerbsverbot ist insbesondere die ursprünglich aus dem US-amerikanischen Recht stammende Geschäftschancenlehre von großer Bedeutung. Geschäftschancen der Gesellschaft (*corporate opportunities*) darf das Vorstandsmitglied grundsätzlich nicht selbst wahrnehmen.[586] Erhält das Vorstandsmitglied im Rahmen der Geschäftsführung und Vertretung der Gesellschaft von Dritten etwa Zuwendungen oder sonstige Vorteile (insbesondere Provisionen, Schmiergelder, Vorzugspreise), so sind diese an die Gesellschaft herauszugeben, und zwar unabhängig davon, ob der Gesellschaft ein Schaden entstanden ist.[587] Zudem kann das Vorstandsmitglied auf Grund seiner Treuebindung verpflichtet sein, schutzwürdige Erfindungen der Gesellschaft anzubieten und

---

582   *Wiesner*, in: MünchHdB GesR AG, § 21 Rn. 13; *Mertens/Cahn/Cahn*, in: KölnKommAktG, § 84 Rn. 41.
583   *Nirk*, in: Nirk/Reuter/Bächle, HdB Aktiengesellschaft I, Rn. 644; *Henssler*, RdA 1992, 289, 295.
584   Zum Anspruch auf betriebliche Altersversorgung (insb. Ruhegeld) siehe BGHZ 50, 378, 383; BGHZ 49, 30, 32; BGHZ 12, 337, 345.
585   BGHZ 129, 30, 34; OLG Düsseldorf AG 1997, 231, 235; OLG Hamm AG 1995, 512, 514; OLG Koblenz ZIP 1991, 870, 871.
586   KG NZG 2001, 129; OLG Frankfurt GmbHR 1998, 376, 378; OLG Koblenz GmbHR 1995, 730.
587   BGH DStR 2001, 949, 950; BGH MDR 1987, 825, 826; OLG Düsseldorf GmbHR 2000, 666, 669 m. Anm. *Haas*, DStR 2001, 717.

im Fall der Annahme diese der Gesellschaft zu überlassen.[588] Schließlich können einzelne Treuepflichten auch eine gewisse Zeit nach Beendigung der Amtsstellung fortwirken, so etwa die Verschwiegenheitspflicht nach § 93 Abs. 1 Satz 3 AktG oder das Verwertungsverbot für Geschäftschancen der Gesellschaft.

B. Abschluss des Anstellungsvertrages
I. Anstellungskompetenz des Aufsichtsrats
1. Ausschließliche Zuständigkeit

Nach § 84 Abs. 1 Satz 1 i. V. m. Satz 5 AktG obliegt dem Aufsichtsrat neben der Auswahl und Bestellung ebenso die Zuständigkeit für den Anstellungsvertrag der Vorstandsmitglieder. Die Anstellungskompetenz umfasst Abschluss, Änderung und Beendigung des Vorstandsvertrages einschließlich der Festsetzung der Höhe und Zusammensetzung der Bezüge. Der Aufsichtsrat entscheidet über den Anstellungsvertrag durch Beschluss nach § 108 Abs. 1 AktG und vertritt die Gesellschaft bei Vertragsabschluss nach § 112 AktG. Soweit der Anstellungsvertrag auch Bestimmungen über die Vorstandsbezüge gemäß § 87 Abs. 1 und Abs. 2 Satz 1 und 2 AktG enthalten soll (Regelfall), ist eine Delegation der Entscheidungskompetenz auf einen Ausschuss seit den durch VorstAG 2009 eingeführten Gesetzesänderungen nicht mehr möglich (Plenarvorbehalt).[589] Bei börsennotierten Aktiengesellschaften haben seitdem zusätzlich die Aktionäre im Rahmen der Billigung des Systems der Vorstandsvergütung gemäß § 120 Abs. 4 AktG (faktische) Mitspracherechte, die der Gesetzgeber als verbindliches Aktionärsvotum weiterentwickeln will.[590]

252

Die Anstellungskompetenz des Aufsichtsrats besteht in der Insolvenz der Gesellschaft fort. Das gilt nach herrschender Meinung für den Neuabschluss und für vertragliche Änderungen im Regelinsolvenzverfahren wie auch bei der Eigenverwaltung der Gesellschaft.[591] Freilich darf nicht übersehen werden, dass insolvenzrechtliche Bestimmungen Einfluss auf die konkrete inhaltliche Ausgestaltung des Anstellungsvertrages haben können (z. B. angemessene Bezüge).[592] Außerdem ist zu bedenken, dass der Neuabschluss eines Vorstandsvertrages die Insolvenzmasse belastet und jeden-

253

---

588 Einzelheiten zur Überlassung von Erfindungen siehe Rn. 669 f.
589 Einzelheiten zur Reichweite des Plenarvorbehalts siehe Rn. 257.
590 Einzelheiten zum Aktionärsvotum nach § 120 Abs. 4 AktG siehe Rn. 254 ff.
591 Teilweise anders *Uhlenbruck*, BB 2003, 1185, 1188 (Anstellungskompetenz des Aufsichtsrats nur bei eigenverwaltenden Gesellschaften).
592 Einzelheiten zur Angemessenheit der Bezüge in der Insolvenz der Gesellschaft siehe Rn. 350 ff.

falls in der Regelinsolvenz alle Masseverbindlichkeiten betreffende Rechtshandlungen allein dem Insolvenzverwalter vorbehalten sind. Im Übrigen kennt der Aufsichtsrat die Höhe der Insolvenzmasse gar nicht und damit auch nicht die Leistungsfähigkeit der Gesellschaft. Insofern haben sich Aufsichtsrat und Insolvenzverwalter im Vorfeld einer Bestellung auch über die Konditionen des Anstellungsvertrages abzustimmen. Bei einer nicht in das Handelsregister eingetragenen Vor-Gesellschaft ist ebenfalls der Aufsichtsrat für den Abschluss des Vorstandsvertrages zuständig; für Lohnansprüche des ersten Vorstands einer Vor-AG haftet der Aufsichtsrat aber nicht.[593]

2. Entschließungsfreiheit; Zustimmung der Hauptversammlung

254   Der Aufsichtsrat hat grundsätzlich die umfassende Entschließungsfreiheit, ob und zu welchen Bedingungen ein Anstellungsvertrag mit einem Vorstandsmitglied geschlossen wird. Die Vertragsfreiheit findet ihre Schranken allerdings in den gesetzlichen Bestimmungen, insbesondere zur Begrenzung der Vertragslaufzeit auf maximal fünf Jahre nach § 84 Abs. 1 AktG, dem Gebot der Angemessenheit der Bezüge nach § 87 Abs. 1 AktG oder – bei Bankvorständen – den aufsichtsrechtlichen Anforderungen des KWG und der Instituts-Vergütungsverordnung. Bei börsennotierten Aktiengesellschaften berührt zudem § 120 Abs. 4 AktG die Entschließungsfreiheit des Aufsichtsrats für die Festsetzung der Vorstandsbezüge. Nach der durch das VorstAG 2009 eingeführten Regelung kann die Hauptversammlung über die Billigung des Systems zur Vergütung der Vorstandsmitglieder beschließen. Die Aktionäre können, müssen aber nicht über das Vergütungssystem abstimmen (*say on pay*). Das Votum der Hauptversammlung bindet den Aufsichtsrat zwar nicht, erzeugt jedoch als eine Art Empfehlung an die Hauptversammlung eine gewisse faktische Bindungswirkung, da sich der Aufsichtsrat nur mit sehr guten Argumenten über den Billigungsbeschluss hinwegsetzen wird wollen.[594]

254a   Der Deutsche Bundestag hat am 27.6.2013 das Gesetz zur Verbesserung der Kontrolle der Vorstandsvergütung (VorstKoG) beschlossen, wodurch der bisherige § 120 Abs. 4 AktG geändert und das nicht bindende Aktionärsvotum durch eine zwingende Mit-Entscheidungskompetenz der Hauptversammlung ersetzt werden soll.[595] Das Gesetzgebungsverfahren ist nicht vollständig abgeschlossen, sodass das VorstKoG nicht wie geplant am

---

593   Vgl. BGH AG 2004, 508, 509 (zu § 41 Abs. 1 Satz 2 AktG).
594   *Fleischer/Bedkowski*, AG 2009, 677, 678; *Begemann/Laue*, BB 2009, 2442, 2443; *Vetter*, ZIP 2009, 1307, 1309.
595   Siehe Gesetz zur Verbesserung der Kontrolle der Vorstandsvergütung und zur Änderung weiterer aktienrechtlicher Vorschriften (VorstKoG), BT-Beschluss vom 27.6.2013, BT-Drs. 17/8989; dazu Beschlussempfehlung und Bericht (Begründung) des 6. Rechtsausschusses des BT vom 26.6.2013, BT-Drs. 17/14214.

1.1.2014 in Kraft treten kann.⁵⁹⁵ᵃ Nach § 120 Abs. 4 AktG (VorstKoG 2013) muss die Hauptversammlung jährlich über die Billigung des Vergütungssystems und die erreichbaren Höchstbezüge der Vorstandsmitglieder beschließen. Die Vorlage an die Hauptversammlung zum Vergütungssystem hat neben fixer und variabler Vergütung, Altersversorgung und sonstigen geldwerten Vorteilen auch besondere Vergütungsformen auszuweisen, wie z. B. Abfindungen, Antrittsgelder und Sondervergütungen für außerordentliche Leistungen. Die Aktionäre können das vorgelegte Vergütungssystem billigen oder ablehnen; sie haben aber keine originäre Entscheidungskompetenz und können weder Gegenanträge stellen noch Änderungsvorschläge einbringen. Die Anfechtung des Beschlusses ist wie bisher ausgeschlossen.

§ 120 Abs. 4 AktG (VorstKoG 2013) begründet einen Zustimmungsvorbehalt der Hauptversammlung für die Vergütung des Vorstands: Billigen die Aktionäre das ihnen vorgelegte Vergütungssystem nicht, darf der Aufsichtsrat auf dieser Grundlage keine Entgeltvereinbarungen treffen. Eine Festsetzung der Bezüge unter Verstoß gegen das Votum der Hauptversammlung kann zur Schadensersatzhaftung des Aufsichtsrats führen.⁵⁹⁶ Der ablehnende Beschluss berührt nicht die Wirksamkeit der Vergütungsverträge. Das gilt für laufende Verträge, sofern die Hauptversammlung über ein neues Vergütungssystem noch nicht beschlossen oder sie das System bisher gebilligt hat und im Folgejahr aber nicht mehr billigt. Unverändert wirksam bleiben auch Vereinbarungen, die vor Inkrafttreten des VorstKoG getroffen wurden. Dagegen dürfte eine auf Grundlage eines ausdrücklich nicht gebilligten Vergütungssystems getroffene Entgeltvereinbarung nach den allgemeinen Vertretungsregeln (Missbrauch der Vertretungsmacht/Kollusion) nichtig sein.⁵⁹⁷ **254b**

Wegen des Zustimmungsvorbehalts der Hauptversammlung wird der Aufsichtsrat nur solche Vorstandsverträge abschließen wollen, die auf einem gebilligten oder zumindest zu billigenden Vergütungssystem beruhen. In der Einführungsphase, in der (noch) kein neues System vorliegt, hat der Aufsichtsrat allein die Schranken aus §§ 84, 87 AktG zu beachten.⁵⁹⁷ᵃ Bei Neuabschlüssen oder der Verlängerung von Vorstandsverträgen können Probleme entstehen, wenn ein im Vorjahr gebilligtes Vergütungssystem **254c**

595a Siehe Beschluss des Bundesrates zur Anrufung des Vermittlungsausschusses vom 20.9.2013, BR-Drs. 637/13.
596 Beschlussempfehlung und Bericht des Rechtsausschusses des BT vom 26.6.2013, BT-Drs. 17/14214, S. 22; Stellungnahme des DAV-Handelsrechtsausschuss zu Ergänzungen des Entwurfs der Aktienrechtsnovelle 2012, NZG 2013, 694, 695.
597 Ebenso Ziemons, GWR 2013, 283, 284; offen lassend Beschlussempfehlung und Bericht des Rechtsausschusses des BT vom 26.6.2013, BT-Drs. 17/14214, S. 22 (keine Einschränkung der Vertretungsmacht des Aufsichtsrats nach § 112 AktG trotz fehlender Billigung).
597a Ein Rückgriff auf bisher gefasste Say-on-Pay-Beschlüsse scheidet aus, da diese Beschlüsse gerade keine Bindungswirkung entfalten; so auch Simon, Gutachten zur Aktienrechtsnovelle/Sachverständigenanhörung des BT-Rechtsausschusses am 5.6.2013, S. 9.

oder dessen Obergrenzen im Folgejahr von der Hauptversammlung abgelehnt werden. In diesem Fall dürfte der pflichtgemäß handelnde Aufsichtsrat dieses Vergütungssystem nicht als Grundlage für Entgeltvereinbarungen verwenden; stattdessen wird er das System überarbeiten und/oder die erreichbaren Höchstbezüge absenken und sodann der Hauptversammlung zur erneuten Abstimmung vorlegen. Nach der Begründung zum VorstKoG soll der Aufsichtsrat indes berechtigt sein, die „Vorstandsverträge auf Basis eines älteren Vergütungssystems" abzuschließen, solange ein Beschluss über ein neues System nicht vorliegt.[597b] Offen bleibt, ob damit die Verwendung des zuletzt gebilligten, nunmehr abgelehnten Vergütungssystems erlaubt wird oder aber das wiederum davor gebilligte System gemeint ist. Der Aufsichtsrat ist folglich gut beraten, bei dringenden Vertragsabschlüssen – und einem noch nicht gebilligten oder abgelehnten Vergütungssystem – die vereinbarten Bezüge unter den Vorbehalt zu stellen, dass die Hauptversammlung das neue System und die Obergrenzen der Vorstandsvergütung billigt.[597c] Im Gegenzug für diesen Vergütungsvorbehalt wird sich das Vorstandsmitglied ggf. ein entsprechend kurzfristiges Kündigungsrecht einräumen lassen, wenn es nicht gelingt, die mögliche Abweichung zwischen vereinbarten und von der Hauptversammlung gebilligten Gesamtbezügen zeitnah im Wege einer Nachtragsvereinbarung zu lösen. Gleiches sollte sich der Aufsichtsrat einräumen lassen, um ein Druckmittel in den Verhandlungen zu haben.

254d Nach § 120 Abs. 4 AktG (VorstKoG 2013) sind in der Darstellung des Vergütungssystems die maximal erreichbaren Gesamtbezüge anzugeben. Die Angaben sind den Funktionen entsprechend aufzuschlüsseln nach dem Vorsitzenden des Vorstands, seinem Stellvertreter und einem einfachen Vorstandsmitglied. Nach der Begründung zum VorstKoG ist eine Modellrechnung erforderlich, die alle Vergütungsbestandteile umfasst und die jeweiligen Höchstbezüge in Euro beziffert. Die Vorgabe soll den Aufsichtsrat dazu veranlassen, Höchstgrenzen für die Vorstandsbezüge (Caps) festzulegen und mit den Vorstandsmitgliedern zu vereinbaren.[597d] Hieraus ergeben sich zahlreiche praktische Fragen, insbesondere nach dem Bewertungsansatz für zurückbehaltene (*deferred*) Vergütungen, aktienbasierte Vergütungen oder Versorgungsanwartschaften. Insoweit bietet sich an, in der Vorlage an die Hauptversammlung zum Vergütungssystem und den Vergütungsobergrenzen auch die Berechnungsmethoden anzugeben, nach denen die höchstens erreichbaren Gesamtbezüge ermittelt werden. Im Übrigen sollte gewährleistet sein, dass die geforderte Ermittlung der Höchstbe-

---

597b Beschlussempfehlung und Bericht des Rechtsausschusses des BT vom 26.6.2013, BT-Drs. 17/14214, S. 23; ablehnend Simon, Gutachten zur Aktienrechtsnovelle/Sachverständigenanhörung des BT-Rechtsausschusses am 5.6.2013, S. 8.
597c Ziemons, GWR 2013, 283, 284; siehe auch Beschlussempfehlung und Bericht des Rechtsausschusses des BT vom 26.6.2013, BT-Drs. 17/14214, S. 23 („Nachverhandlungsklausel").
597d Beschlussempfehlung und Bericht des Rechtsausschusses des BT vom 26.6.2013, BT-Drs. 17/14214, S. 22.

träge im Einklang steht mit den Methoden zur Umsetzung der 2013 eingeführten Empfehlung des Deutschen Corporate Governance Kodex zur Festsetzung betragsmäßiger Höchstgrenzen für die Vorstandsvergütung gemäß Ziff. 4.2.3 Abs. 2 DCGK.

Unterschiedlich beurteilt wird die Frage, ob die Satzung vertragliche Grobvorgaben und Anstellungsrichtlinien mit Bindung für den Aufsichtsrat festlegen kann.[598] Damit angesprochen sind statutarische Richtlinien, die Leitbilder für eine gute Unternehmensführung enthalten und insbesondere die Anregungen und Empfehlungen des Deutschen Corporate Governance Kodex dienstvertraglich umsetzen sollen (z.B. Angemessenheit der Bezüge). Dies könnte ein Eingriff in eine zentrale Zuständigkeit des Aufsichtsrats sein, da die Bestellung eines Vorstandsmitglieds untrennbar mit seiner Vergütung verbunden ist. Nach wohl überwiegender Ansicht sind solche statutarischen Richtlinien grundsätzlich zulässig mit der Folge, dass diese der Aufsichtsrat bei seiner Entscheidung über den Anstellungsvertrag einzubeziehen hat.[599] 255

Umgekehrt darf der Anstellungsvertrag keine Verpflichtungen enthalten, die nur durch einen Beschluss des Aufsichtsrats oder aber des Vorstands zu erfüllen sind und damit gegen das Verbot der Stimmbindung der Verwaltung verstoßen.[600] Keine korporationsrechtliche Wirkung hat etwa eine Vereinbarung, nach der die Bestellung zum Vorstandsmitglied zugesagt wird.[601] Entsprechendes gilt für konkrete vertragliche Regelungen zur Geschäftsverteilung und Ressortzuweisung.[602] Umgekehrt kann nicht wirksam vereinbart werden, dass jemand auch ohne Bestellung zum Vorstandsmitglied die dem Organ vorbehaltenen Leitungsaufgaben ausüben kann.[603] Unzulässig ist ferner die vertragliche Zusage, das Amt als Vorstandsvorsitzender oder -sprecher auszuüben. Die Ernennung zum *Chief Executive Officer* (CEO) kann bereits deswegen nicht wirksam zugesagt werden, weil dieses mit einer Art Richtlinienkompetenz ausgestattete Amt gegen die aktienrechtliche Organisations-, Kompetenz- und Verantwortlichkeitsordnung verstößt.[604] 256

---

598 Befürwortend *Thüsing*, ZGR 2003, 457, 491; *Hoffmann/Preu*, Der Aufsichtsrat, Rn. 223; *Ulmer*, in: Hanau/Ulmer, MitbestG, § 31 Rn. 40; a.A. *Mertens/Cahn*, in: KölnKommAktG, § 87 Rn. 7; *Krieger*, Personalentscheidungen des Aufsichtsrats, S. 165 ff.; diff. *Hüffer*, AktG, § 87 Rn. 2; *Dauner-Lieb*, in: Henssler/Strohn, Gesellschaftsrecht, § 87 Rn. 11.
599 Einzelheiten zu statutarischen Richtlinien siehe Rn. 84 ff. und Rn. 307 f.
600 *Mertens/Cahn*, in: KölnKommAktG, § 84 Rn. 44; *Wiesner*, in: MünchHdB GesR AG, § 21 Rn. 16.
601 So ausdrücklich östOGH wbl 2003, 42.
602 *Kort*, in: GroßKommAktG, § 77 Rn. 93; *Spindler*, in: MünchKommAktG, § 77 Rn. 26.
603 Dazu östOGH wbl 2003, 42.
604 Einzelheiten zur (Un-)Zulässigkeit des *CEO* im deutschen Aktienrecht siehe Rn. 64.

3. Delegation an Ausschuss

a) Bedeutung des Plenarvorbehalts

257 Dem Plenum des Aufsichtsrats obliegt die Entscheidung über die Bezüge der Vorstandsmitglieder. Der durch VorstAG 2009 neu gefasste § 107 Abs. 3 Satz 3 AktG schließt eine Delegation der Aufgaben nach § 87 Abs. 1 und Abs. 2 Satz 1 und 2 AktG an einen Personal-, Präsidial- oder sonstigen Ausschuss aus. Damit sind Entscheidungen über Vertragsbestimmungen mit Bezug zur Vorstandsvergütung dem Gesamtaufsichtsrat vorbehalten. Davon nicht betroffene (sonstige) Anstellungsbedingungen können wie bisher einem Ausschuss übertragen werden,[605] da die gesetzliche Beschränkung der Aufgabenverteilung den Anstellungsvertrag nicht in Gänze betrifft. Es ist folglich zu prüfen, welche Vertragsbestimmungen keinen Vergütungsbezug haben und somit nicht dem Plenarvorbehalt unterliegen.[606] Unübertragbar ist die Beschlusskompetenz für Vergütungsentscheidungen über die Gesamtbezüge i. S. d. § 87 Abs. 1 Satz 1 AktG. Das betrifft die Festsetzung der Aktivbezüge ebenso wie Leistungen der betrieblichen Altersvorsorge. Manche vertragliche Regelungen haben auch nur mittelbaren Bezug zur Vergütung (z. B. Karenzentschädigung für nachvertragliches Wettbewerbsverbot) oder betreffen weniger bedeutende Vergütungsbereiche (z. B. Dienstwagen, Gewährung von Sachbezügen, Umzugsbeihilfen, Unfallversicherungen). Dennoch fallen diese Regelungen in die Entscheidungshoheit des Plenums.[607]

258 In der Praxis zeigt sich die Tendenz, dass die Aufsichtsräte zunehmend eine Aufteilung der Entscheidungen über den Anstellungsvertrag und seinen Inhalt vermeiden. Dies ist auch richtig, da Fragen der Vergütung und sonstige anstellungsvertragliche Regelungen meist ineinandergreifen und nicht getrennt werden können (z. B. Nebentätigkeiten; Urlaub; Mandatsausübung in anderen Unternehmen). Es ist vermehrt davon auszugehen, dass der Personal- oder Präsidialausschuss die Entscheidung über den Anstellungsvertrag und seinen Inhalt nur noch vorbereitet, über den gesamten Anstellungsvertrag dann jedoch der Aufsichtsrat im Plenum – gemeinsam mit der (Wieder-)Bestellung – entscheidet. Diese Arbeitsteilung zwischen Aufsichtsrat und Ausschuss hat den Vorteil, dass die Verhandlungen über die Anstellungsbedingungen und insbesondere die Vorstandsbezüge von einem sachkundigen, diskret und effizient arbeitenden Gremium geführt werden. Dabei hat der Ausschuss/-vorsitzendes die üblichen Informations-

---

605 OLG Schleswig AG 2001, 651, 653; siehe auch OLG Düsseldorf AG 2004, 321, 322.
606 *Hoffmann-Becking/Krieger*, Leitfaden zur Anwendung des VorstAG, NZG-Beilage 2009, S. 9 empfehlen zu recht, jedenfalls beim Neuabschluss eines Anstellungsvertrags den ganzen Vertrag dem Plenum vorzulegen und nicht die einzelnen Regelungen zu „sortieren", da diejenigen Klauseln, die nicht zum Vergütungsbereich gehören, im Zweifel ohnehin unproblematisch sind.
607 *Hoffmann-Becking/Krieger*, Leitfaden zur Anwendung des VorstAG, NZG-Beilage 2009, S. 9.

pflichten gegenüber dem Plenum einzuhalten und darauf zu achten, dass das Verhandlungsergebnis und dazu getroffene Absprachen zur Vergütung nicht der Entscheidung des Aufsichtsrats über die (Wieder-)Bestellung und den Anstellungsvertrag vorgreifen.

Im Fall einer Delegation der Entscheidung über den Anstellungsvertrag 259 ohne Vergütungsbezug beschließt der Ausschuss endgültig über die sonstigen Anstellungsbedingungen, d.h., der Beschluss ist für den Aufsichtsrat bindend. Der Ausschuss hat daher darauf zu achten, dass der Vertragsabschluss nicht den Beschluss über die Bestellung und die Vorstandsbezüge präjudiziert.[608] Die Verhandlungen über die sonstigen Anstellungsbedingungen dürfen auch nicht dazu führen, dass der Abschluss des Anstellungsvertrages gefährdet und damit die Bestellung des Vorstandsmitglieds insgesamt in Frage gestellt wird. Bei vertragsentscheidenden Auseinandersetzungen und unlösbaren Differenzen mit dem Kandidaten ist der Ausschuss daher verpflichtet, die Entscheidungskompetenz über den Anstellungsvertrag an den Gesamtaufsichtsrat zurückzugeben.[609] Umgekehrt kann auch das Plenum jederzeit die Delegation generell oder punktuell widerrufen und die Entscheidung über den Anstellungsvertrag wieder an sich ziehen. In jedem Fall ist der Aufsichtsrat dazu berechtigt, durch Mehrheitsbeschluss konkrete Informationen über die Vertragsverhandlungen und den Inhalt des Anstellungsvertrages anzufordern.[610] Ein einzelnes Aufsichtsratsmitglied hat jedoch keinen Anspruch auf detaillierte Berichterstattung.

In der Praxis gibt es verschiedene Verfahren, um dem Plenarvorbehalt bei 260 der Bestellung wie auch bei der Vergütungsentscheidung Rechnung zu tragen. Die schwächste Bindung der Gesellschaft besteht, wenn der Ausschuss über den Anstellungsvertrag unter der aufschiebenden Bedingung der späteren Bestellung und Bewilligung der (vorbesprochenen) Vorstandsbezüge beschließt. In diesem Fall kommt kein Vertragsverhältnis vor der Entscheidung des Plenums zustande. Das Interesse des Vorstandsmitglieds besteht daher regelmäßig darin, den Anstellungsvertrag unter der aufschiebenden Bedingung der späteren Bestellung und vorbesprochenen Vorstandsvergütung zu stellen und rechtsverbindlich abzuschließen. Diese Form des Vertragsschlusses ist zulässig.[611] Bei Bestellung unternehmensinterner Kandidaten wird über den Anstellungsvertrag häufig erst entschieden, nachdem das Plenum seinen Beschluss über die Bestellung sowie Inhalt und Höhe der Vorstandsbezüge gefasst hat.[612] Das Vorstandsmitglied hat die Anstellungsbedingungen hier in der Regel zuvor mit dem Präsidial-/Personalaus-

---

608 BGH ZIP 1989, 1190, 1191; BGHZ 89, 48, 56; BGHZ 83, 144, 150; *Baums*, ZGR 1993, 141, 143 ff.
609 *Semler*, in: MünchKommAktG, § 107 Rn. 339; *Mertens*, in: KölnKommAktG, § 107 Rn. 138.
610 *Hoffmann-Becking*, FS Stimpel, S. 589, 601; *Mertens*, AG 1980, 67, 73.
611 *Baums*, Der Geschäftsleitervertrag, S. 76; *Hoffmann-Becking*, FS Stimpel, S. 589, 597.
612 Vgl. *Hoffmann-Becking*, FS Stimpel, S. 589, 596.

schuss-/Aufsichtsratsvorsitzenden abgestimmt, jedoch ohne rechtliche Bindung.[613] Sofern der Anstellungsvertrag dann nicht binnen angemessener Frist zustande kommt, kann das Vorstandsmitglied sein Amt – wenn es dieses zu jenem Zeitpunkt bereits angenommen oder sogar angetreten hat – aus wichtigem Grund niederlegen und nach §§ 311 Abs. 2, 241 Abs. 2 BGB möglicherweise Schadensersatz von der Gesellschaft verlangen.

b) Ausschussbesetzung

261 Gesetzlich nicht vorgegeben ist die Mitgliederzahl eines Ausschusses. Ein Ausschuss setzt aber begrifflich mindestens zwei Mitglieder voraus, bei erledigenden Ausschüssen mit Beschlusskompetenz entsprechend § 108 Abs. 2 Satz 3 AktG mindestens drei. Im Übrigen hängt die sachgerechte Größe von der Funktion des Ausschusses ab. Gleiches gilt im Grundsatz für die personelle Besetzung, die – mit Ausnahme des § 107 Abs. 4 AktG – nicht geregelt ist.[614] Die Ausschussbesetzung führt im Aufsichtsrat einer mitbestimmten Gesellschaft gelegentlich zu Kontroversen zwischen den Vertretern der Anteilseigner und denen der Arbeitnehmerseite. Allgemein lässt sich die Aussage treffen, dass nach dem MitbestG kein Anspruch auf paritätische Besetzung des Ausschusses besteht, andererseits aber in der Regel eine unzulässige Diskriminierung der Arbeitnehmerseite vorliegt, wenn ein Personalausschuss ausschließlich mit Vertretern der Aktionäre besetzt wird.[615] Die Alleinbesetzung mit Aufsichtsratsmitgliedern der Anteilseigner ist nur dann nicht missbräuchlich, wenn der Ausschluss der Arbeitnehmervertreter auf einem sachlichen Grund beruht.[616] Das gilt gleichsam für die Ausschussbesetzung eines nach dem DrittelbeteiligungsG (bisher BetrVG 1952)[617] gebildeten Aufsichtsrats.[618] Dagegen wird dem Beteiligungsinteresse der Arbeitnehmervertreter nicht schon mit einem Recht auf Teilnahme an den Sitzungen des Personalausschusses hinreichend Genüge getan.[619] Die diskriminierende Ausschussbesetzung führt aber nicht zur Unwirksamkeit sondern nur zur Anfechtbarkeit *ex nunc*.[620]

---

613 *Krieger*, Personalentscheidungen des Aufsichtsrats, S. 170 f.; *Hoffmann-Becking*, FS Stimpel, S. 589, 596.
614 *Henssler/Strohn*, Gesellschaftsrecht, § 107 AktG, Rn. 30.
615 Vgl. BGH NJW 1993, 2307, 2311; *Semler*, in: MünchKommAktG, § 107 Rn. 257, 309; *Hoffmann-Becking*, FS Havermann, S. 229, 239; a. A. OLG Hamburg DB 1992, 774, 776; *Zöllner*, FS Zeuner, S. 161, 186.
616 BGH NJW 1993, 2307, 2311; *Siebel*, in: Semler/v. Schenck, ArbeitsHdB für Aufsichtsratsmitglieder, § 6 Rn. 142.
617 Das Gesetz über die Drittelbeteiligung der Arbeitnehmer im Aufsichtsrat (eingeführt durch Art. 1 des Zweiten Gesetzes zur Vereinfachung der Wahl der Arbeitnehmervertreter in den Aufsichtsrat) hat die §§ 76 bis 87a BetrVG 1952 abgelöst und ist am 1.7.2004 in Kraft getreten; dazu *Melot de Beauregard*, DB 2004, 1430.
618 LG Frankfurt/M. ZIP 1996, 1661, 1663; *Siebel*, in: Semler/v. Schenck, ArbeitsHdB für Aufsichtsratsmitglieder, § 6 Rn. 46, 142; *Semler*, in: MünchKommAktG, § 107 Rn. 258; ablehnend *Hoffmann-Becking*, in: MünchHdB GesR AG, § 32 Rn. 19.
619 So aber OLG Hamburg ZIP 1984, 819, 824 f.
620 *Habersack*, in: MünchKommAktG, § 107 Rn. 131.

c) Vergütungskontrollausschuss bei Kreditinstituten

Für den Aufsichtsrat von Kreditinstituten gelten ab 1.1.2014 besondere bankaufsichtliche Vorgaben für die Aufgaben- und Kompetenzverteilung zwischen Plenum und einzelnen Ausschüssen. Die Anforderungen resultieren aus der CRD IV-Bankenrichtlinie.[620a] In Abhängigkeit von der Größe, der Organisation sowie Art, Umfang und Risikogehalt der Geschäfte des Instituts hat der Aufsichtsrat aus seiner Mitte neben einen Vergütungskontrollausschuss zu bilden. Bedeutende Institute i. S. d. Instituts-Vergütungsverordnung haben gemäß § 23 Abs. 1 InstitutsVergV stets einen Vergütungskontrollausschuss einzurichten.[620b] Die konkreten Aufgaben des Ausschusses bestimmen § 25d Abs. 12 KWG n. F. und § 23 InstitutsVergV n. F.[620c] Danach überwacht der Vergütungskontrollausschuss die angemessene Ausgestaltung der Vergütungssysteme der Geschäftsleiter und die Ausrichtung dieser Systeme an einer dem Nachhaltigkeitsprinzip verpflichteten Geschäftsstrategie des Instituts sowie an den daraus abgeleiteten Risiko- und Vergütungsstrategien. Der Ausschuss bereitet die Beschlüsse des Aufsichtsrats zur Geschäftsleitervergütung vor und erstellt insbesondere Entscheidungsvorschläge für die Festlegung und Überprüfung angemessener Vergütungsparameter sowie zur Bemessung und Überprüfung der Erfolgsbeiträge der Geschäftsleiter. Dabei hat der Vergütungskontrollausschuss auch die Auswirkungen der vereinbarten Bezüge auf die Risiken und das Risikomanagement des Instituts zu beachten; ebenso sind die langfristigen Interessen der Anteilseigner, Anleger und sonstigen Beteiligten sowie das öffentliche Interesse angemessen zu berücksichtigen.[620d]

261a

Nach § 25d Abs. 12 Satz 3 KWG n. F. muss mindestens ein Mitglied des Vergütungskontrollausschusses über ausreichend Sachverstand sowie Berufserfahrung im Risikomanagement und Risikocontrolling aufweisen. Dies betrifft Fachkenntnisse und praktische Erfahrungen hinsichtlich der Ausrichtung der Vergütungssysteme an der Gesamtrisikobereitschaft und -strategie sowie an der Eigenmittelausstattung des Instituts. Bei mitbestimmten Gesellschaften verlangt § 25d Abs. 12 Satz 4 KWG, dass dem Vergütungskontrollausschuss mindestens ein Arbeitnehmervertreter angehören muss. Geschäftsleiter dürfen nicht an den Sitzungen des Ausschusses teilnehmen, bei denen über ihre Vergütung beraten wird. Der Vergütungskontrollaus-

261b

620a Siehe Art. 88 Abs. 2 lit. a) Richtlinie 2013/36/EU des Europäischen Parlaments und des Rates vom 26.6.2013 über den Zugang zur Tätigkeit von Kreditinstituten und die Beaufsichtigung von Kreditinstituten und Wertpapierfirmen, zur Änderung der Richtlinie 2002/87/EG und zur Aufhebung der Richtlinien 2006/48/EG und 2006/49/EG, L 176/338 Amtsblatt EU vom 27.6.2013.
620b Einzelheiten zur Instituts-Vergütungsverordnung siehe Rn. 365 ff.
620c Siehe Gesetzesbeschluss des Deutschen Bundestages (CRD IV-Umsetzungsgesetz), BT-Drucks. 17/10974, 17/11474 vom 17.5.2013; Verordnung über die aufsichtsrechtlichen Anforderungen an Vergütungssysteme von Instituten (Referentenentwurf) i. d. F. vom 26.8.2013.
620d Einzelheiten zum Vergütungskontrollausschuss siehe Rn. 397.

schuss soll mit dem gemäß § 25d Abs. 8 KWG zu bildenden Risikoausschuss zusammenarbeiten und sich intern durch das Risikocontrolling und extern von Personen beraten lassen, die unabhängig von der Geschäftsleitung sind.

261c Damit der Vergütungskontrollausschuss den Beschluss des Aufsichtsrats über die Bezüge der Geschäftsleiter pflichtgemäß vorbereiten kann, bedarf es der engen Zusammenarbeit und fachlichen Abstimmung mit dem gemäß § 25d Abs. 11 KWG n. F. zu bildenden Nominierungsausschuss.[620e] Der Nominierungsausschuss unterstützt den Aufsichtsrat bei der Suche nach einem Vorstandskandidaten für das Institut, bei der jährlichen Beurteilung der Struktur, Größe, Zusammensetzung und Leistungen des Vorstands (Geschäftsleitung) wie auch bei der jährlichen Bewertung der Kenntnisse, Fähigkeiten und Erfahrungen der einzelnen Vorstandsmitglieder und des Leitungsorgans insgesamt. Zur Struktur, Größe, Zusammensetzung und den Leistungen des Vorstands sind dem Aufsichtsrat gegenüber Empfehlungen abzugeben. Die enge Zusammenarbeit der einzelnen Ausschüsse lässt sich gemäß § 25d Abs. 7 Satz 4 KWG n. F. dadurch verwirklichen, dass mindestens ein Mitglied eines jeden Ausschusses dem anderen Ausschuss angehört.

4. Beschlussfassung

262 Der Aufsichtsrat/-ausschuss entscheidet über den Anstellungsvertrag nach § 108 Abs. 1 AktG durch Beschluss. Erforderlich ist stets eine ausdrückliche Beschlussfassung; konkludent oder stillschweigend kann der Anstellungsbeschluss nicht gefasst werden.[621] Daher enthält der Beschluss (des Plenums) über die Bestellung nicht zwangsläufig einen Beschluss über den Anstellungsvertrag.[622] Andererseits aber ist nicht ausgeschlossen, den Beschlussinhalt ergänzend so auszulegen, dass der Aufsichtsrat über beide Rechtsverhältnisse entscheiden wollte. In der Praxis freilich sollte getrennt darüber beschlossen werden, schon um neben der Beschlussfähigkeit des Aufsichtsrats auch die Zustimmung, Ablehnung oder Stimmenthaltung der einzelnen Mitglieder festzustellen. Dem Erfordernis einer ausdrücklichen Beschlussfassung über die Anstellung steht nicht entgegen, dass der rechtsgeschäftliche Abschluss des Vertrages konkludent durch Aufnahme der Vorstandstätigkeit erfolgen kann.[623]

620e Einzelheiten zum Nominierungsausschuss siehe Rn. 6a.
621 BGH NJW 1989, 1928, 1929; OLG Schleswig AG 2001, 651, 653.
622 OLG Schleswig AG 2001, 651, 653; siehe auch BGH JZ 1991, 1090, 1092 f. m. Anm. *Hirte*; *Hüffer*, AktG, § 108 Rn. 4; *Hengeler*, FS Barz, S. 129, 130; a. A. wohl OLG Stuttgart AG 2003, 211, 213; *Spindler*, in: MünchKommAktG, § 84 Rn. 64.
623 Einzelheiten zum konkludenten Vertragsabschluss siehe Rn. 268, zur konkludenten Vertragsverlängerung siehe Rn. 275.

B. Abschluss des Anstellungsvertrages

Der Ausschuss ist beschlussfähig, wenn mindestens drei Mitglieder an der Beschlussfassung teilnehmen.[624] Das ist notwendig, um eine Umgehung von § 108 Abs. 2 Satz 3 AktG auszuschließen. Im Übrigen kann die Satzung oder die Geschäftsordnung des Aufsichtsrats die Beschlussfähigkeit regeln.[625] Daher kann die Beschlussfähigkeit an eine Mindestzahl oder an die Teilnahme aller Ausschussmitglieder geknüpft werden.[626] Fehlt eine entsprechende Regelung, sollte die Hälfte der Sollstärke des Ausschusses an der Beschlussfassung teilnehmen. Bei fehlender Beschlussfähigkeit eines Ausschusses ist der Beschluss über den Anstellungsvertrag wegen schweren Verfahrensfehlers nichtig.[627] Die für paritätisch besetzte Aufsichtsräte geltenden Regelungen zur Beschlussfähigkeit nach § 28 MitbestG, § 10 MontanMitbestG finden auf Ausschüsse keine entsprechende Anwendung.[628]

263

Für die Beschlussfassung im Plenum ist die einfache Mehrheit der gültig abgegebenen Stimmen erforderlich, damit der Antrag über den Anstellungsvertrag angenommen ist.[629] Bei der Abstimmung im Ausschuss genügt ebenfalls die einfache Mehrheit.[630] Allerdings kann hier die Satzung oder die Geschäftsordnung des Aufsichtsrats andere Mehrheitserfordernisse vorschreiben, etwa eine qualifizierte Mehrheit.[631] Das Recht zum Stichentscheid im Fall der Stimmengleichheit steht dem Ausschussvorsitzenden oder einem anderen Ausschussmitglied nur zu, wenn ihm die zweite Stimme durch die Satzung oder die Geschäftsordnung des Aufsichtsrats ausdrücklich eingeräumt worden ist.[632] Für den Ausschuss eines paritätisch besetzten Aufsichtsrats ist eine solche Zweitstimmen-Regelung gleichfalls möglich.[633]

264

---

624 Einzelheiten zur Beschlussfähigkeit des *Plenums* siehe Rn. 39.
625 Ausführlich *Semler*, in: MünchKommAktG, § 107 Rn. 383.
626 *Siebel*, in: Semler/v. Schenck, ArbeitsHdB für Aufsichtsratsmitglieder, § 6 Rn. 187; *Hoffmann-Becking*, in: MünchHdB GesR AG, § 32 Rn. 30.
627 Zu den Rechtsfolgen fehlerhafter Beschlüsse vgl. *Semler*, in: MünchKommAktG, § 108 Rn. 217 ff.
628 *Semler*, in: MünchKommAktG, § 107 Rn. 383; *Siebel*, in: Semler/v. Schenck, ArbeitsHdB für Aufsichtsratsmitglieder, § 6 Rn. 187; a. A. *Mertens*, in: KölnKommAktG, § 107 Rn. 118.
629 Die besonderen Mehrheitserfordernisse nach dem MitbestG finden auf den Beschluss über den Anstellungsvertrag keine Anwendung, vgl. §§ 29 Abs. 1, 31 MitbestG.
630 Das gilt für Ausschüsse in mitbestimmten wie in nicht mitbestimmten Gesellschaften, vgl. *Mertens*, in: KölnKommAktG, § 107 Rn. 120; *Hoffmann-Becking*, in: MünchHdB GesR AG, § 32 Rn. 31.
631 *Semler*, in: MünchKommAktG, § 107 Rn. 385; *Siebel*, in: Semler/v. Schenck, ArbeitsHdB für Aufsichtsratsmitglieder, § 6 Rn. 188; a. A. *Lutter/Krieger*, Rechte und Pflichten des Aufsichtsrats, Rn. 645 (verschärfende Regelung nur in der Geschäftsordnung).
632 *Siebel*, in: Semler/v. Schenck, ArbeitsHdB für Aufsichtsratsmitglieder, § 6 Rn. 188; *Mertens*, in: KölnKommAktG, § 107 Rn. 122.
633 *Semler*, in: MünchKommAktG, § 107 Rn. 388; *Semler*, AG 1988, 60, 63; *Lehmann*, DB 1979, 2117, 2122. Bei Beschlussfassung im Plenum hat der Aufsichtsratsvorsitzende im Fall der Stimmengleichheit kraft Gesetzes eine Zweitstimme, vgl. § 29 Abs. 2 MitbestG.

265 Der Aufsichtsrat/-ausschuss kann den Beschluss über den Anstellungsvertrag schriftlich, fernmündlich oder in vergleichbarer Form fassen, sofern die Satzung oder die Geschäftsordnung des Aufsichtsrats dazu nichts Näheres regelt und kein Mitglied des Aufsichtsrats/-ausschusses dem Verfahren widerspricht, § 108 Abs. 4 AktG. Abwesende Mitglieder des Aufsichtsrats/-ausschusses können an der Abstimmung durch schriftliche Stimmabgabe oder auch nachträglich im Rahmen der sog. gemischten Beschlussfassung teilnehmen.[634]

5. Abschluss des Vertrages

266 Der Aufsichtsrat/-ausschuss trifft den Beschluss über den Anstellungsvertrag kraft der ihm nach § 84 Abs. 1 Satz 5 AktG zugewiesenen organschaftlichen Personalkompetenz. Davon zu unterscheiden ist die rechtsgeschäftliche Umsetzung des Beschlusses durch Abgabe einer auf Vertragsschluss gerichteten Willenserklärung gegenüber dem designierten Vorstandsmitglied. Die Erklärung obliegt nach § 112 AktG grundsätzlich ebenfalls dem Aufsichtsrat als Kollegialorgan.[635] Als bloße Ausführungshandlung kann der unmittelbare Abschluss des Vertrages jedoch einem einzelnen Aufsichtsratsmitglied übertragen werden.[636] Meist obliegt diese Aufgabe dem Aufsichtsratsvorsitzenden. Die Ermächtigung zum Vertragsschluss kann sich aus der Geschäftsordnung des Aufsichtsrats, der Satzung oder aus einem Beschluss des Aufsichtsrats ergeben.[637] Dagegen genügt die bloße Amtsstellung des Aufsichtsratsvorsitzenden noch nicht, um eine rechtsgeschäftlich bindende Erklärung für den Aufsichtsrat/-ausschuss wirksam abzugeben.[638] Ebenso wenig kommt herrschender Meinung zufolge eine konkludente Ermächtigung zum Abschluss des Anstellungsvertrages in Betracht.[639] Einer gesonderten Ermächtigung zur Wahrnehmung der Abschlussbefugnis bedarf ferner der mit dem Anstellungsvertrag befasste Ausschuss, jedoch kann der erforderliche Beschluss des Aufsichtsrats mit dem Einsetzungsbeschluss verbunden werden.

267 Bei Abschluss des Anstellungsvertrages ist das ermächtigte Aufsichtsratsmitglied nur zum Vollzug des gefassten Beschlusses befugt. Es hat lediglich einen eng begrenzten Gestaltungsspielraum und darf bei der Ausfertigung des Vertrages die beschlossenen Anstellungsbedingungen weder inhaltlich

---

634 Einzelheiten zur Stimmabgabe durch abwesende Aufsichtsratsmitglieder siehe Rn. 42.
635 Vgl. BGH NJW 1964, 1367 (Gesamtvertretung).
636 OLG Schleswig AG 2001, 651, 653; *Semler*, in: MünchKommAktG, § 108 Rn. 115.
637 *Leuering*, NZG 2004, 120, 121; *Janzen*, NZG 2003, 468, 471; *Semler*, FS Roweder, S. 441, 451 f.
638 So ausdrücklich OLG Düsseldorf AG 2004, 321, 322; OLG Schleswig AG 2001, 651, 653.
639 OLG Düsseldorf AG 2004, 321, 322 (zum Widerruf); *Hüffer*, AktG, § 112 Rn. 5; *Hoffmann-Becking*, in: MünchHdB GesR AG, § 31 Rn. 87; a. A. *Semler*, in: MünchKommAktG, § 112 Rn. 53; *Bauer/Krieger*, ZIP 2004, 1247, 1248; *Stein*, AG 1999, 28, 33; *Mertens*, AG 1981, 216, 218.

ändern noch wesentlich ergänzen oder zurücknehmen. Die bloße Ausformulierung und Präzisierung bereits beschlossener Eckdaten ist allerdings zulässig. Der Aufsichtsrat/-ausschuss muss sich also nicht mit sämtlichen vertraglichen Einzelheiten beschäftigen, sondern kann nach Festlegung des wesentlichen Vertragsinhalts die detaillierte Ausgestaltung dem ermächtigten Aufsichtsratsmitglied überlassen.[640] Damit die innere Willensbildung des Gremiums gewahrt bleibt, hat der Beschluss über den Anstellungsvertrag mindestens die Eckdaten hinsichtlich der Bezüge (Gehalt, Tantieme, Aktienoptionen, Boni),[641] der betrieblichen Altersversorgung, der D & O-Versicherung einschließlich sonstiger betrieblicher Nebenleistungen sowie des nachvertraglichen Wettbewerbsverbots zu enthalten. In jedem Fall empfiehlt sich eine regelmäßige Berichterstattung des Abschlussvertreters an den Ausschuss und das Plenum, insbesondere sollte die textliche Fassung des Anstellungsvertrages vor der Unterzeichnung allen anderen Aufsichtsratsmitgliedern auf vertraulichem Weg mitgeteilt werden.

Der Anstellungsvertrag kommt nach den allgemeinen Vorschriften zustande und bedarf deshalb der Annahmeerklärung des Vorstandsmitglieds, die dem Aufsichtsrat zugehen muss. Dazu genügt die Erklärung gegenüber dem Aufsichtsratsvorsitzenden.[642] In der Praxis tritt immer wieder die Frage auf, ob der Anstellungsvertrag durch konkludentes Handeln wirksam zustande kommt. Bezweifelt wird ein stillschweigender Vertragsschluss mit der Begründung, dass nicht jeder Beschluss über die Bestellung zugleich ein Angebot auf Abschluss eines Anstellungsvertrages beinhalte.[643] Dagegen soll obergerichtlicher Rechtsprechung und einzelnen Vertretern in der Literatur zufolge ein konkludenter Vertragsschluss dann möglich sein, wenn ein ordnungsgemäßer Beschluss über den Anstellungsvertrag vorliegt, das Vorstandsmitglied nach der Bestellung seine Amtsgeschäfte vorbehaltlos aufnimmt und der Aufsichtsrat dem Tätigwerden des Bestellten nicht widerspricht.[644] Außerdem kann ein stillschweigender Abschluss des Anstellungsvertrages nach Ansicht des BGH im Anschluss an die Umwandlung einer Aktiengesellschaft in eine GmbH vorliegen.[645]

268

---

640 *Fonk*, in: Semler/v. Schenck, ArbeitsHdB für Aufsichtsratsmitglieder, § 9 Rn. 83; *Wiesner*, in: MünchHdB GesR AG, § 21 Rn. 18; zurückhaltender *Spindler*, in: MünchKommAktG, § 84 Rn. 61.
641 Ebenso *Semler*, in: MünchKommAktG, § 112 Rn. 57.
642 Näher zur Passivvertretung *Hoffmann-Becking*, in: MünchHdB GesR AG, § 31 Rn. 88.
643 *Wiesner*, in: MünchHdB GesR AG, § 21 Rn. 19; *Fonk*, in: Semler/v. Schenck, ArbeitsHdB für Aufsichtsratsmitglieder, § 9 Rn. 83 (Fn. 215).
644 OLG Stuttgart AG 2003, 211, 213; *Spindler*, in: MünchKommAktG, § 84 Rn. 64; *Liebscher*, in: Beck'sches HdB AG, § 6 Rn. 36; *Schuster-Bonnot*, FS Kastner, S. 426, 429.
645 BGH DStR 1997, 932, 933 m. Anm. *Goette*.

6. Fehlende Ermächtigung

269 Fraglich sind die Rechtsfolgen, wenn zwar der Aufsichtsrat einen wirksamen Beschluss über den Abschluss des Vorstandsvertrages gefasst hat, der Aufsichtsratsvorsitzende oder ein anderes Aufsichtsratsmitglied jedoch ohne oder unter Überschreitung der erteilten Ermächtigung den Anstellungsvertrag abschließt. Nach herrschender Meinung ist das Vertragsverhältnis in diesen Fällen nur schwebend unwirksam und kann dem Aufsichtsrat nach § 177 BGB zur Genehmigung bzw. nach § 141 BGB zur Bestätigung vorgelegt werden.[646] Demnach kommt der Anstellungsvertrag trotz fehlender Erklärungsbefugnis wirksam zustande, wenn der Aufsichtsrat/-ausschuss dem Abschluss des Vertrages durch ausdrücklichen Beschluss nachträglich zustimmt. Anderer Auffassung zufolge führt jedes ermächtigungslose Handeln einzelner Aufsichtsratsmitglieder einschließlich des Aufsichtsratsvorsitzenden ausnahmslos zur Nichtigkeit des jeweiligen Rechtsgeschäfts.[647] Hierfür lässt sich anführen, dass die unbefangene Wahrnehmung der Belange der Gesellschaft durch den Aufsichtsrat offensichtlich beeinträchtigt ist, wenn ein ohne Vertretungs- oder Erklärungsbefugnis geschlossener Anstellungsvertrag dem Aufsichtsrat/-ausschuss zur nachträglichen Zustimmung vorgelegt werden kann.[648] Andererseits aber hat die Möglichkeit einer Genehmigung für die Gesellschaft den Vorteil, einen günstigen Vertragsschluss gegen sich gelten zu lassen bzw. umgekehrt zu teure Anstellungsbedingungen abzulehnen. Im Fall der Ablehnung kann das designierte Vorstandsmitglied (zumindest theoretisch) gegen den vollmachtlosen Erklärungsvertreter nach den allgemeinen Vorschriften Schadensersatz geltend machen.[649]

7. Form des Vertrages

270 Der Anstellungsvertrag bedarf keiner Form.[650] Das NachwG findet mangels Arbeitnehmereigenschaft des Vorstandes keine Anwendung. Da aber die vertraglichen Bestimmungen für beide Parteien grundlegende wirtschaftli-

---

646 OLG Celle AG 2003, 433; OLG Karlsruhe AG 1996, 224, 225 m. Anm. *Sethe*, EWiR 1996, 58 und *Fonk*, WiB/NZG 1996, 433, 434; *Hüffer*, AktG, § 112 Rn. 7; *Breuer/Fraune*, in: AnwaltKommAktG, § 112 Rn. 8; *Habersack*, in: GroßKommAktG, § 78 Rn. 12; *Wiesner*, in: MünchHdB GesR AG, § 23 Rn. 8; siehe auch BGH ZIP 2004, 237 m. Anm. *Leuering*, EWiR 2004, 183, 184; OLG Frankfurt GmbHR 1995, 897, 898.
647 OLG Stuttgart BB 1992, 1669, 1670; OLG Hamburg WM 1986, 972; *Semler*, in: MünchKommAktG, § 112 Rn. 80 f.; *Oltmanns/Unger*, in: AnwaltKommAktG, § 84 Rn. 12; *Mertens*, FS Lutter, S. 523, 532 f.; *Stein*, AG 1999, 28, 37 f.
648 So *Semler*, in: MünchKommAktG, § 112 Rn. 81.
649 Allgemein *Werner*, ZGR 1989, 369, 393; *Fonk*, WiB/NZG 1996, 433, 434; zur möglichen Haftung der Gesellschaft für das vollmachtlose Handeln des Erklärungsvertreters vgl. *Habersack*, in: GroßKommAktG, § 78 Rn. 36.
650 BGH DStR 1997, 459, 460 m. Anm. *Goette*; *Nirk*, in: Nirk/Reuter/Bächle, HdB Aktiengesellschaft I, Rn. 643.

che Bedeutung haben (insb. hinsichtlich Bezüge, betriebliche Altersversorgung, nachvertragliches Wettbewerbsverbot),[651] wird aus Beweisgründen der Anstellungsvertrag in der Regel schriftlich abgeschlossen. In der Praxis enthält die Vertragsurkunde ferner meist eine Schriftformklausel, wonach Änderungen oder Ergänzungen des Anstellungsvertrages der Schriftform bedürfen. Die Rechtsfolgen bei Nichtbeachtung einer solchen gewillkürten Schriftform bestimmen sich danach, ob die Parteien eine einfache oder eine qualifizierte Schriftformklausel vereinbart haben.[652]

Besondere Bedeutung erlangt die Schriftform bei solchen Vorstandsmitgliedern, die bereits vor der Bestellung als leitende Mitarbeiter im Unternehmen tätig gewesen sind. Nach Beendigung des Vorstandsmandats kann sich hier die Frage stellen, ob das frühere Arbeitsverhältnis ruhend neben dem Anstellungsvertrag fortbestanden hat oder bereits mit Abschluss des Vorstandsvertrages (konkludent) aufgehoben worden war.[653] Unklar könnte sein, ob die Vertragsablösung im Rahmen einer unternehmensinternen Beförderung zum Mitglied des Vorstands eine bloße Vertragsänderung zur Folge hat oder aber die Beendigung des bisherigen Arbeitsverhältnisses gewollt war. Letzterenfalls bedarf die Vertragsaufhebung nach § 623 BGB der Schriftform.[654] Zudem ist für den Abschluss des Vorstandsvertrages der Aufsichtsrat und für den Aufhebungsvertrag der Vorstand zuständig, so dass mit einer Annexkompetenz des Aufsichtsrates argumentiert werden müsste, um die gesetzlich vorgeschriebene Form zu erfüllen.[655] Für den Geschäftsführer einer GmbH hat das BAG im Jahre 2000 eine Rechtsprechungsänderung vollzogen und entschieden, dass im Zweifel mit Abschluss des Geschäftsführerdienstvertrages das bisherige Arbeitsverhältnis aufgehoben sei, auch wenn die Arbeitsbedingungen nur geringfügig geändert würden.[656] Um Beweis- und Auslegungsprobleme auszuschließen, sollte der Vorstandsvertrag – je nach Ergebnis der Vertragsverhandlungen – die Aufhebung oder den ruhenden Fortbestand des Arbeitsverhältnisses ausdrücklich klarstellen und zudem vorsorglich auch von dem bisherigen Arbeitgebervertreter des (früheren Arbeitnehmers und nunmehr) Vorstandes mit unterschrieben werden.

271

---

651 Das Schriftformerfordenis nach § 74 Abs. 1 HGB findet auf nachvertragliche Wettbewerbsverbote mit Vorstandsmitgliedern keine Anwendung.
652 Einzelheiten zur Schriftformklausel siehe Rn. 696.
653 Einzelheiten zur Fortsetzung des Anstellungsvertrags als Arbeitsverhältnis siehe Rn. 791.
654 Ausführlich *Fischer*, NJW 2003, 2417, 2418 f.; *Bauer/Baeck/Lösler*, ZIP 2003, 1821, 1822; *Kamanabrou*, DB 2002, 146, 149.
655 *Hümmerich/Reufels*, Gestalltung von Arbeitsverträgen, § 3 Rn. 34.
656 BAG NJW 2000, 3732 ff.

II. Dauer des Anstellungsvertrages

1. Gesetzliche Höchstdauer

272 Anstellungsvertrag und Bestellung können von unterschiedlicher Dauer sein. Nach § 84 Abs. 1 Satz 1 i. V. m. Satz 5 AktG wird die Vertragslaufzeit entsprechend der Höchstdauer der Bestellung auf fünf Jahre begrenzt. Bei Abschluss einer längeren oder gar unbestimmten Anstellungsdauer endet der Vorstandsvertrag mit Ablauf der gesetzlichen Fünf-Jahres-Frist. Diese Synchronität verhindert, dass die Entschließungsfreiheit des Aufsichtsrats über eine etwaige Wiederbestellung infolge vertraglicher Bindungen eingeschränkt wird. Unterhalb der fünfjährigen Höchstdauer teilen Bestellung und Anstellung nicht zwingend dasselbe Schicksal der Befristung. Beide Rechtsverhältnisse können zu unterschiedlichen Zeitpunkten enden, insbesondere im Fall eines Widerrufs der Bestellung ohne entsprechende Kündigung oder Aufhebung des Anstellungsvertrages.

273 Gesetzlich nicht geregelt ist die Mindestlaufzeit des Anstellungsvertrages. Entsprechend dem Richtwert für die Mindestdauer der Bestellung wird für den Dienstvertrag eine Mindestlaufzeit von einem Jahr anzunehmen sein.[657] Grundsätzlich muss die Anstellungsdauer so gewählt sein, dass das Vorstandsmitglied in diesem Zeitraum eigenverantwortlich und unabhängig die Gesellschaft leiten und die Geschäftsführung in angemessener Art und Weise wahrnehmen kann. Bloße Überbrückungsmandate oder ein Vertragsabschluss nach Vollendung des 60. Lebensjahres rechtfertigen kürzere Vertragslaufzeiten. Prinzipiell ausgeschlossen ist ein Anstellungsvertrag auf Probe. Beim ersten Vorstand endet der Anstellungsvertrag automatisch, wenn die Gesellschaft nicht zur Entstehung gelangt.

2. Vertragsverlängerung

274 Nach § 84 Abs. 1 Satz 5 AktG kann im Anstellungsvertrag vereinbart werden, dass die Vertragslaufzeit sich im Fall der Wiederbestellung automatisch um die Dauer der neuen Amtszeit verlängert. Enthält der Anstellungsvertrag keine derartige Regelung, hat der Aufsichtsrat über die Vertragsverlängerung zu beschließen. Die Beschlussfassung kann einem Ausschuss übertragen werden, der aber nicht der Entscheidung des Plenums über die Wiederbestellung vorgreifen darf. Der Ausschuss beschließt die Fortsetzung des Anstellungsvertrages in der Regel unter der aufschiebenden Bedingung, dass auch der Gesamtaufsichtsrat das Vorstandsmitglied für eine weitere Amtszeit bestellt. Das gilt indes dann nicht, wenn die Vertragsverlängerung innerhalb der gesetzlichen Fünf-Jahres-Frist erfolgt, da in die-

---

657 *Mertens/Cahn*, in: KölnKommAktG, § 84 Rn. 24; *Wiesner*, in: MünchHdB GesR AG, § 20 Rn. 31.

sem Fall ein erneuter Aufsichtsratsbeschluss nicht erforderlich ist (§ 84 Abs. 1 Satz 4 i. V. m. Satz 5 AktG).

Der Beschluss des Aufsichtsrats über die Wiederbestellung kann ausnahmsweise eine stillschweigende Verlängerung des Anstellungsverhältnisses beinhalten.[658] Das Erfordernis einer ausdrücklichen Beschlussfassung betrifft die Form der Entschließung und lässt damit Raum für eine ergänzende Auslegung des Beschlusstextes. Erforderlich für eine stillschweigende Fortsetzung des Dienstvertrages ist, dass der Bestellungsbeschluss über den Wortlaut hinaus die Billigung der Vertragsverlängerung zum Ausdruck bringt.[659] Wann der Aufsichtsratsbeschluss eine solche Auslegung zulässt, bestimmt sich nach den jeweiligen Umständen des Einzelfalles.[660] Eine stillschweigende Verlängerung des Anstellungsverhältnisses durch fortgesetzte Ausübung der Vorstandstätigkeit nach § 625 BGB kommt lediglich für die Dauer der Wiederbestellung und nur dann in Betracht, wenn der Aufsichtsrat nach Ablauf der Dienstzeit der Organtätigkeit nicht unverzüglich widerspricht.[661] Anzunehmen ist ein solcher Widerspruch bereits bei Eintritt in die Verhandlungen über einen erneuten Vertragsabschluss.

275

Der Beschluss über die Vertragsverlängerung darf höchstens ein Jahr vor Ablauf der Amtszeit gefasst werden (§ 84 Abs. 1 Satz 3 i. V. m. Satz 5 AktG). § 84 Abs. 1 Satz 3 AktG enthält ein gesetzliches Verbot i. S. von § 134 BGB. Ein Beschluss eines Aufsichtsrates über die Verlängerung der Bestellung eines Vorstandsmitglieds, der außerhalb der Jahresfrist gefasst wird, beinhaltet eine unzulässige Umgehung dieses Verbots.[662] Der Anstellungsvertrag kann aber während der Amtszeit eines Vorstandsmitglieds aufgehoben und anschließend unter Einhaltung der gesetzlichen Höchstdauer von fünf Jahren neu geschlossen werden. Dieses Vorgehen ist nach der Rechtsprechung des BGH grundsätzlich keine unzulässige Umgehung der Jahresfrist und auch kein Gestaltungsmissbrauch.[663] Allerdings gelten hierbei dieselben Einschränkungen wie für die vorzeitige Wiederbestellung.[664] Einer guten Corporate Governance entspricht die vorzeitige Wiederbestellung von Vorstandsmitgliedern nach Ziff. 5.1.2 DCGK zudem nur dann, wenn besondere Umstände diese rechtfertigen.

276

---

658 BGH DStR 1997, 932, 933 m. Anm. *Goette*; OLG Hamm AG 1991, 399, 400 m. Anm. *v. Gerkan*, EWiR 1991 § 84 1/91, 523.
659 BGH ZIP 1989, 294 m. Anm. *Fleck*, EWiR 1989 § 108 AktG 1/89, 317 f.; OLG Schleswig AG 2001, 651, 653.
660 Vgl. BGH DStR 1997, 932, 933; BGH JZ 1991, 1090, 1093; BGH ZIP 1989, 294, 295; OLG Schleswig AG 2001, 651, 653.
661 OLG Karlsruhe AG 1996, 224, 227; *Mertens/Cahn*, in: KölnKommAktG, § 84 Rn. 19; *Wiesner*, in: MünchHdB GesR AG, § 21 Rn. 20; a. A. (§ 625 BGB unanwendbar) *Hüffer*, AktG, § 84 Rn. 17; *Spindler*, in: MünchKommAktG, § 84 Rn. 69; offen lassend BGH DStR 1997, 932, 933.
662 OLG Zweibrücken 3.2.2011 – 4 U 76/10, AG 2011, 304.
663 BGH DStR 2012, 1869, 1871.
664 Einzelheiten zur vorzeitigen Wiederbestellung siehe Rn. 119 ff.

3. Kopplungs- und Gleichlaufklauseln

277 In Vorstandsverträgen werden häufig sog. Kopplungs- oder Gleichlaufklauseln vereinbart. Damit wird das rechtliche Schicksal des Anstellungsvertrages auf Grund einer Bedingung i. S. d. § 158 BGB unmittelbar an das der Bestellung geknüpft. Die Kopplung der Vertragslaufzeit an die Dauer der Bestellung bzw. Wiederbestellung ist in § 84 Abs. 1 Satz 5 i. V. m. Satz 4 AktG ausdrücklich benannt und *ipso iure* daher zulässig. Grundsätzlich zulässig ist zudem, die Beendigung des Anstellungsvertrages unmittelbar an den Widerruf der Bestellung zu koppeln, d. h. der Anstellungsvertrag wird unter der auflösenden Bedingung geschlossen, dass die Bestellung wirksam widerrufen wird.[665] Dazu erweitern die Parteien die Voraussetzungen einer außerordentlichen Kündigung, indem jeder Grund für die Abberufung nach § 84 Abs. 3 Satz 1 AktG zugleich als wichtiger Grund für eine Kündigung nach § 626 Abs. 1 BGB anzusehen ist.[666]

278 Ferner kann die Kopplungsklausel so formuliert sein, dass auch auf Grund anderweitiger Formen der Beendigung der Bestellung (z. B. Amtsniederlegung, Umstrukturierung der Gesellschaft) das Anstellungsverhältnis automatisch erlischt.[667] Die Ausübung der Organstellung ist dann Bedingung für das Fortbestehen des Anstellungsvertrages. Beendet wird das Vertragsverhältnis aber erst mit Ablauf der ordentlichen Kündigungsfrist entsprechend § 622 Abs. 1 BGB.[668] Das gilt freilich nur, wenn kein normativ wichtiger Grund für eine außerordentliche Kündigung nach § 626 Abs. 1 BGB vorliegt und das Vorstandsmitglied damit keines Mindestschutzes bedarf.[669]

279 Bei der Formulierung der Kopplungsklausel ist besondere Sorgfalt anzuwenden, denn eine unbedachte Klausel kann im Einzelfall das Gegenteil, nämlich die unbeschadete Fortsetzung des Anstellungsvertrages, bewirken. Geht nicht eindeutig hervor, ob mit der Kopplungsabrede ein außerordentliches oder ordentliches Kündigungsrecht vereinbart wurde, ist im Zweifelsfall die Regelung einer außerordentlichen Kündigung anzunehmen. Die Beurteilung einer Kopplungsklausel kann sich insbesondere ändern, wenn der Vorstandsvertrag eine Mindestlaufzeit hat. Da der Vertrag in diesem Fall für die Dauer der Mindestlaufzeit geschlossen wurde, lässt sich aus der

---

[665] BGH DStR 1999, 1743, 1744 m. Anm. *Goette*; BGH NJW 1989, 2683, 2684 m. Anm. *Zimmermann*, EWiR 1989 § 84 AktG 1/91, 1051; OLG Zweibrücken NZG 1999, 1011; *Tschöpe/Wortmann*, NZG 2009, 85 ff.; ablehnend *Eckardt*, AG 1989, 431, 432.
[666] BGH NJW 1989, 2683, 2684; *Grumann/Gillmann*, DB 2003, 770, 772; *Buchner/Schlobach*, GmbHR 2004, 1, 9.
[667] *Röder/Lingemann*, DB 1993, 1341, 1344; *Haase*, GmbHR 1999, 1142, 1143; *Bauer/Diller*, GmbHR 1998, 809, 810.
[668] *Buchner/Schlobach*, GmbHR 2004, 1, 9; *Grumann/Gillmann*, DB 2003, 770, 772; abweichend *Hoffmann-Becking*, ZHR 169 (2005), 155, 170: analog § 622 Abs. 2 BGB.
[669] BGH DStR 1999, 1743, 1744 m. Anm. *Goette*; BGH NJW 1989, 2683, 2684; *Spindler*, in: MünchKommAktG, § 84 Rn. 183; *Mertens*, in: KölnKommAktG, § 84 Rn. 150.

Kopplungsklausel wohl nur ein Recht zur fristlosen Kündigung ableiten. Damit das Dienstverhältnis auch ohne Vorliegen eines wichtigen Grundes beendet werden kann, sollte die Kopplungsklausel so formuliert sein, dass die Abberufung als ordentliche Kündigung gilt. Um daraus entstehende Nachteile für das Vorstandsmitglied auszugleichen oder zumindest abzumindern, können die Parteien eine von § 622 BGB abweichende, für den Dienstverpflichteten günstigere Fristvereinbarung treffen. Die Kündigungsfrist beginnt mit Zugang der Widerrufserklärung gegenüber dem Vorstandsmitglied.

Problematisch können sog. Fortsetzungsklauseln sein, nach denen sich das Anstellungsverhältnis automatisch verlängert, sofern es nicht unter Einhaltung einer bestimmten Frist gekündigt wird. Derartige Vereinbarungen sind zumindest dann unwirksam, wenn das Vorstandsmitglied über die fünfjährige Anstellungsdauer hinaus seine volle Vergütung erhalten soll, ohne hierfür einen erneuten Beschluss des Aufsichtsrats vorzusehen.[670] Unzulässig sind insbesondere Fortzahlungen in Höhe der bisherigen Vorstandsbezüge für die Zeit nach Beendigung einer Amtsperiode, denn diese Regelung verletzt die innere Entschließungsfreiheit des Aufsichtsrats über die (Wieder-)Bestellung und damit über die Verlängerung des Anstellungsvertrages.[671] Aktienoptionen dagegen können grundsätzlich auch nach dem Ausscheiden aus dem Vorstandsamt ausgeübt werden.[672] In der Praxis enthalten die Aktienoptionsvereinbarungen dann meist Regelungen, welche die nachvertraglichen Ansprüche begrenzen (z.B. Verfallklauseln).[673]

4. Mitteilungspflichten

Der Anstellungsvertrag enthält meist die Klausel, dass der Aufsichtsrat das Vorstandsmitglied rechtzeitig über eine geplante Verlängerung oder Nichtverlängerung der Bestellung und des Anstellungsvertrages zu informieren hat (z.B. spätestens sechs Monate vor Ende der Vertragslaufzeit). Umgekehrt verpflichtet sich das Vorstandsmitglied im entsprechenden Zeitraum, dem Aufsichtsrat für den Fall einer eventuellen Wiederbestellung und bedingungsgleichen Vertragsverlängerung rechtzeitig seine Zustimmungsabsicht mitzuteilen. Die Nichteinhaltung dieser Informationspflicht durch die Gesellschaft begründet nur dann einen Schadensersatzanspruch des Vorstandsmitglieds, wenn der Aufsichtsrat einen besonderen Vertrauenstatbestand für die Fortsetzung des Amtes geschaffen und das Vorstandsmitglied aus diesem Grund nicht nach neuen Betätigungsmöglichkeiten

---

670 BGH WM 1978, 109, 111; BGH WM 1975, 1237, 1239; BGHZ 20, 239, 245.
671 *Fonk*, in: Semler/v. Schenck, ArbeitsHdB für Aufsichtsratsmitglieder, § 9 Rn. 110; *Säcker*, FS Müller, S. 745, 758.
672 *Baums*, FS Clausen, S. 3, 32; *Hüffer*, ZHR 161 (1997), 214, 236; *Weiß*, Aktienoptionspläne für Führungskräfte, S. 142 ff.
673 Einzelheiten zu Verfallklauseln in Aktienoptionsvereinbarungen siehe Rn. 425 ff.

gesucht hat. Das ist anzunehmen, wenn eine befristete Bestellung eine Verlängerungsklausel enthält und der Aufsichtsrat für den Fall der Nichtverlängerung eine entsprechende Mitteilung zugesagt hat.[674]

III. Fehlerhafter Anstellungsvertrag

282 Ein wirksamer Vorstandvertrag erfordert einen wirksamen Beschluss des Aufsichtsrates und eine wirksame Vertretung der Gesellschaft. Beides kann fehlerhaft sein.[675] Vor Beginn der Vorstandstätigkeit gelten für Mängel des Anstellungsvertrages die allgemeinen Regeln über die Nichtigkeit und Anfechtbarkeit von Rechtsgeschäften. Die Parteien können sich jederzeit auf die Unwirksamkeit des Dienstvertrages berufen und wechselseitig gewährte Leistungen zurückverlangen. Nach Vollzug des Vorstandsvertrages und Beginn der Anstellung sind die Grundsätze über den fehlerhaften Arbeitsvertrag entsprechend anzuwenden.[676] Die Wirksamkeitsmängel beruhen in der Regel auf einer unzureichenden Ermächtigung des Abschlussvertreters oder einem nicht ordnungsgemäßem Beschluss des Aufsichtsrats/-ausschusses, z. B. weil der Ausschuss durch vorzeitigen Vertragsabschluss die Bestellung präjudiziert, der Ausschuss ungenügend besetzt ist oder der Beschluss über den Dienstvertrag nur konkludent gefasst worden ist.[677] Ferner kann bei Unwirksamkeit der Bestellung das Anstellungsverhältnis berührt sein, wenn der Nichtigkeits- oder Anfechtungsgrund hinsichtlich der Organstellung auch die vertraglichen Rechtsbeziehungen betrifft.[678]

283 Der fehlerhafte Anstellungsvertrag ist für die Zeit der Vorstandstätigkeit als wirksam abgeschlossenes Schuldverhältnis zu behandeln, das rückwirkend nicht vernichtet werden kann. Demnach bleibt die gegenseitige vertragliche Pflichtenbindung vorerst unverändert bestehen. Für die Zukunft können beide Parteien die Anstellung jederzeit und ohne wichtigen Grund beenden.[679] Die Entscheidung darüber liegt grundsätzlich im Ermessen der Parteien. Dabei wird die Gesellschaft nach § 112 AktG durch den Aufsichtsrat vertreten, der nach § 108 Abs. 1 AktG zuvor einen entsprechenden

---

674 OLG Düsseldorf DB 1951, 408; *Spindler*, in: MünchKommAktG, § 84 Rn. 48.
675 Näher dazu *Köhler*, NZG 2008, 161 ff.
676 BGH AG 2001, 44, 45; BGH NJW 1998, 3567; BGH ZIP 1995, 377; OLG Schleswig AG 2001, 651, 653; Überblick über den Meinungsstand und die Rechtsprechung bei *Köhler*, Fehlerhafte Vorstandsverträge, NZG 2008 161 ff.
677 Dazu BGHZ 89, 48, 56; BGHZ 65, 190, 192; BGHZ 41, 282, 286; ferner BGH WM 1991, 1258, 1259; BGH ZIP 1989, 294, 295; OLG Schleswig AG 2001, 651, 653; OLG München RIW 2000, 301, 302 (gescheitertes *Offer for Employment*).
678 *Götz*, AG 2002, 305, 307 (vorzeitige Wiederbestellung); *Reuter*, FS Zöllner, S. 487, 493.
679 BGH AG 2001, 44, 45; BGH NJW 1998, 3567; BGH ZIP 1989, 294, 295; OLG Schleswig 2001, 651, 653; *Reuter*, FS Zöllner, S. 487, 494; *Bauer/Gagert*, ZIP 1997, 2177, 2178; *Baums*, ZGR 1993, 141, 146.

Beschluss zu fassen hat. Unerheblich ist, ob man die entsprechende Erklärung als Kündigung, deklaratorische Kündigung oder Beendigungserklärung bezeichnet. Die Fehlerhaftigkeit des Vertrages ist in der Regel gleichsam wichtiger Grund für den Widerruf der Bestellung.[680] Nach Beendigung der fehlerhaften Anstellung bleiben verdiente Versorgungsbezüge sowie unverfallbare Versorgungsanwartschaften bestehen.[681] Bei Beendigung der Bestellung unter gleichzeitiger Beendigung des fehlerhaften Anstellungsvertrages kann das Vorstandsmitglied für die Zukunft keine Vergütung nach §§ 615, 326 Abs. 2 BGB verlangen. Betrifft der Wirksamkeitsmangel allein das Vertragsverhältnis und nicht die Bestellung, unterliegt das Vorstandsmitglied weiterhin der unternehmerischen Pflichtenbindung nach § 93 Abs. 1 AktG und hat die ihm obliegenden Organpflichten zu erfüllen.

Die sofortige Beendigung eines fehlerhaften Anstellungsvertrages kann nach § 242 BGB ausgeschlossen sein.[682] Die faktische Anstellung ist für die Zukunft als wirksam anzusehen, sofern diese jahrelang allgemeine Rechtsgrundlage der Vertragsparteien war, die Gesellschaft vereinbarungsgemäß die Vorstandsbezüge erhöht und der Aufsichtsrat die Vertragsverlängerung beschlossen hat.[683] Das Vorstandsmitglied genießt zudem Vertrauensschutz für das wirksame Entstehen eines Anstellungsvertrages, wenn die dafür maßgebliche Rechtsprechung sich nach Abschluss des Vertrages geändert hat.[684] Fortgeschrittenes Alter und die damit verbundene besondere Bedeutung der betrieblichen Altersversorgung stehen einer Geltendmachung der Unwirksamkeit des fehlerhaften Anstellungsvertrages grundsätzlich nicht entgegen.[685]

284

Die Gesellschaft soll in besonderen Fällen auf Grund der besonderen Treue- und Fürsorgepflicht dazu verpflichtet sein, dem Vorstandsmitglied den Abschluss eines Anstellungsvertrages anzubieten. Es wird deshalb teilweise die Auffassung vertreten, eine einseitige Beendigung sei erst möglich, wenn zuvor versucht wurde, die Angelegenheit einvernehmlich zu regeln.[686] In der Praxis wird man zumindest bei einem gutgläubigen Vorstand diesen Weg empfehlen können, auch um Streitigkeiten und eine führungslose Gesellschaft zu vermeiden. Enthält der Vertrag nur zum Teil nichtige oder anfechtbare Bestimmungen, hat der Aufsichtsrat zulässige und angemessene Regelungen vorzuschlagen und ggf. mit dem Vorstandsmit-

285

---

680 *Köhler*, NZG 2008 161.
681 LG Zweibrücken, BB 2007, 2350; *Richardi*, in: MünchHdB ArbR, § 46 Rn. 66; *Hengeler*, FS Barz, S. 129, 141 ff.; *Säcker*, FS Müller, S. 745, 757 ff.
682 Überblick über den Meinungsstand und die Rechtsprechung bei *Köhler*, NZG 2008, 161 ff.
683 BGH AG 2001, 44, 45; BGH WM 1973, 506, 507; OLG Schleswig AG 2001, 651, 654.
684 BGH AG 2001, 44, 45; BGH AG 1976, 43, 44; *Säcker*, FS Müller, S. 745, 756 f.; *Bauer/Gragert*, ZIP 1997, 2177, 2178.
685 OLG Schleswig AG 2001, 651, 654; *Schneider*, in: Scholz, GmbHG, § 35 Rn. 249.
686 Siehe dazu *Köhler*, NZG 2008, 161.

glied einzugehen.[687] Entgegen § 139 BGB führen unwirksame oder anfechtbare Vertragsbestandteile auch ohne eine salvatorische Klausel nicht zur Gesamtnichtigkeit des Anstellungsvertrages, sofern die verletzten Bestimmungen zugleich gesetzliche Schutznormen zugunsten des Vorstandsmitglieds sind.[688] Handelt es sich bei den gesetzlichen Regelungen nicht um solche Schutznormen, können die unwirksamen Bestimmungen im Wege ergänzender Vertragsauslegung ersetzt werden.

C. Inhalt des Anstellungsvertrages

I. Rechte des Vorstandsmitglieds

286 Welche Ansprüche das Vorstandsmitglied aus dem Anstellungsverhältnis hat, ergibt sich vornehmlich aus dem Dienstvertrag sowie den zusätzlich mit der Gesellschaft getroffenen Vereinbarungen. Der wichtigste Vertragsbestandteil ist die Regelung der Vorstandsbezüge einschließlich der betrieblichen Altersversorgung. Die Vorstandsbezüge enthalten neben dem Festgehalt zumeist auch variable Vergütungsbestandteile, meist in Form von Aktienoptionen und Tantiemen. Auch ein Abfindungsversprechen für den Fall einer vorzeitigen Beendigung des Vorstandsmandats ist häufig Bestandteil des Anstellungsvertrages. Die Pensionsvereinbarung umfasst in erster Linie das sog. Altersruhegeld, regelmäßig ergänzt um eine Invaliditätsabsicherung und Hinterbliebenenversorgung. Häufig ist zudem die Zahlung eines Übergangsgeldes vorgesehen. Üblicherweise gewährt die Gesellschaft dem Vorstandsmitglied darüber hinaus zusätzliche geldwerte Nebenleistungen verschiedener Art.

287 Erfüllungsort für Vergütungsansprüche der Vorstandsmitglieder wie für Rückzahlungs- oder anderweitige Forderungen der Gesellschaft aus dem Anstellungsvertrag ist grundsätzlich der Unternehmenssitz, denn dort wird in der Regel der Zahlungsverkehr zwischen beiden Parteien abgewickelt.[689]

1. Vorstandsvergütung

a) Gebot der Angemessenheit

288 Im Anstellungsvertrag können die Parteien die Vorstandsbezüge auf Grundlage der Privatautonomie grundsätzlich frei vereinbaren. Dies gilt sowohl

---

687 *Mertens/Cahn*, in: KölnKommAktG, § 84 Rn. 57 ff.; *Wiesner*, in: MünchHdB GesR AG, § 21 Rn. 27.
688 Ausführlich zur Anwendbarkeit des § 139 BGB in Vorstandsverträgen *Steinbeck/Menke*, DStR 2003, 940, 941 f.; *Bauer/Krets*, DB 2003, 811.
689 *Mertens/Cahn*, in: KölnKommAktG, § 84 Rn. 98; für den GmbH-Geschäftsführer BGH NJW 1985, 1286, 1287.

für die Struktur als auch für die Gewichtung einzelner Vergütungsbestandteile. Eingeschränkt wird die Vertragsfreiheit durch das Gebot der Angemessenheit nach § 87 Abs. 1 AktG, den geplanten Zustimmungsvorbehalt der Hauptversammlung für das Vergütungssystem gemäß § 120 Abs. 4 AktG (VorstKoG 2013)[689a] und die allgemeinen gesetzlichen Bestimmungen.[690] Grundgedanke der aktienrechtlichen Regelung ist die Leistungsgerechtigkeit der Vergütung[691], ergänzt um die Anreizphilosophie, die in der Vergütung ein zentrales Element der Steuerung des Vorstandshandelns sieht.[692] Das Gesetz zur Angemessenheit der Vorstandsvergütung (VorstAG) aus dem Jahr 2009 machte die Überarbeitung vieler Vergütungssysteme und praktizierter Verfahrensweisen erforderlich.[692a]

aa)   Anwendungsbereich des § 87 AktG

Der Aufsichtsrat hat bei der Festsetzung der Gesamtbezüge darauf zu achten, dass diese im angemessenen Verhältnis zu (i) den Aufgaben des Vorstandsmitglieds, (ii) den Leistungen des Vorstandsmitglieds und (iii) zur Lage der Gesellschaft stehen. Der Aufsichtsrat wird nicht umhinkommen, seine Entscheidung über die Festsetzung der Vergütung entsprechend zu begründen und zu dokumentieren. Die Festsetzung einer unangemessenen Vergütung führt nach § 116 Satz 3 AktG ansonsten zur Haftung der Aufsichtsratsmitglieder. Die Aufzählung der Kriterien ist allerdings nicht abschließend, sodass zusätzliche Gesichtspunkte in die Angemessenheitsbeurteilung einfließen können.[693] Dies können auch persönliche Kriterien sein wie zum Beispiel berufliche Qualifikation, besondere Fähigkeiten, Kenntnisse und Erfahrungen eines Vorstandsmitglieds, aber auch dessen Marktwert und die konkrete Verhandlungslage sowie familiäre Verhältnisse.[694] Die Gesamtbezüge umfassen neben den gesetzlich genannten Vergütungsformen wie Gehalt, Gewinnbeteiligungen, Aufwandsentschädigungen, Versicherungsentgelte,[695] Provisionen und Nebenleistungen jeder Art auch Aktienoptionen einschließlich virtueller Optionsprogramme.[696] Nebenleistungen beinhalten zumeist Bar- und/oder Sachzuwendungen wie

289

689a Einzelheiten zu § 120 Abs. 4 AktG (VorstKoG 2013) siehe Rn. 254a.
690 Insbesondere § 138 BGB, § 134 BGB i. V. m. § 266 StGB.
691 *Körner*, NJW 2004, 2697, 2698; *Rönnau/Hohn*, NStZ 2004, 113, 116; *Thüsing*, ZGR 2003, 457, 464; *Peltzer*, FS Lutter, S. 571, 586.
692 BGH NJW 2006, 522 (Mannesmann); *Dauner-Lieb*, in: Henssler/Strohn, Gesellschaftsrecht, § 87 Rn. 12 m. w. N.
692a Grundlegend Hoffmann-Beching/Krüger, NZG-Beilage 2009, Heft 26; zusammenfassend zum Stand der Veröffentlichungen Ihrig/Wandt/Wittgens, Beilage zu ZIP 40/2012, unter dem Titel „Die angemessene Vorstandsvergütung drei Jahre nach Inkrafttreten des VorstAG".
693 *Dauner-Lieb*, in: Henssler/Strohn, Gesellschaftsrecht, § 87 Rn. 14 mit weiteren Nachweisen.
694 *Hüffer*, AktG, § 87 Rn. 2.
695 Einzelheiten zur rechtlichen Qualifizierung einer D & O-Versicherung siehe Rn. 567 f.
696 *Peltzer*, NZG 2002, 10, 16; *Hoffmann-Becking*, NZG 1999, 797, 798; *Hüffer*, ZHR 161 (1997), 214, 234.

etwa die Übernahme bestimmter Steuern und Abgaben, die Einräumung von Wohnrechten, die private Nutzung von Dienstwagen und die Abordnung von Personal. Sofern Nebenleistungen privat wie auch dienstlich veranlasst worden sind, ist allein der dienstliche Anteil in die Gesamtbezüge einzubeziehen.[697]

290 Auch Abfindungen, Bonuszahlungen und Anerkennungsprämien (sog. *Appreciation Awards*) sind Bestandteile der Gesamtbezüge der Vorstandsmitglieder.[698] Während ablösende Abfindungen üblicherweise sämtliche Vergütungsansprüche bis zur regulären Beendigung der Bestellung oder aber die Risiken eines Kündigungsprozesses abgelten sollen, sind Anerkennungsprämien als nachträgliche Heraufsetzung der Vorstandsbezüge für die Vergangenheit anzusehen. In beiden Fällen müssen die geleisteten Zahlungen angemessen sein.[699]

291 Zur Angemessenheitsprüfung der Vergütung gehört auch, dass diese die übliche Vergütung nicht ohne besondere Gründe übersteigt. Der Wortlaut von § 87 Abs. 1 Satz 1 AktG enthält insoweit eine negative Formulierung, was zur Folge hat, dass eine übliche Vergütung nicht zwingend auch angemessen sein muss. Die Üblichkeit einer Vergütung markiert vielmehr eine Art Grenze, oberhalb derer es einer besonderen Begründung für die Angemessenheit bedarf. Es kann bezweifelt werden, ob die damit gesetzgeberisch verbundene Absicht, eine Dämpfung des Vergütungsniveaus zu erreichen, in der Praxis funktioniert. Es ist zu beobachten, dass seit der Neufassung der Vorschrift durch das VorstAG 2009 vermehrt Auswertungen und Statistiken zu Managervergütungen veröffentlicht werden. Die Vergütung entwickelt sich damit zunehmend zum Statussymbol, da kaum ein Manager weniger als üblich verdienen will. Das Kriterium der Üblichkeit entwickelt sich deshalb eher zum Preistreiber.[700]

292 Für börsennotierte Gesellschaften findet sich in § 87 Abs. 1 Satz 2 und Satz 3 AktG zudem die Verpflichtung zu einer Vergütungsstruktur, die langfristige Verhaltensanreize setzt und zudem für außerordentliche, in der Regel kurzfristige Effekte Caps vorsieht. Die Langfristigkeit soll durch Anreizsysteme erreicht werden, die auf eine nachhaltige Unternehmensentwicklung auszurichten sind, was u. a. auch dadurch gelingen soll, dass variable Vergütungsbestandteile eine mehrjährige Bemessungsgrundlage haben sollen. Seit der gesetzlichen Neufassung im Jahre 2009 sieht deshalb

---

697 *Hüffer*, AktG, § 87 Rn. 3; *Oltmanns*, in: AnwaltKommAktG, § 87 Rn. 2.
698 Zum Anwendungsbereich des § 87 Abs. 1 AktG siehe BGH NJW 2006, 522 (Mannesmann); *Spindler*, in: MünchKommAktG, § 84 Rn. 9, 67 ff.; *Wollburg*, ZIP 2004, 646, 651; *Thüsing*, ZGR 2003, 457, 503; *Dreher*, AG 2002, 216; einschränkend Vorinstanz LG Düsseldorf ZIP 2004, 2044: Kein Anwendbarkeit des § 87 AktG auf Gewährung nachträglicher Anerkennungsprämien an scheidende Vorstandsmitglieder.
699 Einzelheiten zu Abfindungszahlungen siehe Rn. 455 ff., Rn. 462 ff. und Rn. 754 ff.
700 *Dauner-Lieb*, in: Henssler/Strohn, Gesellschaftsrecht, § 87 Rn. 18.

§ 193 Abs. 2 Nr. 4 AktG für Aktienoptionen eine Mindestausübungsfrist von vier statt bisher zwei Jahren vor. Die nach dem Wortlaut nur für Aktienoptionen geltende Frist wird als Auslegungshilfe auch für andere vergleichbare Vergütungsbestandteile gelten und auch für das „mehrjährig" der Bemessungsgrundlage für variable Vergütungsbestandteile eine Richtschnur sein.[701]

Das Angemessenheitsgebot gilt nach § 87 Abs. 1 Satz 5 AktG zudem für **293** Ruhegeld, Hinterbliebenenbezüge und Leistungen verwandter Art. Davon erfasst sind alle Versorgungsleistungen, die an ehemalige Vorstandsmitglieder oder deren Hinterbliebenen erbracht werden. Gewöhnlich handelt es sich um die Zahlung laufender Pensionen, Invaliden-, Witwen- und Waisenrenten; möglich und zulässig ist aber auch eine einmalige Kapitalabfindung. Anwendbar ist das Gebot der Angemessenheit zudem auch auf spätere Änderungen der ursprünglich vereinbarten Versorgungsbezüge, etwa wenn laufende Ruhegeldzahlungen erhöht werden sollen.

Kein Bestandteil der Bezüge stellen indes solche Zuwendungen und Vergünstigungen dar, die das Vorstandsmitglied als Entgelt für außerhalb seiner Aufgaben und Tätigkeitsbereiche erbrachte Leistungen erhalten hat. **294** Auf derartige Geschäfte findet § 87 Abs. 1 AktG grundsätzlich keine Anwendung. Etwas anderes gilt ausnahmsweise dann, wenn das Angemessenheitsgebot durch Zubilligung einer überhöhten Gegenleistung durch die Gesellschaft (z. B. außergewöhnlich günstige Grundstücks-, Immobilien- oder Wertpapiergeschäfte) umgangen wird. Keinen Vergütungscharakter haben schließlich solche – auch im Privatbereich nützliche – Zuwendungen, die allein oder überwiegend durch die Vorstandstätigkeit veranlasst sind. Dazu gehören etwa Sicherheitsmaßnahmen zum Schutz von Person, Familie und Eigentum.

bb) Vergleichsmaßstäbe

Das gesetzliche Angemessenheitsgebot bestimmt als Vergleichsparameter **295** die Aufgaben des Vorstandsmitglieds, die Leistungen des Vorstandsmitglieds und die Lage der Gesellschaft. Die Maßstäbe sind kumulativ unter Berücksichtigung der Umstände des Einzelfalls zu beachten. Die Gesamtbezüge sind mithin nicht mehr angemessen, wenn sie hinsichtlich der Lage der Gesellschaft zwar tragbar, aber im Vergleich zu den konkreten Aufgaben oder Leistungen des Vorstandsmitglieds zu hoch sind. Die Bewertung der Angemessenheit hat stets die gesamten Bezüge, nicht einzelne Vergütungsbestandteile zum Gegenstand. Dabei hat der Aufsichtsrat einen Entscheidungsspielraum. Daher kann die Einräumung einer hohen Gewinn- und Erfolgsbeteiligung durch ein niedriges Festgehalt, die Zusage eines hohen Altersruhegeldes durch eine niedrige Vergütung in der aktiven Vorstands-

---

[701] *Hohenstatt* ZIP 2009, 1349 ff.; *Seibert* WM 2009, 1489 ff.; *Fleischer* NZG 2009, 801 ff.; *Gaul/Janz* NZA 2009, 809 ff.

zeit gerechtfertigt sein.[702] In konzernverbundenen Unternehmen fließen alle aus Mehrfachmandaten erzielten Einkünfte (Konzernbezüge) in die Gesamtbezüge ein; was handelsrechtlich[703] ausdrücklich geregelt und zudem in Ziff. 4.2.2 Abs. 2 Satz 1 DCGK festgeschrieben ist.[704] Die Angemessenheit der Vergütung ist für jedes Vorstandsmitglied individuell festzustellen.[705] Dies ergibt sich aus der Unterschiedlichkeit der Aufgaben und Leistungen der einzelnen Vorstandsmitglieder. Vergütungs-Differenzierungen sind damit zulässig und eine Folge der gesetzlichen Regelung. Vorzugswürdig erscheint dennoch im Regelfall eine halbwegs homogene Vergütung für alle Vorstandsmitglieder außer dem Vorstandsvorsitzenden. Sie erspart dem Aufsichtsrat Diskussionen im Unternehmen und – soweit eine Offenlegung erfolgt – in der Öffentlichkeit über die unterschiedliche Gewichtung der Ressorts, die Qualifikation und Leistung der Ressortinhaber und insbesondere ihren jeweiligen Beitrag zum Gesamterfolg oder -misserfolg. Sie wird im Regelfall auch der Gesamtverantwortung des Vorstandes besser gerecht werden.[706]

296 **Aufgaben des Vorstandsmitglieds:** Ausgangspunkt der Angemessenheitsbestimmung sind die dem Vorstandsmitglied übertragenen Aufgaben, insbesondere Art und Umfang der zugewiesenen Geschäftsbereiche und Funktionen sowie das Maß an Verantwortung und die Bedeutung der Vorstandstätigkeit für die Gesellschaft. Die Aufgaben ergeben sich aus den Tätigkeitsbereichen, die dem Vorstandmitglied durch Anstellungsvertrag, Satzung oder Geschäftsordnung zugewiesen sind. Maßgebend hierfür sind vor allem die Position im Vorstand und die Größe des Leitungsgremiums.[707] Der Vorstandsvorsitzende bekleidet naturgemäß andere Aufgaben als der Finanzvorstand, der seinerseits andere Aufgaben wahrnimmt als wiederum etwa der Vertriebsvorstand. Dementsprechend können sich unterschiedlich hohe Bezüge ergeben.[708] Entsprechendes gilt für die Ausübung bestimmter Leitungsfunktionen und Mandate in konzernverbundenen Gesellschaften. Die Aufgaben eines Vorstandsmitglieds bestimmen sich insbesondere nach der Größe des Unternehmens, der Umsatzhöhe und/oder der Beschäftigtenzahl. Anhaltspunkte zur Typisierung der Unternehmensgröße liefert § 267 HGB, der die Einteilung in kleine, mittelgroße und große Kapitalgesell-

---

702 *Spindler*, in: MünchKommAktG, § 87 Rn. 22; *Hüffer*, AktG, § 87 Rn. 2.
703 § 314 Abs. 1 Nr. 6 a HGB trifft hierzu eine ausdrückliche Regelung: „a) die für die Wahrnehmung ihrer Aufgaben im Mutterunternehmen *und* den Tochterunternehmen … gewährten Gesamtbezüge …"
704 Dazu *Ringleb*, in: Ringleb/Kremer/Lutter/v. Werder, Kommentar zum DGCK, Rn. 707.
705 *Mertens/Cahn*, in: KölnKommAktG, § 87 Rn. 7; *Hoffmann-Becking*, ZGR 1998, 497, 515.
706 *Dauner-Lieb*, in: Henssler/Strohn, Gesellschaftsrecht, § 87 Rn. 21.
707 *Spindler*, in: MünchKommAktG, § 87 Rn. 28; *Fonk*, in: Semler/v. Schenck, ArbeitsHdB für Aufsichtsratsmitglieder, § 9 Rn. 113.
708 Im Jahr 2003 waren die Bezüge der Vorstandsvorsitzenden der DAX-Unternehmen im Schnitt 1,75 höher als die durchschnittliche Vergütung der übrigen Vorstände, vgl. Studie der *DSW 2004*, F.A.Z. v. 3.9.2004, Nr. 205, S. 17.

schaften anhand konkreter Schwellenwerte regelt. Der Begriff der Aufgabe indiziert eine vorausschauende Betrachtungsweise und betrifft in erster Linie derzeitige aber auch künftige Tätigkeiten eines Vorstandsmitglieds.[709]

Leistungen des Vorstandsmitglieds: Die Leistung eines Vorstandsmitgliedes verstand sich bis zur gesetzlichen Neuregelung im Jahr 2009 überwiegend als Teil des Kriterium „Aufgaben". Nunmehr ist dies auch gesetzlich klargestellt. Es geht um die persönliche Leistung des Vorstandsmitglieds, worauf auch der Deutsche Corporate Governance Kodex ausdrücklich in Ziff. 4.2.2 Abs. 2 Satz 2 DCGK abhebt.[710] Die Entscheidung ist naturgemäß zunächst in die Zukunft gerichtet und mit hohen Unsicherheitsfaktoren belastet. Häufig wird ein Aufsichtsrat auf in der Vergangenheit erbrachte Leistungen abstellen. Die für eine solche Leistungsbeurteilung erforderlichen Kenntnisse fehlen im Fall einer Erstberufung meist. Bei Besetzung mit einem unternehmensinternen Kandidaten oder im Fall einer Wiederbestellung können jedoch die Ergebnisse aus früheren Tätigkeiten als Beurteilungsgrundlage herangezogen werden. Bei Einstellung externer Manager bleiben als Maßstab nur die (verifizierbaren) Erfolge im Rahmen vergleichbarer Positionen in anderen Unternehmen. Individuelle Parameter für die Festlegung der Vergütungshöhe sind schließlich besondere Qualifikationen, Kenntnisse und Erfahrungen eines Vorstandsmitglieds, da diese für die erwartete Qualität der Leistung (mit-)entscheidend sind.[711] Auch die Dauer der Betriebszugehörigkeit sowie die familiären Verhältnisse eines Vorstandsmitglieds können Berücksichtigung finden.[712]

297

Angesichts der Ungewissheit jeden unternehmerischen Handelns sollten die Möglichkeiten, für einen längeren Zeitraum im Voraus sinnvolle, messbare Leistungskriterien zu formulieren, nicht überschätzt werden. Werden Zielvorgaben angesichts notwendiger und sinnvoller Änderungen der Unternehmensstrategie gegenstandslos, so hat der Vorstand einen Anspruch auf Überprüfung und Anpassung seiner Vergütungsvereinbarung. Bei Verfehlung von Zielvorgaben wegen erheblicher Änderungen der wirtschaftlichen Rahmenbedingungen hat der Aufsichtsrat zu prüfen, ob eine Belastung des Vorstandsmitgliedes mit dem Risiko der ihm nicht zurechenbaren Zielverfehlung der Motivation und Leistungsbereitschaft für die Zukunft zuträglich ist.[713]

298

Lage der Gesellschaft: Gleichsam wie die Vorstandsaufgaben und -leistungen ist die wirtschaftliche, finanzielle und strategische Situation des Unter-

299

---

709 LG Düsseldorf ZIP 2004, 2044, 2047 (Mannesmann); *Brauer*, NZG 2004, 502, 507.
710 Dazu *Ringleb*, in: Ringleb/Kremer/Lutter/v. Werder, Kommentar zum DGCK, Rn. 708 ff.
711 *Peltzer*, FS Lutter, S. 571, 574; *Rönnau/Hohn*, NStZ, 2004, 113, 116.
712 *Hüffer*, AktG, § 87 Rn. 2; *Peltzer*, FS Lutter, S. 570, 574; *Semler*, FS Budde, S. 599, 601 f.; *Thüsing*, ZGR 2003, 457, 469; näher *Tegtmeier*, Die Vergütung von Vorstandsmitgliedern, 1998, S. 279 f.
713 *Dauner-Lieb*, in: Henssler/Strohn, Gesellschaftsrecht, § 87 Rn. 16.

nehmens zu berücksichtigen.⁷¹⁴ Besondere Bedeutung für die Lage der Gesellschaft haben die Profitabilität (Vermögenslage, Ertragslage und die zukünftige Entwicklung), die Größe und ggf. Konzernabhängigkeit, die betreffende Branche sowie der Standort.⁷¹⁵ Neben der aktuellen Bestandsaufnahme sind nach Ziff. 4.2.2 Abs. 2 Satz 2 DCGK auch die Zukunftsaussichten des Unternehmens unter Berücksichtigung seines Vergleichsumfeldes einzubeziehen.⁷¹⁶ Die erweiterte Ausrichtung auf das künftige Entwicklungspotenzial wirkt sich wiederum auf die Beurteilung der Aufgaben und Leistungen des Vorstandsmitglieds aus, etwa im Hinblick auf die notwendigerweise einzugehenden unternehmerischen Risiken. Vorsicht ist geboten, wenn bei der Bemessung der Vergütung auf die Lage anderer Gesellschaften abgestellt wird, was in Konzernen nicht selten der Fall ist, bei denen die Vorstandvergütung auch an die Lage der Konzernobergesellschaft gekoppelt wird. Werden auf diese Weise Umstände übergewichtet, die nicht unmittelbar die Lage der Gesellschaft betreffen, kann dies zur Unangemessenheit der Vorstandsvergütung führen.⁷¹⁷

300 Diese Risikosituation rechtfertigt überdies bei einer sanierungsbedürftigen Gesellschaft die Zahlung einer Gefahrenzulage. Die Lage der Gesellschaft als gesetzlicher Vergleichsmaßstab umschreibt nämlich nicht nur eine positive Ertragslage, sondern schließt auch die Bewältigung wirtschaftlicher Schwierigkeiten mit ein. Die wirtschaftliche Krise der Gesellschaft führt mithin nicht automatisch zu vergleichsweise niedrigen Bezügen, denn zur erfolgreichen Sanierung bedarf es zumeist besonders geeigneter und am Markt für Manager entsprechend hoch bewerteter Führungskräfte. Hohe Bezüge können trotz schlechter Vermögenslage der Gesellschaft im Einzelfall gerechtfertigt sein, sofern die besonderen Aufgaben des Vorstandsmitglieds und die Übernahme außerordentlicher Risiken mit der besonderen Situation des Unternehmens noch im Einklang stehen.⁷¹⁸ Umgekehrt kann selbst die wirtschaftliche Prosperität eines Unternehmens besonders hohe Vorstandsgehälter nicht rechtfertigen, wenn diese im groben Missverhältnis zur Aufgabe und Leistungen sowie der Verantwortung der Vorstandsmitglieder stehen.⁷¹⁹ Die Lage der Gesellschaft als Angemessenheitskriterium ist stets im Zusammenhang mit den konkreten Aufgaben des einzelnen Vorstandsmitglieds zu bewerten.

301 **Üblichkeit:** Die Prüfung der Angemessenheit fordert die Berücksichtigung der Üblichkeit. Die übliche Vergütung darf nur mit einer besonderen

---

714 *Dauner-Lieb*, in: Henssler/Strohn, Gesellschaftsrecht, § 87 Rn. 15.
715 *Oltmanns*, in: AnwaltKommAktG, § 87 Rn. 4; *Mertens/Cahn*, in: KölnKommAktG, § 87 Rn. 6.
716 Früher bereits auf Grundlage der gesetzlichen Regelung *Mertens* in: KölnKommAktG, § 87 Rn. 6; *Hüffer*, AktG, § 87 Rn. 2.
717 OLG München, NZG 2008, 631 ff. (sog. RWE Energy-Urteil).
718 *Peltzer*, FS Lutter, S. 571, 575; *Hoffmann-Becking*, NZG 1999, 797, 798.
719 *Brauer*, NZG 2004, 502, 506; *Rönnau/Hohn*, NStZ 2004, 113, 117.

Begründung überschritten werden. Dazu sind Vergleichsmaßstäbe heranzuziehen. Es ist zwischen der horizontalen und der vertikalen Vergleichbarkeit zu unterscheiden.

Die horizontale Vergleichbarkeit bezieht sich auf Branchen-, Größen- und Landesüblichkeit. In der Vergütungspraxis wird die Höhe der Bezüge meist durch Marktvergleiche bestimmt. Gezahlt werden die Vorstandsbezüge, die vergleichbare Unternehmen für vergleichbare Positionen zahlen. Der Aufsichtsrat wird dabei auf veröffentlichte und wohl auch repräsentative Vergütungsstudien zurückgreifen, die seit der gesetzlichen Neufassung im Jahr 2009 in der Regel jährlich erstellt werden. Diese Studien enthalten meist eine große Anzahl von Beispielen, die sich an den Faktoren Größe, Branche und Konzernstruktur orientieren.[720] Ist es dem Aufsichtsrat nicht möglich, sich aus öffentlich zugänglichen Quellen ein ausreichendes Bild zu verschaffen, wird die Einschaltung eines unabhängigen Vergütungsberaters sinnvoll sein. Eine Pflicht dazu besteht aber nicht.[721] 302

Die vertikale Vergleichbarkeit nimmt als Anknüpfungspunkt das Lohn- und Gehaltsgefüge in dem Unternehmen. Die Vergütung des Vorstandsmitgliedes soll nicht den Bezug zu den Vergütungsgepflogenheiten und dem Vergütungssystem im Unternehmen verlieren.[722] Als Vergleichsmaßstab soll dem Aufsichtsrat die Vergütung des oberen Führungskreises und der Belegschaft insgesamt dienen, wobei die genaue Abgrenzung der relevanten Gruppen dem Aufsichtsrat obliegen soll (vgl. Ziff. 4.2.2. Abs. 2 Satz 3 DCGK). Diese Art des Vergleichs ist für den Aufsichtsrat häufig schwer durchzuführen. Es existieren keine Richtwerte, nach denen ein Vorstandsmitglied nur um eine um einen bestimmten Faktor höhere Vergütung als die Arbeitnehmer des Unternehmens verdienen soll. Zudem ist es zum Beispiel aus dem Bereich des Investments Bankings bekannt, dass es Arbeitnehmer gibt, die in guten wirtschaftlichen Zeiten mehr als ein Vorstandsmitglied verdienen. Ferner ist das Vorstandsmitglied viel mehr als ein qualifizierter leitender Angestellter. In der Praxis wird sich ein Aufsichtsrat daher eher die Frage stellen, ob die Vergütung zu der Persönlichkeit des Vorstandsmitgliedes passt und ob sich aus der Höhe der Vergütung innerbetriebliche Akzeptanzprobleme ergeben können. Ansonsten wird sich der Aufsichtsrat in der Praxis primär an der Marktüblichkeit, also an dem horizontalen Vergleich orientieren. Spannungen zwischen dem Maßstab der horizontalen Vergleichbarkeit und der Vertikalität sind zugunsten der horizontalen Vergleichbarkeit aufzulösen.[723] 303

Die internationale Vergütungspraxis, etwa die im angloamerikanischen Ausland, kann nur unter besonderen Voraussetzungen als Vergleichsmaß- 304

---

720 So die Vergütungsstudien von *Kienbaum* oder des *Handelsblattes*.
721 *Hüffer*, AktG, § 87 Rn. 2.
722 Beschlussempfehlung und Bericht des Rechtsausschusses BT-Drucks 16/13433 Seite 15.
723 *Hüffer*, AktG, § 87 Rn. 2.

stab für die Angemessenheit der Vorstandsbezüge herangezogen werden.[724] Die Anhebung der Gesamtvergütung lässt sich insbesondere nicht mit dem pauschalen Hinweis rechtfertigen, in den USA und in Großbritannien erhalten die *(inside) Directors* und *Corporate Officers* deutlich höhere Gehälter und Bezüge als die Vorstandsmitglieder deutscher Unternehmen.[725] Für die Berücksichtigung eines bestimmten ausländischen Vergütungsniveaus ist vielmehr erforderlich, dass die Gesellschaft auch tatsächlich einen umfangreichen Teil ihrer Geschäfte im betreffenden Auslandsmarkt abwickelt und auch die dortigen rechtlich-wirtschaftlichen Rahmenbedingungen mit den hiesigen vergleichbar sind, insbesondere hinsichtlich der Steuerlast, Lebenshaltungskosten, Altersversorgung, Anstellungsdauer, Kündigungsrisiken und Haftungsgefahren.[726] Ferner muss das Vorstandsmitglied seinerseits (potenzielle) berufliche Alternativen auf diesen ausländischen Märkten haben.[727] In der Praxis finden sich nicht viele Fälle, in denen deutsche Vorstandsmitglieder in ein US-amerikanisches oder britisches *Board of Directors* berufen wurden.[728] Überdies bedeutet Wettbewerb im internationalen Markt für Spitzenmanager, dass auch andere ausländische Märkte – mit vergleichsweise niedrigeren Vorstandsbezügen – einzubeziehen sind;[729] denn schließlich konkurrieren international tätige deutsche Aktiengesellschaften nicht nur mit angloamerikanischen Unternehmen. Bei der Berücksichtigung ausländischer Vergütungspraktiken dürfen ferner nur tatsächlich gleichartige und -wertige Positionen in den Leitungsgremien der Unternehmen verglichen werden.[730]

305 Vergütungsstruktur: Die Gesamtvergütung der Vorstandsmitglieder leistungsabhängig sein und neben festen auch variable Bestandteile enthalten,

---

724 *Thüsing*, ZGR 2003, 457, 471; *Binz/Sorg*, BB 2002, 1273, 1277; *Rönnau/Hohn*, NStZ 2004, 113, 116.

725 Einzelheiten zur Höhe der US-amerikanischen Direktorenvergütung *Stabile*, 14 New York International Law Review (2001), 63; *Perry/Zenner*, 35 Wake Forest Law Review (2000), 123.

726 *Brauer*, NZG 2004, 504, 505 f.; *Thüsing*, ZGR 2003, 457, 471; *Binz*, BB 2002, 1277; generell gegen Übertragbarkeit ausländischer Vergütungsniveaus *Adams*, ZIP 2002, 1325, 1339; *Lutter/Zöllner*, FAZ v. 10.2.2004, Nr. 34, S. 12; wohl auch *Semler*, in: MünchKommAktG, § 116 Rn. 317.

727 *Körner*, NJW 2004, 2697, 2700; *Rönnau/Hohn*, NStZ 2004, 113, 116; *Thüsing*, ZGR 2003, 457, 471; großzügiger *Spindler*, DStR 2004, 36, 39; *Liebers/Hoefs*, ZIP 2004, 97, 100; *Horn*, FS Lutter, S. 1113, 1130; *Meier*, AG 1999, 97, 101.

728 Hiervon ausgenommen sind Sonderkonstellationen, in denen deutsche Mutterkonzerne ein Vorstandsmitglied in das *Board of Directors* einer US-amerikanischen Tochtergesellschaft entsenden; dazu *Baums*, FS Claussen, S. 3, 23; *Liebers/Hoefs*, ZIP 2004, 97, 100.

729 *Thüsing*, ZGR 2003, 457, 471 f.; *Adams*, ZIP 2002, 1325, 1339; anders *Spindler*, DStR 2004, 36, 39.

730 LG Düsseldorf ZIP 2004, 2044, 2049 (Mannesmann); nicht entsprechend vergleichbar ist z. B. die Mitgliedschaft im Vorstand einer deutschen mittelständischen Gesellschaft und die Stellung im *Board of Directors* einer US-amerikanischen *Public Corporation*.

die jeweils für sich wie auch insgesamt angemessen sein müssen.[731] Für das angemessene Verhältnis der festen zu den variablen Bezügen ist zunächst die Höhe der Gesamtvergütung entscheidend. Je höher die Bezüge insgesamt sind, desto höher kann der leistungs-/ergebnisabhängige Anteil sein.[732] In der Praxis hat der variable Anteil deutlich zugenommen. Bei der variablen Vergütung ist zwischen langfristigen Vergütungselementen (*long term incentives*) und kurzfristig orientierten Vergütungsbestandteilen (*short term incentives*) zu differenzieren. Diese nach dem Gesetz nur für börsennotierte Unternehmen bestehende Pflicht zur Differenzierung wird im Rahmen des dem Aufsichtsrates zustehenden weiten Entscheidungsspielraums auch für nicht börsennotierte Unternehmen zunehmend genutzt.

Eine feste Regel, wie die Vergütungselemente zueinander im Verhältnis stehen, gibt es grundsätzlich nicht. Besonderheiten gelten für Geschäftsleiter von *Kreditinstituten und Versichungsunternehmen,* da die aufsichtsrechtlichen Vergütungsverordnungen konkrete Anforderungen an die Zusammensetzung der variablen Vergütung enthalten.[733] Im Übrigen gilt als Faustregel und Richtschnur zum Verhältnis von kurz- und langfristigen Vergütungselementen, dass die langfristigen Vergütungselemente regelmäßig mindestens die Hälfte aller variablen Vergütungselemente ausmachen sollen. Verschiedentlich wird eine Aufteilung von 50 % Festvergütung, 20 % kurzfristig variabler und 30 % langfristig variabler Vergütung als zulässig genannt.[734] Klassische Jahresboni bzw. Jahrestantiemen bleiben demnach grundsätzlich zulässig.[735] Auch variable Vergütungsbestandteile ganz ohne mehrjährige Bemessungsgrundlage sind grundsätzlich zulässig, wenn die Unternehmensentwicklung kurzfristige Maßnahmen des Vorstands erfordert, so z.B. eine rasche Sanierung (*turnaround*-Prämie) oder ein kurzfristig zu realisierendes und für den Unternehmenserfolg wesentliches Projekt (M&A-Projekt, Markteinführung eines neuen Produktes).[736] Etwas anderes gilt wiederum für die variable Vergütung von Geschäftsleitern von Kreditinstituten und Versicherungen.[737] **305a**

Damit angesprochen ist die Struktur der Vorstandsbezüge als funktionales Kriterium der Angemessenheit. Unzureichende oder gar fehlgehende, nicht dem Interesse der Gesellschaft dienende Steuerungseffekte indizieren in **306**

---

731 Einzelheiten siehe Rn. 406 ff. (Aktienoptionen), Rn. 441 ff. (Tantieme) und Rn. 455 ff. (Anerkennungsprämien).
732 *Spindler,* in: MünchKommAktG, § 87 Rn. 38; *Fonk,* in: Semler/v. Schenck, ArbeitsHdB für Aufsichtsratsmitglieder, § 9 Rn. 117.
733 Einzelheiten zur variablen Vergütung der Geschäftsleiter siehe Rn. 372 ff. und 385 ff.
734 *Weber,* in: Hölters, AktG, § 87 Rn. 33 mit weiteren Nachweisen.
735 *Dauner-Lieb,* in: Henssler/Strohn, Gesellschaftsrecht, § 87 Rn. 29.
736 *Dauner-Lieb,* in: Henssler/Strohn, Gesellschaftsrecht, § 87 Rn. 31.
737 Einzelheiten zur variablen Vergütung der Geschäftsleiter siehe Rn. 385 ff.

der Regel die Unangemessenheit des variablen Vergütungssystems.[738] Bei der Gewährung von Aktienoptionen müssen sich die vereinbarten Parameter auf die gesamte Dauer der Bestellung beziehen und dürfen nicht nur kurzfristiger Natur sein. Notwendig ist zudem eine zeitliche Begrenzung der Optionsausübung für den Fall einer (vorzeitigen) Beendigung des Anstellungsvertrages, da mit dem Ausscheiden aus dem Vorstandsamt der Einfluss auf den Unternehmenserfolg und damit auch die Anreizfunktion wegfällt. Außerdem sollte der Aktienoptionsplan nicht allein an die Steigerung des Aktienkurses anknüpfen, da anderenfalls die objektive Lage der Gesellschaft als Vergleichsmaßstab für die Angemessenheit der Bezüge nur unzureichend zur Geltung kommt.[739] Bei Festlegung ergebnisabhängiger Vergütungsbestandteile (z. B. Gewinntantieme) ist zu beachten, dass der Anteil sich grundsätzlich am Erfolg des Gesamtunternehmens und nicht nur am Gewinn einzelner Betriebsteile, Niederlassungen oder Geschäftszweige der Gesellschaft orientieren.[740]

cc) *Statutarische Richtlinien, Schwellenwerte und Caps*

307 Die Satzung kann die Berechnungsgrundlagen für die Vorstandsbezüge regeln oder/und konkrete Vergleichsparameter für die Bestimmung der Angemessenheit enthalten.[741] Die Festlegung solcher statutarischer Richtlinien ermöglicht eine individuelle Anpassung der Angemessenheit der Bezüge an die Besonderheiten des jeweiligen Unternehmens und enthält zudem einen wichtigen Hinweis dafür, wie die Aktionäre als Eigentümer der Gesellschaft verantwortungsvolle Aufsichtsratstätigkeit im Hinblick auf Vergütungsentscheidungen ausgeübt wissen wollen. Den Aufsichtsrat trifft mithin die Pflicht, satzungsmäßige Richtlinien bei den Verhandlungen über die Höhe und Struktur der Bezüge einzubeziehen.[742]

308 Die Richtlinien in der Satzung müssen abstrakt formuliert sein und dürfen nicht die Entschließungsfreiheit des Aufsichtsrats über den Anstellungsvertrag aushöhlen.[743] Die Grenzen zwischen unzulässigem Eingriff in die Anstellungskompetenz und verbindlicher Regelung in der Satzung sind freilich fließend. Für die Praxis hilfreich wäre de lege ferenda eine Klarstellung hinsichtlich der Zulässigkeit satzungsmäßiger Angemessenheitskriterien.

---

738 *Thüsing*, ZGR 2003, 457, 473, 489 f.; *Spindler*, DStR 2004, 36, 41; *Adams*, ZIP 2002, 1325, 1329 ff.
739 *Körner*, NJW 2004, 2697, 2698; *Thüsing*, ZGR 2003, 457, 490; *Schneider*, ZIP 1996, 1969, 1972.
740 *Spindler*, in: MünchKommAktG, § 87 Rn. 36; *Semler*, FS Budde, S. 599, 600.
741 Ebenso *Körner*, NJW 2004, 2697, 2701; *Thüsing*, ZGR 2003, 457, 491; *Lutter*, ZIP 2003, 737, 740; a. A. *Mertens/Cahn*, in: KölnKommAktG, § 87 Rn. 4; *Oltmanns*, in: AnwaltKommAktG, § 87 Rn. 5; *Wiesner*, in: MünchHdB GesR AG, § 21 Rn. 30.
742 *Thüsing*, ZGR 2003, 457, 491; *Lutter*, ZIP 2003, 737, 740; *Hoffmann/Preu*, Der Aufsichtsrat, Rn. 223; *Ulmer*, in: Hanau/Ulmer, MitbestG, § 31 Rn. 40.
743 *Hüffer*, AktG, § 87 Rn. 2; *Thüsing*, ZGR 2003, 457, 491.

Das Aktienrecht kennt keine starre Höchstgrenze für die Gesamtbezüge der 309
Vorstandsmitglieder.⁷⁴⁴ Gleichwohl lassen sich für bestimmte Angemessenheitskriterien konkrete Schwellenwerte ermitteln. Auf die zuvor gemachten Ausführungen zur Berücksichtigung des Kriteriums Üblichkeit wird verwiesen. Höchstgrenzen (sog. *Caps*) sollen vereinbart werden, um Vergütungsexzesse zu vermeiden. Die variablen Vergütungsbestandteile sollten deshalb eine Höchstgrenze vorsehen, falls sich infolge von außergewöhnlichen Entwicklungen sehr hohe und vom Vorstellungsbild der Beteiligten nicht umfasste Vergütungen errechnen würden, wie es beispielsweise infolge von Unternehmensübernahmen, Veräußerung von Unternehmensteilen, Hebung von stillen Reserven oder externen Einflüssen (zum Beispiel steuerrechtlichen Änderungen) passieren kann. Die Vergütung sollte deshalb insgesamt und hinsichtlich ihrer variablen Vergütungsteile betragsmäßige Höchstgrenzen aufweisen (vgl. Ziff. 4.2.3. Abs. 3 DCGK). Die Grundsätze angemessener Vergütung sind auch bei der Gestaltung von Abfindungsregelungen und Change-of-Control-Klauseln sinngemäß zu berücksichtigen. Ziff. 4.2.3 Abs. 4 DCGK will Abfindungsleistungen „bei vorzeitiger Beendigung der Vorstandstätigkeit" auf zwei Jahresvergütungen beschränken „und nicht mehr als die Restlaufzeit des Anstellungsvertrages vergüten".⁷⁴⁵

dd) Zeitpunkt der Beurteilung

Das Gebot der Angemessenheit bezieht sich auf den Zeitpunkt der Festsetzung der Bezüge, bei erstmaliger Festsetzung ist mithin der Zeitpunkt des 310
Vertragsschlusses maßgebend.⁷⁴⁶ Die Vergütungsvereinbarung ist für beide Parteien bindend, sofern sie nicht ausnahmsweise unter Vorbehalt getroffen wurde. Das gilt insbesondere für den Fall, dass das Angemessenheitsgebot bereits bei Abschluss des Anstellungsvertrages nicht beachtet wurde. Unbeachtlich sind nachträgliche Änderungen der Aufgabenverteilung und Ressortzuweisung, auch wenn die Höhe der Bezüge dadurch nicht mehr im angemessenen Verhältnis zu den Aufgaben des Vorstandsmitglieds steht. Möglich bleibt dann nur eine einvernehmliche Korrektur der Anstellungsbedingungen; eine Kündigung aus wichtigem Grund ist ebenso ausgeschlossen wie eine Herabsetzung der Bezüge nach § 87 Abs. 2 AktG.

Der Aufsichtsrat hat die Angemessenheit der Bezüge auch im Fall einer 311
Änderung oder Verlängerung des Anstellungsvertrages festzustellen. Bei Versorgungszusagen kann dafür sogar der Zeitpunkt des Ausscheidens aus

---

744 Ausführlich zur (Un-)Zulässigkeit einer Implementierung gesetzlich fixierter Höchstgrenzen *Kiethe*, BB 2003, 1573; allgemein *Lutter*, ZIP 2003, 737, 740; *Thüsing*, ZGR 2003, 457, 487 f.; für Einführung einer gesetzlichen Obergrenze *Adams*, ZIP 2002, 1325, 1343 (Begrenzung der Vorstandsbezüge auf das 150-fache eines durchschnittlichen Arbeitnehmerlohns).
745 *Dauner-Lieb*, in: Henssler/Strohn, Gesellschaftsrecht, § 87 Rn. 34.
746 *Fonk*, in: Semler/v. Schenck, ArbeitsHdB für Aufsichtsratsmitglieder, § 9 Rn. 110; *Hüffer*, AktG, § 87 Rn. 2.

dem Amt maßgebend sein, etwa wenn die Pensionsvereinbarung erst mit der Beendigung des Vorstandsmandats geschlossen wird. Entsprechendes gilt für Abfindungen, die im Aufhebungsvertrag anlässlich des Ausscheidens aus der Gesellschaft zugesagt werden. Eine nachträgliche Erhöhung der Bezüge durch Änderung des Anstellungsvertrages kann zudem gerechtfertigt sein, wenn seit dem Zeitpunkt des Vertragsschlusses das Vorstandsmitglied zusätzliche außerordentliche Aufgaben übernommen oder überobligatorische Leistungen erzielt hat.[747]

ee)   Kein Anspruch auf Angemessenheit; Anpassungsklausel

312   § 87 Abs. 1 AktG begründet keinen Anspruch auf angemessene Vergütung.[748] Eine Erhöhung der Bezüge bedarf grundsätzlich einer Änderung des Anstellungsvertrages, welche wiederum nur der Aufsichtsrat beschließen kann.[749] Die nachträgliche Änderung der Vergütung setzt quantitative oder qualitative Mehrleistungen des Vorstandsmitglieds voraus, mithin eine Erbringung überobligatorischer Dienste, die nicht bereits durch die bisher gezahlten Bezüge abgegolten sind.[750]

313   Keine Vertragsänderung ist notwendig, wenn die Parteien eine automatische Anpassung des Festgehalts wie auch der variablen Vergütungsbestandteile vereinbart haben. In der Praxis erfolgt eine solche Anpassung der Bezüge meist auf Grund einer vertraglichen Regelung, nach der sich der Aufsichtsrat zur Überprüfung der Vergütung in einem zeitlich festgelegten Abstand verpflichtet, ohne dem Vorstandsmitglied damit einen Anspruch auf Erhöhung einzuräumen. In kleineren und mittleren Unternehmen sollte die Überprüfung alle ein bis zwei Jahre erfolgen, in größeren Gesellschaften empfiehlt sich ein Zwei-Jahres-Rhythmus. Problematisch ist die Vereinbarung einer vertraglichen Gehaltsdynamisierung in Form sog. Wertsicherungs- oder Spannungsklauseln, da diese Regelungen zur Unangemessenheit der Bezüge führen können.

314   Ein Anspruch auf Erhöhung der Vergütung kann sich ausnahmsweise ohne ausdrückliche Regelung im Wege ergänzender Vertragsauslegung ergeben, etwa wenn die Aufnahme einer ursprünglich vorgesehenen vertraglichen Anpassungsklausel versäumt wurde.[751] Ansonsten aber kommt kein Anspruch auf Anpassung der Vorstandsbezüge ohne entsprechende vertragliche Vereinbarung in Betracht, auch nicht bei wesentlicher Verbesse-

---

747 *Spindler*, DStR 2004, 36, 42; *Lieber/Hoefs*, ZIP 2004, 97; *Hüffer*, BB 2003, Beil. 7, 18, 23.
748 OLG Stuttgart AG 2003, 211, 213; *Mertens/Cahn*, in: KölnKommAktG, § 87 Rn. 4; *Hüffer*, AktG, § 87 Rn. 1; *Körner*, NJW 2004, 2697, 2698.
749 *Fonk*, in: Semler/v. Schenck, ArbeitsHdB für Aufsichtsratsmitglieder, § 9 Rn. 119, 262; *Spindler*, DStR 2004, 36, 42.
750 Einzelheiten zur nachträglichen Gewährung von Anerkennungsprämien siehe Rn. 455 ff. und Rn. 766 ff.
751 Ebenso für den GmbH-Geschäftsführer *Schneider*, FS Semler, S. 347, 361 f.; *Stein*, in: Hachenburg, GmbHG, § 35 Rn. 204.

rung der wirtschaftlichen Verhältnisse, völlig unerwartetem Wachstum der Gesellschaft oder außergewöhnlichen Kurssteigerungen.[752]

Das gerichtlich bestellte Vorstandsmitglied (ohne Anstellungsvertrag) hat nach § 85 Abs. 3 Satz 1 AktG Anspruch auf Ersatz angemessener Barauslagen und auf Vergütung für seine Tätigkeit. Einigen sich der die Gesellschaft vertretende Aufsichtsrat und das gerichtlich bestellte Vorstandsmitglied nicht, setzt das Gericht die Vergütung und Auslagen fest. Gegen diese Entscheidung ist sofortige Beschwerde zulässig. **315**

ff) Rechtsfolgen bei Unangemessenheit; Business Judgment Rule

Ein Verstoß gegen das Angemessenheitsgebot führt grundsätzlich nicht zur Nichtigkeit der Vergütungsvereinbarung und auch nicht zur Nichtigkeit des der Vereinbarung zugrunde liegenden Aufsichtsratsbeschlusses.[753] § 87 Abs. 1 AktG ist kein Verbotsgesetz im Sinne von § 134 BGB.[754] Unwirksam und nichtig ist die Festsetzung unangemessener Bezüge erst dann, wenn die Grenze der Sittenwidrigkeit gemäß § 138 Abs. 1 BGB überschritten wird.[755] Zudem kann auch ein Missbrauch der Vertretungsmacht nach § 112 AktG mit der Folge der Unwirksamkeit in Betracht kommen, wenn der Vertreter, hier also der Aufsichtsrat, bewusst zum Nachteil der vertretenen Gesellschaft gehandelt hat und der Dritte, hier also das Vorstandsmitglied, das wusste oder es sich ihm aufdrängen musste. Neben der Schadensersatzpflicht folgt aus der Unwirksamkeit das Recht zur Rückforderung nach Bereicherungsrecht (§§ 812 ff. BGB), die Grundsätze des fehlerhaften Anstellungsvertrages finden keine Anwendung und bilden somit keinen Rechtsgrund für ein Behaltendürfen. In ganz seltenen Fällen kann auch eine Korrektur aus dem Gesichtspunkt einer Störung der Geschäftsgrundlage nach § 313 BGB in Betracht kommen. Ein Aufsichtsrat, der eine mögliche Rückforderung unterlässt, kann sich nach § 116 Satz 1 AktG schadensersatzpflichtig machen, wenn das Unterlassen einer Rückforderung nicht möglicherweise im Unternehmensinteresse liegt bzw. durch die *Business Judgment Rule* gedeckt ist.[756] **316**

Bei der Festsetzung der Gesamtbezüge trifft die Mitglieder des Aufsichtsrats die Pflicht, das Gebot der Angemessenheit nach Maßgabe der ihnen nach §§ 93 Abs. 1, 116 Satz 1 und Satz 3 AktG obliegenden Sorgfalt einzuhalten. Freilich berührt die Vergütungsentscheidung gleichsam den Kernbereich unternehmerischer Handlungsfreiheit, weshalb die gerichtliche Beurteilung der Angemessenheit anhand der in der ARAG/Garmenbeck-Entschei- **317**

---

752 *Hoffmann-Becking*, NZG 1999, 797, 798.
753 *Wiesner*, in: MünchHdB GesR AG, § 21 Rn. 29; *Hüffer*, AktG § 87 Rn. 8.
754 *Hüffer*, AktG § 87 Rn. 8.
755 *Spindler*, in: MünchKommAktG, § 87 Rn. 80; *Thüsing*, ZGR 2003, 457, 505; *Hoffmann-Becking*, NZG 1999, 797, 798.
756 Näher dazu *Kort*, DStR 2007, 1127.

dung des BGH judizierten Kriterien zum unternehmerischen Ermessen[757] und den Anforderungen der *Business Judgment Rule* nach § 93 Abs. 1 Satz 2 AktG erfolgt.[758] Danach steht dem Aufsichtsrat bei seiner Entscheidung über die Höhe und Zusammensetzung der Vorstandsbezüge eine Bandbreite möglicher und vertretbarer Handlungsmöglichkeiten zur Verfügung, sofern er unter Einhaltung seiner gesetzlichen Pflichtenbindung und ohne Interessenkollision vernünftigerweise annehmen durfte, auf der Grundlage angemessener Informationen zum Wohle der Gesellschaft zu handeln.[759] Nach der strafgerichtlichen Rechtsprechung ist ein solcher Ermessensspielraum *per se* ausgeschlossen, wenn die richterliche Prüfung die nachträgliche Gewährung von Anerkennungsprämien an scheidende oder bereits ausgeschiedene Vorstandsmitglieder betrifft.[760]

318 Bei schuldhafter Pflichtverletzung wegen nicht angemessener Bezüge und damit wegen Nichtbeachtung der Interessen der Gesellschaft haften die Aufsichtsratsmitglieder dieser gegenüber nach §§ 93 Abs. 2, 116 Abs. 1 Satz 1 und Satz 3 AktG in Höhe des Schadens, der sich im Rahmen eines Fremdvergleichs aus der Differenz zwischen angemessener und unangemessener Vergütung ergibt.[761] Freilich ist die Geltendmachung des Ersatzanspruchs (derzeit noch) praktisch ausgeschlossen, denn dafür ist nach § 78 Abs. 1 AktG der Vorstand und damit der Empfänger der überhöhten Bezüge zuständig. Angesichts dieser Situation ist ein Haftungsszenario unrealistisch. Bei einem Vorstandwechsel, einem Vorstand mit einer Vielzahl von Vorstandsmitgliedern oder in der Insolvenz der Gesellschaft kann die Haftung jedoch auch mal praktisch werden. Daneben hat die Absenkung der für die Geltendmachung von Organhaftungsansprüchen erforderlichen Anforderungen und Schwellenwerte nach §§ 147, 148 AktG die prozessualen Voraussetzungen für Schadensersatzprozesse wegen Vergütungsentscheidungen des Aufsichtsrats deutlich erleichtert.[762] Eine vorsätzlich herbeigeführte Unangemessenheit der Vorstandsbezüge kann zudem eine Strafbar-

---

757 Ausführlich zur Anwendbarkeit der ARAG-Rechtsprechung *Thümmel*, AG 2004, 83, 88; *Wollburg*, ZIP 2004, 647, 650; *Hoffmann-Becking*, ZHR 169 (2005), 155, 157 f.; *Kort*, NJW 2005, 333, 334 ff.; ablehnend *Schwark*, FS Raiser, S. 377, 392.
758 Siehe Gesetz zur Unternehmensintegrität und Modernisierung des Anfechtungsrechts (UMAG), BGBl. I 2005, 2802; zur US-amerikanischen *Business Judgment Rule* als Prüfungsmaßstab bei Vergütungsentscheidungen vgl. *Gallin v. National City Bank of New York Company*, 273 N.Y.C. 87, 117 (Sup. Ct. 1934).
759 BGH NJW 2006, 522 (Mannesmann) LG Düsseldorf ZIP 2004, 2044, 2046 (Mannesmann); *Thümmel*, AG 2004, 83, 88; *Brauer*, NZG 2004, 502, 504 f.; *Wollburg*, ZIP 2004, 646, 651; *Liebers/Hoefs*, ZIP 2004, 97, 100; *Hüffer*, BB 2003, Beilage 7, S. 27 ff.
760 BGH NJW 2006, 522 (Mannesmann) LG Düsseldorf ZIP 2004, 2044, 2047 f. (Mannesmann); ebenso *Brauer*, NZG 2004, 502, 507; *Kort*, NJW 2005, 333, 336; *Martens*, ZHR 169 (2005), 124, 131 ff.
761 *Spindler*, in: MünchKommAktG, § 87 Rn. 79; *Mertens/Cahn*, in: KölnKommAktG, § 87 Rn. 4 ff.
762 Siehe Gesetz zur Unternehmensintegrität und Modernisierung des Anfechtungsrechts (UMAG), BGBl. I 2005, 2802; dazu *Thümmel*, DB 2004, 471, 473 f.; *Kiethe*, ZIP 2003, 707 ff.

keit wegen Untreue zur Folge haben.[763] Jedoch stellt nicht jede gesellschaftsrechtliche Pflichtverletzung gleichsam eine strafbewehrte Pflichtwidrigkeit i. S. d. § 266 StGB dar.[764] Erforderlich ist eine *gravierende* Verletzung der Vermögensbetreuungspflicht gegenüber der Gesellschaft.[765] Allerdings wurden das Erfordernis der *gravierenden* Pflichtverletzung vom 3. Strafsenat des BGH in seiner *Mannesmann*-Entscheidung wieder fallengelassen und eigene Untreue-Kriterien zur Feststellung treuwidriger „kompensationsloser" Anerkennungsprämien geschaffen.[766]

Ebenso kann sich das begünstigte Vorstandsmitglied gegenüber der Gesellschaft nach § 93 Abs. 2 AktG schadensersatzpflichtig machen, wenn es den Aufsichtsrat zur Festsetzung unangemessener Bezüge veranlasst.[767] Ein Vorstandsmitglied darf seine persönlichen Interessen an günstigen Anstellungsbedingungen zwar grundsätzlich uneingeschränkt verfolgen; jedoch verstößt die Annahme in völligem Missverhältnis zu Aufgaben und Tätigkeit stehender Bezüge gegen die organschaftliche Treuebindung.[768] Auch bei der Wahrnehmung eigener wirtschaftlicher Belange hat der Vorstand stets das Unternehmensinteresse zu wahren und zum Wohle der Gesellschaft zu handeln. Die Gesellschaft kann mit dem Schadensersatzanspruch gegen die Vergütungsforderung aufrechnen.[769] Darüber hinaus kann sich das begünstigte Vorstandsmitglied als Leistungsempfänger auch wegen Anstiftung/Beihilfe zur Untreue des Aufsichtsrats gemäß der Rechtsprechungsgrundsätze zur *Mannesmann*-Entscheidung nach § 266 StGB strafbar machen.[770] Im Unterschied zu amtierenden Vorständen unterliegt das designierte Vorstandsmitglied generell keiner organschaftlichen Pflichtenbindung beim Aushandeln der Bezüge.

319

b) Herabsetzung der Bezüge

In der bisherigen Vergütungspraxis erfolgte die Reduzierung der Bezüge meist auf der Grundlage eines freiwilligen, zeitlich befristeten Gehaltsver-

320

---

763 BGH NJW 2006, 522 (Mannesmann) LG Düsseldorf ZIP 2004, 2044 (Mannesmann) m. Anm. *Tiedemann*; LG Düsseldorf, WM 2003, 1331, 1337; näher zum Fall „Mannesmann" *Jahn*, ZRP 2004, 179.
764 BGH NZG 2002, 471, 473 (zur treuwidrigen Spendenvergabe); *Kubiciel*, NStZ 2005, 353, 357; *Günther*, FS Weber, 2004, S. 311, 314; *Rönnau/Hohn*, NStZ 2004, 113.
765 BGH NZG 2002, 471, 473; LG Düsseldorf ZIP 2004, 2044, 2051 ff. (Mannesmann); *Rönnau/Hohn*, NStZ 2004, 113; zur (Organ-)Untreue BGH DStR 2002, 1102 (Sponsoring) m. Anm. *Lange*; zur (Gesellschafter-)Untreue vgl. BGH NZI 2004, 681 (Bremer Vulkan) m. Anm. *Beiner/Lanzius*.
766 BGH NJW 2006, 522 (Mannesmann); dazu *Spindler*, in: MünchKommAktG, § 87 Rn. 68.
767 *Peltzer*, FS Lutter, S. 571, 578; *Lutter*, ZIP 2006, 733, 735; *Kiethe*, BB 2003, 1573, 1578.
768 *Schwark*, FS Raiser, 2005, S. 377, 395; *Körner*, NJW 2004, 2697, 2699; *Lutter*, ZIP 2003, 737, 741.
769 Zu anderen Reaktionen siehe *Peltzer*, FS Lutter, S. 571, 579 ff.
770 BGH NJW 2006, 522 (Mannesmann); LG Düsseldorf ZIP 2004, 2044 m. Anm. *Tiedemann*; früher bereits RG JW 1934, 2151 f. m. Anm. *Schwinge*; RG JW 1933, 2954 f.

zichts seitens der Vorstände.[771] Im Zuge der gesetzlichen Neuregelung im Jahr 2009 wurden die Voraussetzungen einer einseitig möglichen Herabsetzung der Vorstandsbezüge deutlich erleichtert. Eine Verschlechterung muss nicht mehr *wesentlich*, die Unbilligkeit nicht mehr *schwer* sein. Mit dem Wegfall dieser klarstellenden und bremsenden Zusätze ist der Anwendungsbereich größer geworden. § 87 Abs. 2 AktG räumt dem Aufsichtsrat nunmehr das Recht zur Herabsetzung der Gesamtbezüge bereits dann ein, wenn sich die wirtschaftlichen Verhältnisse der Gesellschaft so verschlechtert haben, dass die Weitergewährung der bisherigen Vergütung eine Unbilligkeit für das Unternehmen sein würde. Nach der Neufassung geht es nicht mehr nur um eine angemessene Herabsetzung, sondern um eine solche *auf die angemessene Höhe*.

321 § 87 Abs. 2 Satz 1 AktG ist eine *Soll*-Vorschrift, der Aufsichtsrat ist demnach gehalten, bei Vorliegen der gesetzlichen Voraussetzungen nach pflichtgemäßem Ermessen das Recht zur Herabsetzung der Bezüge auszuüben. Für diese unternehmerische Entscheidung gelten die Grundsätze der *Business Judgment Rule*.[771a] Der Aufsichtsrat ist zur Vermeidung einer eigenen Haftung gut beraten, bei einer sich verschlechternden Lage der Gesellschaft die Voraussetzungen von § 87 Abs. 2 AktG permanent zu prüfen und dies sowie die Informationsgrundlagen auch sorgfältig zu dokumentieren. Die einseitige Kürzung der Bezüge stellt eine gesetzlich geschaffene Möglichkeit zur Durchbrechung der Privatautonomie dar, durch die das gestörte Gleichgewicht zwischen der Vergütung der Vorstandsmitglieder und der Lage der Gesellschaft wiederhergestellt werden soll. An den Tatbestand sind strenge Anforderungen zu stellen, seine Voraussetzungen müssen kumulativ vorliegen. Das Recht zur Kürzung kann weder durch die Satzung noch im Anstellungsvertrag begrenzt oder ausgeschlossen werden.

aa) Gesetzliche Voraussetzungen

322 **Verschlechterung der Unternehmensverhältnisse:** Das erforderliche Ausmaß der für eine berechtigte Herabsetzung der Bezüge notwendigen wirtschaftlichen Krise der Gesellschaft ist konkret nicht bestimmbar. Nicht ausreichend jedenfalls sind bloße wirtschaftliche Schwierigkeiten der Gesellschaft, wie etwa eine ungünstige Ertragslage, Umsatzeinbußen oder vergleichbare Fehlentwicklungen.[772] Diese Szenarien gehören zum wirtschaftlichen Risiko, das die Gesellschaft und ihre Aktionäre allein zu tragen haben und nicht auf das Vorstandsmitglied abwälzen dürfen. Demzufolge ist die Kürzung der Vorstandsvergütung unberechtigt, solange eine Dividende an die Aktionäre geleistet wird, selbst wenn diese aus Teilliquidatio-

---

771 Exemplarisch in jüngster Vergangenheit: Siemens, MAN Roland, Daimler-Chrysler, Volkswagen, Karstadt-Quelle, Lufthansa.
771a Einzelheiten zur Entscheidung des Aufsichtsrats siehe Rn. 329.
772 OLG Düsseldorf AG 2004, 321, 324; *Spindler*, DStR 2004, 36, 43; *Weisner/Kölling*, NZG 2003, 465, 466.

nen des (umfangreichen) Gesellschaftsvermögens stammt.[773] Unerheblich ist zudem, auf welche – beeinflussbaren oder aber zufälligen – Faktoren die Verschlechterung der Gesellschaft zurückzuführen ist. Die Verschlechterung muss von erheblichem und nachhaltigem Gewicht sein. Eine Herabsetzung als berechtigt anerkannt hat die Rechtsprechung fortwährende gravierende Liquiditätsprobleme der Gesellschaft, die bereits zu erheblichen Einschränkungen im Personalbereich geführt haben.[774] Zudem sind das kumulative Vorliegen von Entlassungen und Lohnkürzungen verbunden mit einer nicht möglichen Ausschüttung von Gewinnen starke Anzeichen für eine nun angezeigte Herabsetzung der Vorstandsbezüge.[775]

Weitervergütung als Unbilligkeit: Unbillig ist die Weitergewährung der bisherigen Vorstandsbezüge, wenn diese mit der wirtschaftlichen Lage der Gesellschaft in einem unangemessenen Verhältnis steht.[776] Erforderlich ist eine wirtschaftliche Notlage der Gesellschaft. Daran fehlt es, solange ansehnliche Erlöse aus Betriebs- und Grundstücksveräußerungen erzielt werden können.[777] Ebenso wenig rechtfertigen bereits bei Abschluss des Anstellungsvertrages bekannte wirtschaftliche Probleme des Unternehmens eine Herabsetzung der Bezüge.[778] Die persönlichen Verhältnisse und Interessen des Vorstandsmitglieds sind in die Prüfung der Unbilligkeit mit einzubeziehen.[779] Insbesondere kann die Höhe der gewinnabhängigen Vergütungsbestandteile infolge der wirtschaftlichen Krise der Gesellschaft bereits reduziert und damit die Gesamtbezüge – je nach Anteil der variablen Komponenten – deutlich gesunken sein. Solche Sanktionen müssen für die Frage der Kürzung des Festgehalts berücksichtigt werden. Andererseits können auch sozialpolitische Belange für die Feststellung einer Unbilligkeit bedeutsam sein, etwa wenn durch die Weitergewährung der Bezüge in bisheriger Höhe die Interessen der Belegschaft des Betriebs gefährdet sind.[780] Allgemein formuliert muss die Herabsetzung erforderlich und geeignet sein, um den wirtschaftlichen Fortbestand der Gesellschaft mit zu sichern. 323

Herabsetzbare Bezüge: Die Möglichkeit einer Herabsetzung beschränkt sich ausdrücklich nicht nur auf die in § 87 Abs. 1 Satz 1 AktG genannten Gesamtbezüge der aktiven Vorstandsmitglieder, sondern nach der gesetzli- 324

---

773 OLG Düsseldorf AG 2004, 321, 324; LG Duisburg, BB 1971, 145 m. Anm. *Hartstang*; *Hüffer*, AktG, § 87 Rn. 6.
774 So OLG Düsseldorf AG 2004, 321, 324.
775 BT-Drucks. 16/13433 Seite 16; *Hüffer*, AktG § 87 Rn. 9a.
776 *Mertens/Cahn*, in: KölnKommAktG, § 87 Rn. 9 ff.; *Weisner/Kölling*, NZG 2003, 465, 466.
777 OLG Düsseldorf AG 2004, 321, 324; LG Duisburg, BB 1971, 145.
778 LG Essen NZG 2006, 356; *Spindler*, in: MünchKommAktG, § 87 Rn. 87; *Mertens/Cahn*, in: KölnKommAktG, § 87 Rn. 9 ff.
779 *Nirk*, in: Nirk/Reuter/Bächle, HdB Aktiengesellschaft I, Rn. 651; *Wiesner*, in: MünchHdB GesR AG, § 21 Rn. 33.
780 OLG Düsseldorf AG 2004, 321, 324; *Weisner/Kölling*, NZG 2003, 465, 466.

chen Neufassung im Jahr 2009 nun nach § 87 Abs. 2 Satz 2 AktG auch auf das Ruhegeld, Hinterbliebenenbezüge und Leistungen verwandter Art, wenn auch zeitlich begrenzt auf Entscheidungen in einem Zeitraum von drei Jahren nach dem Ausscheiden des Vorstandsmitgliedes. Nach diesem Zeitraum ist eine Kürzung grundsätzlich ausgeschlossen; ausnahmsweise kann sich aus § 242 BGB etwas anderes ergeben.[781] Künftige wie auch laufende Pensionsleistungen können durch die Herabsetzung der Bezüge freilich mittelbar betroffen sein, sofern sie nach der Höhe der zuletzt bezogenen Vergütung zu berechnen sind. Auf Abfindungen, Anerkennungsprämien und Übergangsgelder kann § 87 Abs. 2 AktG Anwendung finden, wenn diese zu den Gesamtbezügen nach § 87 Abs. 1 AktG zählen oder als Zahlungen mit Versorgungscharakter zu werten sind.[782]

bb) Umfang der Herabsetzung

325 Die Herabsetzung der Bezüge muss auf die angemessene Höhe erfolgen. Es reicht damit nicht mehr wie vor der gesetzlichen Neufassung im Jahr 2009 aus, die Bezüge nur so weit herabzusetzen, dass der Gesamtbetrag der Einzelbezüge auf ein für die Gesellschaft noch tragbares Maß beschränkt wird.[783] Nunmehr geht es vielmehr um eine Art fiktiven Neuabschluss, also die Reduzierung der Vorstandsbezüge auf einen angemessenen Betrag im Sinne des § 87 Abs. 1 AktG.

326 Die Angemessenheit der Herabsetzung beurteilt sich u. a. auch danach, welche (zusätzlichen) Aufgaben das Vorstandsmitglied in der Krise der Gesellschaft übernimmt. Die Kürzung kann sich ferner auf bestimmte Vergütungsbestandteile wie etwa Festgehalt oder Auslagen beschränken oder sich auf alle Einzelbezüge erstrecken. Bereits verdiente Bezüge können nachträglich nicht mehr herabgesetzt werden, selbst wenn diese noch nicht ausgezahlt worden sind.[784] Umgekehrt aber können solche Vorauszahlungen gekürzt werden, die das Vorstandsmitglied noch nicht durch entsprechend geleistete Dienste verdient hat. Derartige Vorschüsse sind für den Fall einer Herabsetzung nach bereicherungsrechtlichen Grundsätzen an die Gesellschaft zurückzugewähren.

327 Die Herabsetzung kann zeitlich befristet oder unbefristet erfolgen. Im Vorfeld der Entscheidung sollte stets die Restlaufzeit des Anstellungsvertrages geprüft werden, denn spätestens nach Ablauf der Fünf-Jahres-Frist müssen der Anstellungsvertrag und damit die Vergütung ohnehin neu ausgehandelt werden. Bei kurzer Restlaufzeit empfiehlt es sich, die an sich berechtigte Kürzung der Bezüge bis zum Vertragsende auszusetzen. Kommt eine solche Aussetzung nicht in Betracht, wird in der Regel allein die zeitlich befristete

---

781 Einzelheiten zur Herabsetzung laufender Versorgungsbezüge siehe Rn. 534 ff.
782 *Hüffer*, AktG § 87 Rn. 9c.
783 *Spindler*, in: MünchKommAktG, § 87 Rn. 94.
784 *Mertens/Cahn*, in: KölnKommAktG, § 87 Rn. 94 ff; *Spindler*, in: MünchKommAktG, § 87 Rn. 96.

Herabsetzung angemessen sein. Eine unbefristete Kürzung ist indes nur dann gerechtfertigt, wenn auf absehbare Zeit nicht mit einer deutlichen Verbesserung der wirtschaftlichen Lage der Gesellschaft zu rechnen ist. Darüber hinaus sollte zur Vermeidung unverhältnismäßiger Härtefälle eine stufenweise Herabsetzung der Vorstandsbezüge erwogen werden.

Die Kürzung der Bezüge sollte alle Vorstandsmitglieder gleichmäßig belasten.[785] Sachwidrige Differenzierungen sind grundsätzlich unzulässig, insbesondere wenn sich die schwere Unbilligkeit auf jedes Vorstandsmitglied erstreckt. Außerdem darf die Herabsetzung nicht das einzige Mittel sein, um die Gesellschaft in der Krise zu entlasten. Vielmehr müssen zusätzlich andere innergesellschaftliche Maßnahmen die Kürzung der Vorstandsbezüge flankieren; dazu gehören etwa Umstrukturierungen, Reduzierung der Belegschaft und/oder Absenkung der Arbeitnehmervergütung. **328**

cc) *Entscheidung des Aufsichtsrats*

Bei Vorliegen der gesetzlichen Voraussetzungen *soll* der Aufsichtsrat das Recht zur Herabsetzung der Bezüge ausüben. Es handelt sich um eine gebundene Ermessensentscheidung, die der Aufsichtsrat pflichtgemäß auf Basis angemessener Informationen und deren Dokumentation zum Wohle der Gesellschaft zu treffen hat. Damit besteht auch die Möglichkeit, bei Vorliegen *besonderer Umstände* auf eine Reduzierung der Bezüge zu verzichten.[786] Der bewusste Verzicht auf die Gehaltskürzung unterliegt dem Anwendungsbereich der *Business Judgment Rule* i. S. d. § 93 Abs. 1 Satz 2 AktG.[787] Bei der Abwägung zwischen Herabsetzung und deren Verzicht spielt das Sonderkündigungsrecht der Vorstandsmitglieder nach § 87 Abs. 2 Satz 4 AktG ebenso eine Rolle wie die mit der Gehaltskürzung verbundene Außenwirkung. Daher kann es im Interesse der Gesellschaft sein, von einer Herabsetzung der Bezüge abzusehen, um das Risiko einer vorzeitigen Kündigung durch ein nicht adäquat ersetzbares Vorstandsmitglied zu vermeiden.[787a] Ebenso kann der Aufsichtsrat berücksichtigen, dass das Vorstandsmitglied in guten Zeiten unterdurchschnittlich verdient hat und/oder in der Krise mit überobligatorischen, bislang noch nicht vergüteten Sonderaufgaben befasst ist.[787b] Unterbleibt eine Herabsetzung der Vorstandsbezüge entgegen § 87 Abs. 2 Satz 1 AktG und sind die Voraussetzungen der *Business Judgment Rule* nicht erfüllt, kann der Aufsichtsrat nach §§ 116, 93 **329**

---

[785] Näher *Weisner/Kölling*, NZG 2003, 465, 467; *Hüffer*, AktG, § 87 Rn. 9b.
[786] Beschlussempfehlung und Bericht des Rechtsausschusses BT-Drucks. 16/13433 S. 16; *Weber*, in: Hölters, AktG, § 87 Rn. 54; zur bisherigen Rechtslage *Weisner/Kölling*, NZG 2003, 465, 466; *Hoffmann-Becking*, NZG 1999, 797, 798.
[787] *Diller*, NZG 2009, 1006, 1007; *Hoffmann-Becking/Krieger*, NZG 2009, Beilage zu Heft 26, 5; *Weber*, in: Hölters, AktG, § 87 Rn. 54.
[787a] *Diller*, NZG 2009, 1006, 1007; *Thüsing*, AG 2009, 517, 522; *DAV*-Handelsrechtsausschuss, NZG 2009, 612, 614.
[787b] *Hohaus/Weber*, DB 2009, 1519; *Diller*, NZG 2009, 1006, 1007.

AktG der Gesellschaft gegenüber auf Schadensersatz haften.[788] Für das Vorstandsmitglied dagegen besteht keine Pflicht (auch nicht aus der Treuebindung), den Aufsichtsrat im Fall einer wirtschaftlichen Krise der Gesellschaft zur Herabsetzung seiner Bezüge zu veranlassen.[789]

330 Der Aufsichtsrat muss die Herabsetzung der Bezüge im Plenum beschließen, da die Delegation an einen Ausschuss nach dem neu gefassten § 107 Abs. 3 Satz 3 AktG ausdrücklich ausgeschlossen ist. Der Ausschuss kann jedoch die Entscheidung über die Herabsetzung mit den dafür notwendigen Informationen vorbereiten. In der Insolvenz der Gesellschaft bleibt die Herabsetzung weiterhin allein dem Aufsichtsrat vorbehalten.[790] Das Recht zur Herabsetzung der Bezüge ist ein einseitiges Gestaltungsrecht des Aufsichtsrats, das durch Erklärung gegenüber dem betroffenen Vorstandsmitglied ausgeübt wird, vgl. § 315 Abs. 2 BGB. Die Herabsetzung muss bestimmt sein und angeben, welche Vergütungsbestandteile im Einzelnen gekürzt werden. Da die berechtigte Kürzung sofort wirksam ist, bezieht das Vorstandsmitglied ab dem Tag der Entscheidung die reduzierten Bezüge.[791] Das Anstellungsverhältnis wird mithin mit veränderten Leistungspflichten der Gesellschaft fortgesetzt. Ansonsten bleibt der Vertrag als solcher unberührt, § 87 Abs. 2 Satz 3 AktG.

331 Die Entscheidung über die Herabsetzung ist nicht endgültig. Bessern sich später die wirtschaftlichen Verhältnisse der Gesellschaft nachhaltig, so ist die Gesellschaft auf Grund ihrer Treuebindung gegenüber dem Vorstandsmitglied verpflichtet, die gekürzten Bezüge wieder heraufzusetzen und die vereinbarte Vergütung in voller Höhe zu zahlen.[792] Das Vorstandsmitglied hat ohne vorherige Herabsetzung keinen Anspruch auf Erhöhung der Vergütung.

332 Bestimmt das Gericht bei gerichtlich bestellten Vorstandsmitgliedern die Höhe der Bezüge nach § 85 Abs. 3 AktG, so entscheidet auf Antrag des Aufsichtsrats das Gericht über die angemessene Herabsetzung der Vorstandsbezüge. Bei Vorliegen der gesetzlichen Voraussetzungen wird der Aufsichtsrat im Regelfall verpflichtet sein, einen entsprechenden Antrag zu stellen. Gegen den Beschluss des Gerichts ist nach § 85 Abs. 3 Satz 3 AktG sofortige Beschwerde zulässig. Sofern das gerichtlich bestellte Vorstandsmitglied und die Gesellschaft eigenständig die Bezüge vereinbaren, bleibt der Aufsichtsrat zur Herabsetzung nach § 87 Abs. 2 AktG berechtigt.[793]

---

788 *Weisner/Kölling*, NZG 2003, 465, 466; *Hoffmann-Becking*, NZG 1999, 797, 798.
789 *Hopt*, in: GroßKommAktG, § 93 Rn. 162; *Mertens/Cahn*, in: KölnKommAktG, § 93 Rn. 71 ff.
790 Einzelheiten zur Herabsetzung bei Insolvenz der Gesellschaft siehe Rn. 351 f.
791 *Hüffer*, AktG, § 87 Rn. 9; *Spindler*, in: MünchKommAktG, § 87 Rn. 99.
792 *Wiesner*, in: MünchHdB GesR AG, § 21 Rn. 32; *Mertens/Cahn*, in: KölnKommAktG, § 87 Rn. 94.
793 *Spindler*, in: MünchKommAktG, § 87 Rn. 101.

dd) Reaktionsmöglichkeiten für das Vorstandsmitglied

Die berechtigte Herabsetzung der Bezüge hat eine inhaltliche Änderung der Leistungspflichten der Gesellschaft zur Folge. Das Vorstandsmitglied muss diese Veränderung nicht hinnehmen und kann den Anstellungsvertrag für den Schluss des nächsten Kalendervierteljahres mit einer Kündigungsfrist von sechs Wochen nach § 87 Abs. 2 Satz 4 AktG außerordentlich kündigen. Eine solche Kündigung ist selbst dann nicht treuwidrig, wenn dadurch die wirtschaftliche Notlage der Gesellschaft noch verschärft wird.[794] Allerdings berührt die Kündigung nicht die Herabsetzung als solche, so dass das Vorstandsmitglied in der verbleibenden Amtszeit nur die gekürzten Bezüge erhält. Nimmt die Gesellschaft die Herabsetzung auf Grund der Kündigung wieder zurück, bleibt die Kündigung weiterhin bestehen. Erklärt das Vorstandsmitglied die Kündigung nicht fristgemäß, bleibt der Anstellungsvertrag mit den herabgesetzten Bezügen rechtswirksam bestehen. Klagt das Vorstandsmitglied gegen die Herabsetzung und wird die Klage innerhalb der Kündigungsfrist erhoben, beginnt die Sechs-Wochen-Frist erst mit Rechtskraft des die Herabsetzung bestätigenden Urteils.[795]

333

Im Fall einer unberechtigten und grob unbilligen Herabsetzung der Bezüge kann das Vorstandsmitglied nach § 626 BGB fristlos kündigen und sein Amt niederlegen.[796] Kein wichtiger Grund liegt vor, wenn die Kürzung lediglich zu hoch bemessen ist. Bei außerordentlicher Kündigung kann dem Vorstandsmitglied zudem nach § 628 Abs. 2 BGB ein Schadensersatzanspruch gegen die Gesellschaft zustehen.

334

Hält das Vorstandsmitglied die Herabsetzung für unberechtigt oder unangemessen, kann es Leistungsklage auf Weiterzahlung seiner bisherigen Bezüge erheben.[797] Die Rechtmäßigkeit der Aufsichtsratsentscheidung hat das Gericht inzident zu beurteilen. Für die Erhebung einer Feststellungsklage fehlt wegen der möglichen Leistungsklage das erforderliche Feststellungsinteresse.[798] Außerdem zulässig ist eine Klage auf richterliche Bestimmung der Bezüge nach billigem Ermessen gemäß § 315 Abs. 3 Satz 2 BGB.[799] Ein erfolgreiches, die Herabsetzung aufhebendes oder einschränkendes Urteil wirkt nur *inter partes* und begründet keine Gleichbehandlungsansprüche zugunsten anderer Vorstandsmitglieder.

335

---

794 *Hopt*, in: GroßKommAktG, § 93 Rn. 162; *Mertens/Cahn*, in: KölnKommAktG, § 93 Rn. 71 ff.
795 *Hüffer*, AktG, § 87 Rn. 11; *Spindler*, in: MünchKommAktG, § 87 Rn. 102.
796 *Fleischer*, in: Spindler/Stilz, AktG, § 87 Rn. 36; *Thüsing*, in: Fleischer, HdB VorstandsR, § 6 Rn. 36; *Weisner/Kölling*, NZG 2003, 465, 468; a.A. *Spindler*, in: MünchKommAktG, § 87 Rn. 103.
797 *Spindler*, in: MünchKommAktG, § 87 Rn. 100; *Hüffer*, AktG, § 87 Rn. 10.
798 A.A. *Mertens/Cahn*, in: KölnKommAktG, § 87 Rn. 100; wohl auch *Weisner/Kölling*, NZG 2003, 465, 468.
799 *Spindler*, in: MünchKommAktG, § 87 Rn. 100.

c) Gleichbehandlung im Vorstand

336 Die Gesellschaft ist grundsätzlich nicht verpflichtet, die Vorstandsmitglieder untereinander gleich zu behandeln.[800] Insbesondere folgt aus dem Prinzip der Gesamtverantwortung und Gleichberechtigung aller Vorstandsmitglieder kein Recht auf gleiche Vergütung. Nach § 87 Abs. 1 AktG hat der Aufsichtsrat die Bezüge für jedes Vorstandsmitglied individuell festzusetzen. In aller Regel erfolgt eine Abstufung nach der Bedeutung der übertragenen Aufgaben und Tätigkeitsbereiche (Vorstandsvorsitzender, Finanzvorstand, Vertriebsvorstand) sowie Leistungen. Erhebliche Unterschiede zwischen einzelnen Bezügen rechtfertigen keine Angleichung, jedoch können sie Indiz für eine fehlende Angemessenheit sein. Differenzen können sich ferner beim Festgehalt ergeben, etwa wenn die Bezahlung nach der Dauer der Betriebszugehörigkeit erfolgt. Unzulässig aber ist die Besserstellung von Vorstandsmitgliedern, die Aktionäre sind oder Familien von Aktionären angehören.[801]

337 Eine Gleichbehandlung der Vorstandsmitglieder kann sich im Einzelfall aus dem Anstellungsvertrag ergeben, sofern die vereinbarten Bedingungen denen der anderen Vorstände der Gesellschaft entsprechen sollen.[802] Ferner kann ein Vorstandsmitglied solche Leistungen verlangen, die das Unternehmen dem Vorstand aus gutem Brauch in der Vergangenheit regelmäßig gewährt hat.[803] Anspruch auf betriebliche Zuwendungen und Vergünstigungen für leitende Angestellte hat ein Vorstandsmitglied dagegen nur, wenn die damit verbundenen Vorteile nicht überwiegend der sozialen Begünstigung der Belegschaft dienen.[804]

338 Kein Anspruch auf Gleichbehandlung besteht schließlich bei Gratifikationen sowie vergleichbaren Sonderzuwendungen an die Belegschaft (Weihnachts-, Urlaubs- und Jubiläumsgeld), denn hierfür fehlt dem wirtschaftlich weitgehend unabhängigen Vorstandsmitglied die soziale Schutzbedürftigkeit.[805] Ausnahmsweise kann eine die Gesellschaft bindende betriebliche Übung im Wege ergänzender Vertragsauslegung das Vorstandsmitglied betreffen und begünstigen.[806] Ausgeschlossen aber ist die automatische Anpassung der Vorstandsbezüge auf Grund einer betrieblichen Übung, nach der die Tariferhöhungen in der jeweiligen Branche den Arbeitneh-

---

800 *Fleck*, FS Hilger/Stumpf, S. 197, 214; *Schneider*, FS Semler, S. 347; *Hueck*, ZfA 1985, 25, 34 f.; a. A. *Henssler*, RdA 1992, 289, 399 f.
801 *Fonk*, in: Semler/v. Schenck, ArbeitsHdB für Aufsichtsratsmitglieder, § 9 Rn. 116; *Semler*, FS Budde, S. 599, 602.
802 *Wiesner*, in: MünchHdB GesR AG, § 21 Rn. 10; *Fleck*, FS Hilger/Stumpf, S. 197, 214.
803 BGH AG 1995, 188, 189; BGH BB 1990, 1436 f.; *Mertens/Cahn*, in: KölnKommAktG, § 84 Rn. 41; *Fleck*, FS Hilger/Stumpf, S. 197, 213.
804 *Hopt*, in: GroßKommAktG, § 93 Rn. 179; *Henssler*, RdA 1992, 289, 300.
805 OLG München WM 1984, 864, 897 f.; *Wiesner*, in: MünchHdB GesR AG, § 21 Rn. 10; anders für den GmbH-Geschäftsführer BGH WM 1990, 1461, 1463; *Fleck*, WM 1994, 1957, 1960.
806 BGH AG 1995, 188, 189; *Hüffer*, AktG, § 84 Rn. 17; *Henssler*, RdA 1992, 289, 300 f.

mern und leitenden Angestellten der Gesellschaft zugutekommen.[807] Tarifliche oder sonstige arbeitsrechtliche Regelungen finden auf den Vorstandsvertrag ohne besondere Vereinbarung keine Anwendung.[808]

d) Leistungsstörungen

aa) Weitervergütung bei Annahmeverzug

Der Anstellungsvertrag ist ein auf Austausch von Leistung und Gegenleistung gerichtetes Schuldverhältnis, das dem allgemeinen Leistungsstörungsrecht unter Berücksichtigung der speziellen dienstvertraglichen und korporationsrechtlichen Regelungen unterliegt.[809] Wird das Vorstandsmitglied nicht bestellt, vorzeitig wieder abberufen oder verhindert die Gesellschaft aus anderen Gründen die Erfüllung der geschuldeten Vorstandstätigkeit, bleibt sie grundsätzlich zur Weiterzahlung der vereinbarten Vergütung nach §§ 615 Satz 1, 326 Abs. 2 Satz 1 BGB verpflichtet.[810] Kann das Vorstandsmitglied seine Aufgaben infolge eines Umstandes nicht erfüllen, der auf dem Betriebsrisiko der Gesellschaft beruht, bleibt der Vergütungsanspruch für die Zeit des Arbeitsausfalls nach § 615 Satz 3 i. V. m. Satz 1 BGB ganz oder teilweise bestehen.[811] Bei Heranziehung der Grundsätze über das Betriebsrisiko ist freilich zu berücksichtigen, dass der Vorstand zur Beseitigung der in der Sphäre der Gesellschaft liegenden Betriebsstörungen verpflichtet ist.[812] Denn der Vorstand hat schließlich die Aufgabe, den Gesellschaftszweck zu verfolgen und dafür zu sorgen, dass Betriebsstörungen nicht auftreten oder zumindest abgefangen werden. Unvermeidbare Ereignisse oder trotz Vorsorgemaßnahmen eingetretene Betriebsstörungen berühren den Verzugslohn dagegen nicht. Die Pflicht zur Weitervergütung nach §§ 615, 326 Abs. 2 Satz 1 BGB umfasst die Gesamtbezüge einschließlich Festgehalt, Tantieme, Aktienoptionen und anderweitiger Gewinnbeteiligungen sowie Sach- und Nebenleistungen jeder Art. Im Zivilprozess kann die Vergütungshöhe nach § 287 Abs. 2 ZPO gerichtlich festgesetzt werden.[813]

339

Das Vorstandsmitglied muss sich nach §§ 615 Satz 2, 326 Abs. 2 Satz 2 BGB dasjenige anrechnen lassen, was es infolge des Unterbleibens der dienstlichen Tätigkeit erspart oder durch anderweitige Verwendung seiner Arbeits-

340

---

807 BGH WM 1975, 761, 763; *Wiesner*, in: MünchHdB GesR AG, § 21 Rn. 9.
808 BGH ZIP 1994, 206, 207 m. Anm. *Heubeck/Oster*, EWiR § 17 BetrAVG 1/94, 327.
809 BGH WM 1988, 298; OLG Hamm NJW-RR 1995, 1187, 1188; *Zöllner*, FS Koppensteiner, S. 291.
810 BGH NJW-RR 1997, 537, 538; *Zöllner*, FS Koppensteiner, S. 291, 297 ff.; *Lohr*, NZG 2001, 826, 835; *Fonk*, NZG 1998, 408.
811 Näher zur Auslegung siehe *Medicus*, in: Haas/Medicus/Rolland u. a., Das neue Schuldrecht, Kap. III Rn. 205.
812 Ausführlich *Zöllner*, FS Koppensteiner, S. 291, insb. zur Betriebsrisikolehre S. 295 ff.
813 BGH AG 1978, 162, 164; OLG Düsseldorf ZIP 1984, 705, 706.

kraft erwirbt oder zu erwerben böswillig unterlässt.[814] Die Anrechnung kann nur unterbleiben, wenn die Gesellschaft eindeutig ihr Desinteresse am Handeln des Vorstandsmitglieds zu erkennen gibt, was jedenfalls bei einvernehmlicher Freistellung oder dem Abschluss eines Aufhebungsvertrages anzunehmen ist.[815] Bei verschuldetem Verlust der Bestellung sollte das Vorstandsmitglied anderweitige, seinen Fähigkeiten, Kenntnissen und Erfahrungen entsprechende Tätigkeiten anbieten und für den Fall der Annahme durch die Gesellschaft auch übernehmen, wenn es weder die Anrechnung wegen unterlassenen Erwerbs noch eine fristlose Kündigung aus wichtigem Grund riskieren will.[816]

341 Kündigt die Gesellschaft den Anstellungsvertrag, kann das Vorstandsmitglied bis zur regulären Beendigung des Dienstverhältnisses weiterhin die vereinbarte Vergütung verlangen, wenn es nach §§ 294, 295 BGB ausdrücklich seine Dienste anbietet und die Gesellschaft damit in Annahmeverzug setzt. Im Fall einer unberechtigten Kündigung durch die Gesellschaft genügt lediglich ein wörtliches Angebot, das etwa durch deutlichen Widerspruch gegen die Kündigung oder auch konkludent mit Erhebung einer Klage auf Weitervergütung abgegeben werden kann.[817] Gleiches gilt für die Zeit, in der die Gesellschaft das Vorstandsmitglied einseitig freistellt (Beurlaubung).[818] Entbehrlich ist selbst das wörtliche Angebot, wenn die Gesellschaft nach wirksamer Abberufung bereits ein neues Vorstandsmitglied bestellt hat und eine Weiterbeschäftigung im Unternehmen deshalb endgültig nicht mehr in Betracht kommt.[819] Erfolgte die Abberufung ohne rechtmäßige Kündigung des Anstellungsvertrages, steht dem Anspruch auf Weitervergütung nicht entgegen, dass die Vorstandstätigkeit wegen der Neuberufung nicht mehr ausgeübt werden kann. Diese Unmöglichkeit schließt einen Annahmeverzug der Gesellschaft nicht aus, denn diesen Umstand hat sie mit Beendigung der Amtsstellung selbst herbeigeführt, weshalb ihr die Berufung darauf verwehrt ist.[820]

342 Eine Kürzung der Bezüge nach § 242 BGB kommt im Fall der einseitigen Freistellung oder unberechtigten Kündigung nicht in Betracht.[821] Bei erheblichen Vergütungsrückständen kann das Vorstandsmitglied nach

---

814 Zur Berechnungsmethode im Rahmen der Anrechnung vgl. *Nübold*, RdA 2004, 31.
815 BGH NZG 2001, 76, 76; zurückhaltender OLG Oldenburg NZG 2000, 1038, 1041; *Fonk*, NZG 1998, 408, 409f.
816 BGH WM 1966, 968, 969; OLG Karlsruhe GmbHR 1996, 208; weitergehend BGH WM 1978, 319, 320; *Mertens/Cahn*, in: KölnKommAktG, § 84 Rn. 172; *Fonk*, NZG 1998, 408, 410f.; *Bauer/Gragert*, ZIP 1997, 2177, 2183; a. A. *Kothe-Heggemann/Dahlbender*, GmbHR 1996, 650, 652.
817 BGH NJW-RR 1997, 537, 538; OLG Düsseldorf GmbHR 1999, 543, 549; OLG Koblenz GmbHR 1994, 887, 888; *Lohr*, NZG 2001, 826, 835; *Fonk*, NZG 1998, 408, 409.
818 BGH WM 1968, 611, 612; *Spindler*, in: MünchKommAktG, § 84 Rn. 80.
819 BGH NZG 2001, 76; *Röder/Lingemann*, DB 1993, 1341, 1346.
820 *Zöllner*, FS Koppensteiner, S. 291, 299; *Fonk*, NZG 1998, 408; a. A. *Greger*, FS Boujon, S. 145.
821 BGH WM 1978, 109, 111; *Wiesner*, in: MünchHdB GesR AG, § 21 Rn. 38.

§ 320 BGB die Dienstleistung verweigern, ohne dass die Gesellschaft deswegen aus wichtigem Grund kündigen darf.[822] In einem Zivilprozess ist die Erhebung der Leistungsklage auf Zahlung der ausstehenden Bezüge statthafte Klageart. Hierbei kann das Vorstandsmitglied die Bruttovergütung beanspruchen.[823]

bb) Gehaltsfortzahlung bei Verhinderung

Bei vorübergehender Verhinderung behält das Vorstandsmitglied abweichend von § 326 Abs. 1 BGB den Vergütungsanspruch nach § 616 Satz 1 BGB, wenn es ohne Verschulden für eine verhältnismäßig nicht erhebliche Zeit die Dienstleistung nicht erbringen konnte. Dazu gehören insbesondere kurzfristige Erkrankungen, sofern sie nicht infolge leichtsinniger und unverantwortlicher Selbstgefährdung eingetreten sind. Welcher Zeitraum als verhältnismäßig nicht erheblich anzusehen ist, bestimmt sich unter Berücksichtigung aller Umstände des Einzelfalles.[824] Gewisse Orientierung bietet die Sechs-Wochen-Frist nach § 3 Abs. 1 Satz 1 EFZG.[825] Um beiden Vertragsparteien ausreichend Gewissheit über die Vergütung unverschuldeter Fehlzeiten zu verschaffen, empfiehlt sich eine klare Regelung über die Dauer der Gehaltsfortzahlung im Krankheitsfall. Dabei ist daran zu denken, dass § 616 BGB nicht zwingend ist und im Anstellungsvertrag abbedungen werden kann. Außerdem ist das Angemessenheitsgebot nach § 87 AktG zu berücksichtigen.[826]

343

Hat das Vorstandsmitglied seine Dienstverhinderung zu vertreten, kann die Gesellschaft nach § 283 BGB Schadensersatz statt der Leistung verlangen. Die Schadenshöhe richtet sich nach dem marktüblichen Preis, der für die geschuldeten Vorstandsdienste aufzuwenden ist. Der Mindestschaden ist die für die unmöglich gewordene Dienstleistung gezahlte Vergütung.[827] Bei bloßer Schlechterfüllung der Vorstandspflichten kommt eine Kürzung der Bezüge grundsätzlich nur bei völlig wertloser Dienstleistung oder grob treuwidrigem Verhalten in Betracht.[828] Anspruchsgrundlage dafür bildet regelmäßig § 93 Abs. 2 AktG; im Einzelfall haftet das Vorstandsmitglied nach § 280 BGB auf Schadensersatz wegen Pflichtverletzung.[829]

344

---

822 OLG Hamm NJW-RR 1995, 1187; für den GmbH-Geschäftsführer *Stein*, in: Hachenburg, GmbHG, § 35 Rn. 206.
823 BGH NJW 1991, 1681; BGH NJW 1990, 2625; OLG Jena OLG-NL 1996, 160.
824 Ausführlich *Zöllner*, FS Koppensteiner, S. 291, 292 f.
825 Dieses Gesetz findet auf Vorstandsmitglieder keine Anwendung.
826 Vgl. *Zöllner*, FS Koppensteiner, S. 291, 293.
827 BGH NJW-RR 1988, 420, 421; für den GmbH-Geschäftsführer *Stein*, in: Hachenburg, GmbHG, § 35 Rn. 210.
828 Für den GmbH-Geschäftsführer BGH NJW-RR 1988, 352, 353; *Schneider*, in: Scholz, GmbHG, § 35 Rn. 247; *Marsch-Barner/Diekmann*, in: MünchHdB GesR GmbH, § 43 Rn. 34; teilweise a. A. *Stein*, in: Hachenburg, GmbHG, § 35 Rn. 212.
829 Einzelheiten zur Organhaftung/Haftung aus Vertrag siehe Rn. 612 ff.

e) Abtretung und Pfändung

345 Die Vorstandsmitglieder können ihre Vergütungsansprüche nach Maßgabe der § 398 ff. BGB abtreten. Bisher konnte sich die Gesellschaft generell auf ein berechtigtes und nach §§ 93 Abs. 1 Satz 3, 404 AktG auch geschütztes Geheimhaltungsinteresse an der Höhe der Vorstandsbezüge berufen. Erforderlich für eine wirksame Abtretung war freilich die Zustimmung des Aufsichtsrats. Ohne die Zustimmung hat das Vorstandsmitglied mit der abtretungsbedingten Offenlegung der Bezüge gegen die Geheimhaltungspflicht verstoßen, was wiederum zur Nichtigkeit der Abtretung nach § 134 BGB i.V.m. § 404 AktG geführt hat, wenn sich die abgetretene Forderung nicht nur auf das Festgehalt oder die anhand des publizitätspflichtigen Jahresabschlusses bemessene Gewinntantieme bezieht.[830] Denn mit Neufassung der Offenlegungspflichten nach §§ 285 Satz 1 Nr. 9a, 314 Abs. 1 Nr. 6a HGB sind börsennotierte Gesellschaften nunmehr zur Individualangabe der Vorstandsbezüge verpflichtet; ferner empfiehlt der Deutsche Corporate Governance Kodex die individualisierte Offenlegung fester und variabler Bestandteile der Vorstandsbezüge im Anhang des Jahresabschlusses/Konzernabschlusses.[831] Damit entfällt das Geheimhaltungsinteresse gelisteter sowie solcher nicht börsennotierter Gesellschaften, die freiwillig die Vergütung ihrer Vorstandsmitglieder offenlegen. Eine wirksame Abtretung von Lohnansprüchen ist in diesen Fällen nur ausgeschlossen, wenn nach § 399 BGB ein Abtretungsverbot im Anstellungsvertrag vereinbart wird.

346 Die Gesamtbezüge und Versorgungsansprüche der Vorstandsmitglieder unterliegen den Pfändungsschutzvorschriften nach § 850 ff. ZPO.[832] Für die Anwendbarkeit der Vorschriften ist unerheblich, dass die Vorstandsmitglieder gesetzliches Vertretungsorgan der Gesellschaft sind und Arbeitgeberfunktionen ausüben. Das Schutzbedürfnis ist deshalb anzunehmen, weil der Lebensunterhalt (insbesondere Vergütung und Altersversorgung) auf persönlichen Dienstleistungen beruht.

f) Insolvenz der Gesellschaft

aa) *Gläubigerstellung des Vorstandsmitglieds*

347 Nicht erfüllte Vergütungsansprüche, die vor Eröffnung des Insolvenzverfahrens über das Vermögen der Aktiengesellschaft entstanden sind, können die Vorstandsmitglieder als Insolvenzforderungen nach § 38 InsO geltend machen. Vergütungsansprüche für die Zeit nach Eröffnung des Insolvenzverfahrens sind hingegen Masseverbindlichkeiten nach § 55 Abs. 1 Nr. 2 InsO, die grundsätzlich in voller Höhe zu befriedigen sind. Ausnahmsweise

---

830 BGH NZG 2000, 207 (zu § 85 GmbHG); *Armbrüster*, GmbHR 1997, 56; *Ihrig*, WiB/NZG 1996, 862.
831 Einzelheiten zur Offenlegung der Bezüge siehe Rn. 355 ff. und 428 ff.
832 *Nirk*, in: Nirk/Reuter/Bächle, HdB Aktiengesellschaft I, Rn. 644; *Hüffer*, AktG, § 84 Rn. 18; für den GmbH-Geschäftsführer BGH NJW 1978, 756; OLG Rostock NJW-RR 1995, 173, 174.

können auch in der Zeit vor Verfahrenseröffnung nach § 55 Abs. 2 Satz 2 InsO Masseverbindlichkeiten entstehen, wenn der vorläufige (starke) Insolvenzverwalter die Leistungen des Vorstandsmitglieds für das Vermögen des Schuldners beansprucht hat.[833]

Kündigt nach § 113 Abs. 1 InsO der Insolvenzverwalter bzw. der Aufsichtsrat der eigenverwaltenden Gesellschaft den Anstellungsvertrag, so sind die Vergütungsansprüche bis zum Ablauf der jeweiligen Kündigungsfrist (vgl. § 113 Abs. 1 Satz 2 InsO) Masseforderungen.[834] Das gekündigte Vorstandsmitglied kann wegen der vorzeitigen Beendigung des Dienstverhältnisses nach § 113 Abs. 1 Satz 3 InsO Schadensersatz verlangen. Der Ersatzanspruch ist kraft Gesetzes eine Insolvenzforderung und nach § 87 Abs. 3 AktG begrenzt auf den Schaden, der innerhalb der ersten zwei Jahre seit Beendigung des Anstellungsvertrages, höchstens aber bis Ablauf der ursprünglich vereinbarten Amtszeit, entsteht. Das gilt jedoch nur für Schäden wegen entgangener Bezüge und nicht für Ansprüche auf betriebliche Altersversorgung.[835] Der Verdienstausfall ist im Verfahren nach § 174 ff. InsO geltend zu machen. Hat das Vorstandsmitglied schuldhaft zur Insolvenz beigetragen, kann der Schadensersatzanspruch nach § 113 Abs. 1 Satz 3 InsO wegen Mitverschulden teilweise oder vollständig entfallen.[836] Kündigt das Vorstandsmitglied den Anstellungsvertrag aus wichtigem Grund nach § 626 BGB (z. B. wegen erheblicher Vergütungsausfälle), so sind die Schadensersatzansprüche aus § 628 Abs. 2 BGB Masseschulden nach § 55 Abs. 1 Nr. 1 InsO.[837] **348**

Rückständige, vor Verfahrenseröffnung fällig gewordene Ruhegeldansprüche sind ebenfalls gewöhnliche Insolvenzforderungen. Ferner ist § 38 InsO auf nach Eröffnung des Insolvenzverfahrens fällig werdende Ruhegeldansprüche anzuwenden. Die Forderungen sind nach ihrem Schätzwert anzumelden. Die Insolvenzsicherung laufender Pensionsansprüche und unverfallbarer Versorgungsanwartschaften erfolgt nach § 7 BetrAVG.[838] Insolvenzgeld nach § 183 Abs. 1 SGB III können die Vorstandsmitglieder nicht verlangen, da die Beschäftigung in der Aktiengesellschaft und im Konzernunternehmen nach § 27 Abs. 1 Nr. 5 Satz 1 SGB III versicherungsfrei ist.[839] **349**

---

833 *Hirte*, in: Uhlenbruck, InsO, § 11 Rn. 129; *Uhlenbruck*, BB 2003, 1185, 1188.
834 *Uhlenbruck*, BB 2003, 1185, 1187; *Haupt/Müller-Dott*, BB 2003, 2521, 2523.
835 *Hüffer*, AktG, § 87 Rn. 13; *Spindler*, in: MünchKommAktG, § 87 Rn. 119; a. A. *Oltmanns*, in: AnwaltKommAktG, § 87 Rn. 15.
836 *Düwell*, in: Kölner Schrift zur InsO, Rn. 55; *Moll*, in: Kübler/Prütting, InsO, § 113 Rn. 75; *Berscheid*, ZInsO 1998, 159, 165.
837 *Moll*, in: Kübler/Prütting, InsO, § 113 Rn. 81.
838 Einzelheiten zur Insolvenzsicherung siehe Rn. 532 ff.
839 Für den GmbH-Fremdgeschäftsführer vgl. *Haas*, in: Gottwald, Insolvenzhandbuch, § 92 Rn. 144.

bb) Angemessenheit der Vergütung

350 In der Insolvenz der Gesellschaft hat das gesetzliche Angemessenheitsgebot besondere Bedeutung. Hat der Aufsichtsrat in der Krise der Gesellschaft ein Vorstandsmitglied bestellt und dabei Bezüge festgesetzt, die angesichts der wirtschaftlichen Lage des Unternehmens gänzlich unangemessen sind, kann der Insolvenzverwalter nach Verfahrenseröffnung den Abschluss des Anstellungsvertrages wegen Gläubigerbenachteiligung nach § 130 InsO anfechten.[840] Bei Eigenverwaltung ist nach § 280 InsO der Sachwalter zur Insolvenzanfechtung berechtigt. An die Feststellung der Unangemessenheit der Bezüge sind hohe Anforderungen zu stellen, da das Vorstandsmitglied einer sanierungsbedürftigen Gesellschaft in der Regel außergewöhnlich schwierige Aufgaben übernimmt und dabei besonders hohen unternehmerischen Risiken (und damit Haftungsgefahren) ausgesetzt ist. Daher können im Einzelfall außergewöhnlich hohe Vorstandsbezüge trotz schlechter wirtschaftlicher Lage der Gesellschaft gerechtfertigt sein.[841]

351 Die Masse wird durch die Zahlung der ursprünglich vereinbarten Vorstandsbezüge erheblich belastet. Bei Eigenverwaltung wie im Regelinsolvenzverfahren kommt anstelle einer Kündigung des Anstellungsvertrages nach § 113 Abs. 1 InsO eine Herabsetzung der Bezüge nach § 87 Abs. 2 Satz 1 AktG in Betracht. Eine Fortsetzung der ursprünglich vereinbarten Vergütung ist für die insolvente Gesellschaft gerade deswegen unbillig, weil das Vorstandsmitglied mit dem Entzug der Verwaltungs- und Verfügungsbefugnis nach § 80 InsO erheblich weniger Aufgaben zu erledigen hat und dadurch die bisherigen Bezüge in einem erheblichen Missverhältnis zur Arbeitsbelastung stehen.[842] Bereits bei Abschluss des Anstellungsvertrages bekannte wirtschaftliche Probleme der Gesellschaft rechtfertigen dagegen keine nachträgliche Herabsetzung der Bezüge.

352 Für die Herabsetzung der Bezüge ist in der Regelinsolvenz wie bei der Eigenverwaltung ausschließlich der Aufsichtsrat zuständig.[843] Der Insolvenzverwalter bzw. der Sachwalter kann auch nicht verlangen, dass der Aufsichtsrat die Vorstandsvergütung herabsetzt.[844] § 87 Abs. 2 Satz 1 AktG dient nicht dem Gläubigerschutz, sondern dem Schutz der Gesellschaft. Bei Eigenverwaltung kann eine Weigerung des Aufsichtsrats lediglich ein Grund für die Aufhebung der Anordnung nach § 272 InsO sein. Außerdem kann sich der Aufsichtsrat bei einer unterlassenen (gebotenen) Herabsetzung gegenüber der Masse möglicherweise schadensersatzpflichtig machen.

---

[840] *Uhlenbruck*, BB 2003, 1185, 1187; *Hess/Ruppe*, NZI 2003, 577, 580.
[841] *Peltzer*, FS Lutter, S. 571, 575; *Hoffmann-Becking*, NZG 1999, 797, 798.
[842] *Noack*, in: Kübler/Prüttung, InsO-Sonderband Gesellschaftsrecht, 1999, Rn. 356; *Haupt/Müller-Dott*, BB 2003, 2521, 2523.
[843] *Uhlenbruck*, BB 2003, 1185, 1189; *Hess/Ruppe*, NZI 2003, 577, 580; *Haupt/Müller-Dott*, BB 2003, 2521, 2523.
[844] Vgl. *Uhlenbruck*, BB 2003, 1185, 1189.

Für den Neuabschluss von Anstellungsverträgen während des Insolvenz- 353
verfahrens ist der Aufsichtsrat zuständig.⁸⁴⁵ Diese Personalkompetenz
umfasst grundsätzlich auch die Festsetzung der Vorstandsbezüge nach § 87
Abs. 1 AktG. Andererseits ist zu bedenken, dass der Neuabschluss eines
Vorstandsvertrages die Insolvenzmasse belastet und jedenfalls in der Regelinsolvenz alle Masseverbindlichkeiten betreffende Rechtshandlungen
allein dem Insolvenzverwalter vorbehalten sind. Im Übrigen kennt der Aufsichtsrat die Höhe der Insolvenzmasse gar nicht und damit auch nicht die
Leistungsfähigkeit der Gesellschaft. Insofern haben sich Aufsichtsrat und
Insolvenzverwalter über die Konditionen des Anstellungsvertrages abzustimmen. Bei der Eigenverwaltung hat der Aufsichtsrat die Vergütung im
Einvernehmen mit dem Sachwalter zu vereinbaren.⁸⁴⁶ Allerdings stellt das
Zustimmungserfordernis für das Eingehen von Verbindlichkeiten nach
§ 275 Abs. 1 Satz 1 InsO eine Sollvorschrift dar, die das eigenverwaltende
Unternehmen nur im Innenverhältnis bindet.⁸⁴⁷ Eine ohne Zustimmung
des Sachwalters getroffene Vergütungsvereinbarung ist nach außen mithin
wirksam.

g) Verjährung

Vergütungsansprüche der Vorstandsmitglieder verjähren nach §§ 195, 199 354
BGB in drei Jahren ab Kenntnis oder Kennenmüssen der anspruchsbegründenden Umstände. Das novellierte Verjährungsrecht findet Anwendung auf
die am 01.01.2002 bestehenden und noch nicht verjährten Forderungen.
Davor entstandene Vergütungsansprüche verjähren nach Maßgabe der in
Art. 229 § 6 EGBGB genannten Überleitungsvorschriften.⁸⁴⁸ Nach § 197 BGB
a. F. verjähren Vergütungsansprüche in vier Jahren.

h) Offenlegung

Die dem Vorstand gewährten Gesamtbezüge sind im Anhang zum Jahresab- 355
schluss nach § 285 Satz 1 Nr. 9a HGB bzw. im Konzernanhang nach § 314
Abs. 1 Nr. 6a HGB detailliert anzugeben. Die Vorschriften wurden im Vergleich zu früher erweitert und präzisiert und finden Anwendung erstmals
auf Abschlüsse für Geschäftsjahre, die nach dem 31.12.2009 beginnen. Bei
nicht börsennotierten Gesellschaften kann aus Gründen des Daten- und
Persönlichkeitsschutzes nach § 286 Abs. 4 HGB die Angabe unterbleiben,
wenn dadurch die Bezüge eines einzelnen Vorstandsmitglieds feststellbar
sind. Das ist insbesondere bei einem Ein-Personen-Vorstand oder dann der

---

845 OLG Nürnberg AG 1991, 446, 447; *Hüffer*, AktG, § 84 Rn. 12; *Baums*, FS Claussen, S. 3, 15; *Hess/Ruppe*, NZI 2002, 577, 580; a. A. *Hauptmann/Müller-Dott*, BB 2003, 2521, 2524.
846 *Uhlenbruck*, BB 2003, 1185, 1189; *Hess/Ruppe*, NZI 2002, 577, 580.
847 Näher dazu *Hess/Ruppe*, NZI 2002, 577, 579.
848 Zu den Übergangsbestimmungen im neuen Verjährungsrecht siehe *Wendtland*, in: Haas/Medicus/Rolland/Wendtland, Das neue Schuldrecht, Kap. II Rn. 139 ff.

Fall, wenn die Bezüge der Vorstände sich auf Grund bekannter Tatsachen verlässlich schätzen lassen.[849]

356 Bei börsennotierten Gesellschaften sind die Bezüge zusätzlich unter Namensnennung für jedes einzelne Vorstandsmitglied, aufgeteilt nach erfolgsunabhängigen und erfolgsbezogenen Komponenten sowie Komponenten mit langfristiger Anreizwirkung (z. B. Aktienoptionen),[850] gesondert auszuweisen.[851] Die Pflicht zur Individualangabe der Bezüge betrifft auch Leistungen, die dem Vorstandsmitglied für den Fall der Beendigung seiner Tätigkeit zugesagt worden sind. Davon umfasst sind neben Pensionsvereinbarungen insbesondere auch Abfindungszusagen sowie sonstige im Jahresabschluss/Konzernabschluss enthaltene weitergehende Angaben zu bestimmten Bezügen. Alternativ zur Angabe im Anhang zum Jahresabschluss/Konzernabschluss können die Individualbezüge der einzelnen Vorstandsmitglieder nach §§ 289 Abs. 2 Nr. 5, 315 Abs. 2 Nr. 4 HGB in einem eigenständigen Vergütungsbericht im Rahmen des Lageberichts bzw. des Konzernlageberichts ausgewiesen werden. Die Gesamtbezüge ehemaliger Vorstandsmitglieder und ihrer Hinterbliebenen (Abfindungen, Ruhegehälter, Hinterbliebenenbezüge und Leistungen verwandter Art) sind nach §§ 286 Satz 1 Nr. 9b, 314 Abs. 1 Nr. 6b HGB anzugeben.

357 Die gesetzliche Pflicht börsennotierter Gesellschaften zur Individualangabe der Vorstandsbezüge steht unter dem Vorbehalt der Satzungsautonomie. Nach §§ 286 Abs. 5, 314 Abs. 2 Satz 2 HGB kann die individuelle Offenlegung unterbleiben, wenn dies die Hauptversammlung mit mindestens einer Dreiviertelmehrheit beschließt. Aktionärsvorstände unterliegen hierbei entsprechend § 136 Abs. 1 AktG einem Stimmverbot. Der Beschluss darf höchstens für fünf Jahre gefasst werden. Die Abbedingung der gesetzlichen Offenlegungspflicht ist im Rahmen der Entsprechenserklärung nach § 161 AktG anzugeben, da der Deutsche Corporate Governance Kodex – in der Praxis freilich nicht mit überwältigendem Erfolg – gleichsam die Individualangabe der Vorstandsbezüge, ihre Aufschlüsselung nach Vergütungskomponenten sowie die Bekanntmachung dieser Informationen im Geschäftsbericht und auf der Internetseite der Gesellschaft empfiehlt.[852] Dies wurde von der Regierungskommission im Jahr 2013 mit der Ergänzung in Ziff. 4.2.5 Abs. 3 DCGK nochmals besonders betont, so dass zukünftig eine häufigere Offenlegung erwartet werden kann.

---

[849] OLG Düsseldorf NJW-RR 1997, 1399; *Baumbach/Hopt*, HGB, § 286 Rn. 4.
[850] Einzelheiten zur Publizität von Aktienoptionen und Aktienbesitz siehe Rn. 428 ff.
[851] Siehe Gesetz über die Offenlegung der Vorstandsvergütungen (VorstOG) vom 3.8.2005, BGBl. I 2005, 2267; dazu *Baums*, ZIP 2004, 1877; *Strieder*, DB 2005, 957; aus verfassungsrechtlichen Gründen ablehnend *Menke/Porsch*, BB 2004, 2533.
[852] Siehe Nr. 4.2.3 Abs. 3, Nr. 4.2.4 und Nr. 4.2.5 DCKG; dazu *Ringleb*, in: Ringleb/Kremer/Lutter/v. Werder, Kommentar zum DGCK, Rn. 548 ff.

Auf europäischer Ebene ist die Offenlegung der Vorstandsbezüge im Rahmen einer Empfehlung der EU-Kommission geregelt.[853] Die Regelungen zielen wie die gesetzliche Offenlegungspflicht und der Deutsche Corporate Governance Kodex in erster Linie auf eine deutlich stärkere Transparenz der individuell gezahlten Bezüge. Die Empfehlung sieht eine sog. Vergütungserklärung der Gesellschaft vor, die umfangreiche Angaben über sämtliche Vergütungskomponenten einschließlich Aktien, Aktienoptionen, Gewinnbeteiligungen, Konzernbezüge, Prämien jeglicher Art, unbare Vergütungsleistungen, Darlehen, Abfindungszahlungen sowie Pensionsgelder enthalten soll. Neben den Berechnungs- und Bemessungsgrundlagen für diese Leistungen soll die Vergütungserklärung darüber Aufschluss geben, wie die Anstellungsverträge inhaltlich ausgestaltet sind, insbesondere hinsichtlich der Laufzeit, der Kündigungsfrist und der vertraglich vorgesehenen Abfindung bei vorzeitigem Ausscheiden aus dem Amt. Im Rahmen des Aktionsplans 2013 wird die EU-Kommission – möglicherweise unter Änderung der Richtlinie über Aktionärsrechte – eine Initiative vorschlagen, um die Transparenz über die Vergütungspolitik und die individuelle Vergütung von Mitgliedern der Geschäftsführung zu verbessern und um Aktionären ein Recht auf Abstimmung über die Vergütungspolitik und den Vergütungsbericht zu gewähren.[854]

358

i) Besteuerung

aa) Steuerpflichtige Einkünfte

Mit der Vergütung erzielt das Vorstandsmitglied einkommensteuerpflichtige Einkünfte aus nichtselbständiger Arbeit im Sinne des § 19 EStG. Aus Sicht der Gesellschaft handelt es sich dabei um Betriebsausgaben, die den körperschafts- und gewerbesteuerlichen Gewinn mindern. Insbesondere bei Aktionärsvorständen mit beherrschender Stellung kann aber eine nicht klar und im Voraus geregelte oder unangemessen hohe Vergütung steuerlich als verdeckte Gewinnausschüttung anzusehen sein.[855] Die zu versteuernden Bezüge umfassen das Festgehalt, Aktienoptionen, Tantiemen, Zuwendungen zugunsten des Vorstandsmitglieds an eine Pensionskasse, geldwerte Vorteile aus Sachzuwendungen sowie Direktversicherungen mit Ausnahme der D & O-Versicherung.[856] Auch Abfindungszahlungen gehören

359

---

853 Empfehlung der Kommission zur Einführung einer angemessenen Regelung für die Vergütung von Mitgliedern der Unternehmensleitung börsennotierter Gesellschaften vom 14.12.2004, ABl. EU vom 29.12.2004 Nr. L, S. 55; dazu *Maul/Lanfermann*, DB 2004, 2407; Stellungnahme *BDI/Bankenverband*, NZG 2004, 1052.
854 Aktionsplan der EU zur Modernisierung des europäischen Gesellschaftsrechts und der Corporate Governance – ein modernerer Rechtsrahmen für engagierterer Aktionäre und besser überlebensfähige Unternehmen, Europäische Kommission COM (2012) 0740 final v. 12.12.2012.
855 *Rödder*, in: Beck'sches HdB AG, § 11 Rn. 53; *Dötsch/Eversberg/Jost/Achenberg*, KStG, Anhang § 8 KStG.
856 Einzelheiten zur Besteuerung der D & O-Versicherung siehe Rn. 574 ff.

grundsätzlich zum steuerpflichtigen Einkommen der Vorstände, für die zwar seit dem Jahr 2006 nicht mehr nach § 3 Nr. 9 EStG a. F. Steuerfreibeträge gelten, für die jedoch nach §§ 24 Nr. 1a, 1b, 34 Abs. 1, 2 Nr. 2 EStG ein ermäßigter Steuersatz vorgesehen ist, sofern die Auflösung des Anstellungsverhältnisses durch die Gesellschaft veranlasst oder gerichtlich ausgesprochen worden ist.[857]

bb) Besteuerungszeitpunkt

360 Der Besteuerungszeitpunkt bestimmt sich nach dem jeweiligen Bestandteil der Vorstandsvergütung. Laufende Bezüge sind in dem Kalenderjahr zu versteuern, in dem der Zahlungszeitraum endet, während die sonstigen Bezüge in dem Kalenderjahr der Besteuerung unterliegen, in dem deren geldwerte Vorteile dem Vorstandsmitglied zufließen, vgl. §§ 11 Abs. 1, 38a Abs. 1 Satz 2 und Satz 3 EStG. Bei Aktienoptionen, Tantiemen und überwiegender Meinung nach auch bei Wandelschuldverschreibungen fließen die geldwerten Vorteile nicht bereits mit der Gewährung, sondern erst im Zeitpunkt der Ausübung dieser Rechte (Kauf/Verkauf, Auszahlung) dem begünstigten Vorstandsmitglied zu.[858]

cc) Nebenleistungen

361 Einkommensteuerpflichtig können zudem geldwerte Vorteile aus Sachzuwendungen sein. Überlässt die Gesellschaft den dem Vorstandsmitglied zur Verfügung gestellten Dienstwagen auch zur privaten Nutzung, unterliegt dieser geldwerte Vorteil der Einkommensteuer.[859] Der Privatanteil ist durch ein Fahrtenbuch nachzuweisen, vgl. § 8 Abs. 2 Satz 4 EStG. Unterbleibt ein solcher Nachweis der Privatfahrten, so wird pauschal ein monatlicher Betrag von 1 % des inländischen Listenpreises für jeden Kilometer der Entfernung zwischen Wohnung und Arbeitsplatz angesetzt. Eine persönliche Belastung der Vorstandsmitglieder lässt sich verhindern, indem die Gesellschaft bis zur Höhe der jeweils geltenden Entfernungspauschale (§ 9 Abs. 1 Satz 3 Nr. 4 EStG) eine pauschale Lohnsteuer in Höhe von 15 % zahlt,[860] die als Betriebsausgabe den Unternehmensgewinn mindert.[861]

362 Zudem findet sich in Vorstandsverträgen manchmal die Regelung, wonach auch das häusliche Arbeitszimmer des Vorstandes als Arbeitsplatz des Vorstandes definiert und geregelt wird, womit der Zweck verfolgt werden soll, die Besteuerung für die Fahrten von der einen zu der anderen Arbeitsstätte zu vermeiden. Für die Überlassung einer Wohnung oder eines Hauses gel-

---

857 Einzelheiten zur Besteuerung der Abfindungszahlung siehe Rn. 769 ff.
858 Einzelheiten zur Besteuerung von Aktienoptionen und Wandelanleihen siehe Rn. 433 ff.
859 Die Bereitstellung eines Fahrers zusätzlich zum Firmenwagen stellt gleichfalls einen geldwerten und damit steuerpflichtigen Vorteil dar.
860 Dabei handelt es sich um die sogenannte Lohnsteuerpauschalierung gemäß § 40 Abs. 2 Satz 2 EStG.
861 *Schmidt/Drenseck*, EStG, § 40 Rn. 16 ff.; *Bordewin/Brandt/Nissen*, EStG, § 40 Rn. 48 ff.

ten die Bewertungsvorschriften der amtlichen Sachbezugsverordnung.[862] Inwieweit Kosten für ein häusliches Arbeitszimmer als Werbungskosten abzugsfähig sind, bestimmt sich insbesondere danach, ob das Arbeitszimmer eindeutig ausschließlich beruflich genutzt wird.[863] Vorteile aus der privaten Nutzung betrieblicher Computer und sonstiger Telekommunikationsgeräte sind nach § 3 Nr. 45 EStG steuerfrei. Überlässt die Gesellschaft derartige Hardware unentgeltlich dem Vorstandsmitglied oder verbilligt oder zahlt sie etwa die private Internetnutzung, so kann nach § 40 Abs. 2 Satz 1 Nr. 5 EStG die Lohnsteuer mit einem Pauschalsteuersatz in Höhe von 25 % erhoben werden.[864]

Die Erstattung von Aufwendungen, die bei dem Vorstandsmitglied als Werbungskosten entstehen, unterliegt grundsätzlich der Einkommensteuer. Ausnahmsweise gilt dies nicht für Reisekosten, Umzugskosten und Kosten der doppelten Haushaltsführung im Rahmen bestimmter Höchstbeträge (§ 3 Nr. 16 EStG). Prämien für Direktversicherungen stellen steuerpflichtiges Einkommen der Vorstandsmitglieder dar.[865] Die Versicherungen können im Rahmen der Höchstbeträge des § 10 Abs. 1 Nr. 2, Abs. 3 EStG als Sonderausgaben geltend gemacht werden. Steuervorteile lassen sich zudem durch eine Pauschalierung der Lohnsteuer auf die Versicherungsprämien erzielen. Nach § 40b Abs. 1 Satz 1 EStG ist ein Pauschalsteuersatz in Höhe von 20 % vorgesehen, für Direktversicherungen ist § 40b Abs. 1 Satz 2 EStG zu beachten. **363**

Nach § 3 Nr. 62 Satz 1 EStG ist die Übernahme etwaiger Arbeitgeberanteile zur Sozialversicherung durch die Gesellschaft steuerfrei. Das gilt gleichsam für Zuschüsse zu den Aufwendungen für eine Lebensversicherung, die freiwillige Versicherung in der gesetzlichen Rentenversicherung oder für eine öffentlich-rechtliche Versicherungs- oder Versorgungseinrichtung einer Berufsgruppe, vgl. § 3 Nr. 62 Satz 2 EStG. **364**

2. Vergütungsverordnung für Kreditinstitute und Versicherungen

Für Geschäftsleiter von Banken und Versicherungen gelten seit 2010 zusätzliche, über § 87 AktG hinausgehende aufsichtsrechtliche Bestimmungen zur Ausgestaltung der Vergütungsvereinbarung. Instituts-Vergütungsverordnung und Versicherungs-Vergütungsverordnung ergänzen die regulatorischen Mindestanforderungen für das Risikomanagement (§ 25a KWG, § 64b VAG) um Vorgaben für eine angemessene, transparente und an der nachhaltigen Entwicklung der Unternehmen ausgerichteten Vergütung der **365**

---
862 SachbezugsVO v. 19.12.1994, BGBl. I 1994, 3849 i. d. F. v. 20.12.1999, BGBl. I 1999, 2482.
863 Zu den Anforderungen der Finanzverwaltung vgl. BMF-Schreiben IV B 2 – S 2145–59/98 v. 16.6.1998, BStBl. I 1998, 863.
864 Vgl. Gesetz zur Änderung des Investitionszulagengesetzes 1999 v. 20.12.2000, BGBl. I 2000, 1850; ferner BMF-Schreiben v. 20.11.2001, BStBl. I 2001, 993.
865 *Liebscher*, in: Beck'sches HdB AG, § 6 Rn. 85; *Langohr/Plato*, BB 1999, 1215.

Geschäftsleiter.[866] Im Rahmen der Harmonisierung der europäischen Vergütungsstandards werden die (bank)aufsichtsrechtlichen Spezialvorschriften durch das CRD IV-Umsetzungsgesetz mit Wirkung zum 1.1.2014 erweitert und präzisiert.[866a] Diese Neuregelungen und die praktischen Erfahrungen der letzten Jahre veranlassten die Bankaufsicht zur Überarbeitung der Instituts-Vergütungsverordnung, deren Neufassung ebenfalls 2014 in Kraft tritt.[866b]

a) Anwendbarkeit der Vergütungsverordnungen

aa) Geltungsbereich und Vergütungsbegriff

366 Die Instituts-Vergütungsverordnung gilt für Kredit- und Finanzdienstleistungsinstitute i. S. d. §§ 1 Abs. 1b, 53 Abs. 1 KWG. Erfasst sind neben allen inländischen Instituten auch deren ausländische Tochtergesellschaften und Niederlassungen sowie inländische Zweigstellen im Ausland ansässiger Unternehmen, sofern sie nicht mit einem sog. europäischen Pass ausgestattet sind.[867] Geschäftsleiter sind diejenigen natürlichen Personen, die nach Gesetz, Satzung oder Gesellschaftsvertrag zur Führung der Geschäfte und zur Vertretung eines Instituts in der Rechtsform einer juristischen Person oder einer Personenhandelsgesellschaft berufen sind, § 1 Abs. 2 KWG.

367 Die Versicherungs-Vergütungsverordnung erfasst neben inländischen Rückversicherungsunternehmen und Pensionsfonds auch die mit diesen verbundenen inländischen Unternehmensgruppen und Holdinggesellschaften. Darüber hinaus können auch ausländische Unternehmen betroffen sein, etwa im Inland erlaubnispflichtige Erst- und Rückversicherungsunternehmen oder Einrichtungen der betrieblichen Altersversorgung mit Drittstaatensitz (§ 1 Abs. 1 VersVergV).

368 Vergütung für Geschäftsleiter i. S. d. der Vergütungsverordnungen sind sämtliche finanziellen Leistungen einschließlich Leistungen für die Altersversorgung und Sachbezüge, gleich welcher Art, sowie Leistungen von Dritten, die im Hinblick auf die berufliche Tätigkeit bei dem Institut bzw. Versicherungsunternehmen gewährt werden.[868] Leistungen Dritter sind z. B.

---

866 Verordnung über die aufsichtsrechtlichen Anforderungen an Vergütungssysteme von Instituten, BGBl I 2010, 1374; Verordnung über die aufsichtsrechtlichen Anforderungen an Vergütungssysteme im Versicherungsbereich, BGBl I 2010, 1379.
866a Siehe Gesetz zur Umsetzung der Richtlinie 2013/36/EU über den Zugang zur Tätigkeit von Kreditinstituten und die Beaufsichtigung von Kreditinstituten und Wertpapierfirmen und zur Anpassung des Aufsichtsrechts an die Verordnung (EU) Nr. 575/2013 über die Aufsichtsanforderungen an Kreditinstitute und Wertpapierfirmen (CRD IV-Umsetzungsgesetz), Gesetzesbeschluss des Deutschen Bundestages, BT-Drucks. 17/10924, 17/11474 vom 17.5.2013.
866b Siehe Referentenentwurf der Verordnung über die aufsichtsrechtlichen Anforderungen an Vergütungssysteme von Instituten i. d. F. vom 26.8.2013.
867 Siehe § 53b Abs. 1 Satz 3 KWG.
868 § 2 Nr. 1 InstitutsVergV, § 2 Nr. 2 VersVergV.

Aktienoptionen oder Erfolgsbeteiligungen im Rahmen sog. *Carried-Interest*-Modelle. Nicht als Vergütung anzusehen sind Leistungen oder Sachbezüge, die auf einer allgemeinen, ermessensunabhängigen Regelung basieren und keine Anreizwirkung zur Eingehung von Risiken entfalten. Variable Vergütung ist derjenige Vergütungsanteil, dessen Gewährung oder Höhe im Ermessen des Instituts bzw. Versicherungsunternehmens steht oder vom Eintritt vereinbarter Bedingungen abhängt, einschließlich ermessensabhängiger Leistungen zur Altersversorgung.[869]

bb) Bedeutende Institute und Versicherungen

Instituts-Vergütungsverordnung und Versicherungs-Vergütungsverordnung unterscheiden zwischen allgemeinen Anforderungen an die Vergütungssysteme, die für alle von den Verordnungen erfassten Unternehmen gelten, und besonderen Anforderungen, die sich nur an sog. bedeutende Institute bzw. bedeutende Versicherungen richten. Die Differenzierung zwischen bedeutenden und unbedeutenden Instituten bzw. Versicherungsunternehmen resultiert aus dem Grundsatz der Verhältnismäßigkeit. Die Voraussetzungen für die Einstufung bestimmt die jeweilige Rechtsverordnung. **369**

Nach der neugefassten Instituts-Vergütungsverordnung (2014) gelten Institute als bedeutend, deren durchschnittliche Bilanzsumme in den letzten drei Geschäftsjahren 15 Mrd. Euro erreicht oder überschritten hat.[870] Der bisherige Schwellenwert von 10 Mrd. Euro für die Einstufung als bedeutendes Institut wird damit angehoben.[871] Ebenso entfällt der Relevanzbereich zwischen 10 und 40 Mrd. Euro, in dem die Institute mittels Selbsteinschätzung für sich feststellen konnten, dass sie nicht bedeutend sind. Die bisherige Schwelle von 40 Mrd. Euro Bilanzsumme, ab der Institute als bedeutend galten,[872] wird folglich auf 15 Mrd. Euro abgesenkt. Die Institute haben jedoch – ähnlich wie bisher – die Möglichkeit, aufgrund einer plausiblen, umfassenden und für Dritte nachvollziehbaren Risikoanalyse nachzuweisen, dass sie nicht bedeutend sind. Bis zum Nachweis des Gegenteils gelten die Institute als bedeutend. Bei der jährlich durchzuführenden Risikoanalyse sind insbesondere die Größe des Instituts, seine Vergütungsstruktur sowie Art, Umfang, Komplexität, Risikogehalt und Internationalität der betriebenen Geschäfte zu berücksichtigen. **370**

Nach § 16 Abs. 3 InstitutsVergV n. F. kann die BaFin auch Institute, deren durchschnittliche Bilanzsumme in den letzten drei Geschäftsjahren weni- **370a**

---

[869] § 2 Nr. 3 InstitutsVergV, § 2 Nr. 4 VersVergV.
[870] Siehe § 16 Abs. 1 InstitutsVergV n. F. (Referentenentwurf i. d. F. vom 26.8.2013). Ob bei der Ermittlung der Schwellenwerte nur die Bilanzsummen des Einzelabschlusses oder auch die des Konzernabschlusses zu berücksichtigen sind, ist weiterhin nicht geregelt; für die isolierte Betrachtung der Einzelabschlüsse siehe *Rubner*, NZG 2010, 1288, 1291.
[871] Siehe § 1 Abs. 2 InstitutsVergV a. F.
[872] Siehe § 1 Abs. 2 Satz 5 InstitutsVergV a. F.

ger als 15 Milliarden Euro erreicht hat, als bedeutend einstufen, wenn dies auf Grundlage der Kriterien für die Risikoanalyse geboten ist. Die Einstufung eines Instituts als bedeutend ist insbesondere geboten, wenn es hohe außerbilanzielle Positionen aufweist (derivative Instrumente), in hohem Umfang in Verbriefungstransaktionen tätig ist oder sich hierfür einer Verbriefungszweckgesellschaft bedient, hohe Positionen im Handelsbuch aufweist oder die Vergütungsstrukturen innerhalb des Instituts durch einen hohen Anteil variabler Vergütung an der Vergütung gekennzeichnet sind. Künftig gelten zudem solche Institute als bedeutend, die von der Europäischen Zentralbank beaufsichtigt werden. Bedeutend sind auch potenziell systemgefährdende Institute gemäß § 47 Abs. 1 KWG und Finanzhandelsinstitute gemäß § 25f KWG.

371 Auch Versicherungsunternehmen haben auf Basis einer Risikoanalyse festzustellen, ob sie als bedeutend einzustufen sind. Unternehmen mit bisher weniger als 45 Mrd. Euro Bilanzsumme gelten als nicht bedeutend;[873] die Risikoanalyse ist dann entbehrlich. Unternehmen mit einer Bilanzsumme von mindestens 90 Mrd. Euro sind in der Regel als bedeutend anzusehen. Entscheidend ist aber nicht allein die Bilanzsumme des Einzelunternehmens. Maßgeblich ist die Bilanzsumme des Konzernverbunds, sodass ein konzernangehöriges Unternehmen mit einer Bilanzsumme von weniger als 45 Mrd. Euro als bedeutend gelten kann, sofern der Gesamtkonzern eine über 90 Mrd. liegende Bilanzsumme aufweist. Die Vermutung der Bedeutsamkeit kann auch hier durch Selbsteinschätzung widerlegt werden.

b) Allgemeine Anforderungen an die Vergütungssysteme

aa) Angemessenheit der variablen Vergütung

372 Vergütungssysteme sind die festgelegten Vergütungsregelungen der Institute bzw. Versicherungsunternehmen samt ihrer Umsetzung und Anwendung. Die Vergütungssysteme müssen auf die Erreichung der Ziele ausgerichtet sein, die in den Geschäfts- und Risikostrategien des Unternehmens niedergelegt sind.[873a] Die Vergütungsparameter müssen sich an den Strategien ausrichten und das Erreichen der strategischen Ziele unterstützen. Die Vergütungssysteme müssen angemessen, transparent und auf eine nachhaltige Unternehmensentwicklung ausgerichtet sein. Angemessen ist ein Vergütungssystem, wenn Anreize zur Eingehung unverhältnismäßig hoher Risiken vermieden werden.[874] Negativanreize können insbesondere durch eine signifikante Abhängigkeit der Geschäftsleiter von der variablen Vergütung entstehen.[875] Eine solche offensichtliche Abhängigkeit liegt nicht vor,

---

873 § 1 Abs. 2 VersVergV.
873a § 4 InstitutsVergV n. F.
874 § 5 Abs. 1 Nr. 1 InstitutsVergV n. F. (§ 3 Abs. 3 InstitutsVergV a. F.); § 3 Abs. 1 Nr. 2 VersVergV
875 § 5 Abs. 3 Nr. 1 InstitutsVergV n. F. (§ 3 Abs. 4 Nr. 1 InstitutsVergV a. F.); § 4 Abs. 2 Satz 1 VersVergV (für bedeutende Versicherungsunternehmen).

wenn der Anteil der fixen Vergütung hoch genug ist, um eine flexible Vergütungspolitik durchzuführen einschließlich der vollständigen Reduzierung des variablen Vergütungsanteils.[876] Jedoch stellt § 5 Abs. 2 InstitutsVergV n. F. klar, dass Vergütungssysteme dann nicht angemessen ausgestaltet sind, wenn trotz negativer Erfolgsbeiträge ein unverändert hoher Anspruch auf variable Vergütung besteht. Fixe und variable Vergütung müssen überdies in einem angemessenen Verhältnis zueinander stehen; bei Instituten sind zudem angemessene Obergrenzen für das Verhältnis von fixer und variabler Vergütung festzulegen. Einen nominalen Richtwert hierfür gab es bisher nicht. Ein angemessenes Verhältnis beider Vergütungsbestandteile ist jedenfalls anzunehmen, wenn die variable Vergütung – ohne signifikante Abhängigkeit zu begründen – einen wirksamen Verhaltensanreiz setzen kann.[877] Konkreter ausgedrückt sollte das der Fall sein, wenn sich der variable Vergütungsanteil in einer Bandbreite von 10 % bis maximal 60 % der Gesamtvergütung bewegt.[878]

372a Mit Inkrafttreten des CRD IV-Umsetzungsgesetzes zum 1.1.2014 werden in das KWG konkrete Regelungen zur Begrenzung der variablen Vergütung der Geschäftsleiter von Kreditinstituten eingeführt.[878a] Der neu gefasste § 25a Abs. 5 KWG legt eine Obergrenze für das Verhältnis zwischen variabler und fixer Vergütung fest. Die variable Vergütung darf maximal 100 % der fixen Vergütung betragen und kann durch Beschluss der Eigentümer des Instituts auf maximal 200 % der fixen Vergütung angehoben werden. Die weitergehenden Vorgaben zur Ausgestaltung der Vergütungssysteme, insbesondere zu positiven und negativen Vergütungsparametern, den Leistungszeiträumen, der Zurückbehaltung sowie der Reduzierung oder Streichung der variablen Vergütung, werden nach § 25a Abs. 6 Ziff. 1 KWG n. F. wie bisher in der Institutsvergütungsverordnung konkretisiert.

372b Nach § 25a Abs. 5 Satz 3 und 4 KWG n. F. kann für bis zu 25 % der variablen Vergütung der zukünftige Wert auf den Zeitpunkt der Mitteilung an den Geschäftsleiter über die Höhe der variablen Vergütung für einen Bemessungszeitraum abgezinst werden, wenn dieser Teil der variablen Vergütung für die Dauer von mindestens fünf Jahren nach dieser Mitteilung zurückbehalten wird. Bei der Zurückbehaltung dürfen ein Anspruch und eine Anwartschaft auf diesen Teil der variablen Vergütung erst nach Ablauf des Zurückbehaltungszeitraums erwachsen und während des Zurückbehal-

---

876 Siehe Begründung zu § 3 Abs. 4 InstitutsVergV a. F.
877 § 3 Abs. 5 Satz 1 InstitutsVergV; § 4 Abs. 2 Satz 2 VersVergV.
878 *Rieble/Schmittlein*, Vergütung von Vorständen und Führungskräften, Rn. 496.
878a Siehe Gesetz zur Umsetzung der Richtlinie 2013/36/EU über den Zugang zur Tätigkeit von Kreditinstituten und die Beaufsichtigung von Kreditinstituten und Wertpapierfirmen und zur Anpassung des Aufsichtsrechts an die Verordnung (EU) Nr. 575/2013 über die Aufsichtsanforderungen an Kreditinstitute und Wertpapierfirmen (CRD IV-Umsetzungsgesetz), Gesetzesbeschluss des Deutschen Bundestages, BT-Drucks. 17/10974, 17/11474 vom 17.5.2013.

tungszeitraums lediglich ein Anspruch auf fehlerfreie Ermittlung des noch nicht zu einer Anwartschaft oder einem Anspruch erwachsenen Teils dieses Teils der variablen Vergütung bestehen, nicht aber auf diesen Teil der variablen Vergütung selbst. Die Diskontierungsfaktoren zur Ermittlung des diesem Verhältnis zu Grunde zu legenden Barwerts der variablen Vergütung ergeben sich aus der InstitutsVergV.[878b]

373 Die Vergütungsverordnungen bestimmen nicht ausdrücklich, dass die Vergütung der Geschäftsleiter auch variable Bestandteile enthalten muss. Andererseits setzen die Formulierung gemäß §§ 25a Abs. 5 Satz 1, Abs. 6 Ziff. 1b) KWG n.F. ebenso wie der Wortlaut von § 3 Abs. 5 InstitutsVergV a. F. und § 4 Abs. 2 VersVergV gleichsam voraus, dass die Vergütung aus fixen wie auch aus variablen Anteilen besteht. Damit dürften reine Festgehälter ebenso unzulässig sein wie eine ausschließlich variable Vergütung.[879] Die Zusage fixer Leistungen soll aber weiterhin zulässig sein, soweit sie der Verwirklichung anerkennenswerter unternehmerischer Ziele dienen.[880] Demgegenüber gelten garantierte variable Vergütungen als unvereinbar mit einer leistungsorientierten Vergütung, weshalb sie längstens für ein Jahr nach Aufnahme des Anstellungsverhältnisses und bei KWG-Geschäftsleitern nur unter der zusätzlichen Bedingung zulässig sind, dass das Institut zum Zeitpunkt der Auszahlung über eine angemessene Eigenmittel- und Liquiditätsausstattung sowie hinreichend Kapital zur Sicherstellung der Risikotragfähigkeit verfügt.[881]

374 Nach § 3 Abs. 1 Nr. 3 VersVergV muss das Vergütungssystem so ausgestaltet sein, dass der variable Anteil eine Vergütung für den aus der Tätigkeit sich ergebenden nachhaltigen Erfolg des Versicherungsunternehmens darstellt. Die variable Vergütung darf insbesondere nicht maßgeblich von der Gesamtbeitragseinnahme, vom Neugeschäft oder von der Vermittlung einzelner Versicherungsverträge abhängig sein. Die Regelung dient dazu, Fehlanreize zum Aufbau eines großen Geschäftsvolumens anstelle eines soliden und nachhaltigen Bestandes zu vermeiden. Gesamtbeiträge, Neugeschäft und Vertragsvermittlungen sind nach der Begründung der VersVergV dann nicht maßgeblich für die variable Vergütung, wenn sie diese höchstens zu 30% bestimmen.[882] Die Vermittlung einzelner Versicherungsverträge betrifft das Vermittlungsergebnis des Versicherungsunternehmens; davon

---

878b Siehe Verordnungsermächtigung gemäß § 24a Abs. 6 Ziff. 2 KWG n.F.
879 *Annuß/Sammet*, BB 2011, 115, 117; a. A. Gesamtverband der Deutschen Versicherungswirtschaft (GDV), Auslegungshilfe zu den Anforderungen an Vergütungssysteme in der Versicherungswirtschaft, 2011, S. 9: reine Festvergütungen unter Berücksichtigung der sonstigen allgemeinen Anforderungen weiterhin zulässig.
880 *Annuß/Sammet*, BB 2011, 115, 117 unter Hinweis auf sog. *Retention*-Boni; a. A. *Bonanni/ Mehrens*, NZA 2010, 792, 795.
881 § 5 Abs. 6 InstitutsVergV n. F. (§ 3 Abs. 7 InstitutsVergV a. F.); § 4 Abs. 2 Satz 3 VersVergV (für bedeutende Versicherungsunternehmen).
882 Begründung zu § 3 Abs. 1 Nr. 3 VersVergV; *Simon/Koschker*, BB 2011, 120, 123.

unberührt bleibt, dass Geschäftsleitern nach § 3 Abs. 6 VersVergV in der Regel keine Vergütung für die Vermittlung von Versicherungsverträgen gewährt werden darf.

Nach § 5 Abs. 3 Nr. 2 InstitutsVergV n. F. (§ 3 Abs. 4 Nr. 2 InstitutsVergV a. F.) **375** können Fehlanreize entstehen durch vertragliche Ansprüche auf Leistungen für den Fall der Beendigung der Amtstätigkeit, die trotz individueller negativer Erfolgsbeiträge vollumfänglich zu erfüllen sind. Laut Auslegungshilfe des BMF erfasst die Vorschrift auch Ansprüche auf Übergangsgeld zur Aufrechterhaltung des Lebensstandards sowie ermessensabhängige Leistungen zur Altersversorgung.[882a] § 5 Abs. 7 InstitutsVergV n. F. stellt zudem klar, dass Zahlungen im Zusammenhang mit einer *vorzeitigen* Vertragsbeendigung weder negative Erfolgsbeiträge noch (vergleichbares) Fehlverhalten der Geschäftsleiter belohnen dürfen, sondern die (erbrachten) Leistungen berücksichtigen müssen. Im Anstellungsvertrag sollte der Aufsichtsrat daher das Recht erhalten, Übergangsgelder teilweise oder vollständig kürzen zu dürfen, sofern bei dem Vorstandsmitglied individuelle negative Erfolgsbeiträge i. S. d. § 5 Abs. 3 Nr. 2 InstitutsVergV vorliegen. Verboten sind dagegen Zusagen, nach denen das Institut bei vorzeitiger Beendigung des Anstellungsvertrages zur Zahlung einer hohen Abfindung verpflichtet ist (sog. *Golden Parachutes*). Dies betrifft nicht die in Aufhebungsverträgen üblicherweise vereinbarte vollständige Auszahlung der Vergütung für die restliche Vertragslaufzeit,[883] denn es handelt sich dabei nicht um „für den Fall der Beendigung" zugesagte Leistungen, sondern um eine Kapitalisierung der für die verbleibende Amtszeit vereinbarten Vergütung.[884] Entsprechendes gilt für Zusagen an Arbeitnehmer, die in den Vorstand berufen werden und als Abfindung die Regelabfindung vereinbart wird, die das Vorstandsmitglied als Arbeitnehmer im Falle seiner Entlassung erwarten könnte. Hierdurch werden keine unzulässigen Anreize gesetzt, vielmehr wird der mit der Organstellung verbundene Verlust des Kündigungsschutzes kompensiert. Ebenso ist es in insolvenzbedrohten Unternehmen häufig erforderlich, Abfindungszahlungen für den Fall der vorzeitigen Beendigung der Vorstandtätigkeit zu vereinbaren, um geeignete Geschäftsleiter zu gewinnen.[885]

§ 7 InstitutsVergV n. F. ist der Anknüpfungspunkt zur Ermittlung des **376** Gesamtbonuspools, der den jährlichen Betrag aller variablen Vergütungen der Geschäftsleiter und Mitarbeiter umfasst. Neben der bisher geforderten Sicherstellung einer angemessenen Eigenmittelausstattung haben die Insti-

---

882a Auslegungshilfe zur Verordnung über die aufsichtsrechtlichen Anforderungen an Vergütungssysteme von Instituten (Referentenentwurf) i. d. F. vom 26.8.2013, S. 7.
883 Einzelheiten zur Abgeltung der Vergütungsansprüche im Aufhebungsvertrag siehe Rn. 756 ff.
884 *Müller-Bonanni/Mehrens*, NZA 2010, 792, 793; *Heuchemer/Kloft*, WM 2010, 2241, 2243.
885 Näher *Müller-Bonanni/Mehrens*, NZA 2010, 792, 793.

tute künftig zusätzlich die Risikotragfähigkeit, die mehrjährige Kapitalplanung sowie die Aspekte zur Ertragslage zu berücksichtigen und auf eine ausreichende Liquidität zu achten. Nach der Auslegungshilfe zur neuen InstitutsVergV darf im Fall eines negativen Gesamterfolgs des Instituts in der Regel kein Gesamtbetrag der variablen Vergütung festgesetzt werden.[886] Es dürfen dann keine für eine Zuteilung vorgesehenen Mittel bereitstehen. Ausnahmen hiervon sind gemäß Auslegungshilfe denkbar z. B. bei Neueinstellungen oder als Anreiz in einer besonderen Krise, sofern sich ein positiver Umschwung konkret abzeichnet. Die Ausnahmetatbestände haben die Institute plausibel, umfassend und für Dritte nachvollziehbar zu begründen und der Aufsicht zur Zustimmung vorzulegen. Bei unzureichenden Eigenmitteln kann die BaFin nach § 45 Abs. 2 Satz 1 Nr. 5a KWG n. F. anordnen, dass das Institut den Jahresgesamtbetrag aller variablen Vergütungen auf einen bestimmten Anteil des Jahresergebnisses beschränkt oder vollständig streicht. Ebenso ist die Aufsicht nach § 45 Abs. 2 Satz 1 Nr. 6 KWG n. F. befugt, die Auszahlung variabler Vergütungsbestandteile zu untersagen oder auf einen bestimmten Anteil des Jahresergebnisses des Instituts zu beschränken. Entsprechendes gilt nach § 81b Abs. 1a VAG für Versicherungsunternehmen, deren Eigenmittel geringer sind oder drohen geringer zu werden als die Solvabilitätsspanne.[887]

377 Nach § 8 Abs. 1 InstitutsVergV n. F. (§ 3 Abs. 8 InstitutsVergV a. F.), § 4 Abs. 4 VersVergV darf die Risikoorientierung der Vergütung der Geschäftsleiter von Instituten und bedeutenden Versicherungsunternehmen nicht durch Absicherungs- oder sonstige Gegenmaßnahmen (*Hedging*) eingeschränkt oder aufgehoben werden. Hierfür sind angemessene Compliance-Strukturen zur Unterbindung solcher Maßnahmen zu implementieren. In Betracht kommt insbesondere die Verpflichtung der Geschäftsleiter, keine persönlichen Absicherungs- oder sonstige Gegenmaßnahmen zu treffen, welche die Risikoorientierung ihrer Vergütung einschränken oder aufheben. Davon nicht betroffen sind übliche D & O-Versicherungen, denn diese sichern nur das Risiko der persönlichen Haftung wegen Schadensersatz ab und ersetzen nicht den Verlust der variablen Vergütung aufgrund schlechter Geschäftsentwicklung.[888] Nicht erfasst sind aufgrund fehlender Konnexität zur Risikoorientierung zudem Währungssicherungsgeschäfte für Vergütungen, die in ausländischen Währungen oder Aktien gezahlt werden. Unzulässig sind indes Kurssicherungsgeschäfte zur Absicherung des Werts vergütungsrelevanter Aktien oder Aktienoptionen.[889]

---

886 Auslegungshilfe zur Verordnung über die aufsichtsrechtlichen Anforderungen an Vergütungssysteme von Instituten (Referentenentwurf) i. d. F. vom 26.8.2013, S. 8.
887 Einzelheiten zur Anpassung der Vergütung in laufenden Verträgen siehe Rn. 402 ff.
888 *Rieble/Schmittlein*, Vergütung von Vorständen und Führungskräften, Rn. 507.
889 Vgl. *Bonanni/Mehrens*, NZA 2010, 792, 796.

Die Geschäftsleiter haben den Verwaltungs-/Aufsichtsrat mindestens einmal jährlich über die Ausgestaltung der Vergütungssysteme des Instituts bzw. Versicherungsunternehmens zu informieren; dem Vorsitzenden des Verwaltungs-/Aufsichtsrats ist ein entsprechendes Auskunftsrecht gegenüber der Geschäftsleitung einzuräumen.[890]   378

bb) Angemessenheitsgebot nach § 87 AktG

Nach § 10 Abs. 1 InstitutsVergV n. F. (§ 3 Abs. 4 Satz 2 InstitutsVergV a. F.), § 3 Abs. 2 VersVergV ist die Vergütung so festzusetzen, dass diese in einem angemessenen Verhältnis zu den Aufgaben und Leistungen des Geschäftsleiters sowie zur Lage des Instituts bzw. Versicherungsunternehmens steht und die übliche Vergütung nicht ohne besondere Gründe übersteigt. Variable Vergütungen sollen eine mehrjährige Bemessungsgrundlage haben; für außerordentliche Entwicklungen soll eine Begrenzungsmöglichkeit vereinbart werden. Der Wortlaut der Vergütungsverordnungen ist hier fast identisch mit § 87 Abs. 1 Satz 1 und 3 AktG, sodass die aktienrechtlichen Grundsätze zur Höhe und Ausgestaltung der Vorstandsvergütung insoweit auf die aufsichtsrechtliche Bewertung der Geschäftsleitervergütung übertragbar sind.[891] Entsprechend anwendbar sind auch die Auslegungsregeln des VorstAG.   379

Institute und Versicherungsunternehmen müssen folglich rechtsformunabhängig, d. h. auch wenn es keine Aktiengesellschaften sind, aktienrechtliche Vergütungsprinzipien beachten und dafür sorgen, dass die Vergütung ihrer Geschäftsleiter diesen Anforderungen entspricht.[892] Nach der Auslegungshilfe zur neuen InstitutsVergV sind die Regeln für das Angemessenheitsgebot einzuhalten. Neben der vertikalen und horizontalen Üblichkeit können materielle Kriterien für die Angemessenheit der Geschäftsleitervergütung insbesondere sein: Qualifikation, Berufserfahrung, Reputation, die voraussichtlichen Aufgaben und Funktionen des Geschäftsleiters, die wirtschaftliche Gesamtsituation sowie finanzielle, strategische und reputationelle Lage des Instituts, die Komplexität der Unternehmensstruktur, der Dienstort, die mit der Übernahme der Amtsstellung einhergehenden Risiken (Haftung, Bestelldauer, Perspektiven) sowie die geografische Marktdurchdringung. In Sanierungsfällen kann die Zubilligung höherer Bezüge im Hinblick auf die „Schwere der Aufgabe und das Risiko eines Scheiterns" angemessen sein.   380

---

890 § 3 Abs. 10 InstitutsVergV, § 3 Abs. 5 VersVergV.
891 *Annuß/Sammet*, BB 2011, 115, 116; *Simon/Koschker*, BB 2011, 120, 122; *Rubner*, NZG 2010, 1288, 1289; kritisch *Rieble/Schmittlein*, Vergütung von Vorständen und Führungskräften, Rn. 490.
892 *Simon/Koschker*, BB 2011, 120, 122; *Heuchemer/Kloft*, WM 2010, 2241, 2243; a. A. *Rieble/Schmittlein*, Vergütung von Vorständen und Führungskräften, Rn. 492: Sofern § 87 Abs. 1 Satz 1 AktG für andere Rechtsformen als die AG gelten soll, müsse Gesetzgeber dies entsprechend normieren; das Aufsichtsrecht sei dazu untauglich.

381 Zudem führen § 10 Abs. 2 InstitutsVergV n.F. (§ 3 Abs. 4 Satz 3 Instituts-VergV a.F.) sowie die Anwendbarkeit von § 87 Abs. 1 Satz 3 AktG führt dazu, dass das Erfordernis einer mehrjährigen Bemessungsgrundlage für die variable Vergütung nicht nur für börsennotierte Aktiengesellschaften gilt, sondern für alle (auch nicht bedeutende) Institute und Versicherungen unabhängig von der Rechtsform.[893] Mehrjährigkeit bedeutet nicht, dass die Auszahlung der variablen Vergütung über einen bestimmten Zeitraum zu strecken ist. Ebenso wenig ist es erforderlich, dass sämtliche variablen Vergütungsteile mehrjährig sind,[894] zumal die aufsichtsrechtlichen Anforderungen für besondere Institute und Versicherungen kurzfristige variable Vergütungen – wenn auch nur anteilig – ausdrücklich zulassen.[895] Kurzfristige Verhaltensanreize dürfen auch künftig bei der Vergütung berücksichtigt werden, solange bei einer Gesamtbetrachtung die längerfristigen Anreize überwiegen. Jahresboni sind demnach weiterhin zulässig, wenn diese mit einem oder mehreren variablen Vergütungsbestandteilen mit mehrjähriger Bemessungsgrundlage so kombiniert werden, dass ein langfristiger Verhaltensanreiz erzeugt wird. Das Kriterium der Mehrjährigkeit ist auch bei der Ermessenstantieme zu beachten. Besteht die variable Vergütung nur aus einer Ermessenstantieme, darf bei ihrer Festsetzung nicht nur ein einjähriger Bemessungszeitraum zugrunde gelegt werden, sondern ist ein mehrjähriger Zeitraum zu berücksichtigen. Besteht die variable Vergütung aus lang- und kurzfristigen Elementen, ist es auch möglich, dass der kurzfristige Bestandteil aus einer einjährigen Ermessenstantieme besteht.

382 Erforderlich ist zudem die Vereinbarung einer Begrenzungsmöglichkeit für die variable Vergütung bei außerordentlichen Entwicklungen wie z.B. Unternehmensübernahmen, Veräußerung von Unternehmensteilen, Hebung stiller Reserven oder ähnlichen externen Faktoren mit entsprechenden Auswirkungen. Hierfür genügt es, wenn der Verwaltungs-/Aufsichtsrat einen allgemeinen Freiwilligkeits-/Änderungsvorbehalt vereinbart. Er kann aber auch eine feste höhenmäßige Begrenzung (*Cap*) vorgeben.[896] Allerdings begründet § 25a Abs. 5 KWG n.F. ohnehin eine betragsmäßige Begrenzung der variablen Vergütung, da diese auf höchstens 100 % bzw. mit Zustimmung der Anteilseigner auf höchstens 200 % der festen Bezüge gedeckelt ist.

---

[893] Kritisch *Heuchemer/Kloft*, WM 2010, 2241, 2243.
[894] *Heuchemer/Kloft*, WM 2010, 2241, 2243.
[895] § 19 Abs. InstitutsVergV n.F. (§ 5 Abs. 2 Nr. 4 InstitutsVergV a.F.); § 4 Abs. 3 Nr. 3 VersVergV.
[896] Gesamtverband der Deutschen Versicherungswirtschaft (GDV), Auslegungshilfe zu den Anforderungen an Vergütungssysteme in der Versicherungswirtschaft, 2011, S. 13.

cc) Schriftform der Vergütungsabrede

Die Vergütungsverordnungen bestimmen, dass die Vergütung der Geschäftsleiter abschließend in einem Anstellungsvertrag festzulegen ist; Anstellungsvertrag und spätere Änderungen bedürfen der Schriftform.[897] Abschließende Festlegung der Vergütung bedeutet nicht, dass kein Spielraum für Leistungsbestimmungen nach § 315 BGB besteht. Damit ist vielmehr gemeint, dass der Anstellungsvertrag das Vergütungssystem bzw. dessen Programmatik abschließend zu regeln hat und es keine Nebenabreden geben darf. **383**

Die geforderte Schriftform dient in erster Linie dem Nachweis der Vergütungsbedingungen für die Aufsichtsbehörde. Die Rechtsverordnungen normieren kein Schriftformerfordernis i. S. d. § 126 BGB, was auch nicht durch die Verordnungsermächtigungen gemäß § 25a Abs.6 KWG, § 64b Abs. 5 VAG gedeckt wäre.[898] Formverstöße führen deshalb nicht zur Nichtigkeit der Vergütungsabrede nach § 125 BGB, sondern können aufsichtsrechtliche Sanktionen auslösen (z. B. Beanstandung, Verwarnung). **384**

c) Vergütungssysteme bedeutender Institute und Versicherungen

Für bedeutende Institute und Versicherungsunternehmen gelten zusätzlich zu den allgemeinen Anforderungen weitergehende, besondere Anforderungen an die Vergütung der Geschäftsleiter.[899] Diese Differenzierung resultiert aus dem Proportionalitätsgrundsatz. **385**

aa) Erfolgsabhängigkeit der variablen Vergütung

Die variable Vergütung der Geschäftsleiter darf nicht ausschließlich am Gesamterfolg des Instituts bzw. Versicherungsunternehmens ausgerichtet sein, sondern muss auch deren jeweiligen individuellen Erfolgsbeitrag wie auch den Erfolgsbeitrag der Organisationseinheit angemessen berücksichtigen.[900] Einheitliche Zielvorgaben oder Zielvereinbarungen auf Geschäftsleitungsebene sind damit nicht mehr zulässig. Ebenso unzulässig sind Bonussysteme, die allein auf das Geschäftsergebnis eines Unternehmens abstellen. **386**

Zur Ermittlung des Gesamterfolgs des Unternehmens, des Erfolgsbeitrags der Organisationseinheit sowie des individuellen Erfolgs des Geschäftsleiters sind in erster Linie solche Vergütungsparameter heranzuziehen, die auf nachhaltige Erfolge abzielen; dabei sind insbesondere eingegangene Risiken (bei Instituten auch deren Laufzeit) sowie Kapitalkosten (bei Instituten **387**

---

897 § 10 Abs. 4 InstitutsVergV n. F. (§ 3 Abs. 2 InstitutsVergV a. F.), § 3 Abs. 3 VersVergV.
898 Ebenso *Annuß/Sammet*, BB 2011, 115, 116; *Rieble/Schmittlein*, Vergütung von Vorständen und Führungskräften, Rn. 501.
899 Zur Ermittlung der Bedeutsamkeit eines Instituts bzw. Versicherungsunternehmens siehe oben Rn. 369 ff.
900 § 18 Abs. 1 InstitutsVergV n. F. (§ 5 Abs. 2 Nr. 1 InstitutsVergV a. F.), § 4 Abs. 3 Nr. 1 VersVergV.

auch Liquiditätskosten) zu berücksichtigen.[901] Der individuelle Erfolgsbeirag eines Geschäftsleiters ist anhand der Erreichung vorab vereinbarter Ziele zu bestimmen. Die Vergütungsparameter sind so festzulegen, dass der Grad der Zielerreichung ermittelt werden kann. Es müssen quantitative und qualitative Vergütungsparameter berücksichtigt werden. In Betracht kommen auch nichtfinanzielle Parameter, z. B. Beachtung interner Regelwerke und Strategien, Kundenzufriedenheit und erlangter Qualifikationen.[902] Individuelle, an die Nachhaltigkeit anknüpfende Erfolgsbeiträge können ausnahmsweise unberücksichtigt bleiben, soweit deren Ermittlung mit einem unverhältnismäßigen Aufwand verbunden ist.[903] Diese Unverhältnismäßigkeit lässt sich für Geschäftsleiter kaum begründen, sodass individuelle Erfolgsbeiträge bei der Festsetzung ihrer variablen Vergütung stets zu berücksichtigen sind.

388 Individuelle negative Erfolgsbeiträge der Geschäftsleiter, der jeweiligen Organisationseinheit wie auch negative Gesamterfolge eines Instituts oder Versicherungsunternehmens reduzieren stets die variable Vergütung der Geschäftsleiter.[904] § 18 Abs. 2 Satz 3 InstitutsVergV n. F. stellt klar, dass sitten- oder pflichtwidriges Verhalten nicht durch positive Erfolgsbeiträge ausgeglichen werden darf und die Höhe der variablen Vergütung verringern muss. Mit der Pflicht zur Festlegung einer *Malus*-Komponente wird eine unmittelbare Erfolgsabhängigkeit der variablen Vergütung begründet.[905]

bb) *Rückbehalt der variablen Vergütung in Instituten*

389 Bei bedeutenden Instituten sind in der Regel mindestens 60 % der variablen Vergütung der Geschäftsleiter über einen Zurückbehaltungszeitraum von mindestens drei bis fünf Jahren zu strecken (*defferal*).[906] Der Anspruch bzw. die Anwartschaft auf diesen Teil der variablen Vergütung entsteht zunächst nur zeitanteilig und darf auch nur zeitanteilig ausgezahlt werden. Die Dauer der Zurückbehaltung hat sich am Geschäftszyklus, der Art und des Risikogehalts der betriebenen Geschäftsaktivitäten und den Tätigkeiten des Geschäftsleiters zu orientieren. Wird von einem Institut immer die Untergrenze von drei Jahren als Zurückbehaltungszeitraum gewählt, ist die fehlende Differenzierung zu begründen.

---

901 § 18 Abs. 3 Satz 2 InstitutsVergV n. F. (§ 5 Abs. 2 Nr. 3 InstitutsVergV a. F.), § 4 Abs. 3 Nr. 2 VersVergV.
902 § 5 Abs. 2 Nr. 2 InstitutsVergV a. F., § 4 Abs. 3 Nr. 1 VersVergV.
903 § 18 Abs. 3 Satz 1 InstitutsVergV n. F. (§ 5 Abs. 2 Nr. 1 InstitutsVergV a. F.), § 4 Abs. 3 Nr. 1 VersVergV.
904 § 19 Abs. 4 Satz 1 InstitutsVergV n. F. (§ 5 Abs. 2 Nr. 6 InstitutsVergV a. F.), § 4 Abs. 3 Nr. 4 VersVergV.
905 Einzelheiten siehe unten Rn. 390 f.
906 § 19 Abs. 2 Satz 1 InstitutsVergV n. F. (§ 5 Abs. 2 Nr. 4 Satz 2 InstitutsVergV a. F. enthielt die Einschränkung „in der Regel").

Darüber hinaus müssen mindestens 50 % der zurückbehaltenen wie auch mindestens 50 % der nicht zurückbehaltenen variablen Vergütung von einer nachhaltigen Wertentwicklung des Instituts abhängen.[907] Der übrige Teil der (nicht) zurückbehaltenen variablen Vergütung kann in bar geleistet werden. Nach der Begründung der InstitutsVergV 2010 soll dem Nachhaltigkeitsgebot bei (börsennotierten) Instituten in der Rechtsform der Aktiengesellschaft durch aktienbasierte Vergütungsformen entsprochen werden. Bei Aktienoptionen ist zu berücksichtigen, dass die erforderliche Haltefrist gemäß § 193 Abs. 2 Nr. 4 AktG von vier Jahren grundsätzlich erst nach dem Zurückbehaltungszeitraum beginnen darf, da erst dann ein Anspruch auf die Ausübung der Option besteht. Der Rest der verzögert und nicht verzögert zu zahlenden variablen Vergütung kann in bar geleistet werden. Sind aktienbasierte Vergütungsformen rechtsformbedingt oder aus anderen Gründen nicht möglich ist, kann zur Unternehmenswertermittlung auf betriebswirtschaftliche Kennziffern abgestellt werden.[908] Eine umfassende Unternehmensbewertung ist nicht erforderlich. Die Anteile der variablen Vergütung, die von der nachhaltigen Entwicklung des Instituts abhängig sind (kennzahlenbasierte Vergütungsbeträge), sind zudem mit einer angemessenen Frist zu versehen, nach deren Verstreichen frühestens über sie verfügt werden darf. Damit wird für den eigentlich fälligen und nach Gesamterfolg und Erfolgsbeitrag ausgerichteten fehlerfrei ermittelten Teil der variablen Vergütung eine zweite Zurückbehaltungs- und damit Risikoperiode begründet (sog. *Retention*).[909] In der Praxis finden sich meist zwei- bis dreijährige Haltefristen für diese nachhaltigen, an bestimmte Kennzahlen gekoppelten Vergütungsanteile.[910]

390

Exemplarisch für die Auszahlungssystematik für Anteile gemäß § 19 Abs. 3 InstitutsVergV n. F. verweist die Auslegungshilfe des BMF auf folgende Darstellung der EBA:[910a]

390a

---

907 § 19 Abs. 3 InstitutsVergV n. F. (§ 5 Abs. 2 Nr. 5 a) und b) InstitutsVergV a. F.).
908 Siehe Begründung zur InstitutsVergV i. d. F. vom 13.10.2010, B. Besonderer Teil, §§ 5,6 und 8. Ebenso Auslegungshilfe zur Verordnung über die aufsichtsrechtlichen Anforderungen an Vergütungssysteme von Instituten (Referentenentwurf) i. d. F. vom 26.8.2013, S. 16.
909 *Heuchemer/Kloft*, WM 2010, 2241, 2246.
910 Einzelheiten zur Regelung nachhaltiger Vergütungsanteile siehe Anhang Muster B. II. Richtlinie einer Richtlinie des Aufsichtsrats für die Festsetzung der variablen Vergütung der Vorstandsmitglieder eines Kreditinstituts.
910a Auslegungshilfe zur Verordnung über die aufsichtsrechtlichen Anforderungen an Vergütungssysteme von Instituten (Referentenentwurf) i. d. F. vom 26.8.2013, S. 16 unter Hinweis auf EBA – Survey on the implementation of the CEBS Guidelines on Remuneration Policies and Practices (EBA-Survey), vom 12.4.2012, S. 20.

Kapitel 3 Anstellungsvertrag der Vorstandsmitglieder

Example good practice:
Multiyear accrual period on a rolling basis followed by a deferral period

2009	2010	2011	2012	2013	2014	2015
			max 50% cash	max 50% cash	max 50% cash	rest of cash
3 years accrual period			upfront part min 50% instruments + retention max 50% cash	max. 1/3 vesting of deferred part	max. 1/3 vesting of deferred part	Final vesting of deferred part
			start deferral min 50% instruments	min 50% instruments + retention	min 50% instruments + retention	rest of instruments + retention
	3 years accrual period			upfront part start deferral	See above	...
		3 years accrual period			See above	...

Für die Anteile der variablen Vergütung, die von der nachhaltigen Entwicklung des Instituts abhängig sind, sollen nach dem Willen der Aufsicht möglichst Instrumente verwendet werden, die vollständig in Instrumente des harten Kernkapitals umgewandelt oder abgeschrieben werden können, die in jedem Fall die Bonität des Instituts unter der Annahme der Unternehmensfortführung angemessen widerspiegeln und die für eine Verwendung für die Zwecke der variablen Vergütung geeignet sind.[910b] Künftig wird ein unmittelbar anwendbarer technischer Regulierungsstandard die geeigneten Instrumente spezifizieren.

390b Die ruhestandsbedingte oder nicht ruhestandsbedingte vorzeitige Ausscheiden eines Geschäftsleiters hat keinen Einfluss auf den Zurückbehaltungszeitraum und die Sperrfrist gemäß § 19 Abs. 2 und 3 InstitutsVergV n. F. Die variablen Vergütungsbestandteile dürfen weder sofort noch ohne Zurückbehaltung oder Umwandlung in eigenkapitalbasierte Instrumente bar ausgezahlt werden. Ebenso wenig darf bei eigenkapitalbasierten Vergütungsinstrumenten der Aktienkurs auf den Zeitpunkt der Amtsaufgabe fixiert werden. Beim vorzeitigen Ausscheiden ist sicherzustellen, dass eine Belohnung von Misserfolgen ausgeschlossen ist und die Ermittlung des nachhaltigen Erfolges auch für den Zeitraum nach Beendigung der Bestel-

---

[910b] Auslegungshilfe zur Verordnung über die aufsichtsrechtlichen Anforderungen an Vergütungssysteme von Instituten (Referentenentwurf) i. d. F. vom 26.8.2013, S. 16.

lung und des Anstellungsvertrages erfolgen kann.[910c] Bei einer vorzeitigen unterjährigen Vertragsbeendigung kann die Ermittlung der Zielerreichung nur bedingt den Gesamterfolg des Instituts und den Erfolgsbeitrag der Organisationseinheit berücksichtigen. Da der Bemessungszeitraum für die variablen Vergütungsanteile noch nicht beendet ist, sollen die individuellen Erfolgsbeiträge des Geschäftsleiters stärker zu berücksichtigen sein.[910d] § 19 Abs. 2 und 3 InstitutsVergV n. F. gilt für diese variablen Vergütungsanteile ebenfalls.

Bleibt die Leistung eines Geschäftsleiters bzw. der Gesamterfolg des Instituts hinter den Vorgaben zurück oder erweisen sich erbrachte Erfolgsbeiträge später als nicht nachhaltig, fordert § 19 Abs. 4 Satz 1 InstitutsVergV n. F. (§ 5 Abs. 2 Nr. 6 InstitutsVergV a. F.) die Reduzierung oder Streichung der variablen Vergütung einschließlich der zurückbehaltenen Beträge (*Malus*-Komponente). Das betrifft auch denjenigen zurückbehaltenen Teil der variablen Vergütung, der sich an der nachhaltigen Wertentwicklung des Instituts orientiert.[911] Nach der Begründung der InstitutsVergV kann der in der Zurückbehaltungs- und Risikoperiode befindliche Teil der variablen Vergütung allenfalls als Merkposten (z. B. Depot) ausgewiesen werden, ohne dass darauf ein Anspruch besteht.[912] Erst mit Ablauf des Zurückbehaltungszeitraumes darf diese Position als auszahlbare Forderung entstehen. Davor hat der Geschäftsleiter nur einen Anspruch auf fehlerfreie Ermittlung des Merkpostens. 391

Kriterien für das Abschmelzen oder die Streichung der variablen Vergütung sind neben einer individuellen Zielverfehlung z. B. die signifikante negative Veränderung der Kapitalausstattung des Instituts, das signifikante Versagen des Risikomanagements des Instituts und/oder der verantworteten Organisationseinheit, der signifikante Rückgang der finanziellen Leistungsfähigkeit des Instituts oder gravierendes Fehlverhalten und schwere Fehler des Geschäftsleiters.[912a] Nach § 19 Abs. 4 Satz 3 Nr. 1 und 2 InstitutsVergV n. F. soll der vollständige Verlust der variablen Vergütung insbesondere dann eintreten, wenn der Geschäftsleiter an einem Verhalten beteiligt oder dafür verantwortlich war, das für das Institut zu erheblichen Verlusten geführt hat und/oder der Geschäftsleiter externe oder interne Regeln in Bezug auf Eignung und Verhalten nicht erfüllt hat. 391a

Nach § 20 InstitutsVergV n. F. ist im Zusammenhang mit Ausgleichs- und Abfindungszahlungen an Geschäftsleiter auch die Gewährung von Vergü- 391b

---

910c Auslegungshilfe zur Verordnung über die aufsichtsrechtlichen Anforderungen an Vergütungssysteme von Instituten (Referentenentwurf) i. d. F. vom 26.8.2013, S. 17.
910d Vgl. Fn. 910c.
911 Begründung zur InstitutsVergV, B. Besonderer Teil, §§ 5, 6 und 8.
912 Vgl. Fn. 911.
912a Auslegungshilfe zur Verordnung über die aufsichtsrechtlichen Anforderungen an Vergütungssysteme von Instituten (Referentenentwurf) i. d. F. vom 26.8.2013, S. 18.

tungen für entgangene Ansprüche aus vorherigen Beschäftigungsverhältnissen an den langfristigen Interessen des Instituts auszurichten und dem Auszahlungsregime (Zielvereinbarung, Zurückbehaltung, Verfügungssperre, *Malus*-Komponente/Möglichkeit der nachträglichen Abschmelzung) zu unterwerfen.

cc) Rückbehalt der variablen Vergütung in Versicherungen

392 Bei bedeutenden Versicherungsunternehmen dürfen mindestens 40 % der variablen Vergütung der Geschäftsleiter nicht vor Ablauf eines Zurückbehaltungszeitraums von regelmäßig drei Jahren ausbezahlt werden.[913] Damit verlangt die VersVergV – anders als die InstitutsVergV – dem Wortlaut nach eine Sperrfrist, die einer zeitanteiligen Auskehrung des einbehaltenen Teils der variablen Vergütung entgegensteht.[914] Nach der Begründung der VersVergV sind Auszahlungen im Zurückbehaltungszeitraum jedoch ebenfalls *pro rata temporis* zulässig, sodass sich insofern die Vergütungsverordnungen entsprechen.[915]

393 Mindestens 50 % des einbehaltenden variablen Vergütungsanteils muss von der nachhaltigen Wertentwicklung des Versicherungsunternehmens abhängig sein. Die Erfordernisse und Indikatoren zur Ermittlung der Nachhaltigkeit des Unternehmenswertes entsprechen denen der variablen Vergütung in Instituten.[916] Dazu gehört auch die Einführung einer *Malus*-Regelung, welche die negativen Erfolgsbeiträge des Geschäftsleiters wie auch des Versicherungsunternehmens berücksichtigt und damit Grundlage ist für die Reduzierung der variablen Vergütung einschließlich einbehaltener Beträge.[917]

dd) Ermessensabhängige Leistungen zur Altersversorgung

394 Die Vergütungsverordnungen beinhalten besondere Anforderungen für ermessensabhängige Leistungen zur Altersversorgung von Geschäftsleitern bedeutender Institute und bedeutender Versicherungsunternehmen.[918] Ermessensabhängige Leistungen zur Altersversorgung sind der (rechnerische)[919] Teil der variablen Vergütung, der zum Zwecke der Altersversorgung im Hinblick auf eine bevorstehende Beendigung des Anstellungsvertrages vereinbart wird.[920] Ebenso wie die variable Vergütung i.e.S. muss

---

913 § 4 Abs. 3 Nr. 3 VersVergV.
914 So *Annuß/Sammet*, BB 2011, 115, 118.
915 Begründung zur VersVergV, B. Besonderer Teil, § 4; a. A. Annuß/Sammet, BB 2011, 115, 118.
916 Einzelheiten zur Ermittlung der Nachhaltigkeit des Unternehmenswertes siehe Rn. 390 f.
917 § 4 Abs. 3 Nr. 4 VersVergV.
918 § 21 InstitutsVergV n. F. (§ 5 Abs. 3 und 4 InstitutsVergV a. F.); § 4 Abs. 5 und 6 VersVergV.
919 Ermessensabhängige Altersversorgung ist u. a. beim angemessenen Verhältnis von fixer und variabler Vergütung rechnerisch zu berücksichtigen, jedoch nicht von den (allgemeinen) Anforderungen selbst betroffen.
920 § 21 Abs. 4 InstitutsVergV n. F. (§ 2 Nr. 4 InstitutsVergV a. F.); § 2 Nr. 4 VersVergV. Die Bezugnahme auf das Vertragsende soll verhindern, dass eine variable Vergütung, die laut Ver-

auch die ermessensabhängige Altersversorgung von der nachhaltigen Wertentwicklung des Instituts bzw. Versicherungsunternehmens abhängen. Im Übrigen differenzieren die Vergütungsverordnungen zwischen ruhestandsbedingter und nicht ruhestandsbedingter Vertragsbeendigung.

Bei einer ruhestandsbedingten Vertragsbeendigung darf über ermessensabhängige Leistungen zur Altersversorgung frühestens nach fünf Jahren nach dem Ausscheiden verfügt werden. Die Leistungen unterliegen zwar der Sperrfrist, jedoch besteht hierauf der Höhe nach bereits ein Anspruch. Negative Erfolgsbeiträge können gewährte Leistungen nicht mehr verringern.[921] **395**

Bei nicht ruhestandsbedingter Vertragsbeendigung müssen die Leistungen über einen Zurückbehaltungszeitraum von mindestens fünf Jahren gestreckt werden. In dieser Zeit besteht nur ein Anspruch auf fehlerfreie Ermittlung der ermessensabhängigen Leistungen zur Altersversorgung. Die Leistungen sind zu verringern, sofern sich die maßgeblichen Erfolgsbeiträge des Geschäftsleiters, seiner Organisationseinheit oder der Unternehmenserfolg insgesamt als nicht nachhaltig erweisen.[922] Die *Malus*-Regelung beeinflusst die Vergütungsleistung auch nach Vertragsende, obgleich der Geschäftsleiter auf die negativen Erfolgsbeiträge infolge seines Ausscheidens keinen Einfluss mehr hat. Dazu sind entsprechende Änderungs-/Freiwilligkeitsvorbehalte bei der anstellungsvertraglichen Regelung ermessensabhängiger Leistungen zur Altersversorgung aufzunehmen. **396**

ee) Vergütungskontrollausschuss und weitere Ausschüsse

Bedeutende Institute müssen einen Vergütungskontrollausschuss i.S.d. § 25d Abs. 12 KWG n.F. einrichten.[923] Der Vergütungskontrollausschuss ersetzt den bisherigen Vergütungsausschuss und erhält gemäß § 22 InstitutsVergV zusätzliche Aufgaben. Der Vergütungskontrollausschuss überwacht die angemessene Ausgestaltung der Vergütungssysteme der Geschäftsleiter und deren Ausrichtung an einer am Nachhaltigkeitsprinzip orientierten Geschäftsstrategie des Instituts sowie an den daraus abgeleiteten Risiko- und Vergütungsstrategien. Ebenso überwacht er die angemessene Ermittlung und Allokation des Gesamtbetrages der variablen Vergütungen i.S.d. § 7 InstitutsVergV. Der Vergütungskontrollausschuss bewertet die Auswirkungen der Vergütungssysteme auf die Risiko,– Kapital- und Liquiditätssituation des Instituts oder der Gruppe.[924] **397**

---

gütungsverordnung nicht unmittelbar ausgekehrt werden darf, kurz vor dem Ausscheiden als Altersversorgung ausgewiesen und ausbezahlt wird.
921 *Heuchemer/Kloft*, WM 2010, 2241, 2247.
922 § 5 Abs. 3 Nr. 3 InstitutsVergV; § 4 Abs. 5 Nr. 3 VersVergV.
923 § 22 Abs. 1 InstitutsVergV n.F. (§ 6 Abs. 1 InstitutsVergV a.F.); § 4 Abs. 7 Satz 1 VersVergV (Sollvorschrift für bedeutende Versicherungsunternehmen).
924 § 22 Abs. 5 InstitutsVergV n.F.

397a Der Vergütungskontrollausschuss hat die Beschlüsse des Aufsichtsrats zur Vorstandsvergütung pflichtgemäß vorzubereiten und erstellt dazu Entscheidungsvorschläge für die Festlegung und Überprüfung angemessener Vergütungsparameter sowie zur Bemessung und Überprüfung der Erfolgsbeiträge der Geschäftsleiter.[924a] Dabei hat der Ausschuss auch die Auswirkungen der vereinbarten Bezüge auf die Risiken und das Risikomanagement des Instituts zu beachten; ebenso sind die langfristigen Interessen der Anteilseigner, Anleger und sonstigen Beteiligten sowie das öffentliche Interesse angemessen zu berücksichtigen.[924b] Darüber hinaus überprüft der Vergütungskontrollausschuss die Leistungs- und Zurückbehaltungszeiträume (*defferal*) sowie die Voraussetzungen und Parameter für einen vollständigen Verlust oder eine Reduzierung der variablen Vergütung der Geschäftsleiter (§§ 18 Abs. 2, 19 Abs. 4 InstitutsVergV).[924c]

397b Nach § 25d Abs. 12 Satz 3 KWG n. F. muss mindestens ein Mitglied des Vergütungskontrollausschusses über ausreichend Sachverstand und Berufserfahrung im Risikomanagement und Risikocontrolling verfügen. Dies betrifft insbesondere Fachkenntnisse und praktische Erfahrungen im Hinblick auf die Ausrichtung von Vergütungssystemen an der Gesamtrisikobereitschaft und -strategie sowie an der Eigenmittelausstattung des Instituts. Bei mitbestimmten Gesellschaften verlangt § 25d Abs. 12 Satz 4 KWG, dass dem Vergütungskontrollausschuss mindestens ein Arbeitnehmervertreter angehören muss. Geschäftsleiter dürfen nicht an den Sitzungen des Ausschusses teilnehmen, bei denen über ihre Vergütung beraten wird.

397c Der Vergütungskontrollausschuss soll mit dem gemäß § 25d Abs. 8 KWG zu bildenden Risikoausschuss zusammenarbeiten und sich intern durch das Risikocontrolling und extern von Personen beraten lassen, die unabhängig von der Geschäftsleitung sind. Erforderlich ist zudem die regelmäßige Abstimmung mit dem gemäß § 25d Abs. 11 KWG n. F. zu bildenden Nominierungsausschuss.[924d] Der Nominierungsausschuss unterstützt den Aufsichtsrat bei der Suche nach einem Vorstandskandidaten für das Institut, bei der jährlichen Beurteilung der Struktur, Größe, Zusammensetzung und Leistungen der Geschäftsleitung wie auch bei der jährlichen Bewertung der Kenntnisse, Fähigkeiten und Erfahrungen der einzelnen Geschäftsleiter und des Gesamtleitungsorgans. Zur Struktur, Größe, Zusammensetzung und den Leistungen des Vorstands sind dem Aufsichtsrat gegenüber Empfehlungen abzugeben. Die enge Zusammenarbeit der Ausschüsse lässt sich gemäß § 25d Abs. 7 Satz 4 KWG n. F. dadurch verwirklichen, dass mindestens ein Mitglied eines jeden Ausschusses dem anderen Ausschuss angehört.

924a § 22 Abs. 4 InstitutsVergV n. F.
924b § 25d Abs. 12 Satz 2 Nr. 2 KWG n. F.
924c § 22 Abs. 4 InstitutsVergV n. F.
924d Einzelheiten zum Nominierungsausschuss siehe Rn. 6a.

Der Vergütungskontrollausschuss verfügt als Teilorgan des Aufsichtsrats **398** über keine eigenen Ressourcen. Daher hat das Institut eine Vergütungskontrollfunktion einzurichten und muss für eine dessen angemessene Personal- und Sachausstattung sorgen.[925] Die Vergütungskontrollfunktion hat mindestens einmal jährlich, sofern erforderlich auch anlassbezogen, einen Bericht über die Angemessenheit der Vergütungssysteme des Instituts (Vergütungskontrollbericht) zu erstellen und gleichzeitig dem Vergütungskontrollausschuss, dem Aufsichtsrat und Geschäftsleitung vorzulegen.[926]

d) Anpassung laufender Anstellungsverträge

aa) *Allgemeine Pflichtenbindung der Verwaltungsorgane*

Instituts-Vergütungsverordnung und Versicherungs-Vergütungsverordnung gelten für Neuverträge ebenso wie für laufende Anstellungsverträge. **399** Sie sind keine Verbotsgesetze i. S. d. § 134 BGB, sodass entgegenstehende Vereinbarungen wirksam bleiben.[927] Institute und Versicherungen sind jedoch verpflichtet, auf eine Anpassung nicht verordnungskonformer Vertragsbestandteile hinzuwirken. Nach § 15 InstitutsVergV, § 6 VersVergV berücksichtigt der Verordnungsgeber, dass die einseitige Änderung bestehender Verträge meist nicht möglich ist und bestimmt, dass entgegenstehende Vereinbarungen im Rahmen des rechtlich Zulässigen auf Grundlage einer fundierten Begutachtung der Rechtslage und unter Berücksichtigung der konkreten Erfolgsaussichten anzupassen sind. Für die aufsichtsrechtskonforme Ausgestaltung der Vergütungssysteme der Geschäftsleiter von Instituten bzw. Versicherungsunternehmen ist – entsprechend der gesellschaftsrechtlichen Kompetenzverteilung – das jeweilige Aufsichtsorgan (Verwaltungs-/Aufsichtsrat) zuständig.[928]

Eine (Initiativ-)Pflicht der Geschäftsleiter zur Umstellung ihres eigenen **400** Anstellungsvertrages auf verordnungsgemäße Vergütungsregelungen ist zweifelhaft.[929] Spätestens bei Vertragsverlängerung sind die Regelungen aber anzupassen. Vorhergehende Verhandlungen über notwendige Vertragsänderungen darf das Vorstandsmitglied mit Blick auf seine Zuständigkeit für das aufsichtsrechtliche Risikomanagement (§ 25a KWG, § 64b VAG) und seine vertraglichen Treuepflichten nicht verweigern. Im Fall der Ablehnung der Vertragsanpassung oder bei unbefristeter Anstellung kann das Institut bzw. Versicherungsunternehmen ultima ratio verpflichtet sein, den Vertrag zu kündigen unter gleichzeitigem Angebot auf Fortsetzung des Anstellungsverhältnisses zu verordnungskonformen Konditionen.[930]

---

925 § 23 Abs. 2 InstitutsVergV n. F.
926 § 23 Abs. 5 InstitutsVergV n. F. (§ 6 Abs. 3 InstitutsVergV a. F.); § 4 Abs. 7 Satz 2 VersVergV.
927 *Diller/Arnold*, ZIP 2011, 837.
928 § 3 Abs. 2 InstitutsVergV n. F., § 3 Abs. 1 Satz 5 VersVergV.
929 Siehe *Diller/Arnold*, ZIP 2011, 837, 844; *Simon/Koschker*, BB 2011, 120, 126 verweisen insoweit auf die Einbeziehung in eine D & O-Versicherung.
930 *Diller/Arnold*, ZIP 2011, 837, 844.

Scheitert die Vertragsverlängerung, weil das Vorstandsmitglied die aufsichtsrechtlich notwendigen Anpassungen im Anstellungsvertrag ablehnt, dürfte damit das regelmäßig vereinbarte Übergangsgeld entfallen. Die betreffenden Klauseln regeln zwar meist, dass der Anspruch auf Übergangsgeld (nur dann) ausgeschlossen ist, wenn das Vorstandsmitglied eine Wiederbestellung und Vertragsverlängerung zu gleichen oder besseren Bedingungen ablehnt. Daran wird es mit Blick auf restriktiven aufsichtsrechtlichen Vergütungsanforderungen des KWG und der InstitutsVergV in der Regel fehlen. Trotz dieser materiellen Verschlechterung der Vertragsbedingungen kann das Vorstandsmitglied in diesen Fällen wohl dennoch kein Übergangsgeld geltend machen, da die vertraglichen Änderungen zur Umsetzung neuer gesetzlicher Vorgaben notwendig sind und damit nicht aus der Sphäre des Aufsichtsrates resultieren.[930a]

401 Bei Änderung der in der Geschäftsstrategie definierten Unternehmensziele müssen die Vergütungssysteme angepasst werden.[931] Dies rechtfertigt ebenfalls keine einseitige Änderung bestehender Vertragsverhältnisse, sondern verpflichtet den Verwaltungs-/Aufsichtsrat bei noch laufenden Anstellungsverträgen zur Aufnahme von Verhandlungen mit dem Geschäftsleiter; bei Vertragsverlängerung und Neuabschluss sind die Vergütungsregelungen an das geänderte Vergütungssystem anzupassen.[932]

bb) Eingriffsbefugnisse der BaFin nach § 45 KWG, § 81b VAG

402 Bei Instituten darf die Gesamthöhe der variablen Vergütung der Geschäftsleiter nicht dazu führen, dass deren angemessene Eigenmittelausstattung dauerhaft gefährdet wird.[933] Bei unzureichenden Eigenmitteln ist die BaFin nach § 45 Abs. 2 Satz 1 Nr. 6 KWG befugt, die Auszahlung variabler Vergütungsbestandteile zu untersagen oder auf einen bestimmten Anteil des Jahresergebnisses des Instituts zu beschränken. Ebenso kann sie nach § 45 Abs. 2 Satz 1 Nr. 5a KWG n. F. anordnen, dass der für die variable Vergütung aller Geschäftsleiter (einschließlich tariflich nicht gebundener Mitarbeiter) vorgesehene Jahresgesamtbetrag auf einen bestimmten Anteil des Jahresergebnisses beschränkt oder vollständig gestrichen wird.[934] Diese Anordnungsbefugnisse sind für die vertraglichen Regelungen über die variable Vergütung zu beachten. Dazu empfiehlt sich die Aufnahme entsprechender

---

930a *Diller/Arnold*, ZIP 2010, 721, 725.
931 § 4 InstitutsVergV n. F. (ausdrücklich § 3 Abs. 1 Satz 3 InstitutsVergV a. F.), § 3 Abs. 1 Nr. 1 VersVergV.
932 Näher *Rubner*, NZG 2010, 1288, 1290; *Diller/Arnold*, ZIP 2011, 837, 844.
933 Es handelt sich um eine allgemeine Anforderung, siehe Rn. 376.
934 Siehe § 45 Abs. 2 Satz 1 Nr. 5a KWG i. d. F. des Gesetzes zur Umsetzung der Richtlinie 2013/36/EU über den Zugang zur Tätigkeit von Kreditinstituten und die Beaufsichtigung von Kreditinstituten und Wertpapierfirmen und zur Anpassung des Aufsichtsrechts an die Verordnung (EU) Nr. 575/2013 über die Aufsichtsanforderungen an Kreditinstitute und Wertpapierfirmen (CRD IV-Umsetzungsgesetz), Gesetzesbeschluss des Deutschen Bundestages, BT-Drucks. 17/10974, 17/11474 vom 17.5.2013.

Änderungs-/Freiwilligkeitsvorbehalte in den Anstellungsvertrag, wonach variable Vergütungsbestandteile im Fall einer aufsichtsrechtlichen Untersagung oder Beschränkung nicht ausgezahlt werden.

Für laufende Anstellungsverträge bestimmt sich die Anwendbarkeit der Aufsichtsbefugnisse nach dem Stichtag 01.01.2011: Für danach entstandene Ansprüche auf variable Vergütung kann die BaFin im Fall einer Untersagung der Auszahlung unter bestimmten Voraussetzungen (§ 45 Abs. 5 Satz 5 Nr. 1 bis 3 KWG) anordnen, dass die Ansprüche auf variable Vergütung ganz oder teilweise erloschen sind. Eine Anordnung auf Verfall bzw. Erlöschen von Vergütungsansprüchen kann nach § 45 Abs. 5 Satz 6 Nr. 1 KWG insbesondere dann ergehen, wenn diese Ansprüche aufgrund solcher Regelungen entstanden sind, die den aufsichtsrechtlichen Anforderungen an angemessene, transparente und auf eine nachhaltige Unternehmensentwicklung ausgerichtete Vergütungssysteme widersprechen. Erhält ein Institut staatliche Unterstützung, kann die BaFin gemäß § 45 Abs. 5 Satz 8 KWG n. F. ebenfalls die Auszahlung variabler Vergütungsbestandteile ganz oder teilweise untersagen oder das Erlöschen der Ansprüche anordnen; dies gilt nicht für Ansprüche, die vor dem 1.1.2012 entstanden sind. Diesen (potenziellen) Anordnungs- und Eingriffsbefugnissen der Aufsicht muss durch entsprechende anstellungsvertragliche Vereinbarung mit den Geschäftsleitern ausreichend Rechnung getragen werden. Sofern im Übrigen vertragliche Regelungen zur variablen Vergütung einer aufsichtsrechtlichen Untersagung, Auszahlungsbeschränkungen oder einem angeordneten Vermögensverfall entgegenstehen, können aus ihnen gemäß § 45 Abs. 5 Satz 12 KWG keine Rechte hergeleitet werden. **403**

Auch bei Versicherungsunternehmen, deren Eigenmittel geringer sind oder drohen geringer zu werden als die Solvabilitätsspanne, kann die BaFin nach § 81b Abs. 1a VAG die Auszahlung variabler Vergütungsbestandteile untersagen oder auf einen bestimmten Anteil des Jahresergebnisses des Versicherungsunternehmens beschränken. Im Übrigen sind hier gleichsam die Eingriffsbefugnisse der Aufsicht durch entsprechende Vereinbarungen mit den Geschäftsleitern zu berücksichtigen; vertragliche Regelungen über die Gewährung einer variablen Vergütung begründen im Fall der aufsichtsrechtlichen Untersagung oder Beschränkung (ebenso wie bei Instituten) keinen Rechtsanspruch. **404**

Die Eingriffsbefugnisse der BaFin sind verfassungsrechtlich bedenklich, da die Untersagung der Auszahlung variabler Vergütungsanteile nicht voraussetzt, dass die Gesamthöhe der variablen Vergütung zumindest (mit)ursächlich ist für die unzureichende Eigenmittelausstattung.[935] § 45 Abs. 2 Satz 1 Nr. 5a, 6 KWG und § 81b Abs. 1a VAG stellen einen Eingriff in die grund- **405**

---

935 Die Verfassungsmäßigkeit der Regelung bezweifeln *Bonanni/Mehrens*, NZA 2010, 792, 795; ebenfalls kritisch *Annuß/Sammet*, BB 2011, 115, 119.

rechtlich geschützte Vertragsfreiheit dar. Derartige Eingriffe können nur gerechtfertigt sein, wenn sie verhältnismäßig sind. Dies erscheint zweifelhaft, wenn ohne Kausalitätszusammenhang zwischen der Ergebnisbelastung durch variable Vergütung und zu geringer Eigenmittelausstattung (teilweise rückwirkend) das vertraglich vereinbarte Gehalt reduziert und damit in die Rechtsstellung der Geschäftsleiter unmittelbar eingriffen wird.[936]

3. Aktienoptionsprogramme

406 Nach Ziff. 4.2.3 Abs. 2 DCGK sollen die Bezüge von Vorstandsmitgliedern börsennotierter Gesellschaften neben fixen auch variable Bestandteile mit langfristiger Anreizwirkung und Risikocharakter enthalten.[937] Dazu gehören insbesondere Aktien der Gesellschaft mit mehrjähriger Veräußerungssperre, Aktienoptionen oder vergleichbare Gestaltungsformen. Die Vergütungspraxis erfüllt überwiegend diese Empfehlung des Corporate Governance Kodex, denn Aktienoptionsprogramme *(Stock Option Plans)* sind heute in nahezu jeder börsennotierten Aktiengesellschaft anzutreffen.[938] Die Gewährung von Aktienoptionen hat in erster Linie den Zweck, eigennützige Interessen des Vorstands mit den Interessen der Gesellschaft und Aktionäre in Einklang zu bringen und Entscheidungskonflikte bereits im Vorfeld abzuschwächen *(Principal-Agent-*Problem).[939] Erzielt wird der Motivationsanreiz durch Beteiligung am Wertzuwachs der Gesellschaft: Steigt mit dem Aktienkurs der Unternehmens(markt)wert, erhöht sich gleichsam der Wert der Optionsrechte. Gleichzeitig profitieren davon die Aktionäre, die Aktienoptionsprogramme – sofern diese sachgerecht, leistungsorientiert und längerfristig ausgestaltet sind – in der Regel als wichtigen Beitrag einer auch dem *Shareholder-Value-*Prinzip verpflichteten Unternehmenspolitik ansehen.[940] Um diese Ziele nicht zu gefährden, sollte ein *Hedging* untersagt werden. Gegengeschäfte, die ein Vorstandsmitglied tätigt, um die Aktienoption durch Gegenoptionen abzusichern, laufen den Interessen der Gesellschaft zuwider.[941]

407 Neben der Steuerungsfunktion haben Aktienoptionsprogramme ferner die Aufgabe, am nationalen und internationalen Managermarkt fachlich wie persönlich herausragende Führungskräfte für das Unternehmen zu gewin-

---

936 Stellungnahme des Zentralen Kreditausschusses gegenüber dem Bundesrat zum Regierungsentwurf für ein Gesetz über die aufsichtsrechtlichen Anforderungen an die Vergütungssysteme von Instituten und Versicherungsunternehmen, Bundesrats-Drucks. 74/10, vom 2.3.2010, S. 12.
937 Dazu *Ringleb*, in: Ringleb/Kremer/Lutter/v. Werder, Kommentar zum DGCK, Rn. 720 ff.
938 Statistische Angaben siehe *v. Einem/Götze*, AG 2002, 72 f.; *Feddersen/Pohl*, AG 2001, 26 ff.
939 LG München AG 2001, 376, 377; *Adams*, ZIP 2002, 1325, 1330 f.; *Kürsten*, ZfB 2001, 249 ff.
940 *Frey*, in: GroßKommAktG, § 192 Rn. 93; *Kallmeyer* AG 1999, 97, 99; kritisch *Adams*, ZIP 2002, 1325, 1329 ff., insb. 1342 (Anreiz zur Bilanzmanipulation); *Binz/Sorg*, BB 2002, 1273, 1277; *Kürsten*, ZfB 2001, 249, 252 ff.
941 *Spindler*, in: MünchKommAktG, § 87 Rn. 57.

nen und langfristig zu binden. *Start-ups* der forschungs- und entwicklungsintensiven Software-, Telekommunikations- und Biotechnologiebranche nutzen Aktienoptionspläne überdies, um wettbewerbsfähige, aber dennoch liquiditätsschonende Vorstandsbezüge zu zahlen.

a) Gestaltungsformen

Aktienrechtliche Voraussetzungen für Aktienoptionen sind in der Regel (i) ein Beschluss der Hauptversammlung, (ii) ein Aktienoptionsplan und (iii) ein Optionsvertrag. Das Vorstandsmitglied erwirbt die Aktienoptionen dann auf Grundlage einer vertraglichen Optionszusage, die im Rahmen einer meist selbständigen Optionsrechtsvereinbarung erteilt wird.[942] Die Optionszusage beinhaltet das befristete und bedingte bindende Angebot der Gesellschaft auf Abschluss eines Kaufvertrages über Bezugsrechte oder Aktien.[943] In der Vergütungspraxis werden Optionsrechte in der Regel in Form reiner Aktienoptionen gewährt (sog. *Naked Warrants*). Dabei erlangt das Vorstandsmitglied mit Annahme des Angebots das Recht, nach Erreichen vorab festgelegter Erfolgsziele und nach Ablauf einer bestimmten Wartefrist die vereinbarte Anzahl an Aktien der Gesellschaft zu einem zuvor vereinbarten Basispreis zu erwerben. Liegt der Bezugspreis unter dem Aktienkurs, wird das Vorstandsmitglied die Option ausüben, um die Differenz zwischen Bezugspreis und Aktienkurs als Gewinn zu realisieren.

408

Ferner können Aktienoptionen auf der Grundlage von Wandel- oder Optionsanleihen eingeräumt werden.[944] Mittels Wandelschuldverschreibung wird dem Vorstandsmitglied als Anleihegläubiger ein Umtausch- oder Bezugsrecht auf Aktien der Gesellschaft gewährt. Es erlangt die Option, seine verbrieften Rechte gegen Zuteilung von Aktien des Emittenten umzuwandeln. Optionsanleihen haben dabei die Besonderheit, dass die Schuldverschreibung nach Ausübung des Bezugsrechts bestehen bleibt und damit das Vorstandsmitglied unter Beibehaltung seiner Gläubigerrechte Aktien beziehen kann.[945]

409

Die Ausgabe virtueller Aktien (*Phantom Stocks* oder *Restricted Stock Units*) und virtueller Optionsrechte *(Stock Appreciation Rights)* ist kein Aktienoptionsprogramm im eigentlichen Sinn, sondern eine besondere Form der börsenkursbezogenen Tantieme. Diese Entlohnungsmodelle sichern kein Bezugsrecht auf den Erwerb von Aktien, sondern begründen schuldrechtliche Zahlungsansprüche der Vorstände gegen die Gesellschaft. Bei *Stock*

410

---

942 Einzelheiten zur Formulierung siehe Anhang Muster B. III. Muster-Aktienoptionsvereinbarung.
943 Näher *Lembke*, BB 2001 1469, 1470; *Feddersen/Pohl*, AG 2001, 26, 27; *Friedrichsen*, Aktienoptionsprogramme für Führungskräfte, S. 7, 12 f.
944 Zu Vor- und Nachteilen von Wandelschuldverschreibungen als Vergütungsform vgl. *Feddersen/Pohl*, AG 2001, 26, 29 f.
945 Zur Abgrenzung von Wandel- und Optionsanleihe vgl. *Frey*, in: GroßKommAktG, § 192 Rn. 57; *Zeidler*, NZG 1998, 789, 790 f.

Appreciation Rights wird das Vorstandsmitglied so gestellt, als hätte es tatsächlich Aktienoptionen erhalten mit der Folge, dass ihm bei Ausübung des virtuellen Optionsrechts ein Baranspruch auf die Differenz zwischen vereinbartem Basispreis und aktuellem Aktienkurs zusteht.[946] *Phantom Stocks* orientieren sich ebenfalls an der Wertentwicklung realer Aktien, sodass dem Vorstandsmitglied am Ende der vereinbarten Laufzeit der aktuelle Aktienpreis einschließlich etwaiger Wertsteigerungen aus Dividenden oder anfallenden Bezugsrechtswerten auf Grund von Kapitalerhöhungen in bar ausgezahlt wird.[947] Häufig werden reale und virtuelle Aktienoptionsprogramme in verschiedenen Alternativen miteinander kombiniert.[948]

b) Zuständigkeit des Aufsichtsrats

411 Die Hauptversammlung ist zuständig für die Einführung und Realisierung eines Aktienoptionsprogramms. Vorstand und Aufsichtsrat können den Aktionären hierzu einen Vorschlag machen, vgl. § 124 Abs. 3 AktG. Dem Aufsichtsrat dagegen obliegt nach §§ 84 Abs. 1 Satz 5, 112 AktG die Entscheidung, ob, zu welchen Konditionen und in welchem Umfang einem Vorstandsmitglied die Aktienoptionen als Vergütungsbestandteil angeboten werden.[949] Eine Übertragung auf einen Aufsichtsratsausschuss kann nur zur Vorbereitung der Entscheidung, nicht jedoch für die Entscheidung selbst erfolgen, vgl. § 107 Abs. 3 Satz 3 AktG. Der Aufsichtsrat hat darauf zu achten, dass die schuldrechtliche Optionszusage in ihren wesentlichen Eckpunkten den Vorgaben des Beschlusses der Hauptversammlung für die gewählte Kapitalmaßnahme entspricht.[950] Ferner zuständig ist der Aufsichtsrat für nachträgliche Änderungen der Ausübungsbedingungen in der Optionsrechtsvereinbarung (sog. *Repricing*). Die für die Bedienung maßgebliche Änderung des Aktienoptionsprogramms bleibt jedoch der Hauptversammlung vorbehalten, sofern diese nicht den Aufsichtsrat zur nachträglichen Preisanpassung ausdrücklich ermächtigt hat.[951]

412 Die sonstige inhaltliche Ausgestaltung der Optionsrechtsvereinbarung beschließt allein der Aufsichtsrat. Ein Beschluss auf Grundlage einer nur vom Vorstand erstellten Beschlussvorlage ist unzulässig. Das gilt freilich ebenso für einseitige Festsetzungen oder Blockaden des Leitungsorgans. Bei der Entscheidung über Inhalt, Umfang und Auswahl der am Aktienoptionsplan beteiligten Vorstandsmitglieder darf der Vorstand nicht mitwir-

---

946 *Martens*, FS Ulmer, S. 399, 402 f.; *Baums*, FS Claussen S. 3, 6.
947 *Frey*, in: GroßKommAktG, § 192 Rn. 57; *Hoffmann-Becking*, NZG 1999, 797, 801.
948 Einzelheiten zur Kombination der Programme siehe Rn. 423.
949 OLG Braunschweig ZIP 1998, 1585, 1586; OLG Stuttgart ZIP 1998, 1482, 1485; *Frey*, in: GroßKommAktG, § 192 Rn. 106.
950 *Weiß*, Aktienoptionspläne für Führungskräfte S. 136 f.; *Hoffmann-Becking*, NZG 1999, 797, 802 f.; *Lutter*, ZIP 1997, 1, 5 ff.
951 Ausführlich *Caspar*, DStR 2004, 1391, 1393; *Käpplinger/Käpplinger*, WM 2004, 712, 713 f.

ken, auch nicht mittelbar durch entsprechende Vorschläge.[952] Bei Aktienoptionen auf der Grundlage genehmigten Kapitals bleibt die Kompetenzordnung gewahrt, wenn der Vorstand mit Zustimmung des Aufsichtsrats die Anleihebedingungen festlegt und die Anleihen ausgibt.[953] Mit Blick auf eine gute Corporate Governance sollte der Aufsichtsrat jedoch auch hier die Vorbereitung des Aktienoptionsprogramms allein oder nur mit Hilfe externer Berater treffen.[954]

413 Für die Gewährung virtueller Aktien oder virtueller Optionsrechte ist mangels Ausgabe von Aktien (derzeit) kein Beschluss der Hauptversammlung erforderlich.[955] Bei einem virtuellen Aktienoptionsprogramm werden statt Aktien/Aktienoptionen lediglich Barzahlungen zugewendet mit der Folge, dass kein Verwässerungseffekt zu Lasten der (Alt-)Aktionäre eintritt. Der dabei entstehende Liquiditätsverlust der Gesellschaft rechtfertigt noch keine Mitwirkungsbefugnis der Hauptversammlung, da hierdurch nicht in die Mitgliedschaft der Aktionäre eingegriffen wird. Die bloße Beeinträchtigung ihrer vermögensrechtlichen Position ist hinreichend durch das Angemessenheitsgebot nach § 87 Abs. 1 AktG abgesichert, für dessen Einhaltung ausschließlich der Aufsichtsrat zuständig ist.

c) Inhaltliche Anforderungen

aa) Angemessenheit der Aktienoptionen

414 Aktienoptionen müssen für sich und zusammen mit anderen Vergütungsbestandteilen im angemessenen Verhältnis zu den Aufgaben und Leistungen der Vorstandsmitglieder und zur Lage der Gesellschaft stehen sowie eine individuelle Leistungs- und Funktionsbewertung widerspiegeln.[956] Darauf hebt § 87 Abs. 1 AktG ausdrücklich ab. Die Planung der Optionsvereinbarung und Festsetzung der vergütungsrelevanten Parameter und Zielvorgaben unterliegt besonderen Anforderungen. Entscheidet sich der Aufsichtsrat für die Vergütung der Vorstandsmitglieder mit Aktienoptionen, so ist die Erbringung der Vorstandstätigkeit ohne die Erfüllung dieser Parame-

---

952 *Spindler*, in: MünchKommAktG, § 87 Rn. 46; *Hüffer*, AktG, § 87 Rn. 6: Initiativrecht bejahend OLG Braunschweig ZIP 1998, 1585; OLG Stuttgart ZIP 1998, 1482; *Kohler*, ZHR 161 (1997), 246, 265 f.
953 OLG Braunschweig ZIP 1998, 1585, 1586; OLG Stuttgart ZIP 1998, 1482, 1485; LG Frankfurt, ZIP 1997, 1030, 1032; *Frey*, in: GroßKommAktG, § 192 Rn. 106; *Krieger*, in: MünchHdB GesR AG, § 58 Rn. 31; *Zeidler*, NZG 1998, 789, 792 f.; a. A. (Alleinzuständigkeit des Aufsichtsrats) *Hüffer*, ZHR 161 (1997), 214, 232 f.; *Martens*, FS Ulmer, S. 399, 401 f.
954 Instruktiv OLG München ZIP 2003, 164; *Lutter*, ZIP 2003, 737, 742; *Baums*, FS Claussen, S. 3, 39.
955 Zur geplanten Einführung eines Zustimmungsvorbehalts siehe „Maßnahmenkatalog der Bundesregierung zur Stärkung der Unternehmensintegrität und des Anlegerschutzes", dazu *Kiethe*, WM 2004, 458, 568, sowie „Empfehlung der EU-Kommission zur Vorstandsvergütung", dazu *Maul/Lanfermann*, DB 2004, 2407, 2409.
956 OLG Stuttgart DB 2001, 1604, 1606; OLG Braunschweig ZIP 1998, 1585, 1586; *Baums*, FS Claussen S. 3, 30 ff.

ter wertmäßig bereits durch das Festgehalt abgegolten. Die Optionszusage dient folglich der Vergütung zusätzlicher Leistungen, die mit bzw. durch Erreichen eines bestimmten Unternehmensziels erbracht werden.

415 In der Praxis ist die Gewährung von Aktienoptionen in aller Regel an die Steigerung des Börsenwertes geknüpft. Die Bindung an den Aktienkurs der Gesellschaft ist ein grundsätzlich zulässiges Erfolgsziel.[957] Damit die für die Optionsausübung erforderliche Wertentwicklung tatsächlich das Ergebnis einer Leistung ist, sollte nicht allein der Aktienkurs als Vergleichsparameter festgesetzt werden. Eine positive Kursentwicklung drückt nämlich nur eine Bewertung durch den Kapitalmarkt aus, die mit der Lage der Gesellschaft nicht unbedingt identisch ist und zudem die persönliche Leistung der Vorstandsmitglieder nur unvollkommen reflektiert.[958] Daher sollte die Ausübung der Optionsrechte zusätzlich an einen Index (z. B. Branchenindex) gekoppelt sein.[959] Bei diversifizierten Unternehmen ist eine Kombination verschiedener Indices geboten. Die Indexierung dient den Interessen der Gesellschaft, denn damit wird die Anreizwirkung pro eingesetztem Kapital gestärkt.[960] Für international tätige Unternehmen kann ferner *Benchmarking* – leistungsorientierte Bezugsparameter vorausgesetzt – ein probates Instrument sein, um die Höhe optionsbezogener Vergütungsbestandteile an die Lage der Gesellschaft anzunähern. Eine Pflicht zur Indexierung besteht freilich nicht. Der Aufsichtsrat hat bei fehlender Indexierung allerdings eine erhöhte Argumentationslast, warum auf solche anspruchsvollen Vergleichsparameter verzichtet wurde.[961] Ziff. 4.2.3 Abs. 3 Satz 2 DCGK enthält die Empfehlung, variable Vergütungsteile, also auch Aktienoptionsprogramme auf anspruchsvolle, relevante Vergleichsparameter zu beziehen.

416 Die Angemessenheit der Aktienoptionsprogramme steht in Frage, wenn auf Grund außergewöhnlicher Kurssteigerungen, auffallend überdurchschnittlicher Entwicklungen des Börsenumfelds oder aber infolge anreizökonomisch verfehlter Ausgestaltung der Erfolgsziele und Ausübungsbedingungen die (auszahlbaren) Gewinne aus den Aktienoptionsvereinbarungen zum wesentlichen Bestandteil der Vorstandsbezüge werden.[962] Je schneller und höher sich der Börsenwert einer Gesellschaft entwickelt, desto geringer ist die Wahrscheinlichkeit, dass diese Performance nachvollziehbar auf die Leistungen der Vorstandsmitglieder zurückzuführen ist. Das gilt gerade für Kurssteigerungen infolge eines Übernahmeangebots. Der Aufsichtsrat soll

---

957 OLG Koblenz AG 2003, 453, 454; OLG Stuttgart AG 2001, 540, 541; LG Stuttgart AG 2001, 152, 153.
958 BGH ZIP 2004, 613; LG Düsseldorf ZIP 2004, 2044, 2049 (Mannesmann); *Adams*, ZIP 2002, 1325, 1338; *Schneider*, ZIP 1996, 1769, 1772.
959 *Spindler*, in: MünchKommAktG, § 87 Rn. 47; *Hüffer*, ZHR 161 (1997), 214, 236.
960 Näher *Johnson/Tian*, 150 Journal of Financial Economics (2002), 25 f.
961 Ausführlich *Thüsing*, ZGR 2003, 457, 493 ff.
962 Einzelheiten zum Verhältnis feste/variable Vergütungsbestandteile siehe Rn. 305 f.

nach § 87 Abs. 1 Satz 3 AktG grundsätzlich eine Begrenzungsmöglichkeit für außerordentliche Entwicklungen etwa in Form einer Obergrenze, bei deren Überschreiten keine weiteren Bezugsrechte gewährt werden, vereinbaren. Folgerichtig enthält auch der Deutsche Corporate Governance Kodex in Ziff. 4.2.3 Abs.2 Satz 5 die Empfehlung, Höchstgrenzen vorzusehen, wie sie insbesondere im Falle außerordentlicher, nicht vorhersehbarer Entwicklungen notwendig sind, um Zuflüsse aus Aktienoptionen auf ein angemessenes Maß vertraglich zu begrenzen (sog. *Caps*).[963] Als Berechnungsgrundlage für eine Begrenzung der Optionsgewinne bietet sich das sog. *Performance*-Abschlagverfahren an, bei dem die Höhe des maximalen Abschlags betragsmäßig festgelegt wird und damit der maximale Ausübungsgewinn pro Aktie begrenzt ist.[964]

bb)   Erforderliche Kapitalmaßnahmen

Aktienoptionsprogramme bedürfen korrespondierender Kapitalmaßnahmen, um im Fall der Optionsausübung den Aktienerwerb zu ermöglichen.[965] In der Praxis werden selbständige Aktienoptionen sowie Bezugsrechte in Form von Wandel- oder Optionsanleihen in der Regel aus bedingtem Kapital bedient.[966] Bei Ausgabe reiner Aktienoptionen muss der Hauptversammlungsbeschluss nach § 193 Abs. 2 Nr. 4 AktG besondere Erfolgsziele, Erwerbs- und Ausübungszeiträume sowie eine vierjährige Mindestwartezeit für die erstmalige Ausübung feststellen.[967] Diese gesetzlichen Beschlussanforderungen gelten nach § 221 Abs. 4 Satz 2 AktG gleichsam für Umtausch- oder Bezugsrechte in Form von Wandel- oder Optionsanleihen.[968] Die Festlegung der Erfolgsziele steht im Ermessen der Hauptversammlung und bedarf grundsätzlich keiner sachlichen Rechtfertigung. Der Beschluss unterliegt damit nur einer gerichtlichen Missbrauchskontrolle.[969] Orientieren können sich die Erfolgsziele an absoluten Kurssteigerungen, an relativer Performance (Indexierung) oder an anderen Parametern (z.B. Aktienrendite, Eigenkapitalrendite oder Umsatzrendite).[970] Selbst ein vergleichsweise niedrigerer Aktienkurs kommt als Erfolgsziel in Betracht, etwa wenn ein negativer Börsentrend gestoppt wer-

417

---

963 Einzelheiten zur Begrenzung der Bezüge siehe Rn. 309.
964 Näher *Bredow*, DStR 1998, 380; *Aha*, BB 1997, 2225.
965 Zur Bilanzierung der Aktienoptionsprogamme siehe *Spindler*, in: MünchKommAktG, § 87 Rn. 61 f.
966 Vgl. § 192 Abs. 2 Nr. 3 AktG bzw. §§ 192 Abs. 2 Nr. 1, 221 Abs. 1 AktG; dazu *Frey*, in: GroßKommAktG, § 192 Rn. 50 ff., 93 ff.; *Krieger*, in: MünchHdB GesR AG, § 63 Rn. 27 ff., 30 ff.
967 Instruktiv OLG Stuttgart DB 2002, 2638 m. Anm. *Sinewe*.
968 § 221 Abs. 4 Satz 2 AktG n. F. verweist ausdrücklich auf § 193 Abs. 2 Nr. 4 AktG; siehe UMAG, BGBl. I 2005, 2802; zur bisherigen Rechtslage *Krieger*, in: MünchHdB GesR AG, § 63 Rn. 28.
969 OLG Koblenz 2003, 453, 454 f.; OLG Stuttgart DB 2001, 1604, 1605 m. Anm. *Leuering*, EWiR 2001, 793; LG München AG 2001, 376, 377; *Hergeth*, DStR 2001, 1673.
970 Begründung RegE KonTraG, ZIP 1997, 2059, 2068; OLG Stuttgart DB 2001, 1604, 1605; *Krieger*, in: MünchHdB GesR AG, § 63 Rn. 34.

den soll.⁹⁷¹ Damit die Kurssteigerungen und der Wertzuwachs der Optionsrechte nicht allein auf börsenbedingten und damit unverdienten Zufälligkeiten beruhen (sog. *Windfall Profits*), werden absolute und relative Vergleichsparameter meist kombiniert. Ferner enthält der Deutsche Corporate Governance Kodex in Ziff. 4.2.3 Abs. 3 Satz 3 die Empfehlung, eine nachträgliche Herabsetzung der Erfolgsziele und/oder des Ausübungspreises auszuschließen.⁹⁷² Unabhängig davon unterliegt ein solches *Repricing* zudem aktienrechtlichen Schranken.⁹⁷³

418 Soll das Aktienoptionsprogramm durch den Erwerb eigener Aktien nach § 71 Abs. 1 Nr. 8 AktG unterlegt werden, sind die Beschlusserfordernisse des § 193 Abs. 2 Nr. 4 AktG ebenfalls einzuhalten. Die Mindestanforderungen gelten nur für den Beschluss über die Veräußerung eigener Aktien, nicht aber für die Ermächtigung zum Aktienerwerb.⁹⁷⁴ Ansonsten gelten für den Erwerb eigener Aktien die allgemeinen Voraussetzungen.⁹⁷⁵ Als alleiniges Finanzierungsmittel kommt der Aktienrückkauf meist nur für ertragsstarke Unternehmen in Betracht.⁹⁷⁶ Überwiegend fungiert der Erwerb eigener Aktien als unterstützendes Sicherungsinstrument, das parallel zur bedingten Kapitalerhöhung durchgeführt wird. Solche Kombinationen sind unbedenklich, solange das zulässige Gesamtvolumen beider Kapitalmaßnahmen nicht 10% des Grundkapitals der Gesellschaft überschreitet. Die relative Begrenzung nach §§ 192 Abs. 3, 71 Abs. 1 Nr. 8 AktG bewirkt bei bedingter Kapitalerhöhung mit gleichzeitigem Aktienrückkauf eine wechselseitige Anrechnung der Aktienvolumina.⁹⁷⁷

419 Keine praktische Bedeutung für Aktienoptionsprogramme haben Kapitalerhöhungen durch genehmigtes Kapital nach § 202 ff. AktG. Die fünfjährige Durchführungsfrist entspricht nicht den Laufzeiten der meisten Optionsvereinbarungen, die im Durchschnitt für sechs bis sieben Jahre aufgelegt sind.⁹⁷⁸ Außerdem entstehen die Bezugsrechte erst mit Eintragung der Kapitalerhöhung in das Handelsregister, sodass die Optionsausübung allein noch keine Mitgliedschaftsrechte begründet.⁹⁷⁹ Ferner müssen gesonderte Beschlüsse für jede einzelne Kapitaltranche gefasst und eingetragen werden. Gegenüber bedingtem Kapital und dem Erwerb eigener

---

971 OLG Koblenz 2003, 453, 454; zur Anerkennung wirtschaftlicher Erfolgsziele v. *Einem/Götze*, AG 2002, 72.
972 Dazu *Ringleb*, in: Ringleb/Kremer/Lutter/v. Werder, Kommentar zum DGCK, Rn. 732 ff.
973 Ausführlich *Caspar*, DStR 2004, 1391; *Käpplinger/Käpplinger*, WM 2004, 712.
974 LG Berlin NZG 2000, 944; *Markwardt*, DB 2002, 1108, 1111; *Roth/Schoneweg*, WM 2002, 677, 682; a.A. *Bosse*, NZG 2001, 594, 596 f.
975 Näher *Markwardt*, BB 2002, 1108; *Bosse*, NZG 2001, 594.
976 Zur praktischen Eignung vgl. *Friedrichsen*, Aktienoptionsprogramme für Führungskräfte, S. 226 ff.; *Bosse*, NZG 2001, 594, 598; *Kau/Leverenz*, BB 1998, 2269, 2274.
977 *Knoll*, ZIP 2002, 1382, 1383 f.; *Keul/Semmer*, DB 2002, 2255; *Hoffmann-Becking*, NZG 1999, 797, 804; *Weiß*, WM 1999, 353, 562 f.; a.A. *Mutter*, ZIP 2002, 295.
978 *Roth/Schoneweg*, WM 2002, 677, 682; *Feddersen/Pohl*, AG 2001, 26, 33.
979 *Roth/Schoneweg*, WM 2002, 677, 682; *Hüffer*, ZHR 161 (1997), 214, 221.

Aktien erweist sich das genehmigte Kapital als schwerfällige und damit ungeeignete Kapitalmaßnahme zur Bedienung zugesagter Optionsrechte.

cc) Aktiensoptionsprogramme im Konzern

§ 192 Abs. 2 Nr. 3 AktG ermöglicht eine bedingte Kapitalerhöhung zur Gewährung von Optionsrechten auf den Bezug von Aktien der Konzernmutter zugunsten der Vorstände abhängiger Gesellschaften. Aus Sicht der Konzernmutter werden dadurch Anreize geschaffen, die künftige Geschäftspolitik in den Tochterunternehmen stärker auf die Belange der Obergesellschaft auszurichten und auf diese Weise zum Gesamterfolg des Konzerns beizutragen. Die Ausgabe der Aktienoptionen beruht in der Regel auf einem eigenständigen Vertrag zwischen Konzernmutter und Vorstandsmitglied, der neben dem Anstellungsverhältnis mit der Tochtergesellschaft besteht.[980] Bei konzernvertraglich verbundenen Unternehmen sind Aktienoptionsprogramme grundsätzlich unbedenklich, denn der Vorstand der abhängigen Gesellschaft ist (auch) auf das Konzerninteresse verpflichtet und kann jederzeit angewiesen werden, zum Nachteil der Konzerntochter zu handeln, sofern die Weisung den Belangen des herrschenden Unternehmens oder der mit ihm verbundenen Unternehmen dient, vgl. § 308 Abs. 2 AktG.[981]

420

Im faktischen Konzern dagegen kann die Einführung eines Aktienoptionsplans auf den Bezug von Aktien der Konzernmutter eine Verletzung der Loyalitätspflicht des Mehrheitsgesellschafters darstellen. Die dem Programm inhärente Anreizwirkung begründet die abstrakte Gefahr, dass der Tochter-Vorstand im Fall einer Interessenkollision allein die Belange der Konzernmutter berücksichtigt und zu Lasten der abhängigen Gesellschaft handelt. Damit hieraus kein qualifizierter faktischer Konzern entsteht, soll herrschender Meinung zufolge – je nach Intensität des Anreizes – die Zustimmung der Minderheitsgesellschafter erforderlich sein.[982] Das Zustimmungserfordernis lässt sich erzielen, indem zwischen Mutter- und Tochtergesellschaft ein echter Vertrag zugunsten des Tochter-Vorstands abgeschlossen wird. Alternativ genügt auch ein Vertrag zwischen Konzernmutter und abhängiger Gesellschaft, aus dem zunächst das Tochterunternehmen die Rechte erwirbt und diese dann an ihre Vorstandsmitglieder abtritt. Einfacher lässt sich die Gefahr qualifizierter Konzernverhältnisse beseitigen, wenn der Beschluss der Hauptversammlung über das Aktienop-

421

---

980 Vgl. BAG BB 2003, 1065.
981 Näher *Frey*, in: GroßKommAktG, § 193 Rn. 68; *Martens*, FS Ulmer, S. 399, 416; *Spindler*, DStR 2004, 36, 39; *Zitzewitz*, NZG 1999, 698, 700.
982 *Spindler*, in: MünchKommAktG, § 87 Rn. 51; *Baums*, FS Clausen, S. 3, 12; *Kallmeyer*, AG 1999, 97, 102; *Zitzewitz*, NZG 1999, 698, 700; a.A. (mit guten praktischen Argumenten) *Martens*, FS Ulmer, S. 399, 416f.; *Habersack*, FS Raiser, S. 112, 120ff.

tionsprogramm (auch) der Tochtergesellschaft zugute kommende Erfolgsziele festlegt.[983]

422 Besonderheiten bestehen schließlich bei konzernleitenden Vorstandsmitgliedern, die Optionsrechte auf den Bezug von Aktien abhängiger Konzerngesellschaften oder anderweitige Formen der Gewinnbeteiligungen an Tochterunternehmen erhalten sollen. Im Vertragskonzern ist ein auf den Erfolg der Tochtergesellschaft bezogenes Vergütungsprogramm für Vorstandsmitglieder der Konzernmutter grundsätzlich unbedenklich.[984] Demgegenüber darf im faktischen Konzern der Aufsichtsrat der Muttergesellschaft keine derartige Vergütungsvereinbarung treffen, sofern nicht die Hauptversammlung zuvor einer qualifizierten faktischen Konzernierung zugestimmt hat.[985] Anderenfalls könnte das tochterbezogene Gewinnbeteiligungsprogramm die Konzernvorstände dazu veranlassen, über die zulässige Einflussnahme auf allgemeine geschäftspolitische Leitlinien hinaus die Unternehmenspolitik der Konzerntochter zu bestimmen.

dd) *Gemischte Aktienoptionsprogramme*

423 Aktienoptionsprogramme können sowohl reale wie auch virtuelle Optionsbedingungen enthalten. Dafür stehen unterschiedliche Kombinationsmodelle zur Verfügung: Im ersten Modell hat das Vorstandsmitglied entweder Anspruch auf die Übertragung der sich aus der Optionsausübung ergebenden Zahl von Bezugsrechten oder Aktien gegen Bezahlung des sich aus den Optionsbedingungen ergebenden Ausübungsbetrages.[986] Alternativ hierzu kann das Vorstandsmitglied auch die Zahlung eines Geldbetrages verlangen, wobei der Börsenpreis der optierten Aktien gegen den Optionsausübungspreis verrechnet und der Unterschiedsbetrag an den Optionsausübenden gezahlt wird. Nach dem zweiten Modell ist die Gesellschaft berechtigt, den Anspruch des Vorstandsmitglieds auf Ausgabe von Bezugsrechten oder Aktien in einen Zahlungsanspruch in Höhe des Wertes des Optionsrechts im Zeitpunkt der Ausübung umzuwandeln und durch Zahlung zu erfüllen. Im dritten Modell besteht schließlich nur ein Anspruch auf Zahlung des nach einer festgelegten Formel berechneten Ausübungsgewinns. Ein Aktienerwerb durch das Vorstandsmitglied ist hier ausgeschlossen.

---

983 Dazu *Frey*, in: GroßKommAktG, § 193 Rn. 68; *Hüffer*, AktG, § 192 Rn. 20; dieses Erfordernis ablehnend *Habersack*, FS Raiser, S. 112, 127 f.
984 *Spindler*, in: MünchKommAktG, § 87 Rn. 51; *Vollmer*, FS Großfeld, S. 1269, 1279 f.
985 Ausführlich *Vollmer*, FS Großfeld, S. 1269, 1280 ff.
986 Näher *Schneider*, BB 2002, 1817, 1821.

d) Nachvertragliche Bindungsregeln

aa) Verfügungsbeschränkungen

Die feste Wartezeit für die erstmalige Ausübung der Aktienoptionen beträgt vier Jahre. Gelegentlich enthalten Optionsrechtsvereinbarungen fünfjährige, im Einzelfall sogar zehnjährige Sperrfristen.[987] Flankiert wird die Wartezeit in der Regel durch Verfügungsbeschränkungen, die generell oder für bestimmte Sachverhalte eine Veräußerung der Bezugsrechte nach § 399 Alt. 2 BGB vertraglich ausschließen. Mit Blick auf die Steuerungsfunktion der Programme sollte die Optionszusage für eine bestimmte Dauer jede Art von Gegengeschäften untersagen, insbesondere das sog. *Hedging* mit dem Ziel, Aktienoptionen durch Gegenoptionen auszunutzen.[988] Ansonsten empfehlen sich (nach-)vertragliche Regelungen für den Fall eines einvernehmlichen Ausscheidens aus dem Amt, der Pensionierung, Invalidität und den Todesfall. Ebenfalls zulässig ist der vertragliche Ausschluss der Übertragbarkeit erworbener Aktien. Anders als das Veräußerungsverbot für Optionsrechte bewirkt dieser Ausschluss nicht die Unwirksamkeit des Verfügungsgeschäfts.[989]

424

bb) Verfallklauseln

Das Vorstandsmitglied kann die Optionsrechte grundsätzlich nach Ausscheiden aus dem Amt ausüben.[990] Die Laufzeit der Aktienoptionsprogramme unterliegt nicht der zeitlichen Befristung gemäß § 84 Abs. 1 Satz 1 i.V.m. Satz 5 AktG und beträgt bei selbständigen Aktienoptionen mindestens fünf, überwiegend bis zu zehn Jahren.[991] Bei vorzeitiger Beendigung des Anstellungsvertrages während der Programmlaufzeit durch Kündigung, Aufhebungsvertrag oder im Rahmen der Pensionierung entfällt freilich die mit der Einräumung der Optionsrechte bezweckte Anreizfunktion, da das ausgeschiedene Vorstandsmitglied nichts mehr zum Unternehmenserfolg beitragen kann. In der Regel enthält der Anstellungsvertrag deshalb eine Verfallklausel, nach der für den Fall eines vorzeitigen Ausscheidens aus dem Amt die Optionszusage unter bestimmten Voraussetzungen wieder entfällt. Alternativ können die Parteien auch einen Barausgleich der verfallenden Bezugsrechte bei Vertragsende vereinbaren.[992]

425

---

987 *Pulz,* BB 2004, 1107, 1108; *Baeck/Diller,* DB 1998, 1405, 1407; *Bredow,* DStR 1998, 380, 381.
988 *Sauter/Babel,* in: Kessler/Sauter, Handbuch Stock Options, Rn. 51; *Adams,* ZIP 2002, 1325, 1334; zum sogenannten *Basket-Hedging* vgl. *Thüsing,* ZGR 2003, 457, 500.
989 Ausführlich *Pulz,* BB 2004, 1107, 1109f.
990 *Frey,* in: GroßKommAktG, § 192 Rn. 104; *Krieger,* in: MünchHdB GesR AG, § 58 Rn. 31.
991 *Feddersen/Pohl,* AG 2001, 26, 32; *Hoffmann-Becking,* NZG 1999, 797, 804.
992 Einzelheiten zum Barausgleich der verfallenden Bezugsrechte im Aufhebungsvertrag siehe Rn. 759ff.

426 Eine Verfallklausel ist grundsätzlich zulässig, sie darf jedoch das Vorstandsmitglied nicht unangemessen benachteiligen.[993] Begrenzt wird die Zulässigkeit der Klausel gemäß §§ 138, 242 BGB i. V. m. Art. 12 GG unter Berücksichtigung der Umstände des Einzelfalls. Unbedenklich sind solche Verfallklauseln, die das Erlöschen der Aktienoptionen bei Beendigung des Anstellungsverhältnisses vor Erreichen der Ausübungshürde vorsehen.[994] Entsprechendes gilt, wenn das Erfolgsziel bereits erfüllt, die Wartezeit aber noch nicht abgelaufen ist. Werden Wartezeit und Verfallfrist kombiniert, beträgt die maximal zulässige Wartezeit in Anlehnung an § 624 BGB höchstens fünf Jahre.[995] Verfallklauseln für die Zeit nach Ablauf der Wartezeit – also im Ausübungszeitraum – sind grundsätzlich unwirksam,[996] da der Wert der Aktienoptionen sich dann nahezu vollständig materialisiert hat und das Vorstandsmitglied zudem die mit der Wartezeit bezweckte Betriebstreue einschließlich der geschuldeten Vorstandsdienste bereits erbracht hat.[997] Davon ausgenommen und damit im Rahmen einer Verfallklausel regelbar sind Fälle schwerwiegender beruflicher Verfehlungen. Unzulässig dagegen sind solche Klauseln, nach denen die Optionsrechte auch im Fall einer durch die Gesellschaft veranlassten Beendigung des Anstellungsvertrages entschädigungslos entfallen. Bei Wandelschuldverschreibungen ist eine Verfallklausel ausgeschlossen, da das Vorstandsmitglied neben seiner Arbeitsleistung einen Kapitaleinsatz erbringt. Bestehen bleibt hier der Teil der Option, der auf die Dauer der Vorstandstätigkeit entfällt.[998]

427 In konzernweiten Aktienoptionsprogrammen wird mit den Vorständen der abhängigen Gesellschaften häufig vereinbart, dass die Optionsrechte auf den Bezug von Aktien der Konzernmutter verfallen, sobald die Tochtergesellschaft aus dem Konzernverbund ausscheidet. Mit Veräußerung oder Ausgliederung der Konzerntochter verliert das Optionsprogramm seine Anreizfunktion, welche in der Regel darauf zielt, die künftige Geschäftspolitik der abhängigen Gesellschaft stärker auf das Interesse der Konzernmutter auszurichten und damit zum Gesamterfolg des Konzerns beizutragen. In solchen Fällen können die Aktienoptionen nach Maßgabe der §§ 138, 242 BGB i. V. m. Art. 12 GG kurzfristig verfallen. Problematisch sind Programme, die ausschließlich in der Vergangenheit erbrachte Leistungen vergüten sollen. Derart zweckbegrenzte Aktienoptionspläne sind in der Praxis selten anzutreffen und nicht zu empfehlen. Um Streit über die Ausübung der Opti-

---

993 *Pulz*, BB 2004, 1107, 1110; *Baeck/Diller*, DB 1998, 1405, 1407.
994 *Frey*, in: GroßKommAktG, § 192 Rn. 104; *Friedrichsen*, Aktienoptionsprogramme für Führungskräfte, S. 191 f.; *Kallmeyer*, AG 1999, 97, 99; *Kau/Leverenz*, BB 1998, 2269, 2273.
995 *Maletzky*, NZG 2003, 715, 717; *Lembke*, BB 2001, 1469, 1473; *Baeck/Diller*, DB 1998, 1405, 1408.
996 Zur Rückführung überlanger Verfallklauseln vgl. *Pulz*, BB 2004, 1107, 1112.
997 *Friedrichsen*, Aktienoptionsprogramme für Führungskräfte, S. 193; *Lembke*, BB 2001, 1469, 1473; *Busch*, BB 2000, 1294, 1296.
998 Ausführlich *Maletzky*, NZG 2003, 715, 717.

onsrechte zu vermeiden, sollte möglichst bereits vor Veräußerung der Tochtergesellschaft mit den betroffenen Vorstandsmitgliedern eine Einigung erzielt werden, etwa durch Verlängerung der Ausübungsfristen.

e) Publizitätspflichten

Nach §§ 285 Satz 1 Nr. 9a, 314 Abs. 1 Nr. 6a HGB sind bei börsennotierten Gesellschaften die Bezüge für jedes einzelne Vorstandsmitglied individuell offenzulegen, sofern nicht die Hauptversammlung ein *Opting Out* beschließt.[999] Die gesetzliche Pflicht zur Individualangabe umfasst gleichsam eine Aufschlüsselung der Vorstandsbezüge nach Fixum, erfolgsbezogenen Komponenten sowie Komponenten mit langfristiger Anreizwirkung. Damit sind künftig Aktienoptionen und sonstige Bezugsrechte als Vergütungsbestandteil im Anhang zum Jahresabschluss/Konzernabschluss gesondert auszuweisen. Die Aktienoptionen sind mit ihrer Anzahl und dem beizulegenden Zeitwert zum Zeitpunkt ihrer Gewährung unter Berücksichtigung späterer Wertänderungen, die auf einer Änderung der Ausübungsbedingungen beruhen, anzugeben. Dies entspricht den auf börsennotierte Unternehmen seit 2005 anzuwendenden internationalen Rechnungslegungsstandards IAS/IFRS. **428**

Auch der Deutsche Corporate Governance Kodex enthält verschiedene Empfehlungen, um die Transparenz von Aktienoptionsplänen und die Publizität des Aktienbesitzes der Vorstandsmitglieder zu verbessern.[1000] Die Ausgestaltung des Aktienoptionsprogramms und der Wert der Aktienoptionen sollen auf der Internetseite der Gesellschaft bekanntgemacht und im Geschäftsbericht erläutert werden. Der Konzernabschluss soll konkrete Angaben über Aktienoptionsprogramme und ähnliche wertpapierorientierte Anreizsysteme enthalten. Strengere, jedoch unverbindliche Anforderungen beinhaltet die seit 2004 bestehende Empfehlung der EU-Kommission zur Vergütung von Vorstandsmitgliedern börsennotierter Gesellschaften.[1001] Diese betrifft nicht nur das der Jahreshauptversammlung eingeräumte Mitspracherecht bei der Festlegung der Vergütungspolitik, sondern auch die empfohlene umfassendere Offenlegung sämtlicher Informationen über Wert, inhaltliche Ausgestaltung und etwaige spätere Änderungen der Aktienoptionsprogramme und sonstiger aktienbezogener *Incentive*-Regelungen.[1002] **429**

Die Einräumung der Aktienoptionsrechte im Anstellungsvertrag wie auch die spätere Ausübung der Option sind Bestandteile der Vergütung und unterlagen demzufolge nach § 15a Abs. 1 Satz 3 WpHG a. F. nicht der wertpapierhandelsrechtlichen Mitteilungs- und Veröffentlichungspflicht für **430**

---

999 Einzelheiten zur Offenlegung der Vorstandsbezüge Rn. 355 ff.
1000 Siehe Ziff. 4.2.4, Ziff. 6.6 und Ziff. 7.1.3 DCGK.
1001 Einzelheiten zu dieser Empfehlung der EU-Kommission siehe Rn. 358.
1002 Ausführlich *Maul/Lanfermann*, DB 2004, 2407, 2409.

Directors' Dealings.[1003] Der Befreiungstatbestand umfasste freilich nur den Erwerbsvorgang, weshalb die Veräußerung der Aktien nach Ablauf der Wartefrist anzuzeigen war. Mit Neufassung des § 15a WpHG durch das Anlegerschutzverbesserungsgesetz hat sich der Kreis meldepflichtiger Wertpapiergeschäfte deutlich erweitert.[1004] Die Mitteilungs- und Veröffentlichungspflicht betrifft nunmehr bereits die Gewährung und grundsätzlich auch die Ausübung von Aktienoptionen im Rahmen eines Performanceprogramms für Vorstandsmitglieder. Dies gilt nach Ansicht der BaFin auch für virtuelle Aktien und *Stock-Appreciation Rights*, da diese cashbasierten Optionsgeschäfte ein sich auf Aktien des Emittenten beziehendes Finanzierungsinstrument i. S. d. § 15a Abs. 1 Satz 1 WpHG darstellen.[1005] Meldepflichtig ist hier die Begründung und Ausübung der Cash-Optionen, während bei realen Aktienoptionen neben der Gewährung nur der tatsächliche Erwerb der Aktien mitzuteilen ist. Die Veräußerung der Aktien unterliegt wie bisher der Mitteilungs- und Veröffentlichungspflicht, selbst wenn sie unmittelbar nach dem Aktienerwerb erfolgt. Im Einzelfall sind deshalb ggf. zwei zeitgleiche Mitteilungen abzugeben.[1006] Der gesetzlichen Publizitätspflicht für *Directors' Dealings* entspricht zudem Ziff. 6.3 Abs. 1 DCGK. Die Umsetzung beider Regelungen kann durch Aufnahme entsprechender Mitteilungspflichten im Anstellungsvertrag erfolgen.

431 Besonderheiten gelten für die Publizität des Aktienbesitzes. Nach Ziff. 6.3 Abs. 2 Satz 1 DCGK soll der Aktienbesitz einschließlich Optionen und sonstiger Derivate des einzelnen Vorstands- und Aufsichtsratsmitglieds im Anhang des Konzernabschlusses angegeben werden, wenn er direkt oder indirekt größer als 1 % aller von der Gesellschaft ausgegebenen Aktien ist.[1007] Indirekter Besitz bedeutet, dass auch diejenigen Aktien und Optionsrechte dem Organmitglied zuzurechnen sind, die ihm nahestehende Personen (Ehepartner, eingetragene Lebenspartner oder Verwandte ersten Grades) oder ihm nahestehende Unternehmen gehören.[1008] In den DAX-Unternehmen dürfte die 1 %-Schwelle direkt oder indirekt nur selten überschritten werden, während in *Start-up*-Unternehmen häufiger Aktionärsvorstände mit entsprechendem Beteiligungsbesitz anzutreffen sind. Übersteigt lediglich der Gesamtbesitz aller Vorstands- und Aufsichtsratsmitglie-

---

1003 Vgl. Bericht des Finanzausschusses, BT-Drucks. 14/8601, S. 19; *Schneider*, BB 2002, 1817, 1820; *Fleischer*, ZIP 2002, 1217.
1004 Siehe Anlegerschutzverbesserungsgesetz (AnSVG) vom 1.7.2004, BGBl. I, S. 2630.
1005 Emittentenleitfaden der Bundesanstalt für Finanzdienstleistungsaufsicht, Stand 28.4.2009, V.I.2.1.
1006 Emittentenleitfaden der Bundesanstalt für Finanzdienstleistungsaufsicht, Stand 28.4.2009, VI.3.6.1.2.
1007 Weitergehend der „Maßnahmenkatalog der Bundesregierung zur Stärkung der Unternehmensintegrität und des Anlegerschutzes", der die 1 %-Klausel abschaffen will und die Angabepflicht auch für den Jahresabschluss vorsieht; kritisch dazu *Kiethe*, WM 2004, 458, 462.
1008 *Ringleb*, in: Ringleb/Kremer/Lutter/v. Werder, Kommentar zum DGCK, Rn. 881.

der die 1 %-Schwelle, soll dieser Gesamtbesitz nach Ziff. 6.3 Abs. 2 Satz 2 DGKG getrennt nach Vorstand und Aufsichtsrat angegeben werden. Die erforderlichen Angaben für die Publizität im Anhang des Konzernabschlusses lassen sich auf Grund einer vertraglich vereinbarten Mitteilungspflicht feststellen.

An einer Wertpapierbörse handelbare Aktienoptionen und Aktien aus Aktienoptionsprogrammen gelten grundsätzlich als Insiderpapiere i. S. d. § 12 WpHG.[1009] Mit Einführung des § 12 Satz 1 Nr. 3 WpHG sind nicht zu einem organisierten Markt zugelassene Aktienoptionen ebenfalls als Insiderpapiere anzusehen.[1010] Dies betrifft gleichsam viruelle Gestaltungsformen, wie z. B. *Phantom Stocks, Restricted Stock Units* oder *Stock Appreciations Rights*. Davon zu unterscheiden ist die Frage, welche optionsbezogene Handlung das Verbot von Insidergeschäften nach § 14 WpHG berührt. Die bloße Ausübung von Aktienoptionen ist trotz bestehender Insiderinformationen zumindest dann nicht verboten, wenn das Vorstandsmitglied die Optionsrechte nur in einem bestimmten Ausübungszeitraum ausüben darf. Im Gegensatz dazu kann die spätere Veräußerung der erworbenen Aktien unter den Voraussetzungen des § 14 Abs. 1 WpHG ein verbotenes Insidergeschäft darstellen.[1011] Das Vorstandsmitglied macht sich nach § 38 Abs. 1 Nr. 1 WpHG strafbar, wenn es unter Ausnutzung seiner Insiderkenntnisse die Aktien oder Optionsrechte veräußert.[1012]

432

f) Besteuerung

Aktienoptionen sowie Umtausch- oder Bezugsrechte aus Wandelschuldverschreibungen sind einkommensteuerpflichtige Einkünfte aus nicht selbständiger Arbeit nach §§ 2 Abs. 1 Satz 1 Nr. 4, 19, 38 EStG. Dabei handelt es sich um Arbeitsentgelt,[1013] das die Gesellschaft den Vorstandsmitgliedern als Gegenleistung für ihre Dienste zuwendet.[1014] Das gilt gleichsam für reine Aktienoptionen, die durch eine bedingte Kapitalerhöhung bedient werden.[1015]

433

Der Besteuerungszeitpunkt beurteilt sich danach, wann dem einzelnen Vorstandsmitglied ein geldwerter Vorteil zufließt und eine Einnahme nach §§ 8 Abs. 1, 11 Abs. 1 Satz 1 EStG erzielt wird. Bedeutung hat dieser Zeitpunkt,

434

1009 Zur Führung von Insider-Verzeichnissen gemäß § 15b WpHG vgl. *Schneider/v. Buttlar*, ZIP 2004, 1621.
1010 Emittentenleitfaden der Bundesanstalt für Finanzdienstleistungsaufsicht, Stand 28.4.2009, I.3 (S. 12).
1011 *Schaefer*, NZG 1999, 531, 534; *Feddersen*, ZHR 161 (1997), 268, 289; *Schneider*, ZIP 1996, 1769, 1775.
1012 Zur zivilrechtlichen Haftung vgl. *Holzborn/Foelsch*, NJW 2003, 932, 938.
1013 Vorstandsmitglieder sind Arbeitnehmer im steuerrechtlichen Sinn, vgl. BFH, BStBl. 1969 II, 185.
1014 *Frey*, in: GroßKommAktG, § 192 Rn. 173 f.; *Friedrichsen*, Aktienoptionsprogramme für Führungskräfte, S. 288 ff.
1015 Ausführlich *Eberhartinger/Engelsing*, WPg 2001, 99, 104.

weil nach gegenwärtiger Rechtslage eine nachfolgende Wertsteigerung der Option, die außerhalb der Spekulationsfrist realisiert wird, nicht steuerpflichtig ist, sofern die Besteuerung vor dem Zeitpunkt der tatsächlichen Ausübung erfolgt. Als Anknüpfungspunkt für den maßgeblichen Zeitpunkt kommt die Optionseinräumung, die erstmals mögliche Optionsausübung oder die tatsächliche Optionsausübung in Betracht. Für die Besteuerung im Zeitpunkt der Optionseinräumung wird angeführt, dass Aktienoptionen den Charakter eines übertragbaren Wirtschaftsgutes aufweisen, dennoch aber auf Grund der festgelegten Sperrfrist im Einräumungszeitpunkt noch nicht übertragbar sind.[1016] Solange das Vorstandsmitglied infolge der fehlenden Übertragbarkeit und Verwertungsmöglichkeit den Wert der Optionen nicht realisieren kann, sind diese für ihn nutzlos und ohne messbaren Vorteil. Anders ist dies nur, wenn dem Vorstandsmitglied Ansprüche gegen Dritte – also am Markt – und nicht nur gegenüber der Gesellschaft eingeräumt werden, beispielsweise wenn an der Börse gehandelte oder anderweitig marktgängige Optionsscheine übertragen werden.[1017]

435 Höchstrichterlicher Rechtsprechung zufolge fließen geldwerte Vorteile aus Aktienoptionen an den Berechtigten nicht bereits mit der Einräumung, sondern erst im Zeitpunkt der Ausübung der Optionsrechte.[1018] Dies gilt auch im Falle der Übertragbarkeit der Option.[1019] Besteuert wird nur der erzielte Ausübungsgewinn, also die Differenz zwischen dem niedrigsten Kurswert der Aktien am Tage der Ausübung und dem im Rahmen der Optionsrechtszusage vereinbarten Kaufpreis für den Erwerb der Aktien. Klarstellend weist der BFH darauf hin, dass der Zufluss nicht bereits dann erfolgt, wenn der Optionsberechtigte die ausgegebenen Bezugsrechte erstmals – etwa nach Ablauf von Sperrfristen und der Erfüllung von Erfolgszielen – ausüben darf.[1020] Maßgebend ist also allein die Endbesteuerung. Wird hingegen das Optionsrecht zum Kurs- bzw. Marktwert erworben, fehlt es an der Gewährung eines geldwerten Vorteils, und die Überlassung erfolgt steuerfrei. Kann das Vorstandsmitglied die verschafften Aktien veräußern, steht einem Zufluss nicht entgegen, dass er hinsichtlich der Verwendung des Veräußerungserlöses gebunden ist.[1021] Auch sogenannte Sperr- bzw. Haltefristen stehen einem Zufluss nicht entgegen. Das ist aber anders, wenn das Vor-

---

1016 *Kessler/Strnad*, BB 2000, 641, 645; *Kroschel*, BB 2000, 176, 180; *Eckert*, DStR 1999, 2490, 2491 f.
1017 FG Münster 15.7.2008 – 1 K 4029/06 E, DStRE 2009, 589; *Portner* DStR 2010, 1316.
1018 BFH NZA 2005, 980; BFH DB 2001, 1173 f.; BFH DB 2001, 1176 f.; siehe Erlass d. Finanzministeriums Nordrhein-Westfalen v. 27.3.2003 – S 2332 – 109 – V B 3, abgedruckt in BB 2003, 1095.
1019 BFH 20.11.2008 – VI R 25/05, BStBl II 09, 382 = DStRE 09, 207 mit Anm. *Busch* DStR 2009, 898.
1020 BFH NZA 2005, 980; BFH DB 2001, 1861; BFH DStR 1999, 1524, 1525; näher *Portner*, DB 2002, 235 ff.; *Bauer/Gemmeke*, StB 2003, 83, 86.
1021 BFH 1.2.2007 – VI R 73/04, BFH/NV 2007, 896.

standsmitglied die Verfügungsmacht aus rechtlichen Gründen noch nicht erlangen kann.[1022]

Bei der Ausgabe nicht frei handelbarer Optionen ist aus steuerrechtlicher Sicht darauf zu achten, dass der Wertzuwachs möglichst nach Ausübung des Optionsrechts stattfindet. Fraglich bleibt jedoch, ob für den Besteuerungszeitpunkt der Tag der Ausbuchung der Aktien aus dem Depot der begebenden Gesellschaft oder der Tag der Einbuchung auf dem Depot des begünstigten Vorstandsmitglieds entscheidend sein soll. Für den Zeitpunkt der Einbuchung lässt sich anführen, dass erst dann wirtschaftlich Eigentum erworben wird und der Verschaffungsanspruch erst damit erfüllt ist.[1023] **436**

War das Vorstandsmitglied zwischen Ausgabe und Ausübung der Aktienoptionen zeitweise im Ausland tätig, so sind die im Zeitpunkt der Optionsausübung zufließenden geldwerten Vorteile aufzuteilen und zeitanteilig in jenem Umfang, in dem der Vorstand im Ausland arbeitete, nach Maßgabe des jeweiligen Doppelbesteuerungsabkommens von einer Besteuerung in der Bundesrepublik Deutschland freizustellen.[1024] **437**

Ebenfalls unterschiedlich beurteilt wird der Besteuerungszeitpunkt bei Wandelschuldverschreibungen. Überwiegender Auffassung nach ist dem Berechtigten erst mit der Wandlung in Aktien ein geldwerter Vorteil zugeflossen, so dass die Besteuerung erst im Zeitpunkt der Ausübung oder bei Verkauf des Wandelrechts erfolgen kann.[1025] Eine Anfangsbesteuerung im Zeitpunkt der Begebung der Wandelanleihe ist bei steuerrechtlich gebotener wirtschaftlicher Betrachtungsweise nicht anzunehmen, da die Anleihebedingungen bei Wandelschuldverschreibungen als Bestandteil der Vorstandsvergütung keine sofortige Verwertung zulassen und damit im Zeitpunkt der Ausgabe noch kein effektiver Zufluss geldwerter Vorteile erfolgen kann.[1026] Die Endbesteuerung lässt sich zudem damit rechtfertigen, dass die Ausgestaltung der Wandelanleihen mit Wartezeiten, Erfolgzielen und *Vesting*-Regelungen wirtschaftlich weitgehend der eines Aktienoptionsprogramms gleicht. **438**

g) Auswirkungen von Umstrukturierungen

Im Falle einer Verschmelzung ist zu beachten, dass nach § 20 Nr. 2 UmwG mit dem Wirksamwerden der Verschmelzung der übertragende Rechtsträger erlischt. Nach § 23 UmwG ist deshalb der übernehmende Rechtsträger **439**

1022 BFH 30.6.2011 – VI R 37/09, DStRE 11, 1247 zu „restricted shares".
1023 BFH 12. 10. 2006 – VI B 12/06, BFH/NV 07, 40; Ausführlich *Fritsche/Bäumler*, DStR 2003, 1005, 1010 f.
1024 BFH DB 2001, 1173, 1175; BFH DB 2001, 1176, 1177.
1025 FG München EFG 2000, 494 (Revision beim BFH unter Az. VI R 124/99); *Haas/Pötschan*, DStR 2000, 2018, 2020; *Valentin*, EFG 2001, 969, 970; *Bauer/Gemmeke*, StB 2003, 83, 89 ff.
1026 FG München EFG 2000, 494; *Valentin*, EFG 2001, 969, 970; a. A. FG Düsseldorf EFG 2001, 968 ff.; *Singer*, StuB 2002, 1073, 1074; *Eisolt/Wickinger*, BB 2001, 122, 126.

verpflichtet, den Inhabern von stimmrechtslosen Sonderrechten im übertragenden Rechtsträger – zu denen auch die Inhaber von Aktienoptionen zählen – gleichwertige Rechte im übernehmenden Rechtsträger einzuräumen.[1027]

440 Neben dem Fall der Verschmelzung kann die Möglichkeit zur Gewährung von Aktien auch nach einem Squeeze-Out entfallen. Nach § 327a ff. AktG hat der Mehrheitsaktionär, sofern er mindestens 95 % der Aktien an einer Gesellschaft hält, die Möglichkeit, die verbliebenen Minderheitsaktionäre auszuschließen. Die Aktien der Minderheitsaktionäre gehen auf den Hauptaktionär mit Eintragung des Beschlusses der Hauptversammlung ins Handelsregister über. Als Ausgleich für den Ausschluss haben die Minderheitsaktionäre Anspruch auf Zahlung einer Barabfindung. Die Höhe ist nach § 327b AktG vom Hauptaktionär festzulegen. Der Squeeze-Out hat bezogen auf die Inhaber von Aktienoptionen zur Folge, dass sie ihren Anspruch auf Verschaffung von Aktien verlieren, denn dieser richtet sich nun auf eine unmögliche Leistung. Anstelle dieses Anspruchs tritt der Anspruch auf Zahlung einer Barabfindung. Dies folgt daraus, dass die Stellung des Vorstandsmitglieds nicht stärker sein kann als die der Aktionäre, aber auch nicht schlechter sein darf. Das Vorstandsmitglied ist deshalb wirtschaftlich so zu behandeln wie der Aktieninhaber. Dies kann dergestalt erfolgen, dass das Vorstandsmitglied die auch den Minderheitsaktionären zustehende volle Barabfindung erhält oder indem man ihnen nur den Anspruch auf eine Barabfindung einräumt, die dem Wert ihrer Optionsrechte entspricht und die nach anerkannten Bewertungsverfahren zu ermitteln ist.[1028]

4. Tantieme

441 Neben oder anstelle von Aktienoptionen erhalten Vorstandsmitglieder in der Regel Gewinnbeteiligungen in Form von Tantiemen.[1029] Anknüpfungspunkt hierfür ist nicht die Wertsteigerung der Aktien, sondern das Ergebnis einer Gesellschaft (z.B. Rendite, EBIT/EBITDA,[1030] Jahresüberschuss, Umsatz). Beide Gestaltungsformen variabler Vergütungskomponenten unterscheiden sich ferner in der Dauer der Anreizwirkung: Aktienoptionen sind langfristige, Tantieme jährlich/mehrjährlich wiederkehrende und damit kurzfristige Erfolgsbeteiligungen.

a) Rechtsgrundlage

442 Die Gewährung von Tantiemen erfolgt meist auf der Grundlage einer Vereinbarung im Anstellungsvertrag. Ferner kann der Aufsichtsrat durch

---

1027 *Küttner*, Personalhandbuch 2012, Aktienoption, Rn. 14; *Willemsen/Müller-Bonanni* ZIP 2003, 1177 ff.
1028 *Küttner*, Personalhandbuch 2012, Aktienoption, Rn. 15 m.w.N.
1029 Überblick bei *Rottnauer*, NZG 2001, 1009; *Fleck*, WM 1981, Sonderbeil. Nr. 3, S. 7.
1030 Earnings before Interests, Taxes, Depreciation and Armortization.

eigenständigen Beschluss die Tantieme zusagen. Einer Ermächtigung in der Satzung bedarf es dafür nicht.[1031] Zahlungen ohne Rechtsgrundlage im Anstellungsvertrag sind jedoch nur unter bestimmten Voraussetzungen zulässig, die der Aufsichtsrat sorgfältig zu prüfen und zu dokumentieren hat.[1032] Der Aufsichtsrat sollte zur Vermeidung einer eigenen (nach der sog. Mannesmann-Entscheidung aus dem Jahr 2006 ggf. auch strafrechtlichen) Haftung darauf achten, dass Tantiemezahlungen jeweils eine Rechtsgrundlage im Anstellungsvertrag zugrunde liegt. Der dem Aufsichtsrat dann zustehende Beurteilungs- und Ermessensspielraum ist gerichtlich nur sehr eingeschränkt überprüfbar.

Fehlt die Rechtsgrundlage für Tantieme im Anstellungsvertrag, ist die Zahlung mithin freiwillig, sind solche Zahlungen nur dann angemessen, wenn dem Unternehmen gleichzeitig Vorteile zufließen bzw. in der Zukunft zufließen werden. Dies kann bei weiterhin tätigen Vorstandsmitgliedern mit der damit verbundenen Anreizwirkung der Fall sein. Eine solche Begründung scheidet aus, wenn das Vorstandmitglied das Unternehmen zeitnah verlässt oder bereits verlassen hat. Freiwillige Zahlungen an ausscheidende oder ausgeschiedene Vorstandsmitglieder werden in aller Regel unangemessen sein und können strafrechtlich sogar als treuwidrige Verschwendung von Gesellschaftsvermögen angesehen werden, was einen Untreuetatbestand begründen kann.[1033] Anders als die Rechtsprechung wollen Teile der Literatur auch weiter belohnende Zuwendungen für zulässig ansehen.[1034] Die Vertragspraxis hat auf die seit dem Jahr 2006 verschärften Anforderungen reagiert und so finden sich heute in aller Regel in den Anstellungsverträgen Regelungen, die die Rechtsgrundlage für Tantiemezahlungen beschreiben und dem Aufsichtsrat auch für außergewöhnliche Situationen einen Beurteilungs- und Ermessensspielraum einräumen. Ein solches Vorgehen ist sehr zu empfehlen. **443**

Enthält die Satzung einzelne Richtlinien für die Einräumung von Tantiemen, so sind diese Regelungen im Anstellungsvertrag grundsätzlich zu beachten.[1035] Der Aufsichtsrat ist aber nicht dazu verpflichtet, jedem Vorstandsmitglied die in der Satzung getroffenen Regelungen anzubieten.[1036] Im Rahmen seiner Entschließungsfreiheit kann er darüber entscheiden, welches Vorstandsmitglied zu welchen Konditionen eine Tantieme erhalten soll. Eine wiederholte Gewährung von Tantiemen durch Aufsichtsratsbeschluss begründet keine Rechte für die Zukunft. **444**

1031 *Hüffer*, AktG, § 87 Rn. 4; *Mertens/Cahn*, in: KölnKommAktG, § 87 Rn. 24.
1032 BGH NJW 2006, 522 ff. (sog. Mannesmann-Entscheidung).
1033 BGH NJW 2006, 522 ff. (sog. Mannesmann-Entscheidung); *Tutzing*, NZG 2006, 813 ff.
1034 *Mertens/Cahn*, in: KölnKommAktG, § 87 Rn. 35 m. w. N.
1035 Einzelheiten zu statutarischen Vergütungsrichtlinien siehe Rn. 307 f.
1036 *Spindler*, in: MünchKommAktG, § 87 Rn. 74; *Mertens/Cahn*, in: KölnKommAktG, § 87 Rn. 24.

445 Hat nach der Satzung die Hauptversammlung das Recht zur Verwendung des Bilanzgewinns gemäß § 58 Abs. 3 Satz 2 AktG, kann sie den Vorstandsmitgliedern durch Beschluss ebenfalls Tantieme gewähren. Die Tantieme umfasst nur das vergangene Geschäftsjahr. Dabei handelt es sich um eine Zuwendung an Dritte.[1037]

b) Höhe der Tantieme

446 Die Angemessenheit der gewährten Tantieme bestimmt sich nach § 87 Abs. 1 AktG einschließlich der dazu entwickelten Grundsätze. Die Festsetzung hat unter Berücksichtigung des Festgehalts sowie sonstiger variabler Vergütungsbestandteile zu erfolgen. Außergewöhnliche geschäftliche Entwicklungen können dazu führen, dass Tantiemen eine Höhe erreichen, die die Parteien bei Abschluss des Dienstvertrages nie erwartet hätten. Beitragsmäßige Höchstgrenzen dürfen daher nicht fehlen und sind mit zu vereinbaren (vgl. Ziff. 4.2.3 Abs. 2 Satz 6 DCGK). Die Zusage unangemessener Tantieme bleibt wirksam, sofern nicht die Voraussetzungen der §§ 134, 138 BGB erfüllt sind. Eine Herabsetzung der Tantieme ist nach Maßgabe des § 87 Abs. 2 AktG möglich.[1038] Ferner ist nach einer vereinfachten Kapitalherabsetzung die Ausschüttung von Tantiemen solange verboten, bis die gesetzliche Rücklage 10 % des Grundkapitals erreicht hat.

447 Soll „dem Vorstand" oder „sämtlichen Vorstandsmitgliedern" ein Anspruch auf Tantieme ohne nähere Bestimmung zustehen, so ist im Zweifel jedes Vorstandsmitglied nach § 420 BGB zu einem gleichen Anteil tantiemeberechtigt.[1039] Die Fälligkeit einer zugesagten Tantieme ist im Anstellungsvertrag festzulegen. Beginnt die Bestellung zusammen mit dem Anstellungsvertrag während des Geschäftsjahres, so berechnet sich die Tantieme ohne abweichende Vereinbarung *pro rata temporis*.[1040] Entsprechendes gilt für die Beendigung der Rechtsverhältnisse während eines Geschäftsjahres. Die konkrete Höhe kann dabei durch Gewinne und Verluste variieren, die erst nach dem Ausscheiden eingetreten sind. Endet die Bestellung vorzeitig unter Aufrechterhaltung des Anstellungsvertrages, bleibt der Anspruch auf Tantieme grundsätzlich weiterhin in voller Höhe bestehen.[1041] Die Tantiemezahlung kann aber auch allein an die Beendigung der Bestellung gebunden werden.

448 Im Fall einer gewinnbezogenen Tantieme wird der Anspruch nicht erst mit dem Gewinnverwendungsbeschluss der Hauptversammlung nach § 174 AktG fällig, sondern schon mit der Feststellung des Jahresüberschusses

---

1037 *Hüffer*, AktG, § 58 Rn. 25; *Spindler*, in: MünchKommAktG, § 87 Rn. 75.
1038 Ausführlich *Peltzer*, FS Lutter, S. 571, 580f.
1039 *Mertens/Cahn*, in: KölnKommAktG, § 87 Rn. 24; *Wiesner*, in: MünchHdB GesR AG, § 21 Rn. 44.
1040 BGH GmbHR 1994, 546, 547; OLG Hamm GmbHR 1985, 155, 157.
1041 *Wiesner*, in: MünchHdB GesR AG, § 21 Rn. 44; *Mertens/Cahn*, in: KölnKommAktG, § 87 Rn. 24.

durch Vorstand und Aufsichtsrat nach § 172 AktG oder durch die Hauptversammlung nach § 173 AktG.[1042] Der Anspruch auf Tantieme verjährt innerhalb der regelmäßigen Verjährungsfrist von drei Jahren nach §§ 195, 199 BGB, und zwar ab dem Schluss des Jahres, in dem der Anspruch entstanden ist und ab dem Zeitpunkt, ab dem das Vorstandsmitglied Kenntnis von den anspruchsbegründenden Umständen haben konnte. Die Besteuerung der Tantiemezahlung erfolgt nicht bereits mit Entstehung des Anspruchs, sondern erst bei tatsächlicher Auszahlung.[1043]

c)   Inhaltliche Ausgestaltung

aa)   Gewinn- und dividendenabhängige Tantieme

In der Praxis bestimmt sich die Tantieme meist konkret am Ergebnis der Gesellschaft und orientiert sich entweder am Jahresgewinn/Jahresüberschuss, am Ertrag oder an der Dividende. Auch andere vergleichbare Bemessungsgrundlagen sind möglich und finden sich oft. Es muss dann aber darauf geachtet werden, die Bemessungsgrundlage so genau wie möglich zu nennen bzw. zu beschreiben. Insbesondere Bemessungsgrundlagen, die gesetzlich nicht definiert sind, sind exakt zu regeln. § 86 Abs. 1 Satz 2 AktG a. F. war bis zu seiner Aufhebung im Jahr 2002 durch das TransPuG gesetzliches Leitbild für gewinnabhängige Tantieme.[1044] Für die Beteiligung am Jahresgewinn verlangte die Norm zwingend die Berechnung des Anteils nach dem Jahresüberschuss, vermindert um einen Verlustvortrag aus dem Vorjahr und um die Beträge, die nach Gesetz und Satzung aus dem Jahresüberschuss in Gewinnrücklagen einzustellen sind. Entsprechendes galt auch für dividendenabhängige Tantieme.[1045] Die restriktive Regelung konnte bereits nach alter Rechtslage abbedungen werden, sofern hierbei die der Sicherung der Gesellschaft dienenden Grenzen beachtet wurden.[1046] Danach zulässig waren dividendenabhängige Tantieme, die an den verteilungsfähigen Bilanzgewinn anknüpften und den Vorstand insoweit den Aktionären gleich und die Gesellschaft besser stellten, als dies vergleichsweise bei einer Anknüpfung an den Jahresüberschuss gemäß §§ 86 Abs. 2 AktG a. F., 275 Abs. 3 HGB der Fall gewesen wäre.[1047] Bedeutung hatte die Regelung für fortbestehende Altverträge.[1048] Für Neuverträge hat die Vorschrift unmittelbar keine Bedeutung mehr. Für diese gilt nur § 87 Abs. 1

449

1042   *Spindler*, in: MünchKommAktG, § 87 Rn. 77.
1043   *Liebscher*, in: Beck'sches HdB AG, § 6 Rn. 83.
1044   § 86 Abs. 1 Satz 2 AktG a. F. wurde aufgehoben durch Art. 1 Nr. 4 TransPuG, abgedr. BGBl. I 2002, 2681; dazu Abschlussbericht Regierungskommission Corporate Governance, Rn. 41.
1045   Näher *Mertens*, in: KölnKommAktG, 2. Auflage, § 86 Rn. 7; *Semler*, FS Budde, S. 599, 605.
1046   BGH ZIP 2000, 1438, 1439 m. Anm. *Altmeppen* und *Leuering*, EWiR 2001, § 86 AktG 1/01, 245.
1047   BGH ZIP 2000, 1438, 1439 f.; *Rottnauer*, NZG 2001, 1009.
1048   Vgl. BGH DStR 2003, 1449 m. Anm. *Rottnauer*, EWiR 2003, § 86 AktG a. F., 1/03, 795.

AktG, bei dessen Anwendung die Altregelung jedoch eine Auslegungshilfe sein kann.

450 Aufgelöste Gewinnrücklagen, Sonderausschüttungen oder anderweitig freigesetzte Beträge sind bei der Bemessung einer dividendenabhängigen Tantieme berücksichtigungsfähig, wenn sie bei der Einstellung in die Gewinnrücklagen von dem der Berechnung der Tantieme zu Grunde gelegten Jahresüberschuss abgesetzt worden sind.[1049] Soll dagegen der Vorstand bei einem negativen Jahresergebnis an sämtlichen Abschreibungen partizipieren, wird die Gesellschaft hierdurch schlechter gestellt als nach § 86 Abs. 2 AktG a. F. mit der Folge, dass eine solche Tantiemeklausel nach alter Rechtslage rechtswidrig ist. Dies wird auch unter der Regie des § 87 Abs. 1 AktG nicht anderes zu beurteilen sein und zur Unangemessenheit führen. Unangemessen ist daher auch die Anknüpfung an den *Cash-Flow*, der nach der Tantiemezusage als Jahresüberschuss gemäß § 86 AktG a. F. + Abschreibungen + ergebnisneutrale Subventionen definiert worden war.[1050] Gleiches kann für eine früher nicht selten anzutreffende Umsatztantieme gelten.[1051]

451 Ein nachträglich abgeschlossener Gewinnabführungsvertrag nach § 291 Abs. 1 AktG berührt den Anspruch auf eine dividendenabhängige Tantieme grundsätzlich nicht.[1052] Es ändert sich aber die Bemessungsgrundlage, denn mit Wegfall der Dividendenentscheidung entfällt gleichsam auch die Zuführung von Gewinnanteilen in die Rücklagen, sodass eine Erhöhung der Tantieme durch den Wechsel zum reinen Jahresüberschuss eintritt.[1053] Bei fehlender vertraglicher Regelung kommt entweder die Auslegung der Tantiemevereinbarung dahingehend in Betracht, dass die bisher typischen Zuweisungen in die Rücklagen als Kürzung in die Bemessungsgrundlage einfließen, oder es finden die Regeln über den Wegfall der Geschäftsgrundlage Anwendung.[1054] In jedem Fall empfiehlt sich die Aufnahme einer Anpassungsklausel in den Anstellungsvertrag.

bb) Ermessens-, Mindest- und Umsatztantieme

452 Die Gewährung von Ermessenstantiemen ist generell zulässig, sofern deren Zahlung bereits vorher im Anstellungsvertrag vereinbart worden ist.[1055]

[1049] BGH ZIP 2000, 1438, 1439 f.; *Rottnauer*, NZG 2001, 1009, 1012 ff.; *Fonk*, NZG 1999, 1110, 1111; a. A. OLG Düsseldorf NZG 1999, 595 f.
[1050] So BGH DStR 2003, 1449.
[1051] *Hüffer*, AktG, § 86 Rn. 2; *Mertens/Cahn*, in: KölnKommAktG, § 87 Rn. 30, wonach Umsatztantiemen nur in Sonderfällen unbedenklich sind.
[1052] BGH NJW 1960, 721; *Mertens/Cahn*, in: KölnKommAktG, § 87 Rn. 27; *Spindler*, in: MünchKommAktG, § 87 Rn. 104.
[1053] *Spindler*, in: MünchKommAktG, § 87 Rn. 104; *Hüffer*, FS Kruse S. 651, 655 ff.
[1054] *Spindler*, in: MünchKommAktG, § 87 Rn. 104.
[1055] BGH NJW 2006, 522 (*Mannesmann*); *Spindler*, in: MünchKommAktG, § 87 Rn. 66. Ermessenstantiemen waren vor Aufhebung des § 86 AktG a.F. bereits zulässig, siehe *Hoffmann-Becking*, NZG 1999, 797, 799.

Ermessenstantiemen ermöglichen eine flexible, individuelle und damit näherungsweise gerechte Leistungsbeurteilung der einzelnen Vorstandsmitglieder. Über die Höhe entscheidet der Aufsichtsrat nach billigem und pflichtgemäß auszuübendem Ermessen, § 315 BGB. Die Ermessensausübung ist in nur begrenztem Umfang gerichtlich überprüfbar.[1056] Um tatsächlich erzielte Erfolge und Misserfolge in die Bemessung einzubeziehen, nimmt der Aufsichtsrat bei der Festsetzung der Ermessenstantieme häufig auf (selbst-)bestimmte Parameter, Richtlinien und Kennzahlen Bezug. Als Zielgröße kommen ferner sog. weiche Faktoren in Betracht, etwa die Kundenzufriedenheit. Ermessenstantiemen können, müssen aber nicht im Anstellungsvertrag vereinbart werden. Sie können auch nachträglich auf freiwilliger Grundlage durch Beschluss des Aufsichtsrats gewährt werden, dann allerdings – weil ohne vertragliche Grundlage – nur unter Beachtung der Zulässigkeitsvoraussetzungen und Angemessenheitskriterien der *Mannesmann*-Rechtsprechung des BGH, die der Aufsichtsrat sorgfältig zu prüfen, anzuwenden und zu dokumentieren hat.[1057]

453 Die Gewährung einer Mindesttantieme dient üblicherweise dazu, die fixen Vorstandsbezüge in ein pensionsfähiges Gehalt und einen bei der Berechnung des Ruhegeldes nicht anzusetzenden (nicht variablen) Vergütungsanteil aufzuspalten.[1058] Bei der Mindesttantieme handelt es sich um keine Gewinnbeteiligung, weshalb sie auch ohne Erreichen eines bestimmten Geschäftserfolges zu zahlen ist.[1059] Mindesttantiemen werden in der Regel deshalb mit gewinn- und/oder dividendenabhängigen oder mit Ermessenstantiemen kombiniert. Im Einzelfall kann die Gewährung einer Festtantieme interessant sein, die zeitlich befristet etwa für die Erschließung neuer, anfangs verlustreicher Geschäftsfelder, in Sanierungsfällen oder für das erste Amtsjahr gezahlt wird. Auf zusätzlich anfallende Tantieme ist die Mindesttantieme anzurechnen, sofern die Parteien nicht ausdrücklich etwas anderes vereinbaren.[1060]

454 Junge, noch gewinnschwache Unternehmen bieten ihren Vorstandsmitgliedern häufig Umsatztantiemen, die sich nach dem Waren- und Leistungsumsatz im laufenden Geschäftsbetrieb unter Berücksichtigung der erhaltenen Gegenleistung berechnen. Ausgaben für Anschaffungen und Einnahmen aus Veräußerung von Betriebsvermögen bleiben in der Regel unberücksichtigt. Solche Regelungen sind für die ersten zwei bis drei Jahre häufig sach-

---

1056 BGH GmbHR 1994, 546, 547; BGH WM 1975, 761, 762f.
1057 BGH NJW 2006, 522 (*Mannesmann*); näher dazu *Spindler*, in: MünchKommAktG, § 87 Rn. 65ff.
1058 BGH NJW-RR 1994, 1055, 1056; OLG München DB 1999, 327, 328; *Fonk*, in: Semler/v. Schenck, ArbeitsHdB für Aufsichtsratsmitglieder, § 9 Rn. 122 („pensionsneutrale" Mindesttantieme); *Wiesner*, in: MünchHdB GesR AG, § 21 Rn. 39; siehe auch OLG Oldenburg OLGR 1996, 205f.
1059 OLG München DB 1999, 327, 328; *Spindler*, in: MünchKommAktG, § 87 Rn. 40.
1060 *Stein*, in: Hachenburg, GmbHG, § 35 Rn. 218; *Schneider*, in: Scholz, GmbHG, § 35 Rn. 183.

gerecht. Am Markt etablierte Gesellschaften sollten keine Umsatztantieme gewähren, da anderenfalls der Vorstand versucht sein könnte, die Umsätze auf Kosten der Rentabilität zu steigern. Umsatztantiemen können dann sehr schnell zur Unangemessenheit nach § 87 Abs. 1 AktG führen, da falsche Anreize gesetzt werden und insbesondere die Lage der Gesellschaft (also deren Ertragskraft) keine ausreichende Berücksichtigung findet.[1061] Erhält ein Vorstandsmitglied mit beherrschender Stellung in der Gesellschaft eine nicht durch besondere Umstände gerechtfertigte Umsatztantieme, so handelt es sich dabei um eine verdeckte Gewinnausschüttung.[1062]

5. Einmalige Anerkennungsprämien

a) Regelungsmöglichkeiten

455 Der Deutsche Corporate Governance Kodex enthält in Ziff. 4.2.3 Abs. 1 Satz 2 DCGK die unverbindliche Anregung, dass die variablen Vergütungsbestandteile auch einmalige erfolgsgebundene Komponenten beinhalten sollten.[1063] Im Unterschied zur Tantieme als jährlich wiederkehrender Gewinnbeteiligung dienen einmalige Bonuszahlungen und Anerkennungsprämien (sog. *Appreciation Awards*) der nachträglichen Belohnung für herausragende überobligatorische Leistungen eines Vorstandsmitglieds. Anlass hierfür können etwa bestimmte Akquisitionen, Investitionen oder Desinvestitionen, die Entwicklung erfolgreicher Produkte, die Erschließung neuer Märkte oder aber das Erreichen vorab festgelegter Kennzahlen sein. Überdies kommt auch die Honorierung einer bestimmten Abwehrstrategie gegen eine feindliche Übernahme der Gesellschaft in Betracht,[1064] wobei dieser Sachverhalt zunehmend im Rahmen einer sog. *Change-of-Control*-Klausel oder in Form sog. *Take-over*-Boni vertraglich geregelt wird.[1065]

456 Die Gewährung nachträglicher Bonuszahlungen und freiwilliger Anerkennungsprämien für in der Vergangenheit erbrachte Dienste ist grundsätzlich zulässig, soweit diese in der Zukunft mit Vorteilen für das Unternehmen verbunden sind, was bei ausscheidenden oder bereits ausgeschiedenen Vorstandsmitgliedern in aller Regel nicht der Fall sein kann.[1066] Rechtliche Grundlage für solche Einmalzahlungen kann eine den ursprünglichen Anstellungsvertrag ergänzende Vergütungszusage des Aufsichtsrats oder

---

[1061] *Mertens/Cahn*, in: KölnKommAktG, § 87 Rn. 30, wonach Umsatztantiemen nur in Sonderfällen unbedenklich sind.
[1062] *Mertens/Cahn*, in: KölnKommAktG, § 87 Rn. 27; für den Gesellschafter-Geschäftsführer *Schneider*, in: Scholz, GmbHG, § 35 Rn. 185a.
[1063] Dazu *Ringleb*, in: Ringleb/Kremer/Lutter/v. Werder, Kommentar zum DGCK, Rn. 722 ff.
[1064] *Wollburg*, ZIP 2004, 646, 652 ff.; *Liebers/Hoefs*, ZIP 2004, 97; ablehnend *Martens*, ZHR 169 (2005), 124, 142 f.; *Brauer*, NZG 2004, 502, 507.
[1065] Einzelheiten zur *Change-of-Control*-Klausel und zu *Take-over*-Boni siehe Rn. 465 ff.
[1066] BGH NJW 2006, 522 ff. (sog. Mannesmann-Entscheidung); *Tutzing*, Die Zulässigkeit von Vorstandsvergütungen dem Grunde nach, NZG 2006, 813 ff.

aber eine bereits bestehende vertragliche Regelung sein, obgleich sich letzterenfalls die Gesellschaft in der Regel das Ob und die Höhe der nachträglichen Leistung ausdrücklich vorbehalten wird (sog. Freiwilligkeitsvorbehalt).

Unter besonderen Umständen kann die Zahlung einer zusätzlichen Anerkennungsprämie im Unternehmensinteresse sogar geboten sein, zumal nicht immer davon auszugehen ist, dass sämtliche erbrachten Dienste eines Vorstandsmitglieds – insbesondere die Übernahme zusätzlicher Aufgaben – generell durch die vereinbarten Bezüge abgegolten sind.[1067] Denn außergewöhnliche qualitative oder quantitative Mehrleistungen sind zumindest dann nicht als unentgeltlich erbracht anzusehen, wenn bei Abschluss des Anstellungsvertrages die besonderen unternehmerischen Erfolge eines Vorstandsmitglieds noch nicht absehbar waren und andere Unternehmen diese herausragenden Leistungen gesondert vergüten.[1068] Rechtsgrundlage für die Bestimmung einer solchen zusätzlichen Vergütung sind die §§ 316, 315 BGB, sofern eine übliche Vergütung nicht bereits nach § 612 Abs. 2 BGB feststellbar ist.[1069] **457**

Die gesonderte Vergütung überobligatorischer Leistungen setzt prinzipiell einen Beschluss des Aufsichtsrats/-auschusses voraus unabhängig davon, ob die Einmalzahlung im Rahmen eines Freiwilligkeitsvorbehalts vertraglich in Aussicht gestellt wird oder durch spätere Ergänzung des Vorstandsvertrages erfolgen soll.[1070] Formal handelt es sich jeweils um eine nachträgliche Änderung der Anstellungsbedingungen, die sich an den Zulässigkeitsvoraussetzungen und Abgemessenheitskriterien des BGH nach der *Mannesmann*-Entscheidung messen lassen muss.[1071] Anerkennungsprämien können Bestandteil einer Abfindungszahlung sein und im Rahmen eines Aufhebungsvertrages zugesagt werden, wenn es hierfür eine Regelungsgrundlage im Anstellungsvertrag gibt oder dieser vorfristig beendet werden und das Vorstandsmitglied dadurch eine gesicherte Rechtsposition aufgeben soll.[1072] **458**

b) Inhaltliche Anforderungen

Freiwillige Anerkennungsprämien müssen für sich und zusammen mit anderen Vergütungsbestandteilen angemessen sein.[1073] Die Feststellung der **459**

1067 Liebers/Hoefs, ZIP 2004, 97, 99; Spindler, DStR 2004, 36, 42, 44; Wollburg, ZIP 2004, 646, 651; Hüffer, BB 2003, Beil. 7, S. 20 ff.
1068 Spindler, DStR 2004, 36, 42; Wollburg, ZIP 2004, 646, 652; ablehnend Martens, ZHR 169 (2005), 124, 132 ff.; Brauer, NZG 2004, 502, 507.
1069 Ausführlich Liebers/Hoefs, ZIP 2004, 97 ff.
1070 Hüffer, BB 2003, Beil. 7, S. 18 ff.; Liebers/Hoefs, ZIP 2004, 97, 98.
1071 Baums, FS Huber, 2006, S. 657, 673; Hoffmann-Becking, NZG 2006, 127, 129; Fonk, NZG 2005, 248, 250; Spindler, in: MünchKommAktG, § 87 Rn. 67, 69.
1072 Einzelheiten zu Anerkennungsprämien im Aufhebungsvertrag siehe Rn. 766 ff.
1073 Brauer, NZG 2004, 502; Körner, NJW 2004, 2697, 2699; Liebers/Hoefs, ZIP 2004, 97, 99 f.

Angemessenheit hat nach § 87 Abs. 1 Satz 1 AktG und damit anhand der allgemeinen Vergleichsparameter zu erfolgen.[1074] Anknüpfungspunkte sind die Lage der Gesellschaft und andererseits die Aufgaben sowie insbesondere der unternehmerische Erfolg des Vorstandsmitglieds, denn die außergewöhnliche Leistung ist der eigentliche Sachgrund für die zusätzliche Prämie. Bedeutung hat aber auch die mit der einmaligen Bonuszahlung erzielte Anreizwirkung auf den Empfänger wie auch auf die anderen Vorstandsmitglieder, da die Gesellschaft mit der Honorierung des überobligatorischen Einsatzes signalisiert, dass die Übernahme zusätzlicher, unvorhersehbarer Aufgaben im Erfolgsfall belohnt wird.[1075] Anerkennungsprämien erhalten und fördern damit die Motivation und Leistungsbereitschaft der Vorstandsmitglieder auch für die Zukunft.[1076]

460 Nachträglich gewährte Anerkennungsprämien unterliegen gegenüber *ex ante* vertraglich festgesetzten Vergütungsbestandteilen strengeren Anforderungen, da die grundsätzlich bestehende Möglichkeit einer Nachverhandlung des Anstellungsvertrages bei der Gesamtbetrachtung nicht unberücksichtigt bleiben darf. Der Gesellschaft muss durch die außergewöhnlichen Leistungen des begünstigten Vorstandsmitglieds ein zusätzlicher Nutzen zugeflossen sein, um die nachträglichen Prämien zu rechtfertigen.[1077] Die Anforderungen an die Begründung freiwilliger Bonuszahlungen sind zudem umso höher, je mehr Zeit zwischen der zusätzlich honorierten Vorstandstätigkeit und der Beschlussfassung über die Zahlung der Boni vergangen ist.[1078] Äußerste Schranke für die Zulässigkeit der zugesagten Prämien ist stets das Unternehmensinteresse.[1079] Der Aufsichtsrat hat seine Entscheidung mithin in erster Linie an der Bestandssicherung und dauerhaften Rentabilität der Gesellschaft auszurichten.[1080]

461 Bei Gewährung unangemessen hoher Boni und Anerkennungsprämien machen sich der Aufsichtsrat sowie möglicherweise auch das begünstigte Vorstandsmitglied nach §§ 93 Abs. 2, 116 AktG gegenüber der Gesellschaft schadensersatzpflichtig und riskieren bei einer außerordentlich hohen, eine gravierende Pflichtverletzung begründenden Prämienzahlung außerdem eine Bestrafung wegen Untreue nach § 266 StGB.[1081] Allerdings hat der 3. Strafsenat des BGH in seiner *Mannesmann*-Entscheidung das Erfordernis

---

1074 Einzelheiten zu den Vergleichsmaßstäben siehe Rn. 295 ff.
1075 *Wollburg*, ZIP 2004, 646, 655 f.; *Spindler*, DStR 2004, 36, 44; *Hüffer*, BB 2003, Beil. 7, S. 23.
1076 Kritisch *Martens*, ZHR 169 (2005), 124, 132 f.; *Brauer*, NZG 2004, 502, 507.
1077 Zu „bloßen" Wert- und Aktienkurssteigerungen vgl. LG Düsseldorf ZIP 2004, 2044, 2048 f. (Mannesmann); *Kort*, NJW 2005, 333, 336.
1078 *Spindler*, DStR 2004, 36, 45; großzügiger *Hüffer*, BB 2003, Beil. 7, S. 24.
1079 AusführlichBGH NJW 2006, 522 (Mannesmann); *Wollburg*, ZIP 2004, 646, 653 ff.; *Fonk*, NZG 2005, 248, 251 f.
1080 Näher *Wollburg*, ZIP 2004, 646; *Hüffer*, BB 2003, Beil. 7, S. 21 ff.; *Baums*, FS Claussen, S. 3, 31.
1081 LG Düsseldorf ZIP 2004, 2044 (Mannesmann); LG Düsseldorf NJW 2003, 2536, 2537; *Rönnau/Hohn*, NStZ 2004, 113, 120; *Wollburg*, ZIP 2004, 646, 656 f.

einer *gravierenden* Pflichtverletzung wieder fallengelassen und eigenständige Kriterien zur Feststellung treupflichtwidriger Anerkennungsprämien geschaffen.[1081a] Der Senat leitet aus der dem Aufsichtsrat obliegenden fiduziarischen Treuebindung ein allgemeines Schädigungsverbot gegenüber der Gesellschaft ab, wonach die Gewährung einer nachträglichen Leistungsprämie nur zulässig ist, wenn und soweit dem Unternehmen gleichzeitig Vorteile zufließen, die den Vermögensverlust (über)kompensieren. Dagegen ist eine bloß belohnende Sonderzahlung, die der Gesellschaft keinen zukunftsbezogenen Nutzen bringt (sog. kompensationslose Anerkennungsprämie), als treupflichtwidrige Verschwendung des anvertrauten Gesellschaftsvermögens anzusehen, welche zur strafrechtlichen wie auch zivilrechtlichen Haftung von Aufsichtsrat und Vorstandsmitglied führen kann. Das gilt auch für übernahmebezogene Loyalitäts- und Stillhalteprämien, sofern die Entscheidung darüber als wirtschaftlich unvertretbar anzusehen ist.[1082]

6. Abfindungszusagen

a) Gewöhnliche Abfindung

Im Anstellungsvertrag kann grundsätzlich eine Abfindung für den Fall der (vorzeitigen) Beendigung des Vorstandsamtes und des Dienstvertrages vereinbart werden.[1083] Auch im Rahmen einer späteren Vertragsänderung ist eine Abfindungszusage noch möglich. Das Abfindungsversprechen beinhaltet meist die Zahlung eines einmaligen Kapitalbetrages, der über die für die restliche Vertragslaufzeit abzugeltenden Vergütungsansprüche hinaus eine zusätzliche Entschädigung für den Amtsverlust enthalten kann. Davon zu unterscheiden sind Abfindungsvereinbarungen, die erst anlässlich des tatsächlichen Ausscheidens aus dem Amt in einem Aufhebungsvertrag getroffen werden.[1084] **462**

Die Abfindungszusage unterliegt dem Angemessenheitsgebot gemäß § 87 Abs. 1 AktG. Die Parteien können zur späteren Ermittlung der Abfindungshöhe eine Berechnungsgrundlage vertraglich vereinbaren.[1085] So kann die Kapitalisierung der Gehaltsansprüche für die restliche Vertragslaufzeit pro Monat einen bestimmten Grundbetrag vorsehen. Ansonsten schuldet die Gesellschaft die monatliche/jährliche Bruttovergütung. Die Einbeziehung künftiger Gehaltssteigerungen setzt grundsätzlich eine entsprechende **463**

1081a BGH NJW 2006, 522; dazu *Hoffmann-Becking*, NZG 2006, 127; *Kort*, NZG 2006, 131; *Fonk*, NZG 2006, 813.
1082 Ausführlich *Rönnau/Hohn*, NStZ 2004, 113, 120f.
1083 *Liebers/Hoefs*, ZIP 2004, 97, 101; *Hüffer*, BB 2003, Beilage 7, S. 18; *Dreher*, AG 2002, 214, 215; *Flatten*, GmbHR 2000, 922, 925; a.A. *Martens*, ZHR 169 (2005), 124, 139ff.; *Käpplinger*, NZG 2003, 573, 574.
1084 Einzelheiten zur Abfindungsvereinbarung im Aufhebungsvertrag siehe Rn. 754ff.
1085 Instruktiv OLG Frankfurt NJW-RR 1995, 36, 39f.

Regelung voraus.[1086] Die Anrechnung anderweitigen Erwerbs auf die Abfindungszahlung ist zwar möglich, in der Praxis aber kaum durchsetzbar. Der DCGK empfiehlt in Ziffer 4.2.3 Abs. 4 einen Abfindungs-Cap von zwei Jahresvergütungen und nicht mehr als die Vergütung für die Restlaufzeit des Anstellungsvertrages.

464 Die Abfindung darf ihrer Höhe wegen oder aus sonstigen Gründen nicht dazu führen, dass der Aufsichtsrat bei seiner Entscheidung über eine Fortsetzung der Bestellung/des Anstellungsvertrages nicht mehr frei ist. Unzulässig sind solche Abfindungsversprechen, die eine Abfindung auch im Fall einer außerordentlichen Kündigung durch die Gesellschaft vorsehen und damit dem Aufsichtsrat die Vertragsbeendigung unzumutbar erschweren.[1087] Die Gesellschaft kann sich im Anstellungsvertrag ferner zur Zahlung einer zusätzlichen Entschädigung als Ausgleich für einen eventuell späteren Amtsverlust verpflichten.[1088] Das gilt insbesondere für den Fall einer Nichtverlängerung des Anstellungsvertrages auf Grund unterbliebener Wiederbestellung. Die Abfindungszusage sollte dabei die Dauer der Vorstandstätigkeit berücksichtigen. Bei einer Bestellung für die Höchstdauer von fünf Jahren ist eine zusätzliche Abfindungszahlung in Höhe von zwei Jahresbezügen (Gesamtvergütung) noch zulässig, da der Aufsichtsrat hierdurch nicht in seiner freien Entscheidung über eine etwaige Wiederbestellung beeinträchtigt wird.[1089]

b) Change-of-Control-Klausel

465 Neben klassischen Abfindungsvereinbarungen werden zunehmend sog. *Change-of-Control*-Klauseln in die Vorstandsverträge aufgenommen. Dabei handelt es sich um ein grundsätzlich zulässiges Leistungsversprechen der Gesellschaft gegenüber dem Vorstandsmitglied für den Fall eines vertraglich zu definierenden Kontrollwechsels.[1090] Die Abrede kompensiert vorrangig das durch die veränderten Mehrheitsverhältnisse entstandene Risiko der Weiterbeschäftigung. Nach erfolgreicher Umstrukturierung der Gesellschaft droht häufig nämlich die Abberufung der bisherigen Vorstände durch den neu gewählten Aufsichtsrat. Grund hierfür sind zumeist (berechtigte) Zweifel an der Loyalität gegenüber dem neuen Eigentümer; gilt dies insbesondere bei feindlichen Übernahmen, die trotz vehementer Verteidigung der Vorstände zustande gekommen sind.

1086 Nach BGH WM 1990, 1461, 1462 rechtfertigt der Gleichbehandlungsgrundsatz bereits eine solche Berücksichtigung.
1087 BGH NZG 2000, 983, 984 m. abl. Anm. *Günther*, EWiR 2001, 119, 120 (keine Nichtigkeit bei unverschuldeter Kündigung); *Lohr*, NZG 2001, 826, 835.
1088 *Fonk*, in: Semler/v. Schenck, ArbeitsHdB für Aufsichtsratsmitglieder, § 9 Rn. 162; Liebers/Hoefs, ZIP 2004, 97, 101; a.A. *Martens*, ZHR 169 (2005), 124, 139 f.
1089 *Liebers/Hoefs*, ZIP 2004, 97, 101; *Bauer*, DB 1992, 1413, 1414.
1090 Ausführlich *Dreher*, AG 2002, 214, 215; *Krause*, AG 2002, 133, 143; ablehnend *Martens*, ZHR 169 (2005), 124, 141, 143.

Ausgelöst wird die Leistungspflicht aus einer *Change-of-Control*-Klausel **466** nach dem jeweils vereinbarten Ereignis. Der Kontrollwechsel muss genau vertraglich definiert sein. In Betracht kommt der Wechsel einer bedeutenden Beteiligung i. S. d. §§ 21, 22 WpHG, der Kontrollerwerb i. S. d. § 29 Abs. 2 WpÜG oder eines Mehrheitsaktionärs oder aber der Abschluss eines Unternehmensvertrages mit der Gesellschaft als abhängigem Unternehmen nach § 291 ff. AktG.[1091] Alternativ oder zusätzlich können auch eine Eingliederung der Gesellschaft nach § 319 ff. AktG, ein Rechtsformwechsel nach § 190 ff. UmwG oder speziell definierte Fusionsfälle zum Gegenstand einer *Change-of-Control*-Klausel gemacht werden. Auch der Widerruf der Bestellung im Anschluss an einen Kontrollwechsel kann grundsätzlich anspruchsauslösendes Ereignis sein. Als maßgeblicher Zeitpunkt des Kontrollwechsels empfiehlt sich im Fall des Kontrollerwerbs die Anknüpfung an die gesetzlichen Anzeige- oder Mitteilungspflichten. In den übrigen Fällen sollten die Parteien nicht bereits den Abschluss des Verpflichtungsvertrages, sondern den dinglichen Übertragungs- bzw. Vollzugsakt als maßgeblichen Zeitpunkt für den Kontrollwechsel vereinbaren.

Der Aufsichtsrat hat bei der Vereinbarung einer *Change-of-Control*-Klausel **467** stets das Gebot der Angemessenheit nach § 87 Abs. 1 AktG zu beachten.[1092] Das Leistungsversprechen umfasst als Mindestinhalt meist die Abgeltung der Vergütung bis zum Ende der vereinbarten Vertragslaufzeit (mit oder ohne Abzinsung), die Abgeltung von Tantiemen auf der Basis eines bestimmten Prozentsatzes (z. B. bezogen auf 100 %)[1093] und die Freigabe oder wertmäßige Barabgeltung zugesagter Aktienoptionen. Keine rechtliche Grundlage besteht für eine Neugewährung von Optionsrechten. Ferner kann eine zusätzliche Abfindung zugesagt werden, die je nach Vertragsdauer, Gesamtbeschäftigungsdauer im Unternehmen und Lebensalter des Vorstandsmitglieds unterschiedlichen Angemessenheitskriterien unterliegt. Als Obergrenze dieser echten Abfindungszahlung sind hier – wie bereits bei der klassischen Abfindungszusage – ein bis maximal zwei Jahresbezüge anzunehmen.[1094] Der DCGK empfiehlt auch hier in Ziff. 4.2.3 Abs. 5 eine Deckelung, nämlich in Höhe von 150 % des Abfindungs-Caps, mithin maximal drei Jahresgesamtvergütungen. *Golden Parachutes* in Form außerordentlich hoher Ausgleichsprämien sind in der Regel unangemessen.[1095] Als taugliches Abwehrinstrument gegen feindliche Übernahmen

---

1091 *Hoffmann-Becking*, ZHR 169 (2005), 155, 171 f.; *Dreher*, AG 2002, 214, 217; *Bauer/Krets*, DB 2003, 811, 816.
1092 *Kort*, in: GroßKommAktG, § 76 Rn. 113; *Hüffer*, AktG § 87 Rn 4b; *Spindler*, in: MünchKommAktG, § 87 Rn. 82.
1093 Einzelheiten zur Ablösung des Tantiemeanspruchs im Aufhebungsvertrag siehe Rn. 761.
1094 *Bauer/Krets*, DB 2003, 811, 816; *Fonk*, in: Semler/v. Schenck, ArbeitsHdB für Aufsichtsratsmitglieder, § 9 Rn. 273: Obergrenze für Abgeltungszahlung und zusätzlicher Abfindung insgesamt in Höhe der Gesamtbezüge einer fünfjährigen Bestellungsperiode.
1095 *Hopt*, FS Lutter, S. 1361, 1389; *Bayer*, ZGR 2002, 588, 597; *Krause*, AG 2002, 133, 143; *Mülbert/Birke*, WM 2001, 705, 710; *Körner*, DB 2001, 367, 368.

kommen *Golden Parachutes* nämlich nur in Betracht, wenn sie ihrer enormen Höhe wegen geeignet sind, potenzielle Bieter abzuschrecken und einen Kontrollwechsel zu verhindern.[1096]

468 Die meisten *Change-of-Control*-Klauseln räumen dem Vorstandsmitglied mit Eintritt des Kontrollwechsels ferner das Recht ein, den Anstellungsvertrag zu kündigen und das Amt niederzulegen. Dieses Recht sollte auf einen angemessenen Zeitraum nach dem Kontrollwechsel beschränkt werden. Weitere Einschränkungen der Leistungspflicht sind denkbar, etwa wenn das Vorstandsmitglied innerhalb des Konzerns in eine zumindest gleichwertige Position wechselt. Sofern die *Change-of-Control*-Klausel das Recht zur einseitigen Beendigung des Vorstandsamtes enthält, bedarf die Regelung der Beschlussfassung des gesamten Aufsichtsrats.[1097]

c) Abgrenzung zu Take-over-Boni

469 Die Gesellschaft kann zusätzlich oder alternativ zu einem Leistungsversprechen im Rahmen einer *Change-of-Control*-Klausel eine besondere Vergütung für die Erbringung überobligatorischer Aufgaben der Vorstandsmitglieder im Fall eines Übernahmeversuchs zusagen.[1098] Der dafür zuständige Aufsichtsrat der Zielgesellschaft hat darauf zu achten, dass die Bonuszahlungen dem Unternehmensinteresse entsprechen. Möglich ist eine Regelung, die einzelne (zulässige) Handlungen des Vorstands im Übernahmeverfahren spezifiziert und die Gesellschaft zu festgelegten oder/und im Ermessen des Aufsichtsrats stehenden finanziellen Leistungen für den Fall verpflichtet, dass innerhalb eines bestimmten Zeitraums alle Bedingungen für die Durchführung eines Veräußerungsvorganges erfüllt sind. Für die Höhe dieser Vergütung gilt das Angemessenheitsgebot nach § 87 Abs. 1 AktG.[1099] Sollten *Take-over*-Boni bzw. Transaktionsboni im Anstellungsvertrag vereinbart werden, empfiehlt sich eine Verfallklausel für den Fall, dass etwa ein Großaktionär der Zielgesellschaft oder ein diese beherrschendes Unternehmen seinerseits finanzielle Leistungen an den Vorstand erbringt. Derartige Leistungen durch Dritte sind nicht per se unzulässig, jedoch mit Blick auf die Gefahr von Interessenkonflikten (der Vorstand fühlt sich gegenüber Dritten verpflichtet, der möglicherweise noch nicht einmal der alleinige Aktionär der Gesellschaft ist) nicht unproblematisch, dann allerdings zulässig, wenn – dies gebietet die aktienrechtliche Kompetenzordnung – der zuständige Aufsichtsrat informiert und damit einverstanden ist.[1100]

1096 Ausführlich *Harbarth*, ZVglRWiss 100 (2001), 275, 298.
1097 *Fonk*, in: Semler/v. Schenck, ArbeitsHdB für Aufsichtsratsmitglieder, § 9 Rn. 272.
1098 *Kort*, in: GroßKommAktG, § 76 Rn. 112; *Liebers/Hoefs*, ZIP 2004, 97, 98 f.; a. A. *Martens*, ZHR 169 (2005), 124, 142 f.
1099 *Spindler*, in: MünchKommAktG, § 87 Rn. 67 ff.; *Kort*, in: GroßKommAktG, § 76 Rn. 112.
1100 *Weber*, Gesellschaftsrechtliche Probleme bei der Gewährung von Transaktionsboni durch den Aktionär, DStR 2008, 104 ff.

Dem Bieter und den mit ihm zusammenwirkenden Personen sind unge- 470
rechtfertigte Zuwendungen und Geldleistungen an den Vorstand der Zielgesellschaft nach § 33 Abs. 3 WpÜG verboten.[1101] Für das Vorstandsmitglied folgt das Verbot ungerechtfertigter Vorteilsannahme bereits aus der organschaftlichen Treuebindung gegenüber der Gesellschaft nach § 93 Abs. 1 AktG.[1102] Ungerechtfertigt sind Leistungen, die den Vorstand zu einem nicht am Interesse der Gesellschaft und der Aktionäre orientierten Verhalten bewegen soll.[1103] Die Vereinbarung solcher Leistungen ist nach § 134 BGB nichtig. Grundsätzlich zulässig sind dagegen sachlich begründete Leistungszusagen, etwa für den Fall einer Weiterbeschäftigung der Vorstandsmitglieder nach Übernahme der Zielgesellschaft.[1104] Diese gerechtfertigten Zahlungen sind nach § 11 Abs. 2 Satz 3 Nr. 3 WpÜG offenzulegen.

7. Betriebliche Altersversorgung

Aktiengesellschaften gewähren ihren Vorstandsmitgliedern in der Regel 471
betriebliche Altersversorgung. Die Versorgungszusage soll bislang erbrachte sowie künftig erwartete Betriebstreue abgelten und hat daher überwiegend Entgeltcharakter.[1105] Es handelt sich um eine besondere Vergütung dafür, dass das Vorstandsmitglied seine Arbeitskraft für lange Zeit in den Dienst des Unternehmens stellt und dieses nicht wechselt, um seine persönliche Position zu verbessern.[1106] Wichtigste Bestandteile der Versorgungsvereinbarung sind das Altersruhegeld und die Invaliditätsrente einschließlich, im Ausnahmefall auch ohne Hinterbliebenenbezüge. Damit erhält das Vorstandsmitglied im Gegenzug für die Unsicherheit der befristeten Bestellung eine hinreichende Absicherung für das Alter, für den Fall dauerhafter Arbeitsunfähigkeit und für die Angehörigen im Todesfall.

Regelmäßig zugesagt wird ferner ein Übergangsgeld, das nach vorzeitiger 472
oder – für den Fall der Nichtverlängerung – regulärer Beendigung der Organstellung gezahlt wird und den Zeitraum zwischen dem Ausscheiden aus dem Vorstandsamt und dem Eintritt des Versorgungsfalls (oder – mittels Anrechnungsklausel – dem Beginn einer neuen Beschäftigung) umfassen soll.[1107] Das Übergangsgeld wird neben Altersruhegeld und Invaliditätsleistung als sog. dritter Pensionsfall bezeichnet, obwohl es keine betriebliche Altersversorgung i. S. d. BetrAVG ist. Das Übergangsgeld dient mithin nicht

---

1101 *Haouache*, in: AnwaltKommAktR, § 33 WpÜG Rn. 20; *Hüffer*, BB 2003, Beilage 7, S. 16 f.; *Burghard*, WM 2000, 611, 612.
1102 Ausführlich *Hopt*, in: GroßKommAktG, § 93 Rn. 177 ff.
1103 *Haouache*, in: AnwaltKommAktR, § 33 WpÜG Rn. 20; *Hüffer*, BB 2003, Beilage 7, S. 17.
1104 *Hopt*, ZHR 166 (2002), 383, 429; *Krause*, NJW 2002, 705, 713; *Schüppen*, WPg 2001, 958, 971 f.
1105 BGH DStR 2002, 412, 413 m. Anm. *Goette*; BGHZ 108, 330, 335; OLG Jena NZG 1999, 1070, 1971.
1106 BGH AG 1997, 265, 266 m. Anm. *Fonk*; BGH NJW 1984, 1529, 1530.
1107 BGH AG 2008, 215; BGH AG 2001, 46 f.; BGH WM 1997, 68; OLG Hamburg WM 1992, 786.

der Absicherung biologischer Risiken, sondern soll nach Beendigung der Bestellung drohende Einkommenseinbußen und Beschäftigungslosigkeit des Vorstandsmitglieds ausgleichen und noch für eine gewisse Zeit dessen (familiären) Lebensstandard sichern.[1108]

a) Zuständigkeit des Aufsichtsrats-/ausschusses

473 Für die Gewährung betrieblicher Altersversorgung im Rahmen eines Ruhegeldvertrages ist nach §§ 87 Abs. 1 Satz 1 i.V.m. Satz 5, 107 Abs. 3 Satz 3, 112 AktG der Aufsichtsrat zuständig. Die Entscheidung kann nicht einem Ausschuss übertragen werden. Davon zu unterscheiden ist die Vorbereitung des Vertrages, insbesondere das Aushandeln einzelner Versorgungsleistungen. Mit den Vertragsverhandlungen kann ein Ausschuss, der Aufsichtsratsvorsitzende, ein sonstiges Aufsichtsratsmitglied oder auch ein Mitglied des Vorstands beauftragt werden. Die Verhandlungsführung setzt eine wirksame Ermächtigung durch den Aufsichtsrat voraus.[1109]

474 Die Gesellschaft wird nach § 112 AktG auch dann durch den Aufsichtsrat vertreten, wenn ein ausgeschiedenes Vorstandsmitglied Klage auf Zahlung von Ruhegeld oder andere Leistungen der betrieblichen Altersversorgung erhebt.[1110] Ein solcher Rechtsstreit betrifft eine mit der Tätigkeit des ehemaligen Vorstandsmitglieds in Zusammenhang stehende Angelegenheit, wodurch die abstrakte Gefahr der Befangenheit des Vorstands besteht und damit dessen Vertretungszuständigkeit für die Gesellschaft ausgeschlossen ist.[1111]

b) Ausdrückliche Regelung

475 Das Vorstandsmitglied kann Leistungen der betrieblichen Altersversorgung in der Regel nur verlangen, wenn eine ausdrückliche Vereinbarung darüber besteht.[1112] Aus der Fürsorge- und Treupflicht der Gesellschaft lassen sich Versorgungsansprüche grundsätzlich nicht ableiten. Ausnahmsweise kann ein angemessenes Ruhegeld dann zu zahlen sein, wenn der Versorgungsgedanke im Anstellungsvertrag angesprochen wurde und das Vorstandsmitglied zudem vor der Bestellung bereits langjährig im Unternehmen beschäftigt war, der Betriebspensionskasse angehörte und wegen des hohen Alters eine anderweitige Absicherung des Ruhestands nicht möglich ist.[1113] Hat das Vorstandsmitglied bereits als leitender Angestellter eine Versorgungs-

---

1108 BGH WM 1991, 417f.; BGH WM 1984, 1324, 1325; OLG Hamburg WM 1992, 786, 788.
1109 BGH DStR 2003, 1176, 1177; *Semler*, in: MünchKommAktG, § 112 Rn. 50ff.
1110 BGH ZIP 2004, 237 m.Anm. *Leuering*, EWiR 2004, 183; für den Aufsichtsrat einer GmbH vgl. BGH WM 1991, 941; BGH WM 1990, 630, 631; OLG München DStR 2003, 1719; a.A. *Behr/Kindl*, DStR 1999, 119, 125f. (Vertretung durch den Vorstand).
1111 Ausführlich *Semler*, in: MünchKommAktG, § 112 Rn. 21ff.
1112 BGH NJW-RR 1994, 357, 358 (für die GmbH); *Spindler*, in: MünchKommAktG, § 84 Rn. 198.
1113 BGHZ 16, 50, 53; siehe aber BGHZ 50, 378, 383; BGHZ 22, 375, 381.

anwartschaft erlangt oder verpflichtet sich die Gesellschaft im Anstellungsvertrag ausdrücklich zur Gleichbehandlung aller Vorstandsmitglieder, kann sich ein Anspruch auf betriebliche Altersversorgung ferner im Wege einer ergänzenden Vertragsauslegung ergeben.[1114] Gewährt die Gesellschaft ihren Vorständen aus gutem Brauch bestimmte Versorgungsleistungen, kann die dadurch entstandene betriebliche Übung herrschender Meinung nach auch ohne ausdrückliche vertragliche Regelung einen Anspruch auf Ruhegeld begründen.[1115]

Die Einzelheiten der betrieblichen Altersversorgung können im Anstellungsvertrag oder in einer eigenständigen Pensionsvereinbarung geregelt werden. Ein einheitlicher Anstellungs- und Pensionsvertrag hat den Vorteil, die Kongruenz der einzelnen Bestimmungen sicherzustellen. Für die Versorgungszusage besteht kein Formzwang.[1116] Die steuerliche Anerkennung von Pensionsrückstellungen setzt jedoch nach § 6a Abs. 1 Nr. 3 EStG die Schriftform der Versorgungszusage sowie eindeutige Angaben zu Art, Bedingungen und Höhe der in Aussicht gestellten Leistungen voraus. **476**

c) Anwendbarkeit des BetrAVG

aa) Persönlicher und sachlicher Geltungsbereich

Pensionszusagen für Vorstandsmitglieder unterliegen dem Gesetz zur Verbesserung der betrieblichen Altersversorgung (BetrAVG), wenn das einzelne Vorstandsmitglied am Stammkapital nicht oder nur unwesentlich beteiligt ist und damit keine beherrschende Stellung im Unternehmen einnimmt.[1117] Denn die Schutzbestimmungen der §§ 1–16 BetrAVG gelten nach § 17 Abs. 1 Satz 2 BetrAVG auch für Personen ohne Arbeitnehmerstatus, die bei der inhaltlichen Ausgestaltung der Alters-, Invaliditäts- und Hinterbliebenenversorgung keinen maßgeblichen Einfluss auf die Willensbildung der Gesellschaft haben.[1118] **477**

Unanwendbar bleibt das BetrAVG bei Mehrheitsaktionären und bei solchen Minderheitsaktionären, die in nicht unbedeutendem Umfang am Unternehmen beteiligt sind und allein oder zusammen mit anderen Aktionärsvorständen über eine anteilsmäßig bedingte oder sonstwie institutionell ver- **478**

1114 BGH AG 1995, 188, 189; BGH NJW-RR 1994, 357, 358; *Wiesner*, in: MünchHdB GesR AG, § 21 Rn. 43; *Fleck*, FS Hilger/Stumpf, S. 197, 214.
1115 BGH AG 1995, 188, 189; BGH BB 1990, 1436, 1437; *Mertens/Cahn*, in: KölnKommAktG, § 84 Rn. 67; *Fleck*, FS Hilger/Stumpf S. 197, 213; a. A. *Spindler*, in: MünchKommAktG, § 84 Rn. 198; *Schneider*, in: Scholz, GmbHG, § 35 Rn. 199 (für den GmbH-Geschäftsführer).
1116 BGH ZIP 1994, 206, 207 m. Anm. *Heubeck/Oster*, EWiR 1994, § 17 BetrAVG 1/94, 327.
1117 *Mertens/Cahn*, in: KölnKommAktG, § 84 Rn. 68 ff; *Nirk*, in: Nirk/Reuter/Bächle, HdB Aktiengesellschaft I, Rn. 668.
1118 BGH AG 2001, 46, 47; BGH WM 1998, 1535, 1536; OLG Hamm AG 2008, 326 ff.; *Goette*, DStR 2002, 413, 414.

festigte Mehrheitsmacht verfügen.[1119] Wo eine nicht unerhebliche Minderheitsbeteiligung beginnt, hat die Rechtsprechung bislang nicht entschieden. Für den Gesellschafter-Geschäftsführer einer GmbH gilt ab einer Beteiligung in Höhe von 10 % eine Vermutungsregel.[1120] Auf den Aktionärsvorstand einer Aktiengesellschaft dürfte diese Beteiligungsschwelle übertragbar sein. Entscheidend für die Bewertung der Kapitalbeteiligung ist der Zeitpunkt, in dem die Gesellschaft dem Vorstandsmitglied bestimmte Versorgungsleistungen zugesagt hat.

479 Sachlich bezieht sich das BetrAVG nur auf Leistungen der betrieblichen Altersversorgung im Sinne des § 1 BetrAVG, mithin auf Altersruhegeld, Invaliditäts- und Hinterbliebenenbezüge. Der gesetzliche Anwendungsbereich umfasst nicht das Übergangsgeld oder Abfindungszahlungen, denn dieses sichert allein das Arbeitsplatz- und Einkommensrisiko und dient nicht direkt der Altersversorgung.[1121] Dabei handelt es sich vielmehr um echtes Arbeitsentgelt. Da das BetrAVG aber lediglich Mindestschutzregelungen für den Begünstigten enthält, kann durch entsprechende Vereinbarung im Anstellungsvertrag auch das Übergangsgeld dem BetrAVG unterworfen werden mit der Folge, dass das Vorstandsmitglied ein grundsätzlich unentziehbares Recht auf uneingeschränkte Übergangszahlungen erwerben kann. Im Hinblick auf mögliche Auslegungsschwierigkeiten sollte das Übergangsgeld eindeutig formuliert werden, etwa in der Form, dass keine Altersversorgungsleistungen bis zum 60., 63., 65. oder 67. Lebensjahr gewollt sind.[1122]

bb) Abdingbarkeit des BetrAVG

480 Die Einbeziehung der Vorstandsmitglieder in den Geltungsbereich nach § 17 Abs. 1 Satz 2 BetrAVG führt dazu, dass bei unvollständiger oder fehlender vertraglicher Regelung über die Ausgestaltung der zugesagten betrieblichen Altersversorgung die gesetzlichen Bestimmungen anzuwenden sind. Ergänzungsbedürftig ist meist die Ruhegeldzusage, insbesondere im Hinblick auf die Unverfallbarkeit und Abgeltung des Pensionsanspruchs, die Anpassung laufender Leistungen und die Insolvenzsicherung. Das BetrAVG schließt diese Regelungslücken und verschafft dem Vorstandsmitglied einen gesetzlichen Mindestschutz. Andererseits kann das Vorstandsmitglied ein besonderes Interesse an der Unanwendbarkeit des BetrAVG haben, etwa um ungebunden und nicht nach Maßgabe des § 3

1119 BGH NJW 1980, 2254, 2255 f.; BGH WM 1980, 1114, 1115; *Andresen/Förster/Rößler/Rühmann*, Arbeitsrecht der betrieblichen Altersversorgung, 2003, Rn. 165 ff.
1120 BGH GmbHR 2003, 1202, 1204; BGH AP Nr. 4 zu § 17 BetrAVG; *Höfer*, BetrAVG, § 17 Rn. 3749; *Steinmeyer*, in: ErfurtKommBetrAVG, § 17 Rn. 11.
1121 BGH AG 2001, 46, 47; BGH WM 1991, 417; BGH WM 1984, 1324, 1325; OLG Hamburg WM 1992, 786, 788; *Fonk*, FS Semler, S. 139, 145; *Reinecke*, NJW 2001, 3511, 3512.
1122 Einzelheiten zur Formulierung siehe Anhang Muster B.I. § 9 Muster-Anstellungsvertrag.

BetrAVG über die Kapitalisierung seiner gesetzlich unverfallbaren Versorgungsanwartschaften bei Beendigung der Bestellung zu entscheiden.

Die Frage nach der Abdingbarkeit des BetrAVG war umstritten und für das Vorstandsmitglied einer Aktiengesellschaft viele Jahre nicht höchstrichterlich entschieden. Nach herrschender Meinung galt das Abweichungsverbot nach § 17 Abs. 3 Satz 3 BetrAVG gleichfalls für Vorstandsmitglieder mit der Folge, dass die Bestimmungen des BetrAVG nicht zu deren Ungunsten vertraglich abbedungen werden können.[1123] Dem wurde widersprochen mit dem Einwand, dass die Anwendungsklausel nach § 17 Abs. 1 Satz 2 BetrAVG sich allein auf die entsprechende Geltung der §§ 1–16 BetrAVG beschränkt und demzufolge nicht dem Verbot benachteiligender Abweichungen nach § 17 Abs. 3 Satz 3 BetrAVG unterliegt.[1124] Obergerichtlich hat das OLG Hamm im Jahr 2007 klargestellt, dass § 17 Abs. 3 Satz 3 BetrAVG auch für die nach § 17 Abs. 1 Satz 2 BetrAVG gleichgestellten Personen gilt. Dies ergebe sich aus dem Sinn und Zweck. Soweit in § 17 Abs. 3 Satz 3 BetrAVG nur noch von Arbeitnehmern die Rede ist, handele es sich um eine ungenaue Bezeichnung.[1125] Für die Praxis wurde damit nicht von einer Abdingbarkeit des BetrAVG ausgegangen, zumal der BGH das BetrAVG ungeachtet des Wortlautarguments für Vorstandsmitglieder von Sparkassen und Genossenschaften weiterhin für zwingend anwendbar hält.[1126]

481

Eine Kehrtwendung in der Rechtsprechung und Literatur ist jüngst im Jahr 2009 durch eine Entscheidung des BAG erfolgt. Das Betriebsrentenrecht sei für Organmitglieder insoweit abdingbar, als den Tarifvertragsparteien Abweichungen erlaubt sind. Im BetrAVG sind das die Regelungen in § 1a (Anspruch auf Entgeltumwandlung), § 2 (Höhe der unverfallbaren Anwartschaft), § 3 (Abfindungsregeln), § 4 (Übertragung), § 4a (Auskunftsanspruch), § 5 (Auszehrung und Anrechnung), § 16 (Pflicht zur Prüfung einer Anpassung) und § 18a Satz 1 (Verjährung). Dies sei gerechtfertigt, weil in Bezug auf ein Vorstandsmitglied keine Verhandlungsunterlegenheit vorliege. Eine weitergehende Unabdingbarkeit würde nicht nur dazu führen, dass dieser Personenkreis aus sozialen Gründen den Regelungen des BetrAVG als Arbeitnehmerschutzgesetz unterstellt würde, sondern dass er sogar besser geschützt wäre als Arbeitnehmer, da die Tarifverträge für Vor-

482

1123 OLG Oldenburg EzA Nr. 4 zu § 17 BetrAVG m. Anm. *Blomeyer*; *Wiesner*, in: MünchHdB GesR AG, § 21 Rn. 48; *Nirk*, in: Nirk/Reuter/Bächle, HdB Aktiengesellschaft I, Rn. 668; *Mertens/Cahn*, in: KölnKommAktG, § 84 Rn. 71; *Heeke*, GmbHR 2004, 177, 178 f.; *Braunert*, NZA 1988, 832.
1124 LG Köln DB 1985, 1580; *Spindler*, in: MünchKommAktG, § 84 Rn. 204; *Thüsing*, AG 2003, 484, 487 ff.
1125 OLG Hamm AG 2008, 326 ff.
1126 BGH AG 2001, 46, 47; BGH DStR 2000, 1149, 1151; BGH WM 1998, 1535, 1536.

stände keine Regelungen enthalten.[1127] Demzufolge ist nunmehr für Vorstandsmitglieder einer Aktiengesellschaft eine vertragliche Begrenzung oder Aufhebung der Schutzvorschriften des BetrAVG möglich, soweit diese tarifdisponible sind.[1128]

483 Größte praktische Relevanz hat diese Rechtsprechungsänderung für § 3 BetrAVG. Wirksam und nach § 134 BGB nicht nichtig sind daher nunmehr Abfindungsvereinbarungen in einem Aufhebungsvertrag, die für gesetzlich unverfallbare Pensionsanwartschaften die Regelungen nach § 3 Abs. 1 BetrAVG nicht berücksichtigen oder/und einen gegenüber § 3 Abs. 5 BetrAVG (sog. Anwartschaftsbarwert) geringeren Betrag zusprechen. Die Wirksamkeit der Abfindungsregelung hat für die Gesellschaft zur Folge, dass das Vorstandsmitglied bei Eintritt des Versorgungsfalles die Ansprüche aus der Ruhegeldzusage nicht länger geltend machen kann, wenn diese abgefunden wurden. Eine Rückforderung der Abfindung oder zumindest eine Aufrechnung der gezahlten Abfindung mit den Pensionsansprüchen scheidet nämlich häufig aus, da einem derartigen Verlangen in der Regel § 817 Satz 2 BGB entgegensteht.[1129] Ausgeschlossen bleibt aber die vertragliche Verlängerung der Unverfallbarkeitsfrist für Anwartschaften der betrieblichen Altersversorgung nach § 1b BetrAVG. Zu Gunsten des Vorstandsmitglieds kann die Unverfallbarkeitsfrist dagegen vertraglich verkürzt oder die sofortige Unverfallbarkeit der Anwartschaft vereinbart werden.[1130] Ebenso zulässig ist die Anrechnung von Vordienstzeiten in einer anderen Gesellschaft.[1131]

484 Bei internationalen Unternehmen, insbesondere wenn das Vorstandsmitglied einer deutschen Tochtergesellschaft bestimmte Versorgungsleistungen der ausländischen Konzernmutter erhalten soll, lässt sich die Anwendbarkeit des BetrAVG durch Vereinbarung einer Rechtswahlklausel vermeiden. Die Versorgungszusage wird damit der deutschen Jurisdiktion entzogen und einer ausländischen Rechtsordnung unterstellt. Allerdings wird eine solche Rechtswahl auf Grund der strengen Anforderungen des Internationalen Privatrechts nur selten in Betracht kommen.[1132]

1127 BAG AP Nr 20 zu § 1 BetrAVG Beamtenversorgung; *Thüsing*, Zur Abdingbarkeit des BetrAVG bei Organmitgliedern, NZG 2010, 449 ff.; *Diller*, Abdingbarkeit des Betriebsrentengesetzes für Organmitglieder, GmbHR 20210, 281 ff.
1128 BAG AP Nr 20 zu § 1 BetrAVG Beamtenversorgung; gegen strikte Anwendbarkeit des BetrAVG schon vorher *Spindler*, in: MünchKommAktG, § 84 Rn. 205.
1129 *Blomeyer/Otto*, BetrAVG, § 3 Rn. 94; *Weber/Hoß/Burmester*, HdB der Managerverträge, Teil 9 Rn. 98.
1130 BGH DStR 2002, 412, 413; BGH DStR 2000, 1783, 1784; BGH DStR 1998, 1274 f.; *Bauer/von Steinau-Steinrück*, ZGR 1999, 314, 323.
1131 *Bauer/von Steinau-Steinrück*, ZGR 1999, 314, 323; für den GmbH-Geschäftsführer *Stein*, in: Hachenburg, GmbHG, § 35 Rn. 266.
1132 Ausführlich *Heeke*, GmbHR 2004, 177, 179 f.

cc) Unverfallbarkeit

Grundsätzlich wird die Versorgungszusage auch ohne ausdrückliche vertragliche Regelung hinfällig, wenn das Vorstandsmitglied im Zeitpunkt des Versorgungsfalles nicht mehr für das Unternehmen tätig ist.[1133] Das gilt aber nicht, wenn die gesetzliche oder eine vertraglich vereinbarte Unverfallbarkeit der Anwartschaft auf betriebliche Versorgung eingetreten ist. Nach § 1b Abs. 1 BetrAVG entsteht eine unverfallbare Anwartschaft, wenn das Dienstverhältnis vor Eintritt des Versorgungsfalls, jedoch nach Vollendung des 30. Lebensjahres endet und die Versorgungszusage mindestens fünf Jahre bestanden hat. Diese gesetzliche Regelung gilt für Versorgungszusagen, die ab dem 01.01.2001 erteilt wurden.[1134] Auf vor diesem Zeitpunkt erteilte Versorgungszusagen ist die Überleitungsvorschrift des § 30 f BetrVAG anzuwenden, wonach die bisherige Regelung des § 1 BetrVAG a. F. mit der Maßgabe aufrechterhalten bleibt,[1135] dass die gesetzliche Unverfallbarkeit auch dann eintritt, wenn die Zusage ab dem 01.01.2001 bereits fünf Jahre bestanden hat.[1136]

485

Mit erstmaliger Erteilung der Versorgungszusage beginnt die auf die Zusagedauer abstellende Unverfallbarkeitsfrist. Bei Erhöhung der zugesagten Versorgungsleistungen während der Anstellungsdauer beginnt nach § 1b Abs. 1 Satz 3 BetrAVG keine neue Unverfallbarkeitsfrist, selbst wenn die Aufstockung die ursprüngliche Versorgungszusage erheblich übersteigt.[1137]

486

Die Höhe der gesetzlich unverfallbaren Anwartschaft entspricht nicht notwendigerweise den sich aus dem Vertrag ergebenden Versorgungsleistungen. Nach §§ 2, 1b BetrAVG berechnet sich die unverfallbare Versorgungsanwartschaft nach dem Verhältnis der Dauer der Betriebszugehörigkeit zu der Zeit vom Beginn der Betriebszugehörigkeit bis zum Erreichen der vertraglich vereinbarten Altersgrenze auf Basis der zum Zeitpunkt des Ausscheidens geltenden Versorgungsregelung (sog. zeitratierliche Quotierung).[1138] Scheidet ein Vorstandsmitglied vor Eintritt des Versorgungsfalles mit einer unverfallbaren Versorgungsanwartschaft aus dem Amt, so ist sein Ruhegeld grundsätzlich nach § 2 Abs. 1 BetrAVG ratierlich zu kürzen. Eine hiervon abweichende, günstigere Regelung im Sinne eines Verzichts auf

487

1133 BGH BB 1993, 679; BAG DB 1998, 1969 (Invaliditätsrente).
1134 Siehe Gesetz zur Reform der gesetzlichen Rentenversicherung und zur Förderung eines kapitalgedeckten Altersvorsorgevermögens vom 26.6.2001 (Altersvermögensgesetz), BGBl. I 2001, 1310; dazu *Höfer*, DB 2001, 1145; *Förster/Rühmann/Recktenwald*, BB 2001, 1406.
1135 Bisherige Rechtslage nach § 1 Abs. 1 BetrAVG a. F.: Sicherung der Anwartschaft ab Vollendung des 35. Lebensjahres, wenn Versorgungszusage mindestens zehn Jahre bestanden hat oder Beginn der Betriebszugehörigkeit mindestens zwölf Jahre zurückliegt und Versorgungszusage mindestens drei Jahre bestanden hat.
1136 *Klemm*, NZA 2002, 416, 417; *Höfer*, DB 2001, 1145, 1147; *Reinecke*, NJW 2001, 3511, 3516; *Förster/Rühmann/Recktenwald*, BB 2001, 1406, 1407.
1137 *Wiesner*, in: MünchHdB GesR AG, § 21 Rn. 45; *Stein*, in: Hachenburg, GmbHG, § 35 Rn. 265.
1138 Ausführlich *Höfer*, BetrAVG Bd. I, § 2 Rn. 1633.

ratierliche Kürzung der Altersversorgung, etwa durch Vorverlegung der Unverfallbarkeitsfrist, hat das Vorstandsmitglied darzulegen und zu beweisen.[1139]

d) Ausgestaltung des Ruhegeldvertrages

aa) Überblick

488 Die Auszahlung des Altersruhegeldes beginnt, wenn das Vorstandsmitglied eine bestimmte, im Anstellungsvertrag festgeschriebene Altersgrenze erreicht. In Anlehnung an § 35 SGB VI (Regelaltersrente) vereinbaren die Parteien für den Renteneintritt meist die Regelaltersgrenze, somit in der Vergangenheit in aller Regel die Vollendung des 65. Lebensjahres. Die seit dem Jahr 2008 neu eingeführte Regelaltersgrenze von 67 Jahren findet sich in den meisten Anstellungsverträgen mit Vorstandsmitgliedern noch nicht. Eine Änderung dieser Vertragspraxis könnte eine Frage der Zeit sein, gilt die neue gesetzliche Regelung ohne gestaffelten Übergang doch bereits für die Jahrgänge ab 1964, somit für Jahrgänge, die heute den Vorständen bereits mehrheitlich angehören. Als Altersgrenze kann aber auch die Vollendung des 63. oder 60. Lebensjahres festgeschrieben werden, insbesondere für den Fall, dass der Anstellungsvertrag auf Wunsch der Gesellschaft oder des Vorstandsmitglieds beendet wird. Bei Wiederbestellung und Vertragsverlängerung verschiebt sich dann der Beginn der Ruhegeldzahlungen um den entsprechenden Zeitraum. Später wiederum ist eine kurzfristige einvernehmliche Beendigung der Rechtsbeziehungen möglich, da das Vorstandsmitglied bereits die Pensionsvoraussetzungen erfüllt.

489 Der Deutsche Corporate Governance Kodex enthält in Ziff. 5.1.2 Abs. 2 Satz 3 DCGK die Empfehlung, eine generelle Altersgrenze für Vorstandsmitglieder festzulegen. Hierzu aufgerufen ist der Aufsichtsrat, der nach eigenem Ermessen über die Festlegung und Ausgestaltung der Altersgrenze entscheiden und diese im Rahmen des Anstellungsvertrages mit den Vorstandsmitgliedern vereinbaren kann.[1140] Damit soll den mit der Vorstandstätigkeit verbundenen erheblichen Belastungen und Anstrengungen hinreichend Rechnung getragen werden.

490 Die Ruhegeldzusage kann in fünf verschiedenen Formen erteilt werden. Nach § 2 BetrAVG gehören dazu die unmittelbare Pensionszusage bzw. Direktzusage (teilweise abgesichert durch eine Rückdeckungsversicherung), die Direktversicherung sowie die Absicherung über eine Pensionskasse, einen Pensionsfond oder eine Unterstützungskasse. In den meisten Anstellungsverträgen werden unmittelbare Pensionszusagen als betriebliche Altersversorgung vereinbart. Bei einer solchen Direktzusage verpflichtet sich die Gesellschaft, dem Versorgungsberechtigten bestimmte Leistun-

---

1139 Vgl. BGH DStR 2003, 1176; BAG AP Nr. 9 zu § 2 BetrAVG.
1140 Dazu *Kremer*, in: Ringleb/Kremer/Lutter/v. Werder, Kommentar zum DCGK, Rn. 951 ff.

gen zu erbringen,, sobald der Versorgungsfall eingetreten ist. Dem Versorgungsberechtigten haftet das Gesellschaftsvermögen unmittelbar für die Erfüllung der Pensionszusage. Die Absicherung der Direktzusage durch eine Rückdeckungsversicherung bewirkt, dass diese im Gegensatz zur Direktversicherung ihre Leistungen an die Gesellschaft und nicht direkt an den Versorgungsberechtigten erbringt.

bb) *Angemessenheit des Ruhegeldes*

Gesetzlicher Maßstab für die Höhe des Ruhegeldes ist das Angemessenheitsgebot nach § 87 Abs. 1 AktG, wonach die Gesamtbezüge im Zeitpunkt ihrer Festsetzung in einem angemessenen Verhältnis zu den Aufgaben und Leistungen des Vorstandsmitglieds und zur Lage der Gesellschaft stehen müssen.[1141] Das angesetzte Versorgungsniveau ist auch in Abhängigkeit der Dauer der Vorstandszugehörigkeit festzulegen. Dabei ist der sich daraus ableitbare jährliche sowie langfristige Aufwand für das Unternehmen zu berücksichtigen (vgl. Ziff. 4.2.3 Abs. 3 letzter Satz DCGK). Die Überlegungen sollten wie auch die zur Angemessenheit vom Aufsichtsrat dokumentiert werden. Das Angemessenheitsgebot missachtende Ruhegeldzusagen sind bis zur Grenze der Sittenwidrigkeit und ferner dann in ihrem rechtlichen Bestand nicht betroffen, wenn die Entschließungsfreiheit des Aufsichtsrats über eine neue Bestellung trotz unangemessen hoher Ruhegehälter nicht unbillig eingeschränkt wird. Maßgebender Bewertungszeitpunkt hierfür ist nicht der Eintritt des Pensionsfalles, sondern der Zeitpunkt der Versorgungszusage.[1142] Im Fall einer unwirksamen, nichtigen Ruhegeldvereinbarung treten an deren Stelle die dem Angemessenheitsgebot entsprechenden Versorgungsbezüge.[1143]

491

Das betriebliche Ruhegeld für Vorstandsmitglieder mit beherrschendem Aktionärseinfluss unterliegt besonderen steuerlichen Bewertungskriterien. Beurteilt wird die Angemessenheit des zugesagten Versorgungsanteils an der Gesamtvergütung nach der sog. fiktiven Jahresnettoprämie. Ruhegeldzusagen müssen für das Unternehmen finanzierbar und vom Aktionärsvorstand erdienbar sein.[1144] Die steuerliche Anerkennung von Versorgungszusagen setzt voraus, dass die Gesellschaft nach Neugründung zumindest fünf Jahre besteht und das Vorstandsmitglied ohne Geschäftsleitungserfahrung sich wenigstens drei Jahre bewährt hat.[1145] Fehlt es daran, wird das zugesagte Ruhegeld als verdeckte Gewinnausschüttung bewertet.[1146]

492

1141 Zur bereits früher geführten Diskussion vgl. *Der Spiegel* Nr. 3/2004, S. 20: „Vorstände im Rentenrausch".
1142 *Hüffer*, AktG, § 87 Rn. 2; *Fonk*, FS Semler, S. 139, 150.
1143 BGH WM 1957, 846, 847; *Fonk*, in: Semler/v. Schenck, ArbeitsHdB für Aufsichtsratsmitglieder, § 9 Rn. 225.
1144 BFH BB 1995, 861, 862; *Nirk*, in: Nirk/Reuter/Bächle, HdB Aktiengesellschaft I, Rn. 669.
1145 Vgl. Schreiben des BMF v. 14.5.1999, abgedruckt in: DB 1999, 1191.
1146 FG Hessen GmbHR 1999, 724; *Gebhardt*, GmbHR 1999, 726.

493 Der Versorgungsbedarf für die Deckung einer Vollversorgung wird meist mit 60 % der als aktives Vorstandsmitglied erzielten Bezüge ohne Berücksichtigung von Einkünften aus Aktienoptionsprogrammen angesetzt, wobei die Zahlen durchaus variieren können.[1147] Der Anteil der betrieblichen Altersversorgung reduziert sich dabei um die Höhe der Eigenversorgung, die etwa 20–25 % des Versorgungsbedarfes abdecken sollte. Da es eine allgemeingültige Berechnungsformel für die Höhe des Altersruhegeldes nicht gibt, sollte die Bemessungsgrundlage im Anstellungsvertrag vereinbart sein.

cc) *Berechnungsgrundlagen*

494 In der Praxis steht das Ruhegeld in aller Regel in einem bestimmten Verhältnis zu den aktiven Bezügen des Vorstandsmitglieds. Berechnet sich das Ruhegeld ausweislich der vertraglichen Formulierung nach der Höhe des zuletzt bezogenen „Gehalts", so ist darunter das Festgehalt ohne Tantieme oder andere variable Vergütungsbestandteile zu verstehen.[1148] Dabei kann auf das Durchschnittseinkommen der letzten zwölf Monate bis drei Jahre Bezug genommen werden. Die Gesamtvergütung einschließlich (Mindest-)Tantieme, Aktienoptionen und/oder sonstiger zusätzlicher Leistungen der Gesellschaft kommt als Berechnungsgrundlage nur bei ausdrücklicher Regelung in Betracht. Die Aktienoptionen sind mit dem Barwert ihrer Ausgabe zu berücksichtigen, nicht mit dem jeweils aktuellen Kurswert.[1149] Die Einräumung der Optionsrechte dient nämlich dem Ziel, nur für die Dauer der Amtsausübung und nicht im Ruhestand bestimmte Anreize auszulösen. Nebenleistungen und Zulagen werden ebenfalls nur dann zur Bezugsgröße des Ruhegeldes, wenn die Parteien Entsprechendes vereinbart haben.[1150] In der Ruhegeldzusage sollten folglich die Leistungen benannt sein, die der Berechnung der Versorgungsbezüge (nicht) zu Grunde liegen.

495 Erfolgt die Berechnung des Ruhegeldes dienstzeitabhängig nach Jahren, ist darauf zu achten, dass die Vorstände bei Erreichen der Altersgrenze in der Gesellschaft mit ähnlichen Versorgungsniveaus in den Ruhestand gehen. Erreicht wird die Gleichbehandlung durch Anrechnung bereits erworbener Ansprüche auf aufrechtzuerhaltende Anwartschaften, soweit diese nicht auf eigenen Leistungen beruhen. Ferner kann das Folge-Unternehmen auch

---

[1147] Dazu *Fonk*, in: Semler/v. Schenck, ArbeitsHdB für Aufsichtsratsmitglieder, § 9 Rn. 223.
[1148] *Fonk*, in: Semler/v. Schenck, ArbeitsHdB für Aufsichtsratsmitglieder, § 9 Rn. 229; a. A. *Wiesner*, in: MünchHdB GesR AG, § 21 Rn. 50; *Nirk*, in: Nirk/Reuter/Bächle, HdB Aktiengesellschaft I, Rn. 670 (auch Tantieme einbezogen); nach BAG BB 2002, 735 ist auch der Wert der privaten Nutzung des Dienstwagens als Bezugsgröße des Ruhegeldes einzubeziehen.
[1149] *Thüsing*, in: Fleischer, HdB VorstandsR, § 6 Rn. 88f.; *Spindler*, in: MünchKommAktG, § 84 Rn. 209.
[1150] OLG Oldenburg OLGR 1996, 205f.; *Mertens/Cahn*, in: KölnKommAktG, § 84 Rn. 73ff.; *Wiesner*, in: MünchHdB GesR AG, § 21 Rn. 50; *Nirk*, in: Nirk/Reuter/Bächle, HdB Aktiengesellschaft I, Rn. 670.

die Pensionsanwartschaften nach § 4 BetrAVG übernehmen.[1151] Erfolgt keine Anrechnung oder Übertragung der Anwartschaften, sollte die Gesellschaft sicherstellen, dass ein im höheren Lebensalter bestelltes Vorstandsmitglied nur eine der kurzen Amtszeit entsprechende Altersversorgung erhält. Wird das künftige Vorstandsmitglied unter Verlust seines Ruhegeldanspruchs abgeworben, ist hierfür ein Ausgleich durch Anrechnung zusätzlicher Dienstjahre angemessen. Berücksichtigung findet insoweit das Quotierungssystem des BetrAVG.[1152]

Voraussetzung für die Ermittlung der jährlichen Steigerungsraten ist die Festlegung des bei Erreichen der Altersgrenze höchstmöglichen Prozentsatzes der Altersversorgung. Steht das Ruhegeld allein im Verhältnis zum Festgehalt, so sind 50–55 % des letzten Jahresgrundgehalts eine angemessene Obergrenze.[1153] Bei variablen Bezügen, die heute bei den meisten Vorständen mehr als die Hälfte der Brutto-Gesamtbezüge ausmachen, erhöht sich der höchstmögliche Prozentsatz auf bis zu 75 % des letzten Jahresfestgehaltes. Der Festlegung des höchstmöglichen Prozentsatzes folgt dann die Ermittlung der Steigerungsrate pro Dienstjahr. Der Prozentsatz ist abhängig von der anzusetzenden Gesamtdienstzeit im eigenen sowie gegebenenfalls in fremden Unternehmen. Dabei sollte der Prozentsatz für die Jahre im Vorstand höher bemessen werden, denn die geringeren Prozentpunkte für die Zeit davor gehen als feste Bemessungsgröße für den weiteren Anstieg ohnehin in die Pensionszusage ein. 496

Anstelle der Festlegung eines feststehenden Prozentsatzes für jedes Dienstjahr als Bezugsgröße für das Ruhegeld können die Parteien vereinbaren, dass der Prozentsatz sich für jede weitere Bestellungsperiode erhöht. Aus Sicht des Vorstandsmitglieds ist hingegen die Festsetzung eines festen Kapitalbetrages oder einer in ihrer absoluten Höhe festgelegten Rente problematisch, denn das Risiko einer Entwertung bis zum Beginn der Leistungsgewährung ist inflationsbedingt relativ groß. Entsprechendes gilt für Ruhegeldzusagen, die auf ein betragsmäßig fixiertes pensionsfähiges Einkommen Bezug nehmen. 497

Die Berechnung des Ruhegeldes und dessen Dynamisierung bzw. Anpassung kann sich überdies an den Versorgungsleistungen für Beamte mit Verweisung auf eine bestimmte Besoldungsgruppe orientieren. Als Bezugsgröße kann ferner das Ruhegehalt von Beamten dienen, die eine bestimmte Funktion ausüben. Solche Verweisungen finden sich häufig und sind grundsätzlich empfehlenswert, da davon auszugehen ist, dass die Gesetzgeber im Beamtenrecht auf aktuelle Entwicklungen (die bei Vereinbarung der Versorgung oder bei Ausscheiden des Vorstandsmitgliedes kaum vor- 498

1151 Einzelheiten zur Übertragung von Versorgungsanwartschaften siehe Rn. 764.
1152 Näher *Höfer*, BetrAVG Bd. I, § 2 Rn. 1707 ff.
1153 *Fonk*, in: Semler/v. Schenck, ArbeitsHdB für Aufsichtsratsmitglieder, § 9 Rn. 231.

hergesagt werden können) inhaltlich und zeitlich angemessen reagieren. Bei Verweisung auf die Bundes- oder Landesvorschriften der Beamtenversorgung sind die an vergleichbare Beamte gezahlten Sonderzuwendungen, Zuschläge und Zulagen als Bestandteile der Bemessungsgrundlage für das Ruhegeld des Vorstandsmitglieds anzusehen.[1154] Nicht zu berücksichtigen sind Beihilfen sowie solche Sonderzahlungen, die nicht einheitlich an alle Beamten der entsprechenden Kategorie geleistet werden. Eine vertragliche Bezugnahme auf „die für Beamte nach Maßgabe des Beamtenversorgungsgesetzes geltenden Vorschriften" beinhaltet eine Vollverweisung auf die gesetzlichen Bestimmungen.[1155] Die Verweisung auf die Beamtenversorgung kann sich dann auch zum Nachteil des Vorstandsmitglieds auswirken.[1156] Erfolgt die Bezugnahme nicht auf das Grundgehalt einer konkreten Besoldungsgruppe, sondern auf Beamte mit einer bestimmten Funktion, so steigt mit der beamtenrechtlichen Höherstufung gleichsam die Bemessungsgrundlage für das Ruhegeld.[1157]

dd) Anrechnung anderweitiger Einkünfte

499 Ob anderweitige Einkünfte aus selbständiger und nicht selbständiger Tätigkeit auf betriebliche Versorgungsleistungen anzurechnen sind, ist durch Auslegung des Anstellungsvertrages festzustellen.[1158] Enthält der Vertrag keine Anrechnungsklausel, fehlt es grundsätzlich an einer ausfüllungsbedürftigen Vertragslücke, und die Berücksichtigung zusätzlich erzielter Einkünfte ist im Zweifel ausgeschlossen.[1159] Wird die Anrechnung anderweitiger Einkünfte auf das Ruhegeld vereinbart, sollte sie von Beginn an und in einem bestimmten Prozentsatz greifen, um den Anreiz anderweitiger Betätigung beizubehalten.[1160] Die Anrechnung sollte etwa erst dann greifen, wenn die anderweitigen Einkünfte zusammen mit dem Ruhegeld das zuletzt bezogene Gehalt übersteigen. Ein entsprechender Inflationsabschlag verhindert zudem eine Überbewertung der zusätzlich erzielten Einkünfte. Angemessen ist die Anrechnung anderweitiger Einkünfte aus selbständiger und nicht selbständiger Tätigkeit grundsätzlich nur bis zum Erreichen der vereinbarten Altersgrenze.

500 Gewährt die Gesellschaft im Rahmen eines nachvertraglichen Wettbewerbsverbots eine Karenzentschädigung nach Eintritt in den Ruhestand, kommt eine Anrechnung auf die betriebliche Altersversorgung nur bei ent-

---

1154 BGH DStR 2004, 466; BGH DStR 2002, 1228; *Mertens/Cahn*, in: KölnKommAktG, § 84 Rn. 74 ff.
1155 Zur Auslegung von Verweisungen vgl. BGH DStR 2004, 466; BGH DStR 2003, 1176; BGH DStR 2002, 1228 m. Anm. *Goette*.
1156 BGH WM 1984, 900, 900; *Nirk*, in: Nirk/Reuter/Bächle, HdB Aktiengesellschaft I, Rn. 670.
1157 *Mertens/Cahn*, in: KölnKommAktG, § 84 Rn. 77; *Wiesner*, in: MünchHdB GesR AG, § 21 Rn. 51.
1158 OLG München OLGR 2000, 192 f.; OLG Hamburg WM 1992, 786, 788.
1159 BGH WM 1961, 299, 300; *Spindler*, in: MünchKommAktG, § 84 Rn. 210.
1160 Zu weiteren Anrechnungsvarianten vgl. *Fonk*, FS Semler, S. 139, 151 f.

sprechender Vereinbarung in Betracht.[1161] Gleiches gilt für die Anrechnung etwaiger Schadensersatzansprüche, sofern der Versorgungsfall infolge Fremdverschuldens eingetreten ist und damit Leistungspflichten Dritter begründet hat.[1162] Um anrechnungsfähige Leistungen bei der Höhe des Ruhegeldes zu berücksichtigen, sollte der Anstellungsvertrag entsprechende Mitteilungs- und Nachweispflichten des Vorstandsmitglieds regeln.

Alternativ oder zusätzlich zur Anrechnung stellt sich die Frage nach einer Kürzung für den Fall eines vorgezogenen Ruhegeldes. Eine solche Kürzung setzt eine vertragliche Regelung voraus.[1163] Der Umfang der Kürzung bestimmt sich danach, ob das vorgezogene Ruhegeld als Übergangsgeld oder als vorgezogene Versorgungsleistung gemäß § 6 BetrAVG anzusehen ist. Im Fall des Übergangsgeldes ist die Kürzung grundsätzlich frei aushandelbar, während im Anwendungsbereich des BetrAVG die Regeln über die Unverfallbarkeit der Anwartschaften zu berücksichtigen sind. Letzterenfalls empfiehlt sich eine Formulierung, dass die Kürzung mit Vollendung des 63. Lebensjahres endet, sofern dadurch ein unverfallbar gewordener Anspruch gemindert wird. Für laufende Leistungen ist das Auszehrungsgebot nach § 5 Abs. 1 BetrAVG zu beachten. Fehlt eine abweichende Versorgungsvereinbarung, kann ein vorgezogenes betriebliches Ruhegeld nach § 6 BetrAVG in Anlehnung an § 2 BetrAVG nach billigem Ermessen gekürzt werden.[1164] 501

Zusätzlich zu den Kürzungsmöglichkeiten nach den Regelungen des BetrAVG ist eine Kürzung nunmehr auch nach § 87 Abs. 2 AktG möglich, wenn sich die Lage der Gesellschaft nach der Festsetzung verschlechtert hat. Die Herabsetzung kann allerdings nur in den ersten drei Jahren nach dem Ausscheiden aus der Gesellschaft erfolgen.

e) Invaliditätsbedingtes Ruhegeld

Gegenstand der Invaliditätsversorgung ist die Gewährung von Ruhegeld für den Fall, dass das Vorstandsmitglied aus gesundheitlichen Gründen voraussichtlich auf Dauer nicht in der Lage ist, die ihm obliegenden Aufgaben zu erfüllen und das Anstellungsverhältnis auf Grund dieser dauernden Arbeitsunfähigkeit vorzeitig beendet wird. Es sollte darauf hingewirkt werden, die Begriffe klar zu definieren oder auf gesetzliche Definitionen Bezug zu nehmen. Durch die Definition der Arbeitsunfähigkeit wird zum Beispiel klargestellt, dass der Pensionsfall keine Erwerbsminderung (früher unterschieden nach Berufsunfähigkeit oder Erwerbsunfähigkeit) i. S. d. § 43 SGB VI voraussetzt. In der Pensionsvereinbarung wird in Anlehnung an § 44 Abs. 1 BBG häufig auch der Begriff Dienstunfähigkeit verwendet. Danach ist ein Beamter dienstunfähig, wenn er infolge eines körperlichen 502

1161 OLG Hamburg WM 1992, 786, 788; *Hoffmann-Becking*, FS Quack, S. 273, 283.
1162 Zur Anrechnung von Leistungen anderer Versicherungsträger vgl. BAG BB 1992, 859.
1163 *Fonk*, FS Semler, S. 139, 153; *Wiesner*, in: MünchHdB GesR AG, § 21 Rn. 56.
1164 Vgl. BGHZ 77, 243, 248.

Gebrechens oder wegen Schwäche seiner körperlichen oder geistigen Kräfte zur Erfüllung seiner Dienstpflichten dauernd außerstande ist. Die Feststellung der Arbeitsunfähigkeit sollte im Zweifelsfall durch Gutachten eines vom Aufsichtsrat und Vorstandsmitglied einvernehmlich benannten Arztes erfolgen. Darüber hinaus empfiehlt sich die Regelung, dass die dauernde Arbeitsunfähigkeit als festgestellt gilt, wenn das Vorstandsmitglied einen bestimmten Zeitraum (z. B. länger als zwölf Monate) ununterbrochen arbeitsunfähig ist.

503 Bei der Berechnung des invaliditätsbedingten Ruhegeldes bedient sich die Praxis häufig der fiktiven Erreichung einer bestimmten Dienstzeit, wie etwa die Vertragslaufzeit bis zur Vollendung des 60. Lebensjahres. Denkbar sind außerdem Regelungen, die die Hälfte der bis zum Erreichen einer bestimmten Altersgrenze noch möglichen Dienstzeit zusätzlich in Ansatz bringen. Andererseits hat der Aufsichtsrat auch über mögliche vertragliche Einschränkungen der Leistungspflicht zu entscheiden. Der Anspruch auf Ruhegeld wegen Invalidität kann mit Anstellungsbeginn eingeräumt oder aber von einer bestimmten Dauer der Vorstandstätigkeit/Betriebszugehörigkeit abhängig gemacht werden. Letzteres sollte nicht für Berufsunfälle gelten. Ebenfalls nicht zu empfehlen ist der vertragliche Ausschluss der Versorgungsleistung, wenn das Vorstandsmitglied selbst die Invalidität grob fährlässig verschuldet hat.

504 Mit Wegfall der Invaliditätsvoraussetzungen entfällt in der Regel gleichsam der Versorgungsanspruch. Die vertragliche Regelung eines Leistungsausschlusses für den Fall vollständiger Rekonvaleszenz ist nur dann geboten, wenn dem Vorstandsmitglied der Abschluss eines neuen Anstellungsvertrages zu gleichen oder besseren Bedingungen angeboten werden kann.[1165] In die Invaliditätsregelung aufzunehmen ist ferner die Anrechnung anderweitiger Einkünfte aus selbständiger oder unselbständiger Tätigkeit bis zum Erreichen der vertraglich vereinbarten Altersgrenze. Denn der empfohlene Begriff der dauernden Arbeitsunfähigkeit schließt eine anderweitige Berufstätigkeit mit geringeren oder anderen Anforderungen nicht aus.

f) Angemessenes Übergangsgeld

505 Das Übergangsgeld umfasst in der Regel den Zeitraum nach der regulären oder vorzeitigen Beendigung der Bestellung bis zum Eintritt des Versorgungsfalls, mithin bis zum Erreichen der vertraglich vereinbarten Altersgrenze. Da dieser Zeitraum viele Jahre betragen kann, wird in der Praxis zunehmend eine feste Dauer vereinbart, in der das Übergangsgeld beansprucht werden kann. Das Übergangsgeld (sog. dritter Pensionsfall) ist nicht Bestandteil der betrieblichen Altersversorgung i. S. d. BetrAVG, sondern berücksichtigt die wirtschaftliche Unabhängigkeit der Vorstandsmitglieder

---

1165 *Schaub*, ArbeitsrechtsHdB, § 81 IV 6; *Fonk*, FS Semler, S. 139, 145.

und das Risiko künftiger Einkommenseinbußen auf Grund einer unterbliebenen Wiederbestellung und Nichtverlängerung des Anstellungsvertrages.[1166] Das Übergangsgeld soll die aus der Beschäftigungslosigkeit des Vorstandsmitglieds drohenden finanziellen Risiken ausgleichen und für eine gewisse Zeit dessen (familiären) Lebensstandard sichern. An die Eindeutigkeit der Übergangsgeldvereinbarung stellt die Rechtsprechung umso höhere Anforderungen, je größer der Unterschied zum gesetzlich festgelegten Ruhestandsalter ist.

Die Höhe des Übergangsgeldes beurteilt sich ebenso wie die Höhe des Ruhegeldes nach dem Angemessenheitsgebot des § 87 Abs. 1 AktG. Besondere Bedeutung hat neben der wirtschaftlichen Lage der Gesellschaft auch das berechtigte Interesse des Vorstandsmitglieds an einer Übergangsvergütung. Denn regelmäßig wird das Unternehmen daran interessiert sein, dass das Vorstandsmitglied neben ausreichend hohen Bezügen eine finanzielle Absicherung nach dem Ende der Amtszeit erhält. So kann die Zusage eines angemessenen Übergangsgeldes verhindern, dass das Vorstandsmitglied langfristig vor dem Ende einer Amtsperiode neue Beschäftigungsmöglichkeiten prüft und dadurch seine Aufgaben nicht mehr hinreichend wahrnimmt. Um den finanziellen Umfang nachvertraglicher Leistungspflichten einzugrenzen und die Angemessenheit von Übergangszahlungen abzusichern, sollte das Übergangsgeld neben oder anstelle eines bestimmten Mindestalters (z. B. 50 oder 55 Jahre) auch an die Dauer der Bestellung und das Erreichen von mehr als einer Amtsperiode gebunden sein. Darüber hinaus sollte die Gewährung des Übergangsgeldes auf einen festen Zeitraum (z. B. ein bis drei Jahre) nach Beendigung des Vorstandsvertrages beschränkt sein.

506

Der Anspruch auf Übergangsgeld setzt regelmäßig voraus, dass die unterbliebene Fortsetzung von Vorstandstätigkeit und Anstellungsvertrag aus dem Bereich und der Sphäre des Aufsichtsrates stammt. Ausgeschlossen wird die Leistungspflicht daher für den Fall, dass das Vorstandsmitglied das Angebot zur Verlängerung seiner Amtszeit zu gleichen oder für ihn günstigeren Bedingungen ablehnt oder die vorzeitige Beendigung oder Nichtverlängerung auf einem von ihm verschuldeten wichtigen Grund beruht.[1167] Probleme können entstehen, wenn aufgrund neuer aktienrechtlicher oder aufsichtlicher Anforderungen (z. B. VorstAG; KWG; Instituts-VergVO) eine Dienst- und Vertragsverlängerung zu gleichen oder gleichwertigen Bedingungen nicht möglich ist, sondern nur unter Änderung der bestehenden (besseren) Vergütungsregeln erfolgen kann. Der Aufsichtsrat wird wissen wollen, ob das Vorstandsmitglied den geänderten Vertrag unter Hinweis auf eine „Verschlechterung" der Konditionen ablehnen darf, ohne dass der Anspruch auf Übergangsgeld entfällt. Selbst wenn nach Prüfung

507

1166 BGH WM 1991, 417 f.; BGH WM 1984, 1324, 1325; OLG Hamburg WM 1992, 786, 788; *Fonk*, FS Semler, S. 139, 145.
1167 BGH WM 1980, 1139, 1140; *Fonk*, FS Semler, S. 139, 145.

aller Vor- und Nachteile des neuen Vertrages eine materielle Verschlechterung anzunehmen ist, kann in diesen Fällen die Geltendmachung des Übergangsgeldes ausgeschlossen sein, sofern die Vertragsänderungen zur Umsetzung neuer gesetzlicher Vorgaben notwendig sind und damit nicht aus der Sphäre des Aufsichtsrates resultieren.[1167a] Darüber hinaus wird die Gewährung von Übergangsgeld regelmäßig an die weitere Bedingung geknüpft, dass keine anderweitige Beschäftigung – etwa in einem anderen konzernangehörigen Unternehmen – zu mindestens gleichen finanziellen Bedingungen erfolgen kann. Darüber hinaus können Übergangszahlungen davon abhängig gemacht werden, dass das ausgeschiedene Vorstandsmitglied der Gesellschaft keine Konkurrenz macht.[1168]

508 Unangemessen ist das Übergangsgeld immer dann, wenn dem Vorstandsmitglied die Fortzahlung der vollen Bezüge nach Beendigung der Amtszeit zugesagt wird.[1169] Der Aufsichtsrat könnte bei einer solchen Regelung veranlasst sein, das Vorstandsmitglied nur deswegen wiederzubestellen, um nachvertragliche Leistungspflichten von der Gesellschaft abzuwenden. Das wiederum berührt seine innere Entschließungsfreiheit über die Wiederbestellung und führt zur Unwirksamkeit der Zusage.[1170] Umgekehrt bedeutet dies aber nicht, dass unangemessen hohe Übergangszahlungen stets die Entschließungsfreiheit des Aufsichtsrats einschränken. Wann genau das der Fall ist, lässt sich nur im Einzelfall unter Berücksichtigung der jeweiligen Umstände bestimmen. Nach § 138 BGB nichtig sind jedenfalls sittenwidrige Leistungszusagen. Unterhalb dieser Grenze führen unangemessen hohe Übergangszahlungen entgegen der Vermutung nach § 139 BGB grundsätzlich nicht zur Unwirksamkeit der Fortzahlungsklausel. Nach dem Willen der Parteien lässt sich eine solche Klausel nach Höhe und Dauer in unabhängige Teile zerlegen, sodass eine geltungserhaltende Reduktion auf ein angemessenes Übergangsgeld in Betracht kommt.[1171]

509 Anderweitige Einkünfte aus selbständiger und nicht selbständiger Tätigkeit werden regelmäßig auf das Übergangsgeld angerechnet, wenn und soweit dieses zusammen mit den Einkünften das zuletzt geltende Jahresgehalt überschreitet. Die Anrechnung sollte nach dem Zweck des Übergangsgeldes bis zum Erreichen der Altersgrenze erfolgen, jedoch auch nicht darüber hinaus.

g) Wertsicherung und Anpassung

510 Die betriebliche Altersversorgung wird durch Dynamisierung der Anwartschaften und durch Anpassung der laufenden Ruhegeldzahlungen vor

---

1167a *Diller/Arnold*, AG 2010, 721.
1168 BGH ZIP 2000, 1452, 1453.
1169 *Fonk*, FS Semler, S. 139, 150; *Weber/Dahlbender*, DB 1996, 2373, 2374.
1170 BGHZ 41, 282, 290; *Baums*, FS Claussen, S. 3, 32; *Säcker*, FS Müller, S. 745, 758.
1171 BGHZ 8, 348, 361, 367; *Fonk*, FS Semler, S. 139, 151.

Wertverlust geschützt. Die Werterhaltung von Pensionsanwartschaften wird mittels Wertsicherungsklauseln oder durch Bezugnahme auf das letzte Gehalt sichergestellt. Dem Schutz laufender Pensionszahlungen dienen sog. Anpassungsklauseln.

Echte Wertsicherungsklauseln bedurften nach § 2 Preisangaben- und Preis- **511** klauselG i. V. m. der PreisklauselVO der staatlichen Genehmigung.[1172] Die gesetzliche Regelung wurde im Jahre 2007 geändert. Nunmehr gilt das Gesetz über das Verbot der Verwendung von Preisklauseln bei der Bestimmung von Geldschulden (PreisklauselG). Allerdings gelten gemäß § 9 PreisklauselG die nach § 2 des Preisangaben- und PreisklauselG in der bis zum 13. September 2007 geltenden Fassung erteilten Genehmigungen fort. Nach § 1 PreisklauselG dürfen der Preis oder der Wert von Gütern oder Leistungen nicht durch Wertsicherungsklauseln bestimmt werden, wenn diese mit den im Vertrag vereinbarten Gütern oder Leistungen nicht vergleichbar sind. Dieses Verbot gilt nicht für Leistungsvorbehaltsklauseln, Spannungsklauseln, Kostenelementeklauseln (jeweils wie in § 1 Abs. 2 PreisklauselG beschrieben) und Klauseln, die lediglich zu einer Ermäßigung der Geldschuld führen können. Im Übrigen gelten verschiedene Bereichsausnahmen. Ausgenommen von dem Verbot von Wertsicherungsklauseln sind Preisklauseln in langfristigen Verträgen, die bestimmte Anforderungen erfüllen (§ 3 PreisklauselG). Für Verträge über wiederkehrende Zahlungen, die zu erbringen sind auf Lebenszeit des Gläubigers oder bis zum Beginn der Altersversorgung gilt nach § 3 Abs. 1 Nr. 1 PreisklauselG, dass diese eine zulässige Wertsicherklausel beinhalten, wenn der geschuldete Betrag durch die Änderung eines von dem Statistischen Bundesamt oder einem Statistischen Landesamt ermittelten Preisindexes für die Gesamtlebenshaltung oder eines vom Statistischen Amt der Europäischen Gemeinschaft ermittelten Verbraucherpreisindexes bestimmt werden soll, oder nach § 3 Abs. 2 PreisklauselG, wenn der geschuldete Betrag von der künftigen Einzel- oder Durchschnittsentwicklung von Löhnen, Gehältern, Ruhegehältern oder Renten abhängig sein soll. Wertsicherungsklauseln, die nicht den Ausnahmen unterliegen, sind unwirksam (§ 8 PreisklauselG). Die Unwirksamkeit der Preisklausel tritt zum Zeitpunkt des rechtskräftig festgestellten Verstoßes gegen dieses Gesetz ein, soweit nicht eine frühere Unwirksamkeit vereinbart ist.

Wertsicherungsklauseln beinhalten für beide Vertragsparteien das Risiko, **512** dass die Anpassung der gesicherten Ansprüche nach oben wie nach unten von der allgemeinen Preisentwicklung abweichen kann.[1173] Nicht unter den Anwendungsbereich des PreisklauselG fallen sogenannte Spannungs-

---

[1172] Preisangaben- und PreisklauselG vom 3.12.1984 (BGBl. I 1984, 1429, zuletzt geändert durch VO v. 29.10.2001, BGBl. I 2001, 2785, 2813), PreisklauselVO vom 23.9.1998 (BGBl. I 1998, 3043, zuletzt geändert durch Gesetz v. 19.6.2001, BGBl. I 2001, 1149).
[1173] Siehe BGH WM 1996, 2290.

klauseln, die die Höhe der Versorgungsleistungen ins Verhältnis zu dem Gehalt bzw. dem Ruhegeld einer bestimmten Beamtenbesoldungsgruppe oder zu den Sozialversicherungsrenten setzen. Als weitere Möglichkeit der Wertsicherung außerhalb des Anwendungsbereichs des PreisklauselG können die Vertragsparteien einen sog. Leistungsvorbehalt vereinbaren. Die Erhöhung der betrieblichen Altersversorgung bestimmt dann die Gesellschaft auf Grund besonderer Abrede oder nach billigem Ermessen.[1174] In der Praxis kaum noch anzutreffen ist die Anpassung des Ruhegeldes an die Entwicklung der gesetzlichen Renten. Bei der Wahl der Vergleichsparameter sind die Vertragsparteien grundsätzlich frei, soweit die ins Verhältnis gesetzten Leistungen im Wesentlichen gleichartig oder zumindest vergleichbar sind. Eine solche Vergleichbarkeit ist bereits dann gegeben, wenn es sich bei der Bezugsgröße für das Ruhegeld um eine für andauernde Dienste gewährte Vergütung im Rahmen eines Dienstverhältnisses handelt.

513 Enthält die Versorgungszusage keine Anpassungsregelung, wird die Wertbeständigkeit des Ruhegeldes im Geltungsbereich des BetrAVG nach Maßgabe des § 16 BetrAVG gesichert, soweit diese Regelung nicht wirksam ausgeschlossen oder abgeändert würde. Danach hat der Arbeitgeber die Anpassung der laufenden Versorgungsleistungen – also nicht der Versorgungsanwartschaften – alle drei Jahre zu prüfen und hierüber nach billigem Ermessen zu entscheiden. Abzuwägen sind insbesondere die Belange des Versorgungsberechtigten und die wirtschaftliche Lage des Arbeitgebers, wobei Erhaltung und Wettbewerbsfähigkeit des Unternehmens einschließlich seiner Arbeitsplätze das Abwägungsergebnis maßgeblich bestimmen.[1175] Im Konzernverbund sind neben den Tochterunternehmen auch die wirtschaftlichen Belange der Obergesellschaft zu berücksichtigen, sofern ein Beherrschungs- oder Gewinnabführungsvertrag besteht.

514 Die Anpassungspflicht gilt nach § 16 Abs. 2 BetrAVG als erfüllt, wenn die Anpassung nicht geringer ist als der Anstieg des deutschen Verbraucherindexes oder der Nettolöhne vergleichbarer Arbeitnehmergruppen in dem Unternehmen. Unterlässt das Unternehmen seine Pflicht zur Anpassungsprüfung oder ist die Anpassung unbillig, kann das Vorstandsmitglied eine gerichtliche Entscheidung nach § 315 Abs. 2 Satz 2 BGB herbeiführen. Nach § 16 Abs. 3 BetrAVG entfällt die Pflicht zur Anpassungsprüfung, wenn der Vertrag eine jährliche Erhöhung der laufenden Leistung um mindestens 1 % vorsieht, Überschussanteile einer Direktversicherung bzw. Pensionskasse verwendet werden oder das Unternehmen eine Beitragszusage mit Mindestleistung erteilt hat.[1176]

1174 *Wiesner*, in: MünchHdB GesR AG, § 21 Rn. 53 ff; *Fonk*, FS Semler, S. 139, 149.
1175 BAG BB 2001, 2325, 2327; *Langohr-Plato*, BB 2002, 406, 410.
1176 Ausführlich *Förster/Rühmann/Recktenwald*, BB 2001, 1406, 1408; *Höfer*, DB 2001, 1145, 1148.

Findet das BetrAVG keine Anwendung auf Versorgungsleistungen oder wird die vertragliche Anpassungsregelung dem Versorgungszweck nicht gerecht, kommt eine Anpassung nach Treu und Glauben in Betracht.[1177] Verweigert die Gesellschaft die Anpassung, kann das Vorstandsmitglied unmittelbar Klage auf angemessene Leistung erheben. Maßgeblicher Zeitpunkt für die gerichtlich angeordnete Anpassung ist das erstmalige berechtigte Verlangen der Dynamisierung der betrieblichen Altersversorgung.

515

h) Widerruf der Versorgungszusage

Vor Eintritt der Unverfallbarkeit teilt die betriebliche Altersversorgung das rechtliche Schicksal des Anstellungsvertrages. Bei Nichtverlängerung, Kündigung oder Aufhebung des Vertrages erlischt die verfallbare Versorgungsanwartschaft. Ein Wertausgleich findet nicht statt.[1178] Ab Unverfallbarkeit oder nach Eintritt des Versorgungsfalls, kann die Anwartschaft bzw. der Leistungsanspruch nur in engen Grenzen versagt werden. Angesichts der existenzwichtigen Bedeutung für den Pensionsberechtigten sind Versorgungszusagen grundsätzlich einzuhalten, selbst wenn das Vorstandsmitglied die geschuldeten Dienste schlecht erfüllt hat. Einer einseitigen vorzeitigen Auflösung der Versorgungsvereinbarung im Wege der ordentlichen oder außerordentlichen Kündigung durch die Gesellschaft steht zudem die Rechtsnatur der Ruhestandsregelung entgegen, die nach ihrem Sinn und Zweck für die Lebensdauer des Pensionsberechtigten bestimmt ist. Ruhegeld, Hinterbliebenenbezüge und Leistungen verwandter Art stellen ferner Gegenleistungen der Gesellschaft dar, die das ehemalige Vorstandsmitglied während der Amtszeit durch seine Arbeitsleistung bereits verdient hat.

516

aa) *Schwerwiegende Treuepflichtverletzung*

Für die Versagung laufender wie auch künftiger Versorgungsleistungen genügt es nicht, dass das Vorstandsmitglied seine Pflichten verletzt und die Gesellschaft geschädigt hat. Erforderlich für den einseitigen „Widerruf" der Versorgungszusage sind vielmehr schwerwiegende Pflichtverletzungen mit der Wirkung, dass die in der Vergangenheit bewiesene langjährige Betriebstreue sich nachträglich als wertlos oder zumindest erheblich entwertet herausstellt.[1179] Die schweren Verfehlungen müssen derart gravierend sein, dass die ehemals verdienten Gegenleistungen in Form der betrieblichen Altersversorgung nunmehr hinfällig werden. Nach gefestigter Rechtsprechung setzt ein Widerruf der Versorgungszusage voraus, dass das pensionsberechtigte Vorstandsmitglied die versorgungspflichtige Gesellschaft fort-

517

1177 BGHZ 61, 31 (Anpassungspflicht bei einer Teuerungsrate von über 40%).
1178 BGH BB 1993, 679, 680; OLG Frankfurt GmbHR 2000, 664, 665; *Bauer/von Steinau-Steinrück*, ZGR 1999, 314, 323.
1179 BGH NZG 2002, 635, 636; BGH DStR 2002, 412, 413; BGH AG 2001, 46, 47; BGH ZIP 2000, 380, 381 f.; BGH AG 1997, 265, 266; BGH DStR 1996, 69; OLG Jena NZG 1999, 1069, 1071.

gesetzt schädigt und dadurch deren wirtschaftliche Existenz gefährdet.[1180] Im Einzelfall können statt existenzgefährdendem Verhalten auch extrem hohe Schadensbeträge den Widerruf einer Versorgungszusage rechtfertigen.[1181]

518 Keinen Versagungsgrund bilden dagegen grobe Pflichtverletzungen, die nach Art, Ausmaß und Folgen kein außerordentliches Gewicht haben, auch wenn sie zur fristlosen Kündigung berechtigen, Schadensersatzansprüche nach § 93 Abs. 2 AktG begründen oder zur Strafbarkeit des Vorstandsmitglieds führen.[1182] Allerdings kann die Gesellschaft in diesen Fällen zumeist mit dem Schadensersatzanspruch gegen die Ruhegeldforderung aufrechnen. Ist der Schaden der Gesellschaft aus (nicht schwerwiegender) Treuepflichtverletzung durch Aufrechnung getilgt, muss das Ruhegeld wieder in voller Höhe gezahlt werden. Bei nicht gesetzlich unverfallbaren Versorgungsanwartschaften kommt im Fall einer vereinbarten Kapitalisierung zudem die Aufrechnung mit etwaigen Abfindungsansprüchen in Betracht.[1183]

519 Die Entziehung der Versorgungsansprüche muss verhältnismäßig sein. Daher ist der Widerruf auf ein angemessenes Maß zu beschränken, wenn nach Schwere und Dauer der pflichtwidrigen Schädigung unter Berücksichtigung der Anstellungs- und Tätigkeitsdauer im Unternehmen und der dort erworbenen Verdienste ein vollständiger Entzug der Altersversorgung unbillig ist.[1184] Der Widerruf einer Versorgungszusage ist keine rechtsgestaltende Erklärung und unterliegt daher keiner bestimmten oder angemessenen Frist.[1185] Wird jedoch der Widerruf über einen langen Zeitraum nicht geltend gemacht, kann ein konkludenter Verzicht auf die Rechtsausübung anzunehmen sein.[1186]

bb) Widerruf des Übergangsgeldes

520 Beinhaltet die Versorgungszusage auch die Zahlung von Übergangsgeld, kommt dessen Widerruf unter weniger strengen Voraussetzungen in Betracht. Ausreichend dafür ist, dass das Vorstandsmitglied in besonders grober Weise seine Treuepflicht verletzt und selbst bei Berücksichtigung der

---

1180 BGH NZG 2002, 635, 636; BGH DStR 2002, 412, 413; BGH AG 2001, 46, 47; BGH AG 1997, 265, 266; OLG Jena NZG 1999, 1069, 1071; OLG Suttgart NZG 1998, 994, 995.
1181 *Goette*, DStR 2002, 413, 414; *Fonk*, AG 1997, 267; kritisch *Bauer/von Steinau-Steinrück*, ZGR 1999, 314, 330.
1182 BGH NZG 2002, 635, 636; BGH DStR 2002, 412, 413; BGH NJW-RR 2000, 1277, 1278; BGH AG 1997, 265, 266; OLG Jena NZG 1999, 1069, 1071; OLG Hamm NZG 1998, 558, 559.
1183 Näher *Bauer/von Steinau-Steinrück*, ZGR 1999, 314, 335.
1184 BGH BB 1984, 366, 367; BAG NZA 1997, 1108, 1110 f.; OLG Düsseldorf GmbHR 2000, 666, 671 f.; OLG Hamm ZIP 1995, 1281, 1283.
1185 BGH ZIP 2000, 380, 381 (Einwand rechtsmissbräuchlichen Verhaltens); *Spindler*, in: MünchKommAktG, § 84 Rn. 216; a.A. OLG Hamm ZIP 1995, 1281, 1283 m.Anm. *Blomeyer*, EWiR 1995, § 1 BetrAVG 3/95, 325.
1186 Ausführlich *Blomeyer*, ZIP 2000, 382, 384.

existenzwichtigen Bedeutung des Übergangsgeldes sein Verlangen danach als rechtsmissbräuchlich anzusehen ist.[1187] Wird die Versagung mit loyalitätswidrigem Verhalten während der Amtszeit begründet, genügt dafür jedoch nicht jeder wichtige Grund zur außerordentlichen Kündigung. Zu berücksichtigen sind neben der Schwere auch etwaige Folgen der Pflichtverletzungen sowie Dauer der Betriebszugehörigkeit, Alter und anderweitige Erwerbsaussichten.[1188]

Unterliegt das Übergangsgeld nicht dem (vertraglich vereinbarten) Geltungsbereich des BetrAVG, so kann das Zahlungsversprechen als indirektes nachvertragliches Wettbewerbsverbot ausgestaltet sein, das Versorgungsleistungen nur für den Fall der Wettbewerbsenthaltung vorsieht.[1189] Unanwendbar sind insoweit die Beschränkungen, die die Rechtsprechung sonst auf nachvertragliche Wettbewerbsverbote anwendet (örtliche, zeitliche und gegenständliche Grenzen).[1190]

521

cc) *Widerrufsvorbehalt*

In der Praxis kaum noch anzutreffen sind vertragliche Widerrufsvorbehalte, da diesen lediglich deklaratorischer Charakter zukommt.[1191] Zudem verlangt die Rechtsprechung zur Wirksamkeit eines Widerrufsvorbehalts die möglichst genaue Angabe der den Widerruf rechtfertigenden Sachgründe, was regelmäßig zur Schwierigkeiten bei der Formulierung der Regelungen führt.[1192] Enthält der Anstellungsvertrag einen Widerrufsvorbehalt, so sind hierauf dieselben Wirksamkeitsanforderungen wie für den Widerruf anzuwenden.[1193] Das gilt insbesondere für Regelungen, nach denen die Gesellschaft das unverfallbare Ruhegeld auf Grund allgemeiner Vorschriften einseitig kürzen oder versagen kann.

522

Unbedenklich sind auch sog. Treuepflicht- und Notlagenvorbehalte, die eine Kürzung oder Einstellung der zugesagten Versorgungsleistungen für den Fall vorsehen, dass das Vorstandsmitglied schwerwiegende Treuepflichtverletzungen begeht oder die Aufrechterhaltung der Ruhegeldzusage infolge einer nachhaltigen wirtschaftlichen Verschlechterung der Unternehmenslage für die Gesellschaft unzumutbar ist. In Betracht kommt schließlich auch die vertragliche Einschränkung, dass die Versorgungszusage mit dem freiwilligen Ausscheiden aus der Gesellschaft hinfällig wird. Unzulässig und zudem steuerschädlich sind indes solche Widerrufsvorbe-

523

1187 BGH AG 1997, 265, 267; OLG Jena NZG 1999, 1069, 1071 f.; *Bauer/von Steinau-Steinrück,* ZGR 1999, 314, 331.
1188 BGH AG 1997, 265, 267; OLG Jena NZG 1999, 1069, 1072; *Fonk,* AG 1997, 267.
1189 BGH AG 2001, 46 f. m. Anm. *Zimmermann,* EWiR 2001, § 17 BetrAVG 1/01, 559.
1190 Einzelheiten zum nachvertraglichen Wettbewerbsverbot siehe Rn. 626 ff.
1191 BGH NJW 1984, 1529, 1530; *Blomeyer,* FS Ostheim, S. 517, 524.
1192 BAG v. 12.1.2005 – 5 AZR 364/04.
1193 *Mertens/Cahn,* in: KölnKommAktG, § 84 Rn. 83; *Bauer/von Steinau-Steinrück,* ZGR 1999, 314, 334; kritisch *Fonk,* FS Semler, S. 139, 156 f.

halte, die das Unternehmen nach freiem Belieben zum jederzeitigen Widerruf der vereinbarten Altersversorgung berechtigen.

i) Herabsetzung laufender Versorgungsleistungen

aa) Rechtsgrundlage

524 Die Herabsetzung laufender Versorgungsbezüge ist auf Grundlage des durch das VorstAG 2009 neu gefassten § 87 Abs. 2 Satz 1 und Satz 2 AktG nur in den ersten drei Jahren nach Ausscheiden des Vorstandsmitgliedes aus der Gesellschaft möglich, danach nicht mehr. Gemeint ist, dass die Entscheidung über die Herabsetzung in den ersten drei Jahren nach dem Ausscheiden getroffen werden muss, sodann aber unbefristet ist und für den gesamten Ruhegehaltszeitraum gilt.[1194] Voraussetzungen und Rechtsfolgen unterscheiden sich nach dem Gesetzeswortlaut nicht von der Möglichkeit zur Herabsetzung der Vergütung der aktiv noch tätigen Vorstandsmitglieder. Im Rahmen der Ermessensentscheidung wird allerdings zu berücksichtigen sein, dass die Herabsetzung der Versorgungsbezüge ein Eingriff in erdiente (und nicht in zukünftig zu verdienende) Anwartschaften ist und zudem das ausgeschiedene Vorstandmitglied als Reaktion auf die Herabsetzung nicht mehr eine Kündigung nach § 87 Abs. 2 Satz 4 AktG aussprechen und sich eine andere Beschäftigung suchen kann. Die gesetzlichen Voraussetzungen sind deshalb wesentlich strenger auszulegen als bei der Reduzierung von Bezügen noch aktiver Vorstandsmitglieder. Die Entscheidung über diese Frage hat der Aufsichtsrat, der die Gesellschaft auch gegenüber ausgeschiedenen Vorstandsmitgliedern vertritt, nach pflichtgemäßem Ermessen zu treffen.

bb) Keine anderweitige Abwendbarkeit

525 Es bestehen verfassungsrechtliche Bedenken gegen diese Norm, da durch sie in den Bestands- und Vertrauensschutz des Versorgungsempfängers in besonderer Weise eingegriffen wird. Die Herabsetzung sollte deshalb nur soweit und solange erfolgen, wie dies durch zwingende Gründe zu rechtfertigen ist.[1195] Von der Regelung sollte (wenn überhaupt) nur äußerst restriktiv Gebrauch gemacht werden. Die Gesellschaft darf die Versorgungsbezüge danach nicht schon deshalb kürzen, weil sich die allgemeine Wirtschaftslage verschlechtert hat oder wirtschaftliche Schwierigkeiten eingetreten sind, wie etwa unerwartete Verluste, Absatzrückgang, Produktionsstörungen oder andere unternehmerische Misserfolge. Erforderlich ist vielmehr eine Bedrohung ihrer wirtschaftlichen Existenz, die zu einer Unbilligkeit der Weitergewährung der Versorgung führen würde. Daran dürfte es fehlen, wenn nur der Bestand eines Betriebs(teils), nicht aber der des gesamten Unternehmens gefährdet ist. Anderseits muss die fortge-

---

1194 *Weber*, in: Hölters, AktG, § 87 Rn. 56; *Hüffer*, AktG, § 87 Rn. 9b.
1195 *Pusch*, in: Hümmerich/Boecken/Düwell, Kommentar zum Arbeitsrecht, AktG § 87 Rn. 33.

setzte Zahlung der Versorgungsbezüge nicht den sofortigen Unternehmenszusammenbruch zur Folge haben. Insbesondere wenn die Gesellschaft gerade noch „zahlungsfähig" ist, wird eine ernsthafte Bestandsgefährdung zumindest dann anzunehmen sein, wenn sie einen weiteren wirtschaftlichen Misserfolg nicht mehr überstehen würde.[1196]

Die Herabsetzung laufender Versorgungsbezüge sollte *ultima ratio* sein. Die Gesellschaft darf nicht dazu im Stande sein, durch eigene Spar- und Rationalisierungsmaßnahmen ihre wirtschaftliche Lage wieder zu verbessern. Neben der Kürzung der Ruhegelder sollten zudem zusätzliche Maßnahmen getroffen werden, die zur Beseitigung der wirtschaftlichen Verschlechterung geeignet sind. Dazu gehören die Herabsetzung der Bezüge der aktiven Vorstandsmitglieder nach § 87 Abs. 2 AktG, der zeitweilige Verzicht der Aktionäre auf (höheren) Gewinn sowie anderweitige Opfer seitens der *Share/Stake Holder*. Außerdem darf die wirtschaftliche Verschlechterung der Gesellschaft nicht soweit fortgeschritten sein, dass die Eröffnung eines Insolvenzverfahrens unvermeidlich ist oder aber die Gesellschaft sich bereits in der Abwicklung befindet.[1197] Denn in solchen Fällen dient die Herabsetzung nicht mehr dem Unternehmensinteresse und der Träger der Insolvenzsicherung hat nach § 7 Abs. 1 Satz 4 Nr. 2, Satz 1 BetrAVG die Versorgungsbezüge weiterzuzahlen. 526

cc) Zumutbarkeit, Dauer und Umfang

Die Gesellschaft hat den pensionsberechtigten Vorstandsmitgliedern die Krisenlage in Einzelheiten mitzuteilen und die getroffenen bzw. beabsichtigten Abwehrmaßnahmen darzulegen, damit diese die Billigkeit einer Herabsetzung ihrer Versorgungsbezüge beurteilen und eine Kürzung gegebenenfalls hinnehmen können. Die Billigkeit einer Herabsetzung bestimmt sich nach Lage des Einzelfalles; einzubeziehen ist auch das Verhalten der Pensionsberechtigten, insbesondere wenn diese als aktive Vorstandsmitglieder die wirtschaftliche Verschlechterung selbst verschuldet haben. Festzusetzen ist die Kürzung des Ruhegeldes für jeden Betroffenen getrennt nach seinen Leistungen und persönlichen Verhältnissen, wobei dem einzelnen Versorgungsempfänger ein Existenzminimum zu belassen ist. 527

Die Herabsetzung lässt sich indes nicht damit rechtfertigen, dass das ausgeschiedene Vorstandsmitglied die Versorgungsleistungen für seinen Lebensunterhalt nicht benötigt.[1198] Ebenso wenig kommt es darauf an, ob und in welcher Höhe die Gesellschaft auf Grund der Pensionsverpflichtungen Rückstellungen gebildet hat. 528

Die Kürzung der Versorgungsbezüge ist nur für die Dauer der wirtschaftlich schwierigen Lage zulässig und auch nur bis zu einer angemessenen Höhe. 529

1196 LG Essen NZG 2006, 356; früher bereits RGZ 148, 81, 95.
1197 BGH WM 1964, 675, 676; *Spindler*, in: MünchKommAktG, § 87 Rn. 112.
1198 RGZ 148, 81, 98; BGH WM 1961, 299, 300; *Spindler*, in: MünchKommAktG, § 87 Rn. 114.

Die Gesellschaft hat die Pensionszahlungen auf ihre ursprüngliche Höhe wieder anzuheben, wenn die Sanierung gelingt und damit der Grund für die Herabsetzung entfällt.

j) Fehlerhafte Versorgungszusage

530 Beruht der Versorgungsanspruch auf einem fehlerhaften Anstellungsvertrag oder einer fehlerhaften Ruhegeldzusage, bleibt er nach Beendigung des Vertrages in dem Umfang bestehen, wie Gegenleistungen dafür erbracht worden sind.[1199] Die Ruhegeldzusage beansprucht also in vollem Umfang Geltung, wenn der Pensionsfall bereits eingetreten ist und Ruhegeld- oder Übergangsgeldzahlungen erfolgen. Das gilt auch für den Fall, dass das fehlerhafte Anstellungsverhältnis nicht vor Ablauf der Dauer beendet wird, die nach dem Vertrag vereinbart war und mit dessen Ablauf eine sofort einsetzende oder auf den späteren Eintritt eines Pensionsfalles hinausgeschobene Versorgung gegeben sein sollte.

531 Bei fehlerhafter Anstellung und fehlerhafter Bestellung sind Ruhegeldzusagen zudem bei vorzeitiger Beendigung des fehlerhaften Vertrages zu erfüllen, sofern die Voraussetzungen dafür auch bei Beendigung eines wirksamen Vertrages vorgelegen hätten. Problematisch dabei ist, dass die Ruhegeldvereinbarung überwiegend auf die vertraglich vereinbarte Dauer und damit auf das Auslaufen des Anstellungsvertrages Bezug nimmt. Abgesehen von der Erstbestellung ist für den Fall, dass bei zeitgerechter Beendigung der weiteren Bestellungs- und Anstellungsperiode ein Versorgungsanspruch gegeben wäre, ein solcher Anspruch auch bei vorzeitig, auf Grund fehlerhafter Bestellung und Anstellung erfolgter Beendigung anzunehmen.[1200] Besteht demgegenüber kein vertraglicher Ruhegeldanspruch, sind die Voraussetzungen des BetrAVG entsprechend dem Fall der Beendigung eines wirksamen Anstellungsverhältnisses zu prüfen. Dem Vorstandsmitglied kann dann ein Teil des Ruhegeldes mit Eintritt des Pensionsfalles zustehen.[1201]

k) Insolvenzsicherung

532 Die Pensionsansprüche der Vorstandsmitglieder, die nach Eröffnung des Insolvenzverfahrens über das Vermögen der Aktiengesellschaft fällig werden, sind einfache Insolvenzforderungen gemäß § 38 InsO. Die Forderungen sind mithin nach ihrem Schätzwert anzumelden und zu berücksichtigen. Pensionierte Vorstandsmitglieder könnten damit die erworbene Altersversorgung praktisch einbüßen. Unverfallbare Versorgungsanwart-

---

[1199] LG Zweibrücken, BB 2007, 2350; *Hengeler*, FS Barz, S. 129, 141; *Säcker*, FS Müller, S. 745, 757.
[1200] Ausführlich *Hengeler*, FS Barz, S. 129, 141.
[1201] *Fonk*, in: Semler/v. Schenck, ArbeitsHdB für Aufsichtsratsmitglieder, § 9 Rn. 248; für den GmbH-Geschäftsführer *Stein*, in: Hachenburg, GmbHG, § 35 Rn. 188.

schaften und laufende Pensionsleistungen sind jedoch nach Maßgabe des § 7 BetrAVG insolvenzgesichert.

Die Insolvenzsicherung wird ausgelöst, wenn über das Vermögen der Gesellschaft das Insolvenzverfahren eröffnet worden oder der Sicherungsfall nach § 7 Abs. 1 Satz 4 BetrAVG eingetreten ist. Geschützt sind die Ansprüche der Vorstandsmitglieder und ihrer Hinterbliebenen, nicht aber solche von Vorstandsmitgliedern mit beherrschendem Einfluss. Anspruchsgegner ist der Pensions-Sicherungs-Verein als Träger der Insolvenzsicherung. Bei Anwartschaften beginnt der Insolvenzschutz mit Eintritt der Unverfallbarkeit, § 7 Abs. 2 BetrAVG i. V. m. §§ 1b, 31f BetrAVG bzw. § 1 BetrAVG a. F. Insolvenzgesichert sind zudem solche Anwartschaften, die bereits bei Inkrafttreten des BetrAVG nach damaligem Richterrecht unverfallbar waren.[1202] Der Insolvenzschutz umfasst ferner Versorgungsanwartschaften, deren Unverfallbarkeit auf der Anrechnung von Vordienstzeiten beruht, sofern diese bereits von einer Versorgungszusage begleitet waren und an den neuen Anstellungsvertrag heranreichen.[1203] Auf das Übergangsgeld und Abfindungen erstreckt sich die Insolvenzsicherung dagegen nicht.[1204]

533

Der Versorgungsanspruch gegen den Träger der Insolvenzsicherung entsteht nach § 7 Abs. 1 Satz 1 BetrAVG in Höhe der Leistung, die das Unternehmen auf Grund der Versorgungszusage zu erbringen hätte, wenn der Sicherungsfall nicht eingetreten wäre. Für laufende Pensionsleistungen, Kapitalleistungen oder Entgeltumwandlungen ist der Vorsorgungsanspruch jedoch nach Maßgabe der in § 7 Abs. 3 BetrAVG genannten Voraussetzungen begrenzt. Nach § 7 Abs. 4 BetrAVG vermindert sich der Anspruch in dem Umfang, in dem die Gesellschaft oder sonstige Versorgungsträger Leistungen der betrieblichen Altersversorgung gewähren. Ausgeschlossen ist der Anspruch nach § 7 Abs. 5 BetrAVG, soweit hinreichend Grund zur Annahme besteht, dass der Zweck der Versorgungszusage oder ihre Verbesserung allein oder überwiegend darin bestand, den Träger der Insolvenzsicherung in Anspruch zu nehmen.

534

Wird die Sicherungshöchstgrenze nach § 7 Abs. 3 BetrAVG überschritten oder sollen die Versorgungsansprüche eines Vorstandsmitglieds mit beherrschendem Aktionärseinfluss insolvenzgesichert werden, empfiehlt sich im Rahmen der Pensionszusage der Abschluss einer Rückdeckungsversicherung mit Verpfändung an den Versorgungsberechtigten.[1205] Der Abschluss der Versicherung und die Verpfändung der Forderung sollten bereits im Anstellungsvertrag geregelt sein und möglichst zeitnah aufeinanderfolgen,

535

[1202] BGH WM 1985, 701; BGH WM 1980, 1116; *Fleck*, WM 1994, 1957, 1968.
[1203] BAG WM 1984, 162; *Wiesner*, in: MünchHdB GesR AG, § 21 Rn. 58 ff.
[1204] BGH ZIP 2000, 1452; BGH WM 1991, 417; BGH WM 1984, 1324, 1325.
[1205] *Uhlenbruck*, BB 2003, 1185, 1188; *Heissmann*, BB 1969, 539.

um im Insolvenzfall eine Anfechtung nach § 129 ff. InsO durch den Insolvenzverwalter auszuschließen.[1206]

l) Verjährung

536 Nach § 18a Satz 1 BertrAVG verjährt der Anspruch auf Leistungen der betrieblichen Altersversorgung in dreißig Jahren. Regelmäßig wiederkehrende Leistungen, wozu insbesondere laufende Versorgungsansprüche zählen, unterliegen dagegen der regelmäßigen Verjährungsfrist von drei Jahren, § 18a Satz 2 BetrAVG i. V. m. § 195 BGB.

8. Hinterbliebenenversorgung

537 Die betriebliche Altersversorgung für Vorstandsmitglieder umfasst üblicherweise auch die finanzielle Absicherung der Hinterbliebenen. Dabei ergeben sich keine grundsätzlichen Unterschiede zur Ruhegeldzusage. Allerdings entstehen zu Lebzeiten des Vorstandsmitglieds keine Versorgungsanwartschaften zugunsten der Hinterbliebenen. Erst mit Eintritt des Versorgungsfalls erhalten Witwe/Witwer und Waisen des verstorbenen Vorstandsmitglieds einen unmittelbaren Leistungsanspruch.[1207]

538 Bei Rechtsstreitigkeiten mit den Angehörigen ehemaliger Vorstandsmitglieder über die Hinterbliebenenversorgung wird die Gesellschaft nach wohl herrschender Meinung durch den Aufsichtsrat vertreten.[1208] Die Vertretungszuständigkeit nach § 112 AktG verhindert Interessenkollisionen des Vorstands aus einer eventuell solidarischen Haltung gegenüber dem früheren Vorstandsmitglied bzw. den Hinterbliebenen und gewährleistet so die unbefangene Vertretung der Gesellschaft.[1209]

a) Versorgung des Ehegatten

539 Die Höhe der Hinterbliebenenversorgung beläuft sich für den hinterbliebenen Ehegatten zumeist auf 60 % des Ruhegeldes für das Vorstandsmitglied. Die Praxis orientiert sich an den früheren Regelungen der gesetzlichen Rentenversicherung.[1210] Die seit dem Jahr 2002 geltenden neuen gesetzlichen Regelungen (vgl. gesetzliche Neufassung von § 46 SGB VI) der kleinen (25 % des Ruhegeldes) und großen (55 % des Ruhegeldes) Witwen-/Witwerrente haben – soweit erkennbar – ganz überwiegend noch keinen Einfluss auf die Vertragspraxis. In Betracht kommt die Anrechnung anderweitiger

---

1206 Zur Insolvenzfestigkeit der Verpfändung vgl. BGH ZIP 1997, 1596; OLG Hamm BB 1995, 2083.
1207 Vertrag zu Gunsten Dritter nach § 328 ff. BGB; näher *Fonk*, FS Semler, S. 139, 159.
1208 LG München I WiB/NZG 1996, 579 m. Anm. *Fonk*; *Hüffer*, AktG, § 112 Rn. 2; *Mertens*, in: KölnKommAktG, § 112 Rn. 11; *Schmits*, AG 1992, 149, 153; a. A. OLG München WM 1996, 1859, 1860; OLG München WM 1996, 346, 347; *Behr/Kindl*, DStR 1999, 119, 125.
1209 Ausführlich *Semler*, in: MünchKommAktG, § 112 Rn. 32.
1210 Eine Hinterbliebenenrente i.H.v. 100 % des Ruhegeldes des Vorstandsmitglieds ist unangemessen, vgl. BGH WM 1981, 1344, 1347.

Einkünfte des hinterbliebenen Ehegatten aus selbständiger oder unselbständiger Tätigkeit sowie eventuell selbst erworbener Versorgungsbezüge. Alternativ dazu kann die Versorgungsleistung davon abhängig gemacht werden, dass vornehmlich das verstorbene Vorstandsmitglied den Familienunterhalt erbracht hat. Um auch im Interesse der Gesellschaft den hinterbliebenen Ehegatten zu motivieren, einer Erwerbstätigkeit nachzugehen, sollte ein anrechnungsfreier Freibetrag vorgesehen werden und zudem geregelt werden, dass die anderweitigen Einkünfte nur zu einem bestimmten Prozentsatz und nicht in voller Höhe zur Anrechnung kommen.

Grundsätzlich zulässig ist aber auch, die Ehegattenversorgung (für bestimmte Fälle) vertraglich auszuschließen.[1211] Die Minderung oder der Wegfall der Witwen-/Witwerrente sollte dann jedoch durch ein höher bemessenes Ruhegeld des Vorstandsmitglieds finanziell ausgeglichen sein. Seit dem Jahr 2005 ist die eingetragene Lebenspartnerschaft rentenrechtlich der Ehe gleichgestellt (§ 46 Abs. 4 SGB VI), weshalb es für die Vertragspraxis zu empfehlen ist, klarzustellen, ob Lebenspartner ebenfalls versorgungsberechtigt sein sollen. 540

Im Interesse der Gesellschaft sollte die Ehegattenversorgung bestimmten Einschränkungen unterliegen. Insbesondere bei der Witwenrente kann ein (zu) großer Altersunterschied zwischen dem verstorbenen Vorstandsmitglied und seiner hinterbliebenen Ehefrau erhebliche finanzielle Aufwendungen für die Gesellschaft zur Folge haben. Die Praxis hat daher verschiedene Regelungen zur Einschränkung der Leistungspflicht entwickelt. Ein Altersunterschied von bis zu zehn Jahren lässt die Höhe des Witwengeldes im Regelfall unberührt. Bei Überschreitung dieser Altersdifferenz kann die Hinterbliebenenzusage einen prozentualen Abschlag pro Jahr Altersunterschied vorsehen. Darüber hinaus können Kürzungen von der Mindestdauer der Ehe abhängig gemacht werden, etwa wenn die Ehe nur relativ kurze Zeit bis zum Eintritt des Versorgungsfalls bestanden hat oder das Vorstandsmitglied erst in pensionsnahem Alter und/oder eine erheblich jüngere Frau heiratet.[1212] Nicht erforderlich ist indes die Festlegung eines bestimmten Höchstalters, bei dessen Überschreitung eine Eheschließung keine Versorgungsansprüche mehr begründet, sofern die nach Beendigung des Anstellungsvertrages geschlossene Ehe keine Ansprüche auf Ehegattenversorgung begründet. 541

Aus Sicht des Vorstandsmitglieds nicht unproblematisch ist die Zusage einer lebenslangen Ehegattenversorgung, die an die namentliche Benen- 542

[1211] BAG DB 1998, 1190 (zur sog. Spätehenklausel); *Fonk*, FS Semler, S. 139, 158 (Fn. 97); *Schaub*, ArbeitsrechtsHdB, § 81 Rn. 55, 207.
[1212] Vgl. BAG BB 2002, 1051, 1052; BAG DB 1998, 1190; BAG NZA 1988, 158, 159; LG Köln DB 1985, 2252, 2253; Hessisches LAG DB 1997, 2182, 2183; *Fonk*, FS Semler, S. 139, 158.

nung des Ehegatten im Zeitpunkt des Vertragsschlusses anknüpft.[1213] Im Fall der Wiederverheiratung nach dem Tod dieses Ehegatten oder nach Scheidung dieser Ehe kann eine Anwartschaft auf Witwen-/Witwerrente für den neuen Ehegatten nur durch Änderung der Versorgungszusage sichergestellt werden.[1214] Bei namentlicher Verweisung auf den hinterbliebenen Ehegatten sollte die Hinterbliebenenvereinbarung die Klausel enthalten, dass im Zeitpunkt des Todes des Vorstandsmitglieds die Ehe noch bestanden hat. Verweist die vertragliche Regelung auf Versorgungsansprüche der Witwe/des Witwers, wird damit bereits sprachlich der Bestand der Ehe im Todeszeitpunkt des Vorstandsmitglieds vorausgesetzt.

543 Häufig verwendet wird die sog. Wiederverheiratungsklausel, nach der dem hinterbliebenen Ehegatten bei einer Wiederverheiratung das Witwen-/Witwergeld gestrichen wird. Diese Sanktion lässt sich allerdings durch eine nichteheliche Lebensgemeinschaft leicht umgehen. Entfällt im Fall der Wiederverheiratung die Ehegattenversorgung, so lebt der Anspruch darauf nach Aufhebung der Folgeehe durch Scheidung oder Tod des anderen Ehegatten grundsätzlich nicht wieder auf.[1215] Ein erneutes Entstehen der Versorgungsansprüche kann jedoch vereinbart werden,[1216] zweckmäßigerweise ergänzt um eine Anrechnungsklausel für Leistungen und Versorgungsansprüche aus der Folgeehe. Im Fall einer sog. Getrenntlebenklausel ist in Anlehnung an §§ 1566, 1567 BGB die Witwen-/Witwerrente erst dann ausgeschlossen, wenn im Zeitpunkt des Todes des Vorstandsmitglieds die Eheleute mindestens drei Jahre getrennt lebten.[1217]

b) Waisenversorgung

544 Das Waisengeld gehört zum Standard der Hinterbliebenenversorgung. Bei namentlicher Benennung des hinterbliebenen Ehegatten als Anspruchsberechtigten der Witwen-/Witwerrente kann sich die Waisenversorgung auf die leiblichen Kinder aus dieser Ehe beschränken. Ferner sollten adoptierte Kinder versorgungsberechtigt sein, sofern die Adoption während der Amtszeit und nicht nach Beendigung des Anstellungsvertrages erfolgte. Entsprechendes gilt für die Berücksichtigung unehelicher Kinder im Hinblick auf den Vaterschaftszeitpunkt. In der Praxis bewährt hat sich die Beschränkung der Waisenversorgung auf unterhaltsberechtigte Kinder des Vorstandsmitglieds.

545 Höhe und Dauer des Waisengeldes bestimmen sich nach den persönlichen Umständen des Einzelfalles. Für die Halbwaisenrente wird pro Kind ein

---

1213 Andererseits ist dann sichergestellt, dass für Eheschließungen nach vorzeitigem Ausscheiden aus der Gesellschaft trotz unverfallbarer Pensionsanwartschaft keine Leistungen an den hinterbliebenen Ehegatten zu erbringen sind.
1214 Vgl. BAG DB 2001, 2303.
1215 BAG BB 1997, 1053; *Wiesner*, in: MünchHdB GesR AG, § 21 Rn. 61.
1216 BAG BB 1997, 1053 m. Anm. *Matthiessen*, EWiR § 1 BetrAVG 5/97, 967.
1217 BAG ZIP 1995, 1439 m. Anm. *Griebling*, EWiR 1995, 739.

Betrag in Höhe von 10–20 % des Ruhegeldes empfohlen, im Fall einer Vollwaise erhöht sich der Betrag auf 20–30 %.[1218] Festzulegen ist insoweit eine Obergrenze, wonach Ehegattenversorgung und Waisengeld zusammen nicht die Höhe des Ruhegeldes des Vorstandsmitglieds übersteigen dürfen. Im Fall der Herabsetzung sollte allerdings das Witwen-/Witwergeld unberührt bleiben. Die Dauer der Waisengeldzahlungen sollte grundsätzlich an die Vollendung des 18. Lebensjahres, mithin an das Erreichen der gesetzlichen Volljährigkeit anknüpfen. Bei fortgesetzter Waisenversorgung wird regelmäßig eine Schul- und Berufsausbildung bzw. ein Studium oder eine körperliche Behinderung vorausgesetzt. In diesen Fällen sollte das Waisengeld mit Vollendung des 27. Lebensjahres (Höchstaltersgrenze in den gesetzlichen Systemen der Waisenrente) unter Anrechnung der Wehr- oder Zivildienstzeit sowie freiwilliger sozialer Dienste enden. Die Anrechnung von Einkünften aus einem Ausbildungs- oder Arbeitsverhältnis sollte erst oberhalb einer Untergrenze und dann aus Gründen des Anreizes nur zur Hälfte erfolgen. Dabei kann die Untergrenze prozentual im Verhältnis zum Waisengeld festgelegt werden. Unzulässig ist die Beschränkung der Waisenversorgung auf unverheiratete Waisenkinder.[1219]

9. Auslagenersatz

a) Allgemeine Voraussetzungen

Die Vorstandsmitglieder können nach Maßgabe der §§ 675 Abs. 1, 670, 669 **546** BGB Auslagenersatz sowie Vorschuss verlangen. Besteht kein wirksamer Anstellungsvertrag, kommt ein Aufwendungsersatzanspruch nach § 683 BGB in Betracht. Grundsätzlich zu erstatten sind alle Ausgaben, die das Vorstandsmitglied im Rahmen der Unternehmensleitung für erforderlich halten durfte. Dazu gehören insbesondere Reisekosten, Spesen und Repräsentationskosten, sofern sie durch die Amtsstellung verursacht und angemessen sind.[1220] Unerheblich dabei ist, dass die Aufwendungen für das Vorstandsmitglied zugleich einen Vorteil darstellen.[1221] Die Aufwendungen müssen in einem angemessenen Verhältnis zu den damit verfolgten dienstlichen Zwecken und zur finanziellen Lage der Gesellschaft stehen. Das gilt gleichsam bei Inanspruchnahme betrieblicher Hilfsmittel. Aufwendungen für die persönliche Sicherheit der Vorstandsmitglieder hat die Gesellschaft insoweit zu übernehmen, wie die Gefährdung der Vorstandsmitglieder auf ihrer dienstlichen Stellung beruht.[1222]

1218 *Fonk*, in: Semler/v. Schenck, ArbeitsHdB für Aufsichtsratsmitglieder, § 9 Rn. 258.
1219 LAG Hamm BB 1981, 54; *Höfer*, BetrAVG, Bd. I ART Rn. 586.
1220 *Hopt*, in: GroßKommAktG, § 93 Rn. 177; *Mertens/Cahn*, in: KölnKommAktG, § 93 Rn. 65.
1221 BGH WM 1990 1025, 1026; KG NZG 2001, 325 (Unterhaltungskosten für auch privat genutzten Dienstwagen).
1222 *Hopt*, in: GroßKommAktG, § 93 Rn. 178; *Mertens/Cahn*, in: KölnKommAktG, § 93 Rn. 64.

547 Auslagen zu ausschließlich privaten Zwecken sind nur dann betrieblich veranlasst, wenn sie mittelbar dem Unternehmensinteresse dienen und das Vorstandsmitglied nach pflichtgemäßem Ermessen von ihrer Billigung ausgehen durfte.[1223] Ansonsten sollte im Anstellungsvertrag vereinbart sein, dass das Vorstandsmitglied bestimmte Beträge für sich nur durch Gegenzeichnung eines anderen Vorstandsmitglieds anweisen darf. Der Aufsichtsrat hat für geeignete Kontrollmaßnahmen zu sorgen. Das kann in der Form geschehen, dass die Prüfung der Vorstandsbezüge und Vorstandsauslagen in den Auftrag einbezogen werden, den der Wirtschaftsprüfer im Zusammenhang mit dem Jahresabschluss erhält.

548 Ohne besondere Vereinbarung kann das Vorstandsmitglied nur solche betrieblich veranlassten Auslagen ersetzt verlangen, die es ordnungsgemäß belegt. Liegt der Ersatzanspruch dem Grunde nach vor, bildet die Abgeltung durch die gezahlte Vergütung die von der Gesellschaft zu beweisende Ausnahme. Erstattungspflichtige Aufwendungen sind ferner Schäden, die das Vorstandsmitglied bei seiner Tätigkeit ohne eigenes Verschulden erlitten hat.[1224]

b) Regress und Freistellung

aa) Ersatzansprüche Dritter, Verfahrenskosten und Geldstrafen

549 Regressansprüche wegen zivilrechtlicher Inanspruchnahme stehen dem Vorstandsmitglied gegen die Gesellschaft nur zu, wenn sein haftungsbegründendes Verhalten gegenüber Dritten nicht zugleich eine schuldhafte Pflichtverletzung im Innenverhältnis darstellt.[1225] Das ist möglich, wenn das Vorstandsmitglied bei zweifelhafter Rechtslage mit guten Gründen einer für die Gesellschaft günstigen Rechtsauffassung folgt, jedoch im Ergebnis sich diese Entscheidung als unzutreffend herausstellt und ausschließlich zur Eigenhaftung des Vorstandsmitglieds führt.[1226] Ein Erstattungsanspruch ist zudem anzunehmen, wenn die externe Ersatzpflicht auf einer Gefährdungshaftung beruht, intern aber das schädigende Vorstandsverhalten keine Verantwortlichkeit gegenüber der Gesellschaft auslöst. Statt Rückgriff bei der Gesellschaft zu nehmen, kann in solchen Fällen das Vorstandsmitglied ebenso Freistellung von der Verbindlichkeit nach §§ 670, 257 Satz 1 BGB verlangen.[1227] Eine vorherige Freistellungszusage der Gesellschaft für eventuell entstehende zivilrechtliche Schadensersatzansprüche ist prinzipiell ausgeschlossen. Zulässig, aber gleichsam deklara-

---

[1223] KG NZG 2001, 325, 326 m. Anm. *Bloching*, DStR 2002, 321; *Dreher*, ZHR 165 (2001), 293, 307.
[1224] *Mertens/Cahn*, in: KölnKommAktG, § 84 Rn. 89; *Wiesner*, in: MünchHdB GesR AG, § 21 Rn. 62.
[1225] *Hopt*, in: GroßKommAktG, § 93 Rn. 515; *Bastuck*, Enthaftung des Managements, S. 102 ff.; *Thümmel*, Persönliche Haftung von Managern und Aufsichtsräten, Rn. 309.
[1226] *Thümmel*, AG 2004, 83, 88; *Bastuck*, Enthaftung des Managements, S. 115 f.
[1227] *Thümmel*, Persönliche Haftung von Managern und Aufsichtsräten, Rn. 335.

torisch sind allein Freistellungerklärungen für solche (Außen-)Haftungsschäden, denen kein korporationsrechtlicher Pflichtverstoß des Vorstandsmitglieds zu Grunde liegt.[1228]

Verfahrens- und Anwaltskosten aus Zivil-, Straf- oder Ordnungswidrigkeitsverfahren kann das Vorstandsmitglied nur geltend machen, wenn das vorgeworfene Fehlverhalten im Zusammenhang mit der dienstlichen Tätigkeit steht und keine Haftung gegenüber der Gesellschaft begründet.[1229] Anstelle der nachträglichen Kostenerstattung kann das Vorstandsmitglied nach § 669 BGB auch bereits vor Prozessbeginn oder im laufenden Gerichtsverfahren einen Kostenvorschuss verlangen.[1230] Die Gesellschaft sollte darauf achten, in solchen Fällen die Vorläufigkeit der Zahlung bzw. den Vorbehalt der Rückforderung klarzustellen. Die endgültige Übernahme der Anwalts,– Prozess-, Gutachter- und sonstigen Kosten richtet sich nach dem Ausgang des gerichtlichen oder außergerichtlichen Verfahrens: Bei Obsiegen in einem Zivilprozess oder Freispruch im Strafverfahren hat das Vorstandsmitglied prinzipiell keine Kosten zu tragen. Besondere Aufwendungen auf Grund einer Honorarvereinbarung mit dem eigenen Rechtsanwalt sind erstattungsfähig, wenn und soweit ein solcher Mandatsvertrag bei der Betreuung wirtschafts(straf-)rechtlicher Verfahren üblich ist.[1231] Unterliegt das Vorstandsmitglieder dagegen in dem Zivil- oder Strafverfahren, sollen die Kosten eines Rechtsstreits oder Strafverteidigers nicht erstattungsfähig sein oder nach § 254 BGB dem Vorstandsmitglied teilweise zur Last fallen.[1232] 550

Bei Verurteilung zur Zahlung einer Geldstrafe oder Geldbuße hat das Vorstandsmitglied diese zunächst selbst zu tragen.[1233] Nach Begleichung der Geldstrafe steht einer Erstattung der Kosten grundsätzlich nichts entgegen.[1234] Geldstrafen und Geldbußen sind freilich nicht erstattungsfähig und -pflichtig, wenn durch das sanktionierte Vorstandsverhalten gleichzeitig Legalitätspflichten verletzt und Ersatzansprüche der Gesellschaft nach § 93 Abs. 2 AktG begründet worden sind.[1235] In diesen Fällen kommt eine nachträgliche Übernahme der aufgewendeten Geldzahlung nur nach § 93 Abs. 4 Satz 3 AktG, mithin erst nach Ablauf der Drei-Jahres-Frist in Betracht. Ebenso wenig kann sich die Gesellschaft im Voraus zur Übernahme even- 551

1228 *Fleischer*, WM 2005, 909, 916; *Hopt*, in: GroßKommAktG, § 93 Rn. 517.
1229 BGH NJW 1991, 990, 991; LG Hannover MDR 1981, 495; *Bastuck*, Enthaftung des Managements S. 141 ff.
1230 *Mertens/Cahn*, in: KölnKommAktG, § 84 Rn. 90 ff.; *Wiesner*, in: MünchHdB GesR AG, § 21 Rn. 63.
1231 *Fleischer*, WM 2005, 909, 916; ablehnend BAG NJW 1995, 2372.
1232 Ausführlich *Fleischer*, WM 2005, 909, 915 f.
1233 *Bastuck*, Enthaftung des Managements, S. 125 ff.
1234 BGH JZ 1964, 587 m. Anm. *Stree*; ferner BGHSt 37, 226 (keine Strafvereitelung nach § 258 Abs. 2 StGB).
1235 *Mertens/Cahn*, in: KölnKommAktG, § 84 Rn. 92; *Kapp*, NJW 1992, 2796, 2798.

tuell entstehender „Kosten" aus Straf- und Bußgeldzahlungen wirksam verpflichten.[1236] Eine solche Regelung ist nach § 134 BGB i. V. m. § 257 Abs. 1 StGB nichtig.[1237] Zulässig sind allenfalls vorab getroffene Freistellungs- bzw. Erstattungsvereinbarungen für den Bereich fahrlässig begangener Ordnungswidrigkeiten.[1238]

bb) Erstattung gezahlter Schmiergelder

552 Anspruch auf Erstattung gezahlter Schmiergelder haben die Vorstandsmitglieder grundsätzlich nicht, da es sich im Regelfall um unrechtmäßige Leistungen handelt und solche Auslagen nach § 670 BGB nicht als erforderlich gelten. Erstattungspflichtig wird die Zahlung auch nicht dadurch, dass erst durch Korruption ein für die Gesellschaft günstiges Geschäft zustande kam. Im Inland geleistete Schmiergeldzahlungen begründen keinen Ersatzanspruch, da Bestechung und Bestechlichkeit, Vorteilsnahme und Vorteilsgewährung im geschäftlichen wie im behördlichen Verkehr nach §§ 299, 300, 331 ff. StGB strafbar sind.

553 Dagegen wurde bei Auslandssachverhalten eine Erstattungspflicht bisher dann angenommen, wenn am Geschäftsort die Zahlung von Schmiergeld zulässig ist, das geschäftliche Anstandsempfinden nicht grob verletzt wird und die Schmiergeldzahlung nicht wirtschaftlich unvernünftig erscheint.[1239] Inzwischen hat das Gesetz zur Bekämpfung der Bestechung im internationalen Geschäftsverkehr (IntBestG) die Einflussnahme auf Amtsträger fremder Staaten und Bedienstete internationaler Organisationen weltweit unter Strafe gestellt.[1240] Daneben sanktioniert die Neuregelung des § 299 Abs. 3 StGB nunmehr ausdrücklich die Bestechung im ausländischen Wettbewerb.[1241] Unabhängig von der jeweiligen ausländischen Rechtsordnung sind somit auch im geschäftlichen Verkehr unter Privaten getätigte Schmiergeldzahlungen strafbar.[1242] Das Verbot von Schmiergeldzahlungen wiederholt zudem Ziff. 4.3.2 DCGK.[1243]

554 Ausnahmsweise sollen „kleinere Zahlungen" an ausländische Behörden weiterhin gerechtfertigt sein, wenn die Gesellschaft einen Anspruch auf das Verwaltungshandeln hat und die Behörde üblicherweise nur bei entspre-

---

1236 *Thümmel*, Persönliche Haftung von Managern und Aufsichtsräten, Rn. 334; *Kapp*, NJW 1992, 2796, 2798; *Rehbinder*, ZHR 148 (1984), 555, 573; *Habersack*, FS Ulmer, S. 151, 156, 170.
1237 Einzelheiten zur vorherigen (zivilrechtlichen) Haftungsfreistellung siehe Rn. 608 ff.
1238 Großzügiger *Kapp*, NJW 1992, 2796, 2799; a. A. *Fleischer*, WM 2005, 909, 917, wonach selbst die *freiwillige* Übernahme von Geldbußen unzulässig ist.
1239 *Hopt*, in: GroßKommAktG, § 93 Rn. 105; *Randt*, BB 2000, 1006, 1008.
1240 IntBestG vom 10.9.1998, BGBl. II 1998, 2327; dazu *Randt*, BB 2000, 1006; *Zieschang*, NJW 1999, 105, 106.
1241 Siehe Gesetzesänderung nach EGFinSchÜbkProt2AG v. 30.8.2002, BGBl. I 2002, 3387; dazu *Schmitz*, RIW 2003, 189.
1242 *Schmitz*, RIW 2003, 189, 194; *Randt*, BB 2002, 2252, 2253.
1243 Dazu *Ringleb*, in: Ringleb/Kremer/Lutter/v. Werder, Kommentar zum DGCK, Rn. 803 ff.

chender Schmiergeldzahlung tätig wird (z. B. Ausfertigung der Zoll- und Entladepapiere, Erteilen einer Baugenehmigung).[1244] Nur in derartig besonderen oder vergleichbaren Fallgestaltungen hat das Vorstandsmitglied nach § 670 BGB einen Anspruch auf Ersatz verauslagter Gelder.

9. D & O-Versicherung

Für Vorstände und Aufsichtsräte stellt die Gefahr einer persönlichen Inanspruchnahme inzwischen eine tatsächliche Bedrohung dar.[1245] Das Haftungsrisiko ist nicht nur unerheblich, da seit dem Jahr 2005 die gesetzlichen Anforderungen für eine Aktionärsklage in den §§ 147, 148 AktG deutlich herabgesetzt worden sind.[1246] Vermögensschaden-Haftpflichtversicherungen für Vorstandsmitglieder (sog. *Directors & Officers Liability Insurances*) sollten deshalb fester Bestandteil eines jeden Anstellungsvertrages sein. In allen deutschen Top-100-Unternehmen bestehen D & O-Versicherungen. Die Deckungssummen sind auf die jeweiligen Unternehmenskennzahlen abgestimmt und betragen durchschnittlich 5 Millionen Euro, im Großrisikogeschäft (derzeit noch) bis zu 300 Millionen Euro.[1247] Allerdings dürfte in Zukunft für einige besonders risikoanfällige Branchen ein D & O-Versicherungsschutz überhaupt nicht mehr oder nur zu extrem hohen Prämien zu erhalten sein.

555

a) Versicherungsgegenstand

Versicherungsgegenstand der D & O-Versicherung ist die Deckung von Vermögensschäden, die durch fahrlässige Pflichtverletzungen der Vorstandsmitglieder in Ausübung ihrer Tätigkeit entweder der Gesellschaft oder aber Dritten entstehen.[1248] Neben der Außen- und Innenhaftung des Vorstands umfasst der Versicherungsschutz mithin unmittelbar gegen die Gesellschaft nach § 31 BGB gerichtete Drittansprüche. Der Gesamtverband der Deutschen Versicherungswirtschaft e.V. (GDV) hat Musterbedingungen für die Vermögensschaden-Haftpflichtversicherung von Aufsichtsräten, Vorständen und Geschäftsführern (AVB-AVG) entwickelt.[1249] Der Versicherungs-

556

1244 Für den GmbH-Geschäftsführer vgl. *Zöllner*, in: Baumbach/Hueck, GmbHG, § 43 Rn. 14; *Schneider*, in: Scholz, GmbHG, § 43 Rn. 69.
1245 Vgl. nur BGH NZG 2003, 81; BGH ZIP 2002, 1587; BGH ZIP 2001, 1874; BGH ZIP 1997, 883; OLG Düsseldorf ZIP 1997, 27; LG Bielefeld ZIP 2000, 20; LG Stuttgart AG 2000, 237; LG Dortmund DB 2001, 2591.
1246 Siehe Gesetz zur Unternehmensintegrität und Modernisierung des Anfechtungsrechts (UMAG) BGBl. I 2005, 2802; zum Ref-Entwurf UMAG, abgedr. NZG Sonderbeilage 4/2004, vgl. *Diekmann/Leuering*, NZG 2004, 249; *Thümmel*, DB 2004, 471.
1247 Bis vor wenigen Jahren wurden sogar Deckungsbeträge bis zu 500 Millionen Euro zugesagt vgl. *Ihlas*, VW 2004, 395; *Dreher*, ZHR 165 (2001), 293, 298; *Schilling*, VW 2000, 788, 788.
1248 *Kiethe*, BB 2003, 537, 538; *Lange*, DStR 2002, 1626.
1249 Siehe Nr. 1.1 Allgemeine Versicherungsbedingungen für die Vermögensschaden-Haftpflichtversicherung von Aufsichtsräten, Vorständen und Geschäftsführern (AVB-AVG); abgedruckt bei *Thümmel*, Persönliche Haftung von Managern und Aufsichtsräten, Rn. 354 ff.

schutz beinhaltet in der Regel die Kosten für die Abwehr und ggf. Befriedigung der Schadensersatzansprüche. Als Versicherungsnehmerin und Prämienschuldnerin versichert die Gesellschaft in erster Linie das Vollstreckungs- und Ausfallrisiko wegen unzureichender Solvenz der haftenden Vorstandsmitglieder; nicht versicherbar dagegen ist das unternehmerische Risiko selbst. D & O-Versicherungen gewährleisten mithin die wirtschaftliche Werthaltigkeit der Organhaftungs- und übergegangenen Regressansprüche der Gesellschaft und bewahren gleichsam die Vorstandsmitglieder vor der Gefahr eines finanziellen Totalverlustes.[1250]

557 Die D & O-Versicherung kann über die Abwehr und Deckung vermögensrechtlicher Ersatzansprüche hinaus um einen Strafrechtsschutz erweitert werden, der sich auf jede Art der Strafverfolgung (außer für Verbrechen) im Zusammenhang mit dem Unternehmensgegenstand bezieht.[1251] Der Versicherungsschutz wird für die anfallenden Kosten der Strafverteidigung gewährt, womit Rechtsanwalts- und Gerichtskosten, aber auch die Kosten für außergerichtliche Sachverständige abgedeckt sind.[1252] Die Strafe selbst ist nicht versichert und auch nicht versicherbar. Im Fall der Verurteilung wegen vorsätzlicher Begehung einer Straftat ist meist eine Rückerstattungspflicht seitens des Vorstandsmitglieds vorgesehen.

558 Ob der D & O-Versicherer den entstandenen Vermögensschaden übernimmt, bestimmt sich letztlich nach den dem Versicherungsvertrag zu Grunde liegenden Versicherungsbedingungen.[1253] Vorsätzliche Schadensverursachung oder wissentliche Pflichtverletzungen sind klassische Ausschlusstatbestände.[1254] Nicht übernommen wird zudem meist die Haftung wegen Verletzung von Kapitalerhaltungs-, Finanzierungs- und Kreditsicherungspflichten, wegen öffentlich-rechtlicher Pflichtverletzungen (z.B. Steuerschulden) sowie für Umweltschäden oder Schäden wegen fehlerhafter Produkte.[1255] Der Deckungsausschluss umfasst in der Regel auch sämtliche Aktivitäten im Zusammenhang mit fehlerhaften Jahresabschlüssen und im M & A-Bereich.[1256] Nicht durch eine D & O-Versicherung geschützt sind ferner Nachteile aus Streitigkeiten über Rechte aus dem Anstellungsverhältnis, etwa über die Höhe der Vergütung, die Wirksamkeit einer Kündigung oder die Änderung der Geschäftsbereiche. Daraus entstehende Kosten der Rechtsverfolgung fallen in die Privatsphäre eines Vorstandsmitglieds. Bei Aktionärs-Vorständen enthalten die D & O-Policen häufig sog. Eigenscha-

---

1250 Zum Mindestversicherungsschutz für das Vorstandsmitglied vgl. *Lange*, ZIP 2004, 2221.
1251 *Kiethe*, BB 2003, 537, 539; *Notthoff*, NJW 2003, 1350, 1352.
1252 Vgl. *CHUBB Insurance Company of Europe*, MSRS 98 V, § 2.
1253 Siehe z.B. Nr. 1.1–1.3 AVB-AVG; näher *Thümmel*, Persönliche Haftung von Managern und Aufsichtsräten, Rn. 354 ff.
1254 Vgl. Nr. 5.1 AVB-AVG; dazu *Kiethe*, BB 2003, 537, 541; *Schmitz/Gloeckner*, AG-Report 2003, R 156, 158; *Notthoff*, NJW 2003, 1350, 1353.
1255 Ausführlich *Klinkhammer*, VersPraxis 2004, 118; *Ihlas*, VW 2004, 395.
1256 Zu weiteren Ausschlussgründen vgl. *Koch*, GmbHR 2004, 288, 294.

denklauseln, nach der Schadensersatzansprüche der Gesellschaft nicht gedeckt sind, soweit das versicherte Vorstandsmitglied an dieser beteiligt ist.[1257]

b) Versicherungszeitraum

559 Der Versicherungsfall muss während der Laufzeit der Police eingetreten sein. Der Versicherungsschutz umfasst alle Haftpflichtansprüche, die erstmals in dem versicherten Zeitraum gegenüber dem Vorstandsmitglied geltend gemacht werden (sog. *Claims-Made*-Prinzip). Maßgebend ist mithin nicht der Zeitpunkt der Verletzungshandlung oder der des Schadenseintritts. Erfasst werden vielmehr auch vor Vertragsschluss begangene Pflichtverletzungen und Schadensfälle.[1258] Idealerweise ist eine solche Rückwärtsdeckung zeitlich unbegrenzt. Möglich ist aber auch eine Begrenzung auf einen nach Jahren bemessenen Zeitraum vor Vertragsbeginn. In der Praxis steht die Rückwärtsdeckung zudem meist unter dem Vorbehalt, dass die Pflichtverletzung bzw. der Anspruch bei Vertragsschluss weder der Versicherungsnehmerin noch der versicherten Person bekannt gewesen ist.[1259]

560 Umgekehrt kann der zeitliche Schutzbereich einer D&O-Versicherung auch solche Pflichtverletzungen einbeziehen, die zwar innerhalb der Vertragslaufzeit eingetreten sind, die Inanspruchnahme daraus aber erst nach dem Ausscheiden aus dem Vorstandsamt erfolgt ist.[1260] Eine solche Regelung entspricht dem deutschen Haftungssystem, wonach es zeitlich auf die Entstehung des Anspruchs ankommt (sog. Verstoß- oder Ereignisprinzip). Dies macht eine Regelung zur Nachhaftung erforderlich. Innerhalb des Nachhaftungszeitraums können gegen das versicherte Vorstandsmitglied geltend gemachte Schadensersatzansprüche oder eingeleitete strafrechtliche Ermittlungs- oder Gerichtsverfahren als Schadensfall gemeldet werden. In der Regel enthalten die Versicherungsverträge für die Nachhaftung einen mit zunehmender Vertragslaufzeit ansteigenden Nachhaftungszeitraum von bis zu drei Jahren, der meist prämienpflichtig ist. Die Nachmeldefrist orientiert sich somit an der Regelverjährungsfrist des § 195 BGB.

561 Die Beratungspraxis hat besonders darauf zu achten, dass die Verjährungsfrist nach § 93 Abs. 6 AktG fünf Jahre und seit dem 15.12.2010 für börsennotierte Gesellschaften sowie nach § 52a Abs. 1 KWG (rechtsformunabhängig) für sämtliche Kreditinstitute sogar zehn Jahre beträgt, womit sich eine Deckungslücke von zwei bzw. sieben Jahren ergibt. Die Erfahrung zeigt, dass darauf häufig bei Abschluss einer D&O-Versicherung nicht geachtet

---

1257 Ausführlich zur Eigenschadenklausel in der D & O-Versicherung *Lange*, ZIP 2003, 466.
1258 *Kolde*, in: Lücke, Beck'sches MandatsHdB Vorstand der AG, § 11 Rn. 48; *Lange*, DStR 2002, 1674; *Kiethe*, BB 2003, 537, 539.
1259 *Lattwein/Krüger*, NVersR 2000, 365, 366; *Lange*, DStR 2002, 1674.
1260 *Lange*, DStR 2002, 1674 f.; *Kiethe*, BB 2003, 537, 539; *Lattwein/Krüger*, NVersR 2000, 365, 366.

wird. Dann stellt sich die Frage, ob eine zu kurze Nachmeldefrist den Versicherungsnehmer im Sinne des § 307 Abs. 2 Nr. 2 BGB unangemessen benachteiligt und eine solche Regelung daher unwirksam sein könnte. Die herrschende Meinung geht davon aus, dass eine unangemessene Benachteiligung im Sinne des § 307 Abs. 2 Nr. 2 BGB selbst unter Berücksichtigung der geänderten gesetzlichen Regelungen zur Verjährung nicht anzunehmen ist.[1261] Es stellt sich dann aber noch die Frage, ob dem Versicherungsnehmer aufgrund der geänderten gesetzlichen Regelungen zur Verjährung im Hinblick auf die Nachmeldefrist ein Anpassungsanspruch wegen Störung der Geschäftsgrundlage gemäß § 313 Abs. 1 BGB zusteht. Dies ist streitig, wird von der wohl herrschenden Meinung abgelehnt.[1262] Der Streit kann meist dahingestellt bleiben, weil viele Gesellschaften nur eine Nachhaftung von drei Jahren versichert haben, sich also bereits vor der gesetzlichen Neufassung für ein Abweichen von der längeren Verjährungsfrist entschieden hatten, was einem Anspruch nach § 313 BGB entgegensteht.

562 Je nach Bedingungswerk kann die Nachhaftung sogar vollständig entfallen, wenn ein Wechsel des Versicherers erfolgt, also nach einer Bestellperiode anschließend mit einer anderen D & O-Versicherung ein Vertrag abgeschlossen wird. Darauf muss bei einem Versicherungswechsel geachtet werden. Die namhaften Versicherungsgesellschaften sind in der Regel bereit, eine Nachhaftungsregelung mit in den Versicherungsvertrag aufzunehmen.

c) Abschlusspflicht

563 Im Anstellungsvertrag können die Vertragsparteien vereinbaren, dass die Gesellschaft eine durch diese finanzierte D & O-Versicherung für das Vorstandsmitglied abschließen wird.[1263] Dies begegnet keinen durchgreifenden rechtlichen Bedenken, denn eine gesellschaftsfinanzierte D & O-Versicherung ist keine vorweggenommene und damit nach § 93 Abs. 4 Satz 3 AktG unzulässige Haftungsfreistellung.[1264] Nicht erforderlich ist, dass die Hauptversammlung den Abschluss einer D & O-Versicherung beschließt oder dies in der Satzung regelt.[1265] Schließt die Gesellschaft trotz vertraglicher Zusage keine D & O-Versicherung für die Mitglieder des Vorstands ab oder ist der Versicherungsanspruch auf Grund einer Obliegenheitsverletzung der Gesellschaft erloschen, kann das Vorstandsmitglied seine Gesell-

---

1261 OLG München, VersR 2009, 1066; *Ihlas* in: Münchener Kommentar zum VVG, 2011, Bd. 2, D & O Rn. 173 mit weiteren Nachweisen.
1262 *Ihlas* in: Münchener Kommentar zum VVG, 2011, Bd. 2, D & O Rn. 173; a.A.: *Randel/Segger*, BB 2011, 387, 389f.; *Franz*, DB 2011, 1961, 1966f.
1263 *Hopt*, in: GroßKommAktG, § 93 Rn. 519; *Koch*, GmbHR 2004, 160, 169; *Bauer/Krets*, DB 2003, 811, 814; *Mertens*, AG 2000, 447, 450.
1264 *Dreher/Görner*, ZIP 2003, 2321, 2323; *Bauer/Krets*, DB 2003, 811, 814; *Schwark*, ZHR-Beiheft 71 (2002), 75, 101; *Vetter*, AG 2000, 453, 454; *Kästner*, AG 2000, 113, 117f.; a.A. *Habetha*, Direktorenhaftung und gesellschaftsfinanzierte Haftpflichtversicherung, S. 183ff.; zweifelnd auch *Schüppen/Sanna*, ZIP 2002, 550, 553.
1265 Anders wohl *Schwark*, ZHR-Beiheft 71 (2002), 75, 101; *Kästner*, AG 2000, 113, 117f.

schaft in dem Umfang auf Schadensersatz in Anspruch nehmen bzw. Freistellung von Verbindlichkeit verlangen, wie Leistungen der Versicherung zur Deckung des Schadensfalles zur Verfügung gestanden hätten.[1266]

564 Bei fehlender Finanzierungsbereitschaft stellt sich die Frage, ob und in welchem Umfang die Gesellschaft eine entsprechende Abschlusspflicht trifft. Zuständig für den Abschluss einer gesellschaftsfinanzierten D & O-Versicherung ist ganz herrschender Meinung zufolge der Vorstand gemäß §§ 76 Abs. 1, 78 Abs. 1 AktG.[1267] Mit der dabei auszuübenden Entscheidungsmacht korreliert die unternehmerische Sorgfaltspflicht gemäß § 93 Abs. 1 AktG, deren Inhalt sich insbesondere nach den gesetzlichen Verhaltenspflichten bestimmt. Besondere Bedeutung erlangt in diesem Zusammenhang § 91 Abs. 2 AktG und die daraus folgende Pflicht des Vorstands, geeignete Maßnahmen zur systematischen Risikoerfassung, Risikobeobachtung sowie Risikovorsorge zu treffen, um den Fortbestand des Unternehmens gefährdende Entwicklungen frühzeitig zu erkennen.[1268] Angesichts der jüngst judizierten hohen Schadensersatzbeträge erscheinen Versicherungslösungen als probates Mittel zur Absicherung der gleichsam zu erwartenden Insolvenzrisiken. Daher hat der Vorstand zumindest ernsthaft zu prüfen und abzuwägen, ob unter Berücksichtigung des entstehenden Prämienaufwandes einerseits und des Versicherungsschutzes andererseits der Abschluss einer D & O-Versicherung eine geeignete Maßnahme des Risiko-Managements im Sinne von § 91 Abs. 2 AktG darstellt.

565 Je nach Unternehmensgegenstand, Risikoanfälligkeit und Höhe potenzieller Schäden soll sich diese Prüfung und der ihr immanente unternehmerische Beurteilungsspielraum im Einzelfall zu einer Abschlusspflicht verdichten.[1269] Überdurchschnittlich hohe Risikoneigung und Schadenswahrscheinlichkeit weisen vor allem Kreditinstitute und Finanzdienstleister, Medien- und Telekommunikationsunternehmen sowie Software-, High-Tech- und Bio-Tech-Unternehmen auf mit der Folge, dass dort gute Argumente für eine Pflicht zum Abschluss einer D & O-Versicherung als Regelfall anzusehen sind.[1270] Die höchstrichterliche Rechtsprechung und der Gesetzgeber folgen einer solchen Argumentation bisher nicht. Eine Pflicht zum Abschluss einer D & O-Versicherung im Interesse des Organmitglieds, und

---

1266 *Koch*, GmbHR 2004, 160, 167; *Bauer/Krets*, DB 2003, 811, 814.
1267 *Dreher*, ZHR 165 (2001), 293, 321; *Lange*, ZIP 2001, 1524, 1528; *Vetter*, AG 2000, 453, 457; *Kästner*, AG 2000, 113, 121; a. A. *Hüffer*, AktG, § 84 Rn. 16 (Aufsichtsrat).
1268 *Pahlke*, NJW 2002, 1680, 1683; *Preußner/Becker*, NZG 2002, 846; *Drygala/Drygala*, ZIP 2000, 297, 299; siehe ferner Ziff. 4.1.4 DCGK (Risikomanagement).
1269 *Lange*, DStR 2002, 1626, 1630; *Dreher*, ZHR 165 (2001), 293, 313; *Vetter*, AG 2000, 453, 458; *Fehling*, VW 2000, 715; wohl auch *Schüppen/Sanna*, ZIP 2002, 550, 551; Abschlusspflicht grundsätzlich ablehnend *Koch*, GmbHR 2004, 160, 168; *Deilmann*, NZG 2005, 54, 56; s. auch *Fleischer*, WM 2005, 909, 919, der fehlende Versicherungsmöglichkeit für das Vorstandsmitglied sowie Eigenfinanzierung der Prämien verlangt.
1270 *Lange*, DStR 2002, 1626, 1630; allgemeiner *Dreher*, ZHR 165 (2001), 293, 313.

mithin ein korrespondierender Anspruch des Organmitglieds, besteht nicht. Für Aufsichtsratsmitglieder hat der BGH dies festgestellt, sofern keine abweichende Regelung in der Satzung besteht.[1271] Für Vorstände gilt nichts anderes.[1272] Auch der Wortlaut von § 93 Abs. 2 AktG und Ziff. 3.8 Abs. 2 DCGK („Schließt die Gesellschaft ...") deuten darauf hin, dass kein Anspruch des Organmitglieds auf Abschluss einer D & O-Versicherung besteht. Etwas anderes ergibt sich auch nicht aus dem Gesetzgebungsverfahren zum VorstAG zur Neufassung des § 93 Abs. 2 Satz 3 AktG.[1273]

566 Bei Aktiengesellschaften ohne spezifische unternehmensgegenständliche Risiken bleibt die Versicherungspflicht der Ausnahmefall.[1274] Die Entscheidung darüber ergeht unter Beachtung der aufgezeigten Abwägungsparameter nach pflichtgemäßem Ermessen, das seinerseits in erster Linie am Gesellschaftsinteresse auszurichten ist.[1275] Wann das Interesse und Wohl der Gesellschaft den Abschluss einer D & O-Versicherung gebietet, bestimmt sich nach den Umständen des Einzelfalls. Die bestehende Prüfungspflicht versetzt das Vorstandsmitglied jedoch in eine günstige Ausgangsposition bei den Verhandlungen über den Anstellungsvertrag mit dem Aufsichtsrat. Da D & O-Versicherungen inzwischen *State of the Art* sind und zum nationalen wie internationalen Standard gehören, werden größere Unternehmen gesellschaftsfinanzierte Vermögensschaden-Haftpflichtversicherungen in der Regel anbieten, um exzellente Vorstandsmitglieder zu gewinnen und langfristig zu halten. Ferner begründet das zwischen Gesellschaft und Vorstandsmitglied bestehende Treue- und Fürsorgeverhältnis die Pflicht, bei einem entsprechenden Interesse eine durch das Vorstandsmitglied selbst finanzierte D & O-Versicherung abzuschließen.[1276] Mit Rücksicht auf die Treuebindung hat das Unternehmen zudem eventuell bestehende Schadensersatzansprüche wegen pflichtwidrigen Vorstandsverhaltens vorrangig gegenüber dem D & O-Versicherer geltend zu machen.[1277]

d) Vergütungscharakter

567 Der Vergütungscharakter gesellschaftsfinanzierter D & O-Versicherungen ist umstritten.[1278] Einer Auffassung zufolge handelt es sich bei der Prämien-

---

1271 BGH NZG 2009, 550, 552; so auch OLG Koblenz DStR 2008, 687.
1272 So die h. M. in der Literatur, siehe *Fischer,* in: Spindler/Stilz, AktG, § 93 Rn. 237 m. w. N.
1273 Beschlussempfehlung des Rechtsausschusses zum VorstAG, BT-Drucks. 16/13433, S. 11.
1274 *Kolde,* in: Lücke, Beck'sches MandatsHdB Vorstand der AG, § 11 Rn. 77; *Henssler,* in: RWS-Forum Gesellschaftsrecht 2001, S. 131, 151.
1275 *Lange,* DStR 2002, 1626, 1630; *Vetter,* AG 2000, 453, 454.
1276 *Henssler,* in: RWS-Forum Gesellschaftsrecht 2001, S. 131, 151. *Fleischer,* WM 2005, 909, 919.
1277 LG Bonn NJW-RR 1995, 1435, 1436; zur Frage, ob die Gesellschaft als Versicherungsnehmerin eine *Direktanspruch* gegen den D & G-Versicherer hat, ohne dass die Zustimmung des haftenden Vorstandsmitglieds für die Inanspruchnahme vorliegt vgl. LG Marburg CB 2005, 437 m. Anm. *Graf von Westphalen,* DB 2005, 431.
1278 Zum Streit siehe *Spindler,* in: MünchKommAktG, § 87 Rn. 11 ff. und Rn. 15 ff.

zahlung lediglich um eine dienstlich veranlasste Fürsorgeaufwendung zur Gestaltung angemessener Arbeitsbedingungen.[1279] Nach anderer Ansicht bildet ein solcher Versicherungsschutz sehr wohl einen Bestandteil der Gesamtvergütung nach § 87 Abs. 1 Satz 1 AktG, da bereits die Vorschrift explizit „Versicherungsentgelte" benenne und zudem der Normzweck sämtliche materiellen Vorteile der Vorstandsmitglieder erfassen wolle, um wirksam vor überhöhten Bezügen zu Lasten der Aktionäre und Gesellschaftsgläubiger zu schützen.[1280] Gegen den Vergütungscharakter sprechen jedoch folgende Argumente: D & O-Versicherungen dienen als Haftungssubstrat für Ansprüche der Gesellschaft; die Unternehmen haben überwiegend Eigeninteressen an der Organhaftpflicht, partielle Begünstigungen der Vorstandsmitglieder treten als notwendiger Reflex in den Hintergrund;[1281] D & O-Prämien stehen nicht im Gegenseitigkeitsverhältnis;[1282] Versicherungen i. S. d. § 87 Abs. 1 Satz 1 AktG sind nur solche, die eindeutig und allein der Privatsphäre der Vorstandsmitglieder zuzuordnen sind.[1283] Folgerichtig obliegt die Kompetenz für die D & O-Versicherung nicht dem Aufsichtsrat, sondern dem Vorstand. Zudem ordnet auch die Finanzverwaltung die Prämien für D & O-Versicherungen nicht als Vergütungsbestandteile ein. Sie qualifiziert sie nicht als einkommens- und lohnsteuerrechtliche Einkünfte.[1284]

Rechtsprechung zur Einordnung gesellschaftsfinanzierter D & O-Versicherungen liegt bislang nicht vor, weshalb ihre rechtliche Qualifizierung vertraglich geregelt werden sollte. Mit Blick auf die Argumente der wohl herrschenden Meinung wäre eine die Versicherungsprämien als Bestandteil der Vergütung ausschließende Regelung zwar nur deklaratorischer Natur; sie verschafft beiden Vertragsparteien jedoch Klarheit über die tatsächliche Höhe der Gesamtvergütung und schließt überdies im Fall einer Herabsetzung der Bezüge nach § 87 Abs. 2 AktG die Einbeziehung der Prämienzahlungen aus.

1279 *Schüppen/Sanna*, ZIP 2002, 550, 553; *Lange*, ZIP 2001, 1524, 1525 ff.; *Dreher*, ZHR 165 (2001), 293, 304; *Mertens*, AG 2000, 447, 451; *Vetter*, AG 2000, 453, 457; *Notthoff*, NJW 2003, 1351, 1354.
1280 *Henssler*, in: RWS-Forum Gesellschaftsrecht 2001, S. 131, 152; *Kästner*, DStR 2001, 195, 198; *Feddersen*, AG 2000, 385, 394.
1281 *Dreher*, ZHR 165 (2001), 293, 310, 314; *Lange*, ZIP 2001, 1524, 1529; ferner BMF-Schreiben zur steuerrechtlichen Behandlung von Prämienzahlungen für D & O-Versicherungen vom 24.1.2002 (IV C 5 – S. 2332 – 8/02), AG 2002, 287.
1282 Ausführlich *Vetter*, AG 2000, 453, 457; *Dreher*, ZHR 165 (2001), 293, 302 f.
1283 *Schüppen/Sanna*, ZIP 2002, 550, 552; *Vetter*, AG 2000, 453, 456.
1284 BMF-Schreiben zur steuerrechtlichen Behandlung von Prämienzahlungen für D & O-Versicherungen vom 24. 1. 2002; Erlass des Finanzministeriums Niedersachsen vom 25. 1. 2002, DB 2002, 399 f.

e) Angemessener Selbstbehalt

569 Das der D & O-Versicherung wie jeder Versicherungslösung immanente *Moral-Hazard*-Problem beeinflusst die verhaltenssteuernde Präventionswirkung der Organhaftung.[1285] Eine ausreichende Selbstbeteiligung des Versicherten an der Schadensersatzhaftung kann die positiven Anreizeffekte erhalten und dazu beitragen, die erforderliche Sorgfalt bei der Geschäftsführung einzuhalten.[1286] Darauf stellte frühere Fassungen des Deutsche Corporate Governance Kodex ab und empfahlen, für eine von der Gesellschaft abgeschlossene D & O-Versicherung einen angemessenen Selbstbehalt zu vereinbaren.[1287] Das wurde im Jahr 2009 durch die Neufassung von § 93 Abs. 2 Satz 3 AktG nunmehr umgesetzt. Die Neuregelung gilt nach § 23 Abs. 1 EGAktG ab dem 01.07.2010 auch für Altverträge. Ein Selbstbehalt ist zwingend vorzusehen und muss bei jedem Schadensfall mindestens 10 % betragen. Absolute Obergrenze für alle Schäden pro Jahr ist ein Betrag, der mindestens dem Eineinhalbfachen der jährlichen Festvergütung entsprechen muss. Je nach Änderung der Festvergütung ist die Versicherung jährlich anzupassen. Das Bezugsjahr für den anzuwendenden Selbstbehalt ist das Kalenderjahr des Pflichtverstoßes.[1288] Der Selbstbehalt bezieht sich nach seinem Wortlaut auf den Schaden für die Gesellschaft, mithin nicht auf Abwehrkosten. Der Selbstbehalt wird nach dem Sinn und Zweck der Regelung auch zur Anwendung kommen müssen, wenn Vorstände von Tochterunternehmen im Rahmen der D & O-Versicherung der Konzernmutter mit versichert sind.

570 Noch unklar ist, wie sich eine gesamtschuldnerische Haftung mehrerer Vorstandsmitglieder auf den Selbstbehalt auswirkt. Der Gesamtschuldnerausgleich nach § 426 BGB könnte zu einer über den Selbstbehalt hinausgehenden Haftung des für den Schaden hauptverantwortlichen Vorstandsmitgliedes führen. Das für einen Schaden allein verantwortliche und einem Gesamtschuldnerausgleich nicht ausgesetzte Vorstandsmitglied stünde im Vergleich besser. Dies ist ein nicht interessengerechtes Ergebnis. Es ist daher eine vertragliche Klarstellung zu empfehlen. Für die Aufsichtsratsmitglieder einer Aktiengesellschaft gilt § 93 Abs. 2 Satz 3 AktG nicht. Der Corporate Governance Kodex empfiehlt indes einen Selbstbehalt auch für den Aufsichtsrat.

571 Weder Gesetzeswortlaut noch Gesetzesbegründung geben Aufschluss über die Rechtsfolgen eines Verstoßes gegen den Selbstbehalt. Die neue gesetzliche Regelung ist nach herrschender Ansicht nicht als Verbotsgesetz nach

---

[1285] Ausführlich *Wollny*, Die Directors' and Officers' Liability Insurance, S. 413 ff.; *von der Crone*, ZSR-NF 119 (2000), 239, 244.
[1286] *Dreher/Görner*, ZIP 2003, 2321, 2325; zweifelnd *Lange*, DB 2003, 1833, 1836.
[1287] Dazu *Ringleb*, in: Ringleb/Kremer/Lutter/v. Werder, Kommentar zum DGCK, Rn. 389 ff. (zu Ziff. 3.8 Abs. 2 DCGK a. F.).
[1288] Beschlussempfehlung, BT-Drucks 16/13433, S. 17.

§ 134 BGB zu qualifizieren. Der Wortlaut lässt nicht auf deren Verbotscharakter schließen. Auch die Systematik des Gesetzes fordert dies nicht. § 93 AktG normiert die Schadensersatzpflicht des Vorstandes. Zweck der Einführung eines Selbstbehalts und die damit einhergehender Haftung mit dem Privatvermögen ist es zudem, Pflichtverletzungen von Vorstandsmitgliedern präventiv entgegenzuwirken. Die Erreichung dieses Ziels könnte durch die Nichtigkeit des gesamten D & O-Versicherungsvertrages zwar gefördert werden, da dies zur (vollständigen) Haftung des Vorstandsmitgliedes führen und so zu besonders sorgfältigem Handeln angehalten würde. Es ging dem Gesetzgeber jedoch um den Schutz des Gesellschaftsvermögens und damit um den der Aktionäre. Die Gesamtnichtigkeit des D & O-Versicherungsvertrages würde dieser Intention zuwiderlaufen.[1289]

Sofern der Aufsichtsrat oder Vorstand eine D & O-Versicherung ohne den gesetzlich vorgesehenen Selbstbehalt mit dem Vorstand vereinbart, ergibt sich die Haftung aus §§ 116, 93 AktG. Als Schaden kommt die Differenz zwischen den einzelnen Versicherungsbeiträgen in Betracht, da der Versicherungsbeitrag für eine Versicherung mit Selbstbehalt günstiger ist als der Versicherungsbeitrag für eine volle Schadensabdeckung. Für weitere Schäden ist nachzuweisen, dass der Vorstand sich nicht oder nicht so pflichtwidrig verhalten hätte, wenn die D & O-Versicherung den erforderlichen Selbstbehalt vorgesehen und sein Verhalten wegen seiner Haftung mit dem Privatvermögen dementsprechend beeinflusst hätte. Dieser Nachweis wird in aller Regel nicht zu führen sein.[1290]

572

Das Vorstandmitglied kann auf eigene Kosten den Selbstbehalt durch eine gesonderte Police versichern.[1290a] Die Police des Vorstandsmitgliedes sollte zur Vermeidung jedweder Rechtsrisiken nicht durch die Gesellschaft finanziert werden, auch nicht durch anders bezeichnete Zahlungen oder den Ausweis der Versicherungskosten in der Kalkulation der Vergütung des Vorstandsmitgliedes. Das Vorstandsmitglied hat darauf zu achten, dass die unternehmensfinanzierte D & O-Versicherung und die eigene Versicherung kongruent sind, es somit durch unterschiedliche Versicherungsbedingungen nicht zu einer Deckungslücke kommt. Dies führt dazu, dass einige Vorstandsmitglieder quasi einen Annex zu der unternehmensfinanzierten D & O-Versicherung wünschen und regeln wollen. Diese Lösung hat jedoch den Nachteil, dass das Vorstandsmitglied dann vertraglich nicht ganz unabhängig von der unternehmensfinanzierten D & O-Versicherung ist, was zu Schwierigkeiten führen kann, wenn es zum Beispiel im Verhältnis zwischen der Gesellschaft und der Versicherung zu Leistungsstörungen oder Änderungen kommt. Viele Versicherungsgesellschaften bieten beide

573

1289 *Pusch*, in: Hümmerich/Boecken/Düwell, § 93 AktG, Rn. 41a.
1290 *Pusch*, in: Hümmerich/Boecken/Düwell, § 93 AktG, Rn. 41a.
1290a *Danner-Lieb/Tettinger*, ZIP 2009, 1555 ff.; *Hohenstatt*, ZIP 2009, 1349, 1354 ff.

Lösungen für eine Versicherung des Selbstbehaltes an.[1290b] Die Beratungspraxis rät überwiegend zu einer völligen Trennung von der Firmenpolice.

f) Besteuerung

574 Nach Ansicht der Finanzverwaltung galten gesellschaftsfinanzierte Prämien zur D & O-Versicherung einkommensteuerrechtlich als Einnahmen der versicherten Vorstandsmitglieder. Die Versicherungsprämien konnten lediglich als berufsbezogene Haftpflichtversicherung unter den Voraussetzungen der §§ 9, 9a Satz 1 Nr. 1 EStG im Rahmen des Werbungskostenabzugs geltend gemacht werden.[1291] Diese jahrelange Praxis ist überholt. Nunmehr betrachtet das Bundesfinanzministerium die D & O-Versicherung als eine Vermögensschaden-Haftpflichtversicherung, die grundsätzlich im überwiegenden eigenbetrieblichen Interesse der Gesellschaft abgeschlossen wird, sodass die Beiträge nicht zur Vergütung der versicherten Vorstandsmitglieder gehören.[1292] Im Vordergrund steht nämlich die Absicherung der Ansprüche der Gesellschaft bei Insolvenz der haftenden Vorstandsmitglieder. Meist erhält die Gesellschaft erst auf Grund der D & O-Versicherung einen angemessenen Deckungsschutz, um innenrechtliche oder aus Drittpflicht nach § 31 BGB übergeleitete Ansprüche gegenüber dem Vorstand geltend zu machen, die ohne solventen Haftungsschuldner uneinbringlich wären.

575 Damit die Versicherungsprämien für die Vorstandsmitglieder nicht als steuerpflichtiger Zufluss zu bewerten sind, bedürfen die Versicherungsverträge einer besonderen Ausgestaltung. Enthalten sein muss das sog. *Company Reimbursement*,[1293] die D & O-Versicherung des Vorstands als Gesamtgremium und die Berechnung der Prämien auf Grund der Betriebsdaten des Unternehmens.[1294] Für die Höhe der Versicherungsprämie ist in erster Linie die Bilanzsumme ausschlaggebend. Daneben werden auch Branche, Alter und Struktur der Gesellschaft bei der Kalkulation zu berücksichtigen sein. Diese Voraussetzungen entsprechen weitgehend den bisherigen Musterbe-

---

1290b *Gruber/Mittelrechner/Wax*, D & O-Versicherung 2012, Rn. 47 ff.
1291 OFD Düsseldorf, Kurzinfo der Einkommensteuerreferate 8/2001 v. 2.2.2001; OFD Münster, Kurzinfo Ertragssteuern 46/2001 v. 9.8.2001.
1292 BMF-Schreiben zur steuerrechtlichen Behandlung von Prämienzahlungen für D & O-Versicherungen v. 24.1.2002, IV C 5 – S 2332 – 8/02, AG 2002, 287; ebenso Erlass des Niedersächsischen Finanzministeriums vom 25.1.2002, S 2332 – 161 – 35/S 2245 – 21 – 312, DStR 2002, 678; dazu *Notthoff*, NJW 2003, 1350, 1354 f.; *Küppers/Dettmeier/Koch*, DStR 2002, 199.
1293 Das sog. *Company Reimbursement* bezieht sich auf die Freistellung bei Außenhaftungsansprüchen und regelt den Übergang des Versicherungsschutzes auf die freistellende Gesellschaft.
1294 Vgl. BMF-Schreiben zur steuerrechtlichen Behandlung von Prämienzahlungen für D & O-Versicherungen vom 24.1.2002, IV C 5 – S 2332 – 8/02, AG 2002, 287; Erlass des Niedersächsischen Finanzministeriums vom 25.1.2002, S 2332 – 161 – 35/S 2245 – 21 – 312, DStR 2002, 678.

dingungen des Gesamtverbandes der Deutschen Versicherungswirtschaft. Die älteren D & O-Versicherungsverträge sind auf das Vorhandensein dieser Voraussetzungen zu prüfen und ggf. anzupassen.

11. Urlaub

a) Urlaubsanspruch

Das Bundesurlaubsgesetz (BUrlG) gilt unmittelbar nur für Arbeitnehmer und nicht für Vorstandsmitglieder.[1295] Ein Anspruch auf angemessenen bezahlten Urlaub besteht freilich auch ohne ausdrückliche Vereinbarung auf Grund der Treue- und Fürsorgepflicht der Gesellschaft.[1296] Aus Gründen der Rechtssicherheit und -klarheit regeln die Parteien den Urlaubsanspruch häufig ausdrücklich, zumeist für eine Dauer von dreißig Tagen. Als Kompromiss können die Parteien gleichsam einen Anspruch auf „angemessenen Urlaub" vereinbaren. Damit werden dem Vorstandsmitglied im begründeten Ausnahmefall mehr oder auch weniger Urlaubstage zugestanden. Denkbar ist ferner eine Vereinbarung, nach der der Urlaubsanspruch im Laufe der Amtszeit ansteigt. Zeitpunkt und Dauer des Urlaubs stimmt das Vorstandsmitglied mit dem Vorstandsvorsitzenden und den übrigen Kollegen ab. Eine geeignete Urlaubsvertretung ist sicherzustellen.[1297] In der Praxis ist zudem üblich, den Aufsichtsratsvorsitzenden über den Urlaubszeitraum zu informieren. Ein Genehmigungsvorbehalt zu Gunsten des Aufsichtsrats ist mangels Weisungsgebundenheit des Vorstands unwirksam.

576

Der Urlaubsanspruch erlischt grundsätzlich, wenn er nicht im laufenden Jahr genommen wird. Möglich und für beide Seiten sachgerecht ist eine vertragliche Regelung der Übertragbarkeit auf das Folgejahr. Davon abgesehen können dringende betriebliche oder in der Person des Vorstandsmitglieds liegende Gründe eine solche Übertragung rechtfertigen.[1298] Die zeitliche Grenze für den Übertragungszeitraum sollte nicht zu kurz bemessen sein, um dem Vorstandsmitglied wie den Kollegen die Möglichkeit einzuräumen, den (Rest-)Urlaub für das nächste Jahr langfristig zu planen. Die Mitte des Folgejahres sollte als zeitliche Grenze freilich nicht überschritten werden.

577

b) Abgeltungsanspruch

Kann der Urlaub wegen unverschuldeter Beendigung des Anstellungsvertrages nicht mehr gewährt werden, so tritt an die Stelle des Urlaubs ein

578

1295 *Wiesner*, in: MünchHdB GesR AG, § 21 Rn. 64; *Spindler*, in: MünchKommAktG, § 84 Rn. 85; a. A. *Henssler*, RdA 1992, 289, 295.
1296 *Mertens/Cahn*, in: KölnKommAktG, § 84 Rn. 87; *Nirk*, in: Nirk/Reuter/Bächle, HdB Aktiengesellschaft I, Rn. 644; a. A. *Miller*, ZIP 1981, 578, 582.
1297 Instruktiv KG NZG 2000, 101, 102.
1298 OLG Düsseldorf NJW-RR 2000, 768, 669; *Spindler*, in: MünchKommAktG, § 84 Rn. 85.

Abgeltungsanspruch.[1299] Ein solcher Anspruch auf Urlaubsabgeltung besteht nicht, wenn der Urlaubsantritt im laufenden oder folgenden Jahr deshalb nicht möglich ist, weil der Anstellungsvertrag seitens der Gesellschaft wegen grober Treuepflichtverletzung außerordentlich gekündigt worden ist.[1300] Ferner ist der Abgeltungsanspruch ausgeschlossen, wenn der Umfang der geleisteten Vorstandstätigkeit und die Verantwortung für die Belange der Gesellschaft eine längere Abwesenheit nicht zuließen.[1301] In allen anderen Fällen handelt es sich um eine unzulässige Änderung der Anstellungsbedingungen. Fehlt eine ausdrückliche vertragliche Regelung über die Höhe der Abgeltungszahlung, so bestimmt sich diese nach der bisherigen Vergütung einschließlich gewährter Tantieme.[1302]

12. Betriebliche Nebenleistungen

579 Betriebliche Nebenleistungen sind alle sonstigen Sach- und Geldleistungen sowie Leistungszusagen, die zusätzlich zu Festgehalt, variablen Vergütungsbestandteilen und betrieblicher Altersversorgung gewährt werden. Der Anstellungsvertrag sollte die betrieblichen Nebenleistungen ausdrücklich benennen, da es sich hierbei in der Regel um mehr als nur um Usancen handelt.

a) Dienstwagen und -wohnung

580 Üblicherweise stellt die Gesellschaft dem Vorstandsmitglied einen Dienstwagen einschließlich, im Ausnahmefall auch ohne Fahrer bereit. Dem hierbei zu beachtenden Angemessenheitsgebot wird im Anstellungsvertrag dadurch entsprochen, dass sich die Dienstwagenzusage auf ein angemessenes Fahrzeug mit angemessener Ausstattung beschränkt und zur Anschaffung die vorherige Zustimmung des Aufsichtsrats erforderlich ist. Die Inanspruchnahme des Dienstwagens mit oder ohne Fahrer für private Fahrten sollte vertraglich genau geregelt sein.[1303] Außerdem sollte der Anstellungsvertrag klarstellen, dass die Gesellschaft alle aus der Inanspruchnahme entstehenden Betriebskosten übernimmt.[1304] Die private Nutzung des Dienstwagens ist ein geldwerter Vorteil und damit einkommensteuerpflichtig.[1305]

581 Die Bereitstellung eines Dienstwagens sollte für die Dauer der Bestellung und damit für den Zeitraum der aktiven Amtszeit erfolgen. Eine private Nutzung nach der Abberufung bis zur (möglicherweise viel späteren) Been-

---

1299 BGH ZIP 2000, 1438, 1440; OLG Düsseldorf NZG 1999, 595, 596; OLG Celle NZG 1999, 78, 79.
1300 BGH WM 1963, 159.
1301 OLG Düsseldorf NJW-RR 2000, 768, 769.
1302 BGH ZIP 2000, 1438, 1440; OLG Düsseldorf NZG 1999, 595, 596.
1303 Zur umstrittenen Berechnung eines vorenthaltenen, zur privaten Nutzung überlassenen Dienstwagens vgl. BAG DB 1996, 630ff.; LAG Rheinland-Pfalz NZA 1997, 1942, 1943.
1304 BGH ZIP 2002, 2254, 2255; anders noch KG NZG 2001, 325.
1305 Einzelheiten zur Besteuerung betrielicher Nebenleistungen siehe Rn. 361ff.

digung des Anstellungsvertrages ist dann ausgeschlossen. Knüpft demgegenüber die Überlassung nur an das Dienstverhältnis an, kann die Gesellschaft nach Beendigung der Bestellung die Herausgabe des Dienstwagens nicht verlangen, sofern sie nicht auf das Fahrzeug angewiesen ist.[1306] Damit die freiwillige Rückgabe nicht zum (konkludenten) Verzicht der insoweit bestehenden Schadensersatzforderung gegen die Gesellschaft führt, sollte das Vorstandsmitglied bei der Herausgabe des Dienstwagens sich ausdrücklich sämtliche Rechte vorbehalten.[1307]

Auch die Überlassung einer Dienstwohnung (eventuell mit Übernahme der Energiekosten, Schönheitsreparaturen etc.) kann als Nebenleistung vertraglich vereinbart werden. Der Anspruch sollte auch hier an die Dauer der Bestellung gebunden sein, um das Vorstandsmitglied im Fall der Abberufung zur Rückgabe zu verpflichten, gegebenenfalls unter Ersatz des ihm dadurch entstehenden Schadens. 582

b) Sonstige Leistungen und Ansprüche

Die Zusage einer Unfallversicherung mit Abdeckung dienstlicher und privater Risiken ergänzt das angemessene Programm der Zusatzleistungen für Vorstandsmitglieder, denn die außergewöhnlich hohe Arbeitsbelastung sowie häufig zu absolvierende Dienstreisen bedeuten ein erhöhtes Invaliditätsrisiko. Die Versicherungssummen sollten vertraglich festgelegt und in regelmäßigen Zeitabständen überprüft werden. Darüber hinaus kommen auch der Abschluss einer Lebensversicherung als Alternative zum betrieblichen Altersruhegeld sowie Haftpflicht-, Rechtsschutz- und Reisegepäckversicherungen in Betracht. 584

Besondere Regelungen zur Gesundheitsvorsorge werden in der Praxis bislang kaum getroffen. Das wird zumeist dem Umstand zugeschrieben, dass dem Vorstandsmitglied die ärztlichen Vorsorgeuntersuchungen als eigenverantwortliche Maßnahmen zuzumuten sind. Dennoch empfiehlt sich mit Blick auf die erheblichen finanziellen Aufwendungen im Krankheits- und/oder Invaliditätsfall, regelmäßige medizinische Untersuchungen auf Kosten der Gesellschaft vertraglich zu vereinbaren. 585

Die Pflicht der Gesellschaft zur Erteilung eines Zeugnisses hat indes kaum praktische Bedeutung. Auf die Auswahl eines Kandidaten haben Zeugnisse und Referenzen, wenn überhaupt, geringe Auswirkungen.[1308] Für die Erteilung des Zeugnisses ist der Aufsichtsrat zuständig, selbst wenn die Bestellung bereits beendet ist.[1309] 586

[1306] BGH WM 1991, 635, 637; BGH WM 1978, 109, 111; BAG BB 1996, 432; BAG BB 1994, 2276, 2277.
[1307] Instruktiv BAG 1994, 2276, 2278 m. Anm. *Nägele*.
[1308] *Peltzer*, FS Semler, S. 261, 271 (Fn. 27 f.).
[1309] *Mertens/Cahn*, in: KölnKommAktG, § 84 Rn. 88; a. A. *Behr/Kindl*, DStR 1999, 119, 125 f.

13. Kreditgewährung an Vorstandsmitglieder

587 Kredite der Gesellschaft an ihre Vorstandsmitglieder dienen in erster Linie als Instrument der Personalbindung, der Rekrutierung sowie als Quasi-Bestandteil der Vergütung (sog. *Fringe Benefits*). Stellt die Kreditvergabe einen Vergütungsbestandteil dar, unterliegt die Gewährung dem Angemessenheitsgebot nach § 87 Abs. 1 AktG.

a) Anwendungsbereich des § 89 AktG

588 Für die Gewährung eines Kredits an ein Vorstandsmitglied ist nach §§ 89, 112 AktG grundsätzlich ein Beschluss des Aufsichtsrats erforderlich. Der Kreditbegriff erfasst jede zeitweilige Überlassung von Geld- oder Sachmitteln und schließt neben Gelddarlehen, Warenkrediten, Bürgschaften, Garantien und Schuldmitübernahmen auch unübliche Stundungen sowie vergleichbare Vorfinanzierungen mit ein.[1310] Unerheblich dabei ist, ob es sich um kurz-, mittel- oder langfristige, gesicherte oder ungesicherte, verzinsliche oder zinslose Kredite handelt. Ferner steht der Kreditgewährung nach § 89 Abs. 1 Satz 4 AktG die Gestattung sog. Entnahmen gleich. Gemeint ist die vorfällige Inanspruchnahme von Leistungen, die das Unternehmen dem Vorstandsmitglied schuldet. Dazu gehört namentlich der Vorschuss auf Bezüge, nicht aber die Entnahme für künftige erstattungspflichtige Auslagen.[1311] Anzahlungen auf Leistungen der Vorstandsmitglieder im Rahmen von Drittgeschäften mit der Gesellschaft gelten als Kredit i. S. d. § 89 Abs. 1 AktG, wenn sie dem Grunde und/oder der Höhe nach im allgemeinen Geschäftsverkehr unüblich sind.[1312] Zahlungen der Gesellschaft auf eine fremde Schuld sowie Nichtgeltendmachung fälliger und unstreitiger Forderungen gegen das Vorstandsmitglied sind ebenfalls als Kreditgewährung anzusehen.[1313]

589 Für Kleinkredite unterhalb der Bruttomonatsbezüge ist nach § 89 Abs. 1 Satz 5 AktG kein Aufsichtsratsbeschluss erforderlich. Für die Berechnung maßgebend ist ein Zwölftel der Bruttojahresbezüge einschließlich fest vereinbarter Tantieme und Sachbezüge. Jenseits dieses Betrages muss der Aufsichtsrat nicht nur der Kreditierung oberhalb der Grenze von einem Monatsgehalt, sondern dem Gesamtkredit zustimmen.[1314] Bei Krediten an Gesellschaften, die mit der Aktiengesellschaft i. S. d. § 89 Abs. 4 AktG personell verflochten sind, unterliegen branchenübliche Lieferantenkredite

---

[1310] *Hüffer*, AktG, § 89 Rn. 2; *Wiesner*, in: MünchHdB GesR AG, § 21 Rn. 93.
[1311] BGH AG 1991, 398; *Fleck*, WM 1994, 1957, 1960.
[1312] OLG Bremen NZG 2001, 897 (zu § 43a GmbHG); *Peltzer*, FS Rowedder, S. 325, 339.
[1313] OLG Bremen NZG 2001, 897 (Ablösung von Drittkrediten).
[1314] *Mertens/Cahn*, in: KölnKommAktG, § 89 Rn. 13; *Hüffer*, AktG, § 89 Rn. 3.

ebenfalls nicht dem Beschlussvorbehalt.[1315] Der Kreditbegriff nach Ziff. 3.9 DCGK ist umfassender und betrifft jede Art von Krediten.[1316]

Nach § 89 Abs. 4 Satz 1 AktG zustimmungspflichtig ist die Kreditvergabe an juristische Personen und Personenhandelsgesellschaften, sofern das Vorstandsmitglied zugleich gesetzlicher Vertreter oder Aufsichtsratsmitglied der juristischen Person oder Gesellschafter der Personenhandelsgesellschaft ist.[1317] Kredite unter verbundenen Unternehmen i. S. d. § 15 AktG sind davon ausgenommen.[1318] Gewährt eine herrschende Gesellschaft dem Vorstandsmitglied einer abhängigen Aktiengesellschaft Kredit, muss nach § 89 Abs. 2 Satz 2 AktG der Aufsichtsrat des herrschenden Unternehmens darüber beschließen. Kreditiert umgekehrt eine abhängige Gesellschaft das Vorstandsmitglied einer Muttergesellschaft, muss deren Aufsichtsrat ebenfalls zustimmen; zudem ist ein Beschluss des Aufsichtsrats der abhängigen (Aktien-)Gesellschaft erforderlich, wenn das Vorstandsmitglied auch in ihrem Vorstand sitzt.[1319]

590

Der personelle Anwendungsbereich der aktienrechtlichen Kreditvergaberegeln erstreckt sich gleichsam auf Kredite an Ehegatten, Lebenspartner oder minderjährige Kinder der Vorstandsmitglieder. Ferner ist nach § 89 Abs. 3 Satz 2 AktG ein Aufsichtsratsbeschluss erforderlich, wenn der Kreditnehmer als mittelbarer Stellvertreter (Strohmann) für das Vorstandsmitglied oder seine Angehörigen auftritt. Für Kreditinstitute oder Finanzdienstleistungsinstitute gilt anstelle der aktienrechtlichen Regeln vorrangig § 15 KWG. Sofern die Vorschrift keine Anwendung findet, bestimmt sich die Kreditgewährung nach § 89 Abs. 1–5 AktG.[1320]

591

b) Beschluss des Aufsichtsrats

Der Aufsichtsrat muss der Kreditvergabe an ein Vorstandsmitglied durch ausdrücklichen Beschluss vorher zustimmen.[1321] Die Beschlussfassung kann einem Ausschuss übertragen werden.[1322] Nach § 89 Abs. 1 Satz 2 AktG darf der Aufsichtsrat nur über bestimmte Kreditgeschäfte oder Arten von Kreditgeschäften entscheiden. Die Zustimmung muss den genauen Kreditbetrag oder zumindest eine Höchstgrenze angeben. Der Beschluss muss zudem die Verzinsung und Rückzahlung des Kredits regeln. Grundsätzlich genügt ein Verweis auf den Kreditvertrag. Über Zinshöhe und Tilgungsbe-

592

1315 LG Bochum ZIP 1989, 1557, 1563; *Wiesner*, in: MünchHdB GesR AG, § 21 Rn. 93.
1316 *Spindler*, in: MünchKommAktG, § 89 Rn. 7, 19 ff.
1317 KG AG 1997, 42, 44; LG Bochum ZIP 1989, 1557, 1563; LG Aurich DB 1987, 528.
1318 Ausführlich OLG Saarbrücken AG 2001, 483.
1319 *Mertens/Cahn*, in: KölnKommAktG, § 89 Rn. 7; *Hüffer*, AktG, § 89 Rn. 5.
1320 Zu den Ausnahmeregeln vgl. *Hüffer*, AktG, § 89 Rn. 9.
1321 Einzelheiten zum Beschlusserfordernis und Beschlussinhalt vgl. *Fleischer*, WM 2004, 1057, 1066.
1322 BGH AG 1991, 398, 399; *Mertens/Cahn*, in: KölnKommAktG, § 89 Rn. 14; *Fleischer*, in: Spindler/Stilz, AktG § 89, Rn. 11.

dingungen entscheidet der Aufsichtsrat nach pflichtgemäßem Ermessen. Nicht erforderlich ist die Festlegung eines genauen Rückzahlungstermins, vielmehr reicht die Vereinbarung bestimmter Kündigungsfristen. Im Rahmen der Satzung können Einzelheiten und zusätzliche Erfordernisse für die Kreditgewährung geregelt werden.[1323]

593 Nach § 89 Abs. 1 Satz 2 AktG kann der Aufsichtsratsbeschluss höchstens drei Monate vor der Kreditgewährung gefasst werden. Demnach hat die Kreditvergabe binnen drei Monate nach Beschlussfassung zu erfolgen, während die bloße Kreditlaufzeit diesen Zeitraum ohne weiteres überschreiten darf.[1324] Erfolgt keine Kreditgewährung innerhalb der Dreimonatsfrist, ist ein erneuter Beschluss über den Kredit erforderlich. Bis zum Abschluss des Kreditvertrages kann der Aufsichtsrat seine Einwilligung nach § 183 BGB widerrufen.

594 Vorstandskredite sind bilanzrechtlich nach § 285 Nr. 9c HGB als Pflichtangaben im Anhang des Jahresabschlusses auszuweisen. Eine individualisierte Offenlegung ist nicht vorgeschrieben.

c) Rechtsfolgen unzulässiger Kreditvergabe

595 Ein unter Verstoß gegen § 89 AktG abgeschlossener Kreditvertrag ist nicht nichtig, da die aktienrechtlichen Kreditvergabevorschriften kein Verbotsgesetz i. S. d. § 134 BGB darstellen.[1325] Erfolgt die Kreditgewährung entgegen § 112 AktG nicht durch den Aufsichtsrat/-ausschuss, so ist der Kreditvertrag ebenfalls nicht nichtig, sondern nur schwebend unwirksam.[1326] Das Rechtsgeschäft kann dann nach §§ 177 ff. BGB genehmigt werden. Im Verhältnis zu Dritten sind die Regeln über den Missbrauch der Vertretungsmacht anwendbar, wenn für diese selbst die Unzulässigkeit der Kreditvergabe offensichtlich war.[1327] Lehnt der Aufsichtsrat die Genehmigung des schwebend unwirksamen Kreditgeschäfts ab, bestimmt sich die Rückabwicklung des Vertrages nach §§ 812 ff. BGB und nicht nach § 89 Abs. 5 AktG.

596 Entgegen § 89 AktG gewährte Kredite sind ohne Rücksicht auf entgegenstehende Vereinbarungen sofort zurückzuführen, wenn nicht der Aufsichtsrat nachträglich zustimmt.[1328] Dabei handelt es sich nicht um einen Bereicherungsanspruch, sondern um einen vertraglichen Rückgewähranspruch mit gesetzlich vorverlagerter Fälligkeit. Der Gesellschaft haften daher bestellte

---

1323 *Spindler*, in: MünchKommAktG, § 89 Rn. 6; *Mertens/Cahn*, in: KölnKommAktG, § 89 Rn. 3.
1324 *Wiesner*, in: MünchHdB GesR AG, § 21 Rn. 96; abweichend *Mertens/Cahn*, in: KölnKommAktG, § 89 Rn. 15.
1325 Ausführlich *Fleischer*, WM 2004, 1057, 1066 m. w. N.
1326 Für Unanwendbarkeit des § 134 BGB vgl. OLG Celle AG 2003, 433; *Breuer/Fraune*, in: AnwaltKommAktG, § 112 Rn. 8; a. A. *Mertens/Cahn*, in: KölnKommAktG, § 89 Rn. 19; *Fleischer*, WM 2004, 1057, 1066; diff. *Hüffer*, AktG, § 112 Rn. 7.
1327 *Mertens/Cahn*, in: KölnKommAktG, § 89 Rn. 19; *Wiesner*, in: MünchHdB GesR AG, § 21 Rn. 91.
1328 Näher zum Rückgewähranspruch *Fleischer*, WM 2004, 1057, 1067.

Sicherheiten, zudem hat das Vorstandsmitglied bis zur Kreditrückgewähr anfallende Zinsen aus dem Kreditgeschäft zu zahlen. Regelmäßig erfolgt die Rückgewähr durch Zahlung an die Gesellschaft, bei Kreditgewährung durch Sicherheitsleistung durch Zahlung an Dritte. Ein Aufrechnungsverbot ist aus § 89 Abs. 5 AktG nicht abzuleiten.[1329] Ebenso wenig lässt sich darauf der Entreicherungseinwand stützen. Für noch nicht ausbezahlte Kredite steht der Gesellschaft ein Leistungsverweigerungsrecht zu. Genehmigt der Aufsichtsrat einen entgegen § 89 AktG gewährten Kredit, entfällt lediglich die Pflicht zur sofortigen Rückgewähr. Mögliche Schadensersatzansprüche nach § 93 Abs. 3 Nr. 8, 116 AktG gegen die Organmitglieder bleiben bestehen. Richtschnur für den Aufsichtsrat-/ausschuss beim Aushandeln der Kreditkonditionen ist das Gesellschaftsinteresse.[1330]

II. Pflichten des Vorstandsmitglieds

1. Wahrnehmung des Vorstandsmandats

a) Geschäftsführung und Vertretung

Der Anstellungsvertrag verpflichtet das Vorstandsmitglied meist ausdrücklich zur Ausübung der Geschäfte nach Maßgabe der Gesetze, der Satzung der Gesellschaft und der Geschäftsordnung für den Vorstand. Anzuwenden ist dabei die Sorgfalt eines ordentlichen und gewissenhaften Geschäftsleiters (§ 93 Abs. 1 Satz 1 AktG). Die Geschäftsführung unterliegt also einer organschaftlichen Pflichtenbindung, die bereits mit der Annahme der Bestellung durch das Vorstandsmitglied entsteht. Mit Abschluss des Anstellungsvertrages werden diese Amtspflichten zugleich vertragliche Pflichten, auch ohne sie ausdrücklich zu benennen. Einer Bezugnahme im Vertrag bedarf es daher nicht, dennoch ist sie in der Praxis üblich.

597

Der Vorstand vertritt die Gesellschaft gerichtlich und außergerichtlich. Bei einem mehrköpfigen Vorstand sind nach dem Grundprinzip der Gesamtvertretung gemäß § 78 Abs. 2 Satz 1 AktG sämtliche Vorstandsmitglieder nur gemeinschaftlich zur Vertretung der Gesellschaft befugt. Die Satzung kann jedoch vorsehen, dass einzelne Vorstandsmitglieder allein oder in Gemeinschaft mit einem Prokuristen die Gesellschaft vertreten dürfen (unechte Gesamtvertretung); dasselbe kann der Aufsichtsrat bestimmen, wenn die Satzung ihn hierzu ermächtigt (§ 78 Abs. 3 Satz 1 und 2 AktG). Die Mitwirkung eines Prokuristen soll die Vertretung erleichtern, nicht beschränken. Die Regelung zur unechten Gesamtvertretung darf nicht dazu führen, dass die sonst gegebene Einzelvertretungsmacht eines Vorstandsmitglieds beschränkt wird. Ein Alleinvorstand kann deshalb nicht an die Mitwirkung eines Prokuristen gebunden werden. Meist bestimmt die Satzung die Ver-

598

1329 BGH AG 1991, 398, 399; *Hüffer*, AktG, § 89 Rn. 8.
1330 Zu möglichen Vertragsbedingungen vgl. *Fleischer*, WM 2004, 1057, 1067.

tretung der Gesellschaft abweichend vom Gesetz oder ermöglicht zumindest andere Regelungen. Für die Praxis empfiehlt sich das Vier-Augen-Prinzip, das angemessenen Schutz vor Missbrauch bietet. Der Anstellungsvertrag kann Einzelheiten der Vertretung der Gesellschaft nicht verbindlich regeln, sondern allenfalls die korporationsrechtlichen Bestimmungen wiederholen.

599 Bei Willenserklärungen, die gegenüber der Gesellschaft abzugeben sind, genügt nach § 78 Abs 2 Satz 2 AktG stets die Abgabe gegenüber einem Vorstandsmitglied. Insoweit gilt auch beim mehrköpfigen Vorstand zwingend passive Einzelvertretungsbefugnis. Sofern die Gesellschaft keinen Vorstand hat und nach § 78 Abs. 1 Satz 2 AktG führungslos ist, erfolgt die Passivvertretung durch den Aufsichtsrat; für das einzelne Aufsichtsratsmitglied gilt nach Abs. 2 Satz 2 Halbsatz 2 ebenfalls passive Einzelvertretungsbefugnis. Die durch das MoMiG im Jahr 2008 eingeführte Regelung will verhindern, dass der Zugang von Willenserklärungen und sonstige Zustellungen an die Gesellschaft durch Abberufung des Vorstands vereitelt werden.[1331] Weitergehende prozessuale oder materielle Bedeutung kommt der Regelung nicht zu.[1332] Führungslosigkeit liegt vor, wenn die Gesellschaft keinen organschaftlichen Vertreter hat. Unerheblich ist, aus welchen Gründen der Vorstand nicht mehr amtiert, wie etwa aufgrund Abberufung oder Amtsniederlegung aller Mitglieder. Nicht wirksam bestellte faktische Vorstandsmitglieder begründen ebenfalls die Führungslosigkeit, selbst wenn die Vorstände im Handelsregister eingetragen sind.[1333] Die Abwesenheit der ordentlich bestellten Vorstandsmitglieder wegen Handlungsunwilligkeit, Unerreichbarkeit oder längerer Abwesenheit macht die Gesellschaft dagegen nicht führungslos.[1334] Der Aufsichtsrat hat sicherzustellen, dass die Führungslosigkeit rechtzeitig erkannt wird; seine Kenntnis davon ist nicht erforderlich.[1335]

b) Geschäftsverteilung und Ressortzuweisung

aa) Gestaltungsmodelle

600 Die Bereichs- und Ressortzuweisung im Rahmen der Geschäftsverteilung betrifft die korporationsrechtliche Frage, welches Vorstandsmitglied welche Aufgaben wahrnimmt. Angesprochen damit sind die funktionale Aufgabenverteilung nach Produktion, Einkauf, Absatz, Finanzen etc. und andererseits die spartenbezogene Divisionalisierung in Fachbereiche wie etwa Produkt- und Dienstleistungsgruppen. Beide Geschäftsverteilungsmodi

---

[1331] Siehe Begründung RegE MoMiG BT-Drucks 16/6140 S. 42.
[1332] *Hüffer*, AktG, § 78 Rn. 4a.
[1333] *Fleischer* in: Spindler/Stilz, AktG, § 78 Rn. 23; *Horstkotte*, ZInsO 2009, 209, 211.
[1334] AG Hamburg ZIP 2009, 333; *Fleischer* in: Spindler/Stilz, AktG, § 78 Rn. 23; a. A. *Passarge*, GmbHR 2010, 295, 297.
[1335] *Fleischer* in: Spindler/Stilz, AktG, § 78 Rn. 24.

werden meist miteinander kombiniert. Derartige Regelungen beinhalten eine Abweichung vom Grundsatz der Gesamtgeschäftsführung, die nach § 77 Abs. 1 Satz 2 AktG allein in der Satzung der Gesellschaft oder in der Geschäftsordnung des Vorstands bestimmt werden kann.[1336] Ressortzusagen berühren nicht die gemäß § 76 Abs. 1 AktG festgeschriebene Gesamtverantwortung aller Vorstandsmitglieder für die Leitung der Gesellschaft. Die Leitungskompetenz des Vorstands ist zwingendes Recht und kann weder im Anstellungsvertrag noch in der Satzung abbedungen werden.[1337] Aus dem Prinzip der Gesamtleitung folgt eine Überwachungs- und Kontrollpflicht der Vorstandsmitglieder auch für die ihnen nicht zugewiesenen Geschäftsbereiche und Ressorts, die sie zwingt einzugreifen, wenn sich besondere Anhaltspunkte für eine nicht ordnungsgemäße Geschäftsführung des jeweils zuständigen Vorstandsmitglieds ergeben.[1338]

Die Zuweisung bestimmter Geschäftsbereiche an einzelne Vorstandsmitglieder berührt die dem Aufsichtsrat bzw. dem Vorstand vorbehaltene Geschäftsordnungskompetenz nach § 107 Abs. 3 Satz 2 bzw. § 77 Abs. 2 Satz 1 AktG. Hat der Aufsichtsrat eine Geschäftsordnung für den Vorstand erlassen und darin die Geschäftsverteilung geregelt,[1339] so kann die Ressortzuweisung auch im Anstellungsvertrag vereinbart werden. Entsprechendes gilt für den Fall, dass der Aufsichtsrat seine Geschäftsordnungskompetenz nicht wahrgenommen hat, der Vorstand aber einstimmig die anstellungsvertragliche Ressortzuweisung billigt.[1340] Eine bisherige Regelung der Geschäftsverteilung gilt ebenso für neue Vorstandsmitglieder, auch wenn diese der Geschäftsordnung des Vorstands nicht ausdrücklich oder konkludent zustimmen.[1341]

601

bb) Nachträgliche Änderungen

Unproblematisch ist die Änderung der Aufgabenbereiche, wenn der Anstellungsvertrag dem Vorstandsmitglied die Geschäftsführung nach Maßgabe der Gesetze, der Satzung der Gesellschaft und der Geschäftsordnung für den Vorstand überträgt. Schwierigkeiten hingegen bereiten die vertraglich vereinbarte Ressortzuweisung und eine davon abweichende Regelung der Geschäftsverteilung in der Geschäftsordnung des Vorstands. Hierbei ist zunächst zu beachten, dass anstellungsvertragliche Ressortzusagen allein schuldrechtliche, nicht aber korporationsrechtliche Wirkung haben. Eine Bestimmung in der Geschäftsordnung, die eine Änderung (Ein-

602

1336 Ausführlich *Kort*, in: GroßKommAktG, § 77 Rn. 46.
1337 östOGH wbl 2003, 42; *Hüffer*, AktG, § 76 Rn. 4; *Wiesner*, in: MünchHdB GesR AG, § 19 Rn. 15.
1338 BGH DB 1996, 2783; BGH WM 1986, 789; näher *Hoffmann-Becking*, ZGR 1998, 497, 512 f.
1339 Einzelheiten zur Formulierung siehe Anhang Muster D. Muster-Geschäftsordnung.
1340 *Fonk*, in: Semler/v. Schenck, ArbeitsHdB für Aufsichtsratsmitglieder, § 9 Rn. 92; *Mertens*, in: KölnKommAktG, § 84 Rn. 44.
1341 *Hüffer*, AktG, § 77 Rn. 22; *Hoffmann-Becking*, ZGR 1998, 497, 500; *Obermüller*, DB 1971, 952, 953; a. A. *Wiesner*, in: MünchHdB GesR AG, § 22 Rn. 19.

schränkung, Erweiterung oder inhaltliche Abweichung) von der vertraglich vereinbarten Ressortzuweisung enthält, ist daher im Normalfall nicht nichtig.[1342] Die Entziehung oder Änderung eines Geschäftsbereichs und die (Neu-)Zuweisung durch die Geschäftsordnung bedarf grundsätzlich auch keiner Zustimmung des betroffenen Vorstandsmitglieds.[1343] Eine wesentliche Beschränkung der ursprünglich in der Bestellung vorgesehenen Aufgabenbereiche setzt allerdings einen wichtigen Grund entsprechend § 84 Abs. 3 Satz 1 AktG voraus.[1344] Ansonsten kann die Geschäftsordnung für den Vorstand die Geschäftsverteilung mit verbindlicher Wirkung für alle Vorstandsmitglieder trotz entgegenstehender dienstvertraglicher Regelung ändern. Bereichs- und Ressortzusagen im Anstellungsvertrag sind mithin korporationsrechtlich nicht bindend.[1345] Anderenfalls würden die innere Willensbildung und Entschließungsfreiheit des Aufsichtsrats bzw. des Vorstands unzulässig beschränkt.

603 Eine vertragliche Regelung der wahrzunehmenden Aufgaben schützt das Vorstandsmitglied jedoch indirekt vor einer allzu umfassenden Beschneidung seiner Geschäftsbereiche. Erhebliche Änderungen der Anstellungsbedingungen berechtigen das Vorstandsmitglied, das Anstellungsverhältnis aus wichtigem Grund zu kündigen und sein Amt niederzulegen. Demgegenüber hat die Gesellschaft wegen der Änderung der Geschäftsverteilung kein Recht zur außerordentlichen Kündigung. Ebenso wenig kommt ein Widerruf der Bestellung in Betracht, da das Auseinanderfallen von Ressortverteilung und den im Anstellungsvertrag vereinbarten Geschäftsbereichen kein wichtiger Grund i. S. d. § 84 Abs. 3 Satz 1 AktG ist.[1346]

604 Umgekehrt aber kann sich die Frage stellen, ob das Vorstandsmitglied nach dem Anstellungsvertrag verpflichtet ist, einen ihm neu zugewiesenen Geschäftsbereich zu übernehmen. Das ist zumindest dann abzulehnen, wenn der Anstellungsvertrag eine Festlegung der Geschäftsbereiche trifft und keine entsprechende Öffnungsklausel enthält. Regelt der Vertrag die Pflicht zur Wahrnehmung eines bestimmten Geschäftsbereichs, und führt die Zuweisung eines neuen Ressorts zu einer stärkeren Belastung und erhöhten Verantwortung, so kann das Vorstandsmitglied selbst durch eine neue Geschäftsordnung nicht ohne seine Zustimmung schuldrechtlich verpflichtet werden, den neuen Geschäftsbereich zu übernehmen. Nur wenn der Aufsichtsrat zur Kündigung des Anstellungsvertrags berechtigt ist, kann er durch eine sog. Änderungskündigung erreichen, dass das Vorstandsmitglied die neue Geschäftsverteilung akzeptiert oder aus dem Vor-

---

1342 *Kort*, in: GroßKommAktG, § 77 Rn. 93; *Mertens*, in: KölnKommAktG, § 77 Rn. 42; *Schneider*, FS Mühl, S. 633, 640.
1343 *Kort*, in: GroßKommAktG, § 77 Rn. 93; *Mertens*, in: KölnKommAktG, § 77 Rn. 42.
1344 *Weber/Hoß/Burmester*, HdB Managerverträge, Teil 2 Rn. 105.
1345 *Spindler*, in: MünchKommAktG, § 77 Rn. 41; *Kort*, in: GroßKommAktG, § 77 Rn. 93.
1346 *Kort*, in: GroßKommAktG, § 77 Rn. 93; *Wiesner*, in: MünchHdB GesR AG, § 22 Rn. 16; anders wohl *Mertens*, in: KölnKommAktG, § 84 Rn. 103.

stand ausscheidet. Dies wiederum setzt einen wichtigen Grund gemäß § 626 BGB voraus.[1347]

c) Übernahme anderweitiger Tätigkeiten

Im Anstellungsvertrag kann für den Fall der vorzeitigen Beendigung der Bestellung vereinbart sein, dass das Vorstandsmitglied anderweitige Führungsaufgaben im (höheren) Management des Unternehmens übernehmen soll. In der Praxis sind solche Regelungen selten und nur in besonderen Konstellationen anzutreffen, etwa wenn das Vorstandsmitglied eines Konzerns bereits vor der Bestellung in leitender Funktion tätig gewesen ist. Sinnvoll ist eine Pflicht zur Übernahme anderweitiger Tätigkeiten ohnehin nur für den Fall der einvernehmlichen Aufhebung der Bestellung. Bei einer Abberufung oder Amtsniederlegung hingegen wird die Gesellschaft kein Interesse an einer Weiterbeschäftigung innerhalb des Unternehmens haben. 605

Nach Ansicht der Rechtsprechung soll die Pflicht zur Übernahme anderweitiger Tätigkeiten im Einzelfall selbst ohne ausdrückliche Vereinbarung möglich sein, sofern das Vorstandsmitglied den wichtigen Grund für die Abberufung verschuldet hat.[1348] Freilich müssen dann die Bedingungen für eine Weiterbeschäftigung für das Vorstandsmitglied auch zumutbar sein.[1349] Dies ist anzunehmen, wenn die neue leitende Tätigkeit die persönlichen Fähigkeiten, Erfahrungen und Kenntnisse des Vorstandsmitglieds hinreichend berücksichtigt.[1350] Das bedeutet aber nicht, dass die neue Funktion der Stellung, dem Ansehen und der Unabhängigkeit der bisherigen Vorstandstätigkeit eins zu eins vergleichbar sein muss. Je größer jedoch der Aufgaben- und Verantwortlichkeitsbereich im Einzelfall gewesen ist, desto eher werden die Bedingungen einer Weiterbeschäftigung unterhalb der Vorstandsebene als unzumutbar anzusehen sein. Das Vorstandsmitglied selbst kann eine Weiterbeschäftigung unterhalb der Vorstandsebene ohne vertragliche Regelung nicht verlangen, da es sonst für sich Kündigungsschutz erzwingen könnte.[1351] 606

2. Pflichtenbindung und Haftung

Das Vorstandsmandat umfasst organschaftliche Aufgaben und Pflichten, die zugleich auch schuldrechtliche Bindungen aus dem Anstellungsvertrag begründen. Umgekehrt kann der Anstellungsvertrag auf die Organstellung 607

1347 *Spindler*, in: MünchKommAktG, § 77 Rn. 41; *Kort*, in: GroßKommAktG, § 77 Rn. 93.
1348 BGH WM 1966, 968, 969; kritisch *Fonk*, NZG 1998, 410; generell ablehnend *Kothe-Heggemann/Dahlbender*, GmbHR 1996, 650, 652.
1349 Für den GmbH-Geschäftsführer OLG Karlsruhe GmbHR 1996, 208, 209; zur Weiterbeschäftigung bei Umstrukturierungen *Röder/Lingemann*, DB 1993, 1341, 1347; *Baums*, ZHR 156 (1992), 248, 253.
1350 BGH WM 1966, 968, 969; *Bauer/Gragert*, ZIP 1997, 2177, 2183.
1351 *Baums*, Der Geschäftsleitervertrag, S. 346; *Fonk*, in: Semler/v. Schenck, ArbeitsHdB für Aufsichtsratsmitglieder, § 9 Rn. 324; *Röder/Lingemann*, DB 1993, 1341, 1347.

einwirken und das Vorstandsmitglied dazu verpflichten, bestimmte Handlungen in oder nach der Amtszeit vorzunehmen oder zu unterlassen. Beide Pflichtenkreise ergänzen und konkretisieren sich mithin im Rahmen der gesetzlichen und satzungsrechtlichen Grenzen.[1352]

a) Unzulässige Haftungsklauseln

608 Anstellungsvertragliche Regelungen können die Organpflichten nicht uneingeschränkt modifizieren. Im Grundsatz unproblematisch und praktisch bedeutsam ist die *quantitative* Erweiterung der Pflichtenkreise, die dem Vorstandsmitglied über § 93 Abs. 1 AktG hinausgehende Pflichten auferlegt. Dazu gehören in erster Linie nicht mit der Amtsstellung in unmittelbar sachlichem Zusammenhang stehende Pflichten, wie etwa nachvertragliche Wettbewerbsverbote, Regelungen über Dienstzeiten und Nebentätigkeiten, Residenzpflichten oder Vereinbarungen zur Überlassung von Erfindungen. Begrenzt ist die Zulässigkeit vertraglich vereinbarter Pflichtenkataloge auf solche Regelungen, die den Grundprinzipien der aktienrechtlichen Organisations-, Kompetenz- sowie Verantwortlichkeitsordnung nicht widersprechen.[1353]

609 Davon zu unterscheiden ist die Frage, ob im Anstellungsvertrag der Sorgfaltsmaßstab nach § 93 Abs. 1 AktG geändert werden kann. Da der Vorschrift eine Doppelfunktion als Pflichtenquelle und Verschuldensmaßstab zukommt, hätte eine solche Vereinbarung erhebliche Auswirkungen auf die Organhaftung nach § 93 Abs. 2 AktG. Eine *qualitative* Abweichung vom objektiven Sorgfalts- und Verschuldensmaßstab ist nach geltendem Aktienrecht unzulässig und damit nach § 134 BGB nichtig.[1354] Das gilt sowohl für haftungsmildernde wie auch für haftungsverschärfende Vereinbarungen im Anstellungsvertrag.[1355] Dem Haftungsausschluss wegen Vorsatz steht bereits § 276 Abs. 3 BGB entgegen. Eine vertragliche Herabsetzung der Haftung auf grobe oder leichte Fahrlässigkeit kommt nicht in Betracht, da die Regelung des § 93 AktG in allen ihren Teilbereichen zwingend ist.[1356]

610 Das Verbot der Haftungsmilderung gilt gleichsam nach Einführung der *Business Judgment Rule* in § 93 Abs. 1 Satz 2 AktG fort, da die Anerkennung des unternehmerischen Ermessensspielraums für Vorstandsmitglieder nicht (mehr) an ein grob fahrlässiges Entscheidungsverhalten anknüpft.[1357]

1352 *Hopt*, in: GroßKommAktG, § 93 Rn. 200, 226; *Reuter*, FS Zöllner, S. 487, 493 ff.
1353 *Hopt*, in: GroßKommAktG, § 93 Rn. 23, 227; *Wiesner*, in: MünchHdB GesR AG, § 22 Rn. 16.
1354 *Mertens*, in: KölnKommAktG, § 93 Rn. 4; *Hüffer*, AktG, § 93 Rn. 1; *Bauer/Krets*, DB 2003, 811, 813; *Merkt*, ZHR 159 (1995), 423, 431.
1355 BGH WM 1975, 467, 469; *Hopt*, in: GroßKommAktG, § 93 Rn. 25; *Hüffer*, AktG, § 93 Rn. 1; *Wiesner*, in: MünchHdB GesR AG, § 26 Rn. 4.
1356 *Hopt*, in: GroßKommAktG, § 93 Rn. 24; *Mertens*, in: KölnKommAktG, § 93 Rn. 4.
1357 Siehe Gesetz zur Unternehmensintegrität und Modernisierung des Anfechtungsrechts (UMAG), BGBl. I 2005, 2802; anders noch Ref-Entwurf zum UMAG, NZG Sonderbeilage 4/2004; dazu *Ulmer*, DB 2004, 859; *Thümmel*, DB 2004, 471.

Ebenso wenig können etwa der Hauptaktionär oder der Alleingesellschafter zu Lasten der Aktiengesellschaft auf die Erfüllung der Vorstandspflichten verzichten.[1358] Außerdem kann sich die Gesellschaft auch nicht durch vertragliche Vereinbarung vorab zur Entlastung eines Vorstandsmitglieds nach § 120 AktG verpflichten,[1359] obgleich eine Entlastung nach § 120 Abs. 2 Satz 2 AktG ohnehin keine Präklusionswirkung für eine spätere Geltendmachung von Schadensersatzansprüchen hätte.[1360]

Wegen der inhärenten Verflechtung von materiellem Recht und Prozessrecht sind zudem auch abweichende Regelungen über die Beweislastverteilung nach § 93 Abs. 2 Satz 2 AktG der Dispositionsbefugnis der Vertragsparteien entzogen.[1361] 611

b) Haftung aus Vertragsverletzung

Die Organhaftung nach § 93 Abs. 2 AktG umfasst als Spezialregelung grundsätzlich auch die Haftung aus Vertragsverletzung.[1362] Eigenständige Bedeutung erlangt die vertragliche Haftung, wenn die Bestellung vorzeitig beendet wird, während das Anstellungsverhältnis wegen fehlender (wirksamer) Beendigung fortbesteht. Maßgebend ist die Haftung aus Vertragsverletzung zudem im Fall einer Drittanstellung. Dort hat das Vorstandsmitglied die Vertragspflichten allein gegenüber dem Vertragspartner zu erfüllen. Dagegen besteht die Haftung nach § 93 Abs. 2 AktG grundsätzlich nur im Verhältnis zu der Gesellschaft, die das Vorstandsmitglied zum Organ bestellt hat. Das Vorstandsmitglied haftet auch für den dem Dritten entstandenen Schaden, soweit dessen Vermögenseinbußen den Gesellschaftsschaden übersteigen. Steht die vertragliche Pflichtenbindung nicht in einem sachlichen Zusammenhang mit den Organpflichten, fehlt auch bei der Haftung diese Konnexität mit der Folge, dass dann allein der Dritte als Vertragspartner Schadensersatz verlangen kann.[1363] 612

aa) Darlegungs- und Beweislast

Nachzuweisen sind Ansprüche wegen Verletzung des Anstellungsvertrages anhand der allgemeinen Beweisführungsregeln unter Berücksichtigung folgender Besonderheiten: Bestehen, Inhalt und Reichweite der vertraglichen Pflichten hat die Gesellschaft zu beweisen.[1364] Ebenso obliegt ihr die Dar- 613

1358 LG Mannheim WM 1955, 116 (zum Hauptaktionär); *Hopt*, in: GroßKommAktG, § 93 Rn. 25.
1359 Vgl. *Meier*, GmbHR 2004, 111, 113.
1360 Ausführlich *Nägele/Nestel*, BB 2000, 1253.
1361 Für das GmbH-Recht vgl. *Haas*, in: Michalski, GmbHG, § 43 Rn. 257.
1362 BGH ZIP 2002, 2128, 2129f.; BGH ZIP 1997, 199, 200; BGH WM 1989, 1335, 1337; OLG Brandenburg NZG 1999, 210, 211; KG NZG 1999, 400, 402; *Hopt*, in: GroßKommAktG, § 93 Rn. 20; *Thümmel*, Persönliche Haftung von Managern und Aufsichtsräten, Rn. 16; a. A. (Anspruchskonkurrenz) *Hübner*, Managerhaftung, S. 38; *Reese*, DStR 1995, 533, 534; missverständlich LG Berlin GmbHR 2000, 234, 235.
1363 BAG NJW 1996, 1076, 1077; *Fleck*, ZHR 149 (1985), 387, 409.
1364 *Hopt*, in: GroßKommAktG, § 93 Rn. 287; *von Gerkan*, ZHR 154 (1990), 39, 59.

legungs- und Beweislast für ein „möglicherweise" pflichtwidriges Vorstandsverhalten, die Höhe des dadurch eingetretenen Schadens sowie die haftungsausfüllende Kausalität.[1365]

614 Das Vorstandsmitglied hingegen muss nach § 93 Abs. 2 Satz 2 AktG den Entlastungsbeweis darüber führen, dass es seinen Verpflichtungen nachgekommen ist und nicht pflichtwidrig gehandelt hat.[1366] Bei unternehmerischen Entscheidungen ist erforderlich, die Voraussetzungen der Business Judgment Rule (§ 93 Abs. 1 Satz 2 AktG) darzulegen und zu beweisen.[1367] Die betreffenden Maßnahmen müssen auf einer sorgfältigen Ermittlung der Entscheidungsgrundlage und genügender Information beruhen.[1368] Das Vorstandsmitglied hat den Nachweis zu erbringen, dass die Handlung im Rahmen seines unternehmerischen Ermessensspielraums lag. Bei pflichtwidrigem Verhalten (Handeln oder Unterlassen) haben die Vorstandsmitglieder nachzuweisen, dass diese schuldlos geschah oder der Schaden auch bei einem rechtmäßigen Alternativverhalten eingetreten wäre.[1369] Ebenso trägt das Vorstandsmitglied die Beweislast für das Vorliegen der Voraussetzungen des Vorteilsausgleichs.

bb) Einsichtnahme in Geschäftsunterlagen

615 Die Darlegungs- und Beweislast nach § 93 Abs. 2 Satz 2 AktG gilt auch für ausgeschiedene Vorstandsmitglieder.[1370] Die Gesellschaft hat dem ausgeschiedenen Vorstandsmitglied Einblick in die zur Verteidigung benötigten Unterlagen zu gewähren.[1371] Das Einsichtsrecht beruht auf § 810 BGB und ergibt sich ferner aus der Treuepflicht der Gesellschaft gegenüber dem Vorstandsmitglied. Es findet seine Grenzen im Grundsatz von Treu und Glauben. Die Gesellschaft braucht dem Vorstandsmitglied nur die Unterlagen zugänglich zu machen, die zu seiner Rechtsverteidigung notwendig sind. Häufig besteht Streit darüber, welche Unterlagen konkret notwendig sind. Im Einzelfall soll die Gesellschaft berechtigt sein, die Unterlagen nur einem zur Verschwiegenheit verpflichteten Sachverständigen zur Einsicht zugänglich zu machen.[1372] Andererseits kennt meist nur das Vorstandsmitglied die Bedeutung und Tragweite einzelner Unterlagen. Gewährt die Gesellschaft dem Vorstandsmitglied nicht die gebotene Einsichtnahme in

---

1365 Für die GmbH: BGH NZG 2008, 315; BGH AG 2003, 381 m. Anm. *Goette*, DStR 2003, 127; BGH ZIP 1994, 872, 873; BGH ZIP 1992, 108, 109; OLG Stuttgart NZG 2010, 141, 142; OLG Naumburg NZG 2001, 136, 137; östOGH NZG 1999, 852; *Goette*, ZGR 1995, 648, 671; *von Gerkan*, ZHR 154 (1990), 39, 60; a. A. *Hopt*, in: GroßKommAktG, § 93 Rn. 287.
1366 BGH AG 2003, 381, 382; OLG Jena NZG 2001, 86, 88; OLG Naumburg NZG 1999, 353, 355; OLG Düsseldorf ZIP 1997, 27, 32; *Hopt*, in: GroßKommAktG, § 93 Rn. 287; *von Gerkan*, ZHR 154 (1990), 39, 62.
1367 *Spindler*, in: MünchKommAktG, § 93 Rn. 164; kritisch Paefgen, NZG 2009, 891.
1368 BGH NZG 2008, 315; OLG Stuttgart NZG 2010, 141.
1369 OLG Stuttgart NZG 2010, 141, 143.
1370 OLG Stuttgart NZG 2010, 141, 142.
1371 BGH AG 2003, 381, 382; OLG Stuttgart NZG 2010, 141, 142.
1372 *Hopt*, in: GroßKommAktG, § 93 Rn. 297.

Geschäftsunterlagen, soll die Umkehr der Darlegungs- und Beweislast nach § 93 Abs. 2 Satz 2 AktG entfallen.[1373] Das ausgeschiedene Vorstandsmitglied darf die Unterlagen nur zur Rechtsverteidigung in einem gegen ihn gerichteten Schadensersatzprozess verwenden und unterliegt nach seinem Ausscheiden unverändert der Verschwiegenheitspflicht.

cc) *Verjährung*

Der Anspruch auf Schadensersatz wegen Verletzung des Vorstandsvertrages unterliegt den besonderen Haftungsvoraussetzungen des § 93 Abs. 4–6 AktG.[1374] Für die Verjährung anstellungsvertraglicher Ansprüche folgt daraus, dass nicht die dreijährige Regelverjährung gilt,[1375] sondern – in Abhängigkeit von der Börsennotierung der Gesellschaft – nach § 93 Abs. 6 AktG entweder die Fünf-Jahres-Frist oder die Zehn-Jahres-Frist anzuwenden ist. Diese durch das Banken-Restrukturierungsgesetz zum 15.12.2010 eingeführte Verlängerung der Verjährungsfrist gilt nach § 52a Abs. 1 KWG zudem (rechtsformunabhängig) für sämtliche Kreditinstitute.[1376] Danach verjähren Ansprüche gegen Geschäftsleiter aus Verletzung der Sorgfaltspflichten aus dem Organ- und Anstellungsverhältnis ebenfalls erst in zehn Jahren. **616**

Die Verlängerung der Verjährungsfrist gilt für alle Schadensersatzansprüche aus Sorgfaltspflichtverletzungen, die zum Zeitpunkt des Inkrafttretens des Banken-Restrukturierungsgesetz am 15.12.2010 entstanden und noch nicht verjährt waren (§ 24 EGAktG, § 52a Abs. 2 KWG). **617**

3. Gesetzliches Wettbewerbsverbot

a) Gegenstand und Anwendungsbereich

Vorstandsmitglieder unterliegen während ihrer Amtszeit dem gesetzlichen Wettbewerbsverbot nach § 88 AktG. Danach darf das Vorstandsmitglied ohne Einwilligung des Aufsichtsrats weder ein Handelsgewerbe betreiben noch im Geschäftszweig der Gesellschaft für eigene oder fremde Rechnung Geschäfte machen. Es darf ohne Einwilligung auch nicht Mitglied des Vorstands oder Geschäftsführer oder persönlich haftender Gesellschafter einer anderen Handelsgesellschaft sein. Durch das Wettbewerbsverbot geschützt sind grundsätzlich nur diejenigen Geschäftsfelder der Gesellschaft, in **618**

1373 *Hölters*, in: Hölters, AktG, § 93 Rn. 270.
1374 BGH ZIP 1989, 1390, 1390 (zu § 43 Abs. 4 GmbHG); *Thümmel*, Persönliche Haftung von Managern und Aufsichtsräten, Rn. 15; *Hopt*, in: GroßKommAktG, § 93 Rn. 21, 427.
1375 Zur Anpassung der Sonderverjährungsvorschriften an das System der Regelverjährung und die diesbezügliche Ausnahme der Verjährung aktienrechtlicher Organhaftungsansprüche siehe *Thiessen*, ZHR 168 (2004), 503, 537.
1376 Gesetz zur Restrukturierung und geordneten Abwicklung von Kreditinstituten, zur Errichtung eines Restrukturierungsfonds für Kreditinstitute und zur Verlängerung der Verjährungsfrist der aktienrechtlichen Organhaftung (Banken-Restrukturierungsgesetz) v. 15.12.2010, BGBl. I S. 1900.

denen sie tatsächlich Geschäfte macht.[1377] Das Verbot anderweitiger Organtätigkeit gilt indes ohne Rücksicht auf den Geschäftszweig der anderen Handelsgesellschaft.

619 Das Wettbewerbsverbot ist nach Sinn und Zweck nicht allein auf den Konkurrenzschutz beschränkt, sondern es will die Vorstandsmitglieder auch am anderweitigen Einsatz ihrer Arbeitskraft hindern und insoweit mittelbar die uneingeschränkte Loyalität gegenüber ihrer Gesellschaft fördern.[1378] Konkurrierende Vorstandsmitglieder verkörpern für ein Unternehmen deshalb eine besondere Gefahr, weil sie auf Grund ihrer unternehmensinternen Position und den daraus erlangten Informationen ihre Organstellung zu Lasten der Gesellschaft ausnutzen könnten. Unerheblich ist daher, ob der unzulässige Wettbewerb das Unternehmen tatsächlich schädigt und ob es finanziell überhaupt in der Lage gewesen wäre, ein bestimmtes Geschäft selbst wahrzunehmen.[1379] Das Vorstandsmitglied macht indes noch keine Geschäfte i. S. d. § 88 Abs. 1 Satz 1 AktG, wenn es eigenes Vermögen lediglich in Werte anlegt, mit denen auch die Gesellschaft handelt.[1380]

620 § 88 AktG ist eine abdingbare Schutzbestimmung, die abweichende Regelungen im Vorstandsvertrag grundsätzlich ermöglicht. Statthaft sind zunächst Einschränkungen der gesetzlich geregelten Verbotstatbestände.[1381] Die vollständige Abbedingung des gesetzlichen Wettbewerbsverbots im Anstellungsvertrag (sog. Blanketteinwilligung) ist unzulässig, da eine solche Vereinbarung den allgemeinen Sorgfaltsmaßstab nach § 93 Abs. 1 AktG modifizieren würde.[1382] Demgegenüber bestehen hinsichtlich einer vertraglichen Erweiterung des Konkurrenzschutzes keine Bedenken, sofern hierbei die Grenzen der Berufsfreiheit nach Art. 12 GG hinreichend beachtet werden.[1383]

621 In der Praxis finden sich häufig Regelungen zum Erwerb von Gesellschaftsanteilen an anderen Unternehmen wie etwa der vertraglich untersagte Anteilserwerb an konkurrierenden Gesellschaften. Der Einwilligung des Aufsichtsrats bedürfen danach Beteiligungsgeschäfte mit solchen Unternehmen, die mit der Gesellschaft oder einem mit ihr verbundenen Unternehmen im Wettbewerb stehen. Das gilt zudem auch für Beteiligungen an Unternehmen, die in wesentlichem Umfang Geschäftsbeziehungen zu der Gesellschaft oder einem mit ihr verbundenen Unternehmen unterhalten.

1377 OLG Frankfurt NZG 2000, 738, 739; RGZ 109, 355.
1378 BGH DStR 2002, 949; BGH 1997, 1053; *Haas/Holler*, DStR 2001, 1042, 1043; *Jäger*, DStR 1995, 724.
1379 BGH WM 1985, 1443, 1444; *Hopt*, in: GroßKommAktG, § 93 Rn. 171.
1380 BGH WM 1997, 1015, 1016 m. Anm. *Wilhelm*, EWiR 1997, § 88 AktG 1/97, 631.
1381 Siehe *Kort*, ZIP 2008, 717, 718.
1382 *Thümmel*, Persönliche Haftung von Managern und Aufsichtsräten, Rn. 103; *Armbrüster*, ZIP 1997, 1269, 1270.
1383 *Mertens*, in: KölnKommAktG, § 88 Rn. 7; *Fonk*, in: Semler/v. Schenck, ArbeitsHdB für Aufsichtsratsmitglieder, § 9 Rn. 94.

Darüber hinaus sollten Beteiligungen, die im Zeitpunkt des Vertragsschlusses bestehen, ausdrücklich im Anstellungsvertrag benannt oder hierfür zumindest eine Mitteilungspflicht vereinbart sein. Beteiligungen in Form rein privater Vermögensverwaltung sollten freilich aus dem vertraglich erweiterten Wettbewerbsverbot ausdrücklich ausgenommen werden.

Nach § 88 Abs. 1 Satz 3 AktG kann die Einwilligung des Aufsichtsrats nur für bestimmte Handelsgewerbe oder Handelsgesellschaften oder für bestimmte Arten von Konkurrenzgeschäften erteilt werden. Für die Einwilligung zuständig ist der Gesamtaufsichtsrat. Ein Ausschuss kann über die Einwilligung entscheiden, wenn das Plenum ihm diese Kompetenz wirksam übertragen hat. Der Aufsichtsrat/-ausschuss kann die konkurrierende Nebentätigkeit unwiderruflich oder widerruflich gestatten. Bei Regelungen im Anstellungsvertrag ist die Einwilligung grundsätzlich unwiderruflich, wenn sie nicht mit einem Widerrufsvorbehalt versehen oder bis zur Aufnahme der Tätigkeit widerrufen worden ist. Im Regelfall steht die Erteilung oder Versagung der Einwilligung im Belieben des Aufsichtsrats. Ausnahmsweise kann das Vorstandsmitglied die Erteilung der Zustimmung verlangen, etwa bei einer Gesellschaft ohne erwerbswirtschaftliche Zielsetzung oder bei nachträglicher Änderung des Unternehmensgegenstandes.[1384] **622**

b) Abgrenzung zu Corporate Opportunities

Wettbewerbsbeschränkungen können sich ferner aus der sog. Geschäftschancenlehre ergeben.[1385] Danach dürfen Vorstandsmitglieder solche Geschäftschancen ihrer Gesellschaft nicht an sich ziehen, an denen das Unternehmen auf Grund seiner Geschäftstätigkeit oder aus sonstigen Gründen ein konkretes Interesse hat *(Corporate Opportunities).*[1386] Stattdessen hat der Vorstand in Erfüllung seiner unteilbaren organschaftlichen Treuepflicht die *Corporate Opportunities* zu Gunsten der Gesellschaft wahrzunehmen.[1387] Der Deutsche Corporate Governance Kodex enthält für Vorstandsmitglieder in Ziff. 4.3.3 Satz 2 das ausdrückliche Verbot, bei ihren Entscheidungen persönliche Interessen zu verfolgen und dem Unternehmen zustehende Geschäftschancen für sich zu nutzen.[1388] *Corporate Opportunities* darf ein Vorstandsmitglied im eigenen Interesse nur ausüben, wenn der Aufsichtsrat entsprechend § 88 Abs. 1 AktG auf die Wahrnehmung der Geschäftschance verzichtet.[1389] Voraussetzung dafür ist, dass der Aufsichtsrat über mögliche Interessenkonflikte des Vorstandsmitglieds **623**

1384 Siehe *Thüsing,* in: Fleischer, HdB VorstandsR, § 4 Rn. 106; *Fleischer,* AG 2005, 336, 345.
1385 Ausführlich *Fleischer,* NZG 2003, 985.
1386 BGH NJW 1986, 585, 586; KG NZG 2001, 129; OLG Frankfurt GmbHR 1998, 376, 378; OLG Koblenz GmbHR 1995, 730; *Abeltshauser,* Leitungshaftung im Kapitalgesellschaftsrecht, S. 373 ff.
1387 *Hopt,* in: GroßKommAktG, § 93 Rn. 166; *Weisser,* Corporate Opportunies, S. 131 ff.
1388 Dazu *Ringleb,* in: Ringleb/Kremer/Lutter/v. Werder, Kommentar zum DCGK, Rn. 820.
1389 *Fleischer,* NZG 2003, 985, 987; *Merkt,* ZHR 159 (1995), 423, 445; für den GmbH-Geschäftsführer *Haas/Holler,* DStR 2001, 1042, 1043.

hinreichend Kenntnis hat. Ziff. 4.3.4 Satz 1 DCGK enthält daher die Empfehlung an den Vorstand, Interessenkonflikte dem Aufsichtsrat gegenüber unverzüglich offenzulegen und die anderen Vorstandsmitglieder hierüber zu informieren.

624 Wettbewerbsverbot und Geschäftschancenlehre unterscheiden sich in ihrer Geltungsdauer. Das gesetzliche Wettbewerbsverbot endet grundsätzlich mit der Beendigung der Organstellung und dem Ausscheiden aus der Gesellschaft.[1390] Insbesondere besteht keine Pflichtenbindung der Vorstandsmitglieder, nach ihrem Ausscheiden durch eigene geschäftliche Zurückhaltung wirtschaftliche Nachteile der Gesellschaft zu vermeiden. Das gilt selbst dann, wenn das Vorstandsmitglied die Abberufung durch sein Verhalten veranlasst hat.[1391] Ausnahmsweise kommt eine Fortwirkung des gesetzlichen Wettbewerbsverbots in Betracht, wenn die Bestellung zwar beendet ist, das Vorstandsmitglied aber tatsächlich seine Funktion weiter ausübt oder aber auf Grund des fortbestehenden Anstellungsvertrages weiterhin seine Vergütung bezieht.[1392] Bis zur regulären Beendigung des Anstellungsvertrages unterliegt das Vorstandsmitglied zudem schuldrechtlichen Unterlassungspflichten, die gleichsam dem Konkurrenzschutz der Gesellschaft dienen. Bei der Kündigung des Vorstandsvertrag mit/nach der Abberufung wirkt das organschaftliche Wettbewerbsverbot jedoch nicht mehr fort, selbst wenn das Vorstandsmitglied die Wirksamkeit der Kündigung bestreitet.[1393]

625 Demgegenüber sind Verwertungsverbote zum Schutz von *Corporate Opportunities* grundsätzlich nicht auf die Dauer der Bestellung beschränkt, sondern gelten in zeitlich begrenztem Umfang weiter.[1394] Die organschaftliche Treuebindung besteht insoweit fort, als die Vorstandsmitglieder die erzielten Geschäftsergebnisse aus ihrer Amtszeit nicht nachträglich aufheben dürfen.[1395] Während der Amtsdauer geschlossene, aber nicht vollzogene Verträge der Gesellschaft mit Dritten dürfen nach Beendigung der Bestellung nicht auf eigene Rechnung abgewickelt oder/und zu Lasten der Gesellschaft vereitelt werden.[1396] Nicht von der Treuebindung umfasst ist die Mit-

---

1390 BGH WM 1985, 1443; OLG Oldenburg NZG 2000, 1038, 1039; OLG Düsseldorf GmbHR 1999, 120, 121.
1391 Für den GmbH-Geschäftsführer OLG Frankfurt GmbHR 1998, 376, 379.
1392 OLG Frankfurt NZG 2000, 738, 739; OLG Oldenburg NZG 2000, 1038, 1039.
1393 OLG Frankfurt NZG 2000, 738, 739; *Thümmel*, Persönliche Haftung von Managern und Aufsichtsräten, Rn. 101; *Thüsing*, in: Fleischer, HDB VorstandsR, § 4 Rn. 86.
1394 *Hopt*, in: GroßKommAktG, § 93 Rn. 184; *Thüsing*, NZG 2004, 9, 14; *Merkt*, ZHR 159 (1995), 432, 450.
1395 BGH NJW 1986, 585, 586; OLG Oldenburg NZG 2000, 1038, 1039; OLG Frankfurt GmbHR 1998, 376, 379.
1396 OLG Oldenburg NZG 2000, 1038, 1039; OLG Frankfurt GmbHR 1998, 376, 379; *Hopt*, in: GroßKommAktG, § 93 Rn. 184.

nahme solcher Geschäftschancen, die das Vorstandsmitglied bereits vor Gründung der Gesellschaft wahrgenommen hat.[1397]

4. Nachvertragliches Wettbewerbsverbot

Nachvertragliche Wettbewerbsverbote können die Gesellschaft wirksam vor Konkurrenz durch ausgeschiedene Vorstandsmitglieder schützen. Grundsätzlich sind solche, die gewerbliche Betätigung beschränkenden Vereinbarungen zulässig, jedoch unterliegen sie nach Inhalt und Umfang besonders strengen Anforderungen.[1398]

626

a) Anwendbarkeit der §§ 74 ff. HGB

Auf gesellschaftsrechtliche Wettbewerbsverbote sind die § 74 ff. HGB nicht unmittelbar anwendbar.[1399] Die gesetzlichen Regelungen können aber auf Grundlage einer Klausel im Anstellungsvertrag Geltung erlangen.[1400] Ein pauschaler Verweis auf handelsrechtliche Vorschriften kann dabei zur Folge haben, dass sich beide Parteien auf eine sie begünstigende Regelung nur beschränkt oder gar nicht berufen können. Die betreffende Bestimmung kann nämlich bereits durch das vereinbarte Konkurrenzverbot abbedungen worden sein. Enthält die Wettbewerbsklausel lediglich einen ergänzenden Verweis auf die gesetzlichen Bestimmungen, gehen die vertraglichen Regelungen über das Wettbewerbsverbot den handelsrechtlichen Bestimmungen vor.

627

Treffen die Parteien keine Vereinbarung über die Anwendbarkeit der § 74 ff. HGB, entscheidet der Normzweck über den Geltungsbereich der Vorschriften.[1401] Entsprechend anzuwenden sind solche Regelungen, die dem Schutz und der Sicherung von Gesellschaftsinteressen dienen.[1402] Demnach kann die Gesellschaft das Vorstandsmitglied bei fehlender Verzichtsvereinbarung analog § 75a HGB aus einem nachvertraglichen Wettbewerbsverbot entlassen mit der Folge, dass sie von der Pflicht zur Zahlung einer

628

1397 BGH NJW 1998, 1225, 1226 (zur GmbH & Co. KG).
1398 BGH NZG 2002, 475, 476; BGHZ 91, 1, 5; OLG Oldenburg NZG 2000, 1038, 1039; OLG Köln NZG 2000, 740; OLG Köln BB 1997, 1328; OLG Düsseldorf WiB/NZG 1997, 84, 85; ausführlich *van Kann/Keiluweit*, BB 2010, 2050 ff.; *Thüsing*, NZG 2004, 9 ff.; *Kamanabrou*, ZGR 2002, 898, 899 ff.
1399 BGHZ 91, 1, 3 ff.; OLG Schleswig NZG 2000, 894; OLG Köln NZG 2000, 740, 741; OLG Düsseldorf WiB/NZG 1997, 84, 85; OLG Koblenz WM 1985, 1484, 1485.
1400 BGH NJW 1992, 1892, 1893; OLG Schleswig NZG 2000, 894; *Thüsing*, NZG 2004, 9; *Armbrüster*, ZIP 1997, 1269, 1271; zum konkludent vereinbarten Wettbewerbsverbot siehe BGH NJW-RR 1990, 226, 227.
1401 Für den GmbH-Geschäftsführer *Heidenhain*, NZG 2002, 605; *Heller*, GmbHR 2000, 371; *Bauer/Diller*, GmbHR 1999, 885, 886 f.; *Jäger*, DStR 1995, 724, 725.
1402 BGH NJW 1992, 1892, 1893; OLG Köln NZG 2000, 740, 741; OLG Düsseldorf GmbHR 1999, 120, 121.

Karenzentschädigung grundsätzlich frei wird.[1403] Nicht dem Konkurrenzschutz als besonderem Interesse der Gesellschaft dient nach ständiger Rechtsprechung des BGH die Anrechnung anderweitigen Erwerbs nach § 74c HGB, sodass eine analoge Anwendung der gesetzlichen Regelung insofern nicht möglich ist.[1404]

629 Soweit die § 74 ff. HGB soziale Schutzrechte enthalten, kommt eine Anwendung zu Gunsten der Vorstandsmitglieder bereits deshalb nicht in Betracht, weil diese Regelungen einem besonderen Abhängigkeitsverhältnis – welches zwischen Vorstandsmitglied und Gesellschaft nicht besteht – Rechnung tragen.[1405] Entgegen § 74 Abs. 2 HGB können Wettbewerbsverbote nach Ansicht der Rechtsprechung selbst dann wirksam sein, wenn das Vorstandsmitglied für die Dauer der verbotenen Konkurrenz keine Karenzentschädigung erhält.[1406]

b) Berechtigtes Interesse der Gesellschaft

630 Die Grenzen nachvertraglicher Wettbewerbsverbote bestimmen sich nach §§ 138, 242, 315 BGB.[1407] Bei der Konkretisierung dieser zivilrechtlichen Generalklauseln ist die Wertung der Art. 12 Abs. 1, 2 Abs. 1 GG zu beachten.[1408] Konkurrenzverbote müssen dem Schutz eines berechtigten Interesses der Gesellschaft dienen und dürfen weder die Berufsausübung noch sonstige wirtschaftliche Betätigungen der Vorstandsmitglieder unbillig erschweren.[1409] Fehlt der Gesellschaft bereits ein berechtigtes Interesse am nachvertraglichen Wettbewerbsverbot, wird dieser Nichtigkeitsgrund nicht durch eine (noch so hohe) Karenzentschädigung geheilt.[1410]

1403 Für den GmbH-Geschäftsführer BGH NJW 1992, 1892, 1893; BGH NJW-RR 1990, 1312; OLG Düsseldorf WiB/NZG 1997, 84, 85.
1404 BGH NZG 2008, 664; BGH NJW-RR 1991, 993 m. Anm. *Gagel* EWiR 1991, 625; a.A. OLG Celle GmbHR 1980, 32, 35; *Spindler*, in: MünchKommAktG, § 88 Rn. 54; *Fleischer*, in: Spindler/Stilz, AktG, § 88 Rn. 47; *Thüsing*, NZG 2004, 9, 12; *Jäger*, DStR 1995, 724, 729; *Bauer/Diller*, DB 1995, 1134, 1137.
1405 BGH NJW 1992, 1892, 1893; BGHZ 91, 1, 3; OLG Düsseldorf NZG 2000, 737; OLG Köln NZG 2000, 740, 741; OLG Schleswig NZG 2000, 894; a.A. *Bauer/Diller*, DB 1995, 1134, 1135; *Boemke*, ZfA 1998, 234.
1406 BGH NZG 2002, 475, 476; BGH NJW 1992, 1892, 1893; OLG Hamm ZIP 1988, 1254; OLG Karlsruhe GmbHR 1987, 309, 310; a.A. *Mertens*, in: KölnKommAktG, § 88 Rn. 27; *Hoffmann-Becking*, FS Quack, S. 273, 278.
1407 BGH NZG 2002, 475, 476; BGH DStR 1997, 1413, 1414; OLG Düsseldorf GmbHR 1999, 120, 121; *Spindler*, in: MünchKommAktG, § 88 Rn. 39; *Goette*, DStR 1998, 1137, 1139.
1408 BVerfG NJW 1990, 1469, 1470; BGHZ 91, 1, 5; OLG Celle NZG 2001, 131; OLG Düsseldorf NZG 2000, 737, 738; OLG Düsseldorf GmbHR 1999, 120, 121.
1409 BGH NZG 2002, 475, 476; BGHZ 91, 1, 7; OLG Oldenburg NZG 2000, 1038, 1039; OLG Düsseldorf NZG 2000, 737; OLG Düsseldorf GmbHR 1999, 120, 121; OLG Düsseldorf WiB/NZG 1997, 84, 85.
1410 Für den GmbH-Geschäftsführer: OLG Düsseldorf GmbHR 1999, 120, 122; OLG Düsseldorf DB 1990, 1960; OLG Hamm GmbHR 1988, 344, 345.

Kein berechtigtes und damit schutzwürdiges Interesse hat die Gesellschaft **631** daran, das ehemalige Vorstandsmitglied für eine gewisse Zeit nach Vertragsbeendigung als störenden Wettbewerber vollständig auszuschalten. Daher beschränken pauschale Konkurrenzschutzklauseln die berufliche Freiheit des Vorstandsmitglieds in unzulässiger Weise.[1411] Der Wettbewerb zwischen einem ehemaligen Vorstandsmitglied und der Gesellschaft wird häufig unausweichlich sein, denn der Stellenwechsel erfolgt meist innerhalb derselben Branche, da dort entsprechende fachliche Qualifikationen, Kenntnisse und Geschäftsbeziehungen nachgefragt werden.

Die Gesellschaft ist indes schutzwürdig, wenn das Konkurrenzverbot aus- **632** drücklich vor einer Verwertung ihr zustehender Unternehmenserfolge, Betriebs- oder Geschäftsgeheimnisse sowie vorhandener Lieferanten- und Kundenbeziehungen (sog. Mandantenschutzklausel) durch das Vorstandsmitglied schützen soll.[1412] Ein berechtigtes Interesse der Gesellschaft setzt demnach voraus, dass das Vorstandsmitglied auf Grund seiner Tätigkeit für das Unternehmen gewisse Kontakte knüpfen sowie interne Informationen erlangen kann und die herausgehobene Stellung als Vorstand es ihm ermöglicht, nach der Amtszeit mit der Gesellschaft auf eigene oder fremde Rechnung zu konkurrieren.[1413] Anzunehmen ist ein berechtigtes Interesse der Gesellschaft zudem bei Wettbewerbsbeschränkungen für die Geschäftsfelder anderer Unternehmen, sofern die Aktiengesellschaft hieran wesentlich beteiligt ist (konzernweites Wettbewerbsverbot). Allerdings muss das ehemalige Vorstandsmitglied dazu in der Lage gewesen sein, die Leitung der verbundenen Gesellschaft zu beeinflussen und auf betriebsinterne Informationen zuzugreifen.

c)   Umfang des Wettbewerbsverbots

aa)   Zeitliche, sachliche und räumliche Reichweite

Hat die Gesellschaft ein berechtigtes Interesse an dem nachvertraglichen **633** Wettbewerbsverbot, so kann dieses gleichwohl unverbindlich sein, wenn die Abwägung der beiderseitigen Interessen zu der Annahme führt, dass die Beschränkung der Berufsausübung und wirtschaftlichen Betätigung für das Vorstandsmitglied unbillig ist.[1414] Nachvertragliche Wettbewerbsverbote haben sich daher auf ein zeitlich, sachlich sowie räumlich zumutbares Maß

1411 OLG Hamm, ZIP 1988, 1254; OLG Düsseldorf NZG 2000, 737, 738; *Haas*, in: Michalski, GmbHG, § 43 Rn. 150; *Manger*, GmbHR 2001, 89, 91; großzügiger *Thüsing*, NZG 2004, 9, 10; *Kamanabrou*, ZGR 2002, 898, 900.
1412 Siehe Rechtsprechung zum GmbH-Geschäftsfüher: OLG Celle NZG 2001, 131, 132; OLG Düsseldorf GmbHR 1999, 120, 121; dazu *Haas*, in: Michalski, GmbHG, § 43 Rn. 148; *Kamanabrou*, ZGR 2002, 898, 900.
1413 BGH NZG 2002, 475, 476; OLG Düsseldorf GmbHR 1999, 120, 121; OLG Düsseldorf WiB/NZG 1997, 84, 85.
1414 BGH NZG 2002, 475, 476; OLG Oldenburg NZG 2000, 1038, 1039; OLG Düsseldorf NZG 2000, 737.

zu beschränken.[1415] Die Kriterien sind in der Gesamtschau und nicht isoliert zu betrachten.[1416] Maßgeblicher Beurteilungszeitpunkt ist nicht der Abschluss des Anstellungsvertrages, sondern der Zeitpunkt des Ausscheidens des Vorstandsmitglieds aus der Aktiengesellschaft.[1417]

634 Als zeitlich angemessen sind allein befristete Wettbewerbsverbote anzusehen, wobei der zulässige Zeitraum sich unter Berücksichtigung der sachlichen und räumlichen Reichweite bestimmt.[1418] Überwiegend als zulässig anerkannt sind zwei Jahre dauernde Verbote,[1419] da § 74a Abs. 1 Satz 3 HGB zumindest für die Interessenabwägung nach § 138 BGB Bedeutung erlangt.[1420] Ausnahmsweise sollen auch Höchstfristen von drei bis vier Jahren zulässig sein.[1421] Hierbei kann sich das nachvertragliche Wettbewerbsverbot auch auf die Zeit nach Pensionseintritt erstrecken. Ein unangemessen langes Wettbewerbsverbot ist dennoch meist entgegen § 139 BGB nicht nichtig, sondern – beschränkt auf die zulässigen Teile der getroffen Vereinbarung – wirksam.[1422]

635 Sachlich angemessen ist das Wettbewerbsverbot, wenn zwischen der vertraglich verbotenen Geschäftstätigkeit und den während der Bestellung erworbenen Kenntnissen ein unmittelbarer Zusammenhang besteht.[1423] Entscheidend hierfür sind der in der Satzung festgelegte und der tatsächlich verfolgte Unternehmensgegenstand sowie die während der Amtszeit konkret wahrgenommenen Aufgabenbereiche.[1424] Regelmäßig unzulässig sind pauschal formulierte Klauseln, die dem Vorstandsmitglied jedwede abhängige oder selbständige Tätigkeit in bestimmten Unternehmensbranchen verbieten.[1425] Hat die Regelung eine konkrete Wettbewerbssituation zum Gegenstand und/oder untersagt sie dem Vorstandsmitglied eine bestimmte Handlungsweise, ist das Wettbewerbsverbot in der Regel sachlich angemessen.[1426] Mandanten- und Kundenschutzklauseln sind daher eher zumutbar

---

1415 BGH NZG 2002, 475, 476; BGH DStR 1998, 1413, 1414; OLG Düsseldorf GmbHR 1999, 120, 121.
1416 *Thüsing*, NZG 2004, 9, 10; *Jäger*, DStR 1995, 724, 727; *Hoffmann-Becking*, FS Quack, S. 273, 277.
1417 OLG Celle NZG 2001, 131, 132; *Thüsing*, NZG 2004, 9, 13; *Jäger*, DStR 1995, 724, 726; a. A. *Hoffmann-Becking*, FS Quack, S. 273, 275.
1418 *Mertens*, in: KölnKommAktG, § 88 Rn. 28; *Hoffmann-Becking*, FS Quack, S. 273, 277.
1419 BGH NZG 2004, 35 (zum Gesellschafter einer Wirtschaftsprüfungsgesellschaft); BGH NJW 1994, 384, 385; BGH NJW-RR 1990, 226, 227; OLG Düsseldorf ZIP 1999, 311, 312.
1420 *Hoffmann-Becking*, FS Quack, S. 273, 277; *Jäger*, DStR 1995, 724, 726.
1421 *Hoffmann-Becking*, FS Quack, S. 273, 276; wohl auch *Thüsing*, NZG 2004, 9, 11 (größere Argumentationslast).
1422 Einzelheiten zur geltungserhaltenden Reduktion siehe Rn. 649 ff.
1423 OLG Düsseldorf GmbHR 1999, 120, 121; *Haas*, in: Michalski, GmbHG, § 43 Rn. 150.
1424 *Hüffer*, AktG, § 88 Rn. 10; *Jäger*, DStR 1995, 724, 727.
1425 OLG Düsseldorf NZG 2000, 737, 738; OLG Hamm, ZIP 1988, 1254; großzügiger *Thüsing*, NZG 2004, 9, 10; *Kamanabrou*, ZGR 2002, 898, 900.
1426 OLG Düsseldorf NZG 2000, 737, 738; OLG Oldenburg NZG 2000, 1038, 1039; OLG Hamm GmbHR 1988, 344, 345; *Manger*, GmbHR 2001, 89, 91; *Bauer/Diller*, GmbHR 1999, 885, 888 f.

als die Wettbewerbsbeschränkung im Rahmen einer Konkurrentenschutzklausel.[1427]

Die räumlichen Grenzen eines nachvertraglichen Wettbewerbsverbots können umso weiter gefasst werden, je weiter sich der Tätigkeitsbereich der Gesellschaft erstreckt. Was räumlich angemessen ist, bestimmt mithin der Markt, in dem die Gesellschaft bislang tätig war und in dem auch das Vorstandsmitglied noch tatsächlich Einfluss gewinnen kann.[1428] Hierbei wird entscheidend sein, in welchen Regionen, Bundesländern oder Staaten das Unternehmen in nicht unerheblicher Weise geschäftlich tätig ist und für welches Gebiet das Vorstandsmitglied im Rahmen der Geschäftsverteilung zuständig war.[1429] Problematisch sind über einzelne Staatsgrenzen hinausgehende Beschränkungen wie etwa europa- oder gar weltweite Wettbewerbsverbote. Diese werden in der Regel unzulässig sein.[1430] Andererseits ist ein derart weitreichender Konkurrenzschutz zumindest dann geboten und damit zulässig, wenn ein international agierendes Unternehmen tatsächlich in ganz Europa oder sogar global im Wettbewerb steht.[1431] Bei Sachverhalten mit Auslandsbezug stellt sich dann generell die Frage nach der Anwendbarkeit deutschen Rechts auf nachvertragliche Wettbewerbsverbote.[1432] 636

Die zeitliche, sachliche und räumliche Beschränkung des Konkurrenzschutzes ist auf Übergangsgeldvereinbarungen nicht übertragbar.[1433] Hierbei handelt es sich um freiwillige Versorgungszusagen in Form bedingter Wettbewerbsverbote,[1434] die nachvertragliche Übergangsleistungen davon abhängig machen, dass das Vorstandsmitglied jede ungenehmigte Konkurrenztätigkeit unterlässt. 637

bb) Kartellrechtliche Schranken

Ein nachvertragliches Wettbewerbsverbot kann gegen Kartellrecht verstoßen, wenn das Vorstandsmitglied durch die Klausel in seiner selbständigen unternehmerischen Betätigung beeinträchtigt wird.[1435] Das ehemalige Vorstandsmitglied handelt grundsätzlich als potenzielles Unternehmen und unterliegt damit immer dann dem Anwendungsbereich des § 1 GWB, wenn 638

1427 *Haas*, in: Michalski, GmbHG, § 43 Rn. 150; *Thüsing*, NZG 2004, 9, 10.
1428 OLG Hamm GmbHR 1988, 344, 345; *Bauer/Diller*, GmbHR 1999, 885, 889; *Jäger*, DStR 1995, 724, 726.
1429 OLG Celle NZG 2001, 131, 132; *Heller*, GmbHR 2000, 371, 372.
1430 *Hüffer*, AktG, § 88 Rn. 10; *Haas*, in: Michalski, GmbHG, § 43 Rn. 150.
1431 OLG Celle NZG 2001, 131, 132 (für Benelux-Staaten); *Thüsing*, NZG 2004, 9, 11.
1432 Ausführlich zu IPR-Problemen im Zusammenhang mit nachvertraglichen Wettbewerbsverboten vgl. *Thomas/Weidmann*, DB 2004, 2694.
1433 BGH AG 2001, 46 m.Anm. *Zimmermann*, EWiR 2001, 561; *Spindler*, in: MünchKomm-AktG, § 88 Rn. 50; *Hirte*, NJW 2003, 1090, 1096.
1434 Einzelheiten zu bedingten Wettbewerbsverboten siehe Rn. 644.
1435 *Armbrüster*, ZIP 1997, 1269, 1271; *Jäger*, DStR 1995, 724, 726; *Beuthin*, ZHR 142 (1978), 259.

das nachvertragliche Wettbewerbsverbot geeignet ist, die Marktverhältnisse zu beeinflussen.[1436] Anzuwenden sind hierbei dieselben Grundsätze wie bei Wettbewerbsbeschränkungen im Rahmen von Unternehmenskaufverträgen.[1437] Danach sind nachvertragliche Wettbewerbsverbote nach § 1 GWB unwirksam und nichtig, wenn die Beschränkung den freien Wettbewerb zwar ermöglichen soll, dafür aber ein anzuerkennendes Interesse der Gesellschaft nicht besteht.[1438] Die kartellrechtlichen Grenzen für zulässige Wettbewerbsverbote entsprechen damit den Wirksamkeitserfordernissen nach §§ 138, 242, 315 BGB (zeitliche, sachliche und räumliche Reichweite).

639 Neben dem deutschen kann zudem auch europäisches Kartellrecht (Art. 81 EGV) anwendbar sein.[1439] Zulässigkeitsvoraussetzung ist wiederum die Beschränkung des nachvertraglichen Wettbewerbsverbots auf das objektiv erforderliche Mindestmaß.

d) Höhe der Karenzentschädigung

640 Ständiger Rechtsprechung zufolge sind Wettbewerbsverbote in Form von Kunden- bzw. Mandantenschutzklauseln nicht bereits deswegen unzulässig, weil keine ausdrückliche Regelung über Entschädigungszahlungen im Karenzzeitraum getroffen worden sind.[1440] Soweit dem widersprochen wird,[1441] stellt sich die Frage nach der angemessenen Höhe der Karenzentschädigung. Als Berechnungsgrundlage kommt die jeweilige sachliche, örtliche und zeitliche Reichweite des Wettbewerbsverbots in Betracht. In der Praxis häufig anzutreffen ist eine an § 74 Abs. 2 HGB angelehnte Regelung, wonach dem Vorstandsmitglied mindestens die Hälfte seiner zuletzt bezogenen Vergütung zu zahlen ist. Dagegen findet § 74 Abs. 2 HGB ohne allgemeine vertragliche Bezugnahme auf die gesetzlichen Bestimmungen keine entsprechende Anwendung, da dem Vorstandsmitglied hierfür die soziale Schutzbedürftigkeit fehlt.[1442]

641 Eine Beschränkung der Karenzentschädigung auf die fixen Bezüge kommt nur in Betracht, wenn die variablen Vergütungsbestandteile (Aktienoptionen, Tantieme) nicht den überwiegenden Anteil der Vorstandsbezüge darstellen.[1443] Ansonsten sollte die gesetzliche 50 %-Regel nach § 74 Abs. 2 HGB als Obergrenze verstanden werden, von der umso eher (nach oben)

1436 Ausführlich *Spindler*, in: MünchKommAktG, § 88 Rn. 51.
1437 *Ulmer*, in: GroßkommHGB, § 113 Rn. 48; *Hirte*, ZHR 154 (1990), 443, 461.
1438 BGH ZIP 1998, 1159, 1161; BGH ZIP 1988, 1080, 1081; *Armbrüster*, ZIP 1997, 1269, 1271.
1439 Ausführlich *Pelster*, Wettbewerbsverbote in Unternehmensveräußerungsverträgen nach EG-Recht, 1992.
1440 BGH NZG 2002, 475, 476; BGH NJW 1992, 1892; OLG Düsseldorf NZG 2000, 737; OLG Düsseldorf WiB/NZG 1997, 84, 86.
1441 *Wiesner*, in: MünchHdB GesR AG, § 21 Rn. 67; *Thüsing*, in: Fleischer, HdB VorstandsR, § 4 Rn. 117; *Hoffmann-Becking*, FS Quack, S. 273, 278.
1442 *Thüsing*, NZG 2004, 9, 12; *Bauer/Diller*, BB 1995, 1134, 1136.
1443 *Spindler*, in: MünchKommAktG, § 88 Rn. 53; *Jäger*, DStR 1995, 724, 728; *Bauer/Diller*, BB 1995, 1134, 1136.

abgewichen werden kann, je einschneidender das Wettbewerbsverbot gefasst ist. Daher ist die Karenzentschädigung im Zweifel eher großzügig zu bemessen, insbesondere wenn nach dem Ausscheiden aus dem Amt andere Leistungen (z. B. Abfindungen, Übergangsgelder) als Entschädigung den nach §§ 138, 242 BGB geforderten Ausgleich gewährleisten sollen.[1444] Angemessene Ruhegeldzahlungen rechtfertigen weder ein nachvertragliches Wettbewerbsverbot noch können sie eine Karenzentschädigung ersetzen. Der Anspruch auf betriebliche Altersversorgung kompensiert nämlich bereits erbrachte Dienste, nicht aber künftige Wettbewerbsbeschränkungen.[1445]

Die Anrechnung anderweitiger Verdienste des ausgeschiedenen Vorstandsmitglieds auf die Karenzentschädigung setzt eine vertragliche Regelung voraus. Fehlt eine derartige Anrechnungsklausel, lehnt die Rechtsprechung eine entsprechende Anwendung des § 74c HGB ab.[1446] Kapitalerträge und Gesellschafterbeteiligungen sowie während der Amtszeit erdiente Versorgungsansprüche sind dagegen generell nur auf Grundlage einer ausdrücklichen Vereinbarung anrechnungsfähig.[1447] 642

Die Karenzentschädigung unterliegt als Arbeitslohn dem Lohnsteuerabzug. Erfolgt die Zahlung der Entschädigung in einer Summe, kann ein nach §§ 34, 24 Nr. 1a EStG ermäßigter Steuersatz zur Anwendung kommen, der sich durch rechnerische Verteilung der zusammengeballten Einkünfte auf fünf Jahre ergibt.[1448] 643

e) Bedingtes Verbot und späterer Verzicht

Ein bedingtes Wettbewerbsverbot berechtigt die Gesellschaft dazu, sich die Entscheidung über die Inanspruchnahme eines nachvertraglichen Konkurrenzschutzes vorzubehalten. Danach kann das Unternehmen bis zur Beendigung der Tätigkeit eine bereits vereinbarte Wettbewerbsbeschränkung einseitig aufgeben (auflösende Bedingung) oder dem Vorstandsmitglied bestimmte Konkurrenztätigkeiten einseitig verbieten (aufschiebende Bedingung). Das bedingte Wettbewerbsverbot kann aber auch vorsehen, dass das ausgeschiedene Vorstandsmitglied eine Konkurrenztätigkeit nur mit Zustimmung der Gesellschaft aufnehmen darf. 644

Damit vergleichbar sind Regelungen, wonach sich die Gesellschaft vorbehält, sowohl vor als auch nach Beendigung des Anstellungsvertrages auf das Wettbewerbsverbot zu verzichten. Für die Gesellschaft haben solche 645

1444 Ausführlich *Thüsing*, NZG 2004, 9, 12.
1445 *Mertens*, in: KölnKommAktG, § 88 Rn. 10; *Spindler*, in: MünchKommAktG, § 88 Rn. 53.
1446 BGH NJW-RR, 1991, 993; a. A. *Wiesner*, in: MünchHdB GesR AG, § 21 Rn. 67; *Thüsing*, NZG 2004, 9, 12; *Schnelle*, GmbHR 2000, 599, 601.
1447 *Thüsing*, NZG 2004, 9, 12; gegen eine Anrechnung *Spindler*, in: MünchKommAktG, § 88 Rn. 39.
1448 Einzelheiten zur sog. Fünftel-Regelung siehe Rn. 770 ff.

Vereinbarungen den Vorteil, dass mit dem Verzicht auf den Konkurrenzschutz gleichsam die Pflicht zur Karenzentschädigung entfällt. Allerdings ist die Zulässigkeit eines erst nachvertraglich erklärten Verzichts umstritten und höchstrichterlich noch nicht entschieden.[1449] Bei fehlender Verzichtsregelung soll § 75a HGB analog anzunehmen sein, dass die Gesellschaft grundsätzlich auch nach Vertragsende auf Konkurrenzschutz wirksam verzichten kann.[1450]

646 Bei einem nach Beendigung des Anstellungsvertrages erklärten Verzicht auf das Wettbewerbsverbot hat die Gesellschaft eine Karenzentschädigung für eine angemessene Frist weiter zu zahlen.[1451] Generell lässt sich diese Anpassungsfrist nicht bestimmen. Nach der Rechtsprechung des BGH entfällt die Entschädigungspflicht jedenfalls dann nicht, wenn nach einer ordentlichen Kündigung des Anstellungsvertrages der Verzicht erst zu einem Zeitpunkt erklärt wird, in dem sich das Vorstandsmitglied unter Einhaltung der vereinbarten Wettbewerbsbeschränkungen auf eine neue berufliche Tätigkeit eingerichtet hat.[1452] Demzufolge entfällt die Pflicht zur Weiterzahlung der Karenzentschädigung erst nach Ablauf einer der (ordentlichen) Kündigungsfrist entsprechenden Dispositionsfrist des Geschäftsleiters.[1453] Umgekehrt folgt daraus, dass der Verzicht spätestens mit Kündigung des Anstellungsvertrags ausgesprochen werden muss – mag diese Frist auch nur kurz sein; dann jedenfalls entfällt jeglicher Anspruch auf Karenzentschädigung.[1454] Ferner hat die Gesellschaft eine angemessene Erklärungsfrist einzuhalten, in der dem ausgeschiedenen Vorstandsmitglied die Entscheidung für oder gegen die Zulassung der Konkurrenztätigkeit mitzuteilen ist.[1455] Im besonderen Ausnahmefall soll die Karenzentschädigung fristlos entfallen, wenn der Verzicht mit Erreichen des 65. Lebensjahres ausgesprochen wird.[1456]

1449 Für den GmbH-Geschäftsführer vgl. OLG München GmbHR 2010, 1031; OLG Düsseldorf WiB/NZG 1997, 84, 85 m. Anm. *Reinersdorff*; ablehnend LG Frankfurt GmbHR 1994, 803, 804 (Verzicht nur *vor* Vertragsbeendigung).
1450 Für den GmbH-Geschäftsführer OLG München GmbHR 2010, 1031; OLG Düsseldorf WiB/NZG 1997, 84, 85; für den AG-Vorstand *Spindler*, in: MünchKommAktG, § 88 Rn. 53; *Thüsing*, in: Fleischer, HdB VorstandsR, § 4 Rn. 116; *Hoffmann-Becking* FS Quack S. 273, 281 f.
1451 BGH NZG 2002, 475, 476; OLG München GmbHR 2010, 1031; OLG Düsseldorf WiB/NZG 1997, 84, 85; *Bauer/Diller*, BB 1995, 1134, 1140; *Jäger*, DStR 1995, 724, 729; a. A. *Hoffmann-Becking*, FS Quack, S. 273, 281 (sofortige Befreiung).
1452 BGH NZG 2002, 475, 476 m. Anm. *Heidenhain*, NZG 2002, 605 und *Goette*, DStR 2002, 736; a. A. OLG Köln NZG 2000, 740, 741 (Vorinstanz).
1453 BGH NZG 2002, 475, 476; OLG München GmbHR 2010, 1031, 1032; siehe auch OLG Düsseldorf WiB/NZG 1997, 84, 85 (Drei-Monatsfrist) m. Anm. *Finken*, EWiR § 75a HGB 1/97, 119; BGH WM 1992, 65 (Ein-Jahres-Frist entsprechend § 75a HGB bei Verzicht vor Beendigung des Anstellungsvertrages).
1454 *Thüsing*, NZG 2004, 9, 11.
1455 *Thüsing*, NZG 2004, 9, 11 (höchstens vier Wochen); *Jäger*, DStR, 1995, 724, 729.
1456 Kritisch *Thüsing*, NZG 2004, 9, 11.

f) Lossagen vom Wettbewerbsverbot

Das Vorstandsmitglied kann sich entsprechend § 75 HGB seinerseits durch schriftliche Erklärung vom nachvertraglichen Wettbewerbsverbot einseitig lossagen, wenn die Gesellschaft durch eigenes vertragswidriges Verhalten die Beendigung des Anstellungsvertrages veranlasst hat.[1457] Ein nachvertraglicher Konkurrenzschutz setzt mithin stets voraus, dass die Gesellschaft selbst vertragstreu gewesen ist. Daran ändert auch § 314 BGB nichts, denn diese Regelung beinhaltet eine in die Zukunft wirkende Kündigung aus wichtigem Grund, während das Lossagen vom Wettbewerbsverbot wegen rechtsmissbräuchlichen Verhaltens rückwirkend greift.[1458] Ein Lossagen von der Wettbewerbsklausel kommt ferner in Betracht, wenn die Gesellschaft mit der Zahlung der Karenzentschädigung mehrfach in Verzug geraten ist. 647

Kein zwingend ausreichender Grund für eine einseitige Auflösung der Wettbewerbsvereinbarung sind gravierende Änderungen der persönlichen und/oder beruflichen Umstände des Vorstandsmitglieds. Die zumeist geschuldete Karenzentschädigung dient schließlich dem Ausgleich der durch das Konkurrenzverbot herbeigeführten Beschränkungen. Bei gänzlich unerwarteten Fehlentwicklungen mag eine unzumutbare Beeinträchtigung des beruflichen Fortkommens anzunehmen sein, weshalb in derartigen Ausnahmefällen in Ansehung des § 314 BGB ein Lösungsrecht seitens des Vorstandsmitglieds in Betracht kommen kann.[1459] Das freilich setzt voraus, dass der Zeitpunkt des Ausscheidens aus dem Amt und nicht der des Vertragsschlusses als maßgebender Beurteilungszeitpunkt herangezogen wird. 648

g) Geltungserhaltende Reduktion

Eine geltungserhaltende Reduktion eines (teilweise) unzulässigen Wettbewerbsverbots kommt nur dann in Betracht, wenn nach dem Willen der Parteien die Klausel in mehrere voneinander unabhängige Teile zerlegt werden kann.[1460] Anzunehmen ist eine solche Aufteilung hinsichtlich der zeitlichen Reichweite. Bei entsprechendem Parteiwillen gilt statt einer überlangen zeitlichen Bindung eine kürzere, angemessene Laufzeit des Konkurrenzschutzes als vereinbart.[1461] Ausgeschlossen indes ist die geltungserhaltende Reduktion, wenn neben der zeitlichen auch die sachliche Komponente des Wettbewerbsverbots unangemessen weit ist oder aber eine an sich 649

1457 OLG Schleswig NZG 2000, 894; OLG Celle GmbHR 1980, 32, 36.
1458 *Spindler*, in: MünchKommAktG, § 88 Rn. 55; a.A. *Bauer/Diller*, NJW 2002, 1609, 1612.
1459 *Thüsing*, NZG 2004, 9, 13; *Spindler*, in: MünchKommAktG, § 88 Rn. 55.
1460 OLG Düsseldorf GmbHR 1999, 120, 122; *Haas*, in: Michalski, GmbHG, § 43 Rn. 151; *Kamanabrou*, ZGR 2002, 898, 914.
1461 BGH DStR 2000, 1021, 1023; BGH DStR 1997, 1413; OLG Düsseldorf GmbHR 1999, 120, 122.

erforderliche Karenzentschädigung nicht gezahlt wird.[1462] Ebenso wenig gelangt § 140 BGB in diesen Fällen zur Anwendung, da die Sittenwidrigkeit sich auf den gesamten Inhalt des Wettbewerbsverbots erstreckt und damit eine Umdeutung ausgeschlossen ist.[1463]

650 Bei lediglich zu niedrig bemessener Karenzentschädigung hat das Vorstandsmitglied die Möglichkeit, die Wettbewerbsklausel trotz ihrer Nichtigkeit als wirksam zu behandeln, um eine Entschädigungszahlung in angemessener Höhe zu beanspruchen.[1464] Das gilt gleichfalls für bedingte Wettbewerbsverbote. Das Vorstandsmitglied kann ferner bei einer überlangen zeitlichen Bindung die gesamte Wettbewerbsvereinbarung als wirksam anerkennen und für den Zeitraum, in dem unzulässigerweise eine Konkurrenz verboten wurde, den Wettbewerb mit der Gesellschaft unterlassen, um die vereinbarte Karenzentschädigung zu verlangen.[1465]

651 Die Wettbewerbsvereinbarung sollte stets eine salvatorische Klausel enthalten, obgleich ihr Nutzen begrenzt ist, da sie die gesetzlich vorgesehenen Rechtsfolgen nicht aufheben kann. Die Klausel ändert lediglich die Verteilung der Darlegungs- und Beweislast und wandelt die Nichtigkeitsvermutung des § 139 BGB ins Gegenteil.[1466] Ferner führen salvatorische Klauseln nicht zu einer eigenständigen geltungserhaltenden Reduktion des (teilwirksamen) Wettbewerbsverbots.[1467]

h) Rechtsfolgen bei unzulässigem Wettbewerb

652 Bei einem schuldhaften Verstoß gegen das nachvertragliche Wettbewerbsverbot kann die Gesellschaft Unterlassung und Schadensersatz verlangen, zudem sind aus Konkurrenzgeschäften erlangte Vorteile nach Maßgabe der §§ 687 Abs. 2, 681, 667 BGB herauszugeben.[1468] Im Gegensatz zum gesetzlichen Wettbewerbsverbot nach § 88 AktG hat die Gesellschaft beim nachvertraglichen Wettbewerbsverbot aber kein Eintrittsrecht. Ohne besondere Vereinbarung kann das Vorstandsmitglied im Fall des unzulässigen Wettbewerbs seinen Abfindungsanspruch, nicht jedoch den Anspruch auf das Ruhegeld verlieren.[1469]

653 Sanktioniert wird der Verstoß gegen ein nachvertragliches Wettbewerbsverbot häufig durch entsprechend vereinbarte Vertragsstrafen. Die Pflicht zur Strafzahlung knüpft allein an objektiv verbotswidrige Konkurrenzge-

---

1462 BGH DStR 1997, 1413, 1414; BGH NJW 2000, 2584, 2585; BGH NJW 1986, 2944, 2945.
1463 BGH GmbHR 1991, 15, 17; OLG Düsseldorf GmbHR 1999, 120, 122; OLG Hamm GmbHR 1988, 344, 346; Umdeutung im Einzelfall bejahend *Kamanabrou*, ZGR 2002, 898, 926.
1464 OLG Stuttgart BB 1980, 527; kritisch *Hoffmann-Becking*, FS Quack, S. 273, 281.
1465 Näher *Thüsing*, NZG 2004, 9, 14.
1466 BGH ZIP 2003, 126; BGH WM 1996, 22; *Steinbeck/Menke*, DStR 2003, 940, 942; *Bauer/Krets*, DB 2003, 811.
1467 *Spindler*, in: MünchKommAktG, § 88 Rn. 47.
1468 *Thüsing*, NZG 2004, 9, 14; *Jäger*, DStR 1995, 724, 730.
1469 BGH WM 1983, 170; *Hoffmann-Becking*, FS Quack, S. 273, 282 ff.

schäfte, ohne dass die Gesellschaft darüber hinaus den Eintritt und Umfang eines konkreten Schadens beweisen müsste.[1470] Die Strafabrede sollte eine Schadensschätzung enthalten, aus der sich die finanziellen Auswirkungen der Beachtung wie auch der Verletzung des Wettbewerbsverbots ergeben. Prüfungsmaßstab dafür ist wiederum § 138 BGB i. V. m. Art. 12 GG; unangemessen hohe Vertragsstrafen können nach § 343 BGB herabgesetzt werden.[1471] Missachtet das Vorstandsmitglied fortdauernd das nachvertragliche Wettbewerbsverbot, kann bei entsprechender Vereinbarung die Vertragsstrafe monatlich neu verwirkt sein. Im Fall vertraglich zugesagter Pensionsleistungen und/oder Übergangszahlungen empfiehlt sich die Regelung, dass der Anspruch für die Dauer der Zuwiderhandlung ausgesetzt ist.

5. Dienstzeiten, Nebentätigkeit und Umsetzung

a) Dienstzeiten

Auf Grund der organschaftlichen Pflichtenbindung hat das Vorstandsmitglied seine Arbeitskraft, Kenntnisse und Fähigkeiten vorbehaltlos für die Gesellschaft einzusetzen.[1472] In welchem Umfang die Arbeitsleistung zu erbringen ist, richtet sich nach dem Unternehmensgegenstand, der Branche, dem Geschäftsumfang sowie der wirtschaftlichen Lage der Aktiengesellschaft. Über die Einhaltung bestimmter Arbeitszeiten ist damit aber noch nichts gesagt. Ohne ausdrückliche Vereinbarung im Anstellungsvertrag entscheidet grundsätzlich das Vorstandsmitglied selbst, wann und wie lange es seiner Pflicht zur Unternehmensleitung nachkommt.[1473] Bestehen vertragliche Regelungen über feste Dienstzeiten, hat das Vorstandsmitglied diese einzuhalten.[1474] Arbeitszeitrechtliche Vorschriften bleiben hierbei unanwendbar. Vielmehr können wichtige Belange der Gesellschaft außergewöhnlichen Einsatz erfordern, selbst wenn dafür keine ausdrückliche vertragliche Regelung besteht. Das Vorstandsmitglied kann mithin verpflichtet sein, erforderliche Überstunden abzuleisten oder seinen Urlaub nicht anzutreten bzw. vorzeitig wieder abzubrechen.[1475] Zusätzliche Vergütung kann dafür nur verlangt werden, wenn der Anstellungsvertrag eine entsprechende Regelung enthält. Anderenfalls sind (gewöhnliche) Arbeitsbelastungen über den zeitlich üblichen Umfang hinaus grundsätzlich mit abgegolten.[1476]

654

1470 BGH NJW-RR 1988, 352, 353; *Hüffer*, AktG, § 88 Rn. 10; *Hopt*, in: Baumbach/Duden/Hopt, HGB, § 75c Rn. 1; *Jäger*, DStR 1995, 724, 730.
1471 OLG Oldenburg NZG 2000, 1038, 1039; *Jäger*, DStR 1995, 724, 730.
1472 *Hopt*, in: GroßKommAktG, § 93 Rn. 156; *Mertens*, in: KölnKommAktG, § 93 Rn. 58.
1473 BGH NJW 1988, 420; *Konzen*, NJW 1989, 2977, 2978.
1474 BGHZ 43, 384, 385 ff.; BGH ZIP 1988, 568, 569 m. Anm. *Baums*.
1475 *Hopt*, in: GroßKommAktG, § 93 Rn. 156; *Mertens*, in: KölnKommAktG, § 93 Rn. 58.
1476 Einzelheiten zur Gewährung einmaliger Anerkennungsprämien siehe Rn. 455 ff.

655 Die vertragliche Festlegung einer Residenzpflicht ist ohne besonderen Anlass nicht erforderlich. Mit Blick auf die erhebliche Arbeitsbelastung, Repräsentationspflichten und anderweitige zeitintensive Beanspruchung nehmen die Vorstandsmitglieder meist bereits im eigenen Interesse ihren Wohnsitz am Sitz der Gesellschaft oder zumindest in unmittelbarer Nähe.

b) Nebentätigkeit

aa) Amtsbezogene Funktionen

656 Die Vorstandsmitglieder übernehmen während der Amtszeit meist zusätzlich verschiedene anderweitige Mandate und Funktionen. Die Übernahme dieser Aufgaben kann auf Wunsch und im Interesse der Gesellschaft oder aber (auch) auf Grund eigennütziger Motive des Vorstandsmitglieds erfolgen, wobei die Grenzen zwischen beiden Beweggründen fließend sind. Nebentätigkeiten im sozialen, kulturellen und verbandspolitischen Bereich sind in der Regel im Interesse der Gesellschaft, denn diese braucht die öffentliche Wahrnehmung und Akzeptanz als *Good Corporate Citizen*, um ihre Geschäftsziele zu erreichen und langfristig wirtschaftlich erfolgreich zu sein.[1477]

657 Ebenso kann die Gesellschaft daran interessiert sein, dass das Vorstandsmitglied einer Konzerngesellschaft zugleich Vorstands- oder Aufsichtsratsmitglied eines verbundenen Unternehmens ist. Für diese Fallgruppen sollte die Mandatsübernahme und Ausübung der Nebentätigkeit im Anstellungsvertrag festgeschrieben werden. Das ist insbesondere dann notwendig, wenn die Vergütung aus diesen Nebentätigkeiten an die Gesellschaft abgeführt werden muss.[1478]

bb) Zustimmungsvorbehalt

658 Die Übernahme einer beruflichen Nebentätigkeit sollte grundsätzlich der vorherigen Zustimmung des Aufsichtsrats bedürfen, denn durch die Ausübung zusätzlicher Ämter und Funktionen besteht die Gefahr, dass das Vorstandsmitglied seine Leitungsaufgaben vernachlässigt oder in Interessenkonflikte gerät. Dementsprechend treffen die Vertragsparteien häufig die Vereinbarung, dass amtsbezogene ebenso wie gesellschafts- und konzernfremde Aufgaben und Tätigkeiten (z. B. Gutachten, Vorträge, Veröffentlichungen) nur nach Einwilligung des Aufsichtsrats übernommen werden dürfen.[1479] Fehlt eine solche vertragliche Regelung, folgt aus der organschaftlichen Treuebindung des Vorstandsmitglieds zumindest eine Anzeigepflicht hinsichtlich der beabsichtigten Nebentätigkeit. Der Deutsche Cor-

---

1477 Instruktiv *ManagerMagazin*, 06/2003, S. 117: „Corporate Citizen: Deutschlands Konzerne versuchen sich als gute Bürger zu profilieren".
1478 Ausführlich *Semler*, FS Budde, S. 599, 608.
1479 Zur Regelung dieser Fragen in der Geschäftsordnung und Satzung siehe *Lutter*, ZHR 166 (2002), 523, 537.

porate Governance Kodex enthält in Ziff. 4.3.5 DCGK die Empfehlung, dass Nebentätigkeiten und insbesondere Aufsichtsratsmandate außerhalb des Unternehmens vom Vorstandsmitglied nur mit Zustimmung des Aufsichtsrats ausgeübt werden sollen. Nach Ziff. 5.4.5 DCGK sollen zudem insgesamt nicht mehr als drei Aufsichtsratsmandate in konzernexternen börsennotierten Gesellschaften wahrgenommen werden.

Der Zustimmungsvorbehalt umfasst in der Regel jede entgeltliche oder unentgeltliche dienstliche oder außerdienstliche Nebentätigkeit der Vorstandsmitglieder. Derart weitreichende Formulierungen können in einem Rechtsstreit problematisch sein. Das Vorstandsmitglied hat zwar auf Grund seiner Organstellung grundsätzlich die Pflicht, sich loyal für die Belange der Gesellschaft einzusetzen und seine Arbeitskraft vollumfänglich in den Dienst des Unternehmens zu stellen. Begrenzt wird die Loyalitätsbindung – und damit auch der anstellungsvertragliche Pflichtenkatalog – aber dort, wo der verfassungsrechtlich garantierte Schutz der Privatsphäre und das Recht auf freie Entfaltung der Persönlichkeit beginnt. Dementsprechend ist eine vertraglich vereinbarte Zustimmungspflicht für Nebentätigkeiten dahin gehend verfassungskonform und damit restriktiv auszulegen, dass nur solche Tätigkeiten der Einwilligung des Aufsichtsrats bedürfen, durch die das Vorstandsmitglied in der Erfüllung seiner gegenüber dem Unternehmen geschuldeten Dienste beeinträchtigt wird.[1480] Voraussetzung für die Verweigerung der Zustimmung ist mithin eine Beeinträchtigung der Amtsführung oder sonstiger berechtigter Belange der Gesellschaft. Das folgt – auch ohne anstellungsvertragliche Regelung – aus § 315 BGB. Welche Funktionen und Aufgaben hiernach zustimmungspflichtig sind, lässt sich nur im Einzelfall ermitteln.

659

Im Anstellungsvertrag sollte die Möglichkeit eines jederzeitigen schriftlichen Widerrufs der erteilten Zustimmung ausdrücklich vereinbart sein. Verletzt das Vorstandsmitglied wegen unzulässiger Nebentätigkeiten seine kraft Organstellung und Anstellungsvertrag bestehenden Pflichten, berechnet sich der Mindestschaden der Gesellschaft nach dem Ausfall der nicht erbrachten Vorstandstätigkeit. Die Schadenshöhe ergibt sich aus dem marktüblichen Preis für entsprechende Dienste.[1481] Für den Fall des Ausscheidens aus dem Vorstandsamt empfiehlt sich die Regelung, dass das Vorstandsmitglied zur Niederlegung sämtlicher im Interesse der Gesellschaft übernommenen Ämter und Funktionen mit Beendigung der Bestellung verpflichtet ist.

660

1480 OLG Frankfurt NZG 2000, 738, 739; *Mertens*, in: KölnKommAktG, § 88 Rn. 2.
1481 Für den GmbH-Geschäftsführer BGH ZIP 1988, 568, 570; *Schneider*, in: Scholz, GmbHG, § 43 Rn. 94.

cc) Politische Tätigkeit

661 Gesellschaftspolitisches Engagement rechtfertigt grundsätzlich keine Vernachlässigung der Vorstandspflichten.[1482] Daher kann eine politische Tätigkeit zur Entlassung aus dem Amt und Kündigung des Anstellungsvertrages führen, wenn der Gesellschaft auf Grund der Betätigung die Arbeitskraft des Vorstandsmitglieds in erheblichem Maße entzogen wird. Allerdings darf ein Vorstandsmitglied nicht daran gehindert werden, ein Bundestagsmandat zu übernehmen und auszuüben, vgl. Art. 48 Abs. 2 GG. In diesem besonderen Fall werden die gesetzlichen und vertraglichen Pflichten des Vorstandsmitglieds durch die höherwertige Pflichtenbindung als Abgeordneter des Parlaments verdrängt.[1483] Die Befreiung von den Vorstandspflichten hat jedoch zur Folge, dass das Vorstandsmitglied seine Vergütung nur nach Maßgabe seiner tatsächlichen Tätigkeit für die Gesellschaft verlangen kann.

c) Umsetzung

662 Umsetzungsklauseln werden eher selten und meist nur dann im Anstellungsvertrag vereinbart, wenn bereits absehbar ist, dass der Gesellschaft bzw. dem Konzernverbund erhebliche Strukturveränderungen bevorstehen.[1484] Daneben sind allgemeine finanzielle Gründe für eine Umsetzungsklausel denkbar, etwa um Abfindungen, anderweitige Ansprüche wegen vorzeitiger Beendigung der Bestellung oder Übergangszahlungen abzuwenden oder zumindest der Höhe nach zu begrenzen. Bei der Formulierung der Umsetzungsklausel ist stets die korporationsrechtlich geschützte Unabhängigkeit des Vorstands als Leitungs- und Geschäftsführungsorgan der Gesellschaft zu beachten. Eine Umsetzung auf der Grundlage einer vertraglichen Regelung kommt nur in Betracht, wenn zugleich ein wichtiger Grund für eine Abberufung nach § 84 Abs. 3 AktG vorliegt und das Aufsichtsratsplenum darüber vorab durch Beschluss entschieden hat.[1485]

663 Ferner hat die Ausübung des Umsetzungsrechts entsprechend § 315 Abs. 3 BGB nach billigem Ermessen zu erfolgen. In Betracht kommt etwa ein Angebot hinsichtlich einer gleichwertigen Position zu gleichen Bezügen. Geringer sind die Anforderungen, wenn das Vorstandsmitglied nach der Amtszeit im Gegenzug für ein zugesagtes Übergangsgeld eine anderweitige Position im Unternehmen übernehmen soll.[1486]

[1482] *Hopt*, in: GroßKommAktG, § 93 Rn. 157; *Konzen*, AcP 172 (1972), 317, 330.
[1483] BGH NJW 1965, 1958 (zum Komplementär einer KG); *Konzen*, AcP 172 (1992), 317.
[1484] Einzelheiten zur Umsetzung bei Umstrukturierung der Gesellschaft siehe Rn. 802f.
[1485] *Krieger*, Personalentscheidungen des Aufsichtsrats, S. 182; *Fonk*, in: Semler/v. Schenck, ArbeitsHdB für Aufsichtsratsmitglieder, § 9 Rn. 104.
[1486] Einzelheiten zur *obligatorischen* Übernahme anderweitiger Tätigkeiten siehe Rn. 605f.

6. Auskunfts- und Herausgabepflichten

a) Auskunftspflichten

Informations- und Berichtspflichten der Vorstandsmitglieder sind unerlässlich, um ihr treuhänderisches Handeln für die Gesellschaft ausreichend zu überwachen. Die organschaftliche Pflicht zur Berichterstattung ist in § 90 AktG geregelt. Grundsätzlich zu unterscheiden ist zwischen Berichten, die ohne besondere Anforderung zu erstatten sind (§ 90 Abs. 1 AktG), und Berichten, die erst auf Verlangen des Aufsichtsrats bzw. eines einzelnen Aufsichtsratsmitglieds zu erteilen sind (§ 90 Abs. 3 AktG). Form, Zeitpunkt und Inhalt der Berichte und damit die Pflichtenbindung insgesamt waren im KonTraG nur teilweise festgelegt und sind mit dem TransPuG umfassend erweitert und konkretisiert worden.[1487] Der Deutsche Corporate Governance Kodex wiederholt diesen gesetzlichen Regelungsrahmen und empfiehlt darüber hinaus, dass der Aufsichtsrat die Informations- und Berichtspflichten näher festlegen soll.[1488]

664

Auch der Anstellungsvertrag begründet über die Vorschriften im Auftragsrecht nach §§ 666, 675 BGB Auskunfts- und Rechenschaftspflichten der Vorstandsmitglieder. Während der gesetzliche Informationsanspruch nach § 90 AktG mit der Beendigung der Organstellung erlischt, können die anstellungsvertraglichen Auskunftspflichten nach dem Ausscheiden des Vorstandsmitglieds aus der Gesellschaft weiterwirken.[1489] Das Vorstandsmitglied ist nach dem Ende seiner Amtszeit etwa über den Verbleib sämtlicher geschäftlicher Unterlagen auskunftspflichtig. Bestehen an der Richtigkeit seiner Auskunft begründete Zweifel, kann sich die Gesellschaft über eine eidesstattliche Versicherung nach §§ 260, 261 BGB Klarheit verschaffen. Demgegenüber bestehen bei Verhandlungen über die einvernehmliche Aufhebung des Anstellungsverhältnisses keine gesteigerten Auskunfts- und Aufklärungspflichten. Insbesondere ist das Vorstandsmitglied nicht dazu verpflichtet, während der Amtszeit begangene und bislang unentdeckt gebliebene Verfehlungen zu offenbaren, auch wenn diese damals die Gesellschaft zur fristlosen Kündigung berechtigt hätten.[1490]

665

Besondere Auskunfts- und Mitwirkungspflichten treffen das nicht mehr amtierende Vorstandsmitglied ferner im Insolvenzeröffnungsverfahren und im Insolvenzverfahren, sofern es nicht früher als zwei Jahre vor dem Antrag

666

[1487] Siehe Gesetz zur weiteren Reform des Aktien- und Bilanzrechts, zu Transparenz und Publizität (TransPuG), BGBl. I 2002, 2681; dazu *Götz*, NZG 2002, 599, 600; *Ihrig/Wagner*, BB 2002, 789, 973.
[1488] Nr. 3.4 DGCK; dazu *Peltzer*, NZG 2002, 10, 14; *Seibt*, AG 2002, 249, 258.
[1489] BGH BB 1990, 507; *Mertens*, in: KölnKommAktG, § 84 Rn. 84.
[1490] Für den GmbH-Geschäftsführer OLG Düsseldorf GmbHR 2000, 666 m. Anm. *Haas*, DStR 2001, 717.

auf Eröffnung des Insolvenzverfahrens aus dem Amt ausgeschieden ist.[1491] Es handelt sich dabei um fortwirkende, auf der bisherigen Organstellung beruhende Pflichten, denen weder das Auskunfts- noch das Zeugnisverweigerungsrecht entgegengehalten werden kann.[1492]

b) Herausgabepflichten

667 Nach §§ 667, 675 BGB muss das Vorstandsmitglied alle Zahlungen an die Gesellschaft weiterleiten, die es im Rahmen seiner Unternehmensführung von Dritten erhält. Auch unzulässige Zuwendungen eines Dritten (z.B. Schmiergelder, Provisionen oder sonstige Geschenke) sind herauszugeben, selbst wenn sie nach dem Willen des Dritten allein für das Vorstandsmitglied und nicht für die Gesellschaft bestimmt waren.[1493] Darüber hinaus umfasst die Herausgabepflicht solche geldwerten Vorteile, die dem Vorstandsmitglied infolge unzulässiger Kopplungsgeschäfte, verbotenen Wettbewerbs oder treuwidrig wahrgenommener Geschäftschancen zugeflossen sind.[1494] Das ergibt sich nicht nur aus dem Anstellungsvertrag, sondern folgt bereits aus der organschaftlichen Treuebindung, nach der das Vorstandsmitglied alle aus loyalitätswidrigem Verhalten erlangten Vorteile an die Gesellschaft herauszugeben hat.[1495]

668 Da § 667 BGB allein der Abschöpfung vorhandener Vorteile dient, kommt eine Herausgabe nicht mehr in Betracht, wenn das Vorstandsmitglied die unzulässig erlangten Zuwendungen an den Dritten wieder zurückgewährt hat.[1496] Scheidet das Vorstandsmitglied aus dem Unternehmen aus, ist es zur Herausgabe aller in seinem Besitz befindlichen Geschäftsunterlagen verpflichtet. Hiergegen kann kein Zurückbehaltungsrecht nach § 273 BGB geltend gemacht werden. Eine Zurückweisung der Herausgabe wegen Rechtsmissbrauchs ist jedoch möglich, etwa wenn dem ausgeschiedenen Vorstandsmitglied die Unterlagen zur Einsicht überlassen worden sind.[1497] Besteht der Anstellungsvertrag nach dem Ende der Bestellung fort, kann das Vorstandsmitglied sämtliche vereinbarten Nutzungsüberlassungen (z.B. Dienstwagen, Wohnrechte) für die verbleibende Vertragsdauer in Anspruch nehmen, sofern diese Rechte nicht ausdrücklich an die Amtsdauer gebunden sind.[1498] Statt der Ausübung der Nutzungsrechte hat das Vorstandsmit-

---

1491 Siehe § 101 Abs. 1 Satz 2 InsO i. V. m. §§ 22 Abs. 3 Satz 3, 97 f., 101 Abs. 1 Satz 1 Abs. 2 InsO bzw. §§ 101 Abs. 1 Satz 1, 97 f. InsO; ausführlich *Haas*, in: Gottwald, Insolvenzrechtshandbuch, § 92 Rn. 119, 149; *Uhlenbruck*, NZI 2002, 401.
1492 Einzelheiten zur Pflichtenbindung bei Insolvenz der Gesellschaft siehe Rn. 200.
1493 BGH DStR 2001, 949, 950; BGH MDR 1987, 825, 826; OLG Düsseldorf GmbHR 2000, 666, 669 m. Anm. *Haas*, DStR 2001, 717.
1494 BGH WM 1989, 1335, 1338; BFH FR 1987, 456; OLG Hamburg GmbHR 1998, 89.
1495 OLG Düsseldorf GmbHR 2000, 666, 669; BFH GmbHR 1987, 492.
1496 Für den GmbH-Geschäftsführer BGH DStR 2001, 949, 950; *Haas*, in: Michalski, GmbHG, § 43 Rn. 262.
1497 BGH BB 1990, 507; *Wiesner*, in: MünchHdB GesR AG, § 21 Rn. 68.
1498 OLG Düsseldorf DStR 2001, 1312 m. Anm. *Goette*.

glied die Möglichkeit, auf die Inanspruchnahme zu verzichten und Entschädigung dafür zu verlangen. Wird der Anstellungsvertrag dagegen fristlos gekündigt, kann die Gesellschaft die sofortige Herausgabe aller in ihrem Eigentum stehenden Gegenstände verlangen.[1499]

7. Überlassung von Erfindungen

Das Gesetz über Arbeitnehmererfindungen findet auf schutzwürdige Innovationen der Vorstandsmitglieder keine Anwendung.[1500] Die Erfindungen gehören grundsätzlich dem einzelnen Vorstandsmitglied und nicht der Gesellschaft. Der Anstellungsvertrag kann das Vorstandsmitglied jedoch dazu verpflichten, seine Erfindung der Gesellschaft anzubieten und ihr diese im Fall der Annahme zu überlassen. Fehlt eine vertragliche Regelung zur Verwertung von Erfindungen, so kann die Pflicht zur Andienung und Überlassung aus der organschaftlichen Treuebindung folgen.[1501] Das gilt insbesondere dann, wenn das Vorstandsmitglied nach dem Anstellungsvertrag für technische Bereiche eingesetzt ist und seine Erfindung überwiegend auf Mitteln, Erfahrungen und Vorarbeiten des Unternehmens beruht.[1502] 669

Ohne vertragliche Abrede hat die Gesellschaft für die Übernahme einer Erfindung zusätzlich Vergütung zu zahlen,[1503] sofern es sich dabei um überobligationsmäßige, durch die Vorstandsbezüge nicht abgegoltene Sonderleistungen handelt.[1504] Wird das Vorstandsmitglied gerade wegen seiner Eigenschaft als Erfinder bestellt, sollten gesonderte Vergütungsansprüche im Anstellungsvertrag zur Klarstellung ausgeschlossen sein. Den Vertragsparteien ist es unbenommen, vollständig oder teilweise auf das Gesetz über Arbeitnehmererfindungen Bezug zu nehmen, etwa auf die Vorschriften zur Überlassung und Vergütung von Erfindungen.[1505] 670

8. Umsetzung des Deutschen Corporate Governance Kodex

Die „Regierungskommission Deutscher Corporate Governance Kodex" überprüft ihren DCGK jährlich und passt diesen bei Bedarf an. Im Jahre 671

1499 OLG Düsseldorf GmbHR 2000, 278, 282; *Lohr*, NZG 2001, 826, 835; *Bauer*, DB 1992, 1413, 1418.
1500 BGH GRUR 1990, 193, 194; OLG Düsseldorf GRUR 2000, 49, 50; *Jestaedt*, FS Nirk, S. 493, 497.
1501 *Mertens*, in: KölnKommAktG, § 84 Rn. 38; *Bauer*, DB 1992, 1413, 1418; *Gaul*, GmbHR 1982, 101, 103.
1502 OLG Düsseldorf GRUR 2000, 49, 50; *Jestaedt*, FS Nirk S. 493, 500; *Gaul*, GmbHR 1982, 101, 103.
1503 BGH GRUR 1990, 193, 194; *Fonk*, in: Semler/v. Schenck, ArbeitsHdB für Aufsichtsratsmitglieder, § 9 Rn. 160.
1504 OLG Düsseldorf GRUR 2000, 49, 50; *Jestaedt*, FS Nirk, S. 493, 503; *Gaul*, DB 1990, 671, 673.
1505 Zu Vor- und Nachteilen vgl. *Gaul*, GmbHR 1982, 101, 104 f.

2013 wurde die neunte Fassung des Kodex mit den entsprechenden Änderungen beschlossen. Der DCGK stellt wie bisher wesentliche Vorschriften zur Leitung und Überwachung deutscher börsennotierter Gesellschaften dar und enthält international und national anerkannte Standards guter und verantwortungsvoller Unternehmensführung.

672 Neben der komprimierten Wiedergabe der aktuellen Rechtslage enthält der Kodex *Empfehlungen*, die auf eine Verbesserung der Unternehmensführung börsennotierter Gesellschaften gerichtet sind. Diese Empfehlungen sind in dem Kodex durch die Verwendung des Wortes „soll" gekennzeichnet. Die Gesellschaften können von diesen Empfehlungen abweichen, sind dann aber verpflichtet, dies jährlich offenzulegen und die Abweichungen zu begründen (*comply or explain*). Darüber hinaus enthält der Kodex *Anregungen*, d. h. Vorschläge zur Unternehmensführung, von denen ohne Offenlegung abgewichen werden kann. Für solche Anregungen verwendet der Kodex den Begriff „sollte". Flankiert wird der Kodex – der selbst kein zwingendes staatliches Recht ist – durch die Vorschriften des AktG und des HGB.

673 Bei Abschluss oder Verlängerung des Anstellungsvertrages sollte der Aufsichtsrat einer börsennotierten Gesellschaft bedenken, die den Vorstand bzw. dessen Rechtsverhältnis zur Gesellschaft betreffenden Empfehlungen und Anregungen des Deutschen Corporate Governance Kodex durch vertragliche Regelung umzusetzen.[1506] Für die Praxis gibt es hierfür spezielle Checklisten, um Aufsichtsrat wie auch Vorstand die Umsetzung der Kodex-Vorgaben zu erleichtern.[1507]

674 Im Anstellungsvertrag umsetzbar sind insbesondere die Kodex-Bestimmungen über die Vergütung des Vorstands (Ziff. 4.2.2–4.2.4 DCGK), das Verbot, Zuwendungen von Dritten entgegenzunehmen oder ungerechtfertigte Vorteile an Dritte zu gewähren (Ziff. 4.3.2 DCGK), die Offenlegung von Interessenkonflikten gegenüber dem Aufsichtsrat und Zustimmungsvorbehalte für wesentliche Geschäfte zwischen Gesellschaft und Vorstandsmitglied (Ziff. 4.3.4 DCGK), Zustimmungsvorbehalte für Nebentätigkeiten, insbesondere für die Übernahme von Aufsichtsratsmandaten außerhalb des Unternehmens (Ziff. 4.3.5 DCGK), die Vereinbarung eines Selbstbehalts im Rahmen einer D & O-Versicherung (Ziff. 3.8 Abs. 2 DCGK), die Mitteilung gegenüber der Gesellschaft hinsichtlich Erwerb oder Veräußerung von Aktien der Gesellschaft oder des Aktienbesitzes einschließlich Optionsrechten (Ziff. 6.3 DCGK) und die Festlegung einer Altersgrenze für das Vorstandsmitglied (Ziff. 5.1.2 Abs. 2 DCGK).

1506 Zur Umsetzung der Kodex-Bestimmungen im Anstellungsvertrag vgl. *Lutter*, ZHR 166 (2002), 523, 536; *Ulmer*, ZHR 166 (2002), 150, 173; *Semler/Wagner*, NZG 2003, 553, 557.
1507 Siehe die umfassende DCGK-Checkliste im Anhang F.

Der Kodex allein begründet keine Organpflichten, sondern wirkt nach herrschender Meinung mittelbar über §§ 93, 116 AktG.[1508] Die Einzelheiten sind streitig. Um Unklarheiten zu vermeiden, sollte die Beachtung des DCGK über den Anstellungsvertrag, die Satzung oder die Geschäftsordnung für den Vorstand zum Pflichtenkreis erklärt werden.[1509] Der Anstellungsvertrag sollte zudem die Verpflichtung des Vorstands(mitglieds) enthalten, nach Maßgabe der von der Gesellschaft abgegebenen jährlichen Entsprechenserklärung (§ 161 AktG) zu handeln.[1510] Darüber hinaus sollten zur Klarstellung die aus dem DCGK sich ergebenden und von der Gesellschaft übernommenen Verhaltensempfehlungen für den Vorstand ausdrücklich benannt werden. Bereits bestehende Anstellungsverträge können nur mit Zustimmung der betroffenen Vorstandsmitglieder geändert werden. 675

Anstatt der anstellungsvertraglichen Umsetzung der Kodex-Bestimmungen können auch in der Geschäftsordnung für den Vorstand (§ 77 Abs. 2 AktG) die den Vorstand als Organ betreffenden Kodex-Vorgaben implementiert und umgesetzt werden. Dies betrifft insbesondere die Geschäftsverteilung und Zusammenarbeit im Vorstand (Ziff. 3.1, 3.5 und 4.2.1 DCGK), die Informations- und Berichtspflichten gegenüber dem Aufsichtsrat (Ziff. 3.2 und 3.4 DCGK) sowie die Benennung derjenigen Geschäfte, die der Zustimmung des Aufsichtsrats bedürfen (Ziff. 3.3 DCGK). 676

III. Schiedsvereinbarung und Gerichtsstandsklausel

1. Vereinbarung eines Schiedsgerichts

a) Gesetzliche Anforderungen

Vorstandsmitglied und Gesellschaft können nach § 1029 ZPO eine Schiedsvereinbarung mit dem Inhalt treffen, alle oder einzelne Streitigkeiten aus dem Anstellungsvertrag und dem Organverhältnis der Schiedsgerichtsbarkeit zu unterwerfen.[1511] Kurze Verfahrensdauer, hervorragende Sachkunde der Schiedsrichter und Diskretion sind für beide Parteien häufig entscheidende Gründe, ein Schiedsverfahren als alternative Form der Streitbeilegung zu vereinbaren.[1512] Erfolgen kann die Unterwerfung im Wege einer selbständig abgefassten Schiedsabrede oder durch eine Schiedsklausel im 677

1508 *Lutter* in: Ringleb u.a., Deutscher Corporate Governance Kodex, Rn. 1623.
1509 *Lutter* in: Ringleb u.a., Deutscher Corporate Governance Kodex, Rn. 1622.
1510 *Nehls* in: Schüppen/Schab, Münchener Anwaltshandbuch Aktienrecht, § 22 Rn. 93.
1511 OLG Hamm AG 2007, 910; *Thümmel*, FS Schütze, 2002, S. 1331, 1337; *Haas/Hoßfeld*, FS U. Schneider, 2011, S. 407, 409; *Hölters*, in: Hölters, § 93 Rn. 343; *Umbeck*, SchiedsVZ, 2009, 143, 144.
1512 *Papmehl*, Schiedsfähigkeit gesellschaftsrechtlicher Streitigkeiten, S. 5 ff.; *Zilles*, Schiedsgerichtsbarkeit im Gesellschaftsrecht, S. 3 ff.

Anstellungsvertrag.[1513] Der Schiedsspruch hat unter den Parteien die Wirkung eines rechtskräftigen Urteils eines staatlichen Gerichts.

678 Nach § 1030 Abs. 1 Satz 1 ZPO sind alle vermögensrechtlichen Ansprüche uneingeschränkt schiedsfähig. Dazu zählen auf Geld bzw. Geldwert gerichtete Zahlungsansprüche sowie Feststellungs-, Widerrufs- und Unterlassungsansprüche, sofern diese der Wahrung wirtschaftlicher Belange dienen.[1514] Bei Aufnahme einer Schiedsklausel unmittelbar in den Anstellungsvertrag gelten die Formerfordernisse des § 1031 Abs. 5 ZPO, da das Vorstandsmitglied ganz herrschender Meinung zufolge als Verbraucher i. S. d. § 13 BGB anzusehen ist.[1515] Die Schiedsvereinbarung muss sich eindeutig von den sonstigen Regelungen des Anstellungsvertrages absetzen und zusätzlich eigenhändig unterschrieben sein. Zudem darf die Schiedsklausel keine anderen als das schiedsrichterliche Verfahren betreffende Vereinbarungen enthalten, sofern keine notarielle Beurkundung erfolgt. Eine gesonderte Ausfertigung der Schiedsvereinbarung ist jedoch nicht erforderlich.[1516] Erfüllt werden diese Formkriterien stets bei einer Schiedsabrede, denn dort ist die Schiedsvereinbarung Gegenstand eines selbständigen Vertrages.

679 Die Schiedsvereinbarung bestimmt meist den Ort des schiedsrichterlichen Verfahrens, der entweder in der Bundesrepublik Deutschland oder aber im Ausland liegen kann, vgl. §§ 1043, 1025 Abs. 2 ZPO. Im Fall eines ausländischen Vorstandsmitglieds ist unter Umständen die Wahl einer Verfahrenssprache anzuraten.

b) Streitigkeiten aus dem Anstellungsvertrag

680 Anstellungsvertragliche Streitigkeiten betreffen in aller Regel vermögensrechtliche Ansprüche der Parteien. Schiedsfähig sind insbesondere Konflikte über die Höhe einzelner Forderungen (Vergütung, Abfindung, Ruhegeld), die Wirksamkeit einer außerordentlichen Kündigung[1517] oder über die Reichweite eines nachvertraglichen Wettbewerbsverbots.[1518] Solange das schiedsgerichtliche Verfahren während der Bestellung durchgeführt wird, gelangt der arbeitsrechtliche Anwendungsvorbehalt nach § 1030

1513 Zur Abgrenzung von Schiedsabrede und Schiedsklausel vgl. *Lachmann/König*, Handbuch für die Schiedsgerichtspraxis, Rn. 93; *Trittmann*, ZGR 1999, 340, 345.
1514 *Albers*, in: Baumbach/Lauterbach u. a., ZPO, § 1030 Rn. 2; *Lachmann/König*, Handbuch für die Schiedsgerichtspraxis, Rn. 100; *Bayer*, ZIP 2003, 881, 883.
1515 OLG Hamm AG 2007, 910; für den GmbH-Geschäftsführer siehe BAG GmbHR 2010, 1142; BGH GmbHR 2007, 1154; *Thümmel*, FS Schütze, S. 1331, 1337; *Hänlein*, DB 2001, 1185; a. A. *Zilles*, Schiedsgerichtsbarkeit im Gesellschaftsrecht, S. 25.
1516 *Geimer*, in: Zöllner, ZPO § 1031 Rn. 36; *Albers*, in: Baumbach/Lauterbach u. a., ZPO, § 1031 Rn. 9; *Umbeck*, SchiedsVZ, 2009, 143, 145.
1517 OLG Hamm AG 2007, 910.
1518 *Papmehl*, Schiedsfähigkeit gesellschaftsrechtlicher Streitigkeiten, S. 225; *Zilles*, Schiedsgerichtsbarkeit im Gesellschaftsrecht, S. 140; *Hentzen*, FS Sandrock, S. 181, 186; *H. Westermann*, FS Fischer, S. 853, 854, 864.

Abs. 3 ZPO i. V. m. § 101 Abs. 3 ArbGG nicht zur Anwendung; denn für bürgerliche Rechtsstreitigkeiten zwischen Vorstandsmitglied und Gesellschaft sind nicht die Arbeitsgerichte, sondern die Zivilgerichte zuständig.[1519]

Nach Beendigung der Bestellung bleibt § 1030 Abs. 3 ZPO i. V. m. § 101 Abs. 3 ArbGG unanwendbar, wenn der jeweilige Streitgegenstand zeitlich oder kausal an die Organstellung oder zumindest an den Anstellungsvertrag anknüpft. Bleibt das Vorstandsmitglied nach der Amtszeit als leitender Angestellter im Unternehmen, kann das Schiedsgericht ebenfalls wirksam über Ansprüche aus dem Anstellungsvertrag oder der bisherigen Organstellung entscheiden.[1520] Ferner berührt die Umwandlung in ein gewöhnliches Arbeitsverhältnis die Schiedsvereinbarung nicht. Ebenso wenig wird die Schiedsfähigkeit beseitigt, wenn in einem laufenden Schiedsverfahren die Bestellung beendet und anstelle des freien Dienstvertrages ein Arbeitsvertrag abgeschlossen wird.[1521] Das gilt freilich nur, wenn die Parteien mit dem Anstellungsvertrag nicht gleichzeitig auch die Schiedsvereinbarung aufgehoben haben. **681**

c) Streitigkeiten aus der Organstellung

aa) Organhaftung

Grundsätzlich bezieht sich eine Schiedsklausel in einem Vertrag auf Streitigkeiten aus dem jeweiligen Rechtsverhältnis. Die im Rahmen des Vorstandsvertrages vereinbarte Schiedsklausel betrifft demnach alle Streitigkeiten aus dem Anstellungsverhältnis. Darüber hinaus sind jedoch auch Streitigkeiten wegen Pflichtverletzungen bei Gründung der Gesellschaft nach § 48 Satz 1 AktG oder insbesondere Organhaftungsansprüche nach § 93 Abs. 2 AktG von einer anstellungsvertraglichen Schiedsvereinbarung erfasst.[1522] Die Vergleichs- und Verzichtsverbote nach § 50 Satz 1 bzw. § 93 Abs. 4 Satz 3 AktG berühren nicht die Schiedsfähigkeit der Schadensersatzansprüche, denn die objektive Schiedsfähigkeit setzt nicht (mehr) die Vergleichs- oder Verzichtsbefugnis der Parteien über den Streitgegenstand voraus.[1523] Die Schiedsvereinbarung kann daher vor Ablauf der gesetzlichen Drei-Jahres-Frist und damit im Anstellungsvertrag getroffen werden.[1524] **682**

1519 *Erdmann*, NZG 2002, 503, 512; *Weber/Burmester*, GmbHR 1997, 778; *Konzen*, NJW 1989, 2977, 2978.
1520 *Hentzen*, FS Sandrock S. 181, 185; *Mertens*, in: KölnKommAktG, § 84 Rn. 85.
1521 Ausführlich *Hentzen*, FS Sandrock, S. 181, 186 f.
1522 *Thümmel*, FS Schütze, S. 1331, 1339; *Habersack*, in: MünchKommAktG, § 116 Rn. 4; *Geimer*, in: Zöllner, ZPO, § 1030 Rn. 5, 10; *Haas/Hoßfeld*, FS U. Schneider, 2011, S. 407, 420 f.; *Hölters*, in: Hölters, § 93 Rn. 343; *Papmehl*, Schiedsfähigkeit gesellschaftsrechtlicher Streitigkeiten, S. 223; *Umbeck*, SchiedsVZ, 2009, 143, 144; *Vollmer*, ZGR 1982, 15, 41.
1523 Zur Schiedsfähigkeit von Organhaftungsansprüchen nach § 1025 Abs. 1 ZPO a. F. vgl. *Mertens*, FS Fleck, S. 209, 211; *Zimmermann*, FS Duden, S. 773, 786.
1524 *Thümmel*, FS Schütze, S. 1331, 1339; *Habersack*, in: MünchKommAktG, § 116 Rn. 4; *Hölters*, in: Hölters, § 93 Rn. 342; *Umbeck*, SchiedsVZ, 2009, 143, 144; a. A. *Hopt*, in: Groß-

683 Da Organhaftungsansprüche häufig mehrere Vorstandsmitglieder betreffen und diese dann nach § 93 Abs. 2 Satz 1 AktG gesamtschuldnerisch haften können, sollten Schiedsklauseln im Idealfall mit sämtlichen Vorständen getroffen werden, um die staatliche Jurisdiktion für alle einheitlich abzubedingen; anderenfalls entscheiden – das zeigen aktuelle Fälle zur Organhaftung von (Bank-)Vorständen – zum selben Sachverhalt unterschiedliche Spruchkörper, was zu abweichenden Entscheidungen führen kann.

684 Soweit Schadensersatzansprüche gegen mehrere Vorstandsmitglieder geltend gemacht werden, müssen jeweils eigenständige Schiedsgerichtsverfahren angestrengt werden. Ein einheitliches Schiedsverfahren kommt nur zustande, wenn sich die einzelnen Vorstandsmitglieder mit der Gesellschaft darauf verständigen. Jede Partei eines schiedsrichterlichen Verfahrens hat Anspruch darauf, dass an dem Verfahren nur solche Personen beteiligt sind, mit deren Einbeziehung sie einverstanden ist. Handelt es sich wie üblich um die Bildung eines Dreierschiedsgerichts, müssen sie sich zudem noch auf einen von ihnen gemeinsam zu benennenden Schiedsrichter einigen. Die Einbeziehung eines Vorstandsmitglieds in ein bereits anhängiges Schiedsverfahren gegen andere Vorstandskollegen setzt voraus, dass die bereits tätigen Schiedsrichter akzeptiert werden. Fehlt ein solches Einverständnis, muss die Schiedsrichterbank neu bestellt werden.

685 Um ein einheitliches Schiedsverfahren von vornherein zu gewährleisten, kann in den jeweiligen Einzelschiedsvereinbarungen auf die Regelungen zu Mehrparteienverfahren einer Verfahrensordnung einer Schiedsgerichtsinstitution hingewiesen werden.[1525] In diesem Fall soll das Einverständnis der betroffenen Vorstandsmitglieder zu einem Mehrparteienverfahren anzunehmen sein.[1526] Darüber hinaus kann in der Schiedsvereinbarung auch unmittelbar die Möglichkeit eines Mehrparteienverfahrens gegen gesamtschuldnerisch haftende Organmitglieder vereinbart werden.[1527] Verweist die Schiedsklausel nicht auf eine Schiedsordnung, sollte sie selbst Regelungen für die Durchführung des Mehrparteienschiedsverfahrens, insbesondere zur Schiedsrichterbenennung enthalten. Es sollte vereinbart werden, dass mehrere Kläger oder mehrere Beklagte sich jeweils auf die Benennung eines Schiedsrichters zu einigen haben und bestimmt werden, welche Stelle im Falle einer gescheiterten Einigung die Schiedsrichterbenennung übernimmt (z. B. OLG-Präsident im Oberlandesgerichtsbezirk am Sitz der Gesellschaft).[1528]

KommAktG, § 93 Rn. 375; *Spindler*, in: MünchKommAktG, § 93 Rn. 221; *Semler*, in: MünchKommAktG (2. Aufl.), § 116 Rn. 567.
1525 Siehe § 13 DIS-SchiedsO; Art. 10 ICC Arbitration Rules; Art. 8 LCIA Rules; Art. 13 Abs. 4 SCC Rule.
1526 *Hölters*, in: Hölters, § 93 Rn. 347; kritisch *Umbeck*, SchiedsVZ, 2009, 143, 148.
1527 *Thümmel*, FS Schütze, 2002, S. 1331, 1341.
1528 *Umbeck*, SchiedsVZ, 2009, 143, 148.

C. Inhalt des Anstellungsvertrages

bb) Widerruf der Bestellung

686 Die Beendigung der Leitungs-, Geschäftsführungs- und Vertretungsbefugnisse auf Grund einer Abberufung berührt unmittelbar die wirtschaftlichen Belange von Vorstandsmitglied und Gesellschaft. Streitigkeiten über den Widerruf der Bestellung nach § 84 Abs. 3 AktG sind daher vermögensrechtlicher Natur und demzufolge nach herrschender Meinung schiedsfähig.[1529] Nach anderer Ansicht sind auch nach der Novellierung des Schiedsverfahrensrechts körperschaftliche Streitigkeiten über die Abberufung eines Vorstandsmitglieds nicht schiedsfähig, da anderenfalls die aktienrechtliche Kompetenzordnung und damit die korporationsinterne Hierarchie der drei Gesellschaftsorgane durchbrochen würde.[1530] Dem ist bereits deshalb zu widersprechen, weil ein Schiedsgericht i. S. d. §§ 1025 ff. ZPO lediglich anstelle eines staatlichen Gerichts entscheidet und kein zusätzliches Organ der Gesellschaft begründet wird.

687 Nach teilweise vertretener Ansicht genügt die anstellungsvertraglich vereinbarte Schiedsklausel nicht, um eine Maßnahme wie die Abberufung einer schiedsgerichtlichen Streitbeilegung zu unterwerfen.[1531] Davon berührt sei nämlich die Körperschaft als solche und folglich auch deren Unternehmensverfassung, sodass es einer auf ihrem Willen bzw. auf dem Willen ihrer Gesellschafter beruhende Bestimmung in Form einer satzungsmäßigen Schiedsklausel zur schiedsrichterlichen Erledigung von Abberufungsstreitigkeiten bedürfe.[1532] Eine solche statutarische Schiedsklausel stellt keine (unzulässige) abweichende Bestimmung i. S. d. § 23 Abs. 5 AktG dar,[1533] da die gesetzlichen Regelungen des § 84 Abs. 3 AktG keine Aussage darüber treffen, dass Streitigkeiten über den Widerruf der Bestellung einem bestimmten (staatlichen) Gericht zugewiesen sind. Das Organisationsstatut wird durch eine Schiedsklausel in der Satzung der Gesellschaft nicht berührt. Im Übrigen wird generell in Frage gestellt, ob satzungsmäßige Schiedsklauseln auch Streitigkeiten im Zusammenhang mit der Bestellung zum Organ einer Gesellschaft umfassen können oder vielmehr nur solche aus der tatsächlichen Organstellung.[1534]

1529 *Papmehl*, Schiedsfähigkeit gesellschaftsrechtlicher Streitigkeiten, S. 225; *Zilles*, Schiedsgerichtsbarkeit im Gesellschaftsrecht, S. 141; *Thümmel*, FS Schütze, S. 1331, 1340; *H. Westermann*, FS Fischer, S. 853, 854; *Vollmer*, GmbHR 1984, 5, 11; wohl auch *Liebscher*, in: Beck'sches HdB AG, § 6 Rn. 56.
1530 *Spindler*, in: MünchKommAktG, § 84 Rn. 132; *Fonk*, in: Semler/v. Schenck, ArbeitsHdB für Aufsichtsratsmitglieder, § 9 Rn. 208; *Lutter/Krieger*, Rechte und Pflichten des Aufsichtsrats, Rn. 375; *Mertens*, in: KölnKommAktG, § 84 Rn. 86; *Wiesner*, in: MünchHdB GesR AG, § 20 Rn. 52; *Hommelhoff*, ZHR 143 (1979), 288, 312.
1531 *Papmehl*, Schiedsfähigkeit gesellschaftsrechtlicher Streitigkeiten, S. 153; *Vollmer*, ZGR 1982, 13, 20.
1532 *Papmehl*, Schiedsfähigkeit gesellschaftsrechtlicher Streitigkeiten, S. 153; *Vollmer*, ZGR 1982, 13, 20.
1533 Zur Schiedsklausel in der AG-Satzung siehe *Umbeck*, SchiedsVZ, 2009, 143, 146 f.; *Hölters*, in: Hölters, § 93 Rn. 345.
1534 *Haas/Hoßfeld*, FS U. Schneider, 2011, S. 407, 422.

688 Einstweiligen Rechtsschutz gegen die Abberufung kann das Vorstandsmitglied nach Maßgabe des § 1041 ZPO verlangen und beim Schiedsgericht vorläufige oder sichernde Maßnahmen beantragen.[1535] Im Hinblick auf § 84 Abs. 3 Satz 4 AktG und dem daraus abgeleiteten Erfordernis eines rechtskräftigen Endurteils im Verfahren der Hauptsache folgt die Zulässigkeit des Verfügungsantrages aber nicht bereits aus dem geltend gemachten Fehlen eines wichtigen Grundes für den Widerruf der Bestellung. Erforderlich ist vielmehr, dass sich das Vorstandsmitglied auf formelle Fehler oder gar das Unterbleiben eines Aufsichtsratsbeschlusses beruft und damit wegen formeller Nichtigkeit der Abberufung einstweiligen Rechtsschutz begehrt.[1536]

d) Persönliche Reichweite der Schiedsklausel

689 Neben Vorstandsmitglied und Aktiengesellschaft gilt die Schiedsklausel auch im Verhältnis zum Insolvenzverwalter, im Fall der Gesamtrechtsnachfolge sowie bei der Abtretung des schiedsgebundenen Schadensersatzanspruchs an einen Dritten.[1537] Ebenso bleibt die Bindung an die Schiedsklausel auch nach dem Ausscheiden des Vorstandsmitglieds aus dem Amt bestehen. Die anstellungsvertragliche Schiedsvereinbarung erfasst zudem die Ansprüche gegen das faktische oder fehlerhaft bestellte Vorstandsmitglied.[1538] Sofern Schadensersatzansprüche gegen Vorstandsmitglieder nach § 93 Abs. 5 AktG erhoben werden, ist zur Durchführung eines Schiedsverfahrens eine Schiedsvereinbarung zwischen dem einzelnen Gläubiger und dem Vorstandsmitglied notwendig.[1539] Ebenso wenig schiedsgebunden sind Regressansprüche der Vorstandsmitglieder untereinander (§ 93 Abs. 2 AktG i. V. m. § 426 Abs. 1 BGB), da die anstellungsvertragliche Schiedsvereinbarung nur Streitigkeiten zwischen Gesellschaft und Vorstandsmitglied erfasst;[1540] etwas anderes kann für statutarische Schiedsklauseln gelten.[1541]

e) D & O-Versicherung

690 Bei Abschluss einer D & O-Versicherung ist darauf zu achten, dass diese keinen Ausschluss für eine die versicherte Person betreffende Schiedsvereinbarung enthält. Auch wenn Versicherungspolicen dazu meist nichts regeln, sollte dem Versicherer eine bestehende Schiedsvereinbarung schon vor Abschluss der Versicherung angezeigt werden. Bedenken des Versicherers

---

[1535] *Vollmer*, GmbHR 1984, 5, 12; *Trittmann*, ZGR 1999, 340, 362; *Zilles*, Schiedsgerichtsbarkeit im Gesellschaftsrecht, S. 137; a. A. *Rosenberg/Schwab*, Zivilprozessrecht, § 174 VI 1; *Erman*, FS Möring, S. 12.
[1536] OLG Stuttgart AG 1985, 193 m. Anm. *Wiesner*, EWiR § 84 AktG 1/85, 241; LG München I AG 1986, 142; *Hüffer*, AktG, § 84 Rn. 32, 34.
[1537] BGH SchiedsVZ 2004, 259, 261; *Haas/Hoßfeld*, FS U. Schneider, 2011, S. 407, 422; *Umbeck*, SchiedsVZ, 2009, 143, 147.
[1538] Für den GmbH-Geschäftsführer *Haas/Hoßfeld*, FS U. Schneider, 2011, S. 407, 424.
[1539] *Hölters*, in: Hölters, § 93 Rn. 348.
[1540] *Haas/Hoßfeld*, FS U. Schneider, 2011, S. 407, 425.
[1541] *Haas/Hoßfeld*, FS U. Schneider, 2011, S. 407, 425.

gegen die Zusammensetzung des Schiedsgerichts kann dadurch begegnet werden, dass im Versicherungsvertrag vereinbart wird, dass bei Bestehen einer Schiedsklausel der von der versicherten Person zu benennende Schiedsrichter einvernehmlich mit dem Versicherer bestimmt wird. Vor Abschluss einer Schiedsvereinbarung sollte anhand der Versicherungsbedingungen einer bereits bestehenden D & O-Versicherung zudem geprüft werden, ob durch die Vereinbarung der Schiedsgerichtsbarkeit der Versicherungsschutz gefährdet wird.[1542]

2. Gerichtsstandsklausel

a) Internationaler Gerichtsstand

Die praktische Bedeutung von Gerichtsstandsvereinbarungen für künftige Streitigkeiten aus der Dienst- und/oder Organstellung beschränkt sich auf Vorstandsverträge mit Auslandsberührung. Hat und behält das Vorstandsmitglied seinen Wohnsitz während der Amtszeit im Inland, sind künftige Rechtsstreitigkeiten betreffende Gerichtsstandsklauseln grundsätzlich ausgeschlossen.[1543] Vorstandsmitglieder sind nicht nach § 38 Abs. 1 ZPO prorogationsfähig, denn ihnen fehlt die dafür erforderliche Kaufmannsstellung.[1544] Der Vorstand betreibt weder selbständig ein Handelsgewerbe noch ist er Formkaufmann wie die Aktiengesellschaft.[1545] Unterdessen kommt nach § 38 Abs. 2 ZPO eine (internationale) Prorogation in Betracht, wenn das Vorstandsmitglied bei Vertragsschluss im Ausland wohnt und demzufolge keinen allgemeinen Gerichtsstand in der Bundesrepublik Deutschland hat.[1546] Beschränkt sich die Prorogation auf die Zuständigkeit inländischer Gerichte, stehen nach § 38 Abs. 2 Satz 3 ZPO nur der allgemeine oder ein besonderer Gerichtsstand der Gesellschaft zur Auswahl.[1547] Hat das Vorstandsmitglied neben dem Auslandswohnsitz zusätzlich auch einen Wohnsitz in der Bundesrepublik Deutschland, findet § 38 Abs. 2 ZPO keine Anwendung.[1548]

691

1542 *Umbeck*, SchiedsVZ, 2009, 143, 148.
1543 Die Parteien können freilich hilfsweise einen Gerichtsstand für den in § 38 Abs. 3 Nr. 2 ZPO geregelten Fall vereinbaren, dass der Beklagte nach Vertragsschluss seinen Wohnsitz ins Ausland verlegt.
1544 *Vollkommer*: in: Zöller, ZPO, § 38 Rn. 18; *Röhricht*, in: Graf von Westphalen, HGB, § 1 Rn. 74; *Kort*, in: GroßKommAktG, § 76 Rn. 19.
1545 OLG Hamm AG 2007, 910 (AG-Vorstand ist Verbraucher); für den GmbH-Geschäftsführer BGH ZIP 1996, 745, 746; BGH WM 1991, 536; *Röhricht*, in: Graf von Westphalen, HGB, § 1 Rn. 74; *Hopt*, in: Baumbach/Duden/Hopt, HGB, § 1 Rn. 10, 31; abweichend *Schmidt*, in: MünchKommHGB ErgänzBd., § 1 Rn. 79 (HGB-Normen auf Leitungsorgane analog anwendbar).
1546 Zum inländischen *ordre public* und anderen Zulässigkeitsschranken siehe *Vollkommer*, in: Zöller, § 38 Rn. 30.
1547 Vgl. §§ 17 Abs. 1, 21 ff. ZPO.
1548 BGH NJW 1986, 1439.

Kapitel 3 Anstellungsvertrag der Vorstandsmitglieder

692 Im Anwendungsbereich der Verordnung über die gerichtliche Zuständigkeit und die Anerkennung und Vollstreckung von Entscheidungen in Zivil- und Handelssachen (EuGVVO) wird § 38 Abs. 2 ZPO durch die europäischen Regelungen verdrängt.[1549] Hat das Vorstandsmitglied einer deutschen Gesellschaft seinen Wohnsitz in einem EU-Mitgliedstaat,[1550] bestimmen sich Zulässigkeit, Form und Wirkung der Gerichtsstandsvereinbarung nach Art. 23 EuGVVO (bisher Art. 17 EuGVÜ).[1551] Danach können die Parteien unter abgeschwächten Schriftformerfordernissen frei wählen,[1552] welches erstinstanzliche Gericht in der Bundesrepublik Deutschland oder in einem anderen EU-Mitgliedstaat als international zuständiges Gericht über bereits entstandene oder über künftige Rechtsstreitigkeiten entscheiden soll. Haben die Parteien nichts anderes vereinbart (insbesondere keine konkurrierende Zuständigkeit), ist das prorogierte Gericht nach Art. 23 Abs. 1 Satz 2 EuGVVO international ausschließlich zuständig, gegebenenfalls auch örtlich. Für allein im Inland ansässige Parteien werden der internationale Bezug und damit die Anwendbarkeit des Art. 23 EuGVVO nach Ansicht der Rechtsprechung nicht bereits mit der Wahl eines ausländischen Gerichts begründet.[1553] Ein wirksam vereinbarter internationaler Gerichtsstand umfasst neben Streitigkeiten aus dem Anstellungsvertrag und der Organstellung im Zweifel auch Klagen wegen unerlaubter Handlung.[1554] Die Prorogation kann auch Maßnahmen des einstweiligen Rechtsschutzes umfassen.[1555]

693 Enthält der Anstellungsvertrag mit einem im Ausland wohnenden Vorstandsmitglied keine Gerichtsstandsvereinbarung, bestimmt sich der Gerichtsstand im Geltungsbereich der europäischen Regelungen über die gerichtliche Zuständigkeit grundsätzlich nach Art. 5 Nr. 1 EuGVVO (bisher

---

1549 *Geimer*, in: Zöller, ZPO, Anhang I EuGVVO, Art. 23 Rn. 10 ff.; ausführlich *Piltz*, NJW 2002, 789, 790 ff.
1550 Mit Ausnahme Dänemarks sind alle (alten) EU-Staaten auch Mitgliedstaaten der EuGVVO, vgl. Art. 1 Abs. 3 i. V. m. Art. 76 EuGVVO.
1551 Das EuGVÜ wurde ersetzt durch die Verordnung (EG) Nr. 44/2001 des Rates über die gerichtliche Zuständigkeit und die Anerkennung und Vollstreckung von Entscheidungen in Zivil- und Handelssachen (EuGVVO), die am 1.3.2002 in Kraft getreten ist, vgl. Abl. EG Nr. L 12 vom 16.1.2001, S. 1 ff.
1552 Einzelheiten zur Form vgl. *Mankowski*, in: Rauscher, Europäisches Zivilprozessrecht, Art. 23 Brüssel I-VO, Rn. 14 ff.; *Geimer*, in: Zöller, ZPO, Anhang I EuGVVO, Art. 23 Rn. 13 ff.
1553 OLG Hamm IPrax 1999, 246; östOGH JBl 2004, 187; *Mankowski*, in: Rauscher, Europäisches Zivilprozessrecht, Art. 23 Brüssel I-VO, Rn. 6; a. A. *Geimer*, in: Zöller, ZPO, Anhang I EuGVVO, Art. 23 Rn. 12 m. w. N.
1554 OLG München RIW 1989, 901, 902; *Geimer*, in: Zöller, ZPO, Anhang I EuGVVO, Art. 23 Rn. 39.
1555 Einzelheiten *Mankowski*, in: Rauscher, Europäisches Zivilprozessrecht, Art. 23 Brüssel I-VO, Rn. 66 f.

Art. 5 Nr. 1 EuGVÜ).[1556] Für Ansprüche aus dem Rechtsverhältnis zwischen Vorstandsmitglied und Gesellschaft ist nicht das Gericht am ausländischen Wohnsitz, sondern das des Erfüllungsortes international zuständig.[1557] Dabei wird nicht zwischen anstellungsvertraglicher und organschaftlicher Haftung unterschieden. Eine Schadensersatzklage wegen Verletzung der Geschäftsleiterpflichten ist am Tätigkeitsort des Organmitglieds, mithin am Sitz der Verwaltung der deutschen Gesellschaft zu erheben.[1558] Der Gerichtsstand des Erfüllungsortes gilt ferner für Ansprüche auf Auskunftserteilung, Rückzahlungsansprüche wegen Vertragsaufhebung und Klagen auf Feststellung über das Nichtbestehen des Dienstverhältnisses oder einzelner Regelungen davon.[1559] Das gilt selbst dann, wenn ein Anstellungsvertrag nicht ausdrücklich abgeschlossen worden ist.[1560]

b) Besonderheiten bei Drittanstellung

Im Konzernverbund sind die Vorstandsmitglieder der Tochtergesellschaften entweder ausschließlich bei der Konzernmutter angestellt oder aber es besteht neben diesem Konzernanstellungsvertrag ein zusätzliches Dienstverhältnis mit der abhängigen Gesellschaft. In beiden Fällen wird die Anstellung bei der Konzernobergesellschaft meist als Arbeitsverhältnis ausgestaltet sein.[1561] Künftige Rechtsstreitigkeiten betreffende Gerichtsstandsklauseln mit einem im Ausland wohnhaften Vorstandsmitglied unterliegen bei solchen Drittanstellungen dem kollisionsrechtlichen Arbeitnehmerschutzregime des Art. 21 EuGVVO (bisher Art. 17 Abs. 5 EuGVÜ) und sind demzufolge grundsätzlich ausgeschlossen.[1562] Eine rügelose Einlassung nach Art. 24 EuGVVO bleibt allerdings auch in Arbeitssachen möglich, wodurch selbst in diesen Fällen die internationale und örtliche Zuständigkeit des angerufenen (ausländischen) Gerichts begründet werden kann.[1563]

694

1556 Für die Schweiz und Norwegen gilt das nahezu wortgleiche Übereinkommen über die gerichtliche Zuständigkeit und die Vollstreckung gerichtlicher Entscheidungen in Zivil- und Handelssachen von Lugano (LugÜ) vom 12.9.1988, abgedr. BGBl. II 1994, 2660.
1557 BGH NJW 1985, 1286, 1287 (zum GmbH-Geschäftsführer).
1558 OLG München RIW 2000, 416 m. Anm. *Haubold*; OLG Jena ZIP 1998, 1496, 1498; *Geimer*, in: Zöller, ZPO, Anhang I EuGVVO, Art. 22 Rn. 19.
1559 Allgemein zum Regelungsbereich von Art. 5 Nr. 1 EuGVVO vgl. *Martiny*, FS Geimer, S. 641, 653, 665 f.
1560 OLG München, NZG 2000, 1170 m. Anm. *Hallweger*; *Erdmann*, NZG 2002, 503, 512.
1561 OLG Frankfurt DB 1997, 1812; *Wiesner*, in: MünchHdB GesR AG, § 21 Rn. 3; *Richardi*, in: MünchHdB ArbR, § 6 Rn. 14; *Reinecke*, ZIP 1997, 1525, 1529; *Henssler*, RdA 1992, 289, 301.
1562 Näher *Mankowski*, RIW 2004, 167, 172; *Haubold*, IPrax 2000, 375, 377.
1563 Allg. *Piltz*, NJW 2002, 789, 792, 794.

IV. Sonstige Schlussbestimmungen

1. Aufhebung bestehender Vereinbarungen

695 Hat das Vorstandsmitglied bereits vor der Bestellung als (leitender) Angestellter in der Gesellschaft gearbeitet, empfiehlt sich die ausdrückliche Aufhebung des Arbeitsverhältnisses im Anstellungsvertrag. Mit Abschluss des Anstellungsvertrages wird das bisherige Arbeitsverhältnis zwar im Zweifel aufgehoben.[1564] Allerdings soll dies nicht gelten, wenn wesentliche Umstände sich dafür ergeben, dass die konkludente Beendigung des Arbeitsverhältnisses nicht dem Willen der Parteien entspricht.[1565] Auch sonstige einzelvertragliche Vereinbarungen (z. B. Rückzahlung eines gewährten Kredits) sollten dahin überprüft werden, ob eine Fortführung oder Aufhebung auch während der Amtszeit erfolgen soll. Aus Beweisgründen ist die Entscheidung darüber in jedem Fall schriftlich festzuhalten.

2. Schriftformklausel

696 Der Anstellungsvertrag sollte eine Schriftformklausel enthalten, wonach vertragliche Änderungen oder Ergänzungen der Schriftform bedürfen. Ändern die Parteien einzelne Bestimmungen des Vertrages formlos, kann damit die gewillkürte Schriftform ausdrücklich oder konkludent aufgehoben worden sein (einfache Schriftformklausel). Wer sich auf die formlose Änderung des Vertrages beruft, muss die Aufhebung der Formabrede beweisen.[1566] Dagegen kommt eine formlose Vertragsänderung nicht in Betracht, wenn nach dem Wortlaut des Anstellungsvertrages auch die Aufhebung der Formvereinbarung nur schriftlich erfolgen kann (qualifizierte Schriftformklausel).[1567] Ein Verstoß gegen ein solches doppeltes Schriftformgebot hat die Unwirksamkeit der Änderungsabrede zur Folge.[1568]

3. Salvatorische Klausel

697 Der Anstellungsvertrag sollte unbedingt eine salvatorische Klausel enthalten. Eine solche Klausel kann sicherstellen, dass die Unwirksamkeit einzelner vertraglicher Bestimmungen nicht die Wirksamkeit des gesamten Anstellungsvertrages berührt. Die salvatorische Klausel bewirkt die Umkehr der Nichtigkeitsvermutung des § 139 BGB mit der Folge, dass die übrigen Vertragsbestandteile im Zweifel wirksam sind.[1569] Außerdem kann

---

1564 BAG NZA 2000, 1013, 1015; BAG NZA 1996, 143; *Wiesner*, in: MünchHdB GesR AG, § 21 Rn. 25; *Kamanabrou*, DB 2002, 146, 149; *Reinecke*, ZIP 1997, 1525, 1532; *Henssler*, RdA 1992, 287, 299; kritisch *Fischer*, NJW 2003, 2417, 2418.
1565 Einzelheiten zur Umwandlung des Anstellungsvertrages Rn. 793.
1566 Vgl. *Heinrichs*, in: Palandt, BGB, § 125 Rn. 14a m.w.N.
1567 *Hromadka*, DB 2004, 1261; *Weber/Hoß/Burmester*, HdB Managerverträge, Teil 1 Rn. 104 ff.
1568 BAG DB 2003, 2339; BAG DB 1991, 2521; *Hromadka*, DB 2004, 1261, 1263.
1569 BGH ZIP 2003, 126; BGH WM 1996, 22; *Bauer/Krets*, DB 2003, 811.

die Klausel (abstrakt) vorsehen, was nach dem Willen der Parteien an Stelle der unwirksamen Bestimmung gelten soll. Allerdings kann die Teilnichtigkeit trotz salvatorischer Klausel ausnahmsweise den gesamten Anstellungsvertrag erfassen, wenn der unwirksame Teil von grundlegender Bedeutung und damit wesentlicher Bestandteil des Vertrages ist.[1570]

4. Ausschlussfristen

Im Anstellungsvertrag kann eine Ausschlussklausel mit dem Inhalt vereinbart werden, dass alle wechselseitigen Ansprüche der Parteien aus dem Dienstverhältnis verfallen, wenn der Anspruchsberechtigte den Anspruch nicht innerhalb einer vertraglich bestimmten Frist gegenüber dem anderen Teil geltend macht.[1571] Eine solche Verfallklausel ist grundsätzlich zulässig und bewirkt, dass der Anspruch mit dem ungenutzten Verstreichen der Ausschlussfrist erlischt. Der Anspruch wird mithin nicht nur in seiner Durchsetzbarkeit gehemmt, sondern geht unter. Die Ausschlussfrist beträgt in der Regel sechs Monate und berechnet sich ab dem Zeitpunkt der Fälligkeit des Anspruchs.

698

D. Beendigung des Anstellungsvertrages

I. Bedeutung der Abberufung

Anstellungsvertrag und Bestellung begründen verschiedene Rechtsverhältnisse, die sich wechselseitig nicht bedingen und unterschiedliche rechtliche Schicksale haben können.[1572] Die gesetzliche Synchronität nach § 84 Abs. 1 Satz 1 i. V.m. Satz 5 AktG steht dem nicht entgegen. Grundsätzlich berühren weder der Widerruf der Bestellung noch die Niederlegung des Amtes den Vorstandsvertrag. Der Anspruch auf Vergütung bleibt so lange bestehen, bis das Vertragsverhältnis selbständig gekündigt, einvernehmlich aufgehoben oder durch Ablauf der Anstellungsdauer beendet wird.[1573] Umgekehrt findet die Bestellung nicht zwangsläufig mit Beendigung der vertraglichen Rechtsbeziehung ihre Erledigung.

699

Im Einzelfall kann die außerordentliche Kündigung des Anstellungsvertrages durch die Gesellschaft ebenso als Widerruf der Bestellung anzusehen

700

1570 BGH WM 1996, 22; BGH DB 1976, 2106, 2107; OLG Stuttgart ZIP 1989, 60, 63.
1571 BAG NJW 1998, 1732, 1733; zu arbeitsvertraglichen Verfallklauseln vgl. *Krause*, RdA 2004, 36 ff. und 106 ff.
1572 Einzelheiten zur sog. Trennungstheorie siehe Rn. 32 f. und Rn. 230.
1573 BGH WM 1995, 2064, 2065; BGH NJW-RR 1990, 1123; östOGH AG 1996, 39, 41; *Zöllner*, FS Koppensteiner, S. 291, 297 ff.

sein wie der Widerruf der Bestellung als Kündigung des Vertrages.[1574] Freilich unterscheiden sich die Anforderungen an die Beendigung der beiden Rechtsverhältnisse. Während alle Gründe für eine außerordentliche Kündigung nach § 626 Abs. 1 BGB stets die Entlassung aus dem Amt aus wichtigem Grund nach § 84 Abs. 3 Satz 1 AktG rechtfertigen, genügt umgekehrt nicht jeder Widerrufsgrund notwendigerweise für eine fristlose Kündigung.[1575] Ob der Aufsichtsrat mit der Kündigung des Vorstandsvertrages zugleich über die Abberufung beschließen wollte oder umgekehrt der Abwahlbeschluss gleichsam die Kündigung umfassen sollte, bestimmt sich im Wege der Auslegung des Beschlusses.

701 Ferner kann die Beendigung des Anstellungsvertrages durch entsprechende Regelung an den Widerruf der Bestellung gekoppelt sein.[1576] Eine wirksame Abberufung hat dann gleichzeitig das Ende des Anstellungsvertrages zur Folge. Der Gleichlauf beider Rechtsverhältnisse kann zudem für den Fall einer Amtsniederlegung vereinbart werden.

II. Kündigung durch die Aktiengesellschaft

1. Beschluss des Aufsichtsrats

a) Zuständigkeit des Aufsichtsrats/-ausschusses

702 Für die Kündigung des Anstellungsvertrages durch die Gesellschaft ist nach §§ 84 Abs. 3 Satz 5, 112 AktG der Aufsichtsrat zuständig. Während der Widerruf der Bestellung allein dem Plenum vorbehalten ist, kann die Entscheidung über die Kündigung einem mindestens dreiköpfigen Ausschuss übertragen werden.[1577] Der Ausschuss darf mit der Kündigung nicht die Entlassung aus dem Amt präjudizieren.[1578] Das Gremium kann den Dienstvertrag nicht wirksam kündigen, bevor nicht das Plenum die Abberufung des Vorstandsmitglieds beschlossen hat. Da die Kündigung als Gestaltungserklärung bedingungsfeindlich ist, kann der Ausschuss diese auch nicht unter der aufschiebenden Bedingung aussprechen, dass der Aufsichtsrat die Bestellung widerruft.[1579] Der Ausschuss kann nur beschließen, dass der Übermittler der Kündigung ermächtigt wird, diese erst und nur dann dem

---

1574 BGH WM 1981, 759, 760; OLG Köln NZG 2000, 551, 552; OLG Rostock NZG 1999, 216; *Mertens/Cahn*, in: KölnKommAktG, § 84 Rn. 106.
1575 BGH WM 1995, 2064, 2065; BGH NJW 1989, 2683, 2684; OLG Schleswig AG 2001, 651, 654; OLG Düsseldorf WM 1992, 14, 19; *Hüffer*, AktG, § 84 Rn. 39.
1576 Einzelheiten zu Kopplungs- und Gleichlaufklauseln siehe Rn. 277 ff.
1577 BGH WM 1983, 1630; OLG Düsseldorf AG 2004, 321, 322; OLG Stuttgart BB 1992, 1669.
1578 Ausführlich *Baums*, ZGR 1993, 141, 143 ff.
1579 *Hoffmann-Becking*, FS Stimpel, S. 589, 595; *Martens*, FS Werner, S. 495, 504.

Vorstandsmitglied gegenüber zu erklären, sobald das Plenum den Beschluss über den Widerruf der Bestellung gefasst hat.[1580]

Die Kündigung wird mit Bekanntgabe an das Vorstandsmitglied wirksam. **703** Die Abgabe der Kündigungserklärung obliegt nach § 112 AktG ebenfalls dem Aufsichtsrat, der sich hierzu eines Erklärungsvertreters oder auch eines Erklärungsboten bedienen kann.[1581] In der Regel wird der Aufsichtsratsvorsitzende oder ein anderes Aufsichtsratsmitglied als Erklärungsvertreter ermächtigt. Der Ausspruch der Kündigung erfolgt dann durch eigene Willenserklärung im Namen der Gesellschaft. Ein Mitglied des Vorstands dagegen kann lediglich als Bote die fremde Kündigungserklärung des Aufsichtsrats/-ausschusses übermitteln.[1582] In der Regel aber sollte kein Vorstandsmitglied mit dieser Aufgabe betraut werden, da die Auswahl des Übermittlers darüber (mit-)entscheidet, ob und wann die Kündigungserklärung zugeht.

Bei Bekanntgabe der Kündigung durch einen Erklärungsvertreter oder **704** Erklärungsboten ist die erteilte Ermächtigung grundsätzlich durch Urkunden nachzuweisen, um eine Zurückweisung nach § 174 BGB und damit die Unwirksamkeit der Kündigung auszuschließen. § 174 BGB gilt über seinen Wortlaut hinaus entsprechend auch für den Erklärungsboten.[1583] Der Nachweis kann durch eine von allen Aufsichtsratsmitgliedern unterzeichnete Ermächtigungsurkunde erfolgen.[1584] Ausreichend ist ferner die Übergabe des Original-Aufsichtsratsprotokolls über die Beschlussfassung, nicht aber die Übergabe einer Abschrift oder die Vorlage eines Auszugs aus der Sitzungsniederschrift.[1585] Eine Zurückweisung des Erklärungsempfängers kommt nicht in Betracht, wenn sich die Ermächtigung des Erklärenden aus der Satzung oder der Geschäftsordnung des Aufsichtsrats ergibt.[1586]

Der Aufsichtsrat bleibt für die Kündigung des Anstellungsvertrages ferner **705** zuständig, wenn das Vorstandsmitglied vorher aus dem Amt ausgeschieden und im Zeitpunkt der Kündigung nicht mehr Organ der Gesellschaft ist.[1587] Nach gefestigter Rechtsprechung wird die Gesellschaft gegenüber ehemali-

---

1580 *Nirk*, in: Nirk/Reuter/Bächle, HdB Aktiengesellschaft I, Rn. 697; *Wiesner*, in: MünchHdB GesR AG, § 21 Rn. 75.
1581 *Bauer/Krieger*, ZIP 2004, 1247, 1248; *Schockenhoff/Topf*, DB 2005, 539, 540; *Bauer*, DB 1992, 1413, 1421.
1582 *Semler*, in: MünchKommAktG, § 112 Rn. 66; *Spindler*, in: MünchKommAktG, § 84 Rn. 111 (zum Widerruf).
1583 *Bauer/Krieger*, ZIP 2004, 1247, 1248 m.w.N.
1584 *Steiner*, BB 1998, 1910, 1911; *Semler*, FS Rowedder, 1994, S. 441, 452; *Bauer/Krieger*, ZIP 2004, 1247, 1248.
1585 OLG Düsseldorf AG 2004, 321, 323; *Hüffer*, AktG, § 112 Rn. 6; *Schockenhoff/Topf*, DB 2005, 539, 544; a.A. *Bauer/Krieger*, ZIP 2004, 1247, 1248.
1586 OLG Düsseldorf AG 2004, 321, 323; *Bauer/Krieger*, ZIP 2004, 1247, 1248; a.A. *Semler*, in: MünchKommAktG, § 112 Rn. 88.
1587 Ausführlich *Semler*, in: MünchKommAktG, § 112 Rn. 23 ff.; kritisch *Behr/Kindl*, 1999, 119 ff.

gen Vorstandsmitgliedern weiterhin durch den Aufsichtsrat vertreten, wenn abstrakt die Gefahr einer fehlenden Unabhängigkeit des Vorstands besteht.[1588] Bei Kündigung eines bereits abberufenen Kollegen sind die amtierenden Vorstände wegen möglicher Interessenkonflikte nicht als unbefangene Vertreter der Gesellschaft anzusehen. Sofern sich der Dienstvertrag einvernehmlich in einen Arbeitsvertrag umgewandelt hat, entscheidet grundsätzlich der Vorstand als gesetzlicher Vertreter der Gesellschaft nach § 78 Abs. 1 AktG über die Kündigung.[1589] Der Aufsichtsrat bleibt jedoch für die Kündigung zuständig, wenn die Gründe ihren Ursprung in der früheren Vorstandstätigkeit haben.[1590]

b) Beschlussfassung

706 Der Aufsichtsrat/-ausschuss entscheidet über die Kündigung des Anstellungsvertrages durch Beschluss nach § 108 AktG. Die Kündigung ist unwirksam, wenn ein solcher Beschluss fehlt oder nicht ordnungsgemäß gefasst worden ist.[1591] Eine fehlerhafte Beschlussfassung kann entsprechend § 244 AktG durch bestätigenden Beschluss geheilt werden.[1592] Im Widerruf der Bestellung ist die Kündigung nur enthalten, wenn die Auslegung des Abwahlbeschlusses eine solche Interpretation zulässt.[1593] Entscheidend dafür ist, ob die Abberufung erkennbar Ausdruck eines Vertrauensverlustes ist, der die Rechtsbeziehungen zu dem entlassenen Vorstandsmitglied in ihrer Gesamtheit belastet.[1594] Der Abwahlbeschluss kann die Kündigung zudem umfassen, wenn hinsichtlich der Anstellung keine andere Erklärung abgegeben wird, jedoch der Beschlussinhalt ergänzend so auszulegen ist, dass der Aufsichtsrat über beide Rechtsverhältnisse entscheiden wollte.[1595] Ein konkludenter Kündigungsbeschluss kommt nicht in Betracht.[1596]

707 Bei der Abstimmung im Aufsichtsrat/-ausschuss genügt die Mehrheit der abgegebenen Stimmen. Im paritätisch besetzten Aufsichtsrat wird der Beschluss über die Kündigung nach § 29 Abs. 1 MitbestG ebenfalls mit einfacher Mehrheit gefasst, da das besondere Verfahren nach § 31 MitbestG nur

---

1588 BGH DStR 1998, 576, 577; BGH DStR 1998, 617, 618; BGH DStR 1997, 1174, 1175; BGH WM 1991, 941, 942; BAG BB 2002, 692, 693; LAG Köln DB 2000, 1084; näher *Mertens/ Cahn*, FS Lutter, S. 523.
1589 BGH NJW 1987, 254 f.; BGH WM 1984, 532, 533; *Fleck*, WM 1985, 677, 679.
1590 BAG BB 2002, 692, 694 m. Anm. *Graef*; LAG Köln DB 2000, 1084 m. Anm. *Grimm*, EWiR 2000, 653 f.
1591 BGH WM 1968, 570; *Spindler*, in: MünchKommAktG, § 84 Rn. 151.
1592 Für den fehlerhaften Beschluss über den Widerruf der Bestellung OLG Stuttgart AG 2003, 211, 212.
1593 BGH NJW 1954, 799; BGH NJW 1955, 1917; OLG Hamburg GmbHR 1992, 43, 48.
1594 BGH WM 1973, 639; *Wiesner*, in: MünchHdB GesR AG, § 21 Rn. 74.
1595 *Hüffer*, AktG, § 84 Rn. 24; *Mertens/Cahn*, in: KölnKommAktG, § 84 Rn. 94; siehe auch BGH WM 1981, 759, 760; OLG Köln NZG 2000, 551, 552.
1596 OLG Rostock NZG 1999, 216, 217; *Janzen*, NZG 2003, 468, 472; a. A. *Hüffer*, AktG, § 84 Rn. 24.

für den Widerruf der Bestellung gilt.[1597] Der Aufsichtsrat kann die Kündigung des Vertrages aber erst dann mit einfacher Mehrheit beschließen, wenn das Plenum zuvor die Entlassung aus dem Amt nach § 31 MitbestG beschlossen hat. Für die Beschlussfassung in einem Ausschuss kann die Satzung oder die Geschäftsordnung des Aufsichtsrats andere Mehrheitserfordernisse regeln.[1598] Der Aufsichtsratsvorsitzende kann entscheiden, ob anstelle einer offenen eine vertrauliche Abstimmung erfolgen soll.[1599]

c) Form der Kündigung

Die Kündigung des Anstellungsvertrages unterliegt nicht dem gesetzlichen Schriftformerfordernis nach § 623 BGB.[1600] Damit kann die Kündigung grundsätzlich auch mündlich erklärt werden. Aus Beweisgründen freilich vereinbaren regelmäßig die Vertragsparteien, dass die Kündigung der Schriftform bedarf. Ein Verstoß gegen die gewillkürte Schriftform führt nach § 125 Satz 2 BGB im Zweifel zur Unwirksamkeit der Kündigung. Andererseits kann die widerspruchslose Entgegennahme einer nicht formgerecht abgegebenen Kündigungserklärung als konkludente Aufhebung der Schriftformklausel anzusehen sein.[1601] Entscheidend dafür ist, ob die Parteien eine einfache oder qualifizierte Schriftformklausel vereinbart haben.[1602] Rügt das gekündigte Vorstandsmitglied erst später die Nichtbeachtung der Schriftform, kann die Geltendmachung des Formverstoßes wegen widersprüchlichen Verhaltens nach § 242 BGB ausgeschlossen sein.[1603] **708**

Für die Einhaltung der gewillkürten Schriftform ist maßgebend, wie der Aufsichtsrat/-ausschuss seinen Beschluss über die Kündigung an das Vorstandsmitglied übermittelt. Bedient sich das Gremium eines Erklärungsboten, muss der Beschluss schriftlich gefasst und von allen beteiligten Aufsichtsratsmitgliedern unterzeichnet werden.[1604] Bei Einschaltung eines Erklärungsvertreters ist indes nicht die Schriftform des Kündigungsbeschlusses entscheidend, sondern notwendig ist eine schriftliche Kündigungserklärung des ermächtigten Aufsichtsratsmitglieds.[1605] **709**

1597 *Oetker*, in: GroßKommAktG, § 31 MitbestG Rn. 23; *Gach*, in: MünchKommAktG, § 31 MitbestG Rn. 23.
1598 Einzelheiten zur Beschlussfassung in einem Ausschuss siehe Rn. 264.
1599 Einzelheiten zur geheimen Abstimmung siehe Rn. 138.
1600 *Bauer/Krieger*, ZIP 2004, 1247, 1250; *Zimmer*, BB 2003, 1175; *Nägele*, BB 2001, 305, 307; *Gaul*, DStR 2000, 691; *Richardi/Annuss*, NJW 2000, 1231, 1232.
1601 BAG NJW 1999, 596, 597; *Einsele*, in: MünchKommBGB, § 125 Rn. 66 und § 127 Rn. 4.
1602 Einzelheiten zur Schriftformklausel siehe Rn. 696.
1603 Zur Rüge des Formmangels vgl. BGH NJW-RR 1996, 641; *Einsele*, in: MünchKommBGB, § 125 Rn. 56 f.
1604 Nach *Bauer/Krieger*, ZIP 2004, 1247, 1250 genügt die Übermittlung eines satzungsmäßigen Protokolls.
1605 OLG Düsseldorf, Urteil vom 24.2.2012 – I-16 U 177/10.

2. Außerordentliche Kündigung

710 Die Gesellschaft kann den Anstellungsvertrag aus wichtigem Grund nach § 626 BGB kündigen. Da die Anforderungen hierfür höher sind als für den Widerruf der Bestellung nach § 84 Abs. 3 Satz 1 AktG, rechtfertigt nicht jede wirksame Abberufung gleichsam eine außerordentliche Kündigung des Vertrages.[1606] Im Anstellungsvertrag kann aber vereinbart werden, dass jeder Grund für den Widerruf zugleich als wichtiger Grund für eine Kündigung nach § 626 Abs. 1 BGB anzusehen ist. Kündigt die Gesellschaft auf Grund einer solchen Regelung und ohne (anderweitigen) wichtigen Grund, endet das Anstellungsverhältnis erst nach Ablauf der Frist, die für eine ordentliche Kündigung nach § 622 BGB frühestens vereinbart werden könnte.[1607]

711 Die außerordentliche Kündigung kann prinzipiell weder durch die Satzung noch durch Vereinbarung ausgeschlossen oder auf bestimmte Gründe beschränkt werden.[1608] Solche Regelungen sind unwirksam und nach § 134 BGB nichtig.[1609] Das gilt insbesondere für die Zusage einer Abfindung selbst für den Fall einer Kündigung aus wichtigem Grund.[1610] Eine unzulässige Beschränkung des Kündigungsrechts kann ferner in der Vereinbarung einer Vertragsstrafe liegen.[1611] Die Kündigung aus wichtigem Grund ist grundsätzlich bereits vor Amtsantritt möglich.[1612]

a) Wichtiger Grund

712 Ein wichtiger Grund für die Kündigung nach § 626 Abs. 1 BGB setzt voraus, dass für die Gesellschaft auf Grund bestimmter Tatsachen unter Berücksichtigung aller Umstände des Einzelfalles und unter Abwägung beiderseitiger Interessen eine Fortsetzung des Anstellungsvertrages bis zu seiner ordentlichen Beendigung unzumutbar ist.[1613] Für den wichtigen Grund der Kündigung gelten keine besonders strengen Anforderungen.[1614] In der Praxis beruht der wichtige Grund meist auf verhaltensbedingten Verfehlungen, die das Vorstandsmitglied nicht notwendigerweise verschuldet haben

---

1606 BGH WM 1995, 2064, 2065; BGH NJW 1989, 2683, 2684.
1607 BGH DStR 1999, 1743, 1744 m. Anm. *Goette*; BGH NJW 1989, 2683, 2684; *Reiserer*, BB 2002, 1199, 1200; *Bauer/Diller*, GmbHR 1998, 809, 810.
1608 BGH WM 1962, 201; *Spindler*, in: MünchKommAktG, § 84 Rn. 154.
1609 BGH NZG 2000, 983, 984; OLG Jena NZG 1999, 1069; *Schwerdtner*, in: MünchKommBGB, § 626 Rn. 70; *Lohr*, NZG 2001, 826, 835.
1610 BGH NZG 2000, 983, 984.
1611 Vgl. RGZ 61, 328; *Spindler*, in: MünchKommAktG, § 84 Rn. 154.
1612 Siehe OLG München RIW 2000, 301, 302 (Offer for Employment); *Wiesner*, in: MünchHdB GesR AG, § 21 Rn. 85.
1613 BGH DStR 2001, 861, 862; BGH DStR 1997, 1338f.; OLG Jena NZG 1999, 1069, 1070; *Tschöpe/Wortmann*, Der wichtige Grund bei Abberufung und außerordentlichen Kündigungen von geschäftsführenden Organvertretern, NZG 2009, 161ff.
1614 LG Berlin AG 2002, 682, 683; OLG Jena NZG 1999, 1069; OLG Köln DB 1994, 471.

muss.¹⁶¹⁵ Ferner können auch personen- und unternehmensbezogene Gründe eine außerordentliche Kündigung rechtfertigen.

aa) *Fallgruppen*

Als wichtigen Grund nach § 626 Abs. 1 BGB hat die Rechtsprechung insbesondere anerkannt die Begehung strafbarer Handlungen, auch außerdienstlich;¹⁶¹⁶ Entgegennahme oder Gewährung von Schmiergeldern;¹⁶¹⁷ manipulierte Warenlager, Bilanzierung und/oder Buchführung;¹⁶¹⁸ Überschreitung der Kreditlinie;¹⁶¹⁹ Überschreitung von im Innenverhältnis bestehenden Schranken zum Abschluss von Verträgen;¹⁶²⁰ Nichtbeachtung von Gremienvorbehalten;¹⁶²¹ voreilige Ausschüttung garantierter Dividende vor Deckungseingang;¹⁶²² Verletzung der Organisations- und Überwachungspflichten sowie mangelhaftes Risikomanagement;¹⁶²³ unzureichende Informationsweitergabe an den Aufsichtsrat;¹⁶²⁴ Verstoß gegen das Gebot der unbedingten Offenheit gegenüber dem Aufsichtsrat;¹⁶²⁵ Verletzung der Verschwiegenheitspflicht;¹⁶²⁶ verbotener Wettbewerb mit der Gesellschaft;¹⁶²⁷ Ausnutzung von Geschäftschancen;¹⁶²⁸ Hinnahme von Konkurrenz durch Manager eines Tochterunternehmens;¹⁶²⁹ Geschäfte mit und zum Nachteil der Gesellschaft;¹⁶³⁰ Inanspruchnahme von Betriebsmitteln und Geschäftspersonal für private Zwecke;¹⁶³¹ Vornahme verbotener Insidergeschäfte;¹⁶³² unberechtigte, mehr als geringfügige Spesenabrechnungen;¹⁶³³ eigenmächtige Auszahlung der Vorstandsbezüge;¹⁶³⁴ zerstörtes

713

1615 BGH WM 1997, 69, 70; OLG Jena NZG 1999, 1069; LG Berlin AG 2002, 682; ausführlich *Janzen*, NZG 2003, 468, 473.
1616 BGH BB 1995, 1844; BGH WM 1984, 1187; OLG Düsseldorf WM 1992, 14, 19.
1617 OLG München AG 2007, 361.
1618 OLG Rostock NZG 1999, 216, 217; OLG Köln DB 1994, 471 f.; OLG Düsseldorf WM 1992, 14, 19.
1619 BGH WM 1974, 131, 133.
1620 OLG München AG 2005, 776.
1621 OLG Oldenburg NZG 2007, 434.
1622 BGH WM 1970, 1394, 1396; BayObLG NJW 1995, 1678, 1679.
1623 BGH WM 1995, 709, 710; KG AG 2005, 737; LG Berlin AG 2002, 682, 683 f. m. Anm. *Preußner/Zimmermann*, AG 2002, 657.
1624 BGH AG 1998, 519; BGH WM 1995, 709, 710; BGH DStR 1993, 1752, 1753; KG NZG 2000, 101, 102; OLG Frankfurt NJW-RR 1994, 498, 499; OLG München BB 1994, 735, 736; östOGH AG 2001, 100, 104.
1625 OLG München ZIP 2012, 1671.
1626 BGH AG 1998, 519, 520; KG NZG 1999, 764 f.; OLG Hamm GmbHR 1985, 157, 158.
1627 BGH DStR 1995, 1359, 1360; OLG Düsseldorf GmbHR 2001, 1049, 1055; OLG Frankfurt NZG 2000, 738, 739; siehe auch KG NZG 1999, 764 f.
1628 BGH GmbHR 2001, 1158, 1159; BGH ZIP 1997, 567, 568; BGH GmbHR 1995, 296.
1629 LG Nürnberg-Fürth DB 2003, 2642 (für den GmbH-Geschäftsführer).
1630 OLG Brandenburg NZG 2000, 143, 144; OLG Karlsruhe NJW-RR 1988, 1497.
1631 BGH DStR 1997, 1338; BGH DStR 1997, 1216 f.; OLG Frankfurt NZG 2000, 738, 739.
1632 *Janzen*, NZG 2003, 468, 473.
1633 Vgl. BGH DStR 2003, 40 m. Anm. *Goette*.
1634 BGH DStR 1995, 1120; KG NZG 2001, 325, 326; OLG Hamm GmbHR 1995, 732, 733.

Vertrauensverhältnis und/oder feindseliges Verhalten zu anderen Vorstandsmitgliedern oder zum Aufsichtsrat;[1635] unberechtigte Amtsniederlegung;[1636] fehlende Genehmigung für die Übernahme eines Aufsichtsratsmandats;[1637] Druck Dritter (kreditgebende/-verlängernde Bank).[1638]

714 In der Gesellschaft begründete Umstände berechtigen zur außerordentlichen Kündigung immer dann, wenn mit dem wirtschaftlichen Niedergang des Unternehmens neben der bisherigen Tätigkeit auch andere angemessene Beschäftigungsfelder wegfallen.[1639] Dagegen stellen Umstrukturierungen im Konzern oder eine geänderte Geschäftspolitik des Hauptaktionärs für sich allein noch keinen wichtigen Kündigungsgrund dar.[1640] Ebenso wenig rechtfertigt eine Umwandlung (Verschmelzung, Spaltung, Formwechsel) als solche eine Kündigung des Anstellungsvertrages nach § 626 BGB.[1641]

715 Allein der Vertrauensentzug durch die Hauptversammlung rechtfertigt grundsätzlich keine Kündigung aus wichtigem Grund.[1642] Das zumindest gilt für den Vertrauensentzug, der auf unsachlichen Gründen oder nur geringfügigem Verschulden des Vorstandsmitglieds beruht.[1643] Ebenso wenig trägt die verweigerte Entlastung nach § 120 AktG als solche den wichtigen Grund zur fristlosen Kündigung; umgekehrt aber ist § 626 BGB auch infolge einer erteilten Entlastung nicht ausgeschlossen.[1644] Einmalige fahrlässige Schlechtleistungen begründen allein noch kein Recht zur außerordentlichen Kündigung, jedoch kann die fehlende fachliche Eignung und Befähigung ein personenbezogener Kündigungsgrund sein.[1645]

1635 BGH DStR 1998, 1398, 1400; BGH ZIP 1992, 760, 761; OLG Frankfurt a. M. BeckRS 2006, 10069; OLG Jena NZG 1999, 1069; OLG Zweibrücken NZG 1999, 1011; OLG Hamm AG 1991, 399, 401; LG Karlsruhe GmbHR 1998, 684; östOGH AG 2001, 100, 103.
1636 BGH DStR 1995, 1359, 1360; BGH BB 1980, 1387, 1398; BGH NJW 1978, 1435, 1437; OLG Celle NZG 2004, 475; OLG Koblenz GmbHR 1995, 730 f.
1637 KG Berlin AG 2007, 745 ff.
1638 BGH ZIP 2007, 119; OLG München NZG 2006, 313, 314 (Vorinstanz).
1639 BGH WM 1984, 1120, 1121; BGH WM 1975, 761, 762; Stuttgart ZIP 1981, 1336, 1337; *Mertens/Cahn:* in: KölnKommAktG, § 84 Rn. 150; kritisch *Lohr*, NZG 2001, 826, 830 f.; *Janzen*, NZG 2003, 468, 473; siehe aber BGH DStR 2003, 40, 43 m. Anm. *Goette*.
1640 BGH ZIP 2002, 2254, 2256; *Spindler*, in: MünchKommAktG, § 84 Rn. 174.
1641 Einzelheiten zur Kündigung wegen Umstrukturierung der Gesellschaft siehe Rn. 808 und Rn. 817.
1642 *Hüffer*, AktG, § 84 Rn. 40; *Wiesner*, in: MünchHdB GesR AG, § 20 Rn. 48.
1643 BGH NJW 1989, 2683, 2684; BGH NJW 1981, 2748, 2749; BGH WM 1978, 109, 110; *Hasselbach*, EWiR 2004, 385, 386. Andererseits aber kann der Vertrauensentzug den Widerruf der Bestellung rechtfertigen, selbst wenn das Vorstandsmitglied subjektiv keinem Vorwurf ausgesetzt oder seine Geschäftsstrategie sogar objektiv richtig gewesen ist, vgl. BGH NJW 1989, 2683, 2684; BGH AG 1975, 242, 244.
1644 Ausführlich *Mülbert*, in: GroßKommAktG, § 120 Rn. 40 f.
1645 BGH ZIP 1991, 509, 510; BGH WM 1982, 797, 798; *Hüffer*, AktG, § 84 Rn. 40; *Nirk*, in: Nirk/Reuter/Bächle*, HdB Aktiengesellschaft I, Rn. 699.

bb) Interessenabwägung

Die Feststellung eines wichtigen Grundes erfolgt zweistufig. Auf der ersten Stufe ist zu prüfen, ob das Vorstandsmitglied seine gesetzlichen, statutarischen oder dienstvertraglichen Pflichten grob verletzt hat. Das ist für die aufgeführten Fallgruppen grundsätzlich anzunehmen. Auf der zweiten Stufe findet im Rahmen der Interessenabwägung eine Zumutbarkeitsprüfung statt. Ein wichtiger Grund ist nur anzunehmen, wenn eine weitere Fortsetzung des Anstellungsvertrages bis zum Ende der vereinbarten Vertragslaufzeit bzw. bis zur nächstmöglichen ordentlichen Kündigung für die Gesellschaft unzumutbar ist.[1646] Bei der nach § 314 Abs. 1 Satz 2 BGB vorzunehmenden Interessenabwägung sind insbesondere die Schwere der Verfehlungen, deren Auswirkungen und etwaiger Schaden für die Gesellschaft, der Verschuldensgrad sowie die Wiederholungsgefahr und andererseits der bisherige Verlauf der Anstellung, etwaige Verdienste um das Unternehmen sowie die sozialen Belange des betroffenen Vorstandsmitglieds (z. B. Alter, künftige Beschäftigungschancen, Einkommenseinbußen, Verlust der Altersversorgung) zu berücksichtigen.[1647]

716

Die Abwägungsentscheidung hat allein solche Gründe einzubeziehen, die für oder gegen eine fortgesetzte Beschäftigung des Vorstandsmitglieds bis zur nächstmöglichen ordentlichen Kündigung oder aber bis zur regulären Beendigung des Dienstvertrages sprechen. Besondere Bedeutung hat dabei die noch offene Anstellungsdauer, da die Anforderungen an den wichtigen Grund umso höher sind, je kürzer die Restlaufzeit des Dienstvertrages ist.[1648] Kriminelles oder zumindest sittenwidriges Vorstandsverhalten rechtfertigt selbst kurz vor regulärer Beendigung des Anstellungsvertrages eine außerordentliche Kündigung. Begründen bestimmte Tatsachen den dringenden Verdacht einer groben Pflichtverletzung oder strafbaren Handlung, kommt ferner eine sog. Verdachtskündigung in Betracht, wenn infolge des damit verbundenen Vertrauensverlustes eine Fortsetzung des Vertragsverhältnisses für die Gesellschaft unzumutbar ist.[1649] Bevor der Aufsichtsrat auf Grund der Verdachtsmomente kündigt, hat er den Sachverhalt umfassend aufzuklären und das Vorstandsmitglied anzuhören, damit es den Verdacht eventuell ausräumen kann.[1650]

717

Der Gesellschaft ist die Ausübung des außerordentlichen Kündigungsrechts verwehrt, sofern sie selbst gegenüber dem Vorstandsmitglied ver-

718

1646 BGH DStR 2001, 861, 862; BGH DStR 1997, 1338; OLG Jena NZG 1999, 1069, 1070.
1647 BGH WM 1995, 2064, 2065; BGH NJW 1993, 463, 464; BGH ZIP 1991, 509, 510; OLG Jena NZG 1999, 1069, 1070 f.; OLG Stuttgart NZG 2002, 971, 972; BayObLG NZA-RR 1999, 331, 335; OLG Hamburg AG 1991, 242.
1648 BGH DStR 2001, 861, 862; BGH WM 1975, 761, 762; OLG Jena NZG 1999, 1069, 1070.
1649 BGH DStR 1997, 1053; BGH DStR 1993, 1752, 1753; BGH ZIP 1984, 1113, 1114; LAG Berlin GmbHR 1997, 839, 841; *Goette*, DStR 1998, 1137, 1141.
1650 BGH DStR 1996, 676, 677 m. Anm. *Goette*; BGH ZIP 1984, 1113, 1114; *Lohr*, NZG 2001, 826, 831; *Fleck*, WM 1985, 677, 680.

tragsbrüchig geworden und ihr Verhalten als rechtswidrig anzusehen ist.[1651] Kündigt die Gesellschaft unberechtigt den Anstellungsvertrag, hat das Vorstandsmitglied nach Maßgabe der §§ 615, 295 BGB weiterhin Anspruch auf seine Vergütung.[1652]

b) Kündigungsfrist

719 Nach § 626 Abs. 2 Satz 1 BGB muss die außerordentliche Kündigung innerhalb von zwei Wochen ab Kenntnis der den wichtigen Grund tragenden Tatsachen erfolgen. Maßgebend für den Fristbeginn ist die Kenntnisnahme durch den Aufsichtsrat.[1653]

aa) *Kenntnis des Gremiums*

720 Die Kündigungsfrist beginnt mit Kenntnis aller Mitglieder des Aufsichtsrats/-ausschusses in ihrer Eigenschaft als Mitwirkende an der kollektiven Willensbildung.[1654] Ausgelöst wird der Fristbeginn nicht bereits mit Kenntnisnahme durch ein Mitglied des Aufsichtsrats, auch nicht durch die Kenntnis des Aufsichtsratsvorsitzenden.[1655] Erfährt das einzelne Aufsichtsratsmitglied kündigungsrelevante Tatsachen, hat es umgehend die Einberufung einer Sitzung zu veranlassen, um eine Willensbildung im Gremium zu ermöglichen.[1656] Dafür genügt eine außerordentliche Aufsichtsratssitzung, zu der nach ordnungsgemäßer Ladung der beschlussfähige Aufsichtsrat/-ausschuss zusammentritt. Nach § 110 Abs. 1 AktG hat der Aufsichtsratsvorsitzende die Sitzung unverzüglich[1657] binnen zwei Wochen einzuberufen; die Vorfrist ist entsprechend zu kürzen, wenn die Einberufung und Sitzung früher stattfinden.[1658] Am ersten Sitzungstag beginnt dann die zweiwöchige Kündigungsfrist nach § 626 Abs. 2 BGB.

721 Außerhalb der Aufsichtsratssitzung erlangte Kenntnisse berühren die Kündigungsfrist nur ausnahmsweise, etwa wenn die Maßnahmen zur Aufklärung der Sachlage nicht mit gebotener Eile durchgeführt werden und/oder der Aufsichtsrat/-ausschuss nach Abschluss der Ermittlungen nicht unverzüglich einberufen wird (Obliegenheit zu einer frühzeitigen Einberufung

---

1651 OLG Düsseldorf DStR 2001, 1312 m. Anm. *Goette*.
1652 Einzelheiten zum Vergütungsanspruch bei Annahmeverzug siehe Rn. 339 ff.
1653 Ausführlich *Grumann/Gillmann*, DB 2003, 770, 774 f.; *Janzen*, NZG 2003, 468, 474.
1654 BGH NZG 2002, 46, 47 f.; BGH NZG 2000, 654, 656; BGH ZIP 1998, 1269, 1270; OLG Köln NZG 2000, 551, 552; OLG Jena NZG 1999, 1069, 1070; LG Berlin AG 2002, 682, 684; siehe auch BGH GmbHR 2001, 1158, 1160; BGH AG 1981, 47, 48; OLG Zweibrücken NZG 1999, 1011.
1655 Vgl. BGH NZG 2002, 46, 47 f.; BGH NZG 2000, 654, 656; BGH ZIP 1998, 1269, 1270 m. Anm. *Kowalski*, EWiR 1998, 927; ausführlich *Schumacher-Mohr*, ZIP 2002, 2245, 2246 ff.
1656 KG NZG 2000, 101, 102; OLG Köln DB 1994, 471; *Wiesner*, in: MünchHdB GesR AG, § 21 Rn. 80 f; *Grunewald*, FS Beusch, S. 301, 316; *Stein*, ZGR 1999, 264, 287 f.
1657 Die Obergrenze für die Überlegungsfrist beträgt zwei Wochen vgl. *Hüffer*, AktG, § 110 Rn. 7; *Lutter/Krieger*, Rechte und Pflichten des Aufsichtsrats, Rn. 569.
1658 Ausführlich zur (Vor-)Fristberechnung *Schumacher-Mohr*, ZIP 2002, 2245, 2246 ff.

des zuständigen Organs und Obliegenheit zu einer zügigen Ermittlung des Sachverhalts).[1659] Die Gesellschaft muss sich dann so behandeln lassen, als wäre die Einberufung des Aufsichtsrats mit zumutbarer Dringlichkeit erfolgt und sie über die die Kündigung begründenden Tatsachen in Kenntnis gesetzt worden. Keine Verzögerung liegt vor, wenn der Aufsichtsratsvorsitzende vor Einberufung dem betreffenden Vorstandsmitglied zunächst Gelegenheit gibt, die Verdachtsmomente und erhobenen Vorwürfe auszuräumen.[1660] Bei Verdachtskündigung hemmt eine zügig durchgeführte Anhörung den Fristablauf.[1661] Entsprechendes gilt für Bemühungen um eine einvernehmliche Beendigung des Anstellungsvertrages.

Bekannt sind die Tatsachen für eine Kündigung aus wichtigem Grund, **722** wenn der Sachverhalt in dem Umfang in Erfahrung gebracht ist, dass er bei verständiger Betrachtung als notwendige Grundlage für die Entscheidung über Fortbestehen oder Beendigung des Anstellungsvertrages anzusehen ist.[1662] Erforderlich ist die positive Kenntnis der entscheidungserheblichen Tatsachen; Kennenmüssen allein genügt nicht.[1663] Im Fall einer Verdachtskündigung muss über den Sachverhalt so viel bekannt sein, dass der Aufsichtsrat sich ein eigenes Urteil über die Verdachtsmomente und ihre Tragweite bilden kann.[1664] Bei Kündigung auf Grund eines Gesamtverhaltens und bestimmter Dauerzustände beginnt die Kündigungsfrist mit Kenntnis der Umstände und Tatsachen, die infolge ihres inneren Zusammenhangs mit früheren Ereignissen als weiteres und letztes Glied für die sofortige Vertragsbeendigung maßgebend sind.[1665]

bb) Sonstige Anforderungen

Das Nachschieben neuer Gründe im Prozess kommt nur in Betracht, wenn **723** diese bereits bei Ausspruch der Kündigung objektiv vorlagen, der Aufsichtsrat in den letzten beiden Wochen keine Kenntnis davon hatte und die Kündigung nunmehr auf diese Gründe gestützt wird.[1666] Dazu bedarf es kei-

---

1659 BGH DStR 2001, 2166, 2167 f.; BGH ZIP 1998, 1269, 1271; BGH NJW 1996, 1403, 1404; KG NZG 2000, 101; OLG Jena NZG 1999, 1069, 1070; OLG Zweibrücken NZG 1999, 1011.
1660 BGH NJW 1996, 1403, 1404; *Mertens/Cahn*, in: KölnKommAktG, § 84 Rn. 164; *Brandes*, WM 1997, 2281, 2282 f.
1661 BGH NJW 1996, 1403, 1404; BGH DB 1992, 269, 261; BGH ZIP 1984, 1113, 1114; BGH WM 1976, 77, 78.
1662 BGH DStR 1997, 1338, 1339; BGH NJW 1996, 1403, 1404; OLG Jena NZG 1999, 1069; OLG Karlsruhe NZG 1999, 1012.
1663 BGH NJW 1993, 463, 464; *Nirk*, in: Nirk/Reuter/Bächle, HdB Aktiengesellschaft I, Rn. 700.
1664 BGH ZIP 1984, 841, 842; LAG Berlin GmbHR 1997, 839, 842.
1665 BGH DStR 2001, 861, 862 m. Anm. *Goette*; OLG Köln OLGR 1995, 179, 181; BAGE 29, 57, 72.
1666 BGH DB 2004, 125, 127; BGH DStR 2001, 861, 862; BGH DB 1992, 260, 261; BGH WM 1982, 797, 798; OLG Naumburg DB 2002, 2316; OLG Zweibrücken NZG 1999, 1011.

ner erneuten Beschlussfassung im Aufsichtsrat.[1667] Ein sachlicher Zusammenhang zwischen ursprünglichem und nachgeschobenem Kündigungsgrund ist nicht erforderlich.[1668] Im Einzelfall können dem Nachschieben von Gründen nach Treu und Glauben Grenzen gesetzt sein.[1669]

724 In der Praxis erfolgt die außerordentliche Kündigung meist nicht isoliert, sondern gleichzeitig oder zumindest zeitnah widerruft die Gesellschaft auch die Bestellung. Die tatsächliche Verknüpfung beider Szenarien bedeutet freilich nicht, dass die Kündigungsfrist erst beginnt, wenn der Beschluss über den Widerruf der Bestellung gefasst wurde.[1670] In mitbestimmten Gesellschaften aber unterliegt das mehrstufige Abberufungsverfahren nach § 31 Abs. 5 i. V. m. Abs. 3 Satz 1 MitbestG der Monatsfrist mit der Folge, dass dort ausnahmsweise die zweiwöchige Kündigungsfrist so lange gehemmt sein soll, wie das Abwahlverfahren im Vermittlungsausschuss noch nicht beendet ist.[1671]

725 Scheitert die außerordentliche Kündigung an der zweiwöchigen Ausschlussfrist, und kann sich die Gesellschaft auf ein vertragliches (ordentliches) Kündigungsrecht berufen, kommt nach § 140 BGB eine Umdeutung der unwirksamen fristlosen Kündigung in eine ordentliche Kündigung in Betracht, sofern ein entsprechender Wille erkennbar ist.[1672] Bleibt das Vorstandsmitglied im Amt, wird ein solcher Wille grundsätzlich zu verneinen und die Umdeutung in eine ordentliche Kündigung abzulehnen sein.[1673]

c) Darlegungs- und Beweislast

726 Die Gesellschaft ist darlegungs- und beweispflichtig für alle Tatsachen, auf die sie die Kündigung stützt. Das gilt insbesondere für alle Umstände, die den wichtigen Grund und die Unzumutbarkeit der Weiterbeschäftigung rechtfertigen. Keine Anwendung findet die Beweislastumkehr nach § 93 Abs. 2 Satz 2 AktG.[1674] Macht das Vorstandsmitglied besondere, sein Verhalten rechtfertigende Umstände geltend, und gelingt ihm ein entsprechen-

---

1667 BGH AG 1998, 519, 520; *Mertens/Cahn*, in: KölnKommAktG, § 84 Rn. 183; *Bauer/Krets*, DB 2003, 811, 817; a. A. OLG Köln NZG 2000, 551, 552; *Wiesner*, in: MünchHdB GesR AG, § 21 Rn. 82; *Fleck*, WM 1994, 1957, 1966.
1668 BGH DB 2004, 125, 127; BGH DB 1992, 260, 261.
1669 Näher OLG Naumburg DB 2002, 2316, 2117.
1670 *Mertens/Cahn*, in: KölnKommAktG, § 84 Rn. 143; *Hüffer*, AktG, § 84 Rn. 41; siehe aber OLG Zweibrücken NZG 1999, 1011; a. A. *Reuter*, FS Zöllner, S. 487, 500; *Martens*, FS Werner, S. 495.
1671 So *Wiesner*, in: MünchHdB GesR AG, § 21 Rn. 83; *Hüffer*, AktG, § 84 Rn. 25; *Martens*, FS Werner, S. 495, 510; *Nirk*, in: Nirk/Reuter/Bächle, HdB Aktiengesellschaft I, Rn. 700; a. A. LG Ravensburg EWiR 1985 § 31 MitbestG 1/85, 415 m. Anm. *Wiesner*; *Mertens/Cahn*, in: KölnKommAktG, § 84 Rn. 174; *Ulmer*, in: Hanau/Ulmer, MitbestG, § 31 Rn. 43.
1672 BGH ZIP 2000, 539, 540; BGH ZIP 1997, 1882, 1883; BGH NJW 1982, 2603, 2604; OLG Düsseldorf NZG 2000, 1044, 1045; KG NZG 1999, 501, 502; BAG NJW 1988, 581; LAG Berlin GmbHR 1997, 839, 843; *Lohr*, NZG 2001, 826, 935; *Teigelkötter*, GmbHR 2000, 377.
1673 BGH WM 1956, 1182; *Spindler*, in: MünchKommAktG, § 84 Rn. 157.
1674 OLG München AG 2007, 361.

der Nachweis, so hat die Gesellschaft das Vorbringen zu widerlegen und darüber Beweis zu führen.[1675] Ferner trägt die Gesellschaft die Beweislast für die Einhaltung der Kündigungsfrist sowie dafür, dass sie von den maßgebenden Tatsachen erst innerhalb der Ausschlussfrist des § 626 Abs. 2 BGB vor Ausspruch der Kündigung Kenntnis erlangt hat.[1676]

d) Abmahnung, Anhörung

Die außerordentliche Kündigung bedarf grundsätzlich keiner vorherigen Abmahnung, denn dafür fehlt dem Vorstandsmitglied im Gegensatz zu abhängig Beschäftigen die soziale Schutzbedürftigkeit.[1677] Bei (wiederholten) leichten und mittleren Pflichtverletzungen kann allerdings das Abmahnerfordernis nach § 314 Abs. 2 Satz 1 BGB gewisse Bedeutung erlangen, da bei der im Rahmen der Zumutbarkeitsprüfung vorzunehmenden Gesamtwürdigung aller Umstände dann auch berücksichtigt werden muss, ob das betroffene Vorstandsmitglied nach dem Erstverstoß abgemahnt wurde.[1678] Der BGH hat jedoch nunmehr klargestellt, dass das in § 314 Abs. 2 BGB normierte Abmahnerfordernis auf den Vorstandsdienstvertrag keine Anwendung findet, was sich aus § 314 Abs. 2 i. V. m. § 323 Abs. 2 Ziff. 3 BGB ergebe.[1679]

727

Eine vorherige Anhörung des Vorstandsmitglieds ist nicht Wirksamkeitsvoraussetzung einer fristlosen Kündigung.[1680] Eine Ausnahme gilt für den Fall einer Verdachtskündigung oder dann, wenn in dem Vorstandsvertrag eine sogenannte gewillkürte Anhörungsklausel enthalten ist.[1681]

728

Die Angabe des Kündigungsgrundes ist für die Wirksamkeit einer außerordentlichen Kündigung ebenfalls nicht erforderlich.[1682] Aus der Kündigungserklärung muss jedoch hervorgehen, dass das Anstellungsverhältnis aus wichtigem Grund ohne Rücksicht auf vertraglich vereinbarte oder gesetzliche Kündigungsfristen beendet wird.[1683] Nach § 626 Abs. 2 Satz 3 BGB kann das betroffene Vorstandsmitglied überdies verlangen, dass der

729

1675 BGH DStR 2003, 40, 42; BGH WM 1995, 700, 706; siehe auch BGH AG 1998, 519; BGH WM 1978, 109, 111.
1676 BGH NJW-RR 1990, 1330, 1331; OLG Jena NZG 1999, 1069, 1070.
1677 BGH DB 2001, 2438, 2439; BGH DStR 2000, 695 m. Anm. *Goette*; BGH ZIP 2000, 508, 510; BGH DStR 1998, 1398, 1400; OLG Celle NZG 2004, 475, 478; *Janzen*, NZG 2003, 468, 473; a. A. *Schumacher-Mohr*, DB 2002, 1606; ablehnend wohl auch *Grumann/Gillmann*, DB 2003, 770, 774.
1678 Ausführlich *Schneider*, GmbHR 2003, 1, 5; *Schumacher-Mohr*, DB 2002, 1606, 1608.
1679 BGH DB 2007, 1865.
1680 LG Berlin AG 2002, 682, 683; *Preussner*, NZG 2004, 1151; *Janzen*, NZG 2003, 468, 473; *Preis*, in: StaudingerBGB, § 626 Rn. 255 a. A. KG NZG 2004, 1165.
1681 BGH NJW 1996, 1403, 1404; KG NZG 2004, 1165.
1682 BGH DB 2004, 125,127; etwas anderes gilt freilich bei einer Regelung im Anstellungsvertrag, wonach die Kündigungsgründe (schriftlich) mitzuteilen sind, vgl. KG NZG 2004, 1165.
1683 OLG Zweibrücken NZG 1999, 1011; OLG Frankfurt GmbHR 1989, 254, 256.

Kündigungsgrund ihm unverzüglich schriftlich mitgeteilt wird. Bei Nichtbeachtung dieses Verlangens kann die Gesellschaft zum Schadensersatz verpflichtet sein.

e) Verschulden

730 Die Kündigung von Vorstandsmitgliedern erfordert kein Verschulden. Dies ist bei Arbeitsverhältnissen anders, für Organmitglieder jedoch anerkannt. Es reicht eine Mitverantwortung an der festgestellten Pflichtverletzung.[1684]

f) Rechtsschutz des Vorstandsmitglieds

aa) Feststellungsklage

731 Das Vorstandsmitglied kann die unberechtigte außerordentliche Kündigung im Wege einer Feststellungsklage für unwirksam erklären lassen und Fortzahlung der vereinbarten Bezüge verlangen. Die Kündigungsschutzklage kann mit der Klage gegen den Widerruf der Bestellung verbunden werden.[1685] Einstweiliger Rechtschutz ist möglich.[1686] Eine gesetzliche Klagefrist gibt es nicht, es kann im Einzelfall lediglich Verwirkung eintreten. Auf Grund der unterschiedlichen Rechtsverhältnisse kann der Ausgang beider Prozesse je nach Umständen ebenfalls verschieden sein. Die Feststellung der Unwirksamkeit der Kündigung ist rückwirkend, während die rechtskräftige Feststellung der Unwirksamkeit der Abberufung wegen § 84 Abs. 3 Satz 4 AktG *ex nunc* wirkt. Ausstehende Bezüge sind dem Vorstandsmitglied nachzuzahlen. Darüber hinaus können gemäß § 288 Abs. 1 Satz 1 BGB Verzugszinsen auf die Bruttobeträge gefordert werden.[1687]

732 Zuständig für den Rechtsstreit über die Wirksamkeit der Kündigung sind nach § 13 GVG die Zivilgerichte (in der Regel das Landgericht, dort die Kammer für Handelssachen), sofern nicht ausnahmsweise infolge einer Umqualifizierung des Vorstandsvertrages in ein Arbeitsverhältnis die Negativfiktion des § 5 Abs. 1 Satz 3 ArbGG nicht greift und die Auseinandersetzung über die Beendigung der Anstellung nach § 2 Abs. 1 Nr. 3a) und b) ArbGG den Arbeitsgerichten zugewiesen ist.[1688] Ferner kann eine arbeitsgerichtliche Zuständigkeit nach § 2 Abs. 3 ArbGG gegeben sein, wenn der Streit über die Wirksamkeit der Kündigung in rechtlichem oder unmittelbar wirtschaftlichem Zusammenhang mit einer bürgerlichen Rechtsstreitigkeit steht, für die originär die Arbeitsgerichte zuständig sind. Dies betrifft ggf. solche Fälle, bei denen das gekündigte Vorstandsmitglied auf Grund einer Rückkehrklausel die Wiedereinstellung als Arbeitnehmer gerichtlich gel-

---

1684 BGH NJW-RR 1997, 348; OLG Thüringen NZG 1999, 1069; LG Berlin AG 2002, 682.
1685 *Mertens/Cahn*, in: KölnKommAktG, § 84 Rn. 137; *Spindler*, in: MünchKommAktG, § 84 Rn. 185.
1686 OLG Köln NZG 2008, 635.
1687 OLG Dresden, OLG-NL 2001, 75 unter Bezugnahme auf BAG NZA 1999, 85; BAG (GS) NZA 2001, 1195.
1688 Einzelheiten zur Umwandlung in ein Arbeitsverhältnis siehe Rn. 791 ff.

tend macht. Im Kündigungsprozess wird die Gesellschaft nach § 112 AktG durch den Aufsichtsrat vertreten. Die Zustellung der Klage kann an den Aufsichtsratsvorsitzenden gemäß § 171 Abs. 3 ZPO erfolgen. Maßgebend ist seine Privatanschrift, nicht die Adresse am Sitz der Gesellschaft.[1689]

bb) *Urkundsprozess*

Alternativ oder ergänzend zur Erhebung einer Feststellungsklage sollte geprüft werden, ob ein vollstreckbarer Titel im Wege des Urkundsprozesses nach §§ 592 ff. ZPO erlangt werden kann.[1690] Der Urkundsprozess bietet für das Vorstandsmitglied strategische Vorteile, so insbesondere den (vorläufigen) Ausschluss anderer Beweismittel, den schnelleren Erhalt eines Zahlungstitels sowie die vorläufige Vollstreckbarkeit des Urteils ohne Sicherheitsleistung. Bei unstreitigem Annahmeverzug seitens der Gesellschaft belegt das Vorstandsmitglied bereits mit der Vorlage der Vertragsurkunde über das Anstellungsverhältnis, der Vergütungsberechnung und der Gehaltsabrechnung die wesentlichen Voraussetzungen seines Lohnanspruchs und erfüllt damit die an die Statthaftigkeit des Urkundsprozesses zu stellenden Mindestanforderungen.[1691] Die Gesellschaft hingegen wird die dem Vergütungsanspruch in Form einer Einwendung entgegenzuhaltende (berechtigte) außerordentliche Kündigung meist nicht mit den im Urkundsprozess zulässigen Beweismitteln beweisen können. Die Originalurkunden sind erst in der mündlichen Verhandlung vorzulegen, während bei Klageerhebung lediglich Kopien ausreichen. Vorsicht aus Sicht des Vorstandes ist allerdings dann geboten, wenn ein Strafverfahren anhängig ist, da Protokolle des Strafverfahrens über Zeugen- und Beschuldigtenvernehmungen als öffentliche Urkunden nach § 435 ZPO im Urkundsprozess zulässig verwertbar sind.[1692]

733

3. Ordentliche Kündigung

a) *Ausdrückliche Regelung*

Bei Abschluss eines Dienstvertrages auf unbestimmte Zeit endet der Vertrag nach § 84 Abs. 1 Satz 1 i. V. m. Satz 5 AktG mit Ablauf der gesetzlichen Fünf-Jahres-Frist. Der Anstellungsvertrag ist mithin kraft Gesetzes als befristet anzusehen und gilt für diejenige Zeit abgeschlossen, für die das Vorstandsmitglied zum Organ der Gesellschaft bestellt wurde. Eine ordentliche Kündigung bedarf deshalb nach § 620 BGB einer ausdrücklichen Vereinbarung.[1693] Erforderlich dafür ist aber, dass die Gesellschaft zuvor oder

734

1689 BGH NJW 1989, 2689; OLG Hamburg AG 2002, 521.
1690 Ausführlich *Fischer*, NJW 2003, 333; *Pröpper*, BB 2003, 202; *Tschöpe/Wortmann* NZG 2009, 161 ff.
1691 Vgl. OLG Jena OLG-NL 1996, 160; siehe allg. BGH BB 1988, 1418; KG NJW-RR 1997, 1059.
1692 OLG München AG 2007, 361.
1693 BGH DStR 1999, 1743, 1744; OLG Hamm NZG 1999, 836; *Grobys/Littger*, BB 2002, 2292, 2293; grundsätzlich ablehnend OLG Karlsruhe DB 1973, 1446, 1447.

gleichzeitig mit der Kündigung die Bestellung aus wichtigem Grund widerruft.[1694] Eine berechtigte Abberufung nach § 84 Abs. 3 AktG ist stets Wirksamkeitsvoraussetzung für eine ordentliche Kündigung.[1695] Anderenfalls könnte die Gesellschaft durch eine ordentliche Vertragskündigung faktisch die Beendigung der Bestellung ohne wichtigen Grund erzwingen. Die Kündigung würde das Vorstandsmitglied letztlich zur Amtsniederlegung veranlassen, da es sonst weiterhin u. a. den organschaftlichen Haftungsrisiken ausgesetzt wäre.[1696]

735 Eine ordentliche Kündigung bedarf keines besonderen Grunds.[1697] Die Ausübung des Kündigungsrechts kommt in Anlehnung an die Mindestdauer der Bestellung frühestens nach Ablauf eines Jahres nach der Berufung in den Vorstand in Betracht.[1698] Eine vorherige Abmahnung ist für eine ordentliche Kündigung generell nicht erforderlich.[1699] Auf das Kündigungsschutzgesetz können sich die Vorstände als organschaftliche Vertreter der Gesellschaft nach § 14 Abs. 1 Nr. 1 KSchG grundsätzlich nicht berufen.[1700] Allerdings kann im Fall einer Drittanstellung (z. B. im Konzernverbund oder in der AG & Co. KG) der Anstellungsvertrag auf Grund einer faktischen Abhängigkeit als Arbeitsverhältnis ausgestaltet und deshalb das KSchG anzuwenden sein.[1701] Bei Fortsetzung des Anstellungsvertrages als Arbeitsverhältnis nach Beendigung der Bestellung sind die Kündigungsschutzvorschriften grundsätzlich anwendbar, selbst wenn die Kündigung auf Vorfälle aus der früheren Amtszeit gestützt wird.[1702]

b) Kündigungsfristen

736 Die ordentliche Kündigungsfrist bestimmt sich grundsätzlich nach § 622 BGB,[1703] sofern dem Vorstandsmitglied nicht nach § 621 BGB eine günsti-

---

1694 BGH NJW 1984, 2528; BGH AG 1981, 73, 74; *Mertens/Cahn*, in: KölnKommAktG, § 84 Rn. 149; *Fonk*, in: Semler/v. Schenck, ArbeitsHdB für Aufsichtsratsmitglieder, § 9 Rn. 190.
1695 OLG Karlsruhe AG 1973, 310, 311; *Spindler*, in: MünchKommAktG, § 84 Rn. 158; *Steinbeck/Menke*, DStR 2003, 940, 941.
1696 *Hoffmann-Becking*, FS Stimpel, S. 589, 594 f.; *Lutter/Krieger*, Rechte und Pflichten des Aufsichtsrats, Rn. 406.
1697 Vgl. BGH DStR 2003, 2174 m. Anm. *Goette* (zum GmbH-Geschäftsführer).
1698 Ausführlich *Grobys/Littger*, BB 2002, 2292, 2294.
1699 *Lücke*, in Lücke, Beck'sches MandatsHdB, Vorstand der AG, § 2 Rn. 270 ff.
1700 BGH NZG 2000, 654, 655; *Wiesner*, in: MünchHdB GesR AG, § 21 Rn. 9; *Bauer*, BB 1994, 855, 856.
1701 LAG Frankfurt LAGE Nr. 20 zu § 2 ArbGG 1975; *Weber/Hoß/Burmester*, HdB Managerverträge, Teil 8 Rn. 41.
1702 BAG DB 1994, 1828 f.; BAG NZA 1987, 845; BAG DB 1974, 1243; LAG Berlin GmbHR 1997, 839, 840 f.; *Reiserer*, DB 1994, 1822, 1824 f.; *Bauer*, BB 1994, 855, 857.
1703 BGH NJW 1981, 2748; BGH GmbHR 1984, 312; LAG Köln EWiR 1999, 493; LAG Berlin GmbHR 1997, 839, 843; *Hüffer*, AktG, § 84 Rn. 17; *Wiesner*, in: MünchHdB GesR AG, § 21 Rn. 11; *Bauer/Diller*, GmbHR 1998, 809, 812; *Reiserer*, DB 1994, 1822, 1823; a. A. *Hümmerich*, NJW 1995, 1177, 1179 f.

gere Frist gewährt wird.[1704] Neben der allgemeinen Kündigungsfrist nach § 622 Abs. 1 BGB können insbesondere die verlängerten Kündigungsfristen entsprechend § 622 Abs. 2 BGB gelten.[1705] Berechnungsgrundlage ist die Gesamtbeschäftigungsdauer (als Angestellter) im Unternehmen und nicht allein die Dauer der Bestellung.[1706] Allerdings ist die Kündigungsfrist nach § 622 Abs. 2 BGB nicht in jedem Fall günstiger als die nach § 621 BGB. Das gilt insbesondere dann, wenn im Anstellungsvertrag ein Jahresgehalt vereinbart worden ist (§ 621 Nr. 4 BGB).

Die gesetzlichen Kündigungsfristen bleiben unanwendbar, wenn die Vertragsparteien für die ordentliche Kündigung anderweitige Fristen vereinbart haben.[1707] Das ist möglich, weil die Regelungen nach § 622 BGB weder für das Vorstandsmitglied noch für die Gesellschaft zwingend sind.[1708]

737

III. Kündigung durch das Vorstandsmitglied

1. Außerordentliche Kündigung

a) Wichtiger Grund

Das Vorstandsmitglied kann ebenso wie die Gesellschaft den Anstellungsvertrag nach § 626 BGB außerordentlich kündigen. Der dafür erforderliche wichtige Grund kann jede ernsthafte und schwerwiegende Störung der Vertrauensbasis durch die Gesellschaft sein.[1709] Das Vertrauensverhältnis muss so erheblich beeinträchtigt sein, dass eine Fortsetzung des Dienstvertrages unter Abwägung der Interessen beider Parteien bis zur nächstmöglichen regulären Beendigung der Anstellung für das Vorstandsmitglied unzumutbar ist.

738

aa) *Fallgruppen*

Als schwerwiegende Störung der Vertrauensbasis und damit als wichtiger Grund nach § 626 Abs. 1 BGB anzusehen ist die unberechtigte Kündigung durch die Gesellschaft;[1710] die berechtigte Abberufung, deren Gründe aber

739

1704 OLG Hamm NZG 1999, 836, 837; grundsätzlich für die Anwendbarkeit des § 621 BGB *Buchner/Schlobach*, GmbHR 2004, 1, 6; *Eckhardt*, AG 1989, 431; *Boemke*, ZfA 1998, 209, 232 f.
1705 *Grumann/Gillmann*, DB 2003, 770, 772; *Buchner/Schlobach*, GmbHR 2004, 1, 6; *Bauer/Diller*, GmbHR 1998, 809, 812.
1706 LG Berlin DB 2001, 640; LAG Berlin GmbHR 1997, 839, 843; *Wiesner*, in: MünchHdB GesR AG, § 21 Rn. 11; *Bauer/Gragert*, ZIP 1997, 2177, 2181; *Reiserer*, DB 1994, 1822, 1823.
1707 LAG Berlin GmbHR 1997, 839, 843 m. Anm. *Oetker*, EWiR 1998, 65, 66; siehe auch OLG Zweibrücken NZG 1999, 1011; a. A. *Wiesner*, in: MünchHdB GesR AG, § 21 Rn. 11; *Spindler*, in: MünchKommAktG, § 84 Rn. 159.
1708 Ebenso *Buchner/Schlobach*, GmbHR 2004, 1, 6.
1709 *Mertens/Cahn*, in: KölnKommAktG, § 84 Rn. 198.
1710 *Mertens/Cahn*, in: KölnKommAktG, § 84 Rn. 198; *Wiesner*, in: MünchHdB GesR AG, § 21 Rn. 86; *Bauer/Diller/Krets*, DB 2003, 2687, 2693.

nicht eine außerordentliche Kündigung rechtfertigen;[1711] vertragswidriges Verhalten der Gesellschaft (z.B. Nichtzahlung der Bezüge; Fehlen einer zugesagten D & O-Versicherung);[1712] unsachlicher Vertrauensentzug durch die Hauptversammlung oder aber willkürlich verweigerte Entlastung nach § 120 AktG;[1713] nachträgliche erhebliche Beschränkungen der Geschäftsführungsbefugnisse durch den Aufsichtsrat oder die Satzung; einseitige Änderungen der vertraglich vereinbarten Ressorts durch den Aufsichtsrat;[1714] unverschuldete Konflikte mit anderen Vorstandsmitgliedern oder dem Aufsichtsrat.[1715] Ein gesetzliches Kündigungsrecht hat das Vorstandsmitglied nach § 87 Abs. 2 Satz 3 AktG, wenn der Aufsichtsrat seine Bezüge wegen wesentlicher Verschlechterung der wirtschaftlichen Lage der Gesellschaft herabsetzt.[1716]

740 Ferner kann sich ein wichtiger Grund aus der Umstrukturierung der Gesellschaft ergeben, insbesondere wenn infolge einer Verschmelzung oder Aufspaltung die Organstellung beendet wird oder die eigenverantwortlichen Entscheidungsbefugnisse des Vorstandsmitglieds auf Grund einer Abspaltung oder Ausgliederung erheblich beschnitten werden.[1717] Das gilt zudem entsprechend bei Veräußerung, Beherrschung oder Eingliederung der Gesellschaft.[1718] Darüber hinaus können die Parteien im Rahmen einer *Change-of-Control*-Klausel bestimmte Gründe als wichtig vereinbaren, die das Vorstandsmitglied mit Eintritt eines Kontrollwechsels zur außerordentlichen Kündigung berechtigen. Davon umfasst sein können der Wechsel einer bedeutenden Beteiligung i.S.d. §§ 21, 22 WpHG, ein Kontrollerwerb i.S.d. § 29 Abs. 2 WpÜG, eine Übernahme oder eine Konzernierung.[1719]

741 Eine berechtigte Amtsniederlegung aus wichtigem Grund rechtfertigt in der Regel auch eine außerordentliche Kündigung durch das Vorstandsmitglied, denn die Unzumutbarkeit der Amtsführung betrifft gleichsam die Erbringung der vertraglich geschuldeten Leistung.[1720] Eine Pflicht zur außerordentlichen Kündigung begründet die berechtigte Amtsniederlegung jedoch

---

1711 *Nirk*, in: Nirk/Reuter/Bächle, HdB Aktiengesellschaft I, Rn. 702.
1712 Vgl. BAG DB 2003, 2273; *Deilmann*, NZG 2005, 54, 55 f.
1713 *Mülbert*, in: GroßKommAktG, § 120 Rn. 46; *Mertens/Cahn*, in: KölnKommAktG, § 84 Rn. 198.61; *Wiesner*, in: MünchHdB GesR AG, § 21 Rn. 86.
1714 *Spindler*, in: MünchKommAktG, § 84 Rn. 172.
1715 BGH NJW 1995, 2850, 2851; BGH NJW 1994, 443, 444; BGH WM 1992, 387, 388; OLG Frankfurt GmbHR 1993, 288, 289; *Mertens/Cahn*, in: KölnKommAktG, § 84 Rn. 198; *Wiesner*, in: MünchHdB GesR AG, § 21 Rn. 86.
1716 Einzelheiten zur Kündigung wegen Herabsetzung der Bezüge siehe Rn. 333 ff.
1717 Einzelheiten zur Kündigung wegen Umwandlung der Gesellschaft siehe Rn. 808 ff.
1718 *Mertens/Cahn*, in: KölnKommAktG, § 84 Rn. 198; *Röder/Lingemann*, DB 1993, 1341, 1349.
1719 Einzelheiten zur *Change-of-Control*-Klausel siehe Rn. 465 ff.
1720 *Röder/Lingemann*, DB 1993, 1341, 1343; a.A. *Lenze*, Amtsniederlegung durch das Vorstandsmitglied einer Aktiengesellschaft, S. 143 f.

nicht.[1721] Umgekehrt kann das Vorstandsmitglied mit der fristlosen Kündigung sein Amt niederlegen, da ihm nicht zuzumuten ist, ohne Anstellungsvertrag die mit der Organstellung verbundenen Haftungsrisiken weiterhin zu übernehmen.[1722] Ob die Amtsniederlegung gleichzeitig eine Kündigung des Anstellungsvertrages beinhaltet, muss durch Auslegung der Niederlegungserklärung festgestellt werden.

bb) Sonstige Anforderungen

Bei der Kündigung aus wichtigem Grund ist die zweiwöchige Ausschlussfrist nach § 626 Abs. 2 BGB einzuhalten. Bei der Kündigung wegen Herabsetzung der Bezüge beträgt die Kündigungsfrist nach § 87 Abs. 2 Satz 3 AktG sechs Wochen für den Schluss des nächsten Kalendervierteljahres. Empfangszuständig für die Kündigung durch das Vorstandsmitglied ist nach § 112 AktG der Aufsichtsrat. Entsprechend dem Rechtsgedanken der § 78 Abs. 2 Satz 2 AktG, § 28 Abs. 2 BGB soll der Zugang der Kündigungserklärung bei (irgend-)einem Mitglied des Aufsichtsrats genügen.[1723] Nach überwiegender Meinung jedoch kommt eine Einzelvertretungsbefugnis bei der Entgegennahme von Willenserklärungen nur für den Aufsichtsratsvorsitzenden in Betracht, da die passive Vertretung ohne ausdrückliche Ermächtigung zu seinen gewohnheitsrechtlich anerkannten Befugnissen gehört.[1724]

742

Kündigt das Vorstandsmitglied ohne Vorliegen eines wichtigen Grundes, kann die Gesellschaft ihrerseits wegen Verletzung des Anstellungsvertrages außerordentlich kündigen und nach § 628 Abs. 2 BGB Schadensersatz verlangen.[1725] Hält die Gesellschaft am Vertragsverhältnis fest, folgt der Schadensersatzanspruch aus §§ 280 Abs. 3, 282 BGB.[1726]

743

b) Anspruch auf Schadensersatz

Das Vorstandsmitglied kann nach § 628 Abs. 2 BGB den durch die Kündigung entstandenen Schaden von der Gesellschaft ersetzt verlangen.[1727] Der Schaden richtet sich grundsätzlich nach der Höhe der entgangenen Bezüge.[1728] Der Schadensersatz ist begrenzt auf die nächstmögliche ordent-

744

1721 *Spindler*, in: MünchKommAktG, § 84 Rn. 146; *Mertens/Cahn*, in: KölnKommAktG, § 84 Rn. 199.
1722 BGH AG 1984, 266; BGH AG 1981, 73, 74; *Nirk*, in: Nirk/Reuter/Bächle, HdB Aktiengesellschaft I, Rn. 702, *Lohr*, DStR 2002, 2173.
1723 *Hüffer*, AktG, § 112 Rn. 4; *Luther/Rosga*, FS Meilicke, S. 80, 89 f.
1724 *Hoffmann-Becking*, in: MünchHdB GesR AG, § 31 Rn. 88; *Semler*, in: MünchKommAktG, § 112 Rn. 60.
1725 Für den GmbH-Geschäftsführer BGH NJW 1994, 443, 444; *Marsch-Barner/Diekmann*, in: MünchHdB GesR GmbH, § 43 Rn. 97.
1726 OLG Köln NJW-RR 1997, 542; *Wiesner*, in: MünchHdB GesR AG, § 21 Rn. 86.
1727 Missverständlich BGH DStR 2002, 2182 (zur Abberufung eines GmbH-Geschäftsführers); kritisch *Haase*, GmbHR 2003, 102, 104 f.
1728 BGH NJW 1978, 1435, 1436.

liche Beendigung des Anstellungsvertrages, da Vermögenseinbußen darüber hinaus nicht auf der Vertragsverletzung beruhen.

745 Eine weitergehende Begrenzung ergibt sich aus der Schadensminderungspflicht nach § 254 BGB. Danach muss sich das Vorstandsmitglied schuldhaft unterlassene Einkünfte aus anderweitiger Tätigkeit anrechnen lassen. Die Anrechnung setzt eine zumutbare, den Fähigkeiten und der bisherigen Führungsposition angemessene Tätigkeit voraus, die das Vorstandsmitglied auch hätte übernehmen können. Die Pflicht zur Schadensminderung geht weiter als eine Anrechnung nach §§ 615 Satz 2, 326 Abs. 2 Satz 2 BGB, die nur böswillig unterlassenen anderweitigen Erwerb erfasst.[1729] Der Schadensersatzanspruch wegen außerordentlicher Eigenkündigung infolge vertragswidrigen Verhaltens der Gesellschaft ist demnach mit Unsicherheiten behaftet und birgt für das Vorstandsmitglied nicht unerhebliche Risiken. Im Fall einer zulässigen Kündigung kann sich das Vorstandsmitglied in entsprechender Anwendung von § 75 Abs. 1 HGB vom nachvertraglichen Wettbewerbsverbot lösen.[1730]

2. Ordentliche Kündigung

746 Die ordentliche Kündigung durch das Vorstandsmitglied setzt eine ausdrückliche Klausel im Anstellungsvertrag voraus.[1731] Dafür zuständig ist der Gesamtaufsichtsrat, die Delegation an einen Ausschuss genügt nicht.[1732] Bei der vertraglichen Ausgestaltung ist auf eine angemessene Kündigungsfrist sowie auf eine angemessene Karenzzeit für die Ausübung des ordentlichen Kündigungsrechts zu achten. Anderenfalls droht die Gefahr, dass das Vorstandsmitglied sanktionslos kurzfristig seine Amtsstellung aufgibt und nicht genügend Zeit für die Abwicklung laufender Geschäfte einschließlich einer geordneten Amtsübergabe an den Nachfolger verbleibt. In Anlehnung an § 87 Abs. 2 Satz 3 AktG kommt als Richtschnur eine Kündigungsfrist von sechs Wochen zum Quartalsende in Betracht. Je nach Unternehmensgröße, Anzahl der Vorstandsmitglieder und Ressortverteilung können aber auch längere Fristen erforderlich sein. Ferner ist für die Ausübung des Kündigungsrechts sicherzustellen, dass die erforderliche einjährige Mindestlaufzeit für den Anstellungsvertrag nicht unterschritten wird. Eine ordentliche Kündigung kann daher frühestens nach Ablauf eines Jahres nach der Bestellung erklärt werden, was so auch ausdrücklich formuliert sein sollte.

747 Enthält die Kündigungsklausel keine Frist, gelten die Kündungsfristen nach § 622 Abs. 1 BGB entsprechend. In der Regel erfolgt mit der ordentli-

---

[1729] Einzelheiten zur Anrechnung siehe Rn. 340.
[1730] OLG Celle GmbHR 1980, 32, 36; siehe auch OLG Schleswig NZG 2000, 894.
[1731] Siehe Formulierungsvorschlag bei *Grobys/Littger*, BB 2002, 2292, 2295.
[1732] Ausführlich *Steinbeck/Menke*, DStR 2003, 940, 941; *Grobys/Littger*, BB 2002, 2292, 2295.

chen Kündigung die Niederlegung des Amtes. Das Vorstandsmitglied hat hierbei die ordentliche bzw. vertraglich vereinbarte Kündigungsfrist einzuhalten, anderenfalls riskiert es selbst eine außerordentliche Kündigung sowie Schadensersatzansprüche seitens der Gesellschaft.

IV. Einvernehmliche Aufhebung des Anstellungsvertrages

1. Beschluss des Aufsichtsrats

a) Zuständigkeit des Plenums

Das Anstellungsverhältnis kann jederzeit durch Aufhebungsvertrag einvernehmlich beendet werden. Dafür zuständig ist nach § 84 Abs. 3 Satz 1 i. V. m. Satz 5 AktG der Gesamtaufsichtsrat. Die bisherige Praxis der Delegation der Entscheidung über Abschluss und Inhalt der Aufhebungsvereinbarung auf einen Ausschuss ist nicht mehr zulässig.[1733] Der durch das VorstAG 2009 neu gefasste § 107 Abs. 3 Satz 3 AktG schließt eine Übertragung von Vergütungsentscheidungen (insbesondere) nach § 87 Abs. 1 AktG auf einen Personal-, Präsidial- oder sonstigen Ausschuss aus. Dem Wortlaut nach behandelt § 87 Abs. 1 AktG zwar nur die (ursprüngliche) Festsetzung der Vorstandsbezüge und damit primär den Abschluss des Anstellungsvertrags. Regelungen im Aufhebungsvertrag zur Abgeltung ausstehender Vergütungsansprüche und auch sonstige Vereinbarungen über Abfindungszahlungen sind materiell ebenfalls als Festsetzung der Bezüge anzusehen.[1734] Abfindungen, Anerkennungsprämien und vergleichbare Zusatzzahlungen sind Bestandteil der Vorstandsvergütung und damit vom Angemessenheitsgebot des § 87 AktG erfasst.[1735] Daher ist allein das Plenum zuständig für Abschluss und Inhalt der Aufhebungsvereinbarung, sodass der Aufsichtsrat insgesamt über die (einvernehmliche) Beendigung der Bestellung und des Anstellungsvertrages entscheidet.

748

Die Vorbereitung der Vertragsaufhebung kann der Aufsichtsrat an einen Ausschuss delegieren. Die Arbeitsteilung dient der Versachlichung der meist nicht einfachen Trennungssituation und hat den Vorteil, dass die Verhandlungen über die Abgeltung von Vergütungsansprüchen und sonstigen Bedingungen für das Ausscheiden von einem sachkundigen, diskret und effizient arbeitenden Gremium geführt werden. Dabei hat der Ausschuss die üblichen Informationspflichten gegenüber dem Plenum einzuhalten und darauf zu achten, dass das Verhandlungsergebnis und dazu getroffene

748a

[1733] Hoffmann-Becking/Krieger, Leitfaden zur Anwendung des VorstAG, NZG-Beilage 2009, S. 9.
[1734] Hoffmann-Becking/Krieger, Leitfaden zur Anwendung des VorstAG, NZG-Beilage 2009, S. 9; Spindler, in: MünchKommAktG, § 87 Rn. 9 und Rn. 67.
[1735] Zum Anwendungsbereich des § 87 Abs. 1 AktG siehe BGH NJW 2006, 522 (Mannesmann); Spindler, in: MünchKommAktG, § 84 Rn. 67 ff.; Wollburg, ZIP 2004, 646, 651; Thüsing, ZGR 2003, 457, 503; Dreher, AG 2002, 216.

Absprachen über Abfindungen nicht der Entscheidung des Aufsichtsrats über die Bedingungen des Aufhebungsvertrages vorgreifen.

749 Der rechtsgeschäftliche Abschluss des Aufhebungsvertrages obliegt nach § 112 AktG ebenfalls dem Aufsichtsrat. Dazu wird meist der Aufsichtsratsvorsitzende oder ein anderes Mitglied des Gremiums zur Vertragsunterzeichnung ermächtigt (sog. Abschlussvertreter). Anders als der Erklärungsvertreter verfügt der Abschlussvertreter über einen eng gefassten Gestaltungsspielraum, der es ermöglicht, dass der Aufsichtsrat in seinem Beschluss lediglich die wesentlichen Vertragsbedingungen festlegt, während das ermächtigte Aufsichtsratsmitglied auf Grundlage dieser Eckdaten den Aufhebungsvertrag ausformuliert.[1736] Die innere Willensbildung des Gremiums bleibt nur gewahrt, wenn der Beschluss über die einvernehmliche Vertragsaufhebung zumindest die Eckdaten für die Abfindungszahlung, die betriebliche Altersversorgung sowie eventuell bestehende Regelungen über ein nachvertragliches Wettbewerbsverbot enthält. Sofern der Aufhebungsvertrag ohne die erforderliche oder unter Überschreitung der erteilten Ermächtigung abgeschlossen wird, ist das Rechtsgeschäft herrschender Meinung zufolge nicht nach § 134 BGB nichtig, sondern kann nach § 177 BGB durch Beschluss des Aufsichtsrats/-ausschusses genehmigt werden.[1737]

b) Beschlussfassung; Stimmenthaltung

750 Der Aufsichtsrat entscheidet über den Aufhebungsvertrag nach § 108 AktG durch Beschluss. Bei der Beschlussfassung genügt die Mehrheit der abgegebenen Stimmen. Gleiches gilt gemäß § 29 Abs. 1 MitbestG für den mitbestimmten Aufsichtsrat, da das besondere Verfahren nach § 31 MitbestG nur für die Beendigung der Bestellung (einvernehmliche Aufhebung oder Abberufung) gilt.[1738] Der Aufsichtsrat kann über den Aufhebungsvertrag aber erst mit einfacher Mehrheit beschließen, wenn das Plenum zuvor das Ausscheiden aus dem Amt im Verfahren nach § 31 MitbestG beschlossen hat. Für die Beschlussfassung in einem Ausschuss kann die Satzung oder die Geschäftsordnung des Aufsichtsrats eine andere als die einfache Mehrheit vorsehen.[1739]

751 Bei der Abstimmung über (besonders hohe) Abfindungszahlungen im Rahmen eines Aufhebungsvertrages enthalten sich die Arbeitnehmervertreter paritätisch besetzter Aufsichtsräte in der Regel der Stimme.[1740] Solche Stimmenthaltungen sind stets ausdrücklich zu erklären. Einfaches Schwei-

---

[1736] Einzelheiten zum Gestaltungsspielraum des Abschlussvertreters siehe Rn. 267.
[1737] Zu den Rechtsfolgen bei fehlender Ermächtigung siehe Rn. 269.
[1738] *Oetker*, in: GroßKommAktG, § 31 MitbestG Rn. 23; *Gach*, in: MünchKommAktG, § 31 MitbestG Rn. 23.
[1739] Einzelheiten zur Beschlussfassung im Ausschuss siehe Rn. 264.
[1740] Exemplarisch LG Düsseldorf NZG 2004, 1057 (Mannesmann/Vodafone); zur Abstimmungspolitik der IG Metall siehe *F.A.Z.* v. 2.8.2004, Nr. 177 S. 11.

gen bedeutet entweder Nichtteilnahme, die sich auf die Beschlussfähigkeit auswirkt, oder aber Zustimmung für den Fall, dass der Aufsichtsratsvorsitzende zuvor nach Gegenstimmen und Stimmenthaltungen gefragt hat.[1741] Stimmenthaltungen werden lediglich bei der Feststellung der Beschlussfähigkeit mitgezählt, nicht aber bei der Beschlussfassung selbst.[1742] Sie gelten insbesondere nicht als Nein-Stimmen.[1743]

Die Stimmenthaltung ist eine grundsätzlich zulässige Möglichkeit, um an der Beschlussfassung des Aufsichtsrats teilzunehmen, ohne sich in der Sachentscheidung festzulegen.[1744] Andererseits sind Stimmenthaltungen nicht ganz unbedenklich, denn schließlich wird ein Aufsichtsratsmitglied in erster Linie dazu bestellt, im Wege der Abstimmung konkrete unternehmerische Entscheidungen zu treffen und nicht ihnen auszuweichen. Gelangt ein Aufsichtsratsmitglied zu der Auffassung, dass ein geplanter Beschluss fehlerhaft oder schädlich und damit rechtswidrig ist, muss es zumindest seine Bedenken an der Rechtmäßigkeit der Beschlussvorlage deutlich und unmissverständlich gegenüber den anderen Aufsichtsräten artikulieren.[1745] Das Aufsichtsratsmitglied darf aber selbst bei einem im Voraus erkennbaren Ausgang der Abstimmung nicht einfach schweigen und sich darauf zurückziehen, dass der Beschluss ohnehin nicht zu verhindern sei. Erforderlich ist vielmehr, ausdrücklich gegen die für rechtswidrig gehaltene Beschlussvorlage zu stimmen.[1746] Eine Pflichtverletzung wegen unzulässiger Stimmenthaltung bei der Abstimmung über die Gewährung einer Abfindungszahlung in Millionenhöhe ist demnach keineswegs ausgeschlossen.[1747] Etwas anderes gilt freilich, wenn die Satzung zulässigerweise eine Regelung enthält, wonach bei der Berechnung der einfachen Mehrheit die Stimmenthaltungen als Ja- oder Nein-Stimme mitzuzählen sind.[1748]

752

c) Form des Aufhebungsvertrages

Der Abschluss des Aufhebungsvertrages unterliegt nicht dem Schriftformerfordernis nach § 623 BGB.[1749] In der Regel aber wird bereits im Anstel-

753

1741 Vgl. *Siebel*, in: Semler/v. Schenck, ArbeitsHdB für Aufsichtsratsmitglieder, § 5 Rn. 116.
1742 *Hüffer*, AktG, § 108 Rn. 6; *Semler*, in: MünchKommAktG, § 108 Rn. 34, 133.
1743 *Mertens*, in: KölnKommAktG, 2. Auflage, § 108 Rn. 43; *Semler*, in: MünchKommAktG, § 108 Rn. 133.
1744 LG Berlin ZIP 2004, 73, 76 (Bankgesellschaft Berlin); *Semler*, in: MünchKommAktG, § 108 Rn. 134.
1745 Ausdrücklich LG Berlin ZIP 2004, 73, 76; *Vetter*, DB 2004, 2623; zu weitgehend *Käpplinger*, NZG 2003, 573, 574 (Pflicht zur Erhebung einer Anfechtungsklage).
1746 *Vetter*, DB 2004, 2623, 2625; *Edenfeld/Neufang*, AG 1999, 49, 50; *Lutter/Krieger*, Rechte und Pflichten des Aufsichtsrats, Rn. 835; *Semler*, in: MünchKommAktG, § 108 Rn. 134; a. A. LG Berlin ZIP 2004, 73.
1747 Zur Strafbarkeit wegen Untreue vgl. LG Düsseldorf ZIP 2004, 2044, 2057 m. Anm. *Tiedemann*.
1748 *Semler*, in: MünchKommAktG, § 116 Rn. 179.
1749 OLG Schleswig v. 29.11.2007, BeckRS 2008, 15617; *Zimmer*, BB 2003, 1175; a. A. *Fonk*, in: Semler/v. Schenck, ArbeitsHdB für Aufsichtsratsmitglieder, § 9 Rn. 345.

lungsvertrag vereinbart, dass die Aufhebung des Dienstverhältnisses nur schriftlich erfolgen kann.[1750] Eine gewillkürte Schriftform ist generell anzuraten, insbesondere wegen der erheblichen wirtschaftlichen Bedeutung der einzelnen vertraglichen Regelungen (z. B. Abfindungsvereinbarung, Übergangsgeld, nachvertragliches Wettbewerbsverbot).

2. Zahlung einer Abfindung

a) Gestaltungsformen

754 Welche Details der Aufhebungsvertrag enthält, bestimmen letztlich Position und Verhandlungsgeschick beider Parteien. Der Aufhebungsvertrag sollte zumindest Art, Grund und Zeitpunkt der Beendigung des Anstellungsvertrages festlegen.[1751] Bei den Vertragsverhandlungen geht es in erster Linie um Fragen der Vorstandsbezüge, insbesondere im Hinblick auf Abfindungszahlungen, Aktienoptionen, Tantieme, Sach- und Nebenleistungen sowie Übergangsgeld und anderweitige Leistungen der betrieblichen Altersversorgung. Die Parteien sollten in diesem Zusammenhang zunächst festlegen, welche bis zur Beendigung des Anstellungsvertrages erworbenen Ansprüche zu welchem Zeitpunkt noch zu erfüllen sind.

755 Bei der Abfindungsvereinbarung selbst ist grundlegend zwischen der Abgeltung der Vorstandsbezüge für die restliche Vertragslaufzeit und andererseits der Gewährung finanzieller Leistungen als Ausgleich für den Amtsverlust zu unterscheiden. Im ersten Fall geht es um künftige Vergütungsansprüche, die dem scheidenden Vorstandsmitglied als eine Art Erfüllungssurrogat ohnehin vertraglich zustehen (sog. ablösende Abfindung). Der zweite Fall beinhaltet eine zusätzliche Entschädigungszahlung wegen vorzeitiger Beendigung des Vorstandsamtes oder aber wegen unterbliebener Wiederbestellung vor Erreichen der Altersgrenze (sog. zusätzliche Abfindung). Die Abfindungsvereinbarung kann ferner in engen Grenzen besondere Anerkennungsprämien für bereits in der Vergangenheit erbrachte überobligatorische Leistungen des Vorstandsmitglieds umfassen.[1752]

b) Abgeltung der Vergütungsansprüche

756 Abfindungen sind nach § 285 Nr. 9b HGB als Bestandteil der Gesamtbezüge anzusehen und unterliegen demzufolge dem Angemessenheitsgebot nach § 87 Abs. 1 AktG.[1753] Die Höhe der ablösenden Abfindung lässt sich anhand der Höhe der kapitalisierten restlichen Gesamtbezüge bis zur nächstmögli-

---

1750 Einzelheiten zur Schriftformklausel siehe Rn. 696.
1751 *Fonk*, in: Semler/v. Schenck, ArbeitsHdB für Aufsichtsratsmitglieder, § 9 Rn. 346; strenger *Weber/Hoß/Burmester*, HdB Managerverträge, Teil 8 Rn. 131; *Hoß/Kothe-Heggemann*, MDR 1997, 1077 (Zeitpunkt der Beendigung als zwingender Mindestinhalt).
1752 Einzelheiten zur Gewährung nachträglicher Anerkennungsprämien siehe Rn. 455 ff.
1753 *Liebers/Hoefs*, ZIP 2004, 97, 99; *Dreher*, AG 2002, 214, 216; ähnlich *Thüsing*, ZGR 2003, 457, 503.

chen Beendigung des Anstellungsvertrages (Fristablauf oder ordentliche Kündigung) ermitteln. Dabei werden in der Regel alle ursprünglich vereinbarten Leistungen der Gesellschaft durch Zahlung eines einmaligen Kapitalbetrages abgegolten.[1754] Bestehen Unsicherheiten über die Rechtmäßigkeit einer Kündigung und/oder Abberufung des Vorstandsmitglieds, kann im Rahmen der Abfindungszusage zudem das (Prozess-)Risiko einer gerichtlichen Auseinandersetzung berücksichtigt werden.[1755] Umgekehrt kann auch eine besonders kurze Frist bis zum Abschluss des Aufhebungsvertrages prämiert werden.

aa) Festgehalt einschließlich Nebenleistungen

Ausgangspunkt der Berechnung der abzugeltenden vertraglichen Vergütungsansprüche ist die Summe der vereinbarten fixen Bezüge bis zum nächstmöglichen Vertragsende. Davon umfasst ist grundsätzlich auch ein zugesagtes 13. Monatsgehalt, freilich nur in zeitanteilig gekürzter Höhe.[1756] Gratifikationen und anderweitige Sonderzahlungen, die in erster Linie die Betriebstreue honorieren und nicht von der tatsächlichen Arbeitsleistung abhängen, kann das Vorstandsmitglied (anteilig) nur beanspruchen, wenn es die Voraussetzungen dafür erfüllt hat. Die Berücksichtigung künftiger Gehaltserhöhungen kommt nur in Betracht, wenn dies im Anstellungsvertrag vereinbart ist.[1757] Die Gesellschaft schuldet ohne abweichende Regelung das Bruttogehalt. Auf die Abfindung entfallende Einkommensteuer hat das Vorstandsmitglied zu tragen; eines Ausgleichs bedarf es nicht.[1758] Soll ausnahmsweise nur der Nettobetrag ausgezahlt werden, muss dies im Aufhebungsvertrag ausdrücklich vereinbart werden.

757

Sachleistungen sind ebenfalls Bestandteil der Vergütungszusage. Insbesondere die Ablösung eines zur privaten Nutzung überlassenen Dienstwagens kann Probleme bereiten, wenn die Rückgabe nur an den Anstellungsvertrag und nicht an die Bestellung gebunden ist. Eine Pflicht zur Herausgabe vor Beendigung des Dienstverhältnisses besteht nicht, wenn die Gesellschaft nicht auf das Fahrzeug angewiesen ist.[1759] Die Höhe des Ablösungsbetrages berechnet sich in der Regel nach dem Schadensersatzanspruch, den die Gesellschaft für den Fall einer rechtswidrigen Entziehung oder Vorenthaltung zu leisten hätte. Als Bewertungsmethode kann die Beschränkung auf

758

1754 *Liebers/Hoefs*, ZIP 2004, 97, 101; *Röder/Lingemann*, DB 1993, 1341, 1348.
1755 *Thüsing*, ZGR 2003, 457, 503; *Spindler*, DStR 2004, 36, 44; *Rönnau/Hohn*, NStZ 2004, 113, 120 Fn. 68; *Zöllner*, FS Koppensteiner, S. 291, 304.
1756 *Weber/Hoß/Burmester*, HdB der Managerverträge, Teil 8 Rn. 137; *Fonk*, in: Semler/v. Schenck, ArbeitsHdB für Aufsichtsratsmitglieder, § 9 Rn. 320.
1757 Nach Ansicht der Rechtsprechung soll sich bereits ein Anspruch aus dem – arbeitsrechtlichen – Gleichbehandlungsgrundsatz ergeben, vgl. BGH WM 1990, 1561, 1462 (zum GmbH-Geschäftsführer).
1758 *Fonk*, in: Semler/v. Schenck, ArbeitsHdB für Aufsichtsratsmitglieder, § 9 Rn. 341; *Weber/Hoß/Burmester*, HdB der Managerverträge, Teil 8 Rn. 140.
1759 BGH WM 1991, 635, 637; BGH WM 1978, 109, 111; BAG BB 1996, 432.

den steuerlichen Sachbezugswert, die konkrete Bewertung der aufgewendeten Kosten für die Nutzung eines gleichwertigen Fahrzeugs oder die abstrakte Nutzungsentschädigung herangezogen werden.[1760] Bei Versicherungen, die sowohl dienstliche wie auch private Risiken absichern, sind für die Ablösung die Leistungen maßgebend, die das Unternehmen bisher für das Vorstandsmitglied erbracht hat. Dabei ist unerheblich, dass das scheidende Vorstandsmitglied zur Erhaltung des Versicherungsschutzes künftig höhere Prämien zahlen muss.

bb) Aktienoptionen und Tantieme

759 Die Bedingungen für die Ausübung von Aktienoptionen nach dem Ausscheiden aus dem Vorstand sind in der Optionsrechtsvereinbarung im Rahmen einer Verfallklausel zu regeln.[1761] Soweit die weitere Aufrechterhaltung der Bezugsrechte nach Beendigung der Bestellung nicht möglich ist, kommt entweder eine Freigabe oder ein wertmäßiger Barausgleich der (verfallenen) Aktienoptionen in Betracht. Die Regelung sollte nicht dazu führen, dass die eingeräumten Optionsrechte faktisch wertlos sind.

760 Das scheidende Vorstandsmitglied wird im Fall eines Barausgleichs daran interessiert sein, dass die Bewertung der Aktienoptionen nach dem *Fair Value* erfolgt. Das ist der Wert einer Aktienoption, der sich aus der Summe des inneren Wertes und dem Zeitwert einer Aktienoption ergibt und damit den Gegenwartswert des möglichen Ausübungsgewinns darstellt.[1762] Der *Fair Value* einer Aktienoption ist mithin der Marktwert, zu dem die Option am Kapitalmarkt erworben oder veräußert werden könnte. Berechnungsgrundlage hierfür ist die finanzmathematische *Black-Scholes*-Formel.[1763] Anhaltspunkte für die Wertermittlung liefern gleichsam die in das europäische Recht implementierten internationalen Rechnungslegungsstandards IAS/IFRS sowie die neuen Publizitätsanforderungen für die Angaben im Anhang zum Jahresabschluss/Konzernabschluss nach §§ 285 Satz 1 Nr. 9a, 314 Abs. 1 Nr. 6a HGB.[1764] Danach hat die (bilanzielle) Bewertung von Aktienoptionen nach dem beizulegenden Zeitwert zum Zeitpunkt der Gewährung unter Berücksichtigung späterer Wertveränderungen zu erfolgen. Änderungen des Wertes ergeben sich insbesondere im Fall einer nach-

---

1760 Näher *Bauer*, Arbeitsrechtliche Aufhebungsverträge, Rn. 625; *Nägel/Schmidt*, BB 1993, 1797.
1761 Zur Formulierung einer Verfallklausel siehe Anhang Muster B. III. § 9 Muster-Aktienoptionsvereinbarung.
1762 Der innere Wert einer Option *(Intrinsic Value)* ist die Differenz zwischen Aktienkurs und Basispreis, während der Zeitwert lediglich die Rechtsposition widerspiegelt, innerhalb eines bestimmten Zeitraums eine Aktie zu einem festen Preis erwerben zu können; vgl. Bilanzierungsansatz nach Statement of Financial Accounting Standard (SFAS) No. 123; näher *Adams*, ZIP 2002, 1325, 1326 (Fn. 5); *Bauer/Krets*, DB 2003, 811, 816.
1763 Einzelheiten dazu *MacBeth/Merville*, Journal of Finance 1979, 1173.
1764 Siehe Gesetz über die Offenlegung der Vorstandsvergütungen (VorstOG) v. 3.8.2005, BGBl. I 2005, 2267; zur Übernahme des IAS/IFRS-Regelwerkes vgl. Verordnung (EG) Nr. 211/2005 v. 4.2.2005, Abl. EU Nr. L 41, S. 1.

träglichen Herabsetzung des Ausübungspreises für gewährte Aktienoptionen, da sich dann der beizulegende Zeitwert dieser Option erhöht. Im Unterschied zu bereits begebenen Aktienoptionen ist ein Wertausgleich wegen Nichtteilnahme an künftigen Optionstranchen ausgeschlossen, da das Vorstandsmitglied nach dem Ausscheiden aus dem Amt keine gesicherten Rechtspositionen mehr erwerben kann.[1765]

Die Abgeltung künftiger Forderungen aus einer Tantiemezusage setzt zunächst voraus, dass die Ansprüche nicht an die Beendigung der Bestellung gekoppelt sind und damit im Fall eines Widerrufs gleichsam erlöschen. Bei Fortbestehen der Tantiemezusage bleibt der Anspruch grundsätzlich erhalten.[1766] Der Ablösungsbetrag für ergebnisbezogene rechenbare Tantieme richtet sich danach, in welcher Höhe das scheidende Vorstandsmitglied bisher (z. B. in den letzten drei Jahren) durchschnittlich den gewinnabhängigen Vergütungsanteil bezogen hat.[1767] Bei voller Zielwerterreichung in der Vergangenheit ist grundsätzlich die höchstmögliche Erfüllung auch für die Zukunft anzunehmen.[1768] **761**

cc)   Kapitalisierung von Pensionsanwartschaften

In die Abfindungszusage konnten nicht uneingeschränkt alle Versorgungsanwartschaften miteinbezogen werden. Bei der Abgeltung von Pensionsanwartschaften waren die Schutzvorschriften des BetrAVG zu beachten. Nach § 3 Abs. 1 BetrAVG gilt für gesetzlich unverfallbare Anwartschaften ein grundsätzliches Abfindungsverbot, das rechtsgeschäftlich nicht abbedungen werden kann.[1769] Ein Verstoß gegen dieses Abfindungsverbot führte zur Nichtigkeit der Regelung.[1770] Im Versorgungsfall muss die Gesellschaft dann die ursprünglich vereinbarten Versorgungsleistungen an das Vorstandsmitglied erbringen. Einer Rückforderung der gezahlten Abfindung steht in der Regel § 817 Satz 2 BGB entgegen.[1771] Eine Kehrtwendung in der Rechtsprechung und Literatur ist jüngst im Jahr 2009 durch eine Entscheidung des BAG erfolgt. Das Betriebsrentenrecht sei für Organmitglieder insoweit abdingbar, als den Tarifvertragsparteien Abweichungen erlaubt sind.[1772] Dies betrifft auch § 3 BetrAVG. **762**

1765 Ähnlich *Fonk*, in: Semler/v. Schenck, ArbeitsHdB für Aufsichtsratsmitglieder, § 9 Rn. 273; *Bauer/Krets*, DB 2003, 811, 816.
1766 *Wiesner*, in: MünchHdB GesR AG, § 21 Rn. 44; *Mertens/Cahn*, in: KölnKommAktG, § 86 Rn. 14; *Baums*, ZHR 156 (1992), 248, 252; *Röder/Lingemann*, DB 1993, 1341, 1347.
1767 *Liebers/Hoefs*, ZIP 2004, 97, 101; *Baums*, ZHR 156 (1992), 248, 252; *Fonk*, in: Semler/v. Schenck, ArbeitsHdB für Aufsichtsratsmitglieder, § 9 Rn. 337.
1768 *Liebers/Hoefs*, ZIP 2004, 97, 101.
1769 Einzelheiten zur Abdingbarkeit des BetrAVG siehe Rn. 480 ff.
1770 § 134 BGB i. V. m. § 17 Abs. 3 Satz 1 BetrAVG.
1771 *Blomeyer/Otto*, BetrAVG, § 3 Rn. 94; *Weber/Hoß/Burmester*, HdB der Managerverträge, Teil 8 Rn. 154.
1772 BAG AP Nr. 20 zu § 1 BetrAVG Beamtenversorgung; *Thüsing*, Zur Abdingbarkeit des BetrAVG bei Organmitgliedern, NZG 2010,449 ff.; *Diller*, Abdingbarkeit des Betriebsrentengesetzes für Organmitglieder, GmbHR 20210, 281 ff.

763 Bereits gesetzlich und ohne die Rechtsprechungsänderung zulässig ist dagegen die Kapitalisierung verfallbarer oder vertraglich unverfallbarer Versorgungsanwartschaften sowie die Abfindung sog. Bagatell-Anwartschaften.[1773] Daran hat sich auch durch die Neuregelung des § 3 BetrAVG auf Grund des Alterseinkünftegesetzes 2004 nichts geändert.[1774] Die Höhe der Abfindungszahlung ist unter Berücksichtigung der allgemeinen Vorschriften zu bestimmen. Anwendung findet hier u. a. die Missbrauchsgrenze des § 138 BGB, die jedenfalls dann überschritten ist, wenn die Abfindungssumme nur einen geringen Bruchteil der zeitanteilig verdienten Versorgungsanwartschaften bildet und für diesen Verzicht des Vorstandsmitglieds kein plausibler Grund ersichtlich ist.[1775] Ansonsten ist darauf zu achten, dass die disponiblen Anwartschaften in die Regelungen über Abfindung der Vorstandsvergütung ausdrücklich einbezogen sind. Eine gewöhnliche Abfindungszahlung für einen von der Gesellschaft veranlassten Verlust der Anstellung berührt grundsätzlich nicht den Anspruch auf betriebliche Altersversorgung.[1776]

764 Alternativ zur Abfindung von Versorgungsanwartschaften kommt deren einvernehmliche Übertragung auf den neuen Arbeitgeber in Betracht. § 4 Abs. 2 BetrAVG sieht hierfür entweder die Übernahme der Versorgungszusage oder die Mitnahme des Übertragungswerts vor.[1777] Bei einem Arbeitgeberwechsel besteht mithin die Möglichkeit, die bisherige Versorgungszusage inhaltsgleich weiterzuführen oder aber im Rahmen der schuldbefreienden Übernahme an die geänderten Verhältnisse in dem neuen Anstellungsvertrag einvernehmlich anzupassen.[1778] Die Mitnahme des Übertragungswerts der unverfallbaren Anwartschaft setzt voraus, dass der neue Arbeitgeber eine wertgleiche Zusage erteilt.

dd) Abzinsung und Anrechnung

765 Auf Grund der vorzeitigen Auszahlung künftiger Vergütungsansprüche empfiehlt sich eine Abzinsung des Kapitalbetrages. Angemessen ist eine jährliche Abzinsung i.H.v. 4–6%.[1779] Nach teilweise vertretener Ansicht soll die Abzinsung unterbleiben, wenn die Teilnahme an künftig möglichen, infolge der Vertragsaufhebung nicht mehr realisierbaren Vergütungs-

---

1773 Vgl. BGH NJW 2002, 3632.
1774 Siehe Begründung zum Gesetz zur Neuregelung der einkommensteuerrechtlichen Behandlung von Altersvorsorgeaufwendungen und Altersbezügen (Alterseinkünftegesetz), BT-Drs. 15/2150, S. 52; umfassend dazu *Förster/Cisch*, BB 2004, 2126.
1775 *Thüsing*, AG 2003, 484, 492; für den GmbH-Geschäftsführer OLG Köln NZG 2000, 436, 437 m. Anm. *Gitter*.
1776 Vgl. OLG Köln NZG 2000, 436 (2. Leitsatz).
1777 Ausführlich *Förster/Cisch*, BB 2004, 2126, 2117 ff.
1778 Zur Übertragung von Anwartschaften in Form einer Schuldübernahme siehe Anhang Muster B. IV.
1779 *Fonk*, in: Semler/v. Schenck, ArbeitsHdB für Aufsichtsratsmitglieder, § 9 Rn. 343; *Liebers/Hoefs*, ZIP 2004, 97, 101.

erhöhungen ausgeschlossen ist.[1780] Besteht für das scheidende Vorstandsmitglied kurzfristig die Aussicht auf Übernahme einer selbständigen oder unselbständigen Tätigkeit, kommt zudem eine vertraglich vereinbarte Anrechnung anderweitigen Erwerbs in Betracht. In der Praxis sind solche Anrechnungsklauseln allerdings eher die Ausnahme.[1781] Bei mehrjähriger Restlaufzeit des Anstellungsvertrages kann eine fehlende Anrechnungsklausel und/oder unterbliebene Abzinsung der Abfindungszahlung sorgfaltswidrig sein und eine Haftung des Aufsichtsrats nach §§ 116, 93 Abs. 2 AktG begründen.[1782] Grundsätzlich zulässig, aber ebenfalls selten anzutreffen sind Rückzahlungsklauseln für den Fall, dass die Abfindungsvereinbarung deswegen aufgehoben wird, weil das Vorstandsmitglied entgegen seiner Versicherung zum Zeitpunkt der Vertragsaufhebung bereits in Verhandlungen über eine neue berufliche Tätigkeit gestanden hat.

c) Zusätzliche Abfindungszahlung

Neben der Abgeltung der vertraglichen Vergütungsansprüche kann sich die Gesellschaft unter Beachtung des Angemessenheitsgebots und der *Mannesmann*-Rechtsprechung des BGH im Rahmen des Aufhebungsvertrages zur Zahlung einer angemessenen zusätzlichen Abfindung verpflichten.[1783] Die Gründe hierfür sind von Fall zu Fall unterschiedlich. Generell darf der Aufsichtsrat eine zusätzliche Abfindung nur zusagen, wenn die Zahlungen sachlich begründbar und durch das Unternehmensinteresse gerechtfertigt sind.[1784] Allgemeine Kriterien für eine sachliche Rechtfertigung der zusätzlichen Abfindung im berechtigten Interesse der Gesellschaft lassen sich nur schwer ermitteln. Reputations- und Anreizeffekte zu Gunsten der Gesellschaft sollten regelmäßig Berücksichtigung finden.[1785] Insofern kann auf die Zulässigkeitsvoraussetzungen für die Gewährung nachträglicher Anerkennungsprämien (sog. *Appreciation Awards*) zurückgegriffen werden.[1786] Diese Entlohnung für überobligatorische, bereits in der Vergangenheit erbrachte Leistungen kann zwar auf das scheidende Vorstandsmitglied keine Anreizfunktion für die Zukunft mehr ausüben.[1787] Amtierenden wie auch künftigen potenziellen Vorstandsmitgliedern wird dadurch aber signalisiert, dass die Gesellschaft unvorhersehbare, eine höhere Vergütung

766

1780 *Liebers/Hoefs*, ZIP 2004, 97, 101; strenger *Fonk*, in: Semler/v. Schenck, ArbeitsHdB für Aufsichtsratsmitglieder, § 9 Rn. 343; *Hoffmann-Becking*, ZHR 169 (2005), 155, 169.
1781 *Fonk*, NZG 1998, 408, 411; *Liebers/Hoefs*, ZIP 2004, 97, 101.
1782 *Hoffmann-Becking*, ZHR 169 (2005), 155, 169.
1783 BGH NJW 2006, 522; *Spindler*, in: MünchKommAktG, § 87 Rn. 67; *Liebers/Hoefs*, ZIP 2004, 97, 100f.; *Hüffer*, BB 2003, Beilage 7, S. 18 ff.; *Thüsing*, ZGR 2003, 457, 503; ablehnend Vorinstanz LG Düsseldorf ZIP 2004, 2044; *Martens*, ZHR 169 (2005), 124, 136ff.; *Käpplinger*, NZG 2003, 573, 574.
1784 Ausführlich *Wollburg*, ZIP 2004, 646; *Liebers/Hoefs*, ZIP 2004, 97, 100f.; *Rönnau/Hohn*, NStZ 2004, 113, 120; *Spindler*, DStR 2004, 36, 45; *Hüffer*, BB 2003, Beilage 7, S. 20.
1785 *Spindler*, in: MünchKommAktG, § 87 Rn. 67; *Fleischer*, DStR 2005, 1318, 1321.
1786 Einzelheiten zur Gewährung von *Appreciation Awards* siehe Rn. 455ff.
1787 *Thüsing*, ZGR 2003, 457, 503; *Spindler*, DStR 2004, 36, 44.

rechtfertigende qualitative und/oder quantitative Mehrleistungen grundsätzlich auch nachträglich zu honorieren bereit ist.[1788] In der Sache stellen diese Anerkennungsprämien eine nachträgliche Erhöhung der Vorstandsbezüge für die Vergangenheit dar. Eine entsprechende Vergütungspraxis und damit ein für die Angemessenheit (mit-)maßgebender Vergleichsparameter hat sich in den letzten Jahren herausgebildet.[1789]

767 Auch die persönlichen Verhältnisse des scheidenden Vorstandsmitglieds sind für die Feststellung der Angemessenheit zusätzlicher Abfindungszahlungen zu berücksichtigen. Das gilt insbesondere für den Fall, dass ein älteres Vorstandsmitglied vor Erreichen der Altersgrenze aus dem Amt scheidet und keine Übergangszahlungen erhält.[1790] Hat das Vorstandsmitglied bereits nach dem Anstellungs- oder Aufhebungsvertrag einen Anspruch auf Übergangsgeld, sind diese Zahlungen bei der Festsetzung einer finanziellen Entschädigung für den Amtsverlust zu berücksichtigen. Bei einem entsprechend hohen Übergangsgeld kann die Gewährung einer zusätzlichen Abfindung gegen das Angemessenheitsgebot verstoßen.[1791] *Golden Parachutes* in Form außerordentlich hoher Abfindungszahlungen sind in der Regel unangemessen.[1792] Geringe Bedeutung hat dagegen die sonst bei der Festsetzung der Bezüge zu beachtende freie Entschließung des Aufsichtsrats über die Bestellung eines Vorstandsmitglieds, da der Aufhebungsvertrag gerade die Bedingungen für das einvernehmliche Ausscheiden aus dem Amt festlegt.[1793]

768 Unangemessene Abfindungszahlungen führen grundsätzlich nicht zur Nichtigkeit der Abfindungsvereinbarung.[1794] Unwirksam und nichtig ist die Festsetzung erst dann, wenn die Grenze der Sittenwidrigkeit gemäß § 138 Abs. 1 BGB überschritten wird.[1795] Erhält ein Aktionärsvorstand überhöhte Abfindungszahlungen, kann die Vereinbarung wegen verbotener Einlagenrückgewähr gemäß § 57 AktG nichtig sein.[1796] Bei Festsetzung unangemessener Abfindungen können sich die Mitglieder des Aufsichtsrat/-

---

1788 *Spindler*, in: MünchKommAktG, § 87 Rn. 69; *Fleischer*, DStR 2005, 1318, 1321; *Wollburg*, ZIP 2004, 646, 655 f.; kritisch *Brauer*, NZG 2004, 502, 507.
1789 Beispiele zur Höhe der in den vergangenen Jahren an ausgeschiedene Vorstandsmitglieder und *CEO* gezahlten Abfindungssummen vgl. *Liebers/Hoefs*, ZIP 2004, 97, 101 f.
1790 *Thüsing*, ZGR 2003, 457, 503 (Berücksichtigung künftiger Erwerbschancen); *Fonk*, in: Semler/v. Schenck, ArbeitsHdB für Aufsichtsratsmitglieder, § 9 Rn. 344.
1791 *Fonk*, in: Semler/v. Schenck, ArbeitsHdB für Aufsichtsratsmitglieder, § 9 Rn. 344; *Spindler*, DStR 2004, 36, 45.
1792 *Hopt*, FS Lutter, S. 1361, 1389; *Bayer*, ZGR 2002, 588, 597; *Krause*, AG 2002, 133, 143; *Mülbert/Birke*, WM 2001, 705, 710; *Körner*, DB 2001, 367, 368; *Hauschka/Roth*, AG 1988, 181, 192.
1793 *Liebers/Hoefs*, ZIP 2004, 97, 101; *Brauer*, NZG 2004, 502, 508; *Bauer*, DB 1992, 1413, 1414.
1794 *Peltzer*, FS Lutter, S. 571, 579; *Schneider*, ZIP 1996, 1769, 1770.
1795 *Spindler*, in: MünchKommAktG, § 87 Rn. 80; *Mertens/Cahn*, in: KölnKommAktG, § 87 Rn. 5; *Thüsing*, ZGR 2003, 457, 505; *Hoffmann-Becking*, NZG 1999, 797, 798.
1796 *Mertens/Cahn*, in: KölnKommAktG, § 93 Rn. 31; *Peltzer*, FS Lutter, S. 571, 573.

ausschusses und das begünstigte Vorstandsmitglied nach §§ 93 Abs. 2, 116 AktG schadensersatzpflichtig und zudem wegen Untreue nach § 266 StGB auch strafbar machen. Jedoch stellt nicht jede gesellschaftsrechtliche Pflichtverletzung gleichsam eine strafbewehrte Untreuehandlung dar.[1797] Vielmehr fordert der 1. Strafsenat des BGH eine *gravierende* Verletzung der Vermögensbetreuungspflicht gegenüber der Gesellschaft.[1797a] Allerdings hat der 3. Strafsenat des BGH in seiner *Mannesmann*-Entscheidung das Erfordernis einer *gravierenden* Pflichtverletzung wieder fallengelassen und eigene Untreue-Kriterien zur Feststellung treuwidriger Anerkennungsprämien und Abfindungszahlungen geschaffen.[1797b]

Der Deutsche Corporate Governance Kodex enthält in Ziff. 4.2.3 Abs. 4 Satz 1 die Empfehlung, bei Abschluss von Vorstandsverträgen einen sog. *Abfindungs-Cap* für alle Abfindungszahlungen einzuführen. Zahlungen bei vorzeitiger Beendigung der Vorstandstätigkeit einschließlich Nebenleistungen sollen den Wert von zwei Jahresvergütungen nicht überschreiten und nicht mehr als die Restlaufzeit des Anstellungsvertrages vergüten. Bei Beendigung/Kündigung des Anstellungsvertrages wegen eines vom Vorstandsmitglied zu vertretenen wichtigen Grundes darf (da aktienrechtlich unzulässig) nach Ziff. 4.2.3 Abs. 4 Satz 2 DCGK keine Abfindung – auch keine begrenzte – gezahlt werden. In allen anderen Fällen einschließlich der Beendigung der Bestellung aus wichtigem Grund nach § 84 Abs. 3 AktG soll nach Vorstellung der Kodexkommission das *Abfindungs-Cap* greifen.[1798] Davon umfasst ist auch die einvernehmliche Vertragsaufhebung, die auch aus Gründen erfolgen kann, die qualitativ keine Beendigung der Vorstandsbestellung i. S. d. § 84 Abs. 3 AktG rechtfertigen würden. Nach Ziff. 4.2.3 Abs. 4 Satz 3 DCGK soll als Berechnungsgrundlage die Gesamtvergütung des abgelaufenen Jahres und ggf. die voraussichtliche Gesamtvergütung des laufenden Jahres gewählt werden. Die Regelung trägt der Objektivierung der Abfindungshöhe und damit einer Entkrampfung der Abfindungsverhandlungen mit dem scheidenden Vorstandsmitglied angemessen Rechnung.[1799]

768a

[1797] BGH NZG 2002, 471, 473; *Kubiciel*, NStZ 2005, 353, 357; *Günther*, FS Weber, 2004, S. 311, 314; *Rönnau/Hohn*, NStZ 2004, 113.
[1797a] BGH NZG 2002, 471, 473 (zur treuwidrigen Spendenvergabe); LG Düsseldorf ZIP 2004, 2044, 2051 f. (Mannesmann); *Rönnau/Hohn*, NStZ 2004, 113; zur (Organ-)Untreue BGH DStR 2002, 1102 (Sponsoring) m.Anm. *Lange*; zur (Gesellschafter-)Untreue vgl. BGH NZI 2004, 681 (Bremer Vulkan) m.Anm. *Beiner/Lanzius*.
[1797b] BGH NJW 2006, 522; dazu *Hoffmann-Becking*, NZG 2006, 127; *Fonk*, NZG 2006, 813. Einzelheiten zu den Rechtsfolgen unangemessener Vorstandsvergütung siehe Rn. 316 ff. und Rn. 461.
[1798] *Ringleb*, in: Ringleb/Kremer/Lutter/v. Werder, Kommentar zum DCGK, Rn. 763 f.
[1799] *Ringleb*, in: Ringleb/Kremer/Lutter/v. Werder, Kommentar zum DCGK, Rn. 763 h.

d) Besteuerung

769 Die durch die Steuergesetzgebung in der Zeit von 1999 bis 2005 vorgenommenen Änderungen der bisherigen Rechtslage haben den Spielraum bei der steuerlichen Gestaltung der Aufhebungsbedingungen erheblich vermindert.[1800] Damit verlieren zunehmend auch (unter-)durchschnittlich bemessene Abfindungszahlungen ihre steuerliche Attraktivität.

aa) Steuerfreie Abfindungen

770 Nach § 3 Nr. 9 EStG waren Abfindungen wegen einer vom Arbeitgeber veranlassten oder gerichtlich ausgesprochenen Auflösung des Dienstverhältnisses bis zu geregelten und ab Erreichen bestimmter Lebensjahre ansteigenden Höchstbeträgen steuerfrei. Der Gesetzgeber hat mit dem „Gesetz zum Einstieg in ein steuerliches Sofortprogramm" vom 27.12.2005 die Vorschrift des § 3 Nr. 9 EStG mit Wirkung vom 1.1.2006 ersatzlos abgeschafft und mit ihm die bisher geltende Steuervergünstigung für Abfindungen. Abfindungen sind aber weiterhin nach § 34 EStG steuerbegünstigte außerordentliche Einkünfte und können unter den Voraussetzungen der §§ 24 Nr. 1a, 34 EStG ermäßigt besteuert werden (sog. Fünftelregelung). Die ermäßigte Besteuerung nach der Fünftelregelung setzt unter anderem voraus, dass die Entlassungsentschädigung für entgehende Einnahmen zusammengeballt in einem Kalenderjahr zufließt. Es ist zudem zu prüfen, ob die Leistungen zum Zeitpunkt der Auflösung des Anstellungsverhältnisses einen bereits erdienten Anspruch abgelten – beispielsweise eine bereits erdiente Tantieme – und somit nicht zu den Abfindungen gehören oder ob es sich um Leistungen zum Ausgleich der Nachteile wegen der Auflösung des Anstellungsverhältnisses und somit um eine echte Abfindung handelt. Die steuerliche Behandlung steht nicht zur Disposition der Parteien. Die Finanzämter haben also stets zu prüfen, ob die Leistung nur anlässlich der Beendigung des Anstellungsverhältnisses oder aber gerade wegen der Auflösung des Anstellungsverhältnisses erbracht wird.

bb) Steuerbegünstigte Entschädigungen

771 Der ermäßigte Steuersatz nach § 34 Abs. 1 EStG erfordert außerordentliche Einkünfte. Nur dann kann die auf den Abfindungsbetrag entfallende Steuer nach der sog. Fünftel-Regelung berechnet werden. Die Besteuerung nach dem ermäßigten Steuersatz setzt voraus, dass die Abfindung als Entschädigung anzusehen ist, die als Ersatz für entgehende oder entgangene Einnahmen (§ 24 Nr. 1a EStG) oder für die Aufgabe oder Nichtausübung einer Tätigkeit (§ 24 Nr. 1b EStG) gewährt wird. Für die Anwendbarkeit von § 24 Nr. 1a EStG ist erforderlich, dass die Entschädigung auf einer neuen, nicht mit dem bisherigen Anstellungsvertrag identischen Rechtsgrundlage beruht

---

[1800] Steuerentlastungsgesetz 1999/2000/2002, BGBl. I 1999, 402; ferner *Rundschreiben des BMF* v. 18.12.1998, IV A 5 – S 2290 – 18/98, BStBl. I 1998, 1512.

(z. B. Aufhebungsvertrag; Prozessvergleich).[1801] Keine Bedeutung hat hierfür die Berechnungsgrundlage für die Ermittlung der Entschädigung. Maßgebend ist allein, dass nicht lediglich die den ursprünglichen Einkünften zu Grunde liegende Rechtsgrundlage hinsichtlich der Zahlungsmodalitäten geändert wurde. Ansonsten ist ebenfalls für die Steuerbegünstigung von Abfindungen notwendig, dass der Steuerpflichtige unter erheblichem wirtschaftlichen, rechtlichen oder tatsächlichen Druck seitens der Gesellschaft seine Rechtsposition aufgegeben hat.[1802] Entsprechendes gilt für die steuerermäßigte Kapitalisierung von Versorgungsanwartschaften.[1803] Unterschiedlich beurteilt wird indes die Frage, ob bereits im Anstellungsvertrag enthaltene Abfindungsvereinbarungen nach § 24 Nr. 1a EStG steuerbegünstigt sind.[1804] Die Rechtsprechung jedenfalls hat einen ermäßigten Steuersatz bislang verneint.[1805]

Der Steuerbegünstigung nach § 24 Nr. 1b EStG kommt nur dann eigenständige Bedeutung zu, wenn der Steuerpflichtige eine Tätigkeit freiwillig aufgibt bzw. nicht ausübt und hierfür eine Entschädigung erhält. Nicht notwendig ist mithin, dass die Aufgabe der Tätigkeit auf Veranlassung der Gesellschaft erfolgt.[1806] Die Entschädigung kann auch einvernehmlich vereinbart werden. Die Gesellschaft muss aber ein Interesse an der Unterlassung künftiger Einkunftserzielung haben.[1807] Die Tätigkeit muss endgültig aufgegeben werden. Das ist auch dann der Fall, wenn das Vorstandsmitglied einem nachvertraglichen Wettbewerbsverbot unterliegt und dafür eine entsprechende Karenzentschädigung erhält.[1808] Die Entschädigungsleistung muss nicht auf einer neuen Rechtsgrundlage beruhen. Demzufolge sind bereits im Anstellungsvertrag vereinbarte Abfindungszahlungen ebenfalls nach § 24 Nr. 1b EStG steuerbegünstigt.[1809]

772

Die Steuerbegünstigung außerordentlicher Einkünfte nach §§ 24 Nr. 1a, 24 Nr. 1b EStG setzt weiterhin voraus, dass es sich um eine sog. Zusammenballung von Einnahmen handelt, die sich bei normalem Verlauf auf mehrere Jahre verteilt hätten.[1810] Die in einem Veranlagungszeitraum zusammengeballten Einkünfte müssen geeignet sein, eine infolge der Progressionswir-

773

1801 BFH/NV 1994, 308; BFH BStBl. II 1982, 305, 306; *Offerhaus*, DB 2000, 396.
1802 BFH BStBl. II 2003, 177; BFH BStBl. II 1993, 27; BGH NJW 1982, 2688.
1803 FG Düsseldorf GmbHR 1998, 795; siehe auch Rundschreiben des BMF v. 18.12.1998, BStBl. I 1998, 1512; ferner BFH GmbHR 2004, 192, 193. Bei Übertragung von Versorgungsanwartschaften auf den neuen Arbeitgeber ist die lohnsteuerliche Neutralität gemäß § 3 Nr. 55 EStG gewährleistet.
1804 Bejahend *Mellinghoff*, in: Kirschhof, EStG, 2002, § 24 Rn. 11; *Offerhaus*, DStR 1997, 108, 109.
1805 BFH BStBl. II 1994, 167.
1806 BFH BStBl. II 1987, 106.
1807 BFH/NV 1992, 646; BFH/NV 1992, 455; BFH BStBl. II 1977, 198.
1808 Zur Besteuerung der Karenzentschädigung siehe Rn. 643.
1809 BFH BStBl. II 1987, 106; BFHE 170, 445.
1810 BFH BB 1997, 2040; BFH BStBl. II 1988, 936; näher *Offerhaus*, DB 1993, 651.

kung des Tarifs höhere Einkommensteuerbelastung auszulösen.[1811] Keine Zusammenballung ist daher anzunehmen, wenn die betreffenden Entschädigungszahlungen nicht den Betrag übersteigen, den der Steuerpflichtige bei Fortsetzung des Anstellungsvertrages bis zum Ende des maßgeblichen Veranlagungszeitraums ohnehin erzielt hätte.[1812] Grundsätzlich erforderlich ist zudem, dass die außerordentlichen Einkünfte dem Steuerpflichtigen innerhalb eines Veranlagungszeitraums zufließen.[1813] Eine Zusammenballung kommt folglich nicht in Betracht, wenn die Abfindung in Teilbeträgen über zwei Veranlagungszeiträume verteilt gezahlt wird, selbst wenn die Zahlungen jeweils mit anderen laufenden Einkünften zusammentreffen und sich ein Progressionsnachteil ergibt.[1814]

774 Besonderheiten ergeben sich allerdings für Neben- und Sachleistungen, welche die Gesellschaft – ohne dazu verpflichtet zu sein – nach Aufhebung des Anstellungsvertrages für eine bestimmte Zeit an das ausgeschiedene Vorstandsmitglied weitergewährt. Das betrifft typischerweise die nachvertragliche Überlassung des Dienstwagens, der Dienstwohnung oder auch das Zurverfügungstellen eines Büros mit Sekretärin. Erstreckt sich die Nutzung über mehrere Veranlagungszeiträume, soll nach Ansicht der Finanzverwaltung eine Zusammenballung der Einkünfte nicht mehr gegeben sein mit der Folge, dass der Steuervorteil nach §§ 24, 34 EStG auch hinsichtlich der Barabfindung gefährdet ist.[1815] Demgegenüber hat der BFH entschieden, dass derartige Sachleistungen – obwohl sie über mehrere Veranlagungszeiträume dem Steuerpflichtigen zufließen – zumindest dann für die Tarifbegünstigung unschädlich sind, wenn die jeweiligen Leistungen nur einen geringen wertmäßigen Anteil im Verhältnis zur eigentlichen Barabfindung ausmachen und nur zeitlich begrenzt gewährt werden.[1816]

775 Die auf die Bezüge der Vorstandsmitglieder entfallende Lohnsteuer hat die Gesellschaft einzubehalten und an das Finanzamt abzuführen, vgl. § 38 Abs. 3 EStG. Hat das scheidende Vorstandsmitglied sonstige Bezüge i. S. d. §§ 24, 34 EStG erzielt, so ist bereits im Rahmen des Lohnsteuerabzugsverfahrens der ermäßigte Steuersatz des § 34 Abs. 1 EStG zu berücksichtigen. Bei der Ermittlung der Jahreslohnsteuer ist der vom Vorstandsmitglied voraussichtlich zu erzielende Jahresarbeitslohn zu Grunde zu legen, vgl. § 39b Abs. 3 EStG. Nur wenn dies nicht möglich ist, wird das Lohnsteuer-

---

1811 Vgl. R 200 Abs. 1 EStR; BFH BStBl. II 1998, 787.
1812 BFH BStBl. II 1998, 787, BFH BStBl. II 1997, 753.
1813 Vgl. Rundschreiben des BMF v. 18.12.1998, IV A 5 – S 2290 – 18/98, BStBl. I 1998, 1512.
1814 BFH BStBl. II 1996, 416; BFH BStBl. II 1981, 214.
1815 Vgl. Rundschreiben des BMF v. 18.12.1998, IV A 5 – S 2290 – 18/98, BStBl. I 1998, 1512. Entsprechendes gilt für nachträgliche Verbesserungen der Pensionszusage oder nachträgliche Ausgleichszahlungen für zwischenzeitlich entfallene betriebliche Sozialleistungen, vgl. Erlass des Finanzministeriums Baden-Württemberg v. 13.11.1996, NZA 1997, 704.
1816 BFH/NV 2003, 448; BFH/NV 2003, 747; für *erhebliche* Sachbezüge den Steuervorteil ablehnend FG Düsseldorf v. 21.2.2002, 15 K 6157/98 (Revision beim BFH unter XI R 23/03).

abzugsverfahren ohne Anwendung von § 39b Abs. 3 EStG durchgeführt. Eine Berücksichtigung erfolgt dann im Rahmen des Veranlagungsverfahrens.[1817] Erzielt das Vorstandsmitglied außerordentliche Einkünfte, bei denen die Lohnsteuer unter Berücksichtigung der Fünftel-Regelung nach § 39b Abs. 3 Satz 9 EStG ermittelt worden ist, ist zwingend eine Veranlagung zur Einkommensteuer durchzuführen, § 46 Abs. 2 Nr. 6 EStG.

3. Sonstige nachvertragliche Regelungen

776 Im Aufhebungsvertrag sind neben der Abfindung jene nachvertraglichen Rechte und Pflichten regelungsbedürftig, die nicht bereits im Anstellungsvertrag vereinbart worden sind. Für die Gesellschaft besonders wichtig ist das nachvertragliche Wettbewerbsverbot. Bei bereits bestehender Regelung im Anstellungsvertrag kommt alternativ zur Beibehaltung der vereinbarten Karenzentschädigung die Kapitalisierung der künftigen Entschädigungszahlungen in Betracht, ggf. unter Einbeziehung in die Abfindungszusage. Fehlt ein nachvertragliches Wettbewerbsverbot bereits im Anstellungsvertrag, sollte eine entsprechende Klausel auf jeden Fall im Rahmen der Vertragsaufhebung vereinbart werden. Hierfür gelten die gleichen Voraussetzungen wie für das anstellungsvertragliche Wettbewerbsverbot.

777 Eine weitere wichtige Regelung des Aufhebungsvertrages besteht darin, dass das Vorstandsmitglied sich zur Niederlegung der Aufsichtsratsmandate in mit der Gesellschaft verbundenen Unternehmen verpflichtet und darüber hinaus alle Ämter und Funktionen unverzüglich beenden wird, die im Interesse der Gesellschaft wahrgenommen wurden. Die der Rückgabepflicht unterliegenden Gegenstände, Unterlagen und Betriebsmittel sollten ebenfalls im Aufhebungsvertrag genau aufgelistet werden.

778 Die Gesellschaft kann sich im Aufhebungsvertrag nicht vorab zur Entlastung eines Vorstandsmitglieds nach § 120 AktG verpflichten,[1818] obgleich eine Entlastung nach § 120 Abs. 2 Satz 2 AktG ohnehin keine Präklusionswirkung für eine spätere Geltendmachung von Schadensersatzansprüchen hätte.[1819]

779 Über viele Jahre hin war es nicht unüblich, dass ein scheidendes, aber verdientes Vorstandsmitglied in den Aufsichtsrat der Gesellschaft wechselt, um dem Unternehmen mit seinem Know-how und Erfahrungen auch weiterhin zur Verfügung zu stehen. Für börsennotierte Gesellschaften wird seit dem Jahr 2009 diese Praxis durch § 100 Abs. 2 Nr. 4 AktG nun eingeschränkt. Mitglied des Aufsichtsrats kann nicht sein, wer in den letzten zwei Jahren Vorstandsmitglied derselben börsennotierten Gesellschaft war. Diese allgemeine Karenzzeit (*Cooling-off-Periode*) soll möglichen Interes-

---

[1817] Vgl. Rundschreiben des BMF v. 18.12.1998, IV A 5 – S 2290 – 18/98, BStBl. I 1998, 1512.
[1818] *Meier*, GmbHR 2004, 111, 113.
[1819] Ausführlich *Nägele/Nestel*, BB 2000, 1253.

senkonflikten bei der Wahrnehmung der Aufsichtsratstätigkeit aufgrund der vorherigen Vorstandstätigkeit vorbeugen sowie insbesondere eine Einflussmöglichkeit des ehemaligen Vorstands auf den neuen Vorstand bei der Bereinigung von Fehlern oder Aufdeckung von Unregelmäßigkeiten aus der eigenen Vorstandszeit vermeiden.[1820] Ausnahmsweise muss die Wartezeit nicht eingehalten werden, wenn die Wahl auf Vorschlag von Aktionären erfolgt, die mehr als 25 % der Stimmrechte an der Gesellschaft halten. Die gesetzliche Regelung entspricht auch Ziff. 5.4.4 DCGK. Zudem sollen nach Ziff. 5.4.2 Satz 3 DCGK nur zwei ehemalige Vorstandsmitglieder gleichzeitig dem Aufsichtsrat angehören.

780 Bei den Verhandlungen über die einvernehmliche Beendigung des Anstellungsvertrages bestehen keine gesteigerten Auskunfts- und Aufklärungspflichten. Das Vorstandsmitglied ist daher nicht verpflichtet, während der Amtszeit begangene und bislang unentdeckt gebliebene Verfehlungen zu offenbaren, selbst wenn diese damals die Gesellschaft zur fristlosen Kündigung berechtigt hätten.[1821]

4. Ausgleichs- und Erledigungsklausel

a) Umfang und Wirkung

781 Der Aufhebungsvertrag enthält üblicherweise eine Ausgleichs- und Erledigungsklausel, durch die grundsätzlich sämtliche wechselseitigen vermögensrechtlichen Ansprüche aus dem Anstellungsverhältnis und seiner Beendigung erlöschen.[1822] Allerdings gibt eine generelle Ausgleichs- und Erledigungsklausel nicht immer eindeutig Aufschluss darüber, welche nachvertraglichen Forderungen davon erfasst sein sollen. Da die Rechtsprechung zur Reichweite und Wirkung solcher Klauseln bislang uneinheitlich ist, empfiehlt sich die genaue Bezeichnung der jeweiligen Ansprüche. Rechtstechnisch kann die abschließende Bereinigung des Anstellungsvertrages im Rahmen eines Erlassvertrages, eines konstitutiven oder eines deklaratorischen negativen Schuldanerkenntnisses erfolgen.[1823]

782 Auf ein nachvertragliches Wettbewerbsverbot und den daraus folgenden Anspruch auf Karenzentschädigung findet eine generelle Ausgleichs- und Erledigungsklausel in der Regel Anwendung.[1824] Nach Ansicht der Rechtsprechung dient die Klausel in erster Linie der Abwicklung des beendeten

---

1820 *Spindler* in; Spindler/Stilz, Aktiengesetz, § 100, Rn. 30 mit umfangreichen Nachweisen.
1821 Für den GmbH-Geschäftsführer OLG Düsseldorf GmbHR 2000, 666 f. m. Anm. *Haas*, DStR 2001, 717.
1822 OLG Düsseldorf NZG 1999, 595, 596 m. Anm. *Fonk*, NZG 1999, 1110; OLG Düsseldorf NZG 1998, 33, 34; OLG Köln BB 1997, 1328; BAG BB 2004, 1280 m. Anm. *Bauer/Diller*.
1823 OLG Düsseldorf NZG 1998, 33, 34 m. Anm. *Jaeger*; BAG BB 2004, 1280, 1281.
1824 Vgl. BAG BB 2004, 1280; BAG BB 2003, 106; OLG Düsseldorf NZG 1999, 595, 596; zurückhaltender OLG Köln BB 1997, 1328, 1329; *Weber/Hoß/Burmester*, HdB der Managerverträge, Teil 2 Rn. 439; *Bauer/Diller*, BB 2004, 1274.

Anstellungsvertrages und damit der Erledigung der sich hieraus ergebenden wechselseitigen Ansprüche zum Zeitpunkt der Vertragsauflösung.[1825] Nachvertragliche Ansprüche sind davon grundsätzlich erfasst, sofern sie nicht ausdrücklich oder nach dem Willen der Parteien mit Beendigung der vertraglichen Rechtsbeziehungen fortbestehen sollen.[1826] Für die (widerlegbare) Vermutung der Erledigung ist daher unerheblich, dass beide Parteien oder jedenfalls eine davon das nachvertragliche Wettbewerbsverbot bei Abschluss des Aufhebungsvertrages übersehen hat.[1827] Ebenso wenig lässt sich aus der Höhe einer Abfindung der Fortbestand nachwirkender Rechte und Pflichten ableiten. Das rechtliche Schicksal eines nachvertraglichen Wettbewerbsverbots ist deshalb stets gesondert zu regeln.

Anhängige Kreditgeschäfte zwischen Vorstandsmitglied und Gesellschaft bedürfen ebenfalls einer ausdrücklichen Regelung im Aufhebungsvertrag. Anderenfalls kann die Ausgleichs- und Erledigungsklausel dazu führen, dass die Gesellschaft auf eine Rückzahlung des gewährten Kredits verzichtet und der Darlehensvertrag gegenstandslos wird.[1828] Ferner kann ein (anteiliges) 13. Monatsgehalt von einer Abgeltungserklärung im Aufhebungsvertrag erfasst sein.[1829] Dagegen sind Ansprüche und Anwartschaften auf betriebliche Altersversorgung durch generelle Erledigungsklauseln grundsätzlich nicht betroffen.[1830] Das gilt selbst für den Fall, dass der Aufhebungsvertrag die Zahlung einer (erheblichen) Abfindung vorsieht.[1831] Die Ausgleichs- und Erledigungsklausel findet zudem in der Regel keine Anwendung auf unstreitige noch nicht abgerechnete Entgeltansprüche, Anspruch auf ein Zeugnis und Anspruch auf Herausgabe der Arbeitspapiere.[1832] 783

Die zulässige Reichweite einer Ausgleichs- und Erledigungsklausel wird schließlich durch das grundsätzliche Verzichts- und Vergleichsverbot nach § 93 Abs. 4 Satz 3 AktG erheblich begrenzt. Danach kann die Gesellschaft auf einen Schadensersatzanspruch erst drei Jahre nach dessen Entstehung und nur dann darauf verzichten oder sich darüber vergleichen, wenn die Hauptversammlung zustimmt und nicht eine Minderheit widerspricht, deren Anteile zusammen 10 % des Grundkapitals erreichen.[1833] Besteht ein Ersatzanspruch nach § 93 Abs. 2 AktG gegen das Vorstandsmitglied, so ist 784

1825 OLG Köln BB 1997, 1328, 1329; OLG Düsseldorf NZG 1999, 595, 596.
1826 Zur Anfechtung des Aufhebungsvertrages vgl. *Bauer/Diller*, BB 2004, 1274, 1280, 1279 f.
1827 OLG Düsseldorf NZG 1999, 595, 596; *Bauer/Diller*, BB 2004, 1274, 1276 f.
1828 Vgl. OLG Düsseldorf NZG 1998, 33, 34 m. Anm. *Jaeger*.
1829 BAG DB 2004, 2218 (zur umfassenden Ausgleichsquittung).
1830 BAG BB 2001, 391; BAG BB 1974, 280; *Bauer/Diller*, BB 2004, 1274.
1831 OLG Köln NZG 2000, 436, 437 m. Anm. *Gitter*.
1832 *Regh*, in: Hümmerich/Lücke/Mauer, § 4 Rn. 420 ff.
1833 Diese Einschränkung gilt nicht bei Zahlungsunfähigkeit des Vorstandsmitglieds (§ 93 Abs. 4 Satz 4 AktG) oder in der Insolvenz der Gesellschaft; dazu *Spindler*, in: MünchKommAktG, § 93 Rn. 130 f.

eine alle gegenseitigen Ansprüche umfassende Ausgleichs- und Erledigungsklausel unwirksam und nichtig.[1834] Die Nichtigkeitsfolge trifft insbesondere auch die Vereinbarung einer (geringeren) Abfindung, durch deren Zahlung alle Schadensersatzforderungen der Gesellschaft erledigt sein sollen. In diesem Fall ist der gesamte Aufhebungsvertrag nichtig, selbst wenn eine salvatorische Klausel besteht.[1835] Wirksamkeitsvoraussetzung einer Ausgleichs- und Erledigungsklausel ist mithin stets ein ausdrücklicher oder konkludenter Vorbehalt der Ersatzansprüche aus § 93 Abs. 2 AktG.[1836] Nicht ausreichend ist ein Vorbehalt, der die Genehmigung der vereinbarten Klausel durch die Hauptversammlung nach Ablauf der Drei-Jahres-Frist gemäß § 93 Abs. 4 Satz 3 AktG vorsieht.[1837]

b) Vereinbarungen mit Dritten

785 In der Praxis behindert das Verzichts- und Vergleichsverbot nach § 93 Abs. 4 Satz 3 AktG häufig eine kurzfristige, umfassende und endgültige Bereinigung wechselseitiger Ansprüche aus dem einvernehmlich beendeten Anstellungsvertrag. Insbesondere für die Erledigung der Schadensersatzansprüche der Gesellschaft gegen das Vorstandsmitglied bieten sich alternativ zur Ausgleichsklausel im Aufhebungsvertrag eigenständige vertragliche Regelungen mit Dritten an.

aa) Enthaftung durch Großaktionär

786 Erreichbar ist eine Haftungsfreistellung zunächst im Rahmen eines Garantievertrages mit einem Dritten, insbesondere mit einem Mehrheits- oder Hauptaktionär.[1838] In dem Garantievertrag verpflichtet sich der Großaktionär, das Vorstandsmitglied von Innenhaftungsansprüchen freizustellen oder die Gesellschaft so weit zu beeinflussen, dass diese keine Schadensersatzforderungen geltend macht. Der freistellende Aktionär kann sich dadurch freilich selbst nach § 117 AktG schadensersatzpflichtig machen oder im Fall eines faktischen Konzerns nach §§ 311, 317 AktG zum Nachteilsausgleich verpflichtet sein.[1839]

787 Grundsätzlich zulässig sind ferner anderweitige Verfügungen über den Ersatzanspruch, insbesondere die Abtretung, Verpfändung oder Aufrechnung. Etwas anderes gilt nur, wenn mit der Verfügung der Regelungszweck

---

1834 *Hopt*, in: GroßKommAktG, § 93 Rn. 374; *Mertens/Cahn*, in: KölnKommAktG, § 93 Rn. 133.
1835 Ausführlich *Bauer/Krets*, DB 2003, 811; *Steinbeck/Menke*, DStR 2003, 940, 942 (zur Kündigung).
1836 *Mertens*, FS Fleck, S. 209, 212; *Zimmermann*, FS Duden, S. 773, 780.
1837 RGZ 133, 33, 38; *Hopt*, in: GroßKommAktG, § 93 Rn. 380; *Spindler*, in: MünchKommAktG, § 93 Rn. 135.
1838 *Mertens/Cahn*, in: KölnKommAktG, § 93 Rn. 133; *Zimmermann*, FS Duden, S. 773, 781; *Bauer/Krets*, DB 2003, 811, 812; teilw. a. A. *Westermann*, FS Beusch, S. 871, 882 mit Hinweis auf die Teilnahme an fremdem Vertragsbruch.
1839 *Hopt*, in: GroßKommAktG, § 93 Rn. 378; *Spindler*, in: MünchKommAktG, § 93 Rn. 136.

des § 93 Abs. 4 Satz 3 AktG umgangen werden soll.[1840] Anzunehmen ist eine solche Umgehung, wenn der Ersatzanspruch vor Ablauf der gesetzlichen Sperrfrist an den Dritten unentgeltlich abgetreten wird, damit dieser auf den Anspruch verzichtet. Umgekehrt aber liegt eine Umgehung nicht bereits dann vor, wenn die Gesellschaft keine vollwertige Gegenleistung erhält. Gleichwohl können sich in diesem Fall die die Gesellschaft nach § 78 AktG vertretenden Vorstandsmitglieder gemäß § 93 Abs. 2 AktG schadensersatzpflichtig machen.[1841]

bb) Stimmbindung der Aktionäre

Generell problematisch ist eine Stimmrechtsbindung eines oder mehrerer Aktionäre gegenüber dem scheidenden Vorstandsmitglied mit dem Inhalt, dass diese sich nach Ablauf der Drei-Jahres-Frist zur Zustimmung zu einem Verzicht auf die Ersatzansprüche oder einem entsprechenden Vergleich verpflichten. Der Stimmbindungsvertrag hat zwar lediglich schuldrechtlichen Charakter und entfaltet daher keine Außenwirkung mit der Folge, dass vertragswidrig abgegebene Stimmen dennoch gültig sind.[1842] Andererseits stellt die Stimmrechtsbindung letztlich eine Disposition über Schadensersatzforderungen der Gesellschaft vor Ablauf der gesetzlichen Frist dar und zielt damit auf eine Umgehung des Schutzzwecks von § 93 Abs. 4 Satz 3 AktG. Nach herrschender Meinung sind Stimmbindungsverträge deswegen unwirksam.[1843] In der Praxis sollte auf diese Form der Erledigung von Schadensersatzansprüchen der Gesellschaft verzichtet werden.

788

5. Einvernehmliche Freistellung

Der Aufhebungsvertrag kann möglicherweise trotz (einvernehmlicher) Beendigung der Bestellung aus verschiedenen Gründen kurzfristig nicht zustande kommen, etwa weil keine Einigung über die Höhe einer Abfindung erzielt worden ist. In diesem Fall können die Parteien unter Aufrechterhaltung des Anstellungsvertrages eine einvernehmliche Freistellung des Vorstandsmitglieds vereinbaren.[1844] Der Vergütungsanspruch bleibt dann bis zum ursprünglich vereinbarten Vertragsende dem Grunde nach weiterhin bestehen. Die einzelnen Regelungen sind freilich an die neuen Umstände anzupassen, insbesondere hinsichtlich der (Nicht-)Teilnahme an Gehaltserhöhungen und neu aufgelegten Aktienoptionsprogrammen, der Weiterzahlung der Tantieme oder der Einbeziehung in Neuregelungen zur betrieblichen Altersversorgung. Ferner empfiehlt sich die vertragliche

789

1840 *Spindler*, in: MünchKommAktG, § 93 Rn. 137; *Hopt*, in: GroßKommAktG, § 93 Rn. 377.
1841 *Semler*, in: MünchKommAktG, § 116 Rn. 580f.; *Hopt*, in: GroßKommAktG, § 93 Rn. 377.
1842 *Hüffer*, AktG, § 133 Rn. 26; *Bauer/Krets*, DB 2003, 811, 812.
1843 *Hopt*, in: GroßKommAktG, § 93 Rn. 379; *Spindler*, in: MünchKommAktG, § 93 Rn. 135; *Mertens*, FS Fleck, S. 209, 213.
1844 Das Vorstandsmitglied kann vor dem Ausscheiden aus der Gesellschaft zudem angemessene Zeit für die Suche nach einer anderen Stelle beanspruchen, vgl. § 629 BGB.

Anrechnung anderweitig erzielter Einkünfte.[1845] Abzugeltende Urlaubsansprüche sollten bei der Bemessung der Freistellungsdauer berücksichtigt werden. Die Anrechnung der Urlaubsansprüche bedarf einer ausdrücklichen Regelung, anderenfalls kann das scheidende Vorstandsmitglied die Abgeltung des Resturlaubs verlangen.[1846]

790 Regelungsbedürftig ist zudem die Frage, ob Sachleistungen und sonstige zusätzliche Zuwendungen seitens der Gesellschaft fortgewährt, zurückgefordert oder durch das Vorstandsmitglied abgelöst werden sollen (z. B. Dienstwagen, Dienstwohnung, Darlehen, Versicherungen). Die Beteiligung an einem oder die Tätigkeit für ein Konkurrenzunternehmen während der Zeit der Freistellung sollte dem Vorstandsmitglied weiterhin untersagt bleiben. Hinsichtlich des nachvertraglichen Wettbewerbsverbots kommt eine Anrechnung des Freistellungszeitraums auf die Verbotsdauer oder auch ein (vorzeitiger) Verzicht in Betracht.

V. Fortsetzung als gewöhnliches Arbeitsverhältnis

1. Änderung der Vertragsbedingungen

a) Widerruf der Bestellung

791 Bleibt der Anstellungsvertrag nach Beendigung der Bestellung bestehen, ändert sich mit dem Amtsverlust grundsätzlich nicht seine Rechtsnatur als freies Dienstverhältnis.[1847] In besonderen Fällen kommt eine einvernehmliche Umwandlung in ein gewöhnliches Arbeitsverhältnis in Betracht. Dafür genügt nicht, dass das Vorstandsmitglied nach der Abberufung kurzfristig in der Gesellschaft verbleibt. Vielmehr müssen die Parteien ausdrücklich oder konkludent vereinbaren, den bisherigen Anstellungsvertrag unter geänderten Bedingungen als Arbeitsverhältnis fortzusetzen.[1848] Im Falle der unveränderten Weiterführung kommt hingegen kein Arbeitsverhältnis zustande, auch wenn dies so vereinbart sein sollte und ehemaliges Vorstandsmitglied und Gesellschaft dies so wollen, weil darin eine objektive Gesetzesumgehung liegt.[1849] Übernimmt das Vorstandsmitglied nach dem Widerruf im Unternehmen anderweitige Aufgaben in leitender Position, erfolgt spätestens mit Zuweisung der neuen Arbeitsbereiche die end-

---

1845 Vgl. OLG Oldenburg NZG 2000, 1038, 1040 f.; *Fonk*, in: Semler/v. Schenck, ArbeitsHdB für Aufsichtsratsmitglieder, § 9 Rn. 318.
1846 *Weber/Hoß/Burmester*, HdB Managerverträge, Teil 8 Rn. 149; *Mertens*, in: KölnKommAktG, § 84 Rn. 87; *Wiesner*, in: MünchHdB GesR AG, § 21 Rn. 64.
1847 BAG ZIP 1997, 1930 m. Anm. *Henssler* EWiR 1998, 5; BAG ZIP 2003, 1010, 1012.
1848 BGH ZIP 2000, 508, 509 m. Anm. *Junker*, EWiR § 611 BGB 3/2000, 381, 382; BAG NZA 2000, 1013, 1015 f.; BAG NZA 1997, 509, 510; BAG ZIP 1997, 1930; BGH WM 1984, 532, 833; OLG Frankfurt GmbHR 1999, 859, 860; OLG Karlsruhe GmbHR 1996, 208 f.
1849 BAG v. 26.8.2009 – 5 AZR 522/08, BeckRS 2009, 72978.

gültige und einvernehmliche Umwandlung in ein gewöhnliches Dienstverhältnis.

b) Umstrukturierung der Gesellschaft

Die Verschmelzung der Gesellschaft oder die Spaltung durch Aufnahme führt trotz des Verlusts der Organstellung grundsätzlich nicht zur Umwandlung des Anstellungs- in ein Arbeitsverhältnis.[1850] Das ehemalige Vorstandsmitglied kann mithin eine anderweitige Tätigkeit für die übernehmende Gesellschaft auf der Grundlage seines bisherigen Anstellungsvertrages aufnehmen und fortsetzen, bis der Vertrag durch Zeitablauf oder Kündigung endet. Etwas anderes gilt nur dann, wenn nach Wegfall der Amtsstellung das ehemalige Vorstandsmitglied nun den Weisungen der Geschäftsleitungsorgane des übernehmenden Rechtsträgers unterliegt und damit eine für das Arbeitsverhältnis typische Weisungsgebundenheit begründet wird.[1851] Ansonsten bedarf die Umwandlung des Anstellungsvertrages in einen Arbeitsvertrag einer entsprechenden Vereinbarung, die freilich auch konkludent getroffen werden kann. Die Formvorschrift des § 623 BGB findet auf die Aufhebung des Vorstandsvertrages keine Anwendung.[1852]

792

c) Wiederaufleben eines Arbeitsvertrages

Hat das Vorstandsmitglied bereits vor der Bestellung als leitender Angestellter im Unternehmen gearbeitet, kommt ein Wiederaufleben des früheren Arbeitsverhältnisses nach der Amtszeit grundsätzlich nicht in Betracht. Mit Abschluss des höher dotierten Anstellungsvertrages haben die Vertragsparteien das bisherige Arbeitsverhältnis im Zweifel aufgehoben.[1853] Das gilt nicht, wenn wesentliche Umstände sich dafür ergeben, dass die konkludente Aufhebung des Arbeitsverhältnisses nicht dem Willen der Parteien entspricht. Abzustellen ist auf alle für die Beendigung oder das bloße Ruhen des bisherigen Arbeitsverhältnisses maßgebenden Umstände. Der ruhende Fortbestand eines Arbeitsvertrages ist ausnahmsweise anzunehmen, wenn die Anstellungsbedingungen unverändert bleiben und/oder das Nebeneinander beider Rechtsverhältnisse bereits Geschäftsgrundlage für die Bestellung zum Mitglied des Vorstands gewesen war.[1854] Ferner

793

1850 BGH NZA 2000, 376, 377; BGH NJW 1995, 675, 676; OLG Brandenburg NZA-RR 1996, 405, 406.
1851 OLG Frankfurt NZA-RR 2000, 385, 386; *Simon*, in: Semler/Stengel, UmwG, § 20 Rn. 57.
1852 OLG Schleswig v. 29.11.2007, BeckRS 2008, 15617; *Zimmer*, BB 2003, 1175; *Buchner/Schlobach*, GmbHR 2004, 1, 11.
1853 BAG NZA 2000, 1013, 1015; BAG NZA 1996, 143; *Wiesner*, in: MünchHdB GesR AG, § 21 Rn. 25; *Kamanabrou*, DB 2002, 146, 149; *Reinecke*, ZIP 1997, 1525, 1532; *Weber/Burmester*, GmbHR 1997, 778, 780; *Henssler*, RdA 1992, 287, 299; kritisch *Fischer*, NJW 2003, 2417, 2418.
1854 BAG NZA 2000, 1013, 1015; BAG ZIP 1996, 514, 515; *Boemke* ZfA 1998, 209, 224; *Reinecke*, ZIP 1997, 1525, 1532; ferner *Bauer/Baeck/Lösler*, ZIP 2003, 1821, 1822; *Junker*, EWiR 2000 § 611 BGB 3/2000, 381, 382.

kommt eine Vertragsfortsetzung in Betracht, wenn ein leitender Angestellter aus dem Arbeitsverhältnis mit der Konzerngesellschaft in eine Vorstandstätigkeit bei einem anderen konzernangehörigen Unternehmen wechselt.[1855] Davon zu unterscheiden sind rechtliche Bindungen durch sog. Rückkehrklauseln, die auf den Eintritt in ein neues Arbeitsverhältnis mit der Gesellschaft abzielen.

2. Rechtsfolgen

794 Mit der Umwandlung in ein gewöhnliches Dienstverhältnis wird aus dem ehemaligen Vorstandsmitglied ein Arbeitnehmer, über dessen Kündigung grundsätzlich der Vorstand zu entscheiden hat. Steht die Kündigung in unmittelbarem Zusammenhang mit der früheren Vorstandstätigkeit, erfordert die unbefangene Vertretung der Gesellschaft die alleinige Zuständigkeit des Aufsichtsrats nach § 112 AktG.[1856] Die Kündigung unterliegt dem Kündigungsschutzgesetz, selbst wenn diese mit Verfehlungen aus der Zeit als Vorstandsmitglied begründet wird.[1857] Für Streitigkeiten über Inhalt und Beendigung des umgewandelten Dienstverhältnisses sind die Arbeitsgerichte nach § 2 Abs. 1 Nr. 3 a) und b) ArbGG zuständig.[1858]

795 Bei Nichtbeachtung der Schriftform nach § 623 BGB ist die beabsichtigte Aufhebung des bisherigen Arbeitsvertrages unwirksam.[1859] Das ausgeschiedene Vorstandsmitglied kann sich auf den Fortbestand der früheren Rechtsstellung aber nur nach Treu und Glauben berufen, weshalb die Geltendmachung arbeitsvertraglicher Ansprüche mehrere Jahre später als rechtsmissbräuchlich anzusehen und nach § 242 BGB ausgeschlossen ist.[1860]

VI. Umstrukturierung der Aktiengesellschaft

1. Umwandlung der Gesellschaft

a) Auswirkung auf den Anstellungsvertrag

796 Die Art der Umwandlung der Gesellschaft entscheidet darüber, ob das Vorstandsamt und der Anstellungsvertrag fortbestehen oder nicht.[1861] Im Fall

---

1855 Ausführlich *Fischer*, NJW 2003, 2417.
1856 BAG BB 2002, 692, 964; LAG Köln DB 2000, 1084; näher *Semler*, in: MünchKommAktG, § 112 Rn. 23.
1857 BAG DB 1994, 1828; BAG NZA 1987, 845; BAG DB 1974, 1243; LAG Berlin GmbHR 1997, 839, 840; Reiserer, DB 1994, 1822, 1824; *Bauer*, BB 1994, 855, 857.
1858 Ausführlich *Kamanabrou*, DB 2002, 146, 148 f.; *Reinecke*, ZIP 1997, 1525, 1526 ff.; *Weber/Burmester*, GmbHR 1997, 778, 780 f.
1859 Zur Schriftform von Aufhebungsverträgen bei unternehmensintern bestellten Organen vgl. *Fischer*, NJW 2003, 2417, 2418 f.; ablehnend *Bauer/Baeck/Lösler*, ZIP 2003, 1821, 1822.
1860 *Bauer/Baeck/Lösler*, ZIP 2003, 1821, 1823; *Krause*, ZIP 2000, 2284, 2290; *Nägele*, BB 2001, 305, 308.
1861 Einzelheiten zur Organstellung bei Umwandlung der Gesellschaft siehe Rn. 190 ff.

der Verschmelzung durch Aufnahme erlischt mit der übertragenden Gesellschaft auch die Organstellung der Vorstandsmitglieder.[1862] Der Anstellungsvertrag dagegen besteht grundsätzlich fort und verpflichtet im Wege der Gesamtrechtsnachfolge nach § 20 Abs. 1 Nr. 1 UmwG nunmehr den übernehmenden Rechtsträger.[1863] Bei Verschmelzung durch Neugründung erlöschen ebenfalls die übertragenden Gesellschaften.[1864] Die Vorstandsverträge gehen dann nach §§ 36 Abs. 1 Satz 2, 20 Abs. 1 Nr. 1 UmwG auf den neu gegründeten Rechtsträger über.

Bei Aufspaltung des Unternehmens (§ 123 Abs. 1 UmwG) können sich Besonderheiten ergeben, da die Gesellschaft als übertragender Rechtsträger nach § 131 Abs. 1 Nr. 2 UmwG erlischt, andererseits aber der Übergang der Anstellungsverträge auf den übernehmenden Rechtsträger nach § 613 Satz 2 BGB der Zustimmung der Vorstände bedarf.[1865] Im Fall der Zustimmung geht das Vertragsverhältnis auf den übernehmenden Rechtsträger über. Fehlt die Zustimmung oder kann mangels präziser Regelungen keine Zuordnung der Anstellungsverträge erfolgen, so ist nicht nur eine Rechtsnachfolge des übernehmenden Rechtsträgers unmöglich, sondern auch die Vertragsfortsetzung mit der übertragenden Gesellschaft auf Grund ihrer Auflösung ausgeschlossen. Die Aufspaltung durch Aufnahme führt dann zum Erlöschen der Vorstandsverträge.[1866] **797**

Die Abspaltung (§ 123 Abs. 2 UmwG) und die Ausgliederung (§ 123 Abs. 3 UmwG) berühren weder die Organstellung noch den Anstellungsvertrag,[1867] denn die übertragende Aktiengesellschaft bleibt bei diesen Umwandlungsarten weiterhin bestehen. Die wirksame Übertragung der Anstellungsverträge auf den übernehmenden Rechtsträger kann nach § 613 Satz 2 BGB i. V. m. § 132 Satz 1 UmwG nur mit Zustimmung der Vorstandsmitglieder erfolgen.[1868] Unterbleibt die Zustimmung, und lassen sich die Verträge auch durch Auslegung keinem Rechtsträger zuordnen, so werden diese weiterhin mit der übertragenden Aktiengesellschaft fortgeführt. Allerdings kann die mit der Abspaltung oder Ausgliederung verbundene Umstrukturierung der übertragenden Gesellschaft ein berechtigter Anlass **798**

1862 Vgl. §§ 2 Nr. 1, 20 Abs. 1 Nr. 2 UmwG.
1863 BGH DStR 1997, 932; BGH WM 1989, 215, 218; OLG Hamm NJW-RR 1995, 1317, 1318; BAG ZIP 2003, 1010, 1012; *Grunewald:* in: Lutter, UmwG, § 20 Rn. 28; *Marsch-Barner*, in: Kallmeyer, UmwG, § 20 Rn. 13; *Hoffmann-Becking*, FS Ulmer, S. 243, 249.
1864 Vgl. §§ 2 Nr. 2, 20 Abs. 1 Nr. 2 UmwG.
1865 Ausführlich *Buchner/Schlobach*, GmbHR 2004, 1, 15 f.; *Röder/Lingemann*, DB 1993, 1341, 1344.
1866 *Schroer*, in: Semler/Stengel, UmwG, § 126 Rn. 72; *Marx*, Auswirkungen der Spaltung nach dem Umwandlungsgesetz auf Rechtsverhältnisse mit Dritten, S. 204.
1867 *Simon/Kübler*, in: Semler/Stengel, UmwG, § 131 Rn. 24; *Marx*, Auswirkungen der Spaltung nach dem Umwandlungsgesetz auf Rechtsverhältnisse mit Dritten, S. 204; *Buchner/Schlobach*, GmbHR 2004, 1, 5.
1868 *Schroer*, in: Semler/Stengel, UmwG, § 126 Rn. 72; *Kallmeyer*, in: Kallmeyer, UmwG, § 132 Rn. 8.

dafür sein, die Größe und/oder Zusammensetzung des Leitungsgremiums zu ändern und das Vorstandsmitglied aus wichtigem Grund nach § 84 Abs. 3 AktG abzuberufen.[1869]

799 Der Formwechsel (§ 190 AktG) bewirkt nur die Beendigung der Amtsstellung. Da der Vermögensbestand unverändert bei der formwechselnden Gesellschaft bleibt, tritt diese auch in die Anstellungsverträge mit den Vorstandsmitgliedern ein.[1870] § 613a Abs. 1 Satz 1 BGB findet auf Vorstandsverträge keine Anwendung.[1871] Demgegenüber richtet sich der Übergang eines ruhenden Arbeitsverhältnisses nach § 613a BGB i.V.m. § 324 UmwG.[1872] Die Verschmelzung, die Spaltung oder der Formwechsel bewirken als solche keine Umwandlung des Anstellungsvertrages in ein Arbeitsverhältnis.[1873]

b) Änderung der Leistungspflichten

aa) Verschmelzung und Aufspaltung

800 Der Übergang der Vorstandsverträge auf Grund Verschmelzung oder Aufspaltung wirkt sich infolge der erloschenen Organstellung notwendigerweise auf die beiderseitigen vertraglichen Leistungspflichten aus. Dem Vorstandsmitglied ohne Amt ist die Erbringung der geschuldeten Dienste nun nicht mehr möglich. Eine etwaige Berufung in den Vorstand der aufnehmenden Gesellschaft ist unerheblich, da vertraglich die Leitung und Vertretung der übertragenden Gesellschaft geschuldet ist.[1874] Die Leistungspflicht erlischt und das ehemalige Vorstandsmitglied kann für die restliche Vertragslaufzeit nach §§ 615 Satz 1, 326 Abs. 2 Satz 1 BGB grundsätzlich weiterhin die vereinbarten Bezüge verlangen.[1875] Die Mitwirkung beim Abschluss des Verschmelzungs- oder Spaltungsvertrages als Mitglied des Vertretungsorgans der übertragenen Gesellschaft kann ihm nicht entgegengehalten werden, da die Umwandlungsmaßnahme im Normalfall durch die Mehrheit der Eigentümer veranlasst wird und damit nicht in die Risikosphäre des Vorstandsmitglieds fällt.[1876]

801 Grundsätzlich umfasst der Anspruch auf Fortzahlung der Bezüge sämtliche vertraglich vereinbarten Vergütungsbestandteile. Umstritten dabei ist, ob die erfolgsabhängigen Vergütungskomponenten (z.B. Tantieme) durch ergänzende Auslegung des Vertrages oder nach den Regeln über den Wegfall der Geschäftsgrundlage an die Verhältnisse der Gesellschaft nach der Ver-

---

1869 Einzelheiten zur Abberufung nach Umwandlung der Gesellschaft siehe Rn. 193.
1870 Ausführlich *Buchner/Schlobach*, GmbHR 2004, 1, 3 f., 18.
1871 BAG ZIP 2003, 1010, 1012; OLG Hamm DStR 1991, 884; LAG Hamm GmbHR 2001, 574.
1872 Ausführlich *Simon*, in: Semler/Stengel, UmwG, § 20 Rn. 56 und § 324 Rn. 16.
1873 Einzelheiten zur Umwandlung in ein Arbeitsverhältnis siehe Rn. 792.
1874 *Buchner/Schlobach*, GmbHR 2004, 1, 16; ähnlich *Baums*, ZHR 156 (1992), 248, 251.
1875 *Simon*, in: Semler/Stengel, UmwG, § 20 Rn. 56; *Grunewald*, in: Lutter, UmwG, § 20 Rn. 28; *Marsch-Barner*, in: Kallmeyer, UmwG, § 20 Rn. 13.
1876 Vgl. *Zöllner*, FS Koppensteiner, S. 291, 303; *Baums*, ZHR 156 (1992), 248, 251 f.

schmelzung anzupassen sind.[1877] Bei fehlender Vereinbarung sollte die Gesellschaft die Ansprüche in Höhe der bisher (oder in den letzten zwei bis drei Jahren) durchschnittlich bezogenen Leistungen für die restliche Vertragslaufzeit bzw. bis zum Abschluss einer Neuregelung weiterhin erfüllen.[1878] Das Festgehalt kann herabgesetzt werden, sofern es mit Rücksicht auf die Übernahme des Haftungsrisikos gezahlt wurde und solche Gefahren nach einer Verschmelzung nicht mehr bestehen. Ansonsten bedarf der Vorstandsvertrag nach der Umwandlung keiner Anpassung an die gesetzlichen Bestimmungen, da diese Sonderregelungen mit Wegfall der Organstellung nicht mehr anwendbar sind.[1879]

Das Vorstandsmitglied muss grundsätzlich keine Aufgaben unterhalb der Geschäftsführung übernehmen. Die Pflicht zur Erbringung der Vorstandstätigkeit ist erloschen.[1880] Freilich kann sich aus dem Anstellungsvertrag ergeben, dass das Vorstandsmitglied damit einverstanden ist, bei einem übernehmenden Rechtsträger anderweitige Funktionen im gehobenen/ mittleren Management wahrzunehmen. Die Änderung der Tätigkeitsbereiche für den Fall einer Umwandlung muss ausdrücklich geregelt sein.[1881] Enthält der Anstellungsvertrag keine entsprechende Abrede, kommt die Übernahme einer leitenden Stellung unterhalb der Vorstandsebene einerseits zur Abwendung der Anrechnung unterlassenen Erwerbs nach §§ 615 Satz 2, 326 Abs. 2 Satz 2 BGB und zudem nur dann in Betracht, wenn der neue Aufgabenbereich die Fähigkeiten, Erfahrungen und Kenntnisse des Vorstandsmitglieds hinreichend berücksichtigt.[1882] Die Übernahme der angebotenen Tätigkeit ist mithin nur zumutbar, wenn sie mit der bisherigen Position weitgehend vergleichbar ist.[1883] Je größer der Aufgaben- und Verantwortlichkeitsbereich gewesen ist, desto eher wird eine Weiterbeschäftigung unterhalb der Vorstandsebene als unzumutbar anzusehen sein.[1884] In

802

1877 Bejahend *Marsch-Barner*, in: Kallmeyer, UmwG, § 20 Rn. 13; *Simon*, in: Semler/Stengel, UmwG, § 20 Rn. 56; *Weber/Hoß/Burmester*, HdB Managerverträge, Teil 6 Rn. 52; ablehnend *Grunewald*, in: Lutter, UmwG, § 20 Rn. 28 mit dem Hinweis, dass der Anreizverlust durch Wegfall der variablen Vergütungsbestandteile nicht in die Risikosphäre der Vorstandsmitglieder fällt.
1878 Dazu *Baums*, ZHR 156 (1992), 248, 252; *Röder/Lingemann*, DB 1993, 1341, 1347; *Fonk*, in: Semler/v. Schenck, ArbeitsHdB für Aufsichtsratsmitglieder, § 9 Rn. 321.
1879 *Grunewald*, in: Lutter, UmwG, § 20 Rn. 28; offen lassend BGH NJW 1989, 1928, 1930.
1880 *Buchner/Schlobach*, GmbHR 2004, 1, 17; anders *Hockemeier*, Die Auswirkung der Verschmelzung von Kapitalgesellschaften auf die Anstellungsverhältnisse der Geschäftsleiter, S. 68 ff.
1881 Einzelheiten zur Umsetzungsklausel siehe Rn. 662 f. und zur Übernahme anderweitiger Tätigkeiten siehe Rn. 605 f.
1882 *Bauer/Gragert*, ZIP 1997, 2177, 2183; *Röder/Lingemann*, DB 1993, 1341, 1347; *Baums*, ZHR 156 (1992), 248, 253 f.; Übernahme anderweitiger Tätigkeiten generell ablehnend *Kothe-Heggemann/Dahlbender*, GmbHR 1996, 650, 652.
1883 *Buchner/Schlobach*, GmbHR 2004, 1, 8, 17; *Röder/Lingemann*, DB 1993, 1341, 1346; *Peltzer*, BB 1976, 1249, 1251.
1884 Ebenso *Fonk*, in: Semler/v. Schenck, ArbeitsHdB für Aufsichtsratsmitglieder, § 9 Rn. 325.

der Regel treten solche Probleme verstärkt im Konzern auf, etwa weil das Vorstandsmitglied früher bereits in leitender Funktion in einer Konzerngesellschaft tätig war und ihm nach Wegfall der Organstellung nunmehr eine vergleichbare Position im Unternehmen angeboten wird.

803 Davon zu unterscheiden ist die Frage, ob das Vorstandsmitglied auch ohne besonderes Angebot der übernehmenden Gesellschaft einen Anspruch auf zumutbare Beschäftigung in leitender Position im neuen Unternehmen hat.[1885] Für die Ausübung einer Vorstandtätigkeit ist dies abzulehnen, da der Aufsichtsrat der übernehmenden Gesellschaft nach § 84 Abs. 1 Satz 1 AktG die uneingeschränkte Entschließungsfreiheit über die Bestellung hat.[1886] Ferner besteht auch kein Anspruch auf Beschäftigung als Angestellter in leitender Funktion, da damit das ehemalige Organmitglied für sich Kündigungsschutz erzwingen könnte.[1887]

bb) Abspaltung und Ausgliederung

804 Bei Abspaltung oder Ausgliederung wird der Anstellungsvertrag mit der übertragenden Aktiengesellschaft fortgesetzt. Anlässlich einer Abspaltung oder Ausgliederung wird der Vorstand der übertragenden Gesellschaft meist erheblich in seinen Aufgaben beschnitten und/oder das einzelne Vorstandsmitglied erhält die Abberufung aus wichtigem Grund nach § 84 Abs. 3 AktG. In diesem Fall entspricht die modifizierte dienstvertragliche Pflichtenbindung strukturell derjenigen, die infolge des Amtsverlusts wegen Verschmelzung oder Aufspaltung eingetreten ist.

805 Alternativ dazu besteht die Möglichkeit, dass der Anstellungsvertrag auf Grund einer Vereinbarung im Spaltungs- und Übernahmevertrag auf den übernehmenden Rechtsträger übergehen soll. Die Motive hierfür können vielfältig sein. So kann die Aufnahme einer bestimmten Tätigkeit im neuen Unternehmen kurzfristig und mit unveränderten Anstellungsbedingungen erfolgen. Möglich ist zudem, dass das Vorstandsmitglied seine Organstellung in der übertragenden Gesellschaft beibehält, während der Anstellungsvertrag auf den anderen Rechtsträger übertragen und damit eine Drittanstellung begründet wird. Eine solche Drittanstellung ist grundsätzlich zulässig.[1888]

1885 Für den GmbH-Geschäftsführer bejahend *Leuchten*, GmbHR 2001, 750, 751 ff.; *Marsch-Barner/Diekmann*, in: MünchHdB GesR GmbH, § 43 Rn. 21.
1886 Ausdrücklich BGH NJW 1953, 740, 742; östOGH wbl 2003, 42, 43; *Buchner/Schlobach*, GmbHR 2004, 1, 10 mit Hinweis auf die herausgehobene Stellung bei Erbringung selbständiger und freier Dienste.
1887 *Baums*, Der Geschäftsleitervertrag, S. 346; *Fonk*, in: Semler/v. Schenck, ArbeitsHdB für Aufsichtsratsmitglieder, § 9 Rn. 324; *Röder/Lingemann*, DB 1993, 1341, 1347.
1888 Zur Tätigkeit im übernehmenden Rechtsträger vgl. *Buchner/Schlobach*, GmbHR 2004, 1, 17; zur Drittanstellung vgl. *Hüffer*, AktG, § 84 Rn. 14; kritisch *Wiesner*, in: MünchHdB GesR AG, § 21 Rn. 2 f.

c) Möglichkeiten der Vertragsbeendigung

Die Aktiengesellschaft und der beteiligte Rechtsträger sollten möglichst vor der Umwandlung mit den zustimmungsbereiten Vorstandsmitgliedern klare Regelungen über den künftigen Inhalt der Anstellungsverträge treffen. Das Verhandlungspotenzial für Abfindungszahlungen anlässlich einer Aufhebung des Anstellungsvertrages richtet sich nicht zuletzt danach, ob und mit welchen Erfolgsaussichten anderweitige Möglichkeiten der Vertragsbeendigung bestehen. 806

aa) Kopplungsklauseln

Die vereinbarte Bindung der Vertragslaufzeit an die Dauer der Bestellung führt bei Wegfall der Organstellung auf Grund einer Umwandlung der Gesellschaft grundsätzlich nicht zur Beendigung des Anstellungsvertrages. Eine Kopplungsklausel bezieht sich nach dem Willen der Parteien in der Regel nur auf die Abberufung aus wichtigem Grund nach § 84 Abs. 3 AktG, nicht aber auf den Amtsverlust wegen Änderung der Unternehmensstruktur.[1889] Das gilt selbst dann, wenn der Widerruf der Bestellung als wichtiger Grund für eine außerordentliche Kündigung oder als Grund für eine ordentliche Kündigung des Vorstandsvertrages vereinbart wird.[1890] Etwas anderes gilt, wenn auf Grund ausdrücklicher Regelung der Anstellungsvertrag mit Wirksamwerden der Umwandlung enden soll.[1891] Der Vorstandsvertrag endet hier freilich erst mit Ablauf der nicht abdingbaren Mindestkündigungsfristen nach § 622 BGB.[1892] Bei Erlöschen der übertragenden Gesellschaft (Verschmelzung oder Aufspaltung) beginnt die Kündigungsfrist in dem Zeitpunkt, in dem die Umwandlung wirksam wird und damit die Beendigung der Organstellung feststeht. 807

bb) Kündigung des Anstellungsvertrages

Die Umwandlung der Gesellschaft berechtigt den übernehmenden Rechtsträger grundsätzlich nicht zur Kündigung des Anstellungsvertrages aus wichtigem Grund nach § 626 BGB.[1893] Auch das Erlöschen der übertragenden Aktiengesellschaft durch Verschmelzung oder Aufspaltung rechtfertigt keine andere Beurteilung. Eine außerordentliche Kündigung durch den übernehmenden Rechtsträger kommt aber in Betracht, wenn das Vorstands- 808

1889 *Simon*, in: Semler/Stengel, UmwG, § 20 Rn. 56; *Spindler*, in: MünchKommAktG, § 84 Rn. 184; *Weber/Hoß/Burmester*, HdB Managerverträge, Teil 6 Rn. 47; *Röder/Lingemann*, DB 1993, 1341, 1344; a. A. wohl *Grunewald*, in: Lutter, UmwG, § 20 Rn. 28.
1890 Ausführlich *Buchner/Schlobach*, GmbHR 2004, 1, 9 f.
1891 *Simon*, in: Semler/Stengel, UmwG § 20 Rn. 56; *Marsch-Barner*, in: Kallmeyer, UmwG, § 20 Rn. 15; *Buchner/Schlobach*, GmbHR 2004, 1, 18.
1892 *Röder/Lingemann*, DB 1993, 1341, 1344; ablehnend *Hockemeier*, Die Auswirkung der Verschmelzung von Kapitalgesellschaften auf die Anstellungsverhältnisse der Geschäftsleiter, S. 35; diff. *Buchner/Schlobach*, GmbHR 2004, 1, 9.
1893 *Marsch-Barner*, in: Kallmeyer, UmwG, § 20 Rn. 14; *Wiesner*, in: MünchHdB GesR AG, § 21 Rn. 90; *Lohr*, NZG 2001, 826, 831; *Röder/Lingemann*, DB 1993, 1341, 1346; a. A. *Buchner/Schlobach*, GmbHR 2004, 1, 7.

mitglied eine ihm angebotene zumutbare Beschäftigung in herausgehobener Führungsposition in dem übernehmenden Unternehmen ablehnt.[1894] Das Kündigungsrecht steht dem übernehmenden Rechtsträger ab Eintragung der Umwandlung zu.

809 Das Vorstandsmitglied dagegen kann wegen Erlöschen seines Amtes (Verschmelzung, Aufspaltung) oder wegen Beschneidung seiner vertraglich zugesagten Aufgaben und Ressorts infolge der Umstrukturierung (Abspaltung, Ausgliederung) nach § 626 BGB außerordentlich kündigen.[1895] Hierbei ist unerheblich, dass das Vorstandsmitglied beim Abschluss des Verschmelzungs- bzw. Spaltungs- und Übernahmevertrages (§§ 4 Abs. 1, 125 UmwG) und damit an der Umstrukturierung mitgewirkt hat.[1896] Dazu war der Vorstand auf Grund seiner organschaftlichen Treuebindung gegenüber der übertragenden Gesellschaft vielmehr verpflichtet. Die Kündigung ist kurzfristig zurückzustellen und eine angemessene Übergangsfrist einzuhalten, wenn durch das sofortige Ausscheiden die Interessen der Gesellschaft berührt sind. Die durch Umwandlung der Gesellschaft veranlasste außerordentliche Kündigung hat zur Folge, dass das Vorstandsmitglied nach § 628 Abs. 2 BGB einen Ersatzanspruch für den durch das vorzeitige Vertragsende entstehenden Schaden hat.[1897] Das gilt aber nur für den Fall, dass das Vorstandsmitglied nicht zur Übernahme einer ihm angebotenen zumutbaren anderweitigen Tätigkeit im übernehmenden oder neu gegründeten Unternehmen verpflichtet ist.[1898]

810 Eine außerordentliche Kündigung durch das Vorstandsmitglied setzt ferner voraus, dass ihm die Fortsetzung des Anstellungsvertrages nach der Umwandlung unzumutbar ist. Daran fehlt es, wenn ausdrücklich vereinbart wurde, dass das Vorstandsmitglied nach der Umwandlung als leitender Angestellter oder in neuer Organfunktion (z. B. GmbH-Geschäftsführer) weiterhin tätig sein soll. Konkretisierte sich die bisherige Rechtsstellung allein auf eine bestimmte Vorstandstätigkeit, so ist die Fortsetzung des Vertrages nach dem Wegfall der Organstellung nicht mehr zumutbar.[1899] Eine Weiterbeschäftigung in der übernehmenden Gesellschaft erfolgt nämlich meist nur deshalb, um den Wechsel zu einem Wettbewerber zu verhindern.

[1894] OLG Nürnberg NZG 2000, 154 f. (Eingliederung einer kleinen GmbH); *Buchner/Schlobach*, GmbHR 2004, 1, 7; *Baums*, ZHR 156 (1992), 248, 254; *Röder/Lingemann*, DB 1993, 1341, 1346; *Bauer/Gragert*, ZIP 1997, 2177, 2183; ablehnend *Kothe-Heggemann/Dahlbender*, GmbHR 1996, 650, 652.

[1895] Ausführlich *Buchner/Schlobach*, GmbHR 2004, 1, 8; *Röder/Lingemann*, DB 1993, 1341, 1346.

[1896] *Willemsen*, in: Willemsen/Hohenstatt/Schweibert, Umstrukturierung und Übertragung von Unternehmen, H 160.

[1897] Einzelheiten zum Schadensersatzanspruch nach § 628 Abs. 2 BGB siehe Rn. 744 f.

[1898] *Marsch-Barner*, in: Kallmeyer, UmwG, § 20 Rn. 14; *Röder/Lingemann*, DB 1993, 1341, 1348.

[1899] Abweichend *Simon*, in: Semler/Stengel, UmwG, § 20 Rn. 58 für den Fall der Verschmelzung einer AG auf eine GmbH.

Gelegentlich akzeptiert die Gesellschaft auch eine unbegründete Eigenkündigung, damit möglichst frühzeitig Klarheit über die Rechtsverhältnisse besteht. Für das Vorstandsmitglied ist ein Verzicht auf die Ausübung des Kündigungsrechts meist besser, schon um die in der Restlaufzeit entstehenden vertraglichen (Vergütungs-)Ansprüche in die Verhandlungen über einen Aufhebungsvertrag einzubringen.

Die Parteien können schließlich ein ordentliches Kündigungsrecht der Gesellschaft für den Fall einräumen, dass das Vorstandsamt auf Grund einer Umwandlung automatisch endet.[1900] Damit wird materiell-rechtlich die ordentliche Kündigung gerade nicht an das Vorliegen eines wichtigen Grundes für die Abberufung nach § 84 Abs. 3 AktG geknüpft, sondern es soll eine Organstellung ohne korrespondierenden Anstellungsvertrag verhindert werden.[1901] Einzuhalten sind die Kündigungsfristen des § 622 BGB, sofern sich nicht nach § 621 BGB eine für das Vorstandsmitglied günstigere Frist ergibt.[1902]

811

cc) Aufhebungsvertrag

Die Umwandlung der Aktiengesellschaft hat in der Praxis meist zur Folge, dass dem funktionslosen oder in seinen Aufgaben erheblich beschnittenen Vorstandsmitglied ein Aufhebungsvertrag angeboten wird. Bei Fortbestand der Organstellung kommt wahlweise eine Änderung der Geschäftsbereiche in Betracht. Die Verhandlungen über den Aufhebungsvertrag führt das Vorstandsmitglied in der Regel mit der übertragenden (bisherigen) Gesellschaft, denn erfahrungsgemäß beenden die Parteien nur ungern die Organstellung, ohne zuvor Klarheit über das Schicksal des Anstellungsvertrages erlangt zu haben. Der Vertragsabschluss ist daher frühzeitig durchzuführen. Dabei empfiehlt sich, den Anstellungsvertrag zeitgleich mit Beendigung der Bestellung aufzulösen. Ein genauer Zeitpunkt lässt sich nicht festlegen, denn das Erlöschen der Organstellung hängt von der Eintragung der Umwandlung (Verschmelzung, Aufspaltung) ins Handelsregister ab.

812

Bei Abschluss des Aufhebungsvertrages vor einer Umwandlung wird die übertragende Gesellschaft nach § 112 AktG durch ihren Aufsichtsrat vertreten. Dagegen ist im Fall der Verschmelzung umstritten, wer nach der Umwandlung einer Aktiengesellschaft das für den Aufhebungsvertrag zuständige Vertretungsorgan ist. Nach Ansicht der Rechtsprechung ist nach der Verschmelzung für die Aufhebung wie auch für die Kündigung des Anstellungsvertrages der Aufsichtsrat bzw. das diesem Gremium entsprechende Überwachungsorgan des übernehmenden Rechtsträgers zustän-

813

1900 Einzelheiten zur Formulierung siehe Anhang Muster B.I. § 8 Abs. 2 des Muster-Anstellungsvertrages.
1901 *Buchner/Schlobach*, GmbHR 2004, 1, 17; *Röder/Lingemann*, DB 1993, 1341, 1345.
1902 *Nägele*, BB 2001, 305, 309 f.; *Fleck*, WM 1994, 1957, 1964; *Bauer*, BB 1994, 855; Anwendbarkeit des § 621 BGB bejahend *Buchner/Schlobach*, GmbHR 2004, 1, 6; *Boemke*, ZfA 1998, 209, 232 f.

dig.[1903] Da aber dort das frühere Vorstandsmitglied niemals Organ gewesen ist, sind die Änderung, Kündigung oder Aufhebung des Anstellungsvertrages als gewöhnliche Geschäftsführungsmaßnahmen anzusehen. Richtiger Ansicht zufolge obliegt die Zuständigkeit für den Abschluss des Aufhebungsvertrages deshalb dem jeweiligen Geschäftsführungsorgan des übernehmenden Rechtsträgers.[1904]

814 Bei den Verhandlungen über den Aufhebungsvertrag geht es in erster Linie um die Festlegung einer Abfindungszahlung, soweit nicht bereits im Anstellungsvertrag eine *Change-of-Control*-Klausel vereinbart wurde.[1905] In diesem Zusammenhang ist daran zu denken, die Höhe der Abfindungszahlungen an scheidende Vorstandsmitglieder im Verschmelzungsvertrag anzugeben (§ 5 Abs. 1 Nr. 8 UmwG).[1906] Im Gegenzug für die Abfindung erlangt die Gesellschaft abschließende Gewissheit über den festzulegenden Zeitpunkt der Beendigung des Anstellungsvertrages. Außerdem spart die Gesellschaft je nach Höhe der vereinbarten Abfindung die möglicherweise teurere Weitervergütung der Vorstände.

815 Neben der Abfindungszusage sind meist weitere Vereinbarungen im Aufhebungsvertrag notwendig. Für Pensionszusagen bietet sich entweder die Fortführung durch den übernehmenden Rechtsträger an oder die Parteien vereinbaren eine Abfindung. Das nachvertragliche Wettbewerbsverbot kann aufgehoben oder aber auf die an der Umstrukturierung beteiligten Gesellschaften erstreckt werden. Ansonsten unterscheidet sich der durch eine Umwandlung veranlasste Aufhebungsvertrag nicht wesentlich von einer anderweitigen einvernehmlichen Auflösung des Anstellungsvertrages.

2. Unternehmenskauf, Beherrschung und Eingliederung

816 Der Unternehmenskauf, der Abschluss eines Beherrschungsvertrages, die faktische Beherrschung der Aktiengesellschaft oder aber deren Eingliederung in eine andere Aktiengesellschaft berühren weder die Organstellung noch das Anstellungsverhältnis eines Vorstandsmitglieds.[1907] Gleichwohl führt die durch diese Maßnahmen herbeigeführte positionelle Veränderung der Amtsstellung häufig zum Wunsch nach einer Vertragsbeendigung.

1903 BGH BB 2004, 125 m. Anm. *Graef*; BGH ZIP 1997, 1674 (Verwaltungsrat einer Sparkasse); BGH ZIP 1998, 508 (Aufsichtsrat einer Genossenschaft).
1904 *Hoffmann-Becking*, FS Ulmer, S. 243, 262; *Röder/Lingemann*, DB 1993, 1341, 1348; *Hockemeier*, Die Auswirkung der Verschmelzung von Kapitalgesellschaften auf die Anstellungsverhältnisse der Geschäftsleiter, S. 40.
1905 Einzelheiten zur *Change-of-Control*-Klausel siehe Rn. 465 ff.
1906 Zu den Auswirkungen eines Verstoßes gegen diese Offenlegungspflicht auf die Abfindungszusage vgl. *Bauer/Krets*, DB 2003, 811, 815.
1907 Einzelheiten zur Organstellung bei Umstrukturierung der Gesellschaft siehe Rn. 195 ff.

D. Beendigung des Anstellungsvertrages

Die Gesellschaft ist wegen der Umstrukturierung weder zur außerordentlichen noch zur ordentlichen Kündigung des Anstellungsvertrages berechtigt. Eine fristlose Kündigung ist ausgeschlossen, weil die Umstrukturierung der Gesellschaft kein wichtiger Grund nach § 626 Abs. 1 BGB ist. Eine (vereinbarte) ordentliche Kündigung kommt nicht in Betracht, da der dafür zwingend erforderliche wichtige Grund für einen wirksamen Widerruf der Bestellung nach § 84 Abs. 3 AktG nicht vorliegt.[1908] Änderungen der Beteiligungsstruktur durch Aktionärswechsel, die Übertragung der Betriebsmittel, der Abschluss eines Beherrschungsvertrages nach § 293 AktG und selbst die Eingliederung nach § 319 AktG rechtfertigen für sich allein noch keine Abberufung.[1909]

817

Der Abschluss eines Beherrschungsvertrages, eines Betriebsführungsvertrages oder auch die Eingliederung der Gesellschaft berechtigen jedoch das Vorstandsmitglied zur außerordentlichen Kündigung.[1910] Dem herrschenden Unternehmen (§§ 308, 291 AktG) bzw. der Hauptgesellschaft (§§ 323, 319, 308 AktG) werden durch derartige Strukturmaßnahmen umfassende Weisungsrechte eingeräumt, die zum Verlust der eigenverantwortlichen Leitungsmacht des Vorstands der abhängigen bzw. eingegliederten Gesellschaft führen. Ein solcher Kompetenzverlust und damit wichtiger Kündigungsgrund kommt unter Umständen zudem bei der Unterstellung unter eine (qualifizierte) faktische Beherrschung sowie bei der Veräußerung von Gesellschafts- oder beachtlichem Betriebsvermögen in Betracht. Dabei steht der Kündigung durch das Vorstandsmitglied nicht entgegen, dass die Unternehmensverträge von ihm selbst vorbereitet und abgeschlossen worden sind. Das Vorstandsmitglied hat damit zwar am Entstehen der Abhängigkeit mitgewirkt, inhaltlich darüber entschieden hat aber allein die Hauptversammlung. Ein Wechsel der Mehrheitsverhältnisse bei den Aktionären rechtfertigt demgegenüber grundsätzlich keine außerordentliche Kündigung, da Aktienkauf und -verkauf zum gesetzlichen Leitbild einer Aktiengesellschaft gehören. Etwas anderes gilt, wenn bestimmte Maßnahmen des neu bestellten Aufsichtsrats die unternehmerische Unabhängigkeit des Vorstands in unzulässiger Weise beeinträchtigen.

818

Im Übrigen unterscheiden sich die Folgen einer Kündigung auf Grund Beherrschung und Eingliederung nicht von denen bei einer Kündigung auf Grund einer Umwandlung der Gesellschaft. Alternativ zur prozessanfälli-

819

[1908] *Mertens/Cahn*, in: KölnKommAktG, § 84 Rn. 149; *Wiesner*, in: MünchHdB GesR AG, § 21 Rn. 84; *Bauer*, DB 1992, 1413, 1414.
[1909] *Spindler*, in: MünchKommAktG, § 84 Rn. 124; *Wiesner*, in: MünchHdB GesR AG, § 20 Rn. 45; *Mertens/Cahn*, in: KölnKommAktG, § 84 Rn. 109; *Röder/Lingemann*, DB 1993, 1341, 1342.
[1910] *Mertens/Cahn*, in: KölnKommAktG, § 84 Rn. 198; *Röder/Lingemann*, DB 1993, 1341, 1349.

gen Kündigung können sich die Parteien auf eine einvernehmliche Beendigung durch Abschluss eines Aufhebungsvertrages mit gleichzeitiger Aufhebung der Bestellung verständigen.[1911]

VII. Insolvenz und Liquidation der Aktiengesellschaft

1. Insolvenz der Gesellschaft

a) Kündigung durch die Gesellschaft

820 Durch Eröffnung des Insolvenzverfahrens über das Vermögen der Aktiengesellschaft wird das Anstellungsverhältnis der Vorstandsmitglieder nicht beendet.[1912] §§ 115, 116 InsO finden auf Vorstandsverträge keine Anwendung.[1913] Allerdings kommen verschiedene Möglichkeiten einer Kündigung in Betracht. Nach § 113 Abs. 1 Satz 1 InsO ist der Insolvenzverwalter zur ordentlichen Kündigung berechtigt ohne Rücksicht auf eine vereinbarte Vertragsdauer oder einen vereinbarten Ausschluss der ordentlichen Kündigung. Die Kündigungsfrist beträgt gemäß § 113 Abs. 1 Satz 2 InsO drei Monate zum Monatsende, sofern nicht eine kürzere Frist maßgebend ist. Für die ordentliche Kündigung des Anstellungsvertrages kann sich eine kürzere Frist aus § 622 BGB ergeben.[1914] Haben die Parteien abweichend davon eine längere Kündigungsfrist vertraglich vereinbart, so findet diese auf die Kündigung im Insolvenzverfahren nur Anwendung, wenn die Höchstfrist nach § 113 Abs. 1 Satz 2 InsO nicht berührt ist.[1915] Hatte der vorläufige Insolvenzverwalter mit Verwaltungs- und Verfügungsbefugnis die Kündigung bereits im Eröffnungsverfahren ausgesprochen, so steht ihm ferner im eröffneten Verfahren ein Nachkündigungsrecht nach § 113 Abs. 1 Satz 2 InsO mit der dreimonatigen Kündigungsfrist zu.[1916]

821 Bei Eigenverwaltung der Gesellschaft ist allein der Aufsichtsrat für die Kündigung des Anstellungsvertrages nach §§ 113 Abs. 1, 279 Satz 1 InsO zuständig. Die Kündigung soll im Einvernehmen mit dem Sachwalter erfolgen.[1917] Das fehlende Einvernehmen berührt nicht die Wirksamkeit der Kündigung, da dieser Mangel im Außenverhältnis unbeachtlich ist.[1918] Bei

---

1911 Einzelheiten zum Aufhebungsvertrag bei Umwandlung der Gesellschaft siehe Rn. 812 ff.
1912 BGH WM 1993, 120, 121; OLG Düsseldorf NZG 2000, 1044; OLG Oldenburg Der Rechtspfleger 1993, 451; OLG Nürnberg BB 1991, 1512, 1513; BayObLG AG 1988, 301, 302.
1913 *Haas*, in: Gottwald, Insolvenzhandbuch, § 92 Rn. 141; *Henssler*, in: Kölner Schrift zur InsO, S. 1286 Rn. 9; *Meyer*, in: Smid, InsO, § 116 Rn. 2.
1914 OLG Düsseldorf NZG 2000, 1044, 1045; LAG Köln ZInsO 1999, 484; *Mertens/Cahn*, in: KölnKommAktG, § 84 Rn. 186; *Spindler*, in: MünchKommAktG, § 84 Rn. 220.
1915 *Moll*, in: Kübler/Prütting, InsO, § 113 Rn. 40 f.; *Berscheid*, ZInsO 1998, 159, 162 f.
1916 *Berscheid*, in: Uhlenbruck, InsO, § 22 Rn. 84; *Uhlenbruck*, BB 2003, 1185, 1187.
1917 Siehe §§ 279 Satz 2, 275 Abs. 1 InsO; dazu *Uhlenbruck*, BB 2003, 1185, 1189.
1918 *Hüffer*, AktG, § 87 Rn. 13; *Spindler*, in: MünchKommAktG, § 87 Rn. 118; *Oltmanns*, in: AnwaltKommAktG, § 87 Rn. 15; *Uhlenbruck*, BB 2003, 1185, 1189; *Hess/Ruppe*, NZI 2002, 577, 578.

Kündigung des Anstellungsvertrages nach § 113 Abs. 1 InsO kann das Vorstandsmitglied wegen vorzeitiger Vertragsbeendigung und dem daraus entstehenden Verdienstausfall nach § 113 Abs. 1 Satz 3 InsO i. V. m. § 87 Abs. 3 AktG nur für die ersten beiden Jahre nach Beendigung des Dienstverhältnisses Schadensersatz verlangen.[1919]

Neben der ordentlichen Kündigung nach § 113 InsO kann ferner eine außerordentliche Kündigung des Anstellungsvertrages nach § 626 BGB in Betracht kommen. Allein wegen Überschuldung, Massearmut oder/und fehlender Beschäftigungsmöglichkeit kann ein Vorstandsmitglied nicht fristlos entlassen werden. Ein wichtiger Grund für die Kündigung liegt aber vor, wenn das Vorstandsmitglied die Insolvenz der Gesellschaft (mit-)verursacht hat.[1920] Die zweiwöchige Ausschlussfrist nach § 626 Abs. 2 BGB beginnt erst nach Ablauf einer dem Insolvenzverwalter zuzubilligenden Einarbeitungszeit.[1921] 822

b) Kündigung durch das Vorstandsmitglied

Auch das Vorstandsmitglied kann den Anstellungsvertrag nach § 113 Abs. 1 InsO unter Einhaltung der entsprechenden Kündigungsfrist ordentlich kündigen. Die Eröffnung des Insolvenzverfahrens ist in aller Regel ein wichtiger Grund für eine fristlose Kündigung nach § 626 Abs. 1 BGB.[1922] Ferner kann das Vorstandsmitglied wegen offener Vergütungsansprüche außerordentlich kündigen. Die Insolvenz einer Gesellschaft rechtfertigt zudem eine Niederlegung des Amtes.[1923] Nach Beendigung der Bestellung bleiben freilich die in §§ 97 Abs. 1, 98, 101 Abs. 1, 153 Abs. 1 InsO genannten Auskunfts- und Mitwirkungspflichten nach § 101 Abs. 1 Satz 2 InsO bestehen, soweit das Vorstandsmitglied nicht früher als zwei Jahre vor dem Antrag auf Eröffnung des Insolvenzverfahrens aus dem Amt ausgeschieden ist. 823

Die Erfüllung der insolvenzrechtlichen Auskunfts- und Mitwirkungspflichten kann im Einzelfall zeitlich so umfangreich sein, dass dem ausgeschiedenen Vorstandsmitglied die Aufnahme einer anderweitigen beruflichen Tätigkeit nicht möglich ist. Der Insolvenzverwalter ist dann verpflichtet, dem Vorstandsmitglied für die Mitarbeit eine angemessene Vergütung aus der Insolvenzmasse zu zahlen.[1924] 824

1919 Einzelheiten zur Gläubigerstellung des Vorstandsmitglieds siehe Rn. 348.
1920 OLG Düsseldorf NZG 2000, 1044, 1045; OLG Hamm ZIP 1987, 121, 123.
1921 *Haas, in:* Gottwald, Insolvenzhandbuch, § 92 Rn. 142; *Henssler,* in: Kölner Schrift zur InsO, S. 1298 Rn. 35.
1922 *Mertens/Cahn,* in: KölnKommAktG, § 84 Rn. 186; *Hauptmann/Müller-Dott,* BB 2003, 2521, 2523.
1923 Kritisch *Lohr,* DStR 2002, 2173, 2178.
1924 *Uhlenbruck,* BB 2003, 1185, 1187; für den GmbH-Geschäftsführer *Schmidt/Uhlenbruck,* Die GmbH in Krise, Sanierung und Insolvenz, Rnrn. 1211 ff.

2. Abwicklung der Gesellschaft

825 Der Anstellungsvertrag wird durch die Auflösung der Gesellschaft (§ 262 AktG) nicht beendet. Die Auflösung allein ist auch kein wichtiger Grund für eine Kündigung nach § 626 BGB. Nach der Auflösung folgt die eigentliche Abwicklung der Gesellschaft (§ 265 AktG), die in der Regel die Vorstandsmitglieder als Abwickler durchführen. In diesem Fall werden die Anstellungsverträge auch während der Abwicklung fortgesetzt.[1925] Die Anstellungsverträge mit anderen Abwicklern hat mit Ausnahme der gerichtlich bestellten Abwickler die Hauptversammlung zu beschließen.

826 Für das Anstellungsverhältnis der Vorstandsmitglieder gelten nach § 265 Abs. 5 Satz 2 AktG die allgemeinen Vorschriften. Die Bezüge sind mithin auf Grund der vertraglichen Vereinbarungen unter Beachtung des Angemessenheitsgebots nach § 87 AktG weiter zu gewähren. Die Vorstandsmitglieder haben aber keinen Anspruch auf Gewährung einer zugesagten Tantieme.[1926] Das gesetzliche Wettbewerbsverbot nach § 88 AktG gilt nicht für ehemalige Vorstandsmitglieder in ihrer Rolle als Abwickler, vgl. § 268 Abs. 3 AktG. Eine entsprechende Regelung im Anstellungsvertrag ist möglich, jedoch bindet diese das Vorstandsmitglied nicht ohne weiteres in seiner Eigenschaft als Abwickler. Klarheit verschafft hier eine gesonderte Vereinbarung.

827 Im Rechtsstreit mit dem als Abwickler tätigen Vorstandsmitglied wird die Gesellschaft in Liquidation nach § 112 AktG grundsätzlich durch den Aufsichtsrat vertreten. Davon abweichend liegt die Vertretungszuständigkeit beim Liquidator, wenn die Abwicklung der Gesellschaft nach § 265 Abs. 2 AktG durch Fremdabwickler besorgt wird.[1927]

828 Die Beendigung der Gesellschaft tritt mit dem Schluss der Abwicklung ein (§ 273 Abs. 1 AktG). Spätestens mit Eintragung der Löschung in das Handelsregister erlischt die Aktiengesellschaft als juristische Person. Damit erlöschen auch die Amtsstellung und das Anstellungsverhältnis der Vorstandsmitglieder.

1925 *Hoffmann-Becking*, in: MünchHdB GesR AG, § 66 Rn. 4; *Hüffer*, AktG, § 265 Rn. 3.
1926 *Spindler*, in: MünchKommAktG, § 87 Rn. 78.
1927 Brandenburgisches OLG OLG-NL 2002, 103; *Semler*, in: MünchKommAktG, § 112 Rn. 28.

Anhang

A. Muster zur Bestellung und Abberufung

I. Bestellung eines Vorstandsmitglieds

Niederschrift[1]

über die Sitzung des Aufsichtsrats der *Alpha*-AG in .... *(Ort)* am ....

Der Vorsitzende eröffnete die Sitzung des Aufsichtsrats um .... und stellte die ordnungsgemäße Einladung und die vollzählige Anwesenheit der Mitglieder fest.

...

Zu Punkt 3 der Tagesordnung:

Der Aufsichtsrat hat in geheimer Abstimmung einstimmig beschlossen:

Herr Dipl.-Kfm. Dr. ...., geboren am ...., wohnhaft in .... *(vollständige Anschrift)*, wird für die Dauer von fünf Jahren zum Mitglied des Vorstands der *Alpha*-AG bestellt. Er ist gemäß § ... der Satzung berechtigt, die Gesellschaft gemeinschaftlich mit einem anderen Mitglied des Vorstands oder in Gemeinschaft mit einem Prokuristen zu vertreten. Dem dem Aufsichtsrat vorliegenden Anstellungsvertrag, der diesem Protokoll als Anlage beigefügt wird, wird zugestimmt. Der Vorsitzende des Aufsichtsrats wird ermächtigt, den Anstellungsvertrag im Namen des Aufsichtsrats mit Herrn Dipl.-Kfm. Dr. .... abzuschließen.

.... *(Ort)*, den ....

....
(Unterschrift des Aufsichtsratsvorsitzenden)
Der Aufsichtsrat

---

[1] Für den Bestellungsbeschluss kann die Satzung eine andere Form (z. B. notarielle Beurkundung) vorschreiben.

II. Widerruf unter gleichzeitiger Neubestellung

Niederschrift

über die Sitzung des Aufsichtsrats der *Alpha*-AG in .... *(Ort)* am ....

Der Vorsitzende des Aufsichtsrats eröffnete die Sitzung des Aufsichtsrats um .... und stellte die ordnungsgemäße Einladung und die vollzählige Anwesenheit der Mitglieder fest.

...

Der Vorsitzende legte ausführlich dar, dass das Vorstandsmitglied Herr .... auf Grund der Beteiligung an dem Konkurrenzunternehmen *Gamma*-GmbH schwerwiegend gegen das anstellungsvertragliche Wettbewerbsverbot sowie gegen seine Treuepflichten verstoßen und dadurch der Gesellschaft erheblichen Schaden zugefügt hat. Der Aufsichtsratsvorsitzende hat am .... *(Datum)* Kenntnis von diesen Tatsachen erlangt und am selben Tag die Aufsichtsratssitzung einberufen.

TOP 1: Beschlussfassung über die sofortige Abberufung des Vorstandsmitglieds Herrn ....

In geheimer Abstimmung beschloss der Aufsichtsrat einstimmig:

Die Bestellung von Herrn .... zum Mitglied des Vorstands der *Alpha*-AG wird gemäß § 84 Abs. 3 AktG mit sofortiger Wirkung widerrufen. Der Aufsichtsratsvorsitzende wird ermächtigt, den Widerruf der Bestellung gegenüber Herrn .... zu erklären.

TOP 2: Beschlussfassung über die Kündigung des Anstellungsvertrages mit Herrn .... aus wichtigem Grund

In geheimer Abstimmung beschloss der Aufsichtsrat einstimmig:

Der Anstellungsvertrag mit Herrn .... vom ...... wird aus wichtigem Grund gemäß § 626 BGB mit sofortiger Wirkung, hilfsweise auf Grund der Kopplungsklausel gemäß § __ des Anstellungsvertrages unter Einhaltung der Frist nach § 622 BGB, höchst hilfsweise ordentlich zum nächstmöglichen Zeitpunkt, gekündigt. Der Aufsichtsratsvorsitzende wird ermächtigt, die Kündigung des Anstellungsvertrages gegenüber Herrn ...... zu erklären.

TOP 3: Bestellung eines neuen Vorstandsmitglieds; Anstellungsvertrag

Der Aufsichtsrat beschloss einstimmig nach Vorlage des Entwurfs eines Anstellungsvertrags, der diesem Protokoll als Anlage beigefügt wird:

Frau Dr. ...., geboren am ...., wohnhaft in .... *(vollständige Anschrift)*, wird für die Dauer von drei Jahren zum Mitglied des Vorstands der *Alpha*-AG bestellt. Sie ist gemäß § ... der Satzung berechtigt, die Gesellschaft gemeinschaftlich mit einem anderen Mitglied des Vorstands oder in Gemeinschaft mit einem Prokuristen zu vertreten.

Dem Abschluss des Anstellungsvertrages wird zugestimmt. Der Vorsitzende des Aufsichtsrats wird ermächtigt, den Anstellungsvertrag im Namen des Aufsichtsrats mit Frau Dr. ………. abzuschließen.

………….. (Ort), den ……….

………………………………………………..………
(Unterschrift des Aufsichtsratsvorsitzenden)
Der Aufsichtsrat

III. Übermittlung des Widerrufs- und Kündigungsbeschlusses

Schreiben des Aufsichtsratsvorsitzenden

Prof. Dr. ……………….
Vorsitzender des Aufsichtsrats der *Alpha*-AG

An Herrn ……………..
Mitglied des Vorstands der *Alpha*-AG
(Privatanschrift)

Betrifft: Erklärung der Abberufung und der Kündigung des Anstellungsvertrages

Sehr geehrter Herr …………….,

hiermit teile ich Ihnen im Auftrag des Aufsichtsrats der *Alpha*-AG mit, dass der Aufsichtsrat durch Beschluss vom ….. *(Datum)* den Widerruf Ihrer Bestellung mit sofortiger Wirkung sowie die außerordentliche fristlose Kündigung Ihres Anstellungsvertrages aus wichtigem Grund, hilfsweise die ordentliche fristgemäße Kündigung Ihres Anstellungsvertrages beschlossen hat.

Ich erkläre im Namen und mit Vollmacht des Aufsichtsrats den Widerruf Ihrer Bestellung als Vorstandsmitglied der *Alpha*-AG und die außerordentliche fristlose Kündigung Ihres Anstellungsvertrages aus wichtigem Grund, hilfsweise die ordentliche fristgemäße Kündigung Ihres Anstellungsvertrages, hilfsweise die Beendigung Ihres Anstellungsvertrages nach Maßgabe der Gleichlauf- und Kopplungsklausel gemäß § … des Anstellungsvertrages unter Einhaltung der Frist nach § 622 BGB, höchst hilfsweise ordentlich (*eventuell zusätzlich:* verhaltensbedingt) zum nächstmöglichen Zeitpunkt.

Als Anlage erhalten Sie die Niederschrift des Aufsichtsratsbeschlusses vom ….. *(Datum)* im Original.

………….. (Ort), den ……….

………………………………………………..………
(Unterschrift des Aufsichtsratsvorsitzenden)

IV. Anmeldung zum Handelsregister

Anmeldung der Bestellung eines Vorstandsmitglieds

An das Amtsgericht
– Registergericht –

.... *(Ort)*

Betrifft: *Alpha*-AG

HRB ....

Als gemeinsam zur Vertretung berechtigte Vorstandsmitglieder der *Alpha*-AG melden wir zur Eintragung in das Handelsregister an:

1. Herr Dipl.-Kfm. Dr. ...., geboren am ...., wohnhaft in .... *(vollständige Anschrift)*, ist durch Beschluss des Aufsichtsrats vom ..... zum weiteren Mitglied des Vorstands bestellt worden. Er ist berechtigt, die Gesellschaft gemeinschaftlich mit einem anderen Mitglied des Vorstands oder in Gemeinschaft mit einem Prokuristen zu vertreten.

2. Herr Dipl.-Kfm. Dr. .... versichert nach Belehrung über seine unbeschränkte Auskunftspflicht gegenüber dem Gericht, dass keine Umstände vorliegen, die seiner Bestellung entgegenstehen. Herr Dipl.-Kfm. Dr. .... versichert ausdrücklich, dass er
   - sofern der Unternehmensgegenstand ganz oder teilweise mit dem Gegenstand des Verbots übereinstimmt, nicht aufgrund eines gerichtlichen Urteils oder einer vollziehbaren Entscheidung einer Verwaltungsbehörde einen Beruf, einen Berufszweig, ein Gewerbe oder einen Gewerbezweig nicht ausüben darf,
   - nicht wegen einer oder mehrerer vorsätzlich begangener Straftaten
     - des Unterlassens der Stellung des Antrags auf Eröffnung des Insolvenzverfahrens nach § 15a Abs. 4 der Insolvenzordnung (Insolvenzverschleppung),
     - nach den §§ 283 bis 283d des Strafgesetzbuchs (Insolvenzstraftaten),
     - der falschen Angaben nach § 399 des Aktiengesetzes oder § 82 des Gesetzes betreffend die Gesellschaften mit beschränkter Haftung,
     - der unrichtigen Darstellung nach § 400 des Aktiengesetzes, § 331 des Handelsgesetzbuchs, § 313 des Umwandlungsgesetzes oder § 17 des Publizitätsgesetzes,
     - nach den §§ 263 bis 264a oder den §§ 265b bis 266a des Strafgesetzbuchs

     zu einer Freiheitsstrafe von mindestens einem Jahr verurteilt worden ist, auch nicht im Ausland wegen einer Tat, die mit den vorstehend genannten Taten vergleichbar ist.

Als Anlage dieser Anmeldung ist eine notariell beglaubigte Abschrift des Beschlusses des Aufsichtsrats vom ..... über die Bestellung sowie die Annahmeerklärung des Vorstandsmitglieds beigefügt.

.... *(Ort)*, den ....

....
(Unterschriften der Vorstandsmitglieder)
Der Vorstand

Anmeldung des Ausscheidens eines Vorstandsmitglieds[2]

An das Amtsgericht
– Registergericht –

.... *(Ort)*

Betrifft: *Alpha*-AG

HRB ....

Als gemeinsam zur Vertretung berechtigte Vorstandsmitglieder der *Alpha-AG* melden wir zur Eintragung in das Handelsregister an:

Herr .... ist aus dem Vorstand der Gesellschaft ausgeschieden.

Als Anlage dieser Anmeldung ist eine notariell beglaubigte Abschrift des Beschlusses des Aufsichtsrats vom ..... über den Widerruf der Bestellung beigefügt.

.... *(Ort)*, den ....

....
(Unterschriften der Vorstandsmitglieder)
Der Vorstand

(Beglaubigungsvermerk)

---

[2] Die Registeranmeldung des Ausscheidens eines Vorstandsmitglieds kann gleichzeitig unter Anmeldung der Bestellung eines neuen Vorstandsmitglieds erfolgen. Dabei handelt es sich um verschiedene Gegenstände i. S. d. § 44 Abs. 2 KostO.

Anhang

B. Muster zum Anstellungsvertrag[3]

I. Anstellungsvertrag einschließlich Pensionsvereinbarung

Die *Alpha*-AG
– nachfolgend „Gesellschaft" genannt –

vertreten durch den Aufsichtsrat, dieser vertreten durch den Aufsichtsratsvorsitzenden, Herrn Prof. Dr. ....,

und

Herr ....
– nachfolgend „Vorstandsmitglied" genannt –

schließen auf der Grundlage der Beschlussfassung des Aufsichtsrats vom ..... folgenden

Anstellungsvertrag

§ 1 Aufgaben und Pflichten

(1) Herr .... ist durch Beschluss des Aufsichtsrats vom .... zum Mitglied des Vorstands der *Alpha*-AG für die Zeit vom .... bis ...... bestellt worden.

(2) Das Vorstandsmitglied ist gemeinsam mit seinen Kollegen im Vorstand für die unternehmerische Führung der Gesellschaft und aller zu ihrem Einflussbereich gehörenden Unternehmen, insbesondere ihrer Tochter- und Beteiligungsgesellschaften, verantwortlich. Unbeschadet der Gesamtverantwortung des Vorstands leitet Herr .... die ihm nach dem Geschäftsverteilungsplan zugewiesenen Geschäftsbereiche.

(3) Herr .... führt die Geschäfte nach Maßgabe der Gesetze, der Satzung der Gesellschaft, der Geschäftsordnung für den Vorstand sowie der Empfehlungen des Deutschen Corporate Governance Kodex im Rahmen der von der Gesellschaft abgegebenen jährlichen Entsprechenserklärung.[4] Es gelten die genannten Regelungen in der jeweils gültigen Fassung.

(4) Das Vorstandsmitglied wird seine gesamte Arbeitskraft ausschließlich der Gesellschaft sowie den Tochter- und Beteiligungsgesellschaften widmen.[5] Auf Wunsch des Aufsichtsrates oder des Vorstands mit Zustimmung

---

[3] Die Vertragsmuster sind bei weiblichen Vorstandsmitgliedern entsprechend anzupassen.

[4] Die Einbeziehung des Deutschen Corporate Governance Kodex bezieht sich auf börsennotierte Gesellschaften (§ 161 AktG). Auf anderweitige Corporate Governance Kodices einzelner Branchen (z. B. Versicherungs- und Immobilienwirtschaft) kann ebenfalls Bezug genommen werden.

[5] Bei Doppelmandaten empfiehlt sich die Ergänzung, dass „das Vorstandsmitglied auch dem Vorstand/der Geschäftsführung des ...-Unternehmens angehört".

des Aufsichtsrates wird Herr .... ohne zusätzliche Vergütung Aufsichtsratsmandate und ähnliche Ämter in Gesellschaften, an denen die Gesellschaft unmittelbar oder mittelbar beteiligt ist, sowie in Verbänden und ähnlichen Zusammenschlüssen, denen die Gesellschaft auf Grund ihrer geschäftlichen Tätigkeit angehört, übernehmen. Das Vorstandsmitglied ist verpflichtet, Aufsichtsratsmandate und andere Ämter, die es im Interesse der Gesellschaft wahrnimmt, bei Beendigung der Bestellung und/oder wenn der Aufsichtsrat der Gesellschaft dies verlangt, unverzüglich niederzulegen, soweit nicht ausdrücklich eine anderweitige Vereinbarung getroffen wird.[6]

(5) Die Übernahme einer anderweitigen – entgeltlichen oder unentgeltlichen – Tätigkeit im beruflichen Bereich sowie die Übernahme oder Fortführung von Aufsichtsrats-, Beirats- oder sonstigen Mandaten oder Ämtern, einschließlich Ehrenämtern bedarf der vorherigen schriftlichen Zustimmung des Aufsichtsrats/-ausschusses.[7] Das gilt insbesondere auch für die Annahme von Aufsichtsratsmandaten und ähnlichen Ämtern außerhalb des Unternehmens. Der Aufsichtsrat kann eine erteilte Zustimmung unter Einhaltung einer angemessenen Frist widerrufen. Die Niederlegung von Mandaten ist dem Aufsichtsratsvorsitzenden schriftlich mitzuteilen. Jede Gutachter- oder Schiedsrichtertätigkeit bedarf der vorherigen Zustimmung des Aufsichtsrats/-ausschusses. Publikationen und öffentliche Vorträge, die das Unternehmensinteresse berühren, sind vorher im Vorstand abzustimmen.

(6) Das Vorstandsmitglied wird während der Dauer des Anstellungsvertrages ohne vorherige schriftliche Zustimmung des Aufsichtsrats/-ausschusses nicht an einem Unternehmen unmittelbar oder mittelbar beteiligt sein, das mit der Gesellschaft oder einem mit ihr verbundenen Unternehmen im Wettbewerb steht oder in wesentlichem Umfang Geschäftsbeziehungen zu der Gesellschaft oder einem mit ihr verbundenen Unternehmen unterhält. Herr .... wird den Aufsichtsratsvorsitzenden unterrichten, falls ein Mitglied seiner Familie (Angehöriger i. S. d. § 15 AO) eine Beteiligung an einem solchen Unternehmen hält. Anteilsbesitz im Rahmen der privaten Vermögensverwaltung, der keinen Einfluss auf die Organe des betreffenden Unternehmens ermöglicht, gilt nicht als Beteiligung i. S. dieser Bestimmung.

(7) Das Vorstandsmitglied hat alle Interessenkonflikte dem Aufsichtsrat gegenüber unverzüglich offenzulegen und die anderen Vorstandsmitglieder hierüber zu informieren. Wesentliche Geschäfte zwischen der Gesellschaft oder einem von ihr abhängigen Unternehmen einerseits und dem Vorstandsmitglied oder ihm nahe stehenden Personen, Unternehmen oder Ver-

---

6 Möglich ist etwa die Regelung, dass die Ämter auch vor Beendigung der Vorstandstätigkeit niederzulegen sind, wenn der Vorstand dieses ausdrücklich wünscht.

7 Bei Neuabschluss des Anstellungsvertrages während einer laufenden Amtsperiode können die bereits erteilten Zustimmungen aufrechterhalten bleiben, was ausdrücklich zu vereinbaren ist.

einigungen andererseits bedürfen der vorherigen schriftlichen Zustimmung des Aufsichtsrats/-ausschusses.[8]

(8) Herr .... hat den Erwerb oder die Veräußerung von Aktien der Gesellschaft oder von darauf bezogenen Erwerbs- oder Veräußerungsrechten nach Maßgabe des § 15a Abs. 1 WpHG der Gesellschaft unverzüglich schriftlich mitzuteilen. Das gilt auch für entsprechende Transaktionen durch dem Vorstandsmitglied nahestehende Personen. Das Vorstandsmitglied hat ferner den Besitz von Aktien einschließlich Optionen und sonstiger Derivate der Gesellschaft schriftlich anzuzeigen, wenn ihm unmittelbar oder durch Einbeziehung des Besitzes ihm nahestehender Personen mehr als 1 % der von der Gesellschaft ausgegebenen Aktien gehören.[9]

(9) Der Dienstsitz ist .... Das Vorstandsmitglied wird seinen Wohnsitz am Sitz der Gesellschaft nehmen.[10]

§ 2 Vergütung

(1) Herr .... erhält für seine Tätigkeit als Vergütung
a) ein fixes Jahresgehalt in Höhe von ..... Euro brutto;
Alternativen für die Tantiemezusage:
b) ALT. 1: eine jährliche Tantieme in Höhe von ..... Euro brutto für je 1 % der von der Gesellschaft ausgeschütteten Dividende, wobei die Tantieme auf höchstens ..... Euro begrenzt ist; Boni, Sonderausschüttungen etc. an die Aktionäre gelten nicht als Dividende im Sinne dieser Vorschrift;
b^I) ALT. 2: eine jährliche Tantieme, die der Aufsichtsrat mit der Feststellung des Jahresabschlusses für das abgelaufene Geschäftsjahr unter Berücksichtigung des Ergebnisses und der wirtschaftlichen Lage der Gesellschaft und der Leistungen von Herrn .... nach freiem Ermessen festsetzt, wobei die Tantieme auf höchstens ..... Euro begrenzt ist;
b^{II}) ALT. 3: eine jährliche Tantieme, die der Aufsichtsrat mit der Feststellung des Jahresabschlusses für das abgelaufene Geschäftsjahr festsetzt und deren Bemessungsgrundlage das Erreichen der mit Herrn .... am Beginn für das jeweilige Geschäftsjahr schriftlich vereinbarten Erfolgsziele ist.[11] Bei voller Erreichung der Zielvorgaben ist eine jähr-

---

[8] Der Anstellungsvertrag kann eine wertmäßige Untergrenze für den Zustimmungsvorbehalt des Aufsichtsrats (z.B. mehr als 25.000,– Euro) festlegen. Alternativ können Offenlegungspflicht und Zustimmungserfordernis auch in der Geschäftsordnung für den Vorstand geregelt sein.

[9] § 1 Absatz 9 betrifft nur Vorstände börsennotierter Gesellschaften und berücksichtigt Ziff. 6.6 DCGK.

[10] Das Vertragsmuster verzichtet auf eine Verpflichtung zur Herausgabe von Unterlagen und Schriftstücken bei Beendigung der Vorstandstätigkeit, da diese Pflicht auch ohne anstellungsvertragliche Regelung besteht.

[11] Zu den möglichen Erfolgszielen gehören etwa die Erhöhung der Kapitalrendite und der Umsatzrendite im Vergleich zu anderen Wettbewerbern.

liche Tantieme in Höhe von ..... Euro brutto vorgesehen, wobei dieser Betrag in Abhängigkeit von der Zielerreichung unter- oder höchstens bis ..... Euro überschritten werden kann.

b[III]) ALT. 4: (*bei Kreditinstituten oder Versicherungsunternehmen*): für jedes Geschäftsjahr eine Zieltantieme, die sich aus einer Beteiligung am Ergebnis der Gesellschaft gemäß § 2 Abs. 1 b) aa) und einer Ermessenstantieme gemäß § 2 Abs. 1 b) bb) zusammensetzt. Die Höhe der jährlichen Zieltantieme ist begrenzt auf maximal 100 % des fixen Jahresgehaltes gemäß § 2 Abs. 1 a) und kann durch Beschluss der Eigentümer der Gesellschaft auf maximal 200 % des fixen Jahresgehaltes angehoben werden.

aa) Herr .... wird prozentual am Ergebnis der Gesellschaft nach HGB/IFRS beteiligt, sofern das Ergebnis der vom Aufsichtsrat genehmigten Unternehmensplanung für das betreffende Geschäftsjahr mindestens 65 % erreicht. Bei Nichterreichen der 65 % besteht kein Anspruch auf Zieltantieme. Bei Erreichen der 65 % beträgt die prozentuale Beteiligung 0,05 % des wirtschaftlichen Ergebnisses der Gesellschaft nach HGB/IFRS. Ab einem Ergebnis nach HGB/IFRS von ... Mio. Euro halbiert sich der Prozentsatz für den diesen Schwellenwert übersteigenden Betrag. Der Aufsichtsrat kann den Prozentsatz für die prozentuale Beteiligung am wirtschaftlichen Ergebnis der Gesellschaft jährlich neu festsetzen. Die Höhe des aus der Beteiligung am wirtschaftlichen Ergebnis resultierenden Betrages ist begrenzt auf maximal 100 % des fixen Jahresgehaltes, bei entsprechendem Beschluss der Eigentümer der Gesellschaft auf höchstens 200 % des fixen Jahresgehaltes.

bb) Herr .... erhält zusätzlich zur prozentualen Beteiligung am Ergebnis der Gesellschaft jährlich eine Tantieme, deren Höhe jeweils nach Ende des Geschäftsjahres durch den Aufsichtsrat festgesetzt wird (Ermessentantieme).

cc) Auf die Festsetzung der Zieltantieme und deren Auszahlung findet die als Anlage beigefügte Richtlinie des Aufsichtsrats für die variable Vergütung des Vorstands (Vergütungsrichtlinie) in ihrer jeweils geltenden Fassung unmittelbar Anwendung, sofern in diesem Anstellungsvertrag keine anderweitigen Regelungen vereinbart worden sind.[12]

(2) Das Jahresgehalt wird in zwölf gleichen Teilbeträgen am .... *(Anfang/Ende)* eines jeden Monats gezahlt. Die Gehaltszahlung erfolgt letztmalig für den Monat, in dem der Anstellungsvertrag endet.

(3) Die Tantieme für das abgelaufene Geschäftsjahr ist einschließlich der zugesagten Mindestzahlung am Tag nach der ordentlichen Hauptversammlung fällig. Falls der Anstellungsvertrag während eines Geschäftsjahres

---

12 Zur Richtlinie des Aufsichtsrats für die variable Vergütung des Vorstands siehe Muster B. II.

beginnt oder vor dem Ablauf eines Geschäftsjahres endet, wird die Tantieme zeitanteilig gezahlt. Das Vorstandsmitglied erhält die Tantieme bis zur Beendigung der Bestellung.

(3a) Für besondere zurückliegende Verdienste oder Leistungen kann der Aufsichtsrat der Gesellschaft Herrn .... über die vorgenannte Vergütung und Tantiemenzahlung hinaus Anerkennungsprämien gewähren. Ein Rechtsanspruch besteht insofern nicht.

(4) Die Gesellschaft beabsichtigt zudem, die Vorstandsmitglieder in Form von Aktienoptionen am Unternehmenserfolg zu beteiligen. Einzelheiten zur Gewährung von Optionsrechten auf den Bezug von Aktien der Gesellschaft sind in der Anlage zu diesem Vertrag geregelt.[13]

(5) Mit der Zahlung des Gehalts und der Tantieme ist auch eine etwaige Tätigkeit für Unternehmen im Interessenbereich der Gesellschaft abgegolten. Erhält Herr .... für solche gesellschaftsgebundenen Mandate direkt von den betreffenden Unternehmen zusätzlich Bezüge, so werden diese auf die Tantieme angerechnet oder von Herrn .... an die Gesellschaft abgeführt.

(6) Die Gesamtbezüge werden in angemessenen Zeitabständen, in der Regel alle zwei Jahre überprüft. Ein Rechtsanspruch auf Erhöhung der Bezüge ergibt sich hieraus nicht.

(7) Herr .... ist mit der individuellen Ausweisung seiner Bezüge im Anhang des Jahres-/Konzernabschlusses einverstanden, falls der Aufsichtsrat die individualisierte Angabe der Vorstandsbezüge beschließt.[14]

§ 2a Freiwilligkeits- und Änderungsvorbehalt
(bei Kreditinstituten bzw. Versicherungsunternehmen)

Die Auszahlung der in § 2 genannten variablen Vergütung erfolgt unter dem Vorbehalt der aufsichtsrechtlichen Zulässigkeit nach Maßgabe des § 45 KWG (bzw. § 81b VAG). Danach ist die Bundesanstalt für Finanzdienstleistungsaufsicht befugt, die Auszahlung variabler Vergütungsbestandteile bei unzureichenden Eigenmitteln der Gesellschaft oder unzureichender Liquidität zu untersagen oder auf einen bestimmten Anteil des Jahresergebnisses des Instituts zu beschränken; ebenso kann sie anordnen, dass Ansprüche auf Gewährung variabler Vergütungsbestandteile ganz oder teilweise erlöschen.

---

[13] Da Aktienoptionsvereinbarungen in der Regel sehr umfangreich sind, sollten diese grundsätzlich in einer eigenständigen Vertragsurkunde geregelt sein.

[14] Bei börsennotierten Gesellschaften besteht nach §§ 286 Satz 1 Nr. 9a, 314 Abs. 1 Nr. 6a HGB eine prinzipielle Pflicht zur Individualangabe der Vorstandsbezüge; siehe dazu Rn. 355 ff. Die Regelung ermöglicht zudem die Umsetzung der Empfehlung gemäß Ziff. 4.2.4 Satz 2 und Ziff. 4.2.5 Abs. 3 DCGK.

§ 2b Sonderkündigungsrecht
(bei börsennotierten Aktiengesellschaften)

(1) Die Parteien gehen davon aus, dass die Regelungen über die Zusammensetzung und Höhe der in diesem Vorstandsvertrag vereinbarten Bezüge für Herrn ......, insbesondere die Regelungen über
- fixe und variable Vergütung (§ 2),
- Dienstwagen und Auslagenersatz (§ 5),
- Abfindungszahlungen (§ 8),
- Ruhegeldzusage und Übergangsgeld (§ 9),
- Hinterbliebenenversorgung (§ 10),
- Karenzentschädigung für nachvertragliches Wettbewerbsverbot (§ 11),
- Abgeltung von Vergütungsansprüchen und sonstigen Abfindungszahlungen

wegen Change-of-Control (§ 12)

im Einklang mit einem von der Hauptversammlung gebilligten oder zu billigenden Vergütungssystem stehen. Es ist vorgesehen, dass die für ...... (Monat/Jahr) geplante ordentliche Hauptversammlung über die Billigung des für diesen Vorstandsvertrag verwendeten Vergütungssystems und die höchstens erreichbaren Gesamtbezüge der Vorstandsmitglieder entscheidet.

(2) Sofern das von der Hauptversammlung gemäß Abs. 1 gebilligte Vergütungssystem und/oder die nach der Entscheidung der Hauptversammlung höchstens erreichbaren Gesamtbezüge der Vorstandsmitglieder nicht im Einklang mit den in diesem Vorstandsvertrag vereinbarten Bezüge für Herrn ...... stehen, wird sowohl der Gesellschaft als auch Herrn ...... das Recht eingeräumt, innerhalb eines Zeitraums von .... [z.B. neun] Monaten nach dieser Hauptversammlung mit einer Frist von drei Monaten zum Monatsende aus wichtigem Grund den Vorstandsvertrag zu kündigen bzw. das Amt aus wichtigem Grund niederzulegen, wenn die Gesamtbezüge nach diesem Vorstandsvertrag die von der Hauptversammlung gebilligten Bezüge um mehr als .... % übersteigen (Sonderkündigungsrecht).

(3) Bei Ausübung des Sonderkündigungsrechts oder einvernehmlicher Aufhebung des Vorstandsvertrags innerhalb von .... [z.B. neun] Monaten seit der Hauptversammlung, die das für diesen Vorstandsvertrag verwendete Vergütungssystem und/oder die höchstens erreichbaren Gesamtbezüge der Vorstandsmitglieder nicht billigt hat, hat Herr .... einen Anspruch auf eine Abfindungszahlung in Höhe von ..., wenn die Gesamtbezüge nach diesem Vorstandsvertrag die von der Hauptversammlung gebilligten Gesamtbezüge um mehr als .... % übersteigen.

(4) Beide Parteien sind berechtigt, innerhalb eines Zeitraums von sechs Monaten nach der Hauptversammlung, die das für diesen Vorstandsvertrag verwendete Vergütungssystem und/oder die höchstens erreichbaren Gesamtbezüge der Vorstandsmitglieder nicht gebilligt hat, von der jeweils

anderen Partei die Aufnahme von ernsthaften Verhandlungen darüber zu verlangen, die Regelungen dieses Vorstandvertrages so anzupassen, dass diese im Einklang mit der Entscheidung der Hauptversammlung stehen. Die Verhandlungspflicht begründet für keine Partei eine Pflicht zum Abschluss eines Änderungsvertrages, wobei die Parteien das Verständnis teilen, dass Abweichungen von nicht mehr als .... % bei den Gesamtbezügen durch einen Nachtrag zum Vorstandvertrag gelöst werden können und sollen. Das Sonderkündigungsrecht darf erst dann ausgeübt werden, wenn die Verhandlungen gescheitert sind, was von jeder Partei gegenüber der anderen Partei jederzeit und ohne Angabe von Gründen erklärt werden kann.

§ 3 Vergütung bei Dienstunfähigkeit und Tod

(1) Bei einer unverschuldeten vorübergehenden Dienstunfähigkeit wird die feste Tätigkeitsvergütung gemäß § 2 Abs. 1 während der Zeit der Dienstunfähigkeit bis zur Dauer von höchstens .... Monaten, längstens bis zur Beendigung dieses Dienstvertrages weitergezahlt Diese Regelung gilt entsprechend für die sonstigen Leistungen der Gesellschaft.

(2) Herr .... muss sich auf diese Zahlungen anrechnen lassen, was er von Krankenkassen oder Versicherungen an Krankengeld, Krankentagegeld oder Rente erhält, soweit die Leistungen nicht ausschließlich auf seinen Beiträgen beruhen. Die Tantieme nach § .... dieses Dienstvertrages wird hingegen – sofern die Dienstunfähigkeit insgesamt länger als .... Wochen andauert – nur pro rata temporis der geleisteten Arbeitszeit gezahlt.

(3) Herr .... erhält einen monatlichen Zuschuss in Höhe der Hälfte der Beiträge zu einer angemessenen Kranken- und Pflegeversicherung für sich, seine Ehefrau und seine unterhaltsberechtigten Kinder. Der Zuschuss ist begrenzt auf die Hälfte des allgemeinen Beitragssatzes der gesetzlichen Kranken- und Pflegeversicherung. Sofern Herr .... nicht der gesetzlichen Angestelltenversicherung angehört, zahlt die Gesellschaft gegen Nachweis einer entsprechenden Lebensversicherung den Betrag, den sie bei Vorliegen einer gesetzlichen Versicherung zu leisten verpflichtet wäre. *Alternativ:* Die Gesellschaft zahlt Herrn .... einen Zuschuss zur Kranken- und Pflegeversicherung in Höhe des gesetzlich vorgeschriebenen Arbeitgeberanteils unter der Voraussetzung, dass Herrn .... entsprechende Aufwendungen für diese Versicherungen entstehen.

(4) Stirbt Herr .... während der Dauer des Dienstvertrages, so wird die feste Tätigkeitsvergütung gemäß § 2 dieses Dienstvertrages noch für den Sterbemonat und die darauf folgenden [drei / sechs] Monate, längstens jedoch bis zur Beendigung dieses Vertrages, an seine Witwe und/oder seine unterhaltsberechtigten Kinder, soweit diese das 25. Lebensjahr noch nicht vollendet haben [und sich noch in einer Schul-, Universitäts- oder Berufsausbildung befinden], als Gesamtgläubiger weitergezahlt. Hinterlässt Herr.... weder Witwe noch unterhaltsberechtigte Kinder, so besteht kein Anspruch auf

Weiterzahlung der festen Tätigkeitsvergütung. Die Tantieme ist anteilig bis zum Ablauf des Sterbemonats zu entrichten.

[(5) Die Gesellschaft übernimmt für die Dauer von bis zu sechs Monaten nach Dienstantritt von Herrn .... die Hotelkosten, die dadurch entstehen, dass Herr .... in .... noch keine Wohnung hat. Diese Hotelkosten dürfen monatlich Euro .... nicht überschreiten. Darüber hinaus zahlt die Gesellschaft Herrn .... eine Umzugskostenpauschale in Höhe von Euro .....]

(6) Herr .... wird sich in regelmäßigen Abständen/mindestens einmal jährlich auf Kosten der Gesellschaft einer umfassenden ärztlichen Untersuchung unterziehen.

§ 4 Urlaub

(1) Herr .... hat Anspruch auf einen bezahlten Jahresurlaub von dreißig Arbeitstagen, der in Teilabschnitten genommen werden soll. Arbeitstage sind alle Kalendertage, die weder Samstage, Sonntage noch gesetzliche Feiertage am Sitz der Gesellschaft sind. Urlaubszeiten, Erreichbarkeit und Urlaubsvertretung sind mit den anderen Vorstandsmitgliedern kollegial abzustimmen. Dem Vorsitzenden des Aufsichtsrats ist jeder Urlaub von mehr als drei Tagen vor Urlaubsantritt schriftlich mitzuteilen.

(2) Kann dem Vorstandsmitglied aus betrieblichen oder in seiner Person liegenden Gründen der Urlaub nicht vollständig bis zum Ende des Kalenderjahres gewährt werden, wird der Urlaubsanspruch auf das Folgejahr übertragen. Der Urlaubsanspruch verfällt mit Ablauf des 30. Juni des folgenden Kalenderjahres. Kann der Urlaub wegen unverschuldeter Beendigung dieses Vertrages ganz oder teilweise nicht genommen werden, so ist er auf Basis des Festgehalts (§ 2 Abs. 1) abzugelten. Die Bestimmungen des Bundesurlaubsgesetzes gelten sinngemäß ergänzend.

§ 5 Dienstwagen und Auslagenersatz

(1) Die Gesellschaft stellt Herrn .... bis zur Beendigung seiner Bestellung zum Mitglied des Vorstands einen angemessenen Dienstwagen (*eventuell:* mit Fahrer) zur dienstlichen und privaten Nutzung zur Verfügung. Die Betriebskosten einschließlich der Kfz-Versicherungen werden auch bei privater Nutzung von der Gesellschaft getragen. Typ und Ausstattung des Dienstwagens sind vor dessen Anschaffung mit dem Vorsitzenden des Aufsichtsrats abzustimmen. Das Vorstandsmitglied ist auch im Krankheitsfall sowie in anderen Fällen der unverschuldeten Arbeitsunfähigkeit zur Nutzung des Dienstwagens berechtigt. Den Wert der privaten Nutzung hat das Vorstandsmitglied selbst zu versteuern. Das Fahrzeug ist nach Widerruf der Bestellung oder nach einer Freistellung von der Verpflichtung zur Dienstleistung unverzüglich an die Gesellschaft zu übergeben. Herr .... hat kein Zurückbehaltungsrecht an dem Fahrzeug und keinen Anspruch auf Abgeltung entgangener Gebrauchsvorteile.

(2) Reisekosten, Repräsentations- und Bewirtungskosten und sonstige Aufwendungen im Interesse der Gesellschaft werden Herrn .... in angemessenem Rahmen gegen Einzelnachweis erstattet.[15] Einzelnachweise sind in der Form vorzulegen, wie sie von den deutschen Steuerbehörden als ordnungsgemäß für die Abzugsfähigkeit von Auslagen anerkannt werden. In besonderen Fällen kann auf die Vorlage entsprechender Belege verzichtet werden. Die einmaligen und laufenden Kosten eines häuslichen Telefonanschlusses mit Telefax und Internetzugang übernimmt die Gesellschaft bis zur Beendigung der Bestellung zum Mitglied des Vorstands. Herr .... trägt die für die private Nutzung des Anschlusses entfallenden Steuern.

§ 6 Diensterfindungen und sonstige Schutzrechte

Die Vorschriften des Gesetzes über Arbeitnehmererfindungen gelten entsprechend für Erfindungen des Vorstandsmitglieds im Tätigkeitsbereich der Gesellschaft oder eines verbundenen Unternehmens mit der Maßgabe, dass im Fall einer ausbleibenden Einigung der Parteien über die angemessene Vergütung die Patentkammer des zuständigen Landgerichts gemäß § 143 PatG entscheidet. Die Verwertung sonstiger technischer und organisatorischer Verbesserungsvorschläge von Herrn .... steht ohne besondere Vergütung ausschließlich der Gesellschaft zu.

Alternativ:

(1) Das Vorstandsmitglied überträgt der Gesellschaft das ausschließliche zeitlich, räumlich und inhaltlich unbeschränkte Nutzungs- und Verwertungsrecht für alle etwaigen nach Urheber- oder verwandten Schutzrechten sowie sonst nach Marken-, Geschmacksmuster- oder einem anderen Schutzrecht schutzfähigen Arbeitsergebnisse, die das Vorstandsmitglied in Erfüllung seiner Verpflichtungen aus diesem Vertrag erstellt. Die Übertragung des ausschließlichen Nutzungs- und Verwertungsrechts umfasst das Recht zur uneingeschränkten Nutzung der Arbeitsergebnisse in folgenden Verwertungsarten und -formen sowie zu folgenden Zwecken:

a) die unbeschränkte körperliche Vervielfältigung und Verbreitung des Arbeitsergebnisses in unbeschränkter Zahl und unbeschränkten Auflagen in folgenden Bild-, Ton- oder Datenträgern und zu folgenden Zwecken: ...,

b) das unbeschränkte Abrufen, Bereithalten, Senden und Übermitteln sowie öffentliche Vorführen in folgenden Medien und zu folgenden Zwecken: ...,

c) das unbeschränkte Archivieren der Arbeitsergebnisse in folgenden Speichermedien und zu folgenden Zwecken: ...,

d) das unbeschränkte Bearbeiten der Arbeitsergebnisse unter Wahrung der Urheberpersönlichkeitsrechte in folgenden Bearbeitungsformen und zu folgenden Zwecken: ...

---

15 *Eventuell zusätzlich:* Die Erstattung der Reisekosten richtet sich nach den jeweils gültigen Reisekosten-Richtlinien der Gesellschaft.

e) die unbeschränkte Werbung mit den Arbeitsergebnissen in folgenden Formen und zu folgenden Zwecken: ...

Die Übertragung der Rechte umfasst ferner die Erlaubnis zur uneingeschränkten Lizenzvergabe an Dritte. Die Rechtsübertragung ist vollumfänglich mit der in § 2 dieses Vertrages geregelten Vergütung abgegolten. Das Vorstandsmitglied verzichtet, soweit gesetzlich zulässig, auf die Ausübung aller ihm als Urheber zustehenden Persönlichkeitsrechte an den Arbeitsergebnissen, insbesondere auf das Recht auf Namensnennung und auf Rückruf wegen Nichtausübung, und überträgt die Wahrnehmung dieser Rechte der Gesellschaft.

(2) Für Erfindungen und technische oder organisatorische Verbesserungsvorschläge des Vorstandsmitglieds gelten die Vorschriften des Gesetzes über Arbeitnehmererfindungen entsprechend mit folgenden Maßgaben: Das Vorstandsmitglied wird Diensterfindungen, freie Erfindungen und technische oder organisatorische Verbesserungsvorschläge unverzüglich anzeigen und der Gesellschaft zur Inanspruchnahme anbieten. Die Erklärung der Inanspruchnahme hat innerhalb von ... Monaten nach der Anzeige zu erfolgen. Die Gesellschaft hat das Recht, jedoch nicht die Pflicht, hierauf Patente und Gebrauchsmuster im In- und Ausland anzumelden. Die Erfindervergütung für Diensterfindungen und technische oder organisatorische Verbesserungsvorschläge ist vollumfänglich mit der in § 2 dieses Vertrages geregelten Vergütung abgegolten. Im Fall einer freien Erfindung ist dem Vorstandsmitglied eine marktübliche Vergütung zu zahlen. Über die Höhe entscheidet im Fall einer ausbleibenden Einigung der Parteien die Patentkammer des zuständigen Landgerichts gemäß § 143 PatG.

(3) Das Vorstandsmitglied hat eine angemessene Dokumentation seiner während der Dauer dieses Vertrages erstellten patent-, urheber- und sonstigen schutzrechtsfähigen Arbeitsergebnisse sicherzustellen, diese ständig zu aktualisieren und der Gesellschaft zu jeder Zeit zugänglich zu machen sowie ihr das Eigentum daran zu übertragen. Das Vorstandsmitglied wird die Gesellschaft auch nach Beendigung dieses Vertrages bei der Erlangung von Schutzrechten an diesen Arbeitsergebnissen im In- und Ausland unterstützen. Ferner wird das Vorstandsmitglied alles Erforderliche tun, um mögliche Schutzrechte an den Arbeitsergebnissen vollständig auf die Gesellschaft zu übertragen und um dieser es zu ermöglichen, sich den vollen und ausschließlichen Nutzen und die Vorteile dieser Arbeitsergebnisse zu sichern und diese zu verwerten. Für die Erfüllung dieser Mitwirkungspflichten erhält das Vorstandsmitglied während der Dauer dieses Vertrages keine zusätzliche Vergütung mit Ausnahme der Erstattung solcher Kosten, die ihm durch das Verlangen der Gesellschaft entstanden sind. Nach Beendigung dieses Vertrages erhält das Vorstandsmitglied für die Erfüllung der Mitwirkungspflichten einen angemessenen Tagessatz nebst Erstattung solcher Kosten, die ihm durch das Verlangen der Gesellschaft entstanden sind.

§ 7 Versicherungsschutz

(1) Die Gesellschaft wird Herrn .... bis zur Beendigung der Bestellung zum Mitglied des Vorstands gegen Unfall in angemessener Höhe versichern. Die Leistungen der Unfallversicherung betragen zur Zeit ..... Euro im Todesfall und ..... Euro im Invaliditätsfall. Herr .... hat das Recht, den oder die Bezugsberechtigten zu bestimmen. Hat das Vorstandsmitglied keinen Bezugsberechtigten bestimmt, stehen die Versicherungsleistungen im Todesfall von Herrn .... seiner Ehefrau, ersatzweise den nach § 10 Abs. 6 anspruchsberechtigten Kindern, bei deren Fehlen den Erben zu.

(2) Die Gesellschaft schließt für Herrn .... eine Rechtsschutzversicherung zur Abwehr von Ansprüchen, insbesondere Haftpflichtansprüchen gegen Herrn .... und von strafrechtlichen Risiken sowie zur Wahrnehmung rechtlicher Interessen aus diesem Dienstvertrag ab.

(3) Die Gesellschaft verpflichtet sich, zugunsten des Vorstandsmitglieds eine D & O-Versicherung (Directors & Officers Liability Insurance) zu marktüblichen Bedingungen mit einer Deckungssumme von .... Euro für den Fall abzuschließen und während der gesamten Laufzeit dieses Vertrages einschließlich etwaiger Verlängerungen aufrechtzuerhalten, dass das Vorstandsmitglied wegen einer bei Ausübung seiner Tätigkeit begangenen Pflichtverletzung von einem Dritten oder von der Gesellschaft aufgrund gesetzlicher Haftpflichtbestimmungen privatrechtlichen Inhalts für einen Vermögensschaden in Anspruch genommen wird [alternativ: (...) das Vorstandsmitglied zu folgenden Bedingungen in eine entsprechende D & O-Versicherung als versicherte Person einzubeziehen]. [Es besteht Versicherungsdeckung auch für im oder aus dem Ausland und/oder nach ausländischem Recht gegen das Vorstandsmitglied geltend gemachte Ansprüche, insbesondere für *Punitive* und/oder *Exemplary Damages* nach US-amerikanischem und kanadischem Recht sowie Schäden im Zusammenhang mit Vorschriften/Verhaltensweisen der *United States Securities and Exchange Commission (SEC)*.] [Die Versicherungsdeckung umfasst die Übernahme von Verteidigungskosten des Vorstandsmitglieds einschließlich des für internationale Großsozietäten oder entsprechende Spezialkanzleien marktüblichen Honorars für die vom Vorstandsmitglied frei zu wählenden Rechtsanwälte.] Als vom Vorstandsmitglied zu tragende Selbstbeteiligung werden je Schadensfall 10 Prozent des Schadens vereinbart. Die Selbstbeteiligung ist auf das Eineinhalbfache des Jahresgrundgehaltes gemäß § 2 Absatz 1 [Anmerkung: Bezugnahme auf jährlich feste Vergütung] begrenzt (jährliche Höchstgrenze). Kommt es zu mehreren Schadensfällen in einem Jahr, gilt die jährliche Höchstgrenze für alle Schadensfälle zusammen. Bezugsjahr für die anzuwendende Selbstbeteiligung ist das Jahr des Pflichtverstoßes. Sollten gesetzliche Bestimmungen eine Veränderung der Versicherungskonditionen erfordern, kann der Aufsichtsrat jederzeit die Konditionen der Versicherung entsprechend anpassen. Die Gesellschaft wird die D & O-Versiche-

rung über das Ausscheiden des Vorstandsmitglieds hinaus auch während der gesetzlichen Verjährungsfristen ohne Verschlechterung aufrechterhalten und bereits jetzt dafür Sorge tragen, dass ihm/ihr für den genannten Zeitraum eine persönliche Nachmeldefrist eingeräumt wird. Sie wird dem Vorstandsmitglied darüber hinaus unaufgefordert Kopien der gesamten Versicherungsdokumentation mindestens einmal jährlich, bei unterjährigen Änderungen unverzüglich, überlassen und gestattet dem Vorstandsmitglied, diese Dokumente auch nach seinem Ausscheiden zu behalten. Die Gesellschaft ist verpflichtet, das Vorstandsmitglied unverzüglich über drohende Schadensersatzansprüche der Gesellschaft oder von Dritten wegen Pflichtverletzungen während seiner/ihrer Zeit als Vorstandsmitglied zu unterrichten.

(4) Die Gesellschaft wird für Herrn .... bis zur Beendigung der Vorstandsbestellung eine Reisegepäck-Versicherung in angemessener Höhe abschließen. Der Versicherungsschutz beträgt zur Zeit ..... Euro.

(5) Die Versicherungsprämien für die Versicherungen nach Abs. 1 bis 4 werden von der Gesellschaft getragen. Soweit die Finanzverwaltung die Prämienzahlung als geldwerten Vorteil bewertet, obliegt dem Vorstandsmitglied die Versteuerung.

§ 8 Dauer des Vertrages

(1) Der Anstellungsvertrag wird für die Zeit vom ..... bis zum ..... abgeschlossen. (*Eventuell zusätzlich bei Kreditinstituten:* Der Abschluss des Anstellungsvertrages steht unter der aufschiebenden Bedingung, dass die Bundesanstalt für Finanzdienstleistungsaufsicht nicht aufgrund der Anzeige gemäß § 24 Abs. 1 Ziffer 1 KWG die persönliche Zuverlässigkeit, die fachliche Eignung oder die ausreichend zeitliche Verfügbarkeit für die Wahrnehmung der Aufgaben gemäß §24c Abs. 1 KWG beanstandet.) Der Vertrag verlängert sich jeweils – auch ohne ausdrücklichen Beschluss des Aufsichtsrats – um den Zeitraum, für den der Aufsichtsrat mit Zustimmung von Herrn .... seine Wiederbestellung zum Mitglied des Vorstands der Gesellschaft beschließt.

(2) Der Anstellungsvertrag endet nach Ablauf der Fristen des § 622 BGB, wenn die Bestellung zum Mitglied des Vorstands gemäß § 84 Abs. 3 AktG aus wichtigem Grund widerrufen wird oder die Organstellung auf Grund einer Umwandlung der Gesellschaft endet.

Alternativ: Der Anstellungsvertrag kann durch die Gesellschaft außerordentlich gekündigt werden, wenn die Bestellung zum Mitglied des Vorstands gemäß § 84 Abs. 1 AktG widerrufen wird. *Eventuell zusätzlich:* Wird die Bestellung aus wichtigem Grund widerrufen oder endet die Bestellung infolge einer Umwandlung der Gesellschaft, ist Herr .... verpflichtet, das Angebot der Gesellschaft zur Übernahme einer anderweitigen gleichartigen Tätigkeit unter der Voraussetzung mindestens gleicher Bezüge anzunehmen. *(Eventuell zusätzlich bei Kreditinstituten:* Eine vorzeitige Beendigung dieses Anstellungsvertrages aus sachlichem Grund ist durch Kündigung mit einer Kündigungsfrist von [...] Monaten zum Monatsende möglich. Ein sachlicher Grund liegt insbesondere vor, wenn die Bundesanstalt für Finanzdienstleistungsaufsicht die für die Tätigkeit als Vorstandsvorsitzender gemäß § 33 Abs. 1 Nr. 2, 4 und 4aKWG erforderliche fachliche Eignung oder Zuverlässigkeit verneint oder die Abberufung von Herrn ... als Geschäftsleiter gemäß § 36 Abs. 1 Satz 1 Abs. 2 KWG verlangt.)

(3) Das Vorstandsmitglied ist berechtigt, den Anstellungsvertrag mit einer Frist von sechs Wochen zum Quartalsende zu kündigen und sein Vorstandsamt zum Ablauf der Kündigungsfrist niederzulegen. Das Kündigungsrecht kann nach Ablauf der Karenzzeit erstmals zum .... *(mindestens ein Jahr nach der Bestellung)* ausgeübt werden. Das Recht zur außerordentlichen Kündigung bleibt hiervon unberührt.

(4) Die Kündigung oder Aufhebung des Anstellungsvertrages ist nur wirksam, wenn sie schriftlich erfolgt.

(5) Das Vorstandsmitglied erhält im Fall der vorzeitigen Beendigung des Anstellungsvertrages eine Abfindung. Die Höhe der Abfindung richtet sich nach der Gesamtzahl der Monate, die zwischen vorzeitiger Beendigung und dem Zeitpunkt nach Abs. 1 liegen. Pro Monat werden .... Euro brutto zu Grunde gelegt. Die Abfindungssumme beträgt maximal das [24-]fache dieser zuletzt gezahlten monatlichen Tätigkeitsvergütung. Die Abfindung ist als Einmalzahlung fällig und zahlbar zum vorzeitigen Beendigungstermin. Die Versteuerung der Abfindung obliegt dem Vorstandsmitglied. Ein Anspruch auf Zahlung einer Abfindung besteht nicht, wenn das Vorstandsmitglied sein Amt ohne Vorliegen eines wichtigen Grundes niederlegt, ein wichtiger Grund vorliegt, der die Gesellschaft zur außerordentlichen Kündigung aus wichtigem Grund berechtigt, ein Fall der dauernden Dienstunfähigkeit nach § 8 Abs. 7 vorliegt, oder die Nichtverlängerung dieses Dienstvertrages oder der Widerruf der Bestellung zum Vorstandsmitglied auf den Wunsch von Herrn .... zurückzuführen ist.

(6) Die Gesellschaft behält sich vor, im Fall des Widerrufs der Bestellung oder der Amtsniederlegung das Vorstandsmitglied für die restliche Dauer des Anstellungsvertrages von seinen Diensten freizustellen. Das Verbot der Beteiligung an einem oder die Tätigkeit für ein Konkurrenzunternehmen bleibt davon unberührt. Die Freistellung erfolgt unter Anrechnung etwaiger Urlaubsansprüche und unter Anrechnung anderweitiger Einkünfte, die das Vorstandsmitglied während der Zeit der Freistellung erzielt. Die anderweitigen Einkünfte werden jedoch nur zur Häfte angerechnet. § 615 Satz 2 BGB findet entsprechende Anwendung.[16]

---

[16] Zur Freistellungsvereinbarung nach einvernehmlicher Beendigung der Bestellung siehe Muster B. V.

(7) Wird Herr .... während der Dauer des Anstellungsvertrages dauernd dienstunfähig, endet das Dienstverhältnis mit dem Ende des Quartals (*alternativ:* Ende des sechsten Monats), in dem die dauernde Dienstunfähigkeit festgestellt worden ist, spätestens mit Ablauf der Vertragsdauer gemäß Abs. 1. Dauernde Dienstunfähigkeit im Sinne dieses Vertrages liegt vor, wenn Herr .... voraussichtlich auf Dauer nicht in der Lage ist, die ihm übertragenen Aufgaben uneingeschränkt zu erfüllen. Die dauernde Dienstunfähigkeit gilt als festgestellt, wenn sie ununterbrochen länger als sechs/neun Monate dauert. Der Anstellungsvertrag und die Bestellung enden in diesem Fall nur dann nicht wegen dauernder Dienstunfähigkeit, wenn über deren Fortsetzung Einvernehmen besteht oder Herr .... durch Gutachten eines einvernehmlich benannten Arztes nachweist, dass mit einer Wiederherstellung der uneingeschränkten Dienstfähigkeit innerhalb der nächsten sechs Monate zu rechnen ist. Können sich das Vorstandsmitglied und die Gesellschaft nicht auf einen Arzt einigen, ist die Ärztekammer am Sitz der Gesellschaft um die Benennung eines ärztlichen Gutachters zu bitten. Die Beendigung der Bestellung zum Mitglied des Vorstands ist mit dem Ende des Monats vorgesehen, in dem die dauernde Dienstunfähigkeit festgestellt wird.

§ 9 Ruhegeldzusage und Übergangsgeld

(1) Herr .... hat im Pensionsfall Anspruch auf ein lebenslanges Ruhegeld. Der Pensionsfall tritt ein, wenn
a) der Anstellungsvertrag mit oder nach Vollendung des 65. Lebensjahres endet,[17]
b) der Anstellungsvertrag vor Vollendung des 65. Lebensjahres wegen dauernder Dienstunfähigkeit gemäß § 8 Abs. 7 endet (*eventuell zusätzlich:* und das Dienstverhältnis mindestens ... Jahre bestanden hat),
c) der Anstellungsvertrag vor Vollendung des 65. Lebensjahres endet, weil er vorzeitig beendet oder nicht verlängert wird (*eventuell zusätzlich:* und Herr .... mindestens ... Jahre als Mitglied des Vorstands in Diensten der *Alpha*-AG gestanden hat).[18]

(2) Der Pensionsfall nach Abs. 1 c) tritt nicht ein, wenn Herr .... eine ihm angebotene Verlängerung der Bestellung und des Anstellungsvertrages zu gleichen oder für ihn günstigeren Bedingungen ablehnt oder die vorzeitige Beendigung oder Nichtverlängerung auf einem von Herrn .... verschuldeten wichtigen Grund beruht.

Alternativ: Sofern Herr .... eine ihm angebotene Verlängerung der Bestellung und des Anstellungsvertrages zu gleichen oder für ihn günstigeren Bedingungen ablehnt und kein von Herrn .... verschuldeter wich-

---

[17] *Alternativ:* Vollendung des 60. oder 63. Lebensjahres. Die vereinbarte Altersgrenze ist für die jeweiligen Bestimmungen dieser Ruhegeldzusage entsprechend anzupassen.
[18] § 9 Abs. 1 c) regelt den sog. dritten Pensionsfall (Übergangsgeld).

tiger Grund für eine Kündigung durch die Gesellschaft vorliegt, behält Herr
………. die vertragliche Pensionsanwartschaft im Verhältnis der Zeit der tatsächlichen Dauer der Vorstandstätigkeit zu derjenigen Dienstzeit, die sich vom Beginn der Bestellung bis zur Vollendung des 65. Lebensjahres ergeben hätte.[19]

(3) Die Höhe des Ruhegeldes bestimmt sich nach dem pensionsfähigen Einkommen und der anrechnungsfähigen Dienstzeit. Pensionsfähiges Einkommen ist das monatlich bezogene feste Gehalt gemäß § 2 Abs. 1 a) i. V. m. Abs. 2. Die Tantieme, etwaige Aktienoptionen, Sachleistungen sowie sonstige zusätzliche Leistungen der Gesellschaft bleiben unberücksichtigt. Bei der Bemessung der Dienstzeit werden angefangene Dienstjahre in vollem Umfang berücksichtigt, d. h. unter Aufrundung auf ein volles Dienstjahr, sofern ein Zeitraum von sechs Monaten überschritten wird. Im Fall der Unterschreitung dieses Zeitraums erfolgt keine, auch keine zeitanteilige, Berücksichtigung der angefangenen Dienstjahre.

(4) Das Ruhegeld beträgt … % des zuletzt bezogenen monatlichen Gehalts und erhöht sich für jedes Dienstjahr bis zum Eintritt des Pensionsfalls um … %-Punkte, höchstens jedoch um … % des zuletzt bezogenen monatlichen Gehalts. Als Beginn der Dienstzeit wird der ….. zur Berechnung des Ruhegeldes zu Grunde gelegt. Im Pensionsfall der dauernden Arbeitsunfähigkeit gemäß Abs. 1 b) ist das Ruhegeld so zu berechnen, als hätte Herr ………. bereits eine Dienstzeit bis zur Vollendung seines 60. Lebensjahres verbracht.

Alternativ: Sofern das Anstellungsverhältnis vor Vollendung des 55. Lebensjahres als Folge dauernder Arbeitsunfähigkeit endet, wird für die Berechnung des Ruhegeldes dem bis zum Ausscheiden erreichten Prozentsatz die Hälfte des Differenzbetrags zwischen dem erreichten Prozentsatz und demjenigen hinzugerechnet, den Herr ………. bis zur Vollendung des 55. Lebensjahres erreicht haben würde.

Eventuell zusätzlich: Der Anspruch auf Ruhegeld gemäß Abs. 4 Satz 1 schließt die auf Grund der Vereinbarung vom ….. durch die Gesellschaft übernommene Verpflichtung zur Übernahme der Ruhegeldanwartschaft ein, die Herr ………. bei der ……….-*Gesellschaft* erworben hat.[20] Die gesetzlichen Unverfallbarkeitsfristen für die in diesem Vertrag enthaltene Ruhegeldanwartschaft bleiben davon unberührt.

Eventuell zusätzlich: Sofern der Anstellungsvertrag vor Vollendung des 65. Lebensjahres endet, ohne dass der Pensionsfall gemäß Abs. 1 b) oder c) eintritt, behält Herr ………. seine Anwartschaft auf Versorgungsleistungen, falls die gesetzlichen Voraussetzungen für die Unverfallbarkeit der Anwartschaft erfüllt sind. Die Höhe der unverfallbaren Anwartschaft berechnet

---

[19] Das Ruhegeld wird in diesem Fall nicht vor Vollendung des 65. Lebensjahres gezahlt.
[20] Zur Übertragung einer unverfallbaren Pensionsanwartschaft siehe Muster B. IV.

sich nach § 2 BetrAVG unter Zugrundelegung des mit Vollendung des 65. Lebensjahres gemäß Abs. 4 Satz 1 erreichbaren Ruhegeldanspruchs. Für die Fristabläufe nach § 1b) Abs. 1 BetrAVG wird als Beginn der Ruhegeldzusage der ..... vereinbart.

(5) Das Ruhegeld wird jeweils am .... *(Anfang/Ende)* des Monats gezahlt, erstmalig für den Monat, der auf den Eintritt des Pensionsfalls folgt.

(6) Die Höhe des Ruhegeldes steigt nach Eintritt des Versorgungsfalls in dem Verhältnis, in dem das Grundgehalt (ohne Ortszuschlag, Wohngeld, Weihnachtsgeld u. ä. Zulagen) eines verheirateten Bundesbeamten der Besoldungsgruppe ... in der höchsten Dienstaltersstufe steigt.

(7) Auf die Ruhegeldzahlungen sind früher erworbene Ruhegeldansprüche anzurechnen. Später erworbene Ruhegeldansprüche werden auf den Teil des Ruhegeldes angerechnet, der nicht gesetzlich unverfallbar geworden ist. Voraussetzung ist, dass das anrechnungsfähige Ruhegeld zusammen mit dem nach diesem Vertrag zu zahlenden Ruhegeld ... % des zuletzt bezogenen monatlichen Gehalts übersteigt.[21] Dabei ist die Indexierung gemäß Abs. 6 zu berücksichtigen.

(8) Im Pensionsfall der dauernden Arbeitsunfähigkeit gemäß Abs. 1 b) oder der vorzeitigen Beendigung oder Nichtverlängerung des Anstellungsvertrages gemäß Abs. 1 c) muss sich Herr .... bis zur Vollendung des 65. Lebensjahres auf das Ruhegeld 50 % der anderweitig erzielten Einkünfte aus selbständiger oder unselbständiger Tätigkeit anrechnen lassen. Anrechnungspflichtige Einkünfte sind der Gesellschaft am Ende eines jeden Kalenderjahres mitzuteilen und zu belegen.

Alternativ: Im Pensionsfall der dauernden Arbeitsunfähigkeit gemäß Abs. 1 b) oder der vorzeitigen Beendigung oder Nichtverlängerung des Anstellungsvertrages gemäß Abs. 1 c) muss sich Herr .... bis zur Vollendung des 65. Lebensjahres anderweitig erzielte Einkünfte aus selbständiger oder unselbständiger Tätigkeit anrechnen lassen, wenn und soweit das Ruhegeld zusammen mit diesen Einkünften das zuletzt geltende Jahresgehalt überschreiten würde. (...)

(9) Stirbt Herr .... nach Eintritt des Pensionsfalls, so haben seine Ehefrau, ersatzweise die nach § 10 Abs. 6 berechtigten Kinder, Anspruch auf Fortzahlung des Ruhegeldes für den Sterbemonat und die drei/sechs folgenden Monate.

(10) Der Anspruch auf Ruhegeld ruht, solange Herr .... ohne vorherige Zustimmung des Aufsichtsrats für ein Konkurrenzunternehmen i. S. d. § 11 Abs. 1 selbständig oder unselbständig, freiberuflich oder beratend tätig ist.

(11) Auf das Ruhegeld wird eine von der Gesellschaft nach § 11 Abs. 3 zu zahlende Karenzentschädigung angerechnet.

---

21 Maßgebend ist der jeweils gewählte Prozentsatz gemäß Abs. 4.

(12) Eine Abtretung oder Verpfändung des Ruhegeldanspruchs durch das Vorstandsmitglied ist ohne vorherige Zustimmung des Aufsichtsrats/-ausschusses ausgeschlossen.

(13) Die Gesellschaft verpflichtet sich, die laufenden Leistungen und unverfallbar gewordenen Versorgungsanwartschaften bei dem Pensions-Sicherungs-Verein a.G. gegen Fälle der Insolvenz der Gesellschaft abzusichern. Die Gesellschaft ist berechtigt, zur Rückdeckung der Verpflichtungen aus dieser Versorgungszusage einen entsprechenden Vertrag mit einem Versicherungsunternehmen abzuschließen. Sämtliche Rechte aus diesem Vertrag stehen ausschließlich der Gesellschaft zu.

§ 10 Hinterbliebenenversorgung

(1) Stirbt Herr .... während der Dauer des Anstellungsvertrages oder nach Eintritt des Pensionsfalls, so hat seine hinterbliebene Ehefrau Anspruch auf ein lebenslanges Witwengeld[22] (*eventuell zusätzlich:* ..., sofern das Dienstverhältnis mindestens ... Jahre bestanden hat). Das Witwengeld beträgt 60 % des Ruhegeldes, das Herr .... am Todestag bezogen hat oder bezogen hätte, wenn der Pensionsfall eingetreten wäre. Das Witwengeld beträgt im Pensionsfall wegen dauernder Arbeitsunfähigkeit 60 % des zu zahlenden Ruhegeldes. Der Anspruch setzt voraus, dass die Ehe vor oder während der Laufzeit des Anstellungsvertrages geschlossen wurde und im Zeitpunkt des Todes von Herrn .... noch bestanden hat.

Alternative zu Satz 4: Bei Eheschließung nach Beendigung des Anstellungsvertrages beträgt das Witwengeld ... % des bezogenen Ruhegeldes.

(2) Das Witwengeld ermäßigt sich um ... %-Punkte, falls Herr .... mehr als 15 Jahre älter war als seine Ehefrau. Der Anspruch entfällt bei einem Altersunterschied von mehr als ... Jahren.

(3) Bei Wiederheiratung entfällt das Witwengeld, und zwar beginnend mit dem auf die Wiederheirat folgenden Monat. Falls diese Folgeehe durch Scheidung oder durch Tod des anderen Ehegatten aufgelöst wird, lebt der Anspruch auf Witwengeld wieder auf. Die Witwe muss sich alle Pensions-, Renten-, und sonstigen Versorgungsleistungen einschließlich solcher aus Kapitalabfindungen anrechnen lassen, die ihr auf Grund der Folgeehe zufließen.

(4) Auf das Witwengeld muss sich die Witwe 50 % anderweitiger Einkünfte aus selbständiger oder unselbständiger Arbeit sowie 50 % der auf Grund unselbständiger Arbeit erworbenen eigenen Pensionsansprüche anrechnen lassen.

---

[22] Bei weiblichen Vorstandsmitgliedern sind nachfolgende Formulierungen auf den Witwer entsprechend anzupassen.

(6) Stirbt Herr .... während der Dauer des Anstellungsvertrages oder nach Eintritt des Pensionsfalls, so hat jedes seiner unterhaltsberechtigten Kinder Anspruch auf Waisengeld. Das Waisengeld beträgt ... % des Ruhegeldes, das Herr .... am Todestag bezogen hat oder bezogen hätte, wenn der Pensionsfall eingetreten wäre. Bezugsgröße des Waisengeldes ist mindestens das im Pensionsfall wegen dauernder Arbeitsunfähigkeit zu zahlende Ruhegeld. Das Waisengeld erhöht sich auf ... % des Ruhegeldes, wenn und solange kein Anspruch auf Witwengeld besteht.

(7) Das Waisengeld wird bis zum vollendeten 18. Lebensjahr, darüber hinaus für die weitere Zeit der Schul- und Berufsausbildung einschließlich Wehr- oder Zivildienst, längstens bis zum vollendeten 25. Lebensjahr gewährt. In besonderen Fällen bleibt die Zahlung des Waisengeldes bis zur Vollendung des 27. Lebensjahres vorbehalten.

(8) Auf das Waisengeld werden Einkünfte aus einem Arbeits- oder Ausbildungsverhältnis bis zur Höhe von 20 % des Waisengeldes nicht angerechnet. Darüber hinausgehende Einkünfte aus einem Arbeits- oder Ausbildungsverhältnis werden zur Hälfte angerechnet.

(9) Witwen- und Waisengeld dürfen zusammen den Betrag des Ruhegeldes nicht übersteigen, den Herr .... am Todestag bezogen hat oder bezogen hätte, wenn der Pensionsfall eingetreten wäre; anderenfalls wird das Waisengeld anteilig gekürzt.

(10) Witwen- und Waisengeld werden in monatlichen Teilbeträgen jeweils am .... *(Anfang/Ende)* des Monats gezahlt, letztmalig für den vollen Monat, in dem die Anspruchsvoraussetzungen entfallen sind.

(11) Ansprüche auf Witwen- und Waisengeld bestehen solange nicht, wie die Bezüge nach § 3 Abs. 4 oder das Ruhegeld gemäß § 9 Abs. 9 fortgezahlt werden.

(12) Die vertraglichen Bestimmungen gemäß § 9 Abs. 6, 7, 12 und 13 gelten für das Witwen- und Waisengeld entsprechend.[23]

§ 11 Nachvertragliches Wettbewerbsverbot

(1) Herrn .... ist es untersagt, für die Dauer von zwei Jahren nach Beendigung des Anstellungsvertrages für ein Unternehmen tätig zu werden, das mit der Gesellschaft oder einem mit der Gesellschaft verbundenen Unternehmen auf einem der in Abs. 2 genannten Geschäftsgebiete im Wettbewerb steht (Konkurrenzunternehmen). Unzulässig ist insoweit auch eine freiberufliche oder beratende Tätigkeit sowie die Errichtung eines solchen Unternehmens, der Erwerb oder die unmittelbare sowie mittelbare Beteiligung.

---

[23] *Eventuell zusätzlich:* Anspruch auf Witwen- und Waisengeld besteht nicht für die Witwe oder die Kinder aus einer Ehe, die erst nach Eintritt des Pensionsfalls oder nur deshalb geschlossen wurde, um den Hinterbliebenen die Versorgungsleistungen zuzuwenden.

Anteilsbesitz, der keinen Einfluss auf die Organe des Konkurrenzunternehmens hat, gilt nicht als Beteiligung im Sinne dieser Bestimmung.[24]

(2) Der Geltungsbereich dieses Wettbewerbsverbots erstreckt sich räumlich auf ... und sachlich auf ... *(möglichst präzise Angabe der Geschäftsfelder)*.

(3) Für die Dauer dieses Wettbewerbsverbots zahlt die Gesellschaft Herrn .... eine Entschädigung in Höhe von monatlich 50 % seines zuletzt gemäß § 2 Abs. 1 a) i. V. m. Abs. 2 monatlich bezogenen Gehalts. Die Tantieme gemäß § 2 Abs. 1 b), etwaige Aktienoptionen, Sachleistungen und sonstige Nebenleistungen der Gesellschaft bleiben bei der Bemessung der Karenzentschädigung außer Betracht.[25] Die Entschädigung wird gemäß § 9 Abs. 11 auf ein von der Gesellschaft geschuldetes Ruhegeld angerechnet. Herr .... muss sich auf die Entschädigung zudem anrechnen lassen, was er während der Dauer des Wettbewerbsverbots durch anderweitige Verwendung seiner Arbeitskraft erwirbt, soweit diese Einkünfte zusammen mit der Karenzentschädigung 100 % seines zuletzt bezogenen Monatsgehalts übersteigen.[26] Herr .... hat über die Erzielung anderweitiger Einkünfte zum Ende eines jeden Quartals unaufgefordert Auskunft zu erteilen. Die Karenzentschädigung wird am Schluss eines jeden Monats gezahlt.

(4) Die Gesellschaft kann vor oder gleichzeitig mit dem Ende des Anstellungsvertrages durch schriftliche Erklärung auf die Einhaltung des Wettbewerbsverbots mit der Wirkung verzichten, dass sie mit Ablauf von sechs/zwölf Monaten seit dem Zugang der Erklärung von der Pflicht zur Zahlung einer Entschädigung nach Abs. 3 frei wird. Im Fall einer außerordentlichen Kündigung aus wichtigem Grund steht dem Kündigungsberechtigten vertraglich das Recht zu, innerhalb eines Monats nach Ausspruch der außerordentlichen Kündigung durch schriftliche Erklärung gegenüber dem anderen Teil vom Wettbewerbsverbot zurückzutreten. Endet der Anstellungsvertrag mit oder nach Vollendung des 65. Lebensjahres, wird die Gesellschaft nach einem erklärten Verzicht sofort von der Entschädigungspflicht frei.

(5) Für jeden Fall der Zuwiderhandlung gegen dieses Wettbewerbsverbot verpflichtet sich das Vorstandsmitglied, eine Vertragsstrafe in Höhe von ..... Euro an die Gesellschaft zu zahlen. Im Fall eines Dauerverstoßes (Verstoß über einen längeren Zeitraum als einem Monat) wird die Vertragsstrafe für jeden angefangenen Monat neu verwirkt. Die Gesellschaft ist außerdem berechtigt, Ansprüche auf Unterlassung und vollen Schadensersatz geltend zu machen. Für die Dauer der Zuwiderhandlung entfällt der Anspruch auf die Karenzentschädigung und das Ruhegeld gemäß § 9 des Vertrages.

---

24 *Eventuell zusätzlich:* Dieses Wettbewerbsverbot gilt nicht, wenn der Anstellungsvertrag wegen dauernder Arbeitsunfähigkeit gemäß § 8 Abs. 1 endet.
25 Die Berechnung der Karenzentschädigung allein nach dem Festgehalt kommt nur in Betracht, wenn die variablen Vergütungsbestandteile (insb. Tantieme und Aktienoptionen) nicht den überwiegenden Anteil der Vorstandsbezüge darstellen.
26 *Alternativ:* Anrechnung anderweitiger Einkünfte in Höhe von 50 %.

§ 12 Change of Control

(1) Für den Fall eines Kontrollwechsels ist dem Vorstandsmitglied das Recht eingeräumt, innerhalb eines Zeitraums von sechs Monaten nach dem Kontrollwechsel mit einer Frist von drei Monaten zum Monatsende sein Amt jeweils aus wichtigem Grund niederzulegen und den Vorstandsvertrag zu kündigen (Sonderkündigungsrecht).

(2) Nach der vertraglichen Regelung wird ein Kontrollwechsel unter der Voraussetzung angenommen, dass entweder ein Aktionär durch das Halten von mindestens 30 % der Stimmrechte – einschließlich der ihm nach § 30 WpÜG zuzurechnenden Stimmrechte Dritter – die Kontrolle im Sinne von § 29 Abs. 2 WpÜG erworben hat oder mit der Gesellschaft als abhängigem Unternehmen ein Beherrschungsvertrag nach § 291 AktG geschlossen und wirksam geworden ist oder die Gesellschaft gemäß § 2 UmwG mit einem anderen konzernfremden Rechtsträger verschmolzen wurde, es sei denn, der Wert des anderen Rechtsträgers beträgt ausweislich des vereinbarten Umtauschverhältnisses weniger als 50 % des Werts der Gesellschaft.

(3) Bei Ausübung des Sonderkündigungsrechts oder einvernehmlicher Aufhebung des Vorstandsvertrags innerhalb von neun Monaten seit Kontrollwechsel hat das Vorstandsmitglied Anspruch auf Abfindung seiner Vergütungsansprüche für die Restlaufzeit des Vorstandsvertrages. Hierbei wird der Empfehlung des Deutschen Corporate Governance Kodex entsprochen und die Höhe der Abfindung auf 150 % des Abfindungs-Caps begrenzt. Der Abfindungsbetrag wird um 25 % gekürzt, wenn das Vorstandsmitglied bei seinem Ausscheiden noch nicht das 60. Lebensjahr vollendet hat. Sofern die Restlaufzeit des Vorstandsvertrages weniger als zwei Jahre beträgt und das Vorstandsmitglied bei seinem Ausscheiden das 62. Lebensjahr noch nicht vollendet hat, entspricht der Abfindungsbetrag dem Abfindungs-Cap. Dasselbe gilt, wenn der Vorstandsvertrag vor Vollendung des 62. Lebensjahres durch Zeitablauf endet, weil er im Zeitpunkt des Kontrollwechsels nur noch eine Laufzeit von weniger als neun Monaten hatte und nicht verlängert wurde.

§ 13 Ausschlussfristen

Alle wechselseitigen Ansprüche aus dem Anstellungsvertrag verfallen, sofern sie nicht innerhalb von ... *(drei/sechs)* Monaten gegenüber der anderen Vertragspartei schriftlich geltend gemacht werden. Der Fristbeginn berechnet sich ab dem Zeitpunkt der Fälligkeit des Anspruchs. Entscheidend für die Fristwahrung ist der Zugang der Erklärung.

§ 14 Schlussbestimmungen

(1) Änderungen oder Ergänzungen dieses Anstellungsvertrages bedürfen zu ihrer Rechtswirksamkeit der Schriftform, sofern nicht weitergehende Formerfordernisse bestehen. Auch der Verzicht auf diese Schriftformklau-

sel bedarf der zuvor vereinbarten Schriftform. Die Vertragsparteien können sich nicht auf eine vom Vertrag abweichende tatsächliche Übung berufen, solange die Abweichung nicht in der vorgesehenen Form schriftlich festgehalten ist. Mündliche Nebenabreden zu diesem Vertrag bestehen nicht.

(2) Sofern einzelne Bestimmungen dieses Anstellungsvertrages ganz oder teilweise unwirksam sind, wird die Wirksamkeit der übrigen Bestimmungen hierdurch nicht berührt. Das gilt auch, wenn sich im Vertrag eine Lücke ergeben sollte. Die Parteien verpflichten sich, anstelle einer unwirksamen Bestimmung eine dieser Bestimmung möglichst nahekommende wirksame Regelung zu treffen. Bei einer Regelungslücke soll diejenige Regelung gelten, welche die Parteien in den Vertrag aufgenommen hätten, wenn sie sich der Notwendigkeit einer Regelung bei Abschluss dieser Vereinbarung bewusst gewesen wären.

(2a) *Zusätzlich bei Kreditinstituten*: Sollte sich ergeben, dass die in diesem Vertrag getroffenen Bestimmungen zur Vergütung (i. S. von § 2 Abs. 1 der InstitutsVergVO) gegen gesetzliche Anforderungen aus § 87 AktG, aus § 25a Abs. 5 KWG oder der auf der Grundlage von § 25a Abs.6 KWG erlassenen InstitutsVergVO in der jeweils aktuellen Fassung verstößt oder das Bundesanstalt für Finanzdienstleistungsaufsicht die Regelungen der Vergütung auf dieser Grundlage beanstandet, so sind die Parteien verpflichtet, nach Treu und Glauben die Bestimmungen zur Vergütung an die gesetzlichen Vorgaben, insbesondere wie sie durch die Rechtsprechung konkretisiert werden oder zur Abhilfe der Beanstandung der Bundesanstalt für Finanzdienstleistungsaufsicht entsprechend zu modifizieren.

(3) Erfüllungsort für alle Leistungen aus diesem Vertrag ist der Sitz der Gesellschaft.

(4) Dieser Vertrag unterliegt ausschließlich dem Recht der Bundesrepublik Deutschland.

(5) Die Vertragsurkunde wird dreimal ausgefertigt. Eine Ausfertigung erhalten jeweils der Vorsitzende des Aufsichtsrats, Herr .... und die Gesellschaft.

Eventuell zusätzlich: Durch diesen Vertrag werden alle bisher bestehenden Vereinbarungen zwischen Herrn .... und der Gesellschaft aufgehoben. Das Vorstandsmitglied kann auch nach Beendigung dieses Vertrages keine Rechte aus früheren Arbeits- oder Dienstverträgen herleiten.

.... *(Ort)*, am ....
Alpha-AG

....
Vorsitzender des Aufsichtsrats

.... *(Ort)*, am ....
Vorstandsmitglied

....
Herr (...)

Anlage:

Schiedsvereinbarung

Über alle Streitigkeiten aus diesem Anstellungsvertrag entscheidet unter Ausschluss des ordentlichen Rechtsweges ein Schiedsgericht, soweit dies rechtlich zulässig ist. Für das Schiedsgericht gelten die Bestimmungen der §§ 1025 ff. ZPO. (Zusätzlich: Es gilt die Schiedsgerichtsordnung der Deutschen Institution für Schiedsgerichtsbarkeit e.V. (DIS). Es werden drei Schiedsrichter benannt. Schiedsort ist der Sitz der Gesellschaft.)

.... *(Ort)*, am .... *(Ort)*, am ....
Alpha-AG   *Vorstandsmitglied*

....
Vorsitzender des Aufsichtsrats   Herr (...)

II. Richtlinie des Aufsichtsrats für die Festsetzung der variablen Vergütung der Vorstandsmitglieder eines Kreditinstituts (Vergütungsrichtlinie)

Für die Festsetzung der Zieltantieme und deren Auszahlung gelten die Bestimmungen der nachfolgenden Richtlinie für die variable Vergütung des Vorstands der *Alpha-Bank*-AG, sofern in den jeweiligen Anstellungsverträgen der Vorstandsmitglieder keine anderweitigen Regelungen vereinbart worden sind:

§ 1 Zieltantieme

(1) Der Aufsichtsrat der *Alpha-Bank*-AG setzt die Höhe der jährlichen variablen Vergütung für jedes Vorstandsmitglied (Zieltantieme) nach dem Ende eines Geschäftsjahres fest.

(2) Die Ermittlung der Zieltantieme basiert insbesondere auf folgenden Bewertungssegmenten:
- Erfolgsbeitrag der *Alpha-Bank*-AG,
- Erfolgsbeitrag des verantworteten Geschäftsbereichs,
- Aufgaben und persönliche Leistung des jeweiligen Vorstandsmitglieds.

(3) Das Verhältnis zwischen fixer und variabler Vergütung darf das Verhältnis von 1 : 1 (fix/variabel) nicht überschreiten. Davon abweichend darf die variable Vergütung bis zu maximal 200 % der fixen Vergütung betragen, sofern die Hauptversammlung der Alpha-Bank-AG der höheren variablen Vergütung bzw. dem maximal erreichbaren Verhältnis zwischen fixer und variabler Vergütung von 1 : 2 zugestimmt hat. Für den Beschluss der Haupt-

versammlung gilt § 25a Abs. 5 KWG. Die Obergrenze ist bei Abschluss von Neuverträgen mit Vorstandsmitgliedern wie auch bei Vertragsverlängerungen in die Gesamtbeurteilung der Vergütung einzubeziehen.

(4) Die Gesamtvergütung eines Vorstandsmitglieds (Festgehalt plus Zieltantieme) soll vor der Festsetzung auf ihre Angemessenheit im horizontalen Vergleich geprüft werden.[27]

§ 2 Soforttantieme und Vorbehaltstantieme

(1) 40 % der festgesetzten Zieltantieme werden sofort ausgezahlt bzw. gewährt (Soforttantieme). Der verbleibende Teil der Zieltantieme in Höhe von 60 % wird von der Gesellschaft einbehalten und kann erst nach weiterer Festsetzung durch den Aufsichtsrat in drei Teilbeträgen in den auf das Jahr der Festsetzung der Zieltantieme folgenden drei Geschäftsjahren ausgezahlt bzw. gewährt werden (Vorbehaltstantieme).[28]

(2) Der Aufsichtsrat beschließt über die Festsetzung und Höhe einer Vorbehaltstantieme für ein Geschäftsjahr jeweils nach Feststellung des Jahresabschlusses für das betreffende Geschäftsjahr.

(3) Der jährlich festzusetzende Teil der Vorbehaltstantieme ist begrenzt auf höchstens 1/3 der zurückbehaltenen Vorbehaltstantieme. Die Festsetzung soll insbesondere anhand folgender Orientierungskriterien erfolgen:
- wirtschaftliche Lage der *Alpha-Bank*-AG (ggf. zusätzlich: *Alpha-Bank*-Konzern), insbesondere deren Ergebnis nach HGB/IFRS in dem jeweils der Festsetzung der Vorbehaltstantieme vorausgehenden Geschäftsjahr;
- Nachhaltigkeit des Erfolgsbeitrags und der persönlichen Leistungen des Vorstandsmitglieds, die für die Ermittlung und Bemessung der Zieltantieme zugrunde gelegt wurden,
- wirtschaftliche Lage des vom Vorstandsmitglied verantworteten Geschäftsbereichs.

(4) Eine festgesetzte Vorbehaltstantieme wird mit der nächsten Gehaltszahlung nach der Festsetzung ausgezahlt. (*Eventuell zusätzlich*: Ausgefallene Vorbehaltstantiemen werden nicht zu einem späteren Zeitpunkt nachgezahlt, es sei denn, dass der Aufsichtsrat eine Nachzahlung nach Ablauf des folgenden Geschäftsjahrs beschließt.)

(5) Die Festsetzung der Vorbehaltstantieme wird durch die Beendigung der Bestellung eines Vorstandsmitgliedes und/oder die Beendigung des Anstellungsvertrages nicht berührt. (Eventuell zusätzlich: Anderweitiger Erwerb wird [nicht] angerechnet.)

---

27 Einzelheiten zur Angemessenheit der Vergütung im horizontalen Vergleich siehe Rn. 302 ff.
28 § 19 Abs. 2 Satz 1 InstitutsVergV n. F. (§ 5 Abs. 2 Nr. 4 Satz 2 InstitutsVergV a. F.). Einzelheiten zum Rückbehalt siehe Rn. 389 ff.

§ 3 Auszahlung der Tantieme

(1) 50 % der Soforttantieme und 50 % der Vorbehaltstantieme werden unverzüglich nach deren Festsetzung in bar ausgezahlt. Die jeweils anderen 50 % sind abhängig von einer nachhaltigen Wertentwicklung der *Alpha-Bank*-AG und unterliegen einer Haltefrist von zwei Jahren (*Retention*), nach deren Ablauf sie ausgezahlt werden. Die *Retention*-Beträge sind nachhaltige Vergütungsanteile (NVA).[29] Die NVA werden auf Grundlage folgender, im geprüften und testierten Jahresabschluss enthaltenen Kennziffern ermittelt:[30]

- wirtschaftliches Ergebnis[31]
- Netto-Vertriebsergebnis[32]
- ausschüttbares HGB-Ergebnis[33]

(2) Aus den Veränderungen der Kennziffern zwischen dem Basisjahr, nach dem die jeweilige Vorbehaltstantieme festgesetzt wurde, und dem Geschäftsjahr, nach dem die Auszahlung erfolgt, wird jeweils ein Quotient (Q I, Q II, Q III) ermittelt und aus dem Durchschnitt der drei Quotienten ein Faktor (F) berechnet. Hierbei sind die drei Kennziffern von Abs. 1 Satz 4 gleich gewichtet. Die Berechnungsformeln lauten wie folgt:

Kennziffern	Quotient	Faktor
wirtschaftliches Ergebnis im Geschäftsjahr der Auszahlung / wirtschaftliches Ergebnis im Basisjahr	Q I	$F = \dfrac{Q\,I + Q\,II + Q\,III}{3}$
Vertriebsergebnis im Geschäftsjahr der Auszahlung / Vertriebsergebnis im Basisjahr	Q II	
ausschüttbares HGB-Ergebnis im Geschäftsjahr der Auszahlung / ausschüttbares HGB-Ergebnis im Basisjahr	Q III	

(3) Wird im Jahr der Auszahlung einer Teilrate der Vorbehaltstantieme der Faktor 1 überstiegen, so wird der ursprünglich festgesetzte Betrag voll ausgezahlt. Liegt der Faktor im Jahr der Auszahlung unter 1, verringert sich der neu festzusetzende Betrag im gleichen Verhältnis entsprechend dem Faktor. (*Eventuell zusätzlich*: Der Aufsichtsrat kann bei Vorliegen von Gründen, die in der besonderen wirtschaftlichen Lage der *Alpha-Bank*-AG oder ihrem Marktumfeld liegen, den ermittelten Faktor nachträglich anpassen,

---

[29] § 5 Abs. 2 Nr. 5 a) und b) InstitutsVergV. Einzelheiten zum Nachhaltigkeitsgebot siehe Rn. 390 f.
[30] Bei börsennotierten Aktiengesellschaften können NVA auch durch Vereinbarung aktienbasierter Vergütungsanteile umgesetzt werden.
[31] Definition: Das wirtschaftliche Ergebnis der *Alpha-Bank*-AG betrifft die jährliche Veränderung der Vermögenswerte und beinhaltet Risikovorsorge, Einmaleffekte und Neubewertungsrücklage.
[32] Definition: Das Netto-Vertriebsergebnis ist die Summe der jährlich vertriebenen Bankprodukte XYZ unter Berücksichtigung von Kündigungen, Widerrufen u. Ä.
[33] Definition: Das ausschüttbare HGB-Ergebnis beinhaltet die ausschüttbare Dividende der *Alpha-Bank*-AG.

jedoch nicht auf einen Faktor größer als 1. *Eventuell zusätzlich*: Bei gesellschaftsrechtlichen, konzernrechtlichen oder vergleichbaren strukturellen Veränderungen in der *Alpha-Bank*-AG (ggf. zusätzlich: im *Alpha-Bank*-Konzern) während der Haltefrist (Zurückbehaltungszeitraum), die einen wesentlichen Einfluss auf die Gesamtertrags- und Risikostruktur der *Alpha-Bank*-AG haben, kann der Aufsichtsrat den Faktor anpassen, jedoch nicht auf einen Faktor größer als 1.)

(4) In der Anlage zu dieser Vergütungsrichtlinie ist die Auszahlungsarithmetik für die Sofort- und Vorbehaltstantiemen beispielhaft dargestellt.

§ 4 Jährliche Überprüfung

Der Aufsichtsrat wird diese Vergütungsrichtlinie jährlich auf ihre Angemessenheit überprüfen und behält sich vor, Verfahren und Kriterien für die Festsetzung der Zieltantieme und deren Auszahlung zu ändern, wenn die Änderung zweckmäßig und/oder auf Grund geänderter aufsichtsrechtlicher Anforderungen erforderlich ist.

Anlage

Beispiel zur Auszahlungsarithmetik der Sofort- und Vorbehaltstantieme

Bedingungen für die Zusammensetzung, Festsetzung und Auszahlung der Tantieme:

1. Die Zieltantieme setzt sich zusammen aus 40 % Soforttantieme und 60 % Vorbehaltstantieme.
2. Die Vorbehaltstantieme wird über einen Zurückbehaltungszeitraum von drei Jahren gestreckt. Der Anspruch bzw. die Anwartschaft auf diesen Teil der variablen Vergütung entsteht zunächst nur zeitanteilig und darf auch nur zeitanteilig ausgezahlt werden.
3. 50 % der Soforttantieme und 50 % der Vorbehaltstantieme sind an die nachhaltige Wertentwicklung des Kreditinstituts gekoppelt und unterliegen als nachhaltige Vergütungsanteile (NVA) einer Haltefrist von zwei Jahren.
4. Die nachhaltige Wertentwicklung des Kreditinstituts und damit die konkrete Höhe der auszahlbaren Vorbehaltstantieme samt NVA werden anhand von Kennziffern in einem Vergleich zwischen Basisjahr und dem jeweiligen Geschäftsjahr der Festsetzung der Vorbehaltstantieme gemäß § 3 Abs. 1 und 2 der Vergütungsrichtlinie ermittelt.

2012	250.000 € variable Vergütung werden für das Geschäftsjahr 2012 im Jahr 2013 festgesetzt					Auszahlung
	Aufsichtsratsbeschluss 100 T€ **Soforttantieme**			Aufsichtsratsbeschluss 150 T€ **Vorbehaltstantieme**			
	Zahlung 50 T€ bar	50 T€ NVA				50 T€
2013		Haltefrist		Bestätigung und Zahlung 25 T€ bar	Bestätigung 25 T€ NVA	25 T€
2014			Zahlung 50 T€ bar*	Bestätigung und Zahlung 25 T€ bar	Bestätigung 25 T€ NVA	Haltefristen	75 T€
2015				Bestätigung und Zahlung 25 T€ bar	Bestätigung 25 T€ NVA	Zahlung 25 T€ bar*	50 T€
2016	* Die Höhe der Zahlung nach Ablauf der Haltefrist hängt von der Entwicklung des nachhaltigen Vergütungsanteils (NVA) ab.					Zahlung 25 T€ bar*	25 T€
2017						Zahlung 25 T€ bar*	25 T€
							5 Jahre ab Festsetzung max. 250 T€

III. Aktienoptionsvereinbarung

Optionsrechtsvereinbarung

zwischen der *Alpha*-AG
– nachfolgend „Gesellschaft" genannt –

vertreten durch den Aufsichtsrat, dieser vertreten durch den Aufsichtsratsvorsitzenden, Herrn Prof. Dr. ....

und

Herrn ....
– nachfolgend „Optionsberechtigter" genannt –

Präambel

Herr .... ist durch Beschluss des Aufsichtsrats vom ...... für die Zeit vom ...... bis ...... zum Mitglied des Vorstands der *Alpha*-AG bestellt worden. Auf der Grundlage dieser Bestellung wurde zwischen der Gesellschaft und Herrn .... der Anstellungsvertrag vom ...... geschlossen.

Die Gesellschaft beabsichtigt, die Vorstandsmitglieder der *Alpha*-AG in Form von Aktienoptionen am Unternehmenserfolg zu beteiligen. Dazu hat die Hauptversammlung der Gesellschaft am .... die Schaffung von bedingtem Kapital in Höhe von ..... Euro beschlossen und die Rahmenbedingungen der Erfolgsbeteiligung festgelegt. Der entsprechende Auszug des Hauptversammlungsbeschlusses ist dieser Optionsrechtsvereinbarung als Anlage 1 in Kopie beigefügt. Herr .... gehört zu der in dem Hauptversammlungsbeschluss genannten Personengruppe möglicher Bezugsberechtigter. Der Aufsichtsrat der Gesellschaft hat die näheren Bedingungen der Optionsrechtsvereinbarung festgelegt und beschlossen, nach Maßgabe der folgenden Bestimmungen Herrn .... in das Aktienoptionsprogramm einzubeziehen.

§ 1 Einräumung der Optionsrechte

(1) Herrn .... wird die Option eingeräumt, ... Inhaber-Stammaktien der *Alpha*-AG im Nennbetrag von ..... Euro (Basiswerte) zum jeweiligen Basispreis käuflich zu erwerben.

(2) Die Gesellschaft und Herr .... schließen hierzu einen Kaufvertrag ab über ... Inhaber-Stammaktien der *Alpha*-AG zum Basispreis unter der Bedingung der Ausübung der Optionsrechte.[34] Der Optionsberechtigte kann die Aktienoptionen ganz oder in Teilen (ganzzahliger Bruchteil) ausüben.

(3) Der Basispreis für eine Aktie der Gesellschaft beträgt ..... Euro. Dies entspricht dem arithmetischen Mittel des Börsenkurses der Aktie an den letzten zwanzig Tagen vor dem ..... *(z.B. Abschlussdatum der Optionsrechtsvereinbarung)*.

(4) Die Gesellschaft bemüht sich nach besten Kräften, für ausreichende Liquidität zu sorgen, um die normale Ausübung der Aktienoptionen zu ermöglichen. Sind mehr Optionsrechte eingeräumt worden, als bedingtes Kapital zur Ausgabe von Aktien zur Verfügung steht, gelten die Optionsrechte als unter der aufschiebenden Bedingung eingeräumt, dass die Hauptversammlung der Gesellschaft weiteres bedingtes Kapital wirksam schafft.

(5) Die Optionsrechte werden unentgeltlich und kostenfrei eingeräumt.

§ 2 Wartefristen und Sperrfristen

(1) Die Aktienoptionen können erstmalig nach Ablauf einer Wartefrist von vier Jahren ausgeübt werden. Die Wartefrist beginnt am .... (z.B. Abschlussdatum der Optionsrechtsvereinbarung).

Alternative: Der Optionsberechtigte kann 50 % der Aktienoptionen nach Ablauf einer Wartefrist von vier Jahren und die weiteren 50 % der Options-

---

[34] In der Optionsrechtsvereinbarung kann auch eine etwaige Finanzierung des Erwerbs der Optionsrechte durch Gewährung eines Darlehens der Gesellschaft geregelt sein.

rechte nach Ablauf einer Wartefrist von fünf Jahren ausüben. Die Wartefrist beginnt jeweils am ....

(2) Auf die Wartefrist nach Absatz 1 werden solche Zeiten nicht angerechnet, in denen die Gesellschaft gegenüber dem Optionsberechtigten nicht zur Zahlung der Bezüge verpflichtet ist.

(3) Die Aktienoptionen dürfen nicht ausgeübt werden
a) in einem Zeitraum von drei Wochen vor Quartalsende bis drei Tage nach der Veröffentlichung des Quartalsberichts;
b) in einem Zeitraum von drei Wochen vor Ende des Geschäftsjahrs bis drei Tage nach Bekanntgabe der Ergebnisse des abgelaufenen Geschäftsjahrs;
c) in dem Zeitraum, in dem die Gesellschaft ihren Aktionären den Bezug neuer Aktien oder Anleihen mit Wandlungs- oder Optionsrechten auf Aktien anbietet, wobei die Frist mit der Veröffentlichung des Angebots beginnt und drei Tage nach Ablauf der Bezugsfrist endet.

§ 3 Bedingungen für die Ausübung der Optionsrechte

(1) Die Optionsrechte können nur ausgeübt werden, wenn zwischen dem ..... (z.B. Abschlussdatum der Optionsrechtsvereinbarung) und dem Tag der Ausübung der Aktienoptionen
a) der Kurs der Aktie der Gesellschaft sich auf mindestens ... % des Basispreises erhöht hat und
b) der Kurs der Aktie der Gesellschaft gegenüber dem Aktien-Index für die Branche .... um mindestens ... % gestiegen ist oder
c) der Gewinn pro Aktie im Vergleich zum ...... um mindestens ... % gestiegen ist.

(2) Der Kurs der Aktie der Gesellschaft am Tag der Ausübung wird ermittelt auf der Basis des arithmetischen Mittels des Börsenkurses der Aktie an den letzten zwanzig Tagen vor dem Ausübungstag.

(3) Die Ausübung der Optionsrechte ist ausgeschlossen, wenn die Gesamtvergütung des Optionsberechtigten infolge des verbilligten Erwerbs der Basiswerte zum Basispreis in einem Kalenderjahr den Betrag von ..... Euro übersteigen würde.

§ 4 Ausübung der Optionsrechte

(1) Nach Ablauf der Wartefrist nach § 2 Absatz 1 kann das Optionsrecht mindestens einmal (*zusätzlich:* oder nach Wahl ...-mal) im Kalenderjahr jeweils innerhalb eines Zeitraums von vier Wochen ausgeübt werden (Ausübungszeitraum). Die Ausübungszeiträume werden jährlich im Voraus festgesetzt. Im Kalenderhalbjahr der ablaufenden Wartefrist können bis zu 50 % der Optionsrechte, in den darauf folgenden Kalenderhalbjahren können jeweils weitere 12,5 % der Aktienoptionen ausgeübt werden. Spätestens nach Ablauf von fünf Jahren können sämtliche der begebenen Optionen ausgeübt werden.

(2) Die Ausübung der Aktienoptionen erfolgt durch schriftliche Erklärung gegenüber dem Vorsitzenden des Aufsichtsrats der Gesellschaft (Bezugsstelle). Dabei hat der Optionsberechtigte anzugeben, in welchem Umfang die Optionsrechte ausgeübt werden.

(3) Ausübungserklärungen außerhalb der Ausübungszeiträume nach Absatz 1 oder innerhalb der Sperrfristen nach § 2 Absatz 3 sind unwirksam.

Alternative: Ausübungserklärungen außerhalb der Ausübungszeiträume nach Absatz 1 oder innerhalb der Sperrfristen nach § 2 Absatz 3 gelten am nächstfolgenden Bankarbeitstag, an dem die Ausübung der Aktienoptionen zulässig ist, als abgegeben und zugegangen. Der Optionsberechtigte kann seine Ausübungserklärung nur solange widerrufen, bis diese als zugegangen gilt.

(4) Die Gesellschaft ist verpflichtet, innerhalb von ... Wochen nach wirksamer Ausübung der Optionen die Aktien Zug-um-Zug gegen Zahlung des Kaufpreises zu übertragen. Die Kosten der Ausübung der Optionsrechte und der Ausgabe der Aktien trägt der Optionsberechtigte.

§ 5 Übertragbarkeit der Aktien

(1) Der Optionsberechtigte ist an der sofortigen Weiterveräußerung der durch Ausübung der Optionsrechte erworbenen Aktien nicht gehindert. Eine Haltefrist wird nicht vereinbart.

Alternativ: Der Optionsberechtigte darf die in Ausübung der Optionsrechte erworbenen Aktien frühestens ... nach Ausübung der Option weiterveräußern. Eine Anrechnung der Haltefrist auf die Wartefrist gemäß § 2 Abs. 1 erfolgt nicht.

(2) Bei der Veräußerung der Aktien sind die berechtigten Interessen der Gesellschaft an einer angemessenen Kurspflege zu beachten. Der Optionsberechtigte verpflichtet sich zur Einhaltung solcher Veräußerungsbeschränkungen, die Börsenregelwerke anlässlich der Einführung von Aktien einer Gesellschaft vorschreiben und/oder von den die Börseneinführung begleitenden Banken verlangt werden. Der Optionsberechtigte wurde auf die gesetzlichen Insider-Bestimmungen hingewiesen.

§ 6 Gewinnbezugsrecht der Aktien

Die neuen Aktien nehmen am Gewinn erstmals für das Geschäftsjahr teil, in dem die Ausübung der Optionsrechte erfolgt.

§ 7 Anpassung der Optionsrechte

(1) Kann auf Grund einer Umwandlung der Gesellschaft die Optionsrechtsvereinbarung in der vorliegenden Form nicht erfüllt werden, tritt an die Stelle der in § 1 eingeräumten Option das Recht, zum Basispreis jeweils diejenige Anzahl von Aktien, Geschäftsanteilen oder sonst an die Stelle der

Aktien tretenden Beteiligungsrechten an der *Alpha*-AG oder deren Rechtsnachfolgerin zu erwerben. Maßgebend für die Anpassung ist der Kurswert eines Basiswertes im Zeitpunkt der Umwandlung *(z.B. Zeitpunkt des öffentlichen Übernahme- oder Tauschangebots; Abschluss des Verschmelzungs- oder Spaltungsvertrages)*. Im Übrigen finden die Bestimmungen dieser Vereinbarung entsprechende Anwendung.

(2) Bei Ausgabe neuer Aktien aus Gesellschaftsmitteln im Rahmen einer Kapitalerhöhung oder bei Herabsetzung des Grundkapitals der Gesellschaft erhöht oder vermindert sich der Anspruch des Optionsberechtigten im entsprechenden Verhältnis.

§ 8 Unübertragbarkeit der Optionsrechte

(1) Die nach dieser Vereinbarung eingeräumten Optionsrechte sind unübertragbar. Auch anderweitige Verfügungen über die Optionsrechte, wie die Verpfändung, die Vereinbarung von Unterbeteiligungen oder Treuhandverträgen oder sonstige Formen der Belastung mit Rechten Dritter sind unzulässig. Außerdem wird dem Optionsberechtigten untersagt, *Hedging*-Geschäfte in Bezug auf die nach dieser Vereinbarung eingeräumten Optionsrechte einzugehen sowie solche Vereinbarungen abzuschließen, die wirtschaftlich zu einer Veräußerung der Optionsrechte führen.

(2) Die eingeräumten Aktienoptionen sind nicht vererblich.

Alternative: Im Fall des Todes des Optionsberechtigten stehen die eingeräumten Aktienoptionen den Rechtsnachfolgern nach Maßgabe des § 9 Abs. 3 Satz 1 und 2 zu.

§ 9 Verfall der Optionsrechte

(1) Die Optionsrechte aus dieser Vereinbarung verfallen entschädigungslos, wenn
a) der Anstellungsvertrag vor dem ..... *(Datum vor Ablauf der Wartefrist nach § 2 Abs. 1)* beendet wird, sofern nicht die Gesellschaft die Beendigung veranlasst hat;
b) der Anstellungsvertrag durch die Gesellschaft aus wichtigem Grund nach § 626 BGB gekündigt oder/und der Optionsberechtigte nach § 84 Abs. 3 AktG abberufen wird;
c) der Optionsberechtigte gegen die Bestimmungen des § 8 Abs. 1 dieser Vereinbarung verstößt;
d) über das Vermögen des Optionsberechtigten das Insolvenzverfahren eröffnet oder die Eröffnung mangels Masse abgelehnt wird;
e) durch die Gläubiger des Optionsberechtigten die Zwangsvollstreckung in die Optionsrechte betrieben wird;
f) die Optionsrechte nicht innerhalb einer Frist von ... Jahren nach der Einräumung ausgeübt werden.

(2) Die Regelungen des Abs. 1 sind auch auf ausübbare Optionsrechte anzuwenden. Das gilt zudem für bereits ausgeübte Optionsrechte, sofern nach Optionsausübung – aber vor Übertragung der Aktien – einer der in Abs. 1 genannten Fälle eingetreten ist.

(3) Die bei regulärer Beendigung des Anstellungsvertrages ausübbaren Optionsrechte verfallen mit Ablauf des nächsten, zum Zeitpunkt des Vertragsendes noch nicht begonnenen Ausübungszeitraums. Der Tod des Optionsberechtigten steht einer solchen Beendigung des Anstellungsvertrages insoweit gleich. Bei Invalidität oder Überschreitung des 55. Lebensjahres kann der Optionsberechtigte die Aktienoptionen bis zum Ende der Gesamtlaufzeit des Optionsplans ausüben.

§ 10 Besteuerung

(1) Der Optionsberechtigte trägt die mit der Einräumung und Ausübung der Optionsrechte anfallenden Steuern einschließlich Kirchensteuer und Solidaritätszuschlag. Die Gesellschaft wird diese Steuern und Abgaben vom Gehalt des Optionsberechtigten in Abzug bringen und ggf. im Rahmen des Lohnsteuereinbehalts an das zuständige Finanzamt abführen.

(2) Die Gesellschaft kann die Ausgabe der Aktien davon abhängig machen, dass der Optionsberechtigte eine angemessene Sicherheit zur Deckung der Zahlungen stellt.

§ 11 Vorbehalt der Freiwilligkeit

Die Einräumung der Optionsrechte steht unter dem Vorbehalt der Freiwilligkeit und begründet auch bei wiederholter Gewährung keinen Rechtsanspruch auf Einräumung von Aktienoptionen in der Zukunft.

§ 12 Schlussbestimmungen

(1) Änderungen oder Ergänzungen dieser Optionsrechtsvereinbarung bedürfen zu ihrer Rechtswirksamkeit der Schriftform, sofern nicht weitergehende Formerfordernisse bestehen. Auch der Verzicht auf diese Schriftformklausel bedarf der zuvor vereinbarten Schriftform. Mündliche Nebenabreden zu diesem Vertrag bestehen nicht.

(2) Sofern einzelne Bestimmungen dieser Optionsrechtsvereinbarung ganz oder teilweise unwirksam sind, wird die Wirksamkeit der übrigen Vertragsbestimmungen hierdurch nicht berührt. Das gilt auch, wenn sich im Vertrag eine Lücke ergeben sollte. Die Parteien verpflichten sich, anstelle einer unwirksamen Bestimmung eine dieser Bestimmung möglichst nahe kommende wirksame Regelung zu treffen. Bei einer Regelungslücke soll diejenige Regelung gelten, welche die Parteien in den Vertrag aufgenommen hätten, wenn sie sich der Notwendigkeit einer Regelung bei Abschluss dieser Vereinbarung bewusst gewesen wären.

(3) Erfüllungsort für alle Leistungen aus dieser Optionsvereinbarung ist der Sitz der Gesellschaft.

(4) Diese Optionsrechtsvereinbarung unterliegt ausschließlich dem Recht der Bundesrepublik Deutschland.

(5) Der Vertrag wird dreimal ausgefertigt. Eine Ausfertigung erhalten jeweils der Vorsitzende des Aufsichtsrats, Herr ...., und die Gesellschaft.

.... *(Ort)*, am .... *(Ort)*, am ....
Alpha-AG   *Optionsberechtigter*

....
Vorsitzender des Aufsichtsrats   Herr ...

Anlage:

Schiedsvereinbarung

Über alle Streitigkeiten aus dieser Optionsrechtsvereinbarung entscheidet unter Ausschluss des ordentlichen Rechtswegs ein Schiedsgericht, soweit dies rechtlich zulässig ist. Für das Schiedsgericht gelten die Bestimmungen der §§ 1025 ff. ZPO. (Zusätzlich: Es gilt die Schiedsgerichtsordnung der Deutschen Institution für Schiedsgerichtsbarkeit e.V. (DIS). Es werden drei Schiedsrichter benannt. Schiedsort ist der Sitz der Gesellschaft.)

.... *(Ort)*, am .... *(Ort)*, am ....
Alpha-AG   *Optionsberechtigter*

....
Vorsitzender des Aufsichtsrats   Herr ...

IV. Übertragung von Pensionsanwartschaften

Die *Alpha*-AG,

vertreten durch den Aufsichtsrat, dieser vertreten durch den Aufsichtsratsvorsitzenden, Herrn Prof. Dr. ....,

die *Beta*-AG,

vertreten durch den Aufsichtsrat, dieser vertreten durch den Aufsichtsratsvorsitzenden,

Herrn ....

Anhang

und

Herr ....

treffen zur Übernahme einer unverfallbaren Pensionsanwartschaft folgende

Vereinbarung

§ 1 Pensionsanwartschaft

Herr .... ist seit dem ..... für die *Alpha*-AG tätig gewesen und am ....
aus dem Vorstand der Gesellschaft ausgeschieden. Mit Wirkung ab dem .....
hat Herr .... eine inzwischen unverfallbar gewordene Pensionsanwartschaft erworben. Zum Zeitpunkt der Beendigung des Anstellungsvertrages beträgt die Ruhegeldanwartschaft hieraus jährlich ..... Euro brutto.

§ 2 Übernahme der Anwartschaft

(1) Die *Beta*-AG übernimmt mit Wirkung vom ..... die auf § 1 beruhenden Versorgungsverpflichtungen der *Alpha*-AG gemäß § 4 Abs. 2 Nr. 1 BetrAVG. Die Übernahme der bestehenden unverfallbaren Anwartschaft erfolgt mit schuldbefreiender Wirkung und mit der Maßgabe, dass der ..... *(effektives oder vereinbartes Eintrittsdatum)* als Beginn der Betriebszugehörigkeit i. S. d. § 2 BetrAVG zu Grunde gelegt wird.

(2) Die *Alpha*-AG leistet als Ausgleich für die Übernahme der Pensionsanwartschaft an die *Beta*-AG zum ..... eine einmalige Zahlung in Höhe des Teilwertes, der sich unter Annahme einer Fortsetzung des aktiven Anstellungsvertrages errechnet. Die Höhe des Ausgleichs ist durch ein Gutachten eines Versicherungsmathematikers oder Wirtschaftsprüfers nachzuweisen.

§ 3 Zustimmung des Anwartschaftsberechtigten

Herr .... erteilt unwiderruflich die Zustimmung zu der schuldbefreienden Übernahme seiner Ansprüche auf betriebliche Altersversorgung gegen die *Alpha*-AG durch die *Beta*-AG. Er erklärt unwiderruflich, dass hiermit keine Ansprüche aus der Ruhegeldvereinbarung mit der *Alpha*-AG vom .....
mehr bestehen.

.... *(Ort)*, am .... *(Ort)*, am ....

....
Für den Aufsichtsrat der *Alpha*-AG   Für den Aufsichtsrat der *Beta*-AG
(Vorsitzender des Aufsichtsrats)   (Vorsitzender des Aufsichtsrats)

.... *(Ort)*, am ....

....
Herr (...)

V. Einvernehmliche Freistellung

Die *Alpha*-AG,
– nachfolgend „Gesellschaft" genannt –

vertreten durch den Aufsichtsrat, dieser vertreten durch den Aufsichtsratsvorsitzenden, Herrn Prof. Dr. ....,

und

Herr ....

treffen folgende

Freistellungsvereinbarung

Präambel

Die Bestellung von Herrn .... zum Mitglied des Vorstands der Gesellschaft ist durch Beschluss des Aufsichtsrats vom ...... einvernehmlich zum ...... beendet worden. Es besteht Einverständnis, dass der zwischen der Gesellschaft und Herrn .... abgeschlossene Anstellungsvertrag vom ...... bis zum ursprünglich vereinbarten Vertragsende am .... fortbesteht.

§ 1 Freistellung

(1) Herr .... wird mit Wirkung vom ...... bis zum Beendigungszeitpunkt des Anstellungsvertrages unter Fortzahlung des vertraglich vereinbarten Gehalts (gemäß § ... des Anstellungsvertrages) unwiderruflich freigestellt. An eventuellen Gehaltserhöhungen nimmt Herr .... teil/nicht teil. Während der restlichen Vertragslaufzeit werden keine Tantiemen gezahlt und keine neuen Aktienoptionen gewährt. Die Freistellung erfolgt unter Anrechnung etwaiger Resturlaubsansprüche, die hiermit abgegolten sind.

(2) Herr .... wird während der Zeit der Freistellung für Auskünfte zur Verfügung stehen, die seine Tätigkeiten für die Gesellschaft oder ein mit ihr verbundenes Unternehmen betreffen.

§ 2 Anderweitige Tätigkeiten

Herr .... hat bis zur Beendigung des Anstellungsvertrages das Recht, anderweitige Tätigkeiten auszuüben. Das Verbot der Beteiligung an einem oder die Tätigkeit für ein Konkurrenzunternehmen (gemäß § ... des Anstellungsvertrages) bleibt während dieser Zeit aber weiterhin bestehen. Die Freistellung erfolgt unter Anrechnung anderweitiger Einkünfte, die das Vorstandsmitglied während der Freistellungszeit erzielt. Die anderweitigen Einkünfte werden jedoch nur zur Hälfte angerechnet. § 615 Satz 2 BGB findet entsprechende Anwendung. Sofern Herr .... während der Freistellung eine anderweitige Tätigkeit aufnimmt, wird er den Vorsitzenden des

Aufsichtsrats darüber unter Angabe des Verdienstes schriftlich in Kenntnis setzen.

§ 3 Sonstige Leistungen
- Dienstwagen (Rückgabe/Ablösung)
- Darlehen (Rückzahlung?)
- Nachvertragliches Wettbewerbsverbot (Anrechnung des Freistellungszeitraums auf die Verbotsdauer; eventuell vorzeitiger Verzicht)

.... *(Ort)*, am .... *(Ort)*, am ....
Alpha-AG

....
Vorsitzender des Aufsichtsrats Herr ....

C. Muster zum Aufhebungsvertrag

I. Aufhebungsvertrag

Aufhebungsvertrag

zwischen der *Alpha*-AG
– nachfolgend „Gesellschaft" genannt –
vertreten durch den Aufsichtsrat, dieser vertreten durch den Aufsichtsratsvorsitzenden, Herrn Prof. Dr. ....,
und

Herrn ....
– nachfolgend „Vorstandsmitglied" genannt –

Präambel

Herr .... ist durch Beschluss des Aufsichtsrats der Gesellschaft vom ..... zum Mitglied des Vorstands der Gesellschaft bestellt worden. Der Aufsichtsrats hat Herrn .... auf Grund unüberwindbarer Meinungsverschiedenheiten über die Geschäftspolitik (*eventuell alternativ:* auf Grund der entstehenden Umstrukutierung der Gesellschaft) dazu aufgefordert,[35] einer vorzeitigen Beendigung der Bestellung zuzustimmen. Die Gesellschaft und das Vorstandsmitglied sind einvernehmlich zu dem Ergebnis gelangt, dass eine weitere Fortsetzung der Vorstandstätigkeit über den .... hinaus nicht im Interesse der Gesellschaft liegt. Unter dem Vorbehalt, dass der Aufsichtsrat die Beendigung der Bestellung beschließt, gelten folgenden Regelungen zur vorzeitigen Beendigung des Anstellungsvertrages:

§ 1 Beendigung des Anstellungsvertrages

Der zwischen der Gesellschaft und Herrn .... bestehende und bis zum ..... abgeschlossene Anstellungsvertrag vom ..... wird auf Veranlassung der Gesellschaft vorzeitig mit Wirkung zum ..... aufgehoben. Bis zu diesem Zeitpunkt wird das Dienstverhältnis entsprechend den vertraglichen Bestimmungen und den gesetzlichen Vorschriften abgewickelt.[36] Die Aufhebung des Anstellungsvertrages betrifft nicht die Ruhegeldzusage und Hinterbliebenenversorgung gemäß §§ ... des Vertrages vorbehaltlich der in dieser Vereinbarung getroffenen Änderungen.

---

[35] Der Grund für die Beendigung ist genau zu bezeichnen, um die Steuerfreiheit/Steuerbegünstigung der Abfindungs- und Entschädigungszahlungen nicht zu gefährden.
[36] *Eventuell zusätzlich:* Freistellung des Vorstandsmitglieds entsprechend Muster B. V.

§ 2 Abfindung

(1) Als Ersatz für die Vergütung, die Herr .... bei Fortbestand des Anstellungsvertrages insgesamt bis zum ..... erhalten würde, zahlt die Gesellschaft eine Abfindung in Höhe von ..... Euro brutto. Die Tantieme wird einvernehmlich für das Geschäftsjahr ..... auf ..... Euro und für das Geschäftsjahr ..... zeitanteilig auf ..... Euro festgesetzt. *Eventuell zusätzlich:* Die ausübbaren oder nicht ausübbaren Aktienoptionen von Herrn .... werden durch Einmalzahlung in Höhe von ..... Euro in bar abgegolten.[37] Die Bestimmungen über den Verfall der Aktienoptionen gemäß § ... der Optionsrechtsvereinbarung bleibt hiervon unberührt.

(2) Als Ausgleich für künftige Nachteile, die Herrn .... durch die von der Gesellschaft veranlassten vorzeitigen Beendigung der Vorstandstätigkeit entstehen und entstehen können, zahlt die Gesellschaft eine zusätzliche Entschädigung in Höhe von ..... Euro brutto.

(3) Die Zahlungen gemäß Abs. 1 und Abs. 2 erhält Herr .... zusammen als einmaligen Kapitalbetrag. Der Gesamtbetrag ist fällig am ....

(4) Die Zahlungen gemäß Abs. 1 und Abs. 2 erfolgen unter Beachtung der für Abfindungen geltenden steuerlichen Bestimmungen. Herr .... trägt die anfallende Lohnsteuer einschließlich Kirchensteuer und Solidaritätszuschlag. Das Vorstandsmitglied und die Gesellschaft sind der Ansicht, dass für die Abfindungs- und Entschädigungszahlungen gemäß Abs. 1 und Abs. 2 der ermäßigte Steuertarif gemäß § 34 Abs. 1, 24 Nr. 1 EStG in Anspruch genommen werden kann. Eine etwaige Versagung dieser Vergünstigungen lässt die Höhe der Abfindungs- und Entschädigungszahlungen unberührt.

(5) Anderweitige Einkünfte aus freiberuflicher, selbständiger oder unselbständiger Tätigkeit im Zeitraum vom ..... bis zum ..... werden zu 50 % auf die Abfindungs- und Entschädigungszahlungen angerechnet. Die Anrechnung erfolgt durch Zahlung, die Herr .... am .... (*z.B. Ende der ursprünglichen Laufzeit des Anstellungsvertrages oder jeweils am Jahresende*) bis maximal zur Höhe des Abfindungs- und Entschädigungsbetrages leistet.

Eventuell alternativ: Herr .... versichert, derzeit weder ein Beschäftigungsverhältnis eingegangen zu sein noch in Verhandlungen zum Abschluss eines solchen zu stehen, denen ein konkretes Angebot zu Grunde liegt. Sollte sich herausstellen, dass diese Erklärung unrichtig ist, so ist die Gesellschaft zur Aufhebung dieser Vereinbarung berechtigt mit der Maßgabe, dass in diesem Fall der Anstellungsvertrag unter Fortzahlung der Bezüge und unter Freistellung vom Dienst bis zum Beginn des neuen Beschäftigungsverhältnisses fortbesteht und Herr .... zur Rückzahlung

---

[37] Einzelheiten zum Barausgleich der Optionsrechte siehe Rn. 759 ff.

des Abfindungs- und Entschädigungsbetrages gemäß Abs. 1 und Abs. 2 verpflichtet ist.

§ 3 Ruhegeld

(1) Herr .... hat ab dem ..... einen Anspruch auf das in § ... des Anstellungsvertrages vereinbarte Ruhegeld.[38] Die Höhe des jährlichen Ruhegeldes beträgt ..... Euro brutto, vorbehaltlich einer Anrechnung anderweitiger Pensionszahlungen gemäß § ... oder anderweitiger Einkünfte nach § ... des Anstellungsvertrages.[39] Das Ruhegeld wird in monatlich gleichen Teilbeträgen jeweils am Anfang/Ende eines Monats gezahlt. Die Anpassung des Ruhegeldes bestimmt sich nach § ... des Anstellungsvertrages.[40]

(2) Falls Herr .... vor dem ..... dauernd arbeitsunfähig wird, ändern sich dadurch nicht Beginn und Höhe der Ruhegeldzahlung ab ..... Im Fall des Todes von Herrn .... vor dem ..... werden Leistungen der Hinterbliebenenversorgungen erst für die Zeit ab dem ..... gezahlt.

§ 4 Niederlegung der Mandate

Herr .... wird alle Aufsichtsratsmandate sowie ähnliche im Interesse der Gesellschaft übernommenen Ämter zum ..... niederlegen. Ein späterer Zeitpunkt der Niederlegung erfolgt nur nach Absprache mit dem Vorsitzenden des Aufsichtsrats.

§ 5 Rückgabepflichten

(1) Herr .... verpflichtet sich, den ihm zur Verfügung gestellten Dienstwagen nebst Fahrzeugpapieren bis zum ..... an die Gesellschaft zurückzugeben.

Alternativ: Herrn .... wird das Recht eingeräumt, den ihm zur Verfügung gestellten Dienstwagen zum Buchwert käuflich zu erwerben. Er kann diese Option bis zum ..... durch schriftliche Erklärung gegenüber dem Vorsitzenden des Aufsichtsrats ausüben. Sofern Herr .... die Option nicht ausübt, hat er den Dienstwagen nebst Fahrzeugpapieren bis zum ..... an die Gesellschaft zurückzugeben. Der Erwerb erfolgt – soweit gesetzlich zulässig – unter Ausschluss jedweder Gewährleistung.

(2) Herr .... wird bis zum ..... alle in seinem Besitz befindlichen Unterlagen und Schriftstücke einschließlich aller persönlicher Aufzeichnungen und Kopien, die Angelegenheiten der Gesellschaft betreffen, an die Gesellschaft herausgeben. Dies gilt auch für Software, EDV-Dateien, Datenträger, Passwörter und Source-Codes. Die Vollständigkeit der Unterlagen ist bei

---

[38] Hier: § 9 Abs. 1 c) des Muster-Anstellungsvertrages.
[39] Hier: § 9 Abs. 7 und Abs. 8 des Muster-Anstellungsvertrages.
[40] Hier: § 9 Abs. 6 des Muster-Anstellungsvertrages.

der Rückgabe schriftlich zu versichern. Ein Zurückbehaltungsrecht gegenüber der Pflicht zur Herausgabe ist ausgeschlossen.

§ 7 Wettbewerbsvereinbarung

Herr .... unterliegt nach seinem Ausscheiden aus dem Vorstand der Gesellschaft für die Dauer vom ..... bis zum ..... einem Wettbewerbsverbot nach Maßgabe der insoweit fortgeltenden Bestimmung gemäß § ... des Anstellungsvertrages.[41] Die Karenzentschädigung für das nachvertragliche Wettbewerbsverbot ist mit der Abfindungs- und Entschädigungszahlung gemäß § 2 dieses Vertrages abgegolten. Im Fall der Zuwiderhandlung gegen das Wettbewerbsverbot ist Herr .... verpflichtet, die gemäß § 2 zugesagten Leistungen als Vertragsstrafe zurückzuzahlen. Bei Verstoß gegen das Wettbewerbsverbot nach dem ..... erfolgt die Rückzahlung dieser Leistungen zeitanteilig.

Alternativ: Herr .... und die Gesellschaft heben hiermit das nachvertragliche Wettbewerbsverbot gemäß § ... des Anstellungsvertrages vom ..... einvernehmlich auf. Die Vertragsparteien können damit keine Ansprüche aus der Wettbewerbsvereinbarung mehr herleiten (*eventuell zusätzlich:* Davon unberührt bleibt die Verpflichtung des Vorstandsmitglieds, während der Zeit der Freistellung entsprechende Konkurrenzhandlungen zu unterlassen).

§ 8 Verschwiegenheit

(1) Herr .... verpflichtet sich nach seinem Ausscheiden aus dem Vorstand der Gesellschaft zum Stillschweigen über alle vertraulichen Angelegenheiten sowie über Betriebs- und Geschäftsgeheimnisse der Gesellschaft und der mit ihr verbundenen Unternehmen.

(2) Herr .... und die Gesellschaft verpflichten sich, den Inhalt dieses Aufhebungsvertrages vertraulich zu behandeln. Die Vertragsparteien sichern sich für die Zeit nach Beendigung des Anstellungsvertrages gegenseitig uneingeschränkte Loyalität zu und werden alle Handlungen unterlassen, die dem Ansehen des anderen Vertragspartners schaden könnten und nicht in Wahrnehmung berechtigter Interessen erfolgen.

§ 9 Reisekosten

(1) Herr .... reicht alle offenen Reisekosten, die bis einschließlich .... angefallen sind, bis spätestens .... ein. Die Auszahlung der dem Herrn .... vertragsgemäß zustehenden Reisekosten durch die Gesellschaft erfolgt unter Anrechnung eines etwaigen Reisekostenvorschusses.

---

41 Hier: § 11 des Muster-Anstellungsvertrages.

(2) Weitere Reisekosten werden nicht erstattet. Ein nicht durch erstattungsfähige Reisekosten verbrauchter Reisekostenvorschuss ist unverzüglich an die Gesellschaft zurückzuzahlen.

§ 10 Ausgleich von Ansprüchen

(1) Mit der Erfüllung dieser Vereinbarung sind alle wechselseitigen Ansprüche und Verpflichtungen aus dem Anstellungsvertrag für die Zeit nach dem ..... ausgeglichen und erledigt. Ausgenommen sind Ansprüche aus der Ruhegeldzusage und der Hinterbliebenenversorgung gemäß §§ ... des Anstellungsvertrages (*eventuell zusätzlich:* ... sowie Ansprüche aus der Optionsrechtsvereinbarung vom .....). Etwaige Urlaubsansprüche, die vor Beendigung des Anstellungsvertrages nicht wahrgenommen werden können, sind mit der Abfindungs- und Entschädigungszahlung gemäß § 2 dieser Vereinbarung abgegolten.

Eventuell zusätzlich: Der zwischen Herrn .... und der Gesellschaft bestehende Darlehensvertrag vom ..... wird zu den vereinbarten Konditionen fortgeführt. Herr .... ist berechtigt, die noch offene Darlehensschuld in Höhe von ..... Euro vorzeitig durch einmalige Zahlung abzulösen.

(2) Diese Ausgleichs- und Erledigungsklausel betrifft keine Ansprüche, auf die die Gesellschaft nach § 93 Abs. 4 Satz 3 AktG nicht unbefristet verzichten kann.

(3) *Eventuell zusätzlich:* Herr .... war vor seiner Bestellung zum Mitglied des Vorstands leitender Angestellter der Gesellschaft. Die Parteien dieser Vereinbarung sind sich einig, dass der Arbeitsvertrag vom ..... durch Abschluss des Anstellungsvertrages vom ..... aufgehoben wurde.

§ 11 Presseerklärung

Dieser Vereinbarung ist als Anlage eine zwischen den Vertragsparteien abgestimmte Erklärung für das Unternehmen, die Presse und sonstige Öffentlichkeit beifügt. Davon abweichende oder zusätzliche Verlautbarungen dürfen nur im gegenseitigen Einvernehmen abgegeben werden.

§ 12 Schlussbestimmungen

(1) Änderungen oder Ergänzungen dieses Aufhebungsvertrages bedürfen zu ihrer Rechtswirksamkeit der Schriftform, sofern nicht weitergehende Formerfordernisse bestehen. Auch der Verzicht auf diese Schriftformklausel bedarf der zuvor vereinbarten Schriftform. Die Vertragsparteien können sich nicht auf eine vom Vertrag abweichende tatsächliche Übung berufen, solange die Abweichung nicht in der vorgesehenen Form schriftlich festgehalten ist. Mündliche Nebenabreden zu diesem Vertrag bestehen nicht.

(2) Erfüllungsort für alle Leistungen aus diesem Vertrag ist der Sitz der Gesellschaft.

(3) Sofern einzelne Bestimmungen dieses Aufhebungsvertrages ganz oder teilweise unwirksam sind, wird die Wirksamkeit der übrigen Bestimmungen hierdurch nicht berührt. Das gilt auch, wenn sich im Vertrag eine Lücke ergeben sollte. Die Parteien verpflichten sich, anstelle einer unwirksamen Bestimmung eine dieser Bestimmung möglichst nahekommende wirksame Regelung zu treffen. Bei einer Regelungslücke soll diejenige Regelung gelten, welche die Parteien in den Vertrag aufgenommen hätten, wenn sie sich der Notwendigkeit einer Regelung bei Abschluss dieses Vertrages bewusst gewesen wären.

(4) Dieser Vertrag unterliegt ausschließlich dem Recht der Bundesrepublik Deutschland.

(5) Die Vertragsurkunde wird dreimal ausgefertigt. Eine Ausfertigung erhalten jeweils Herr ...., der Vorsitzende des Aufsichtsrats und die Gesellschaft.

.... *(Ort)*, am .... *(Ort)*, am ....
Alpha-AG   Vorstandsmitglied

....
Vorsitzender des Aufsichtsrats   Herr (...)

Anlage:

Schiedsvereinbarung

Über alle Streitigkeiten aus dem Aufhebungsvertrag entscheidet unter Ausschluss des ordentlichen Rechtsweges ein Schiedsgericht, soweit dies rechtlich zulässig ist. Für das Schiedsgericht gelten die Bestimmungen der §§ 1025 ff. ZPO. (Zusätzlich: Es gilt die Schiedsgerichtsordnung der Deutschen Institution für Schiedsgerichtsbarkeit e.V. (DIS). Es werden drei Schiedsrichter benannt. Schiedsort ist der Sitz der Gesellschaft.)

.... *(Ort)*, am .... *(Ort)*, am ....
Alpha-AG   Vorstandsmitglied

....
Vorsitzender des Aufsichtsrats   Herr (...)

II. Haftungsfreistellung und Stimmbindungsvereinbarung (Auszug)

Herr/Frau ....
– nachfolgend „Aktionär" genannt –
und
Herr ....
– nachfolgend „Vorstandsmitglied" genannt –
treffen folgende

Vereinbarung

§ 1 Freistellung

Herr/Frau .... verpflichtet sich, Herrn .... von etwaigen Schadensersatzansprüchen der ....-AG nach § 93 Abs. 2 AktG freizustellen. Die Freistellung betrifft nicht Schadensersatzansprüche auf Grund vorsätzlicher oder grob fahrlässiger Pflichtverletzung. *Eventuell zusätzlich:* Die Freistellung des Aktionärs betrifft nur Ansprüche der Gesellschaft gegen das Vorstandsmitglied wegen .... *(genaue Bezeichnung der streitigen Pflichtverletzung).*

§ 2 Stimmbindung

Herr/Frau .... verpflichtet sich, nach Ablauf der Sperrfrist gemäß § 93 Abs. 4 Satz 3 AktG bei einer Abstimmung auf der Hauptversammlung über einen Verzicht auf etwaige Schadensersatzansprüche gegen Herrn .... nach § 93 Abs. 2 AktG für einen Verzicht zu stimmen. Der Aktionär verpflichtet sich ferner, bei einer Abstimmung nach § 147 AktG über die Geltendmachung von Schadensersatzansprüchen gegen Herrn .... gegen eine solche Geltendmachung zu stimmen.[42]

(...)

.... *(Ort),* am .... *(Ort),* am ....

....

Herr/Frau ....   Herr ....

---

[42] Praktisch nur sinnvoll, wenn der Aktionär mehr als 90% der Anteile des Grundkapitals hält. Nach § 148 Abs. 1 AktG beträgt das für eine Aktionärsklage erforderliche Quorum 1% des Grundkapitals bzw. einen Nennbetrag von 100.000 Euro, sodass Stimmbindungsverträge nur auf „geschlossene" Gesellschaften anwendbar sind.

D. Muster zur Geschäftsordnung für den Vorstand

Im Rahmen der zwingenden gesetzlichen Vorschriften und in Ausübung der Ermächtigung nach § ... der Satzung beschließt der Aufsichtsrat der *Alpha*-AG folgende

Geschäftsordnung für den Vorstand

§ 1 Allgemeines

Der Vorstand der *Alpha*-AG führt die Geschäfte der Gesellschaft nach Maßgabe der Gesetze, der Satzung, des Deutschen Corporate Governance Kodex mit Ausnahme der im Geschäftsbericht genannten Abweichungen, dieser Geschäftsordnung sowie den Anstellungsverträgen der einzelnen Vorstandsmitglieder. Der Vorstand arbeitet mit den übrigen Organen der Gesellschaft und den Vertretern der Belegschaft zum Wohl des Unternehmens vertrauensvoll zusammen.

§ 2 Geschäftsführung, Gesamtverantwortung und Vertretung

(1) Die Geschäftsführung wird in Geschäftsbereiche eingeteilt. Die Verteilung der Geschäftsbereiche auf die einzelnen Mitglieder des Vorstands ergibt sich aus dem als Anlage beigefügten Geschäftsverteilungsplan, der Bestandteil dieser Geschäftsordnung ist.[43] Der Aufsichtsrat behält sich vor, den Geschäftsverteilungsplan aufzuheben, zu ändern oder zu ergänzen.

(2) Die Mitglieder des Vorstands tragen gemeinsam die Verantwortung für die gesamte Geschäftsführung. Diese Gesamtverantwortung wird durch die Geschäftsverteilung grundsätzlich nicht berührt. Die Vorstandsmitglieder arbeiten untereinander kollegial zusammen und unterrichten sich gegenseitig in regelmäßigen Abständen über wichtige Entscheidungen, Maßnahmen, wesentliche Geschäftsvorfälle, Risiken und Verluste in ihren Ressorts. Jedes Vorstandsmitglied kann nach pflichtgemäßem Ermessen veranlassen, dass eine Angelegenheit aus seinem Geschäftsbereich oder dem Geschäftsbereich eines anderen Vorstandsmitglieds dem Vorstand zur Entscheidung vorzulegen ist.

(3) Der Gesamtvorstand entscheidet in allen Angelegenheiten, in denen nach dem Gesetz, der Satzung, der Entsprechenserklärung zum Deutschen Corporate Governance Kodex oder dieser Geschäftsordnung eine Beschlussfassung durch den Vorstand vorgeschrieben ist. Das gilt ferner, wenn ein einzelnes Vorstandsmitglied eine Beschlussfassung des Gesamtvorstands beantragt hat. Der Gesamtvorstand entscheidet insbesondere über:

---

[43] Siehe Muster zur Geschäftsverteilung in der Anlage dieser Geschäftsordnung.

1. Aufstellung des Jahresabschlusses und des Konzernabschlusses mit dem Lagebericht und dem Konzernlagebericht,
2. Einberufung der Hauptversammlung und die Entscheidung über Anträge und Vorschläge zur Beschlussfassung der Hauptversammlung,
3. Einjahres- und Mehrjahresplanung sowie die strategische Planung für die Gesellschaft und den Konzern,
4. periodische Berichterstattung an den Aufsichtsrat,
5. Maßnahmen und Geschäfte, die der Zustimmung des Aufsichtsrats bedürfen,
6. Maßnahmen und Geschäfte eines Ressorts, die für die Gesellschaft und den Konzern von außergewöhnlicher Bedeutung sind oder/und mit erheblichen Risiken für die Gesellschaft und den Konzern verbunden sind,
7. Aufnahme neuer oder die Auflösung bestehender Geschäftszweige,
8. Investitionen mit einem Gesamtwert über ..... Euro,[44]
9. Erwerb oder die Veräußerung von Beteiligungen,
10. Personalentscheidungen in der Gesellschaft und den konzernangehörigen Unternehmen.

(4) Jedes Vorstandsmitglied führt die ihm zugewiesenen Geschäftsbereiche im Rahmen der Vorstandsbeschlüsse in eigener Verantwortung. Soweit Entscheidungen und Maßnahmen eines Geschäftsbereichs zugleich einen oder mehrere andere Geschäftsbereiche betreffen, muss sich das Vorstandsmitglied zuvor mit den anderen Vorstandsmitgliedern abstimmen. Kommt eine Einigung nicht zustande, ist jedes beteiligte Vorstandsmitglied verpflichtet, eine Beschlussfassung des Gesamtvorstands herbeizuführen. In diesem Fall hat die Maßnahme bis zur Entscheidung des Gesamtvorstands zu unterbleiben.

(5) Ein Vorstandsmitglied darf Entscheidungen, Maßnahmen und Geschäfte der in Abs. 3 Satz 3 Nr. 6 bezeichneten Art ohne vorherige Beschlussfassung des Gesamtvorstands vornehmen, wenn dies nach seinem pflichtgemäßen Ermessen zur Abwendung unmittelbar drohender Nachteile für die Gesellschaft erforderlich ist. Unter diesen Voraussetzungen bedürfen Geschäfte und Maßnahmen der in Abs. 4 Satz 2 betreffenden Art auch keiner vorherigen Abstimmung mit anderen beteiligten Vorstandsmitgliedern. Der Gesamtvorstand ist über einen solchen Vorgang unverzüglich zu informieren.

(6) Die Vertretung der Vorstandsmitglieder untereinander regelt der Geschäftsverteilungsplan. Bei vorübergehender Abwesenheit des zuständigen Vorstandsmitglieds dürfen grundlegende Entscheidungen sowie organisatorische Veränderungen nicht ohne zwingenden Grund von dem Vertreter veranlasst oder getroffen werden.

---

44 Hierbei sollte eine Abstimmung mit dem Katalog zustimmungspflichtiger Geschäfte gemäß § 7 Abs. 1 Nr. 4 erfolgen.

§ 3 Vorsitzender des Vorstands

(1) Dem Vorstandsvorsitzenden obliegt die sachliche Koordination aller Geschäftsbereiche des Vorstands. Er hat darauf hinzuwirken, dass die Führung aller Geschäftsbereiche einheitlich auf die durch die Beschlüsse des Vorstands festgelegten Ziele ausgerichtet wird. Die Vorstandsmitglieder informieren den Vorsitzenden des Vorstands fortlaufend über alle wesentlichen Angelegenheiten und den Gang der Geschäfte in ihren Ressorts. Der Vorstandsvorsitzende kann jederzeit Auskünfte über einzelne Geschäfte verlangen und festlegen, über bestimmte Arten von Geschäften vorher unterrichtet zu werden. Er trägt dafür Sorge, dass auch die anderen Vorstandsmitglieder zeitnah über wichtige Vorgänge informiert werden.

(2) Der Vorstandsvorsitzende repräsentiert den Vorstand und die Gesellschaft gegenüber der Öffentlichkeit, insbesondere gegenüber Behörden, Verbänden, Wirtschaftsorganisationen und den Medien. Er kann diese Aufgaben für bestimmte Arten von Angelegenheiten oder im Einzelfall auf ein anderes Vorstandsmitglied übertragen.

(3) Der Vorstandsvorsitzende vertritt den Vorstand gegenüber dem Aufsichtsrat und seinen Mitgliedern.

(4) Bei Verhinderung des Vorstandsvorsitzenden nimmt dessen Rechte und Pflichten der stellvertretende Vorsitzende des Vorstands wahr.[45] Das gilt nicht für das Recht des Vorsitzenden zum Stichentscheid nach § 5 Abs. 5 Satz 2.

(5) Der Vorstandsvorsitzende stimmt die Urlaubswünsche und die entsprechenden Vertretungen der Vorstandsmitglieder aufeinander ab. Entsprechendes gilt im Fall der Erkrankung oder sonstigen Verhinderungen eines Vorstandsmitglieds. Der Vorstandsvorsitzende berücksichtigt insoweit die im Geschäftsverteilungsplan geregelten Vertretungen.

§ 4 Zusammenarbeit mit dem Aufsichtsrat

(1) Dem Gesamtvorstand obliegt die Erfüllung der gesetzlichen und kraft Satzung bestehenden Berichts- und Informationspflichten gegenüber dem Aufsichtsrat. Jedes Mitglied des Vorstands ist berechtigt und auf Verlangen des Aufsichtsrats verpflichtet, an den Sitzungen des Aufsichtsrats teilzunehmen, soweit nicht persönliche Angelegenheiten von Vorstandsmitgliedern behandelt werden.

(2) Der Vorstandsvorsitzende unterrichtet den Aufsichtsratsvorsitzenden regelmäßig zwischen den Plenarsitzungen über den Gang der Geschäfte und die Lage der Gesellschaft. Bei wichtigen Anlässen und geschäftlichen Angelegenheiten, die auf die Lage der Gesellschaft erheblichen Einfluss haben

---

[45] Falls kein stellvertretender Vorsitzender ernannt ist, können die erforderlichen Vertreterfunktionen bspw. dem dienstältesten Vorstandsmitglied zugewiesen werden.

können, hat der Vorstandsvorsitzende den Aufsichtsratsvorsitzenden unverzüglich mündlich oder schriftlich zu berichten. Bei Erfüllung dieser Aufgabe wird der Vorstandsvorsitzende von allen Vorstandsmitgliedern unterstützt.

(3) Der Vorstand hat in Ergänzung zu den nach Gesetz, Satzung und dieser Geschäftsordnung zu gewährenden Informationen folgende Informationen an den Aufsichtsrat zu erteilen:
a) Monatlich innerhalb von 30 Tagen nach Ende eines jeden Monats:
   aa) Auftragsbestand und Auftragseingang;
   bb) Umsatzmeldungen für die wichtigsten Produktgruppen;
   cc) Meldungen über Liquiditätslage: Kreditinanspruchnahme und Kreditlimits, verfügbare Zahlungsmittel (erwarteter Zahlungsein- und -ausgang);
   dd) nicht geprüfte Monatsabschlüsse;
b) Vierteljährlich innerhalb 30 Tagen nach Ende jeden Quartals:
   aa) Quartalsabschluss sowie Liquiditätsrechnung:
      (i) für das bestehende Vierteljahr (Soll-/Ist-Vergleich)
      (ii) für das laufende Geschäftsjahr kumuliert
   bb) Bericht zur Geschäftslage und deren Entwicklung.

Diese Informationspflicht bezieht sich auf die Gesellschaft sowie die mit ihr verbundenen Unternehmen.

§ 5 Sitzungen und Beschlüsse

(1) Der Vorstand beschließt grundsätzlich in Sitzungen, die mindestens zweimal im Monat stattfinden und die der Vorstandsvorsitzende einberuft. Jedes Vorstandsmitglied kann die Einberufung einer Sitzung unter Mitteilung des Beratungsgegenstandes verlangen. Mit der Einberufung, die nicht später als drei Tage vor der Sitzung erfolgen soll, ist die Tagesordnung mit den zur Vorbereitung notwendigen Unterlagen mitzuteilen und sollen die Beschlussvorschläge zu den Punkten der Tagesordnung übermittelt werden. Jedes Vorstandsmitglied kann verlangen, dass von ihm benannte Punkte auf die Tagesordnung gesetzt werden.

(2) Der Vorstandsvorsitzende leitet die Sitzungen. Er bestimmt den Protokollführer und die Reihenfolge, in der die Gegenstände der Tagesordnung behandelt werden. Der Vorsitzende des Vorstands kann zudem bestimmen, dass nicht dem Vorstand angehörende Personen zur Beratung über einzelne Tagesordnungspunkte zugezogen werden. Er kann die Beratung und Beschlussfassung zu einzelnen Punkten der Tagesordnung auf die nächste Sitzung vertagen.

(3) Der Vorstand ist beschlussfähig, wenn alle Mitglieder eingeladen sind und mindestens die Hälfte der Mitglieder in der Sitzung anwesend ist. Als anwesend gelten auch solche Vorstandsmitglieder, die durch Telefon- oder Videokonferenz zugeschaltet sind. Abwesende Vorstandsmitglieder kön-

nen ihre Stimmen schriftlich, fernmündlich, per E-Mail oder in Textform einschließlich Telefax abgeben. Die abwesenden Vorstandsmitglieder sind unverzüglich über die in ihrer Abwesenheit gefassten Beschlüsse zu unterrichten. Über Angelegenheiten aus dem Geschäftsbereich eines abwesenden Vorstandsmitglieds soll – außer in dringenden Fällen – nur mit seinem Einverständnis verhandelt und beschlossen werden.

(4) Außerhalb einer Vorstandssitzung können Beschlüsse schriftlich, fernmündlich, per E-Mail oder in Textform einschließlich Telefax gefasst werden, wenn der Vorstandsvorsitzende eine solche Abstimmungsform aus besonderem Grund bestimmt und kein Vorstandsmitglied vor der Beschlussfassung widerspricht. Fernmündliche Stimmabgaben sind schriftlich zu bestätigen.

(5) Der Vorstand beschließt in Sitzungen mit einfacher Mehrheit der abgegebenen Stimmen, außerhalb von Sitzungen mit einfacher Mehrheit seiner Mitglieder. Bei Stimmengleichheit gibt die Stimme des Vorstandsvorsitzenden den Ausschlag. Ist der Vorstandsvorsitzende abwesend oder verhindert, so ist bei Stimmengleichheit der Beschlussvorgang abgelehnt.

(6) Die Ausführung der Beschlüsse des Gesamtvorstands erfolgt durch die jeweils zuständigen Ressortinhaber und wird durch den Vorstandsvorsitzenden überwacht. Bei ressortübergreifenden Angelegenheiten vollzieht der Vorstandsvorsitzende die Beschlüsse.

(7) Über die Sitzungen des Vorstands ist eine Niederschrift anzufertigen, in der insbesondere der Ort und Tag der Sitzung, die Teilnehmer, die Tagesordnung, der Wortlaut der Beschlüsse und das Abstimmungsverhältnis mit namentlicher Nennung von Gegenstimmen und Enthaltungen aufzunehmen sind. Die Niederschrift wird von dem Leiter der Sitzung unterzeichnet und allen Vorstandsmitgliedern in Abschrift übermittelt. Die Niederschrift ist in der nächsten Vorstandssitzung zur Genehmigung vorzulegen. Beschlüsse des Vorstands, die außerhalb einer Sitzung gefasst werden, sind in die Niederschrift über die nächste Vorstandssitzung aufzunehmen.

§ 6 Ausschüsse

Der Vorstand hat das Recht, Ausschüsse zu bilden und deren Aufgaben festzulegen. Diese Ausschüsse sind dem Gesamtvorstand berichtspflichtig.

§ 7 Zustimmungspflichtige Geschäfte

(1) Der Vorstand darf folgende Geschäfte nur mit Zustimmung des Aufsichtsrats vornehmen:
1. wesentliche Veränderungen der Produktions- und Absatzstruktur, insbesondere Stilllegung, Verlagerung, Erwerb oder Veräußerung wesentli-

cher Betriebe, Betriebsteile oder Gegenstände des Anlagevermögens,[46] Aufnahme oder Aufgabe wesentlicher Geschäftszweige, Fabrikationsprogramme, Produkte oder Märkte;
2. wesentliche Änderungen in der Organisation des Unternehmens;
3. Errichtung und Auflösung von Zweigniederlassungen;
4. Investitionen, die im Einzelfall einen Anschaffungs- oder Herstellungswert von ..... Euro übersteigen; dabei sind mehrere zusammengehörende Einzelinvestitionen als Gesamtinvestition zu behandeln;
5. Erwerb, Veräußerung, Belastung oder Verpfändung von Grundstücken, Gebäuden oder grundstücksgleichen Rechten, falls der Wert im Einzelfall ..... Euro übersteigt;
6. Übernahme oder Erwerb von Beteiligungen; Veräußerung, Erhöhung oder Verminderung einer Beteiligung einschließlich Änderung der Beteiligungsquote;[47]
7. Aufnahme von Anleihen und Ausgabe von Schuldverschreibungen; Aufnahme von Krediten mit einem Betrag von über ..... Euro oder einer Laufzeit von über drei Jahren, sofern das Geschäft nicht in dem vom Aufsichtsrat genehmigten Budgetplan vorgesehen ist;
8. Gewährung von Krediten, Übernahme von Bürgschaften, Garantien oder ähnlichen Gewährleistungen oder Haftungen sowie Bestellung von Sicherheiten für fremde Verbindlichkeiten außerhalb des gewöhnlichen Geschäftsbetriebs, sofern der Wert im Einzelfall ..... Euro übersteigt und das Geschäft nicht in dem vom Aufsichtsrat genehmigten Budgetplan vorgesehen ist;
9. Abschluss, Änderung oder Aufhebung von Unternehmensverträgen oder strategisch bedeutsamen Kooperationsverträgen;
10. Abschluss oder wesentliche Änderung von Verträgen über die
    a) Gewährung oder Übernahme von Lizenzen, Gebrauchsmustern oder ähnlichen Rechten mit einer Laufzeit von mehr als zwei Jahren;
    b) Miet- oder Pachtverhältnisse mit einer Vertragslaufzeit von mehr als drei Jahren oder einem jährlichen Miet- oder Pachtzins von mehr als ..... Euro;
    c) Entgegennahme von Beratungshonoraren oder ähnlichen Leistungen, sofern das Honorar im Einzelfall ..... Euro übersteigt oder ein Erfolgshonorar ist;
    d) Dienstleistungen oder Beratung außerhalb des Prüfungsauftrags mit dem Abschlussprüfer oder Konzernabschlussprüfer oder Mitarbeiter dieser Prüfer;

---

[46] Je nach Unternehmensgröße kann eine wertmäßige Untergrenze für das Zustimmungserfordernis eingefügt werden.
[47] Auch hier kann je nach Größe der Gesellschaft ein Mindestwert als Untergrenze für das Zustimmungserfordernis eingefügt werden.

11. Einstellung leitender Angestellter mit Gesamtjahresbezügen einschließlich garantierter Sondervergütungen von mehr als ..... Euro; Anhebung solcher Bezüge bei bereits beschäftigten Mitarbeitern der Gesellschaft über diese Grenze hinaus;
12. Erteilung von Ruhegeldzusagen und Festlegung allgemeiner Regeln für Leistungen der betrieblichen Altersversorgung;
13. Erteilung von Generalvollmachten oder Prokuren;
14. Abschluss wesentlicher Betriebsvereinbarungen und Aufnahme von Verhandlungen über Haustarife;
15. Einleitung von Rechtsstreitigkeiten mit einem Streitwert von über ..... Euro;
16. Abschluss von Vergleichen und Erlass von Forderungen, sofern der Verzicht der Gesellschaft im Einzelfall ..... Euro übersteigt;
17. Zusage oder Gewährung von Unternehmensspenden sowie sonstige Unterstützungen, die im Einzelfall ..... Euro übersteigen;

(2) Der Vorstand hat außerdem die Zustimmung des Aufsichtsrats einzuholen, wenn er bei einem von der Gesellschaft abhängigen Unternehmen durch Weisung, Zustimmung, Stimmabgabe oder auf andere Weise
1. an Geschäften der in Absatz 1 Nr. 1 bis 10 und Nr. 15 bis 17 bestimmten Art mitwirkt;
2. an Kapitalerhöhungen mitwirkt, sofern die Einlage der Gesellschaft oder eines Dritten ..... Euro übersteigt;
3. an sonstigen Maßnahmen mitwirkt, die für den Konzern von grundsätzlicher oder präjudizieller Bedeutung sind.

(3) Die Zustimmung des Aufsichtsrats zu einer der vorbezeichneten Angelegenheiten ist grundsätzlich vor der Beschlussfassung des Vorstands einzuholen. Ist die Einholung der vorherigen Zustimmung auf Grund besonderer Dringlichkeit nicht möglich, kann der Vorstand ohne Zustimmung des Aufsichtsrats beschließen, sofern dies nach seinem pflichtgemäßen Ermessen zur Abwendung unmittelbar drohender Nachteile für die Gesellschaft erforderlich ist. Der Vorstandsvorsitzende erstattet in diesem Fall dem Aufsichtsratsvorsitzenden unverzüglich Bericht über die Beschlussfassung.

(4) Der Aufsichtsrat kann weitere Zustimmungserfordernisse aufstellen sowie die vorherige Zustimmung widerruflich für bestimmte Arten von Geschäften im Voraus erteilen.

§ 8 Interessenkonflikte[48]

(1) Die Vorstandsmitglieder dürfen im Zusammenhang mit ihrer Tätigkeit weder für sich noch für andere Personen Zuwendungen oder sonstige Vorteile fordern oder annehmen oder Dritten ungerechtfertigte Vorteile gewähren.

(2) Der Vorstand ist dem Unternehmensinteresse verpflichtet. Kein Vorstandsmitglied darf bei seinen Entscheidungen persönliche Interessen verfolgen und Geschäftschancen, die der Gesellschaft oder einem von ihr abhängigen Unternehmen zustehen, für sich nutzen.

(3) Jedes Vorstandsmitglied muss Interessenkonflikte unverzüglich gegenüber dem Aufsichtsrat offenlegen und die anderen Vorstandsmitglieder hierüber informieren. Alle Geschäfte zwischen der Gesellschaft oder einem von ihr abhängigen Unternehmen einerseits und den Vorstandsmitgliedern oder ihnen nahe stehenden Personen andererseits haben branchenüblichen Standards zu entsprechen.[49] Derartige Geschäfte bedürfen, soweit nicht ohnehin die Mitwirkung des Aufsichtsrats nach § 112 AktG erforderlich ist, der Zustimmung des Aufsichtsrats, sofern der Wert im Einzelfall ..... Euro übersteigt.

(4) Sollte ein Vorstandsmitglied und/oder sein Ehepartner, eingetragener Lebenspartner und/oder seine Kinder allein oder zusammen rechtlich oder wirtschaftlich eine Beteilung in Höhe von mehr als 5 % am Kapital eines Unternehmens halten, das Geschäftsbeziehungen zur *Alpha*-AG oder zu einer ihrer Konzerngesellschaften unterhält, so wird dieses Vorstandsmitglied unverzüglich den Aufsichtsratsvorsitzenden der *Alpha*-AG hierüber informieren. Die Revision wird einmal pro Jahr diese Geschäftsbeziehungen prüfen und dem Aufsichtsratsvorsitzenden über diese Prüfung berichten.

(5) Alle Geschäfte von Vorstandsmitgliedern in Aktien der *Alpha*-AG oder hierauf bezogenen Derivaten sind unverzüglich der Bundesanstalt für Finanzdienstleistungsaufsicht und der *Alpha*-AG gemäß § 15a WpHG ohne die dort vorgesehene Bagatellgrenze zu melden.[50]

§ 9 Inkrafttreten der Geschäftsordnung

Diese Geschäftsordnung ist durch einstimmigen Beschluss des Aufsichtsrats in der Sitzung vom ..... beschlossen worden und tritt mit Wirkung vom selben Tage in Kraft.

---

48 Alternativ können die Regelungen bei Interessenkonflikten und der Zustimmungsvorbehalt des Aufsichtsrats für Geschäfte zwischen dem Vorstandsmitglied oder ihm nahe stehende Personen und der Gesellschaft im Anstellungsvertrag geregelt werden.
49 Sonderkonditionen im Rahmen von Mitarbeiterprogrammen sind hiervon in der Regel ausgenommen.
50 Zur anstellungsvertraglichen Regelung der Meldepflicht gegenüber der Gesellschaft siehe Muster B.I. § 1 Abs. 9.

Anlage:

Geschäftsverteilungsplan für den Vorstand

Der Vorstand hat durch einstimmigen Beschluss vom ….., den der Aufsichtsrat in seiner Sitzung vom ….. genehmigt hat, ohne Einschränkung
- der Rechte und Pflichten der Vorstandsmitglieder aus Gesetz, Satzung und Geschäftsordnung für den Vorstand,
- der Gesamtverantwortung jedes Vorstandsmitglieds für die Gesellschaft, und
- der Verpflichtung der Vorstandsmitglieder zur Zusammenarbeit und gegenseitigen Unterrichtung und Überwachung

die Geschäftsbereiche der Vorstandsmitglieder durch folgende Geschäftsverteilung festgelegt:

§ 1 Geschäftsbereiche[51]

Herr Prof. Dr. ……….. (vertritt Herrn ………..)
1. Vorsitzender des Vorstands
1.1 Richtlinien der Geschäftspolitik
1.2 Strategische Planung
1.3 Belange des Aufsichtsrats und seiner Ausschüsse
2. Marketing, Public- & Investor-Relations
2.1 Marketingplanung
2.2 Unternehmenskommunikation
3. Vertrieb im Ausland
3.1 Akquisition
3.2 Kundenbetreuung
4. Neue Geschäftsfelder

Frau Dr. ……….. (vertritt Herrn ………..)
1. Forschung und Entwicklung
1.1 Produktentwicklung
1.2 Qualitätsmanagement
1.3 Technologie
1.4 Technischer Support
2. Pilotprojekte im In- und Ausland

Herr ……….. (vertritt Frau Dr. ………..)
1. Produktion
1.1 Fertigungsprogramm
1.2 Koordination der Fertigungsstätten
1.3 Investitionen und Instandhaltung
1.4 Service und Wartung

---

51 Der Geschäftsverteilungsplan kann aus einer einfachen tabellarischen Übersicht oder aber aus einer genauen Aufgabenbeschreibung für die einzelnen Ressorts/Sparten bestehen.

2. Einkauf
2.1 Beschaffung
2.2 Materialverwaltung und Lager
3. Vertrieb im Inland
3.1 Akquisition
3.2 Kundenbetreuung

Herr .... (vertritt Prof. Dr. ....)
1. Finanzen
1.1 Finanz- und Rechnungswesen
1.2 Unternehmensplanung und Controlling
1.3 Steuern und Versicherungen
2. Personalmanagement
2.1 Personalplanung
2.2 Personalrekrutierung
2.3 Personalverwaltung
2.4 Personalentwicklung
3. Recht
4. Interne Organisation

§ 2 Sonstige Aufgaben

Der Gesamtvorstand beschließt durch einstimmigen Beschluss über die Verteilung solcher Aufgaben, die nach der Geschäftsordnung für den Vorstand und nach diesem Geschäftsverteilungsplan nicht dem Geschäftsbereich eines bestimmten Vorstandsmitglieds zugewiesen sind und die nach dem Gesetz und/oder der Geschäftsordnung für den Vorstand nicht der Zuständigkeit des Gesamtvorstands obliegen.

Anhang

E. Muster zur Geschäftsordnung für den Präsidialausschuss des Aufsichtsrats

Der Aufsichtsrat der *Alpha*-AG hat gemäß § ... der Geschäftsordnung des Aufsichtsrats vom ..... in seiner Sitzung am .... folgende Geschäftsordnung für den Präsidialausschuss beschlossen:

§ 1 Zusammensetzung und Leitung

(1) Der Präsidialausschuss besteht aus dem Aufsichtsratsvorsitzenden, dem stellvertretenden Aufsichtsratsvorsitzenden und je einem weiteren vom Gesamtaufsichtsrat aus seiner Mitte zu wählenden Aufsichtsratsmitglied der Anteilseigner und der Arbeitnehmer.

(2) Der Präsidialausschuss wird vom Aufsichtsratsvorsitzenden oder bei dessen Verhinderung von seinem Stellvertreter geleitet.

§ 2 Aufgaben

(1) Der Präsidialausschuss hat die in der Geschäftsordnung des Aufsichtsrats und in dieser Geschäftsordnung festgelegten Aufgaben. Dabei handelt es sich um folgende Angelegenheiten:
1. Vorbereitung der Sitzungen des Aufsichtsrats und Erledigung laufender Angelegenheiten zwischen den Sitzungen des Aufsichtsrats;
2. Vorbereitung von Entscheidungen des Aufsichtsrats über die Bestellung und Abberufung von Mitgliedern des Vorstands einschließlich der langfristigen Nachfolgeplanung im Vorstand;
3. Abschluss, Änderung und Beendigung von Anstellungsverträgen und Pensionsvereinbarungen mit dem Vorstand unter Beachtung der alleinigen Entscheidungszuständigkeit des Aufsichtsrats zu den Bezügen der Vorstandsmitglieder;
4. Vornahme sonstiger Rechtsgeschäfte gegenüber aktiven und ehemaligen Vorstandsmitgliedern nach § 112 AktG;
5. Zustimmung zu Nebentätigkeiten eines Vorstandsmitglieds einschließlich der Übernahme von Mandaten bei anderen Unternehmen;
6. Vorbereitung des Vorschlags des Aufsichtsrats für die Wahl der Aufsichtsratsmitglieder der Anteilseigner;
7. Vorbereitung von Entscheidungen des Aufsichtsrats auf dem Gebiet der Corporate Governance, Entscheidungen anstelle des Aufsichtsrats über eine Anpassung der jährlichen Entsprechenserklärung (§ 161 AktG) an geänderte tatsächliche Verhältnisse sowie Prüfung der Einhaltung der Entsprechenserklärung.

(2) Der Präsidialausschuss kann zur Erfüllung seiner Aufgaben nach pflichtgemäßem Ermessen Wirtschaftsprüfer, Rechts- und sonstige externe und interne Berater hinzuziehen. Die Kosten trägt die Gesellschaft.

§ 3 Sitzungen

(1) Die Sitzungen des Präsidialausschusses werden vom Aufsichtsratsvorsitzenden, im Falle seiner Verhinderung von seinem Stellvertreter, unter Einhaltung einer Frist von mindestens zwei Wochen einberufen.

(2) Für die Einberufung und Protokollierung der Sitzungen des Präsidialausschusses, die Art der Beschlussfassung und die Berichterstattung gegenüber dem Aufsichtsrat gelten die Bestimmungen der Geschäftsordnung des Aufsichtsrats.

(3) Der Aufsichtsratsvorsitzende hat bei Abstimmungen im Fall der Stimmengleichheit bei einer erneuten Abstimmung, wenn auch diese Stimmengleichheit ergibt, zwei Stimmen.

§ 4 Teilnahme an Sitzungen

(1) An den Sitzungen des Präsidialausschusses nimmt der Vorsitzende des Vorstands teil, sofern nicht der Aufsichtsratsvorsitzende im Einzelfall etwas anderes bestimmt.

(2) Der Aufsichtsratsvorsitzende kann weitere Personen zur Teilnahme an den Sitzungen zulassen.

§ 5 Erklärungen

Soweit zur Durchführung von Beschlüssen des Präsidialausschusses Erklärungen abzugeben oder entgegenzunehmen sind, handelt der Aufsichtsratsvorsitzende oder bei dessen Verhinderung sein Stellvertreter für den Präsidialausschuss.

§ 6 Effizienzprüfung

Der Präsidialausschuss wird die Effizienz seiner Tätigkeit regelmäßig überprüfen.

Anhang

F. Checkliste zu den Anforderungen des Deutschen Corporate Governance Kodex

Der Deutsche Corporate Governance Kodex enthält einerseits *Empfehlungen*, die auf eine Verbesserung der Unternehmensführung börsennotierter Gesellschaften gerichtet sind. Diese Empfehlungen sind in dem Kodex durch die Verwendung des Wortes „soll" gekennzeichnet. Die Gesellschaften können von diesen Empfehlungen abweichen, sind dann aber verpflichtet, dies jährlich offenzulegen und die Abweichungen zu begründen (*comply or explain*). Darüber hinaus enthält der Kodex *Anregungen*, d.h. Vorschläge zur Unternehmensführung, von denen ohne Offenlegung abgewichen werden kann. Für solche Anregungen verwendet der Kodex den Begriff „sollte".

I. Empfehlungen des Deutschen Corporate Governance Kodex[52]

1. Empfehlungen an den Vorstand

Nr.	Empfehlung	Beachtet	Abgewichen	Erläutert
	Aktionäre und Hauptversammlung			
1.	Der Vorstand soll für die Bestellung eines Vertreters für die weisungsgebundene Ausübung des Stimmrechts der Aktionäre – *in der Hauptversammlung* – sorgen (Ziffer 2.3.2 Satz 2, 1. Halbsatz DCGK).			
	Zusammenwirken von Vorstand und Aufsichtsrat			
2.	Über die Corporate Governance sollen Vorstand und Aufsichtsrat jährlich berichten (Corporate Governance Bericht) und diesen Bericht im Zusammenhang mit der Erklärung zur Unternehmensführung – *gemäß § 289 a HGB* – veröffentlichen (Ziffer 3.10 Satz 1 DCGK).			
	Vorstand			
3.	Der Vorstand soll bei der Besetzung von Führungsfunktionen im Unternehmen auf Vielfalt (Diversity) achten und dabei insbesondere eine angemessene Berücksichtigung von Frauen anstreben (Ziffer 4.1.5 DCGK).			
4.	Der Vorstand soll aus mehreren Personen bestehen und einen Vorsitzenden oder Sprecher haben (Ziffer 4.2.1 Satz 1 DCGK).			

---

[52] Kursiv geschriebene Einschübe in der nachfolgenden Tabelle sind nicht Bestandteil des Deutschen Corporate Governance Kodex, sondern dienen nur dem Verständnis.

F. Checkliste zu den Anforderungen des Deutschen Corporate Governance Kodex

Nr.	Empfehlung	Beachtet	Abge-wichen	Erläutert
5.	Eine Geschäftsordnung soll die Arbeit des Vorstands, insbesondere die Ressortzuständigkeiten einzelner Vorstandsmitglieder, die dem Gesamtvorstand vorbehaltenen Angelegenheiten sowie die erforderliche Beschlussmehrheit bei Vorstandsbeschlüssen (Einstimmigkeit oder Mehrheitsbeschluss) regeln (Ziffer 4.2.1 Satz 2 DCGK).			
6.	Jedes Vorstandsmitglied soll Interessenkonflikte dem Aufsichtsrat gegenüber unverzüglich offenlegen und die anderen Vorstandsmitglieder hierüber informieren (Ziffer 4.3.4 Satz 1 DCGK).			
7.	Vorstandsmitglieder sollen Nebentätigkeiten, insbesondere Aufsichtsratsmandate außerhalb des Unternehmens, nur mit Zustimmung des Aufsichtsrats übernehmen (Ziffer 4.3.5 DCGK).			
8.	Der Aufsichtsrat bestellt und entlässt die Mitglieder des Vorstands. Er soll gemeinsam mit dem Vorstand für eine langfristige Nachfolgeplanung sorgen (Ziffer 5.1.2 Absatz 1 Satz 1 und 3 DCGK).			
Aufsichtsrat				
9.	Vorstandsmitglieder dürfen vor Ablauf von zwei Jahren nach dem Ende ihrer Bestellung nicht Mitglied des Aufsichtsrats der Gesellschaft werden, es sei denn, ihre Wahl erfolgt auf Vorschlag von Aktionären, die mehr als 25 % der Stimmrechte an der Gesellschaft halten. In letzterem Fall soll der Wechsel in den Aufsichtsratsvorsitz eine der Hauptversammlung zu begründende Ausnahme sein (Ziffer 5.4.4 DCGK).			
10.	Wer dem Vorstand einer börsennotierten Gesellschaft angehört, soll insgesamt nicht mehr als drei Aufsichtsratsmandate in konzernexternen börsennotierten Gesellschaften oder in Aufsichtsgremien von konzernexternen Gesellschaften wahrnehmen, die vergleichbare Anforderungen stellen (Ziffer 5.4.5 Absatz 1 Satz 2 DCGK).			

2. Empfehlungen an den Aufsichtsrat

Nr.	Empfehlung	Beachtet	Abge-wichen	Erläutert
Zusammenwirken von Vorstand und Aufsichtsrat				
11.	Der Aufsichtsrat soll die Informations- und Berichtspflichten des Vorstands – *die diesem im Zusammenhang mit der Information des Aufsichtsrats obliegen* – näher festlegen (Ziffer 3.4 Absatz 3 Satz 1 DCGK).			

Anhang

Nr.	Empfehlung	Beachtet	Abgewichen	Erläutert
12.	Der Aufsichtsrat soll bei Bedarf ohne den Vorstand tagen (Ziffer 3.6 Absatz 2 DCGK).			
13.	Über die Corporate Governance sollen Vorstand und Aufsichtsrat jährlich berichten (Corporate Governance Bericht) und diesen Bericht im Zusammenhang mit der Erklärung zur Unternehmensführung – gemäß § 289 a HGB – veröffentlichen (Ziffer 3.10 Satz 1 DCGK).			
14.	Der Aufsichtsratsvorsitzende soll zwischen den Sitzungen mit dem Vorstand, insbesondere mit dem Vorsitzenden bzw. Sprecher des Vorstands, regelmäßig Kontakt halten und mit ihm Fragen der Strategie, der Planung, der Geschäftsentwicklung, der Risikolage, des Risikomanagements und der Compliance des Unternehmens beraten (Ziffer 5.2 Absatz 3 Satz 1 DCGK).			
15.	Der Aufsichtsratsvorsitzende wird über wichtige Ereignisse, die für die Beurteilung der Lage und Entwicklung sowie für die Leitung des Unternehmens von wesentlicher Bedeutung sind, unverzüglich durch den Vorsitzenden bzw. Sprecher des Vorstands informiert. Der Aufsichtsratsvorsitzende soll sodann den Aufsichtsrat unterrichten und erforderlichenfalls eine außerordentliche Aufsichtsratssitzung einberufen (Ziffer 5.2 Absatz 3 Satz 2 und 3 DCGK).			
Vorstand				
16.	Der Vorstand soll aus mehreren Personen bestehen und einen Vorsitzenden oder Sprecher haben (Ziffer 4.2.1 Satz 1 DCGK).			
17.	Eine Geschäftsordnung soll die Arbeit des Vorstands, insbesondere die Ressortzuständigkeiten einzelner Vorstandsmitglieder, die dem Gesamtvorstand vorbehaltenen Angelegenheiten sowie die erforderliche Beschlussmehrheit bei Vorstandsbeschlüssen (Einstimmigkeit oder Mehrheitsbeschluss) regeln (Ziffer 4.2.1 Satz 2 DCGK).			
18.	Das Aufsichtsratsplenum setzt die jeweilige Gesamtvergütung der einzelnen Vorstandsmitglieder fest. Besteht ein Ausschuss, der die Vorstandsverträge behandelt, unterbreitet er dem Aufsichtsratsplenum seine Vorschläge. (Ziffer 4.2.2 Absatz 1 Satz 1 und 2 DCGK).			
19.	Soweit vom Aufsichtsrat zur Beurteilung der Angemessenheit der Vergütung ein externer Vergütungsexperte hinzugezogen wird, soll auf dessen Unabhängigkeit vom Vorstand bzw. vom Unternehmen geachtet werden (Ziffer 4.2.2 Absatz 3 DCGK).			

F. Checkliste zu den Anforderungen des Deutschen Corporate Governance Kodex

Nr.	Empfehlung	Beachtet	Abge-wichen	Erläutert
20.	Die monetären Vergütungsteile – *der auf eine nachhaltige Unternehmensentwicklung auszurichtenden Struktur der Vorstandsvergütung* – sollen fixe und variable Bestandteile umfassen (Ziffer 4.2.3 Absatz 2 Satz 2 DCGK).			
21.	Sowohl positiven als auch negativen Entwicklungen soll bei der Ausgestaltung der variablen Vergütungsteile Rechnung getragen werden (Ziffer 4.2.3 Absatz 2 Satz 4 DCGK).			
22.	Die Vergütung soll insgesamt und hinsichtlich ihrer variablen Vergütungsteile betragsmäßige Höchstgrenzen aufweisen. Die variablen Vergütungsteile sollen auf anspruchsvolle, relevante Vergleichsparameter bezogen sein (Ziffer 4.2.3 Absatz 3 Satz 1 und 2 DCGK).			
23.	Eine nachträgliche Änderung der Erfolgsziele oder der Vergleichsparameter soll – *bei der variablen Vorstandsvergütung* – ausgeschlossen sein (Ziffer 4.2.3 Absatz 3 Satz 3 DCGK).			
24.	Bei Versorgungszusagen soll der Aufsichtsrat das jeweils angestrebte Versorgungsniveau – auch nach der Dauer der Vorstandszugehörigkeit – festlegen und den daraus abgeleiteten jährlichen sowie den langfristigen Aufwand für das Unternehmen berücksichtigen (Ziffer 4.2.3 Absatz 3 Satz 4 DCGK).			
25.	Bei Abschluss von Vorstandsverträgen soll darauf geachtet werden, dass Zahlungen an ein Vorstandsmitglied bei vorzeitiger Beendigung der Vorstandstätigkeit einschließlich Nebenleistungen den Wert von zwei Jahresvergütungen nicht überschreiten (Abfindungs-Cap) und nicht mehr als die Restlaufzeit des Anstellungsvertrages vergüten (Ziffer 4.2.3 Absatz 4 Satz 1 DCGK).			
26.	Für die Berechnung des Abfindungs-Caps soll auf die Gesamtvergütung des abgelaufenen Geschäftsjahres und gegebenenfalls auch auf die voraussichtliche Gesamtvergütung für das laufende Geschäftsjahr abgestellt werden (Ziffer 4.2.3 Absatz 4 Satz 3 DCGK).			
27.	Eine Zusage für Leistungen aus Anlass der vorzeitigen Beendigung der Vorstandstätigkeit infolge eines Kontrollwechsels (Change of Control) soll 150 % des Abfindungs-Caps nicht übersteigen (Ziffer 4.2.3 Absatz 5 DCGK).			

Anhang

Nr.	Empfehlung	Beachtet	Abge-wichen	Erläutert
28.	Der Vorsitzende des Aufsichtsrats soll die Hauptversammlung einmalig über die Grundzüge des Vergütungssystems – für den Vorstand* – und sodann über deren Veränderung informieren (Ziffer 4.2.3 Absatz 6 DCGK).			
29.	Die Offenlegung – der gemäß Ziffer 4.2.4 DCGK nach fixen und variablen Vergütungsteilen aufgeteilten Gesamtvergütung eines jeden Vorstandmitglieds unter Namensnennung sowie von Zusagen auf Leistungen, die einem Vorstandsmitglied für den Fall der vorzeitigen oder regulären Beendigung der Tätigkeit als Vorstandsmitglied gewährt oder die während des Geschäftsjahres geändert worden sind – erfolgt – sofern die Hauptversammlung nicht die Nichtoffenlegung der individualisierten Vorstandsvergütung beschlossen hat – im Anhang oder im Lagebericht. In einem Vergütungsbericht als Teil des Lageberichtes werden die Grundzüge des Vergütungssystems für die Vorstandsmitglieder dargestellt. Die Darstellung soll in allgemein verständlicher Form erfolgen (Ziffer 4.2.5 Absatz 1 DCGK).			
30.	Der Vergütungsbericht soll auch Angaben zur Art der von der Gesellschaft erbrachten Nebenleistungen enthalten. Ferner sollen im Vergütungsbericht für die Geschäftsjahre, die nach dem 31.12.2013 beginnen, für jedes Vorstandsmitglied dargestellt werden: – die für das Berichtsjahr gewährten Zuwendungen einschließlich der Nebenleistungen, bei variablen Vergütungsteilen ergänzt um die erreichbare Maximal- und Minimalvergütung, – der Zufluss im bzw. für das Berichtsjahr aus Fixvergütung, kurzfristiger variabler Vergütung und langfristiger variabler Vergütung mit Differenzierung nach den jeweiligen Bezugsjahren, – bei der Altersversorgung und sonstigen Versorgungsleistungen der Versorgungsaufwand im bzw. für das Berichtsjahr. Für diese Information sollen die als Anlage beigefügten Mustertabellen verwandt werden (Ziffer 4.2.5 Absatz 2 und 3 DCGK).			
31.	Wesentliche Geschäfte – zwischen dem Unternehmen einerseits und den Vorstandsmitgliedern sowie ihnen nahe stehenden Personen oder ihnen persönlich nahe stehenden Unternehmen andererseits – sollen der Zustimmung des Aufsichtsrats bedürfen (Ziffer 4.3.4 Satz 3 DCGK).			

F. Checkliste zu den Anforderungen des Deutschen Corporate Governance Kodex

Nr.	Empfehlung	Beachtet	Abge-wichen	Erläutert
32.	Der Aufsichtsrat bestellt und entlässt die Mitglieder des Vorstands. Bei der Zusammensetzung des Vorstands soll der Aufsichtsrat auch auf Vielfalt (Diversity) achten und dabei insbesondere eine angemessene Berücksichtigung von Frauen anstreben (Ziffer 5.1.2 Absatz 1 Satz 1 und 2 DCGK).			
33.	Der Aufsichtsrat – soll gemeinsam mit dem Vorstand für eine langfristige Nachfolgeplanung – *für den Vorstand* – sorgen (Ziffer 5.1.2 Absatz 1 Satz 3 DCGK).			
34.	Eine Wiederbestellung – *eines Vorstandsmitglieds* – vor Ablauf eines Jahres vor dem Ende der Bestelldauer bei gleichzeitiger Aufhebung der laufenden Bestellung soll nur bei Vorliegen besonderer Umstände erfolgen (Ziffer 5.1.2 Absatz 2 Satz 2 DCGK).			
35.	Eine Altersgrenze für Vorstandsmitglieder soll festgelegt werden (Ziffer 5.1.2 Absatz 2 Satz 3 DCGK).			
Aufsichtsrat				
36.	Der Aufsichtsrat soll sich eine Geschäftsordnung geben (Ziffer 5.1.3 DCGK).			
37.	Den Vorsitz im Prüfungsausschuss (Audit Committee) soll – *der Aufsichtsratsvorsitzende* – nicht innehaben (Ziffer 5.2 Absatz 2 DCGK).			
38.	Der Aufsichtsrat soll abhängig von den spezifischen Gegebenheiten des Unternehmens und der Anzahl seiner Mitglieder fachlich qualifizierte Ausschüsse bilden (Ziffer 5.3.1 Satz 1 DCGK).			
39.	Der Aufsichtsrat soll einen Prüfungsausschuss (Audit Committee) einrichten, der sich insbesondere mit der Überwachung des Rechnungslegungsprozesses, der Wirksamkeit des internen Kontrollsystems des Risikomanagementssystems und des internen Revisionssystems, der Abschlussprüfung, hier insbesondere der Unabhängigkeit des Abschlussprüfers, der vom Abschlussprüfer zusätzlich erbrachten Leistungen, der Erteilung des Prüfungsauftrags an den Abschlussprüfer, der Bestimmung von Prüfungsschwerpunkten und der Honorarvereinbarung sowie – falls kein anderer Ausschuss damit betraut ist – der Compliance befasst (Ziffer 5.3.2 Satz 1 DCGK).			
40.	Der Vorsitzende des Prüfungsausschusses soll über besondere Kenntnisse und Erfahrungen in der Anwendung von Rechnungslegungsgrundsätzen und internen Kontrollverfahren verfügen (Ziffer 5.3.2 Satz 2 DCGK).			

Anhang

Nr.	Empfehlung	Beachtet	Abge-wichen	Erläutert
41.	– Der Vorsitzende des Prüfungsausschusses – soll unabhängig und kein ehemaliges Vorstandsmitglied der Gesellschaft sein, dessen Bestellung vor weniger als zwei Jahren endete (Ziff. 5.3.2 Satz 3 DCGK).			
42.	Der Aufsichtsrat soll einen Nominierungsausschuss bilden, der ausschließlich mit Vertretern der Anteilseigner besetzt ist und dem Aufsichtsrat für dessen Wahlvorschläge an die Hauptversammlung geeignete Kandidaten vorschlägt (Ziffer 5.3.3 DCGK).			
43.	Der Aufsichtsrat soll für seine Zusammensetzung konkrete Ziele benennen, die unter Beachtung der unternehmensspezifischen Situation die internationale Tätigkeit des Unternehmens, potentielle Interessenkonflikte, die Anzahl der unabhängigen Aufsichtsratsmitglieder im Sinn von Nummer 5.4.2, eine festzulegende Altersgrenze für Aufsichtsratsmitglieder und Vielfalt (Diversity) berücksichtigen (Ziffer 5.4.1 Absatz 2 Satz 1 DCGK).			
44.	Diese konkreten – vom Aufsichtsrat gemäß Ziffer 5.4.1 Absatz 2 Satz 1 DCGK zu benennenden – Ziele sollen insbesondere eine angemessene Beteiligung von Frauen vorsehen (Ziffer 5.4.1 Absatz 2 Satz 2 DCGK).			
45.	Vorschläge des Aufsichtsrats an die zuständigen Wahlgremien sollen diese – vom Aufsichtsrat gemäß Ziffer 5.4.1 Absatz 2 Satz 1 DCGK zu benennenden – Ziele berücksichtigen (Ziffer 5.4.1 Absatz 3 Satz 1 DCGK).			
46.	Die – gemäß Ziffer 5.4.1 Absatz 2 Satz 1 DCGK vorgenommene – Zielsetzung des Aufsichtsrats und der Stand der Umsetzung sollen im Corporate Governance Bericht veröffentlicht werden (Ziffer 5.4.1 Absatz 3 Satz 2 DCGK).			
47.	Der Aufsichtsrat soll bei seinen Wahlvorschlägen an die Hauptversammlung die persönlichen und die geschäftlichen Beziehungen eines jeden Kandidaten zum Unternehmen, den Organen der Gesellschaft und einem wesentlich an der Gesellschaft beteiligten Aktionär offenlegen. Die Empfehlung zur Offenlegung beschränkt sich auf solche Umstände, die nach der Einschätzung des Aufsichtsrats ein objektiv urteilender Aktionär für seine Wahlentscheidung als maßgebend ansehen würde. Wesentlich beteiligt im Sinn dieser Empfehlung sind Aktionäre, die direkt oder indirekt mehr als 10 % der stimmberechtigten Aktien der Gesellschaft halten (Ziffer 5.4.1 Absatz 4 bis 6 DCGK).			

F. Checkliste zu den Anforderungen des Deutschen Corporate Governance Kodex

Nr.	Empfehlung	Beachtet	Abge-wichen	Erläutert
48.	Dem Aufsichtsrat soll eine nach seiner Einschätzung angemessene Anzahl unabhängiger Mitglieder angehören. Ein Aufsichtsratsmitglied ist im Sinn dieser Empfehlung insbesondere dann nicht als unabhängig anzusehen, wenn es in einer persönlichen oder einer geschäftlichen Beziehung zu der Gesellschaft, deren Organen, einem kontrollierenden Aktionär oder einem mit diesem verbundenen Unternehmen steht, die einen wesentlichen und nicht nur vorübergehenden Interessenkonflikt begründen kann (Ziffer 5.4.2 Satz 1 und 2 DCGK).			
49.	Dem Aufsichtsrat sollen nicht mehr als zwei ehemalige Mitglieder des Vorstands angehören (Ziffer 5.4.2 Satz 3 DCGK).			
50.	Aufsichtsratsmitglieder sollen keine Organfunktion oder Beratungsaufgaben bei wesentlichen Wettbewerbern des Unternehmens ausüben (Ziffer 5.4.2 Satz 4 DCGK).			
51.	Wahlen zum Aufsichtsrat sollen als Einzelwahl durchgeführt werden (Ziffer 5.4.3 Satz 1 DCGK).			
52.	Ein Antrag auf gerichtliche Bestellung eines Aufsichtsratsmitglieds soll bis zur nächsten Hauptversammlung befristet sein (Ziffer 5.4.3 Satz 2 DCGK).			
53.	Kandidatenvorschläge für den Aufsichtsratsvorsitz sollen den Aktionären bekannt gegeben werden (Ziffer 5.4.3 Satz 3 DCGK).			
54.	Vorstandsmitglieder dürfen vor Ablauf von zwei Jahren nach dem Ende ihrer Bestellung nicht Mitglied des Aufsichtsrats der Gesellschaft werden, es sei denn, ihre Wahl erfolgt auf Vorschlag von Aktionären, die mehr als 25 % der Stimmrechte an der Gesellschaft halten. In letzterem Fall soll der Wechsel in den Aufsichtsratsvorsitz eine der Hauptversammlung zu begründende Ausnahme sein (Ziffer 5.4.4 DCGK).			
55.	Wer dem Vorstand einer börsennotierten Gesellschaft angehört, soll insgesamt nicht mehr als drei Aufsichtsratsmandate in konzernexternen börsennotierten Gesellschaften oder in Aufsichtsgremien von konzernexternen Gesellschaften wahrnehmen, die vergleichbare Anforderungen stellen (Ziffer 5.4.5 Absatz 1 Satz 2 DCGK).			
56.	Falls ein Mitglied des Aufsichtsrats in einem Geschäftsjahr an weniger als der Hälfte der Sitzungen des Aufsichtsrats teilgenommen hat, soll dies im Bericht des Aufsichtsrats vermerkt werden (Ziffer 5.4.7 DCGK).			

Anhang

Nr.	Empfehlung	Beachtet	Abge-wichen	Erläutert
57.	Jedes Aufsichtsratsmitglied soll Interessenkonflikte, insbesondere solche, die auf Grund einer Beratung oder Organfunktion bei Kunden, Lieferanten, Kreditgebern oder sonstigen Dritten entstehen können, dem Aufsichtsrat gegenüber offenlegen (Ziffer 5.5.2 DCGK).			
58.	Der Aufsichtsrat soll in seinem Bericht an die Hauptversammlung über aufgetretene Interessenkonflikte und deren Behandlung informieren (Ziffer 5.5.3 Satz 1 DCGK).			
59.	Wesentliche und nicht nur vorübergehende Interessenkonflikte in der Person eines Aufsichtsratsmitglieds sollen zur Beendigung des Mandats führen (Ziffer 5.5.3 Satz 2 DCGK).			
60.	Der Aufsichtsrat soll regelmäßig die Effizienz seiner Tätigkeit überprüfen (Ziffer 5.6 DCGK).			
Rechnungslegung und Abschlussprüfung				
61.	Halbjahres- und etwaige Quartalsfinanzberichte sollen vom Aufsichtsrat oder seinem Prüfungsausschuss vor der Veröffentlichung mit dem Vorstand erörtert werden (Ziffer 7.1.2 Satz 2 DCGK).			
62.	Vor Unterbreitung des Wahlvorschlags – *für einen Abschlussprüfer* – soll der Aufsichtsrat bzw. der Prüfungsausschuss eine Erklärung des vorgesehenen Prüfers einholen, ob und gegebenenfalls welche geschäftlichen, finanziellen, persönlichen oder sonstigen Beziehungen zwischen dem Prüfer und seinen Organen und Prüfungsleitern einerseits und dem Unternehmen und seinen Organmitgliedern andererseits bestehen, die Zweifel an seiner Unabhängigkeit begründen können (Ziffer 7.2.1 Absatz 1 Satz 1 DCGK).			
63.	Die Erklärung – *des vorgesehenen Abschlussprüfers* nach Ziffer 7.2.1 Absatz 1 Satz 1 DCGK – soll sich auch darauf erstrecken, in welchem Umfang im vorausgegangenen Geschäftsjahr andere Leistungen für das Unternehmen, insbesondere auf dem Beratungssektor, erbracht wurden bzw. für das folgende Jahr vertraglich vereinbart sind (Ziffer 7.2.1 Absatz 1 Satz 2 DCGK).			
64.	Der Aufsichtsrat soll mit dem Abschlussprüfer vereinbaren, dass der Vorsitzende des Aufsichtsrats bzw. des Prüfungsausschusses über während der Prüfung auftretende mögliche Ausschluss- oder Befangenheitsgründe unverzüglich unterrichtet wird, soweit diese nicht unverzüglich beseitigt werden (Ziffer 7.2.1 Absatz 2 DCGK).			

F. Checkliste zu den Anforderungen des Deutschen Corporate Governance Kodex

Nr.	Empfehlung	Beachtet	Abge-wichen	Erläutert
65.	Der Aufsichtsrat soll vereinbaren, dass der Abschlussprüfer über alle für die Aufgaben des Aufsichtsrats wesentlichen Feststellungen und Vorkommnisse unverzüglich berichtet, die sich bei der Durchführung der Abschlussprüfung ergeben (Ziffer 7.2.3 Absatz 1 DCGK).			
66.	Der Aufsichtsrat soll vereinbaren, dass der Abschlussprüfer ihn informiert bzw. im Prüfungsbericht vermerkt, wenn er bei Durchführung der Abschlussprüfung Tatsachen feststellt, die eine Unrichtigkeit der von Vorstand und Aufsichtsrat abgegebenen Erklärung zum Kodex ergeben (Ziffer 7.2.3 Absatz 2 DCGK).			

3. Empfehlungen an die Gesellschaft

Nr.	Empfehlung	Beachtet	Abge-wichen	Erläutert
	Aktionäre und Hauptversammlung			
67.	Die Gesellschaft soll den Aktionären die persönliche Wahrnehmung ihrer Rechte und die Stimmrechtsvertretung – *in der Hauptversammlung* – erleichtern (Ziffer 2.3.2 Satz 1 DCGK).			
68.	Die Vergütung der Aufsichtsratsmitglieder wird durch Beschluss der Hauptversammlung oder in der Satzung festgelegt. Dabei sollen der Vorsitz und der stellvertretende Vorsitz im Aufsichtsrat sowie der Vorsitz und die Mitgliedschaft in den Ausschüssen berücksichtigt werden (Ziffer 5.4.6 Absatz 1 DCGK).			
69.	Wird den Aufsichtsratsmitgliedern eine erfolgsorientierte Vergütung zugesagt, soll sie auf eine nachhaltige Unternehmensentwicklung ausgerichtet sein (Ziffer 5.4.6 Absatz 2 Satz 2 DCGK).			
	Aufsichtsrat			
70.	In einer D & O-Versicherung für den Aufsichtsrat soll ein entsprechender Selbstbehalt – *d. h. von mindestens 10 % des Schadens bis mindestens zur Höhe des Eineinhalbfachen der festen jährlichen Vergütung des Aufsichtsratsmitglieds* – vereinbart werden (Ziffer 3.8 Absatz 3 DCGK).			
71.	Die Mitglieder des Aufsichtsrats nehmen die für ihre Aufgaben erforderlichen Aus- und Fortbildungsmaßnahmen eigenverantwortlich wahr. Dabei sollen sie von der Gesellschaft angemessen unterstützt werden (Ziffer 5.4.5 Absatz 2 DCGK).			

Anhang

Nr.	Empfehlung	Beachtet	Abge-wichen	Erläutert
	Transparenz			
72.	Die Gesellschaft soll nicht mehr aktuelle Entsprechenserklärungen zum Kodex fünf Jahre lang auf ihrer Internetseite zugänglich halten (Ziffer 3.10 Satz 3 DCGK).			
73.	Die Offenlegung – *der gemäß Ziffer 4.2.4 DCGK nach fixen und variablen Vergütungsteilen aufgeteilten Gesamtvergütung eines jeden Vorstandsmitglieds unter Namensnennung sowie von Zusagen auf Leistungen, die einem Vorstandsmitglied für den Fall der vorzeitigen oder regulären Beendigung der Tätigkeit als Vorstandsmitglied gewährt oder die während des Geschäftsjahres geändert worden sind* – erfolgt – *sofern die Hauptversammlung nicht die Nichtoffenlegung der individualisierten Vorstandsvergütung beschlossen hat* – im Anhang oder im Lagebericht. In einem Vergütungsbericht als Teil des Lageberichtes werden die Grundzüge des Vergütungssystems für die Vorstandsmitglieder dargestellt. Die Darstellung soll in allgemein verständlicher Form erfolgen (Ziffer 4.2.5 Absatz 1 DCGK).			
74.	Der Vergütungsbericht soll auch Angaben zur Art der von der Gesellschaft erbrachten Nebenleistungen enthalten. Ferner sollen im Vergütungsbericht für die Geschäftsjahre, die nach dem 31.12.2013 beginnen, für jedes Vorstandsmitglied dargestellt werden: – die für das Berichtsjahr gewährten Zuwendungen einschließlich der Nebenleistungen, bei variablen Vergütungsteilen ergänzt um die erreichbare Maximal- und Minimalvergütung, – der Zufluss im bzw. für das Berichtsjahr aus Fixvergütung, kurzfristiger variabler Vergütung und langfristiger variabler Vergütung mit Differenzierung nach den jeweiligen Bezugsjahren, – bei der Altersversorgung und sonstigen Versorgungsleistungen der Versorgungsaufwand im bzw. für das Berichtsjahr. Für diese Information sollen die als Anlage beigefügten Mustertabellen verwandt werden (Ziffer 4.2.5 Absatz 2 und 3 DCGK).			
75.	Die Vergütung der Aufsichtsratsmitglieder soll im Anhang oder im Lagebericht individualisiert, aufgegliedert nach Bestandteilen ausgewiesen werden (Ziffer 5.4.6 Absatz 3 Satz 1 DCGK).			

F. Checkliste zu den Anforderungen des Deutschen Corporate Governance Kodex

Nr.	Empfehlung	Beachtet	Abge-wichen	Erläutert
76.	Auch die vom Unternehmen an die Mitglieder des Aufsichtsrats gezahlten Vergütungen oder gewährten Vorteile für persönlich erbrachte Leistungen, insbesondere Beratungs- und Vermittlungsleistungen, sollen individualisiert angegeben werden (Ziffer 5.4.6 Absatz 3 Satz 2 DCGK).			
77.	Die Gesellschaft wird die Aktionäre bei Informationen gleich behandeln. Sie soll ihnen unverzüglich sämtliche neuen Tatsachen, die Finanzanalysten und vergleichbaren Adressaten mitgeteilt worden sind, zur Verfügung stellen (Ziffer 6.3 DCGK).			
78.	Informationen, die die Gesellschaft im Ausland aufgrund der jeweiligen kapitalmarktrechtlichen Vorschriften veröffentlicht, sollen auch im Inland unverzüglich bekannt gegeben werden (Ziffer 6.2 DCGK).			
79.	Über die gesetzliche Pflicht zur unverzüglichen Mitteilung und Veröffentlichung von Geschäften in Aktien der Gesellschaft hinaus soll der Besitz von Aktien der Gesellschaft oder sich darauf beziehender Finanzinstrumente von Vorstands- und Aufsichtsratsmitgliedern angegeben werden, wenn er direkt oder indirekt größer als 1 % der von der Gesellschaft ausgegebenen Aktien ist (Ziffer 6.3 Satz 1 DCGK).			
80.	Übersteigt der Gesamtbesitz aller Vorstands- und Aufsichtsratsmitglieder 1 % der von der Gesellschaft ausgegebenen Aktien, soll der Gesamtbesitz getrennt nach Vorstand und Aufsichtsrat angegeben werden (Ziffer 6.3 Satz 2 DCGK).			
81.	Im Rahmen der laufenden Öffentlichkeitsarbeit sollen die Termine der wesentlichen wiederkehrenden Veröffentlichungen (u. a. Geschäftsbericht, Zwischenfinanzberichte) und der Termin der Hauptversammlung in einem „Finanzkalender" mit ausreichendem Zeitvorlauf publiziert werden (Ziffer 6.4 DCGK).			
	Rechnungslegung und Abschlussprüfung			
82.	Der Konzernabschluss soll binnen 90 Tagen nach Geschäftsjahresende öffentlich zugänglich sein (Ziffer 7.1.2 Satz 4, 1. Halbsatz DCGK).			
83.	Die Zwischenberichte sollen binnen 45 Tagen nach Ende des Berichtszeitraums öffentlich zugänglich sein (Ziffer 7.1.2 Satz 4, 2. Halbsatz DCGK).			

Anhang

Nr.	Empfehlung	Beachtet	Abgewichen	Erläutert
84.	Der Corporate Governance Bericht soll konkrete Angaben über Aktienoptionsprogramme und ähnliche wertpapierorientierte Anreizsysteme der Gesellschaft enthalten, soweit diese Angaben nicht bereits im Jahresabschluss, Konzernabschluss oder Vergütungsbericht gemacht werden (Ziffer 7.1.3 DCGK).			
85.	Die Gesellschaft soll eine Liste von Drittunternehmen veröffentlichen, an denen sie eine Beteiligung von für das Unternehmen nicht untergeordneter Bedeutung hält. Handelsbestände von Kredit- und Finanzdienstleistungsinstituten, aus denen keine Stimmrechte ausgeübt werden, bleiben hierbei unberücksichtigt (Ziffer 7.1.4 Satz 1 und 2 DCGK).			
86.	In der Liste von Drittunternehmen, an denen die Gesellschaft eine Beteiligung hält – sollen angegeben werden: Name und Sitz der Gesellschaft, Höhe des Anteils, Höhe des Eigenkapitals und Ergebnis des letzten Geschäftsjahres (Ziffer 7.1.4 Satz 3 DCGK).			
87.	Im Konzernabschluss sollen Beziehungen zu Aktionären erläutert werden, die im Sinn der anwendbaren Rechnungslegungsvorschriften als nahe stehende Personen zu qualifizieren sind (Ziffer 7.1.5 DCGK).			

II. Anregungen des Deutschen Corporate Governance Kodex

1. Anregungen an den Vorstand

Nr.	Anregung	Anmerkungen
	Aktionäre und Hauptversammlung	
1.	– Der von der Gesellschaft benannte Vertreter für die weisungsgebundene Ausübung des Stimmrechts der Aktionäre – sollte auch während der Hauptversammlung erreichbar sein (Ziffer 2.3.2 Satz 2, 2. Halbsatz DCGK).	
	Zusammenwirken von Vorstand und Aufsichtsrat	
2.	– Im Zusammenhang mit dem jährlichen Corporate Governance Bericht durch Vorstand und Aufsichtsrat und dessen Veröffentlichung – sollte auch zu den Kodexanregungen Stellung genommen werden (Ziffer 3.10 Satz 2 DCGK).	

F. Checkliste zu den Anforderungen des Deutschen Corporate Governance Kodex

Nr.	Anregung	Anmerkungen
	Vorstand	
3.	Im Falle eines Übernahmeangebots – sollte der Vorstand eine außerordentliche Hauptversammlung einberufen, in der die Aktionäre über das Übernahmeangebot beraten und gegebenenfalls über gesellschaftsrechtliche Maßnahmen beschließen (Ziffer 3.7 Absatz 3 DCGK).	

2. Anregungen an den Aufsichtsrat

Nr.	Anregung	Anmerkungen
	Aktionäre und Hauptversammlung	
4.	Der Versammlungsleiter – *regelmäßig der Vorsitzende des Aufsichtsrates* – sollte sich davon leiten lassen, dass eine ordentliche Hauptversammlung spätestens nach 4 bis 6 Stunden beendet ist (Ziffer 2.2.4 Satz 2 DCGK).	
	Zusammenwirken von Vorstand und Aufsichtsrat	
5.	Im Zusammenhang mit dem jährlichen Corporate Governance Bericht durch Vorstand und Aufsichtsrat und dessen Veröffentlichung – sollte auch zu den Kodexanregungen Stellung genommen werden (Ziffer 3.10 Satz 2 DCGK).	
	Aufsichtsrat	
6.	Bei Erstbestellungen – *eines Vorstandsmitglieds* – sollte die maximal mögliche Bestelldauer von 5 Jahren nicht die Regel sein (Ziffer 5.1.2 Absatz 2 Satz 1 DCGK).	

3. Anregungen an die Gesellschaft

Nr.	Anregung	Anmerkungen
	Aktionäre und Hauptversammlung	
7.	Die Gesellschaft sollte den Aktionären die Verfolgung der Hauptversammlung über moderne Kommunikationsmedien (z. B. Internet) ermöglichen (Ziffer 2.3.3 DCGK).	

Autorenvitae

Torsten Beiner
Rechtsanwalt
Syndikus

Studium der Rechtswissenschaften und Betriebswirtschaft (LL.M.oec.int.) an der Universität Halle-Wittenberg. Wissenschaftlicher Assistent bei Prof. Dr. Ulrich Haas. Danach Rechtsanwalt bei KPMG Beiten Burkhardt in Leipzig. 2005 bis 2011 Syndikusanwalt der Landesbank Baden-Württemberg und Landesbank Sachsen. Dort Beratung der Vorstände und Aufsichtsratsmitglieder mit Schwerpunkt Handels- und Gesellschaftsrecht, Restrukturierung des Beteiligungsportfolios, Corporate Governance sowie Managerhaftung. Ab 2008 zusätzlich Beteiligungsmanager und Prokurist in verschiedenen Holding- und Tochtergesellschaften der Bank. Seit 2012 Syndikusanwalt beim Deutschen Sparkassen- und Giroverband, dort Beratung der Holdingunternehmen der Landesbank Berlin und der DekaBank, ab 2013 auch Mitglied der Holding-Geschäftsführung.

Eckhart Braun
Rechtsanwalt
Fachanwalt für Arbeitsrecht
Fachanwalt für Handels- und Gesellschaftsrecht

Studium der Rechtswissenschaften in Göttingen. Beginn der Anwaltstätigkeit 1994 bei Sigle Loose Schmidt-Diemitz in Stuttgart. Noch im gleichen Jahr Wechsel nach Leipzig. Anfangs auch teilweise Tätigkeit in Chemnitz. Fachanwalt für Arbeitsrecht und Fachanwalt für Handels- und Gesellschaftsrecht. Partner bei CMS Hasche Sigle seit 1999. Stellvertretender Vorsitzender des Fachausschusses für Handels- und Gesellschaftsrecht der Rechtsanwaltskammer Sachsen und Dozent bei Fachanwaltslehrgängen im Handels- und Gesellschaftsrecht. Mitautor im Arbeits-Handbuch Personal 2012, 8. Auflage, zum Abschluss und Inhalt des Arbeitsvertrages. Tätigkeitsgebiet ist das Handels- und Gesellschaftsrecht. Beratungsschwerpunkte sind Vertragsgestaltungen, Umstrukturierungen, dienstvertrags- und gesellschaftsrechtliche Auseinandersetzungen sowie Unternehmenskäufe/-verkäufe (M & A).

Sachregister

(Die Zahlen beziehen sich auf die Randnummern.)

A

Abberufung des Vorstandsmitglieds
- Abberufungsgründe 152 ff.
- Abberufungsverlangen BaFin 96 ff., 174, *s. dort*
- Ad-hoc-Publizität 208 ff., *s. dort*
- Amtsniederlegung, unberechtigte 153
- Anhörung 145
- Aufsichtsrat/-ausschuss 136
- Aufsichtsratsbeschluss 135 ff.
- Aufsichtsratsbeschluss, fehlerhafter 168
- Begründung des Widerrufs 140
- Bekanntgabe 140 ff.
- Beweislast 172
- Delegation an Aufsichtsrat-Ausschuss 136
- Dienstbefreiung 176 ff., *s. dort*
- Druck Dritter 157
- Einberufung des Aufsichtsrats 143
- einstweiliger Rechtsschutz 173
- Ermessen des Aufsichtsrats 166 f.
- Fehlerhafte Abberufung 168 f.
- Form 144
- Frist 143
- Gerichtliche Bestellung 51
- Grund für Widerruf 152 ff.
- Heilung fehlerhafter Beschlüsse 137
- Insolvenz der Gesellschaft 199 ff.
- Interessenabwägung 149 ff.
- Interimsvorstand 76, *s. dort*
- Kündigung durch Gesellschaft *s. dort*
- Kündigung, außerordentliche 133 f., 699 ff.
- Mitbestimmte Gesellschaft 139
- *Muster*-Aufsichtsratsbeschluss Anhang A. II., III.
- Nachschieben von Gründen 172
- Plenarvorbehalt 135 ff.
- Rechtsschutz des Vorstandsmitglieds 170 ff., *s. dort*
- Schadensersatz des Vorstandsmitglieds 169, *s. dort*
- Streit mit Aufsichtsrat 156
- Suspendierung 176 ff., *s. dort*
- Trennungstheorie 32 f., 230 f.
- Überzähliges Vorstandsmitglied 59
- Umstrukturierung der Gesellschaft 190 ff., *s. dort*
- Unberechtigte Abberufung 168 ff.
- Vertragsstrafe 136
- Vertrauensentzug der Hauptversammlung 161 ff., *s. dort*
- Verwirkung 143, 172
- Vorstandsvorsitzender 63, *s. dort*
- Wichtiger Grund 146 ff., *s. dort*
- Wirksamkeit der Abberufung 168 ff.
- Zugang der Widerrufserklärung 141
- Zuständigkeit des Aufsichtsrats 135 f.
- Abberufungsverlangen BaFin
- Anfrage vor Bestellung 222
- Aufforderung der Aufsicht 96 ff., 174
- Rechtsschutz des Geschäftsleiters 174, *s. dort*
- Untersagung künftiger Amtsausübung 96 ff.
- Verhältnismäßigkeit 174
- Widerruf der Bestellung 158

Abfindung
- Abfindungsbegriff 462 ff., 754 ff.
- Abfindungsformen *s. dort*
- Abfindungsverbot 762
- Abfindungszusagen 462 ff.
- Abgeltung von Vergütungsansprüchen 758 ff.
- Ablösende Abfindung 756 ff.
- Abzinsung 765
- Aktienoptionen 759 ff.
- Angemessenheit 462 ff., 766 ff.
- Anrechnung 765
- Appreciation Awards 455 ff., 766
- Aufhebungsvertrag 748 ff.
- Barausgleich 759 f.
- Besteuerung 769 ff.
- Betriebliche Altersversorgung 762 ff.

465

Sachregister

- Change-of-Control-Klausel 465 ff., s. dort
- Entschädigung 462, 756
- Entschließungsfreiheit des Aufsichtsrats s. dort
- Fair Value 760
- Golden Parachutes 375, 467, 767
- Haftung des Aufsichtsrats 316 ff., 461, 765, 768, s. dort
- Mannesmann-Rechtsprechung 319, 461, 768
- Missbrauch 763
- Nichtigkeit 768
- Pensionsanwartschaften 762 ff.
- Rückzahlung 765
- Sittenwidrigkeit 768
- Steuerbegünstigte Entschädigungen 771 ff.
- Steuerfreie Abfindungen 769 ff.
- Strafbarkeit s. Haftung des Aufsichtsrats
- Take-over-Boni 469 f., s. dort
- Tantieme 441 ff., 761
- Umstrukturierung der Gesellschaft 814 f., s. dort
- Unzulässigkeit 464, 768
- Verfallklausel 760
- VorstAG s. dort

Abfindungsformen
- Abgeltung von Ansprüchen 758 ff.
- Ablösende Abfindung 756 ff.
- Begriff der Abfindung 462 ff., 754 ff.
- Zusätzliche Abfindung 755, 766 ff.

Abstimmung im Aufsichtsrat s. Stimmabgabe im Aufsichtsrat

Abwicklung der Gesellschaft (Liquidation)
- Abwickler 202, 825
- Angemessenheit der Vergütung 826
- Beendigung der Gesellschaft 203, 828
- Eintragung in das Handelsregister 203
- Erlöschen der Gesellschaft 166, 682
- Gerichtliche Bestellung 202
- Rechtsfolgen 201, 825 ff.
- Schlussrechnung 203
- Vollbeendigung 203, 828
- Wettbewerbsverbot der Liquidatoren 826

Ad-hoc-Publizität
- Abberufung des Vorstandsmitglieds 210
- Aktienoptionen 430 ff.
- Befreiung von Ad-hoc-Publizität 212
- Directors' Dealings 430
- Insider 430, 432
- Krankheit des Vorstandsvorsitzenden 211
- Kurserheblichkeit 209
- Personalveränderungen 209
- Publizitätspflichten 316 ff.
- Voraussetzungen 209 ff.

Aktienbesitz
- Auswahlkriterium für Bestellung 85
- Besitz, direkt/indirekt 429
- Publizität 429, 431

Aktienoptionen
- Aktienoptionsvereinbarung 408 ff.
- Aktienoptionsvereinbarung-Muster Anhang B. III.
- Anforderungen 414 ff.
- Angemessenheit 414 ff.
- Bedingtes Kapital 417, 420 ff.
- Besteuerung 433 ff.
- Bezugsrecht 408, 420 ff.
- Black-Scholes-Formel 760
- Caps 416
- Directors' Dealings 430
- Erfolgsziele 417 ff.
- Erwerb eigener Aktien 418 f.
- Fair Value 760
- Gemischte Aktienoptionsprogramme 423
- Genehmigtes Kapital 419
- Gestaltungsformen 408 ff.
- Hauptversammlungsbeschluss 411, 417 ff.
- Hedging 406
- Indexierung 417
- Insider 430, 432
- Kapitalmaßnahmen 417 ff., s. dort
- Konzern 420 ff.
- Missbrauchskontrolle 417
- Nachvertragliche Bindung 424 ff.
- Naked Warrants 408
- Optionszusage 408 ff.
- Performance-Abschlagverfahren 416
- Principal-Agent-Problem 406
- Publizität 428 ff.
- Repricing 411, 417
- Shareholder-Value-Prinzip 406

Sachregister

- Start-Ups 407, 431
- Steuerungsfunktion 406
- Veräußerungssperre 405
- Verfallklauseln 425 ff., s. dort
- Verfügungsbeschränkungen 424
- Vergleichsparameter 417
- Virtuelle Aktien/Optionsrechte 410, 413
- Wandelschuldverschreibungen 409, 417
- Warte- und Ausübungsfristen 417
- Windfall Profits 417
- Zahlungsanspruch 410 f.
- Zuständigkeit der Hauptversammlung 411
- Zuständigkeit des Aufsichtsrats 411 ff.

Aktionärsklage, Haftungsprozess 318

Amtsniederlegung
- Altersgrenze 30, 85, 489
- Anstellungsvertrag 183
- Aufforderung zur Amtsführung 187
- Aufsichtsrat 182
- Beendigungszeitpunkt 184, 186
- Change-of-Control-Klausel 465 ff., s. dort
- Erklärung des Vorstandsmitglieds 182 ff.
- Form der Niederlegungserklärung 182
- Gründe für Amtsniederlegung 185
- Insolvenz der Gesellschaft 185, 200
- Kenntnisnahme des Aufsichtsrats 182
- Kündigung durch Gesellschaft 187, s. dort
- Rechtsmissbrauch 186
- Schadensersatz der Gesellschaft 187
- Trennungstheorie 32 f., 230 f.
- Unberechtigte Abberufung s. dort
- Unberechtigte Amtsniederlegung 187
- Wirksamkeit der Amtsniederlegung 185 ff.
- Zurückweisung 187

Anerkennungsprämien (Appreciation Awards)
- Anforderungen 459 ff.
- Angemessenheit 290, 459 ff.
- Change-of-Control-Klausel 459 ff., s. dort
- Corporate Governance Kodex 455

- Freiwilligkeitsvorbehalt 456
- Haftung des Aufsichtsrats 461
- nachträgliche Prämien 460, 766
- Rechtsgrundlage 456 ff.
- Strafbarkeit, Untreue 461
- Take-over-Boni 469 ff., s. dort
- Vergütungsbestandteil 290
- Zulässigkeit 456 ff.
- Zuständigkeit des Aufsichtsrats 458

Angemessenheit der Vergütung
- Abfindung 459 ff., 467 ff., 766 ff., s. dort
- Anerkennungsprämien 459 ff., s. dort
- Anpassungsklausel 312 ff., s. dort
- Anspruch auf Angemessenheit 312 ff.
- Anwendungsbereich des § 87 AktG 289 ff.
- Aufgaben des Vorstandsmitglieds 296 f.
- Beurteilungszeitpunkt 310 ff.
- Business Judgment Rule 316 ff.
- Cap 307 ff.
- Gerichtliche Beurteilung 316 ff.
- Gleichbehandlung im Vorstand 336 ff.
- Haftung des Aufsichtsrats 289, 316 ff., s. dort
- Herabsetzung der Vergütung 320 ff.
- Horizontaler Vergleich 302
- Insolvenz der Gesellschaft 350 ff.
- Internationaler Vergleich 304 f.
- Krise der Gesellschaft 300
- Lage der Gesellschaft 299 f.
- Leistungen des Vorstandsmitglieds 297 ff.
- Statutarische Richtlinien 307 ff.
- Strafbarkeit s. Haftung des Aufsichtsrats
- Überobligatorische Leistungen 459 ff.
- Üblichkeit der Vergütung 301 ff.
- Unangemessenheit der Vergütung 312 ff.
- Vergleichsmaßstab 295 ff.
- Vergütungsstruktur 305 ff.
- Vergütungsverordnung für Kreditinstitute 372 ff.
- Vertikaler Vergleich 303
- VorstAG s. dort

Anpassungsklausel
- Anpassung der Vergütung 312 ff.
- Gehaltsdynamisierung 313

467

Sachregister

- Wertsicherungs- und Spannungsklauseln 313

Anstellungskompetenz
- Abschluss des Anstellungsvertrages 266 ff.
- Aufsichtsratsbeschluss 262 ff.
- Delegation an Aufsichtsrat-Ausschuss 257 ff., *s. dort*
- Drittanstellung 234 ff.
- Entschließungsfreiheit des Aufsichtsrats 254 ff., *s. dort*
- Insolvenz der Gesellschaft 253, 353
- Zuständigkeit des Aufsichtsrats 252 ff.

Anstellungsvertrag des Vorstandsmitglieds
- Abschluss des Vertrages 266 ff.
- Abschluss, aufschiebend bedingt 259
- Abschluss, stillschweigend 268
- Aktienoptionen 406 ff.
- Angemessenheit der Vergütung 288 ff., *s. dort*
- Annahmeerklärung 268
- Annahmeverzug der Gesellschaft 339 ff.
- Anstellungskompetenz 252 ff., *s. dort*
- Anstellungsvertrag-*Muster* Anhang B. I.
- Arbeitnehmervorschriften 240 ff.
- Arbeitsvertrag *s. dort*
- Aufhebungsvertrag 748 ff.
- Auflösung der Gesellschaft 825 ff.
- Aufsichtsrat-Ausschuss *s. dort*
- Aufsichtsratsbeschluss 262 ff.
- Auskunfts- und Mitwirkungspflichten 615, 664 ff.
- Auslagenersatz 546 ff., *s. dort*
- Ausschlussklausel, -fristen 698
- Beendigung des Vertrages 748 ff., *s. dort*
- Bestellung 228 ff.
- Betriebliche Altersversorgung 471 ff., *s. dort*
- Betriebliche Übung 242, 338, 475
- Betriebsrisiko 339 ff.
- D & O-Versicherung 555 ff.
- Dauer des Vertrages 272 ff., *s. dort*
- Delegation an Aufsichtsrat-Ausschuss 257 ff., *s. dort*
- Dienstvertrag 232 f.
- Dienstzeiten 654
- Drittanstellung 234 ff., *s. dort*
- Entgeltcharakter 233
- Entschließungsfreiheit des Aufsichtsrats 254 ff., *s. dort*
- Erfindungen 669 ff.
- Erfüllungsort 287, 655, 693
- Fehlerhafter Anstellungsvertrag 282 ff.
- Form des Vertrages 270 f.
- Fortführung als Arbeitsvertrag 791 ff., *s. Arbeitsvertrag*
- Fortzahlungsklausel 280
- Gerichtsstandsklausel 691 ff., *s. dort*
- Gesamtaufsichtsrat *s. dort*
- Geschäftsbesorgungscharakter 336 ff.
- Gleichbehandlung im Vorstand 267 ff.
- Herabsetzung der Vergütung 320 ff., 351 f., *s. dort*
- Herausgabepflichten 667 ff.
- Insolvenz der Gesellschaft 347 ff., 820 ff., *s. dort*
- Konzernanstellung 236 ff., *s. Drittanstellung*
- Kopplungs- und Gleichlaufklauseln 277 ff., *s. dort*
- Kündigung des Vertrages 702 ff., *s. dort*
- Kündigungsschutz *s. dort*
- Leistungsstörungen 339 ff., *s. dort*
- Liquidation der Gesellschaft 825 ff.
- Mindestvertragsdauer 273
- Nebentätigkeit 656 ff., *s. dort*
- Pflichten der Vorstandsmitglieder 597 ff., *s. dort*
- Plenarvorbehalt des Aufsichtsrats *s. dort*
- Probezeit 273
- Rechte der Vorstandsmitglieder 286 ff.
- Rechtsnatur des Vertrages 228 ff.
- Ruhegeld 471 ff., *s. dort*
- Salvatorische Klausel 697
- Schadensersatz wegen Vertragsverletzung 612 ff.
- Schiedsvereinbarung 677 ff., *s. dort*
- Schriftformklausel 696
- Sozialversicherungsrecht 244 ff., *s. dort*
- Tantieme 441 ff., *s. dort*
- Trennungstheorie 228 ff.
- Treue- und Fürsorgeverhältnis 249 ff.

Sachregister

- Umstrukturierung der Gesellschaft 816 ff., s. dort
- Umwandlung der Gesellschaft 796 ff., s. dort
- Urlaub 576 ff., s. dort
- Vergütung des Vorstands 257 ff., 288 ff., s. dort
- Verlängerung des Vertrages 210 ff., s. dort
- Vor-Gesellschaft 253
- Vorstands-Doppelmandate 101 f., s. dort
- Wettbewerbsverbot 626 ff., s. dort
- Widerruf der Bestellung 133 ff., s. Abberufung
- Zuständigkeit des Aufsichtsrats 252 ff.

Anstellungsvertrag, Beendigung
- Abwicklung der Gesellschaft 825 ff., s. dort
- Aufhebung des Anstellungsvertrages 748 ff., s. dort
- Bedeutung der Abberufung 699 ff.
- Fortführung als Arbeitsvertrag 791 ff.
- Insolvenz Gesellschaft 820 ff., s. dort
- Kündigung durch Gesellschaft 702 ff., s. dort
- Kündigung durch Vorstandsmitglied 738 ff., s. dort
- Kündigungsschreiben-*Muster* Anhang A. III.
- Umstrukturierung der Gesellschaft 816 ff., s. dort
- Umwandlung der Gesellschaft 796 ff., s. dort

Anstellungsvertrag, fehlerhaft
- Anwendungsbereich 219
- Beendigung 283 ff.
- Ruhegeldvereinbarung 530 f.
- Vergütung 283
- Vertrauensschutz 285
- Wirksamkeitsmangel 282

Antidiskriminierungsgesetz AGG 86, 242

Anzeigen und Meldepflichten BaFin 216 ff.

Appreciation Awards s. Anerkennungsprämien

Arbeitnehmererfindungsgesetz ArbnErfG 669 f.

Arbeitnehmermitbestimmung s. *mitbestimmte Gesellschaft*

Arbeitnehmerschutzvorschriften
- Anwendbare Regelungen 242 f.
- Arbeitnehmerstatus 240
- Kündigungsschutz s. dort
- Sozialversicherungsrecht 244 ff., s. dort

Arbeitsdirektor
- Abberufung 70
- Bestellung 68, 70
- Ersatzbestellung 50 f.
- Erstbestellung 70
- Gerichtliche Bestellung 70
- Gewerkschaftsmitglied 88
- Konzern 68
- Mitbestimmte Gesellschaft 67 ff., s. dort
- Ressortzuweisung 68
- Stellvertretendes Vorstandsmitglied 69
- Stichentscheid 69
- Vetorecht des Vorstandsvorsitzenden 62, 69
- Zuständigkeit 68

Arbeitslosenversicherung des Vorstandsmitglieds 254

Arbeitsvertrag, Wiederaufleben
- Arbeitsgericht 794
- Aufhebung des Anstellungsvertrages 792
- Dienstverhältnis nach Abberufung 791 ff.
- Konzern 793
- Kündigungsschutz 794
- Rechtsfolgen 648 f.
- Rückkehrrecht 793
- Umstrukturierung der Gesellschaft 792, s. dort
- Wiederaufleben des Arbeitsvertrages 793
- Zuständigkeit des Aufsichtsrats 794

Aufenthaltsgenehmigung 80

Aufhebung der Bestellung
- Aufhebung des Anstellungsvertrages 748 ff., s. dort
- Beschluss des Aufsichtsrats 188
- Gesellschaftsinteresse 189
- Mitbestimmte Gesellschaft 188

Aufhebung des Anstellungsvertrages
- Abfindungsformen 754 ff., 766 ff.
- Abgeltung der Vergütungsansprüche 756 ff.
- Abschluss des Aufhebungsvertrages 749

469

Sachregister

- Abstimmung im Aufsichtsrat 751, *s. dort*
- Aktienoptionen 759 ff.
- Aufsichtsrat, Ausschuss 748a
- Aufsichtsrat, Plenum 748
- Aufsichtsratsbeschluss 750 ff.
  Aufsichtsrechtliche Tätigkeitsverbote 71
- Ausgleichs- und Erledigungsklausel 781
- Auskunftspflicht des Vorstandsmitglieds 780
- Ausschlussklausel 698
- Betriebliche Altersversorgung 762 ff., *s. dort*
- Delegation an Aufsichtsrat-Ausschuss 748, 748a
- Entlastungszusage 778
- Erledigungsklausel 779
- Festgehalt 757
- Form des Aufhebungsvertrages 753
- Haftung des Aufsichtsrats *s. dort*
- Mitbestimmte Gesellschaft 750
- Nachvertragliche Regelungen 776 ff.
- Plenarvorbehalt 748
- Salvatorische Klausel 697
- Steuer 770
- Tantieme 759 ff.
- Umstrukturierung der Gesellschaft 806 ff.
- Vergütung 754 ff.
- Wechsel Vorstand-Aufsichtsrat 779
- Wettbewerbsverbot 776, *s. dort*
- Zuständigkeit des Aufsichtsrats/-ausschusses 748 ff.

Aufsichtsrat
- Abberufung des Vorstandsmitglieds 135 ff., *s. dort*
- Arbeitnehmervertreter 41, 60, 67, 70, 76, 130, 163, 188, 261, 263
- Aufhebung der Bestellung 188 f.
- Aufhebung des Anstellungsvertrages 748 ff.
- Aufsichtsrat-Ausschuss *s. dort*
- Auswahl der Vorstandsmitglieder 1 ff., *s. dort*
- Bekanntgabe der Abberufung 140 ff.
- Bekanntgabe der Kündigung 703 ff.
- Beschlussfassung des Aufsichtsrates *s. dort*
- Bestellungskompetenz 27 ff.

- Business Judgment Rule *s. dort*
- Delegation an Ausschuss *s. dort*
- Doppelmandate 106 ff.
- Entschließungsfreiheit 36 ff., 254 ff., *s. dort*
- Entsendung in den Vorstand 74 ff.
- Festsetzung der Vorstandsvergütung 289 ff.
- Findungskommission 2 ff.
- Gesamtaufsichtsrat *s. dort*
- Geschäftsordnung des Vorstands 601 f.
- Haftung der Aufsichtsratsmitglieder *s. dort*
- Informationspflichten 11, 258, 281
- Interimsvorstand 74 ff.
- Mitbestimmte Gesellschaft *s. dort*
- Personalausschuss 2, 35, 248 f., 257 ff.
- Plenarvorbehalt 34 ff., 135 ff., 252 ff., 257 ff., 748 ff.
- Plenum *s. Gesamtaufsichtsrat*
- Vertretung der Gesellschaft 142, 316, 474, 538, 813
- Vorstands- und Aufsichtsratsmandat 106 ff.
- Widerruf der Bestellung 135 ff.
- Wiederbestellung 17 ff., 115 ff.
- Zuständigkeit für Anstellungsvertrag 252 ff.
- Zuständigkeit für Bestellung 35 ff.

Aufsichtsrat-Ausschuss
- Abfindungsvereinbarung 248 ff.
- Abschluss des Anstellungsvertrages 252 ff., 257 ff.
- Aufhebung des Anstellungsvertrages 248 f.
- Ausschussbesetzung, paritätisch 261
- Berichtspflichten 11, 258, 281
- Beschlussfähigkeit 261
- Delegation an Ausschuss *s. dort*
- Dokumentationspflicht 4
- Findungskommission 2 ff.
- Personalausschuss 2, 35, 248 f., 257 ff.
- Plenarvorbehalt *s. dort*
- Präsidium des Aufsichtsrats 2, 35, 248 f., 257 ff.
- Stichentscheid 264
- Vergütung des Vorstandsmitglieds 258, 260
- Verlängerung des Anstellungsvertrages 274 ff.

- Vorbereitung des Anstellungsvertrages 3 ff., 252 ff.
Aufsichtsrechtliche Anzeigepflichten 216 ff., s. Kreditinstitute
Aufsichtsrechtliche Tätigkeitsverbote 96 ff., s. BaFin
Ausgleichs- und Erledigungsklausel
- Aufhebung des Anstellungsvertrages s. dort
- Ausschlussfrist 698
- Erlassvertrag 781
- Negatives Schuldanerkenntnis 781
- Reichweite 781 ff.
- Stimmbindung der Aktionäre 788
- Vereinbarungen mit Dritten 785 ff.
- Verzichts- und Vergleichsverbot 784
- Wettbewerbsverbot 782
Auslagenersatz
- Anwalts- und Verfahrenskosten 550
- Anwendungsbereich 546 ff.
- Erstattung gezahlter Schmiergelder 552 ff.
- Freistellung Ersatzansprüche Dritter 549 ff.
- Geldstrafen 551
- Kontrollmaßnahmen 547
Auswahlrichtlinien für Aufsichtsrat 84 ff.
Auswahlverfahren zur Vorstandsbesetzung
- Anforderungen 1 ff.
- Aufsichtsrat/-ausschuss 3 ff.
- Auswahlrichtlinien der Satzung 84 ff.
- Business Judgment Rule 20 ff., s. dort
- Corporate Governance Kodex 4, 13
- Erstbestellung 2 ff.
- Findungskommission 2 ff.
- Kandidatensuche 4 f.
- Leistungsbeurteilung 17 f.
- Nachfolgelösung 19
- Personalberater 9
- Vergütungsberater 12 ff.
- Vorschlagsrecht des Vorstandsvorsitzenden 7 f.
- Vorstandsbesetzung s. dort
- Wiederbestellung 17 f., 115 ff.

B
BaFin
- Abberufungsverlangen 96, 174

- Anforderungen an Geschäftsleiter 27, 96
- Anfrage vor Bestellung 222
- Bestellung der Geschäftsleiter 27, 96 ff., 100, 216 ff.
- Eingriffsbefugnisse bei Vergütung 402 ff.
- Emittentenleitfaden 208, 215
- Geschäftsleiter s. Kreditinstitut
- Institutsvergütungsverordnung 365 ff.
- Meldungen und Anzeigen 216 ff.
- Rechtsschutz des Geschäftsleiters 174, s. dort
- Tätigkeitsverbot für Geschäftsleiter 96, 100, 174
- Vergütung der Geschäftsleiter 365 ff.
- Widerruf der Bestellung 158, 223 ff.
Beschlussfassung des Aufsichtsrats
- Abstimmung 40, 42
- Abwesende Aufsichtsratsmitglieder 42, 265
- Anstellungsvertrag 262 ff.
- Aufhebung der Bestellung 188 f.
- Aufhebung des Anstellungsvertrages 748 ff.
- Beschlussfassung, ausdrückliche 39
- Beschlussfassung, fehlerhafte 127, 168
- Beschlussfassung, gemischte 42
- Beschlussfassung, nichtige 39, 100
- Beschlussfassung, schriftliche 42, 265
- Beschlussfähigkeit 39
- Bestellung des Vorstandsmitglieds 35 ff., 115 ff.
- Erklärungsvertreter 43, 141, 703
- Form der Beschlussfassung 42
- Kündigung des Anstellungsvertrages 702 ff., s. dort
- Mitbestimmte Gesellschaft s. dort
- Nachträgliche Stimmabgabe 42
- Schriftliche Stimmabgabe 42, 265
- Stichentscheid 40
- Stimmabgabe s. dort
- Stimmbote 141 f., 703 ff.
- Stimmengleichheit 40
- Stimmenthaltung 751 f.
- Stimmrechtsausschluss 40
- Verlängerung des Anstellungsvertrages 274 ff.
- Vetorecht 40

471

Sachregister

- Vollzug der Beschlussfassung 43, 141, 703
- Widerruf der Bestellung 135 ff.
- Wiederbestellung 115 ff.

Bestellung des Vorstandsmitglieds
- Abstimmung im Aufsichtsrat s. dort
- Ad-hoc-Publizität 208 ff.
- Altersgrenze 85 ff.
- Amtsniederlegung 182 ff., s. dort
- Anforderungen an Bestellung 54 ff.
- Anforderungen an Vorstandsmitglied 79 ff.
- Antidiskriminierungsgesetz 86, 242
- Arbeitsdirektor 67 ff.
- Aufhebung der Bestellung 188 ff., s. dort
- Auflösende Bedingung 112 ff., 175
- Aufschiebende Bedingung 112 ff., 175
- Auswahlrichtlinien 84 ff.
- BaFin s. dort
- BaFin-Anzeigen 216 ff.
- Beschlussfassung des Aufsichtsrats 39 ff.
- Bestellung bei Kreditinstituten 27, 96, 100, 174, 216 ff.
- Bestellungsbeschluss-*Muster* Anhang A. I.
- Bestellungskompetenz 34 ff.
- Bestellungsverbote 91 ff., s. dort
- Business Judgment Rule 20 ff., s. dort
- Dauer der Bestellung 109 ff., s. dort
- Entschließungsfreiheit des Aufsichtsrats 36 ff., s. dort
- Faktische Organstellung 128, 131, s. dort
- Fehlerhafte Bestellung 127 ff.
- Form der Bestellung 44
- Geschäftsleiter von Kreditinstituten 96 ff., 100, 174.
- Handelsregister-Anmeldung 204 ff.
- Insolvenz der Gesellschaft 34, 198 ff., 253, s. dort
- Kreditinstitut s. dort
- Liquidation der Gesellschaft 201 ff.
- Listenwahl 40
- Personalberater 9 ff.
- Rechtsnatur der Bestellung 31 ff.
- Trennungstheorie 32 f., 230 f.
- Umstrukturierung der Gesellschaft 195 ff.
- Umwandlung der Gesellschaft 190 ff.
- Vergütungsberater 12 ff.
- Widerruf der Bestellung 133 ff.
- Wiederbestellung 115 ff., s. dort
- Zuständigkeit 34 ff.
- Zustimmung des Vorstandsmitglieds 43

Bestellung durch Gericht
- Anforderungen 46 ff.
- Antrag auf gerichtliche Bestellung 49
- Arbeitsdirektor 70
- Dringlichkeit 46
- Fehlendes Vorstandsmitglied 46 ff.
- Insolvenz der Gesellschaft 52, 199
- Liquidatoren, Abwickler 202
- Vergütung des Vorstandsmitglieds 53, 315, 332
- Verhindertes Vorstandsmitglied 47
- Vorschlag gerichtliche Bestellung 49
- Wegfall gerichtliche Bestellung 50
- Wideruf gerichtliche Bestellung 51

Bestellung, Beendigung
- Abberufung 133 ff.
- Amtslöschung 203
- Amtsniederlegung 182 ff.
- Aufhebung der Bestellung 188 f.
- Insolvenz der Gesellschaft 198 ff.
- Liquidation der Gesellschaft 201 ff.
- Umstrukturierung der Gesellschaft 190 ff.
- Widerruf der Bestellung 133 ff.

Bestellung, fehlerhaft
- Abgrenzung faktisches Organ 128 f.
- Amtsniederlegung 129
- Beendigung fehlerhafte Bestellung 129
- Duldung der Vorstandstätigkeit 131
- Fallgruppen 127 ff.
- Fehlerhafter Anstellungsvertrag 282 ff., s. dort
- Mitbestimmte Gesellschaft 129
- Rechtsstellung des Vorstands 128
- Wirksamkeitsmangel 127

Bestellungsverbote und -hindernisse
- Abgeordnete, Regierungsmitglieder, Beamte 99
- Auslandsgesellschaften 94
- Geschäftsleiter Kreditinstitut 96
- Geschäftsleiter Versicherungen 97

Sachregister

- Gewerbeverbot, Berufsausübungsverbot 94
- Rechtsfolgen verbotswidriger Bestellung 100, 130
- Rechtsschutz des Vorstandsmitglieds 98, 222, s. dort
- Steuerberater 99
- Straftaten MoMiG 91 ff.
- Tätigkeitsverbote AktG 91 ff., 95
- Verurteilung 91 ff.

Besteuerung der Vorstandsvergütung
- Abfindungen 359, 769 ff.
- Aktienoptionen 360, 433 ff.
- Anforderungen 359 ff.
- Art der Einkünfte 359
- Auslandstätigkeit 437
- Betriebliche Altersversorgung 492
- D & O-Versicherung 574 ff.
- Dienstwagen und -wohnung 362, 580, 774
- Doppelbesteuerung 437
- Einkommensteuer 359 ff.
- Erstattung von Aufwendungen 363
- Fünftel-Regelung 771
- Karenzentschädigung 643
- Nebenleistungen 361 ff.
- Rückstellungen bei der Gesellschaft 476
- Privat genutztes Betriebsvermögen 362
- Sozialversicherungszuschuss 248, 361 f.
- Spekulationsfrist 434
- Steuerbegünstigte Entschädigung 771 ff.
- Steuerfreibeträge 361 ff.
- Steuerhinterziehung 153 ff.
- Tantieme 448
- Veranlagungsverfahren 773 ff.
- Verdeckte Gewinnausschüttung 359, 454, 492
- Wandelanleihe 360, 438 ff.
- Zeitpunkt der Besteuerung 360, 434 ff.

Betriebliche Altersversorung
- Aktionärs-Vorstand 492
- Altersgrenze 489 ff.
- Anforderung an Versorgungsregelung 475, 488 ff.
- Angemessenheit der Altersversorgung 491 ff.
- Anpassungsklauseln 530 ff.
- Anrechnung anderweitiger Einkünfte 499 ff.
- Anwartschaften 485 ff.
- Anwendbarkeit BetrAVG 477 ff., s. BetrAVG
- Arbeitsunfähigkeit 502 ff.
- Ausgestaltungsformen 490
- Berechnungsgrundlagen 494 ff.
- Betriebliche Übung 475
- Dienstunfähigkeit 502
- Fehlerhafte Versorgungszusage 530 f.
- Form der Versorgungszusage 476
- Herabsetzung von Versorgungsleistungen 524 ff.
- Hinterbliebenenversorgung 537 ff., s. dort
- Insolvenzsicherung 532 ff.
- Internationale Unternehmen/IPR 484
- Invaliditätsversorgung 502 ff.
- Kürzung des Ruhegeldes 524 ff.
- Notlage der Gesellschaft 525
- Pensionsvertrag 488 ff.
- Rückstellungen bei der Gesellschaft 476
- Ruhegeld 488 ff., s. dort
- Sittenwidrige Versorgungszusage 491, 508
- Treuepflichtverletzung, Betriebstreue 517 ff.
- Übergangsgeld 505 ff., s. dort
- Unverfallbarkeit 485 ff.
- Verjährung 536
- Wertsicherung 510 ff.
- Widerruf der Versorgungszusage 516 ff.
- Widerruf des Übergangsgeldes 520 ff.
- Widerrufsvorbehalt 522
- Zumutbarkeit der Kürzung 527 ff.
- Zuständigkeit des Aufsichtsrats 473

Betriebliche Nebenleistungen
- Besteuerung 361 ff.
- Dienstwagen und -wohnung 580 ff., s. dort
- D & O-Versicherung 555
- Krankenversicherungszuschuss 248
- Pflegeversicherungszuschuss 248
- Sozialversicherungsrecht 244 ff.
- Unfallversicherungszuschuss 247, 584
- Versicherungen 244 ff., 584

Betriebliche Übung
- Anwendbarkeit auf Vorstandsmitglied 242

473

Sachregister

- Betriebliche Altersversorgung 475
- Gleichbehandlung im Vorstand 242, 336 ff.

Betriebsrentengesetz BetrAVG
- Abdingbarkeit 480 ff.
- Abfindung 483, *s. dort*
- Aktionärs-Vorstand 478
- Anwartschaften, Barwert 483 ff.
- Geltungsbereich 477 ff.
- Ruhegeldvertrag 488 ff., *s. dort*
- Unverfallbarkeit 485 ff.

Beurlaubung des Vorstandsmitglieds *s. Suspendierung*

Beweislast
- Abberufung des Vorstands 172
- Business Judgment Rule 614, *s. dort*
- Haftung aus Vertragsverletzung 613 f.
- Haftung des Aufsichtsrats *s. dort*
- Haftung des Vorstands *s. dort*
- Haftungsvereinbarung 611
- Kündigung durch Gesellschaft 726
- Wettbewerbsverbot 651

Bezüge der Vorstandsmitglieder *s. Vergütung des Vorstands*

Board of Directors
- Chief Executive Officer 64, 256
- Vorstands- und Aufsichtsratsmandat 108 ff.

Business Judgment Rule
- Angemessenheit der Vergütung 316 ff.
- Beweislastverteilung 613 f.
- Haftung des Aufsichtsrats *s. dort*
- Haftung des Vorstands *s. dort*
- Haftungsvereinbarungen 608 ff.
- Herabsetzung der Vergütung 320a, 329
- Personalentscheidung 20 ff.

C

Change-of-Control-Klausel
- Abfindungenszusage 465 ff.
- Amtsniederlegung 468
- Barabgeltung 467
- Corporate Governance Kodex 467
- Golden Parachutes 467
- Kontrollwechsel 466
- Kündigung durch Vorstandsmitglied 468
- Take-over-Boni 469 f.

Chief Executive Officer CEO
- Bestellung 256
- Board of Directors 64

- Rechtsstellung 64
- Vorstandssprecher 65 f.
- Vorstandsvorsitzender 60 ff.

Corporate Governance Kodex
- Abfindungen 463, 467
- Aktienoptionen 406, 416 f., 429, 455
- Altersgrenze 30, 85, 489
- Anforderungen Anhang F.
- Angemessenheit der Vergütung 297, 416, 463, 467, 768a
- Anstellungsvertrag 255, 671 ff.
- Anzahl der Vorstandsmitglieder 54
- Auskunfts- und Mitwirkungspflichten 664
- Auswahlverfahren für Bestellung 4, 13, 15
- Caps 416, 467, 768a
- Checkliste-*Muster* Anhang F.
- Corporate Opportunities 623
- D & O-Versicherung 569 f.
- Dauer der Bestellung 109
- Empfehlungen 255, Anhang F.
- Nebentätigkeiten 658
- Offenlegung der Vergütung 345, 357 f., 429
- Repricing 417
- Umsetzung 275, 671 ff., Anhang F.
- Vorstands- und Aufsichtsratsmandat 108
- Vorstandsbesetzung 54, 60
- Vorstandsvorsitzender 60
- Wiederbestellung des Vorstandsmitglieds 121

Corporate Opportunities
- Anwendungsbereich 624 f.
- Rechtsgrundlage 251, 623
- Verwertungsverbot 625
- Verzicht der Gesellschaft 623

D

Dauer der Bestellung
- Abberufung 133 ff., *s. dort*
- Amtsniederlegung 182 ff., *s. dort*
- Aufhebung der Bestellung 188 ff., *s. dort*
- Aufsichtsrat als Vorstand 74 ff.
- Beginn der Amtszeit 109 ff.
- Bestellung unter auflösender Bedingung 114
- Bestellung unter aufschiebender Bedingung 113
- Bestellungsfehler 112
- Corporate Governance Kodex 109
- Erstbestellung 109

– Gleichlauf mit Anstellungsvertrag 277 ff.
– Höchstdauer 109
– Interimsvorstand 74, 110
– Kettenbestellung 111 ff.
– Kopplungsklausel 277 ff.
– Mindestdauer 110 ff.
– Überbrückungsmandat 110
– Verlängerungsklauseln 124 ff.
– Widerruf der Bestellung 133 ff.
– Wiederbestellung 115 ff., *s. dort*
Dauer des Anstellungsvertrages
– Anforderungen an Vertragslaufzeit 272 ff.
– Aufhebung des Anstellungsvertrages 748 ff.
– Fortzahlungsklausel 280
– Gleichlauf mit Bestellung 277 ff.
– Höchstdauer 272
– Kopplungsklausel 277 ff., *s. dort*
– Kündigung des Anstellungsvertrages 702 ff.
– Mindestdauer 273
– Mitteilungspflicht zur Vertragsverlängerung 281
– Vertragsverlängerung 274 ff., *s. dort*
Delegation an Aufsichtsrat-Ausschuss
– Abberufung des Vorstands 135 ff.
– Abschluss des Anstellungsvertrages 3, 252, 257 ff.
– Aufhebung der Bestellung 188
– Aufhebung des Anstellungsvertrages 748 ff.
– Aufsichtsratsmitglied als Interimsvorstand 76
– Bestellung des Vorstandsmitglieds 34 ff.
– Bestellung des Vorstandsvorsitzenden 60
– Delegationsverbot bei Vergütungsregeln 3, 252, 257 ff., 748 ff.
– Kündigung des Anstellungsvertrages 702 ff.
– Ordentliches Kündigungsrecht 746
– Suspendierung des Vorstandsmitglieds 179
– Verlängerung des Anstellungsvertrages 274 ff.
– Wiederbestellung 115 ff.
Dienstbefreiung
– Anforderungen 180 f.

– Freistellungsvereinbarung-*Muster* Anhang B. V.
– Suspendierung 176 ff., *s. dort*
– Wettbewerbsverbot 644
– Wichtiger Grund 177
– Zuständigkeit des Aufsichtsrats 179, 180
Dienstwagen und -wohnung
– Amtszeit 581
– Bestelldauer 581
– Besteuerung 361 f.
– Dienstwagen 580
– Dienstwohnung 582
– Private Nutzung 580
Directors' Dealings *s. Insider*
D & O-Versicherung
– Abschlusspflicht 565 ff.
– Aktionärs-Vorstand 558
– Anstellungsvertrag 563 ff.
– Ausschlusstatbestände 558
– Besteuerung 574
– Claims-Made-Prinzip 559 ff.
– Corporate Governance Kodex 569
– Deckungssumme 555
– Eigenschaden 558
– Haftungsfreistellung 608 ff.
– Kreditinstitut 561
– Moral Hazard 569
– Nachhaftung 560 ff.
– Selbstbehalt 569 ff.
– Vergütungscharakter 567 f.
– Versicherungsgegenstand 556 ff.
– Versicherungszeitraum 559 ff.
– Zuständigkeit für D & O 567
Doppelmandate
– Vorstands- und Aufsichtsratsmandat 106 ff., *s. dort*
– Vorstands-Doppelmandat 101 ff., *s. dort*
Drittanstellung des Vorstandsmitglieds
– Aufsichtsrat 237
– Beherrschungsvertrag 238
– Gerichtsstandsklausel 694, *s. dort*
– Gestaltungsformen 234 f.
– Konzern 236 ff.
– Leitungsmacht 237 f.
– Umwandlung der Gesellschaft 805
– Weisungsbefugnis 237 f.
– Zulässigkeit 236
– Zuständigkeit 237 f.

E

Entlastung des Vorstands
– Vereinbarung 610

- Verpflichtung zur Entlastung 778
- Verweigerung 162, 164

Entschließungsfreiheit des Aufsichtsrats
- Abschluss des Anstellungsvertrages 254 ff.
- Bestellung des Vorstandsmitglieds 272
- Bestellungszusagen 36 f.
- Betriebliche Altersversorgung 491
- Bindung an Richtlinien 307 ff.
- Dauer der Bestellung 111, 115 f.
- Dauer des Anstellungsvertrages 208
- Einschränkung der Entschließungsfreiheit 36 f.
- Fortzahlungsklausel 280
- Ressortzusage 602
- Ruhegeld 491
- Übergangsgeld 508
- Wiederbestellung 36 ff.

Erklärungsbote
- Kündigung durch Gesellschaft 703
- Vorstandsmitglied 141, 703

Erklärungsvertreter
- Abberufung 141
- Bestellung 43
- Ermächtigung 141, 704
- Kündigung 703

Ermessen des Aufsichtsrats
- Abberufung des Vorstandsmitglieds 166 f.
- Altersgrenze 30
- Auswahlermessen 20 ff., 84
- Business Judgment Rule 20 ff., s. dort
- Dauer der Bestellung 109, 121
- Gerichtliche Kontrolle 20 ff.
- Herabsetzung der Vorstandsvergütung 320a, 329
- Herabsetzung von Versorgungsleistungen 524
- Kreditvergabe an Vorstand 592
- Tantieme 442 f.
- Vergütung des Vorstands 317, 442

Ermessenstantieme 452 ff., s. Tantieme

Ersatzbestellung s. Bestellung durch Gericht

F

Faktisches Organ 128, 131

Familiengesellschaft
- Bestellungserfordernisse 85

- Gleichbehandlung im Vorstand 336

Fehlerhafte Bestellung
- Abgrenzung faktisches Organ 128, 131
- Amtsniederlegung 129
- Anwendungsbereich 127 ff.
- Beendigung 129
- Duldung der Vorstandstätigkeit 131
- Fehlerhafter Anstellungsvertrag 282 ff., s. dort
- Mitbestimmte Gesellschaft 129
- Rechtsstellung des Vorstandsmitglieds 128
- Wirksamkeitsmangel 127

Fehlerhafte Pensionszusage 530 f.

Fehlerhafter Anstellungsvertrag
- Anwendungsbereich 219
- Beendigung des Vertrages 283 ff.
- Pensionszusage 530 f.
- Vertrauensschutz 285
- Vorstandsvergütung 283
- Wirksamkeitsmangel 282

Findungskommission 2 ff.

Formwechsel
- Anstellungsvertrag 799
- Bestellung 192, 799

Fortzahlungsklausel 280

Freistellung des Vorstandsmitglieds s. Suspendierung

Freiwilligkeitsvorbehalt 402, 458

G

Gerichtsstandsklausel
- Anwendungsbereich 691
- Auslandsbezug, EuGVVO 692 f.
- Drittanstellung 694
- Prorogation 691

Gesamtaufsichtsrat
- Abberufung des Vorstands 135 ff., s. dort
- Abfindungsvereinbarung 248 ff.
- Abschluss des Anstellungsvertrages 252 ff., 257 ff.
- Aufhebung der Bestellung 188
- Aufhebung des Anstellungsvertrages 748 ff., s. dort
- Aufsichtsrat als Interimsvorstand 76
- Aufsichtsrat-Ausschuss s. dort
- Beschlussfassung des Aufsichtsrats 262 ff.
- Bestellung des Vorstandsmitglieds 34 ff., s. dort

Sachregister

- Delegation an Ausschuss 257 ff., 748 ff., *s. dort*
- Erklärungsbote, Erklärungsvertreter *s. dort*
- Fehlerhafte Bestellung 129 ff., *s. dort*
- Findungskommission 2 ff.
- Herabsetzung der Vorstandsvergütung 329a
- Kündigung des Anstellungsvertrages 702 ff.
- Plenarvorbehalt des Aufsichtsrats *s. dort*
- Präsidium, Personalausschuss 2, 35, 248 f., 257 ff.
- Stichentscheid 264
- Suspendierung des Vorstandsmitglieds 179
- Umsetzung des Vorstandsmitglieds 662
- Vergütung des Vorstandsmitglieds 257 ff.
- Verlängerung des Anstellungsvertrages 274 ff.
- Vorbereitung des Anstellungsvertrages 3 ff., 252 ff., 257 ff.
- Wettbewerbsverbot des Vorstandsmitglieds 622
- Widerruf der Bestellung 135 ff., *s. Abberufung*
- Wiederbestellung 115 ff.

Geschäftschancenlehre 490 ff., *s. Corporate Opportunities*

Geschäftsführung
- Amtsniederlegung 168
- Änderung 602
- Ausübung der Geschäfte 31, 597 ff.
- Beschränkung 602
- Einzelgeschäftsführung 58
- fehlerhaft bestelltes Vorstandsmitglied 100
- Geschäftsführungsbefugnis 58, 600 ff.
- Geschäftsverteilung 473 ff.
- Insolvenz der Gesellschaft 198
- Ordnungsgemäße Geschäftsführung 155 ff., 597 ff.
- Ressortzuweisung 473 ff.
- Stellvertretendes Vorstandsmitglied 72
- Suspendierung des Vorstandsmitglieds 178
- Übernahme anderer Aufgaben 605 ff.
- Umfang der Geschäftsführung 600 ff.

Geschäftsleiter von Kreditinstituten *s. Kreditinstitut*

Geschäftsordnung des Aufsichtsrats
- Beschlussfassung 40 ff., 263 ff.
- Ermächtigung des Aufsichtsratsvorsitzenden 142
- Geschäftsverteilung des Vorstands 600 ff., *s. dort*
- *Muster*-GO Präsidialausschuss Anhang E.
- Zweitstimmrecht 264

Geschäftsordnung des Vorstands
- Geschäftsverteilung 600 ff.
- *Muster*-GO Vorstand Anhang D.
- *Muster*-Geschäftsverteilungsplan Anhang D.
- Umsetzung des DCGK 676
- Vorstandsbesetzung 74

Geschäftsverteilung des Vorstands
- Änderung 602 ff.
- Bestellung des Vorstandsmitglieds 602 ff.
- Gestaltungsmodelle 600 ff.
- *Muster*-Geschäftsverteilungsplan Anhang D.
- Rechtsfolgen der Geschäftsverteilung 600
- Vertretung anderer Ressorts 74, 159
- Wegfall von Ressorts 160
- Zuständigkeit 601

Gleichbehandlung der Vorstandsmitglieder 336 ff.

Großaktionär
- Finanzielle Zuwendungen 469
- Haftungsfreistellung des Vorstands 786 ff.
- Take-Over-Boni 469

H

Haftung des Aufsichtsrats, strafrechtlich
- Abfindungen 768
- Anerkennungsprämien 318, 461
- Angemessenheitsgebot 318, 442, 461, 768
- Beihilfe des Vorstands 319
- Bonuszahlungen 461
- Tantieme, unberechtigte 442 f.
- Untreue wegen Vorstandsvergütung 318, 442, 461, 768

Haftung des Aufsichtsrats, zivil-
rechtlich
- Abberufung des Vorstands 169
- Abfindungen 768
- Anerkennungsprämien 317 f., 461
- Angemessenheitsgebot 12, 318, 320a, 442, 461, 768
- Business Judgment Rule s. dort
- Ermessen des Aufsichtsrats s. dort
- Herabsetzung der Vorstandsvergütung 320a, 329
- Rückforderung unangemessener Bezüge 316
- Schadensersatz der Gesellschaft s. dort
- Vorstandsvergütung 317 ff., 461, 768

Haftung des Vorstandsmitglieds, strafrechtlich
- Abfindungen 768
- Anerkennungsprämien 317 f., 461
- D & O-Versicherung 557
- Geldstrafe, Übernahme 549
- Grund für Abberufung 713
- Insidergeschäfte 432
- Schmiergeldzahlung 552 ff.
- Untreue wegen Vorstandsvergütung 319, 461, 768

Haftung des Vorstandsmitglieds, zivilrechtlich
- Abfindungen 768
- Amtsniederlegung, unberechtigte 187
- Anerkennungsprämien 317 f., 461
- Angemessenheitsgebot 318, 442, 461, 768
- Beweislastverteilung 613 ff.
- Business Judgment Rule s. dort
- D & O-Versicherung s. dort
- Darlegungs- und Beweislast der Gesellschaft 486
- Einsichtnahme in Gesellschaftsdokumente 616
- Enthaftung durch Großaktionär 640 f.
- Haftung aus Vertragsverletzung 612 ff.
- Haftungsausschluss 609
- Haftungsfreistellung durch Aktionär 786 f.
- Haftungsfreistellung-*Muster* Anhang C. II.
- Haftungsmilderung, Haftungsverschärfung 608 ff.
- Kündigung, unberechtigte 743

- Schadensersatz der Gesellschaft s. dort
- Sorgfaltsmaßstab 609
- Vergleich, Verzicht 785 ff.
- Verjährung des Schadensersatzanspruchs 616
- Verteidigung 615
- Vorstandsvergütung 319, 442, 461, 768

Handelsregister
- Abberufung des Vorstands 206
- Amtsniederlegung 206
- Anmeldung zum Handelsregister 204 ff.
- Bestellung des Vorstandsmitglieds 204 ff.
- Form der Anmeldung 207
- Liquidation der Gesellschaft 205, 828
- *Muster*-Anmeldung der Bestellung Anhang A. IV.
- Vollbeendigung der Gesellschaft 205, 828

Herabsetzung der Vorstandsvergütung
- Anforderungen 322 ff.
- Angemessene Herabsetzung 325 ff.
- Anwendungsbereich 324
- Aufsichtsratsbeschluss 329 ff.
- Befristung 327
- Ermessen des Aufsichtsrats 320a, 329
- Gleichbehandlung im Vorstand 328
- Haftung des Aufsichtsrats 320a, 329
- Herabsetzbare Bezüge 324
- Insolvenz der Gesellschaft 351 f.
- Kündigung durch Vorstandsmitglied 329, 333 f.
- Notlage der Gesellschaft 322
- Reaktion des Vorstandsmitglieds 333 ff.
- Schadensersatz des Vorstandsmitglieds 334
- Unberechtigte Herabsetzung 334
- Unbilligkeit der Vergütung 323
- Voraussetzungen 322 ff.
- Zuständigkeit des Aufsichtsrats 329a, 352

Herabsetzung von Versorgungsleistungen
- Anforderungen 524 ff.
- Billigkeit der Herabsetzung 527
- Dauer der Herabsetzung 529

Sachregister

– Notlage der Gesellschaft 525
Hinterbliebenenversorgung
– Adoptierte Kinder 544
– Altersunterschied 541
– Angemessenheit 293
– Anrechnung anderer Einkünfte 539
– Ausschluss 539
– Ehegattenversorgung 539 ff.
– Getrenntlebenklausel 543
– Insolvenzsicherung 532 ff.
– Lebensgemeinschaft 543
– Uneheliche Kinder 544
– Waisenversorgung 544 f.
– Widerruf der Versorungszusage 516 ff.
– Wiederverheiratungsklausel 542

I
Insider
– Ad-hoc-Publizität 208 ff., s. dort
– Aktienoptionen 430 ff.
– Director's Dealings 208, 430
Insolvenz der Gesellschaft
– Abberufung des Vorstands 158, 199
– Amtsniederlegung 185, 200
– Anfechtung des Anstellungsvertrages 347
– Angemessenheit der Vergütung 350 ff., 375
– Anstellungsvertrag 253, 353
– Auskunftspflichten des Vorstands 200, 666, 824
– Befugnisse des Vorstands 198 ff.
– Bestellung des Vorstandsmitglieds 35a
– Betriebliche Altersversorgung 348 f., 532 ff.
– Eigenverwaltung 198 f., 253, 348 ff., 821
– Eröffnung des Insolvenzverfahrens 198 ff., 347 ff.
– Geschäftsführungsbefugnis 52, 198 ff.
– Gläubigerstellung des Vorstands 347
– Herabsetzung der Versorgungsleistung 526
– Herabsetzung der Vorstandsvergütung 329, 351 f., 526
– Insolvenzantrag 128
– Insolvenzgeld 348 f.
– Insolvenzmasse 35a, 253
– Insolvenzverschleppung 92

– Kündigung durch Gesellschaft 348, 820 ff., s. dort
– Kündigung durch Vorstandsmitglied 348, 823 f., s. dort
– Mitwirkungspflichten des Vorstands 200, 666, 824
– Nachkündigungsrecht 820
– Notvorstand 199
– Organstellung des Vorstandsmitglieds 198 ff.
– Personalkompetenz des Aufsichtsrats 35a, 199, 253, 353
– Rechtsfolgen der Insolvenz 198 ff., 347 ff.
– Regelinsolvenz 35a, 198 ff.
– Sachwalter 198, 353, 821
– Schadensersatz des Vorstandsmitglieds 348, 821
– Schiedsvereinbarungen 689
– Vergütungsansprüche 347 ff.
– Verwaltungs- und Verfügungsbefugnis 52, 198 ff., 351
– Widerruf der Bestellung 158, 199
Insolvenz des Vorstandsmitglieds 155
Instituts-Vergütungsverordnung
– Anforderungen 372 ff., 385 ff.
– Angemessenheit der Vergütung 379 ff.
– Anpassung des Anstellungsvertrages 399 ff.
– Anwendungsbereich 366 ff.
– Betriebliche Altersversorgung 394 ff.
– Eingriffsbefugnisse BaFin 402 ff.
– Rückbehalt variable Vergütung 389 ff.
– Variable Vergütung 372 ff., 386 ff.
– Vergütungsausschuss 397
– Vergütungsrichtlinie-*Muster* Anhang B. II.
Interessenskonflikte
– Aktienoptionen 237, 421
– Business Judgment Rule 21
– Corporate Opportunities 623, s. dort
– Offenlegung 674
– Vertretung der Gesellschaft 705, s. dort
– Vorstands- und Aufsichtsratsmandat 106 f., s. dort
– Vorstands-Doppelmandat 102 f., s. dort
Interimsvorstand
– Anforderungen 74 ff.

479

Sachregister

– Bestellung 76
– Dauer 74, 76
– Geschäftsführungs- und Vertretungsbefugnis 75
– Pflichten 75
– Vergütung 75 f.
– Voraussetzungen 74 ff.
Invalidität des Vorstandsmitglieds 502 ff.

J

Jahresabschluss (Anhang)
– Aktienbesitz, Aktienoptionen 428, 431, 760
– Kreditvergabe an Vorstand 594
– Offenlegung der Bezüge 345, 355
– Vergütungsbericht 356
– Vorstandsvergütung 345, 355
– Vorstandsvorsitzender 60

K

Kapitalmaßnahmen
– Aktienoptionen 417 ff.
– Bedingte Kapitalerhöhung 419
– Erwerb eigener Aktien 418
– Genehmigtes Kapital 417
– Zuständigkeit 411 ff.
Kaufmann nach HGB 691
Klage des Vorstandsmitglieds
s. Rechtsschutz
Konzern
– Aktienoptionen 420 ff.
– Angemessenheit der Vergütung 239, 295, 299
– Anstellungsvertrag 236 ff., s. Drittanstellung
– Arbeitsdirektor 68
– Drittanstellung 236 ff.
– Interessenskonflikte 102 ff., 106 ff.
– Konzernabschluss, Anhang 355 ff., 431
– Sozialversicherungsrecht 245 ff.
– Umwandlung der Gesellschaft 796 ff.
– Vorstands- und Aufsichtsratsmandat 106 ff., s. dort
– Vorstands-Doppelmandat 101 ff., 239, s. dort
– Vorstandsvergütung 239, 295, 299
– Wettbewerbsverbot 632
Konzern-Anstellungsvertrag 236 ff., s. Drittanstellung
Kopplungsklausel
– Abberufung des Vorstands 277
– Anforderungen 277 ff.

– Change-of-Control s. dort
– Fortzahlungsklausel 280
– Kündigung, außerordentlich 277, 279
– Kündigung, ordentlich 278 f., 701
– Trennungstheorie 32 f., 230
– Umwandlung der Gesellschaft 807
– Zulässigkeit 277
Krankenversicherung des Vorstandsmitglieds 248
Kreditgewährung an Vorstandsmitglieder
– Anforderungen 587 ff.
– Aufrechnungsverbot 596
– Aufsichtsratsbeschluss 592
– Ausgleichs- und Erledigungsklausel 783
– Geschäftsleiter KWG 591
– Jahresabschluss, Anhangsangabe 594
– Kleinkredite 589
– Kreditinstitute 591
– Organkredit KWG 591
Kreditinstitut
– Abberufungsverlangen BaFin 96, 158, 174
– Anforderungen an KWG-Vorstand 27, 96, 221
– Anzeigen und Meldungen BaFin 216 ff.
– BaFin s. dort
– Bestellung KWG-Vorstand 27, 96 ff., 217 ff.
– Bestellung, Voranfrage BaFin 222
– Bestellungsverbote, -hindernisse 96 ff., s. dort
– D & O-Versicherung 565
– Fachliche Eignung 27, 96, 221 f.
– Fehlerhafte Bestellung 100, s. dort
– Finanz-Holding 227
– Instituts-Vergütungsverordnung 365 ff., s. dort
– Kreditgewährung an Vorstand s. dort
– Organhaftung, Verjährung 561, 616
– Persönliche Zuverlässigkeit 27, 96, 221 f.
– Tätigkeitsverbote KWG-Vorstand 96, 174.
– Vergütung KWG-Vorstand 365 ff.
– Widerruf der Bestellung 158
Kündigung durch Gesellschaft
– Abberufung 699 ff.
– Abmahnung 727
– Amtsniederlegung 734, 741

480

Sachregister

- Änderungskündigung 604
- Anhörung des Vorstandsmitglieds 728
- Bedingungsfeindliches Rechtsgeschäft 702
- Bekanntgabe der Kündigung 703 f.
- Beschluss des Aufsichtsrats/-ausschusses 702 ff.
- Beweislastverteilung 726
- Delegation an Aufsichtsrat-Ausschuss 702 ff.
- Erklärungsbote, Erklärungsvertreter 703 f.
- Fehlerhafte Beschlussfassung 706
- Form der Kündigung 708 f.
- Insolvenz der Gesellschaft 820 ff.
- Interessenabwägung 716 ff.
- Kenntnis des Aufsichtsrats 720 ff.
- Kopplungsklausel 277 ff., 710, 807, s. dort
- Kündigung, außerordentlich 710 ff., s. dort
- Kündigung, ordentlich 734 ff., s. dort
- Kündigungsfrist 719 ff., 736 f.
- Kündigungsgründe 712 ff.
- Kündigungsschutz des Vorstands s. dort
- Mitbestimmte Gesellschaft 707
- Organstellung des Vorstands 699 ff.
- Trennungstheorie 32 f., 230 f.
- Umdeutung der Kündigung 725
- Umstrukturierung der Gesellschaft 816 ff.
- Umwandlung der Gesellschaft 808 ff.
- Verschulden des Vorstandsmitglieds 730
- Wichtiger Grund 712 ff., s. dort
- Zuständigkeit 702 ff.

Kündigung durch Vorstandsmitglied
- Amtsniederlegung 734, 741
- Change-of-Control-Klausel 468
- Empfangszuständigkeit 742
- Haftung des Vorstandsmitglieds 743
- Herabsetzung der Vorstandsvergütung 333 ff., s. dort
- Insolvenz der Gesellschaft 823 f.
- Kopplungsklausel 277 ff., 710, 807, s. dort
- Kündigung, außerordentlich 738 ff.
- Kündigung, ordentlich 746 f.
- Kündigungsfrist 742
- Organstellung des Vorstands 699 ff.
- Schadensersatz der Gesellschaft 743
- Schadensersatz des Vorstandsmitglieds 744 f.
- Umstrukturierung der Gesellschaft 816 ff.
- Umwandlung der Gesellschaft 808 ff.
- Wichtiger Grund 738 ff.

Kündigung (außerordentlich) des Anstellungsvertrages
- Abfindungszusage 464
- Abmahnung 727
- Abspaltung der Gesellschaft 740, 809
- Amtsniederlegung 183, 187, 741
- Angabe des Kündigungsgrundes 729, 743
- Anhörung des Vorstandsmitglieds 728
- Anwendungsbereich 710 ff.
- Ausgliederung der Gesellschaft 740, 809
- Ausschluss des Kündigungsrechts 711
- Beendigung der Bestellung 699 ff.
- Beweislastverteilung 726
- Change-of-Control-Klausel 468, 740
- Fallgruppen 713 ff., 739 ff.
- Herabsetzung der Vergütung 333 ff., s. dort
- Insolvenz der Gesellschaft 820 ff.
- Interessenabwägung 716 ff., 738
- Kenntnis des Aufsichtsrats 720 ff.
- Kopplungsklausel 277 ff., 710, 807
- Kündigung durch Gesellschaft 710 ff., s. dort
- Kündigung durch Vorstandsmitglied 738 ff., s. dort
- Kündigungsfrist 719 ff., 736 f., 742, 746
- Kündigungsschutz des Vorstands s. dort
- Liquidation der Gesellschaft 825 ff.
- Mitbestimmte Gesellschaft 707
- Nachschieben von Gründen 723
- Organstellung des Vorstands 699 ff.
- Rechtsschutz des Vorstandsmitglieds 731 ff., s. dort

481

- Schadensersatz der Gesellschaft 743
- Schadensersatz des Vorstandsmitglieds 744 f.
- Stellvertretendes Vorstandsmitglied 73
- Trennungstheorie 32 f., 230 f.
- Umdeutung in ordentliche Kündigung 725
- Umstrukturierung der Gesellschaft 816 ff.
- Umwandlung der Gesellschaft 808 ff.
- Verdachtskündigung 728
- Vertragsstrafe 711
- Vorstandsvorsitzender 63, 66
- Wichtiger Grund 712 ff., 738 ff.
- Zumutbarkeit 716, 738
- Zuständigkeit des Aufsichtsrats 702 ff., 705 ff.

Kündigung (ordentlich) des Anstellungsvertrages
- Anwendbarkeit 734 ff., 746 ff.
- Ausübung des Kündigungsrechts 735
- Beherrschungsvertrag 816 ff.
- Eingliederung 816 ff.
- Insolvenz der Gesellschaft 820 ff.
- Kopplungsklausel 277 ff., 710, 807
- Kündigung durch Gesellschaft 734 ff., *s. dort*
- Kündigung durch Vorstandsmitglied 746 ff., *s. dort*
- Kündigungsfristen 736 ff., 747
- Kündigungsschutz des Vorstands 735, *s. dort*
- Liquidation des Gesellschaft 825 ff.
- Umstrukturierung der Gesellschaft 816 ff.
- Umwandlung der Gesellschaft 796 ff.
- Unternehmenskauf 816 ff.
- Wirksamkeit der Kündigung 734, 746

Kündigungsschutz des Vorstands
- Aufleben des Arbeitsvertrages 794
- Ausschluss KSchG 243, 606, 735, 803
- Feststellungsklage 731

L

Leistungsstörungen
- Anbieten der Vorstandstätigkeit 341

- Annahmeverzug der Gesellschaft 339, 342
- Anrechnung anderweitiger Verdienste 340
- Betriebsrisiko 339
- Beurlaubung 341
- Dienstverhinderung 343 f.
- Erkrankung des Vorstndsmitglieds 343
- Gehaltsfortzahlung 343 f.
- Leistungsklage *s. Rechtschutz des Vorstands*
- Trennungstheorie 32 f., 230 f.
- Vorteilsanrechnung 340

Liquidation der Gesellschaft
s. Abwicklung der Gesellschaft

M

Mitbestimmte Gesellschaft
- Abberufung des Vorstandsmitglieds 139, 163, 724
- Arbeitsdirektor 48 f., 67 ff.
- Aufhebung der Bestellung 188, 750
- Aufsichtsrat-Ausschuss 261
- Auswahl des Vorstandsmitglieds 88
- Bestellung des Vorstandsmitglieds 41, 70, 88
- Bestellung, fehlerhaft 129, *s. dort*
- Kündigung des Anstellungsvertrages 724
- Stellvertretendes Vorstandsmitglied 76
- Suspendierung des Vorstandsmitglieds 179 f.
- Vetorecht des Vorstandsvorsitzenden 60, 62
- Widerruf der Bestellung 139, 163, 724
- Zusammensetzung des Vorstands 54
- Zweitstimmrecht im Aufsichtsrat 41
- Zweitstimmrecht im Vorstand 62

MoMiG
- Bestellungsverbote und -hindernisse 91 ff., *s. dort*
- Vertretung der Gesellschaft 599, *s. dort*

N

Nebentätigkeit
- Abführung erlangter Vergütung 657

Sachregister

- Amtsbezogene Nebentätigkeiten 656 f.
- Anzeigepflicht 658
- Aufsichtsratsmandate 658
- Corporate Governance Kodex 658, s. dort
- Konzernmandate 657
- Politische Mandate 661
- Unzulässige Nebentätigkeit 661
- Zustimmung des Aufsichtsrats 658 ff.

Notbestellung s. *Bestellung durch Gericht*

O

Organstellung des Vorstandsmitglieds
- Abberufung 133 ff.
- Amtsniederlegung 182 ff.
- Aufhebung der Bestellung 188 ff.
- Beendigung der Gesellschaft 203, 828
- Bestellung des Vorstandsmitglieds 34 ff.
- Insolvenz der Gesellschaft 198 ff.
- Liquidation der Gesellschaft 201 ff.
- Suspendierung des Vorstandsmitglieds 176 ff.
- Umstrukturierung der Gesellschaft 195 ff.
- Umwandlung der Gesellschaft 190 ff.
- Widerruf der Bestellung 133 ff.

P

Pension des Vorstandsmitglieds s. *Ruhegeld*
Personalentscheidung des Aufsichtsrats
- Abberufung des Vorstands 133 ff.
- Aufhebung der Bestellung 188 ff.
- Aufhebung des Anstellungsvertrages 748 ff.
- Auswahl des Vorstandsmitglieds 1 ff.
- Bestellung des Vorstandsmitglieds 34 ff.
- Business Judgment Rule 20 ff., 316 ff.
- Einbindung des Vorstandsvorsitzenden 7 f.
- Findungskommission 2 ff.
- Kündigung des Anstellungsvertrages 702 ff.
- Nachfolge im Vorstand 19

- Personalberater 9 ff.
- Vergütungsberater 12 ff.
- Vergütung des Vorstandsmitglieds 289 ff.

Pflegeversicherung des Vorstandsmitglieds 248
Pflichten des Vorstandsmitglieds
- Auskunftspflichten 664 ff.
- Dienstzeiten 654
- Erfindungen 669 f.
- Geschäftsführung 597 ff.
- Geschäftsverteilung 600 ff.
- Haftung des Vorstandsmitglieds s. dort
- Haftungsvereinbarungen 608 ff., 785 ff.
- Herausgabepflichten 667 f.
- Nebentätigkeit 656 ff.
- Residenzpflicht 655
- Schadensersatz der Gesellschaft s. dort
- Sorgfaltsmaßstab 609
- Übernahme anderweitiger Tätigkeiten 605 f.
- Umsetzung des Vorstandsmitglieds 662 f.
- Vertragspflichtverletzung 612 ff.
- Wettbewerbsverbote 618 ff.
- Zuwendungen Dritter 668

Plenarvorbehalt des Aufsichtsrats
- Abberufung des Vorstands 135 ff.
- Anstellungsvertrag 252 ff., 257 ff.
- Aufhebung des Anstellungsvertrages 748 ff.
- Bestellung des Vorstandsmitglieds 34 ff.

Plenum des Aufsichtsrats s. *Gesamtaufsichtsrat*
Positive Vertragsverletzung 612 ff.

R

Rechtsschutz des Vorstandsmitglieds
- Abberufung 170 ff.
- Abberufungsverlangen BaFin 174
- Annahmeverzug der Gesellschaft 339 ff.
- Bestellungsverbote BaFin 98
- Betriebliche Altersversorgung 515
- Eignungsbeurteilung BaFin 222
- Festsetzung der Vergütung 339, 342
- Gerichtsstandsklausel 691 ff., s. dort
- Herabsetzung der Vergütung 335, 342

483

Sachregister

- Kündigung durch Gesellschaft 731 ff.
- Schiedsvereinbarung 677 ff., s. dort
- Suspendierung 179
- Tätigkeitsverbote BaFin 98
- Urkundsprozess bei Kündigung 733
- Vorstandsvergütung 335, 339, 342
- Wiedereinsetzung in Vorstandsamt 171, 173

Rentenversicherung des Vorstandsmitglieds 246

Ressortverteilung
- Änderung 602 ff.
- Arbeitsdirektor 68
- Ausgestaltung 600 ff.
- Ressortzuweisung 31, 256, 600 ff.
- Vertretung anderer Ressorts 74, 159

Ruhegeld des Vorstandsmitglieds
- Angemessenheit des Ruhegeldes 491 ff.
- Anpassungsklausel 510 ff.
- Anrechnung anderweitiger Einkünfte 499 ff.
- Anrechnung erworbener Ansprüche 495
- Anwartschaften 485 ff.
- Anwartschaftsbarwert 483
- Anwartschaftsübertragung-*Muster* Anhang B. IV.
- Anwendbarkeit BetrAVG 477 ff., s. *Betriebsrentengesetz*
- Ausgestaltung 488 ff.
- Beamtenversorgung 498
- Berechnungsgrundlagen 494 ff.
- Besteuerung 492
- Corporate Governance Kodex 489
- Direktzusage 490
- Dynamisierung 510 ff.
- Fehlerhafte Versorgungszusage 530 f.
- Herabsetzung der Versorgungsleistung 524 ff.
- Hinterbliebenenversorgung 537 ff., s. dort
- Insolvenzsicherung 532 ff.
- Invaliditätsversorgung 502 ff.
- Pensionsvertrag-*Muster* Anhang B. I.
- Rückstellungen der Gesellschaft 476
- Ruhegeldvertrag 488 ff.
- Ruhegeldvertrag-*Muster* Anhang B. I.
- Steigerung 496 ff.
- Übergangsgeld 505 ff., s. dort
- Unverfallbarkeit 485 ff.
- Verdeckte Gewinnausschüttung 492
- Verjährung von Versorgungsansprüchen 536
- Versorgungszusage 488 ff.
- Wertsicherung 510 ff.
- Widerruf der Versorgungszusage 516 ff.
- Widerrufsvorbehalt 522 ff.

S

Satzung
- Anforderungen an Vorstandsmitglied 84 ff.
- Anzahl der Vorstandsmitglieder 57 ff.
- Beschlussfähigkeit Aufsichtsrat/-ausschuss 39, 263
- Beschlussfassung des Aufsichtsrats 40 ff., 262 ff.
- Beschlussquorum im Aufsichtsrat 40 ff., 264, 750
- Bestellung des Vorstandsmitglieds 44, 144 ff.
- Dauer der Bestellung 109
- Eignungsvoraussetzungen für Vorstand 84 ff., 255
- Entschließungsfreiheit des Aufsichtsrats 36, 254 ff.
- Formvorschriften 44, 144, 182
- Geschäftsführungsbefugnis 598 ff.
- Interimsvorstand 74
- Kreditgewährung an Vorstand 592
- Schiedsgerichtsklausel 687
- Stichentscheid 40, 52, 262
- Stimmenthaltung 751
- Tantieme des Vorstands 444
- Vergütung des Vorstands 307 f., 329
- Vertretungsbefugnis 598 ff.
- Vorstandsvorsitzender 60 ff.
- Wichtiger Grund für Abberufung 146
- Wichtiger Grund für Kündigung 711
- Wiederbestellung des Vorstandsmitglieds 115
- Zweitstimme des Aufsichtsratsvorsitzenden 40, 264

Sachregister

Schadensersatzanspruch der Gesellschaft
- Abfindung 768
- Amtsniederlegung 51, 171, 187
- Anerkennungsprämien 317 f., 461
- Angemessenheitsgebot 12, 318, 320a, 442, 461, 768
- Beweislastverteilung 613 ff.
- Business Judgment Rule *s. dort*
- D & O-Versicherung 556 ff.
- Freistellung durch Großaktionär 786
- Haftung des Aufsichtsrats *s. dort*
- Haftung des Vorstands *s. dort*
- Herabsetzung der Vorstandsvergütung 320a, 329
- Kündigung des Anstellungsvertrages 743
- Rückforderung unangemessener Vergütung 316
- Schmiergeldzahlungen 552 ff.
- Stimmbindung der Aktionäre 788
- Tantieme 442
- Vergleich, Verzicht 785 ff.
- Verjährung 616
- Verstoß gegen Wettbewerbsverbot 652
- Vertragsverletzung des Vorstandsmitglieds 612 ff.
- Vorstands-Doppelmandate 102
- Vorstandsvergütung 12, 318, 442, 461, 768

Schadensersatzanspruch des Vorstandsmitglieds
- Abberufung ohne Anhörung 145
- Abberufung ohne wichtigen Grund 169
- Abschluss des Anstellungsvertrages 260
- Diskriminierung des Vorstandsmitglieds ff.
- Herabsetzung der Vergütung 320a, 329, 334
- Herabstufung zum Stellvertreter 73
- Insolvenz der Gesellschaft 347 ff., 821
- Kündigung des Anstellungsvertrages 334, 744 f.
- Kündigung wegen Insolvenz 348, 821
- Kündigung wegen Umstrukturierung 809
- Mitteilung des Kündigungsgrundes 729
- Mitteilung zur Wiederbestellung 281
- Umstrukturierung der Gesellschaft 800 ff., 809
- Vollmachtloser Vertreter des Aufsichtrats 269
- Vorstandsvorsitzender 66

Schiedsvereinbarung
- Abberufung des Vorstands 170, 686 ff.
- Anforderungen 677 ff.
- Anwendungsbereich 678 ff., 689
- D & O-Versicherung 690
- Einstweiliger Rechtsschutz 688
- Form der Schiedsabrede 678
- Insolvenz der Gesellschaft 689
- Kündigung des Anstellungsvertrages 680
- Organhaftung 682 ff.
- Satzungsbestimmung 170, 687
- Schiedsrichter 684 f.
- Streitigkeiten aus Anstellungsvertrag 680 f.
- Streitigkeiten aus Organstellung 682 ff.
- Umwandlung der Gesellschaft 689
- Verfahrensordnung 685
- Zuständigkeit der Zivilgerichte 170, 683

Schmiergeld
- Abberufungsgrund 153
- Auslagenersatz 552 ff.
- Herausgabepflicht 251, 667 f.
- Strafbarkeit 552 ff.

Sozialversicherungsrecht
- Arbeitslosenversicherung 245
- Beitragszuschüsse 248
- Besteuerung von Beitragszuschüssen 364
- Konzerntätigkeiten 245
- Krankenversicherung 248
- Pflegeversicherung 248
- Rentenversicherung 246
- Unfallversicherung 247
- Versicherungsfreiheit 244 f.

Spannungsklauseln *s. Wertsicherungsklauseln*

Squeeze Out 440

Steuerbegünstigte Leistungen
- Abfindungen 770 ff.
- Beitragszuschuss zur Sozialversicherung 248, 364
- Entschädigung für Amtsverlust 771 ff.

485

Sachregister

– Privat genutztes Betriebsvermögen 362
Steuerpflichtiges Einkommen
  s. *Besteuerung der Vergütung*
Stimmabgabe im Aufsichtsrat
– Abstimmung 40, 42
– Abwesende Aufsichtsratsmitglieder 42, 265
– Beschlussfähigkeit 39 f.
– Fehlerhafte Abstimmung 127, 168
– Form der Stimmabgabe 42
– Gemischte Beschlussfassung 42
– Konkludente Beschlussfassung 39
– Mitbestimmte Gesellschaft 41, 139, 707
– Nachträgliche Stimmabgabe 42, 265
– Nichtige Beschlussfassung 39, 100
– Schriftliche Stimmabgabe 42, 265
– Stichentscheid 40, 264
– Stimmbindung s. *Entschließungsfreiheit*
– Stimmbote 42
– Stimmengleichheit 40
– Stimmenthaltung 107, 751 f.
– Stimmrechtsausschluss 40
– Stimmverbot 40, 103
– Vetorecht 40
– Zweitstimmrecht 40, 264
Stimmabgabe im Vorstand
– Stimmenthaltung 103, 107
– Stichentscheid 62, 69
– Stimmrechtsausschluss 103
– Stimmverbot 103
– Zweitstimmrecht 62, 69
Stimmbindung der Aktionäre
– Schadensersatz der Gesellschaft 788
– Stimmbindungsvertrag-*Muster* Anhang C. II.
– Vergleich, Verzicht 788
Stimmbindung des Aufsichtsrats
  s. *Entschließungsfreiheit*
Stimmenthaltung im Aufsichtsrat 751 f.
Stock Options s. *Aktienoptionen*
Strafbarkeit wegen Untreue
  s. *Haftung des Aufsichtsrats*
Suspendierung des Vorstandsmitglieds
– Amtsführungsverbot 178
– Anforderungen 177 ff.
– Dauer der Suspendierung 178
– Dienstbefreiung 181
– Einseitige Suspendierung 177 ff.

– Einvernehmliche Suspendierung 180 f.
– Freistellungsvereinbarung-*Muster* Anhang B. V.
– Rechtsfolgen der Suspendierung 178
– Rechtsschutz des Vorstandsmitglieds 179
– Trennungstheorie 32 f., 230 f.
– Untersagung der Geschäftsführung 179
– Zulässigkeit 177

T
Take-over-Boni
– Angemessenheit 469
– Nichtigkeit 470
Tantieme
– Angemessenheit 442 ff.
– Arten, Ausgestaltung 449 ff.
– Besteuerung 359 ff.
– Dividendenabhängige Tantieme 449 ff.
– Ermessenstantieme 452
– Fälligkeit 447 f.
– Festtantieme 453
– Freiwilligkeitsvorbehalt 443, 452
– Gewinnabführungsvertrag 451
– Gewinnabhängige Tantieme 449 ff.
– Höhe der Tantieme 446 ff.
– Mindesttantieme 453
– Rechtsgrundlage 442 ff.
– Satzung der Gesellschaft 444
– Umsatztantieme 454
– Verdeckte Gewinnausschüttung 454
– Zuständigkeit der Hauptversammlung 445
– Zuständigkeit des Aufsichtsrats 442
Trennungstheorie 32 f., 230 f.
Treue- und Fürsorgepflicht
– Angemessenheit der Vergütung 319
– Betriebliche Altersversorgung 471, 517
– D & O-Versicherung 566
– Erfindungen des Vorstands 669 f.
– Fehlerhafter Anstellungsvertrag 285, s. *dort*
– Geschäftschancen (Corporate Opportunities) 623 ff.
– Herausgabe erlangter Zuwendungen 667

- Nebentätigkeiten des Vorstands 658
- Pflichten der Gesellschaft 249
- Pflichten des Vorstandsmitglieds 250, s. dort
- Rechtsgrundlage 249 ff.
- Urlaub 576 ff.

U
Überbesetzung des Vorstands
- Abberufungsgrund 59
- Rechtsfolgen 57 ff.
Übergangsgeld
- Angemessenheit 506 ff.
- Anrechnung anderer Einkünfte 509
- Anwendbarkeit BetrAVG 479, 521
- Begriff 505
- Höhe 506
- Nichtigkeit 508
- Ruhegeld s. dort
- Wettbewerbsverbot, indirektes 521
- Widerruf der Versorgungszusage 520 f.
Umsetzung des Vorstandsmitglieds 662 f.
Umstrukturierung der Gesellschaft
- Abberufung des Vorstands 193 ff.
- Abspaltung 191, 804 f.
- Änderung der Vertragspflichten 800 ff., 809 ff.
- Anstellungsvertrag 796 ff.
- Ausgliederung 191, 804 f.
- Beherrschungsvertrag 195, 818 ff.
- Insolvenz der Gesellschaft 198 ff., 820 ff., s. dort
- Kündigung des Anstellungsvertrages 808 ff., 817 ff., s. dort
- Liquidation der Gesellschaft 201 ff., 825 ff.
- Organstellung des Vorstands 190 ff.
- Umwandlung der Gesellschaft 190 ff., 796 ff., s. dort
- Unternehmenskauf 195 ff., 816 ff., s. dort
- Verschmelzung 190, 800 ff.
Umwandlung der Gesellschaft
- Abberufung des Vorstands 193 ff.
- Abspaltung 191, 804 f.
- Amtsniederlegung 182, 194
- Änderung der Tätigkeitsbereiche 191, 800 ff.
- Änderung der Vertragspflichten 796 ff.

- Anstellungsvertrag 796 ff., 806 ff.
- Aufhebungsvertrag 812 ff.
- Ausgliederung 191, 804 f.
- Formwechsel 192, 799
- Kopplungsklausel 807
- Kündigung des Anstellungsvertrages 808 ff.
- Organstellung des Vorstands 190 ff.
- Verschmelzung 190, 800 ff.
- Zustimmung des Vorstands 797 f.
Umwandlung des Anstellungsvertrages s. Arbeitsvertrag
Unfallversicherung des Vorstandsmitglieds 247
Unterbesetzung des Vorstands
- Bestellung durch Gericht s. dort
- Rechtsfolgen 57 ff.
Unternehmenskauf
- Abberufung des Vorstands 197
- Amtsniederlegung 197
- Anstellungsvertrag 816 ff.
- Kündigung des Anstellungsvertrages 817 ff.
- Organstellung des Vorstands 195 ff.
Untreue wegen Vorstandsvergütung s. Haftung des Aufsichtsrats
Urlaub
- Abgeltung 578
- Anspruch 576 ff.
- Anwesenheit 654
- Dauer 576
- Fürsorgepflicht 249
- Übertragbarkeit 577
- Unberechtigter Urlaub 153

V
Verfallklausel
- Aktienoptionen 425 ff., 759
- Ausschlussklausel 698
- Zulässigkeit 426
Vergütung des Vorstandsmitglieds
- Abfindung 462 ff., 754 ff., s. dort
- Abtretungsverbot 345
- Aktienoptionen 406 ff., s. dort
- Aktionärs-Vorstand 359, 454, 492
- Anerkennungsprämien 455 ff., s. dort
- Angemessenheit 288 ff., s. dort
- Anrechnung anderer Einkünfte 340, 463, 499
- Appreciation Awards 455 ff.
- Auslagenersatz 546 ff., s. dort
- Besteuerung s. dort

487

- Betriebliche Altersversorgung 471 ff., s. dort
- Betriebliche Nebenleistungen 579 ff., s. dort
- Betriebliche Übung 242, 338, 475, s. dort
- Betriebsrentengesetz s. dort
- Bonuszahlung 455 ff.
- Cap 309
- Change-of-Control-Klausel 465 ff., s. dort
- Corporate Governance Kodex 671 ff., s. dort
- D & O-Versicherung 567 f., s. dort
- Dynamisierung 312 ff.
- Erfüllungsort 287
- Fehlerhafte Pensionszusage 530 f.
- Fehlerhafter Anstellungsvertrag 282 ff., s. dort
- Gerichtlich bestelltes Vorstandsmitglied 53, 315
- Gleichbehandlung im Vorstand 336 ff.
- Haftung des Aufsichtsrats s. dort
- Haftung des Vorstands s. dort
- Herabsetzung der Vergütung 252 ff., s. dort
- Herabsetzung von Versorgungsleistungen 524 ff., s. dort
- Heraufsetzung der Vergütung 314
- Insolvenz der Gesellschaft 347 ff., s. dort
- Instituts-Vergütungsverordnung 365 ff., s. dort
- Interimsvorstand 75
- Kreditgewährung 587 ff, s. dort
- Leistungsgerechtigkeit 288, 314
- Leistungsstörungen 339 ff., s. dort
- Offenlegung 355 ff.
- Pfändungsschutz 346
- Satzungsregeln zur Vergütung 307 ff.
- Schadensersatz der Gesellschaft s. dort
- Sittenwidrigkeit 316, 491, 508, 768
- Strafbarkeit, Untreue s. Haftung des Aufsichtsrats
- Take-over-Boni 469 ff., s. dort
- Tantieme 441 ff., s. dort
- Übergangsgeld 505 ff., s. dort
- Unangemessenheit 316 ff.
- Verdeckte Gewinnausschüttung 359, 454, 492
- Vergleichsmaßstäbe 295 ff.
- Vergütungsausschuss 397 f.

- Vergütungsberater 12 ff.
- Vergütungsbestandteile 289 f.
- Vergütungsrichtlinie-Muster Anhang B. II.
- Vergütungsrichtlinien für Aufsichtsrat 307 ff.
- Vergütungsstruktur 305 ff.
- Vergütungsverordnungen BaFin s. dort
- Vergütungsverordnung für Kreditinstitute 365 ff.
- Vergütungsverordnung für Versicherungen 365 ff.
- Verhaltenssteuerung 288
- Verjährung der Vergütungsansprüche 354
- Verstoß gegen Angemessenheitsgebot 316 ff.
- VorstAG s. dort
- Vorstands-Doppelmandate 287
- Zuständigkeit des Aufsichtsrat/ausschuss 35, 252 f., 748 f.
- Zuständigkeit in der Insolvenz 253, 352 f.

Vergütungsausschuss 397 f.
Vergütungsberater 12 ff.
Vergütungsrichtlinien für den Aufsichtsrat 307 ff.
Vergütungsrichtlinie-Muster für Kreditinstitute Anhang B. II.
Vergütungsverordnungen BaFin
- Anforderungen 372 ff., 385 ff.
- Angemessenheit der Vergütung 379 ff.
- Anpassung des Anstellungsvertrages 399 ff.
- Anwendungsbereich 366 ff.
- Betriebliche Altersversorgung 394 ff.
- Eingriffsbefugnisse BaFin 402 ff.
- Geschäftsleiter 366
- Instituts-Vergütungsverordnung s. dort
- Rückbehalt variable Vergütung 389 ff.
- Variable Vergütung 372 ff., 386 ff.
- Vergütung bei Kreditinstituten 365 ff.
- Vergütung bei Versicherungen 365 ff.
- Vergütungsausschuss 397
- Vergütungsbegriff 368
- Vergütungsrichtlinie-Muster Anhang B. II.

Sachregister

Verjährung von Ansprüchen
- Betriebliche Altersversorgung 536
- Schadensersatz der Gesellschaft 561, 616
- Schadensersatz von Kreditinstituten 561, 616
- Schadensersatz wegen Vertragsverletzung 616
- Tantieme 448
- Vorstandsvergütung 354

Verlängerungsklausel
- Anstellungsvertrag 274 ff.
- Bestellung des Vorstandsmitglieds 124 ff.
- Mitteilungspflicht des Aufsichtsrats 281

Verschmelzung der Gesellschaft
- Änderung der Vertragspflichten 800 ff.
- Anstellungsvertrag 796 ff.
- Aufhebungsvertrag 812 ff.
- Kopplungsklausel 807
- Kündigung des Anstellungsvertrages 809
- Organstellung des Vorstands 190

Versicherung des Vorstandsmitglieds
- Arbeitslosenversicherung 245
- Beitragszuschuss der Gesellschaft 248
- D & O-Versicherung 555
- Krankenversicherung 248
- Pflegeversicherung 248
- Rentenversicherung 246
- Unfallversicherung 247

Versicherungsunternehmen
- Abberufungsverlangen Aufsicht 96, 158, 174
- Anforderungen an VAG-Vorstand 27, 96, 221
- Anzeigen Aufsicht 216 ff.
- BaFin *s. dort*
- Bestellung VAG-Vorstand 27, 96 ff., 217 ff.
- Bestellung, Voranfrage Aufsicht 222
- Bestellungsverbote, -hindernisse 96 ff., *s. dort*
- D & O-Versicherung 565
- Fachliche Eignung als Geschäftsleiter 27, 96, 221 f.
- Fehlerhafte Bestellung 100, *s. dort*
- Finanz-Holding 227
- Kreditgewährung an Vorstand *s. dort*
- Persönliche Zuverlässigkeit 27, 96, 221 f.
- Tätigkeitsverbote VAG-Vorstand 96, 174.
- Untersagung der Geschäftsleitertätigkeit 97
- Vergütung des VAG-Vorstands 365 ff.
- Vergütungsverordnung BaFin *s. dort*
- Versicherungs-Vergütungsverordnung 365 ff.
- Widerruf der Bestellung 158

Vertragsstrafe
- Aktionärsvereinbarung zur Bestellung 37
- Beschränkung der Abberufung 136
- Beschränkung der Kündigung 711
- Verstoß gegen Wettbewerbsverbot 653

Vertrauensentzug der Hauptversammlung
- Abberufungsgrund 161 ff.
- Abberufungsverzicht 164
- Kündigung, außerordentliche 151, 715
- Mitbestimmte Gesellschaft 163
- Rechtsmissbrauch 162, 739
- Verweigerung der Entlastung 164
- Voraussetzungen 161 ff.

Vertretung der Gesellschaft
- Anstellungsvertrag 252 ff., 266 ff.
- Aufhebungsvertrag 748 ff.
- Aufsichtsrat/-ausschuss 257 ff., 748 ff.
- Aufsichtsratsvorsitzender 141, 266 ff., 703 ff., 749
- Ehemaliges Vorstandsmitglied 474, 794
- Gesamtvertretung 598 f.
- Hinterbliebene des Vorstandsmitglieds 538
- Kündigung durch Gesellschaft 702 ff.
- Liquidation der Gesellschaft 827
- Satzungsbestimmung 598
- Stellvertretendes Vorstandsmitglied 178
- Suspendierung des Vorstandsmitglieds 178
- Unterbesetzung des Vorstands 58

Verwertungsverbot *s. Corporate Opportunities*

Vetorecht
- Aufsichtsratsvorsitzender 40

Sachregister

- Stimmabgabe im Aufsichtsrat s. dort
- Vorstandsvorsitzender 62
- Zweitstimmrecht 40, 62, 69, 264
Vollbeendigung der Gesellschaft 203, 828
Vorstand
- Abberufung 133 ff., s. dort
- Abhängige Gesellschaft s. Konzern
- Ad-hoc-Publizität 208 ff., 430 ff., s. dort
- Amtsniederlegung 182 ff., s. dort
- Anstellungsvertrag 228 ff., s. dort
- Anzahl der Mitglieder 54 ff.
- Arbeitnehmervorschriften 240 ff., 792
- Arbeitsdirektor 67 ff.
- Arbeitsvertrag s. dort
- Aufhebung der Bestellung 188 ff., s. dort
- Aufhebung des Anstellungsvertrages 748 ff., s. dort
- Aufsichtsrat als Vorstandsmitglied 74 ff.
- Aufsichtsratsmandat 106 ff.
- BaFin s. dort
- Beendigung der Gesellschaft 203, 828
- Bestellung des Vorstands 31 ff., s. dort
- Besteuerung der Vergütung s. dort
- Betriebliche Altersversorgung s. dort
- Bezüge s. Vergütung des Vorstands
- Chief Executive Officer 64 ff., s. dort
- D & O-Versicherung 555 ff., s. dort
- Doppelmandate 101 ff., s. dort
- Drittanstellung 236 ff.
- Faktisches Organ 128
- Fehlerhafte Bestellung 127 ff.
- Fehlerhafter Anstellungsvertrag 282 ff.
- Fehlerhafter Pensionsvertrag 530 f.
- Gesamtverantwortung 600
- Gesamtvertretung 598 f.
- Geschäftsführung 597 f.
- Geschäftsordnung des Vorstands 597 ff., s. dort
- Geschäftsordnung-*Muster* Anhang D.
- Geschäftsverteilung 600 ff., s. dort
- Geschäftsverteilungsplan-*Muster* Anhang D.
- Größe des Vorstands 54 ff.
- Haftung des Vorstands s. dort
- Handelsregister 204 ff., s. dort
- Insider s. dort
- Insolvenz der Gesellschaft 198 ff., s. dort
- Interessenkonflikte s. dort
- Interimsvorstand 74 ff., s. dort
- Kaufmann 691
- Konzern s. dort
- Kreditinstitut s. dort
- Kündigung des Anstellungsvertrages 699 ff., s. dort
- Liquidation der Gesellschaft 201 ff., s. dort
- Mitbestimmte Gesellschaft s. dort
- Organstellung s. dort
- Pension s. Ruhegeld
- Pflichten des Vorstands s. dort
- Schadensersatz der Gesellschaft s. dort
- Schadensersatz des Vorstands s. dort
- Schiedsvereinbarung 677 ff., s. dort
- Stellvertretendes Vorstandsmitglied 71 ff., s. dort
- Strafbarkeit, Untreue s. Haftung des Vorstands
- Suspendierung 176 ff., s. dort
- Trennungstheorie 32 f., 230 f.
- Umstrukturierung der Gesellschaft 195 ff.
- Umwandlung der Gesellschaft 190 ff.
- Vergütung des Vorstands s. dort
- Versicherungen des Vorstands s. dort
- Versicherungsunternehmen s. dort
- Vertretung der Gesellschaft s. dort
- Vorstandsbesetzung 54 ff., s. dort
- Vorstandssprecher 65 f., s. dort
- Vorstandsvorsitzender 60 ff., s. dort
- Widerruf der Bestellung 133 ff., s. *Abberufung*
- Wiederbestellung 17 ff., 115 ff., s. dort
Vorstandsamt s. *Organstellung*
Vorstandsbesetzung
- Altersgrenze 30, 87
- Anforderungen, aufsichtliche 27, 96, 221 f.
- Anforderungen, fachliche 24 ff.
- Anforderungen, gesetzliche 54 ff., 79 ff., 91 ff., 96 ff.

Sachregister

- Anforderungen, persönliche 28 ff.
- Anforderungen, statutarische 84 ff.
- Anzahl der Vorstandsmitglieder 54 ff.
- Anzeige der Aufsicht 216 ff.
- Arbeitsdirektor 67 ff., s. dort
- Aufsichtsrat als Vorstandsmitglied 74 ff.
- Auswahlkriterien 84 ff.
- BaFin s. dort
- Bestellungsverbote, -hindernisse 91 ff., s. dort
- Chief Executive Officer 64, s. dort
- Corporate Governance Kodex 54, 60
- Doppelmandate 101 ff., s. dort
- Eignungsvoraussetzungen 84 ff.
- Fachliche Eignung 27, 96, 221 f.
- Fehlerhafte Bestellung 100, s. dort
- Interimsvorstand 74 ff., s. dort
- Kreditinstitute s. dort
- Mitbestimmte Gesellschaft s. dort
- Mitglieder des Vorstands 60 ff.
- Persönliche Zuverlässigkeit 27, 96, 221 f.
- Stellvertretendes Vorstandsmitglied 71 ff., s. dort
- Tätigkeitsverbote 91 ff., s. Bestellungshindernisse
- Überbesetzung 57 ff.
- Unterbesetzung 57 ff.
- Vergütungsverordnungen BaFin 365 ff., s. dort
- Versicherungsunternehmen s. dort
- Voranfrage BaFin 222
- Vorstandssprecher 65 f., s. dort
- Vorstandsvorsitzender 60 ff., s. dort

Vorstands-Doppelmandat
- Anforderungen 101 ff.
- Anrechnung von Drittvergütung 239
- Anstellungsvertrag 234 ff., 239
- Beherrschungsvertrag 238
- Drittanstellung 236 ff., s. dort
- Interessenkonflikte 102 ff.
- Konzern 101 ff., 236 ff.
- Stimmverbot, Stimmenthaltung 103
- Vergütung des Vorstands 236 ff., 239
- Verschwiegenheitspflicht 104
- Zulässigkeit 101

Vorstands- und Aufsichtsratsmandat
- Anforderungen 108
- Corporate Governance Kodex 108
- Interessenkonflikte 107 f.
- Konzernmandate 106 f.
- Verschwiegenheitspflicht 104
- Zulässigkeit 106

Vorstandsmitglied
- Abberufung 133 ff., s. dort
- Abfindung 462 ff., 754 ff., s. dort
- Abhängige Gesellschaft s. Konzern
- Abwickler 202 f., 825 ff.
- Abwicklung der Gesellschaft 201 ff., 825 ff., s. dort
- Ad-hoc-Publizität 208 ff., s. dort
- Aktienoptionen 406 ff., s. dort
- Aktionärsklage 555
- Amtsniederlegung 182 ff., s. dort
- Anerkennungsprämien 455 ff., s. dort
- Anforderung, aufsichtliche 27, 96, 221 f.
- Anforderung, fachliche 24 ff.
- Anforderung, gesetzliche 54 ff., 79 ff., 91 ff., 96 ff.
- Anforderung, persönliche 28 ff.
- Anforderung, statutarische 84 ff.
- Anstellungsvertrag 228 ff., s. dort
- Anzahl der Vorstandsmitglieder 54 ff.
- Arbeitnehmervorschriften 240 ff.
- Arbeitsdirektor 67 ff., s. dort
- Arbeitsvertrag s. dort
- Aufhebung der Bestellung 188 ff., s. dort
- Aufhebung des Anstellungsvertrages 748 ff., s. dort
- Auflösung der Gesellschaft 201 ff., 825 ff.
- Aufsichtsrat als Vorstandsmitglied 74 ff.
- Aufsichtsratsmandate 106 ff.
- Auskunftspflichten 664 ff., 780
- Auslagenersatz 546 ff., s. dort
- Auswahlverfahren 1 ff., s. dort
- BaFin s. dort
- Berichtspflichten 664 ff.
- Bestellung des Vorstands 31 ff., s. dort
- Bestellung durch Gericht 45 ff., s. dort
- Bestellungskompetenz 34 ff., s. dort
- Bestellungsverbote, -hindernisse 74 ff., s. dort
- Besteuerung der Vergütung s. dort

491

Sachregister

- Betriebliche Altersversorgung 471 ff., s. dort
- Bezüge s. Vergütung des Vorstands
- Business Judgment Rule s. dort
- Chief Executive Officer 64 ff., s. dort
- Corporate Governace Kodex s. dort
- D & O-Versicherung 555 ff., s. dort
- Dauer der Bestellung 109 ff., s. dort
- Dauer des Anstellungsvertrages 272 ff., s. dort
- Delegation an Aufsichtsrat-Ausschuss s. dort
- Dienstbefreiung 176 ff., s. Suspendierung
- Dienstzeiten 654 f.
- Dienstzeugnis 586
- Doppelmandate 101 ff., s. dort
- Drittanstellung 236 ff., s. dort
- Erfindungen des Vorstands 669 f.
- Faktisches Organ 128
- Fehlerhafte Bestellung 127 ff.
- Fehlerhafte Pensionszusage 530 f.
- Fehlerhafter Anstellungsvertrag 282 ff.
- Formwechsel 155, 653
- Gesamtverantwortung 600
- Gesamtvertretung 598 f.
- Geschäftsführung 597 f.
- Geschäftsordnung des Vorstands 597 ff., s. dort
- Geschäftsordnung-*Muster* Anhang D.
- Geschäftsverteilung 600 ff., s. dort
- Geschäftsverteilungsplan-*Muster* Anhang D.
- Haftung des Vorstands s. dort
- Handelsregister 204 ff., s. dort
- Herabsetzung der Vergütung 252 ff., s. dort
- Herabsetzung von Pensionsleistungen 524 ff., s. dort
- Heraufsetzung der Vergütung 314
- Herausgabepflichten 667 f., 777
- Insider s. dort
- Insolvenz der Gesellschaft 198 ff., 820 ff., s. dort
- Interessenkonflikte s. dort
- Interimsvorstand 64 ff.
- Kaufmann 691
- Kreditgewährung an Vorstand 587 ff.
- Kreditinstitut s. dort
- Kündigung durch Gesellschaft 702 ff., s. dort

- Kündigung durch Vorstandsmitglied 738 ff., s. dort
- Kündigungsschutz s. dort
- Leitungskompetenz 180, 473
- Liquidation der Gesellschaft 201 ff., 825 ff.
- Liquidatoren 202 f., 825 ff.
- Mitbestimmte Gesellschaft s. dort
- Nebentätigkeit 656 ff.
- Notbestellung 45 ff.
- Organstellung s. dort
- Pension s. Ruhegeld
- Pflichten des Vorstandsmitglieds 597 ff., s. dort
- Rechte des Vorstandsmitglieds 286 ff.
- Rechtsschutz des Vorstandsmitglieds s. dort
- Ressortverteilung 600 ff., s. dort
- Schadensersatz der Gesellschaft s. dort
- Schadensersatz des Vorstandsmitglieds s. dort
- Schiedsvereinbarung 677 ff., s. dort
- Sozialversicherungsrecht 244 ff., s. dort
- Stellvertretendes Vorstandsmitglied 71 ff., s. dort
- Strafbarkeit, Untreue s. *Haftung des Vorstands*
- Suspendierung 176 ff., s. dort
- Take-over-Boni 469 ff., s. dort
- Tantieme 441 ff., s. dort
- Tätigkeitsverbote 91 ff., 96 ff.
- Trennungstheorie 32 f., 230 f.
- Treue- und Fürsorgeverhältnis 249 f., s. dort
- Übernahme anderer Tätigkeiten 605 f.
- Umsetzung des Vorstandsmitglieds 662 f.
- Umstrukturierung der Gesellschaft 195 ff., 816 ff.
- Umwandlung der Gesellschaft 190 ff., 796 ff.
- Vergütung des Vorstands 288 ff., s. dort
- Vergütungsverordnungen BaFin s. dort
- Verschwiegenheitspflicht 104
- Versicherungen des Vorstands s. dort
- Versicherungsunternehmen s. dort

– Vertrauensentzug der Hauptversammlung *s. dort*
– Vertretung der Gesellschaft *s. dort*
– Verweigerung der Entlastung 164
– Vetorecht *s. dort*
– Vor-Gesellschaft 191
– Vorstands-Doppelmandate 101 ff.
– Vorstandssprecher 65 f., *s. dort*
– Vorstands- und Aufsichtsratsmandat 106 ff.
– Vorstandsvorsitzender 60 ff., *s. dort*
– Wettbewerbsverbot, gesetzliches 618 ff.
– Wettbewerbsverbot, nachvertragliches 626 ff.
– Wichtiger Grund für Abberufung *s. dort*
– Wichtiger Grund für Kündigung *s. dort*
– Widerruf der Bestellung 133 ff., *s. Abberufung*
– Wiederbestellung 17 ff., 115 ff., *s. dort*
Vorstandsmitglied, gerichtlich bestelltes 45 ff.
Vorstandsmitglied, stellvertretendes
– Bestellung 71
– Rechtsstellung 71 ff.
– Vertretungsbefugnis 72
Vorstandssprecher
– Bestellung 65
– CEO 64
– Kompetenzen 65 f.
– Rechtsstellung 65
Vorstandsvergütungs-Angemessenheit-Gesetz VorstAG
– Abschluss des Anstellungsvertrages 35, 257 ff.
– Angemessenheitsgebot 288 ff., *s. dort*
– Aufhebung des Anstellungsvertrages 188, 748 ff.
– Delegation an Aufsichtsrat-Ausschuss *s. dort*
– Delegationsverbot 35, 188, 257 ff., 748 f.
– Findungskommission 3
– Haftung des Aufsichtsrats *s. dort*
– Haftung des Vorstands *s. dort*
– Herabsetzung der Vergütung 320a, 321, 329, 329a
– Herabsetzung von Versorgungsleistungen 524

– Plenarvorbehalt 35, 188, 257 ff., 748 f.
– Schadensersatz der Gesellschaft *s. dort*
– Strafbarkeit, Untreue *s. Haftung des Aufsichtsrats*
– Vergleichsmaßstab 295 ff.
– Vergütungsberater 12 ff.
– Votum der Hauptversammlung 254
– Wechsel Vorstand-Aufsichtsrat 77
– Zuständigkeit für Vergütung 35, 188, 257 ff., 748 f.
Vorstandsvertrag *s. Anstellungsvertrag*
Vorstandsvorsitzender
– Bestellung 61
– CEO 64
– Kompetenzen 61 f.
– Rechtsstellung 61 f.
– Stichentscheid 62, 69
– Vetorecht 62, *s. dort*
– Widerruf der Ernennung 63
– Zweitstimmrecht 69

W
Wandelschuldverschreibung
– Aktienoptionsprogramm 409
– Anleihe 417
– Besteuerung 433
– Besteuerungszeitpunkt 438
– Kapitalmaßnahmen 417
– Verfallklausel 425
Wertsicherungsklauseln
– Anpassung laufender Altersversorgung 513 ff.
– Wertsicherung von Anwartschaften 511 f.
Wettbewerbsverbot, gesetzliches
– Abdingbarkeit 620
– Anwendungsbereich 618 ff.
– Aufsichtsratsmitglied als Vorstand 75
– Blanketteinwilligung 620
– Corporate Opportunities 623 ff.
– Geltungsdauer 624
– Zustimmung des Aufsichtsrats 618, 622
Wettbewerbsverbot, nachvertragliches
– Anwendungsbereich 627 ff.
– Auslandsbezug 636
– Bedingtes Wettbewerbsverbot 644
– Beurteilungszeitpunkt 633
– Einseitige Auflösung 647 f.

- Eintrittsrecht der Gesellschaft 652
- Geltungserhaltende Reduktion 649 ff.
- Gesellschaftsinteressen 630 ff.
- Herausgabe erlangter Vorteile 652
- Indirektes Wettbewerbsverbot 521
- Karenzentschädigung 629, 640 ff.
- Kartellrechtliche Schranken 638 f.
- Konzernweites Wettbewerbsverbot 632
- Lossagen vom Wettbewerbsverbot 647 f.
- Nichtigkeit 630
- Salvatorische Klausel 651
- Schadensersatz der Gesellschaft 652
- Übergangsgeld 521
- Umfang des Wettbewerbsverbots 633 ff.
- Unterlassungsanspruch der Gesellschaft 652
- Verstoß gegen Wettbewerbsverbot 652 f.
- Vertragsstrafen 653
- Verzicht auf Wettbewerbsverbot 628

Wichtiger Grund für Abberufung
- Abberufungsverlangen BaFin 158, 174
- Abgeordnetenmandat 159
- Anforderungen 146 ff.
- Außerbetriebliches Verhalten 153
- Ausübungsermessen 166 f.
- Beweislast 172
- Differenzen mit Aufsichtsrat 156
- Doppelvorstandsbesetzung 175
- Gerichtliche Überprüfung 166, 170 ff.
- Gesetzliche Regelbeispiele 152 ff.
- Grobe Pflichtverletzungen 153 f.
- Illoyalität gegen Großaktionär 160
- Insolvenz der Gesellschaft 199
- Interessenabwägung 149 ff.
- Missachtung Business Judgment Rule 156
- Nachschieben von Gründen 172
- Politische Tätigkeit 155, 159
- Ressortänderungen 160
- Umstrukturierung der Gesellschaft 160, 193, 195 ff., 798
- Unfähigkeit zur Geschäftsführung 155 ff.
- Unzumutbarkeit der Amtsfortführung 147, 149

- Verschulden des Vorstandsmitglieds 147
- Vertrauensentzug der Hauptversammlung 161 ff.
- Verwirkung der Geltendmachung 143
- Vorstands-Doppelmandate 148

Wichtiger Grund für Kündigung (durch Gesellschaft)
- Abberufungsgründe 150 f., 724
- Abmahnung 727
- Anforderungen 712
- Angabe des Grundes 729
- Beweislast 726
- Fallgruppen 713 ff.
- Gerichtliche Überprüfung 731 ff.
- Insolvenz der Gesellschaft 820 ff.
- Interessenabwägung 150 f., 716 ff.
- Kenntnis des Aufsichtsrats 720 ff.
- Kopplungsklausel 277 ff., 807
- Kündigungsfrist 719 ff.
- Liquidation der Gesellschaft 825
- Nachschieben von Gründen 723
- Umdeutung ordentliche Kündigung 725
- Umstrukturierung der Gesellschaft 808 ff., 817
- Verdachtskündigung 717, 721 f., 728
- Verschulden des Vorstandsmitglieds 730
- Vertrauensentzug der Hauptversammlung 715

Wichtiger Grund für Kündigung (durch Vorstandsmitglied)
- Amtsniederlegung 741
- Anforderungen 738
- Fallgruppen 739 ff.
- Fehlender Kündigungsgrund 743
- Insolvenz der Gesellschaft 823
- Kündigungsfrist 742
- Schadensersatz des Vorstandsmitglieds 744
- Umstrukturierung der Gesellschaft 809 f., 818

Widerruf der Bestellung s. Abberufung

Wiederbestellung des Vorstands
- Aufsichtsratsbeschluss 115
- Beginn der Amtsdauer 112 ff.
- Entschließungsfreiheit des Aufsichtsrat 116
- Leistungsbeurteilung 10 f.
- Verlängerungsklausel 124 ff.

Sachregister

- Verpflichtung zur Wiederbestellung 115
- Vorzeitige Wiederbestellung 119 ff.
- Zeitpunkt der Beschlussfassung 113, 117 f.

Wiederbestellung, vorzeitig
- Anforderungen 121 ff.
- Zeitpunkt der Beschlussfassung 121 ff.
- Zulässigkeit 119 ff.

Witwen- und Waisenrente
- Angemessenheit 293
- Hinterbliebenenversorgung s. dort
- Waisenrente 544 f.
- Wiederverheiratungsklausel 543
- Witwenrente 539 ff.

Z

Zeugnis des Vorstandsmitglieds 586
Zweitstimmrecht 34
- Aufsichtsratsvorsitzender 40, 264
- Vorstandsvorsitzender 62, 69